Wolfgang Köhn · Heilpädagogische Begleitung im Spiel

W0202801

Wolfgang Köhn

Heilpädagogische Begleitung im Spiel

Ein Übungsbuch zur Heilpädagogischen Erziehungshilfe und Entwicklungsförderung (HpE)

»Edition S«

Die Deutsche Bibliothek – CIP-Einheitsaufnahme
Ein Titeldatensatz für diese Publikation ist bei
der Deutschen Bibliothek erhältlich.

Quellenhinweis:
Violet Oaklander: Gestalttherapie mit Kindern und Jugendlichen.
Aus dem Amerik. von Klaus Schomburg und Sylvia M. Schomburg-Scherff.
© 1978 by The Real People Press, Moab, Utah. Klett-Cotta, Stuttgart 1981,
12. Aufl. 2001

ISBN 3-8253-8291-5

Dieses Werk einschließlich aller seiner Teile ist urheberrechtlich geschützt. Jede Verwertung außerhalb der engen Grenzen des Urheberrechtsgesetzes ist ohne Zustimmung des Verlages unzulässig und strafbar. Das gilt insbesondere für Vervielfältigungen, Übersetzungen, Mikroverfilmungen und die Einspeicherung und Verarbeitung in elektronischen Systemen.

© 2002 Universitätsverlag C. Winter Heidelberg GmbH – »Edition S«
Imprimé en Allemagne · Printed in Germany
Umschlagdesign: Drißner-Design und DTP, Meßstetten
Druck: WB-Druck GmbH & Co., Rieden/Allgäu

Gedruckt auf umweltfreundlichem, chlorfrei gebleichtem und alterungsbeständigem Papier.

Den Verlag erreichen Sie im Internet unter:
www.winter-verlag-hd.de

Vorwort

Die heilpädagogische *Begleitung* ist neben der *Befunderhebung* und *Beratung* das dritte Kernelement im Handlungskonzept der „Heilpädagogischen Erziehungshilfe und Entwicklungsförderung (HpE)" (KÖHN 2001). Sie geschieht in und durch *Spiel* und *Übung*. Der Aspekt der Übung wurde bereits ausführlich dargestellt (OY/SAGI [11]1997).
Die hier akzentuierte heilpädagogische *Begleitung im Spiel* ist die gezielte Reflexion des Spiels als individuumzentrierte, pädagogisch-fördernde Methode. Durch die reflektierende heilpädagogische Begleitung des freien Spiels, im Rollenspiel, Puppen- und Figurenspiel, Malen, Gestalten und mittels Zuhilfenahme verschiedener Medien, wird eine tragfähige heilpädagogische Beziehung, ein personales Verhältnis zwischen Kind und Heilpädagogin gestiftet. Heilpädagogische Begleitung im Spiel zielt auf eine *ganzheitliche Befähigung des Kindes zur Selbstregulation*. Angestrebt werden die Aktivierung, Neueinschätzung und Veränderung emotionaler Erlebnisinhalte, um durch genauere Wahrnehmung und Beobachtung verbesserte Selbstbewusstheit sowie ein gesteigertes Selbstwertgefühl und dadurch eine angemessenere Verhaltenssteuerung des Kindes mit den ihm eigenen Möglichkeiten des Spiels zu erreichen. Dies kann - je nach Befunderhebung - in heilpädagogischer Einzel- und/oder Gruppenarbeit geschehen.
Als besonderer Schwerpunkt wird die Einübung *verbaler* Kommunikation und Intervention der Heilpädagogin mit Kindern gewählt, um das dialogische Verhältnis zwischen Heilpädagogin und Kind zielgerichtet zu gestalten. Dabei orientiere ich mich an verschiedenen „Schulen" der Kinderpsychotherapie, deren Konzepte unter entwicklungsfördernden Aspekten anteilig in die heilpädagogische Begleitung im Spiel Eingang gefunden und sich in der praktischen heilpädagogischen Arbeit bewährt haben.

Januar 2002 — Wolfgang Köhn

Hinweise zum effektiven Gebrauch

Dieses Übungsbuch ist eine praxisorientierte Ergänzung zum Handlungskonzept der „Heilpädagogischen Erziehungshilfe und Entwicklungsförderung (HpE)“ (KÖHN 2001), mit dem Schwerpunkt der heilpädagogischen *Begleitung im Spiel.*

- Sie werden deshalb im Verlauf des Textes *Aufgaben, Fußnoten* und *Hinweispfeile* (–>) finden, die auf das Grundlagenwerk verweisen. Im Stichwortregister oder in gleichnamigen Artikeln der HpE, z.B. –>Spiel oder –>Übung, finden Sie ergänzende und vertiefende Ausführungen zu den genannten Begriffen.

- Es ist günstig, wenn Sie sich für die Durcharbeit dieses Übungsbuches eine Kladde oder einen Hefter zulegen, in denen Sie Ihre Aufzeichnungen und Überlegungen notieren. Ein ausreichender Lochrand und Raum für Notizen am rechten Blattrand helfen Ihnen, später Ergänzungen und Verbesserungen einzufügen. So erleichtern Sie sich und anderen die Mit- oder Nacharbeit.

- Es ist hilfreich, Ihre Notizen und Antworten zum persönlichen Nachschlagen oder zur gegenseitigen Überarbeitung, Korrektur und Diskussion mit anderen, so leserlich zu schreiben und übersichtlich anzuordnen, dass Sie sie später wiederfinden und gegenseitig austauschen können. Dabei hilft Ihnen die Nummerierung der *Aufgabenstellungen*, das *Abbildungsverzeichnis* und das *Stichwortverzeichnis.*

PS: Trotz aller vorhersehbarer Mühe: Viel Freude und gutes Gelingen bei der Arbeit mit dem Spiel!

„Habe Mut zu der Arbeit
und such' deinen eigenen Weg.
Erkenne dich selbst,
bevor du Kinder zu erkennen trachtest."
Janusz Korczak

1. Begleitung auf dem Lebensweg

Ursprünglich beinhaltete das althochdeutsche „bileiten" zugleich „leiten und führen". Später wurde die alte Bedeutung umgewandelt zu „mitgehen, ergänzend mitspielen". Der Begriff 'Begleitung' ist ähnlich dem der 'Pädagogik', aus dem Griechischen »pais« (Knabe, Nachkomme) und »again« (führen, leiten, begleiten). Der Pädagoge (paidagogos) war im buchstäblichen Sinne ein Begleiter von Knaben, d.h. einer, dem die Kinder auf dem Schulweg anvertraut waren und der ihnen auf diesem Weg einen Teil ihrer Lasten, ihres Unterrichtsmaterials, trug. Der Fachausdruck 'Pädagogik' (griech.: paidagogike techne = Führungskunst) wurde erst im 18. Jh. in Abgrenzung des erziehungswissenschaftlichen Bereiches gegenüber der Theologie gebräuchlich.

Insofern erscheint der Begriff 'Heilpädagogische Begleitung' wie eine Tautologie, den gleichen Sachverhalt, nämlich leiten, begleiten, führen zweimal und damit überflüssig wiedergebend. 'Heilpädagogisch' soll hier jedoch beschreiben, *wie* diese Art und Weise der Begleitung verstanden werden soll: Es geht nicht um ein 'Nebenherlaufen' und 'Mitschleppen' von Gegenständen, sondern um ein 'Schritthalten', 'Ergänzen', 'Mitspielen' mit jemandem, um 'Unterstützen', 'Leiten' und 'Führen' eines Menschen auf seinem Lebensweg, den er allein (noch) nicht oder nicht mehr gehen kann.

Ein eindruckvolles Beispiel für 'Begleitung auf dem Lebensweg' eines jungen Menschen ist die biblische Erzählung des alttestamentarischen Buches Tobit, die um 500 - 200 v. Ch. entstand, also vor etwa 2.300 Jahren. Sie dient als Beispiel dafür, wie „heilpädagogische Begleitung" verstanden werden soll.

Ich wähle diese Erzählung aus einem der Weisheitsbücher[1] des Abendlandes aus, weil Bewusstsein und Gefühl des heutigen Menschen häufig durch einen schmerzlichen Zwiespalt zerrissen scheinen: Sinneserfahrung und Geisteserfahrung gelangen nicht mehr zur Dekkung. Mit seinen Augen nimmt der Mensch häufig nur noch das Äußere der Dinge war. Es fällt schwer - wie ein Kind - die Dinge zu 'beseelen', d.h. sie in ihren grundlegenden Qualitäten zu erfassen und in ihren möglichen 'Be-deutungen' für sich und andere zu erschließen. Das Denken des Menschen ist teilweise so abstrakt geworden, dass das Leben von vielen trotz äußerer Fülle und massenhaften glückversprechenden Angeboten als leer, hohl, schal und sinnlos erfahren wird. Es scheint, als sei der moderne Mensch seinem Wurzelgrund entrissen, sozusagen 'abgehoben' und sehne sich nach seiner verloren gegangenen Basis zurück. Die Sucht (nach dem Millionengewinn, nach dem Schnäppchen, nach der Urlaubsinsel als Ort der Geborgenheit, nach dem Abenteuer-"kik", nach dem „super-flow" in Extremsportarten oder dem „trip" auf den Flügeln der Droge) mag Ausdruck für die eigentliche *Suche* nach Erfüllung, Glück und Zufriedenheit sein.

Wer darum anderen Menschen, vor allem Kindern und Jugendlichen, die sich zerrissen und deshalb 'entnervt', 'krank', 'überflüssig', 'gestört', 'beeinträchtigt' oder 'behindert' fühlen als „ganzer" Mensch begegnen will, um ihnen auf ihrem Lebensweg Begleiter/in, Führer/in oder Helfer/in zu sein, wird sich fragen müssen, wie er sich dazu befähigen kann, wenigstens in Ansätzen jene 'große Einheit in der Zwienatur' von Sinnhaftigkeit und Geistigkeit für sich und andere erfahrbar zu machen.

Diese Einheit wird im *Symbol* erfahren. Wer darum eine symbolische Sicht der Gegenwart zu entwickeln vermag, wird mit sich selber einig und kann auch anderen von dieser Einheit mitteilen. Symbole bilden ja nicht nur einzelne Buchstaben einer Ausdrucksweise, son-

[1] Zu weiteren Weisheitsbüchern unseres Kulturkreises zähle ich die Sagen des klassischen Altertums (griechische Mythologie), die germanischen und mittelalterlichen Mythen und Sagen sowie die Märchensammlung der Brüder Grimm, die ich jeder Heilpädagogin und jedem Heilpädagogen für sich persönlich, aber auch zum Verstehen des Menschwerdens auf dem Lebensweg, zu lesen empfehle.

dern vielmehr eine *organische Sprache,* mit einer Grammatik, die die *Worte* zu einer sinnvollen *Bild-Einheit* zusammenfügt. Einst wurde diese *Weltsprache* allgemein verstanden. Die Mythen der Babylonier, Inder, Ägypter, Hebräer und Griechen sind in der gleichen Sprache geschrieben wie etwa die der indianischen Aschantis und Irokesen. Heute jedoch muss diese Sprache aus den noch vorhandenen Resten neu gefügt und gelehrt werden, denn sie bleibt - trotz aller wissenschaftlichen Abstraktion - die eigentliche Ursprache der Menschheit. „Ich halte... die Symbolsprache für die einzige Fremdsprache, die jeder von uns lernen sollte. Wenn wir sie verstehen, kommen wir mit dem Mythos in Berührung, der eine der bedeutsamsten Quellen der Weisheit ist, wir lernen die tieferen Schichten unserer eigenen Persönlichkeit kennen. Tatsächlich verhilft sie uns zum Verständnis einer Erfahrungsebene, die deshalb spezifisch menschlich ist, weil sie nach Inhalt und Stil der ganzen Menschheit gemeinsam ist.“ (FROMM 1981, 15)

Wie aber müsste eine Sprache beschaffen sein, die als Ausdruck dessen, was alle Menschen zu allen Zeiten und was alle Völker und Kulturen bewegte, *dienen* kann? Sie müsste Antwort geben können auf den (oft unausgesprochenen!) Satz: „Ich verstehe die Welt und mich selbst nicht mehr!“, also dem Ausdruck menschlicher Sinnkrisis. Sie müsste all das ‘zusammenwerfen’ (Symbol stammt vom griechischen ‘symballein’ = zusammenwerfen), was alle Menschen zu erleben und zu erfahren vermögen: Ihre Um- und Innenwelt, ihre Schicksale, das Offenbare der Natur und das Verborgene des Menschenherzens, die Ängste, Hoffnungen, das eingeborene Vorwissen des Menschen, die Einsicht in den Wandel der Dinge, Geburt und Tod, Tag und Nacht, Liebe und Hass, Zyklen der Natur und der Seele, die Anfänge, Höhen und die Tiefen des Leides und das Ende aller Dinge auch im Geheimnis von Kreuz-Weg und Auferstehung.

Ein wesentlicher Versuch, die Symbolsprache für die heilpädagogische Arbeit (er)lebbar und vermittelbar zu machen, kann unter anderem im *Spiel* geschehen, wenn wir Spiel als menschliches Existenzial

und als symbolischen Ausdruck des menschlichen Lebensweges verstehen, wie es z.B. im Lied heißt:
„Nehmt Abschied... ungewiss ist alle Wiederkehr. Die Zukunft liegt in Finsternis und macht das Herz uns schwer... Der Himmel wölbt sich über Land, ade, auf Wiedersehn, wir ruhen all in Gottes Hand... Die Sonne sinkt, es steigt die Nacht, vergangen ist der Tag. Die Welt schläft ein und leis erwacht der Nachtigallen Schlag... So ist in jedem Anbeginn das Ende nicht mehr weit, wir kommen her und gehen hin und mit uns geht die Zeit... Nehmt Abschied... schließt den Kreis, das Leben ist ein Spiel. Wer es recht zu spielen weiß, gelangt ans große Ziel..."
In diesem alten Lied wird der *Lebensweg* des Menschen *zugleich als Ziel* beschrieben. In diesem Sinn ist auch die folgende biblische Geschichte zu begreifen, die ich aus dem genannten Grund an den Anfang der „Heilpädagogischen Begleitung im Spiel" stelle. Die Geschichte ist rasch erzählt:

Der alte jüdische Vater Tobit ist während seiner langjährigen Verbannung in der heidnischen Stadt Ninive erblindet. Er denkt über seinen Tod nach, fühlt sich trotz seines Strebens nach Gerechtigkeit von Gott verlassen und will sterben. Er hat einen Sohn, Tobias mit Namen. Ein Verwandter von ihm, Raguel, der weit entfernt wohnt, hat eine Tochter, Sara, der nacheinander, jeweils am Abend der Hochzeit, sieben Männer wegstarben, getötet durch den Dämon Ashmodai[1]. Sara wurde von ihren Mägden beschimpft: Du hast die Männer erwürgt, hoffentlich bekommst du

[1]Mythologisch gesehen könnte es sich hier um eine Bildbeschreibung über die Auseinandersetzung zwischen den ursprünglichen Religionen der „Großen Göttin" gegenüber dem hebräisch-männlichen Gott „Jahwe-Elohim" handeln. Als die Hebräer etwa 1200 v. Ch. in das verheißene Land Kanaan einfielen, begannen sie den als heiligen Krieg beschriebenen Kampf gegen die 'falschen' Götter der Kanaaniter, an deren Spitze die „Mutter der Götter", Ashera, ihre Tochter Astarte (hebräisch Ashtoret) und ihr Sohn Baal standen. Im Mythos der sumerischen Lilitu, jüdisch Lilith, der ersten Frau Adams, wird ihr Konflikt mit Jahwe erzählt: Sie weigerte sich, ihre Unterlegenheit unter das männliche Prinzip hinzunehmen und verlangte, beim Geschlechtsverkehr mit Adam obenauf zu sein. Deshalb musste sie den Himmel und ihre Kinder verlassen und wurde in ihrem neuen Leben die Geliebte des Meeresdämons Ashmodai. Um sich für den Verlust ihrer himmlischen Kinder zu rächen, ließ sie Männer im Schlaf ejakulieren, vergeudete ihren Samen oder stahl ihr Sperma, um sich selbst zu befruchten und Dämonen zu gebären. Die so ihrer Zeugungskraft beraubten Männer waren quasi „wie tot" und mit ihnen war ihr Stamm, ihre Nachkommenschaft erloschen. Lilith, die aus dem Bewusstsein der Menschen verbannte Urmutter, hatte ihre Macht an ihnen bewiesen. (vgl. HUSAIN 1998, 100)

nie ein Kind! Als Sara das hörte, wurde sie so traurig, dass sie sich erhängen wollte. Aber sie dachte: Ich bin die einzige Tochter meines Vaters. Wenn ich das täte, wäre es eine große Schande für ihn und ich wäre Schuld daran, dass der alte Mann vor Kummer ins Grab sinkt.

Tobit, der alte, in der Fremde gefangene blinde Mann und Sara, die ihrer Liebesfähigkeit und Fruchtbarkeit beraubte junge Frau, beide flehen zur gleichen Zeit, Gott möge sie aus ihrem Unglück erlösen und ihrem Leben ein Ende bereiten. Aus diesem zweifachen Unglück und auf das Gebet beider hin lässt Gott große Freude entstehen: Er sendet seinen Engel Rafael (der Name bedeutet „Gott heilt"), zu Tobias, dem Sohn Tobits. Rafael begleitet Tobias auf dem Weg und gibt ihm das Mittel an die Hand, mit dem er das Herz Saras gewinnen und die Blindheit seines Vaters heilen kann, damit alle 'sehend' und damit 'fruchbar' werden.

Besonders bedeutsam in dieser Geschichte ist *die Art und Weise der Wegwanderung* des Tobias mit Rafael, seinem Begleiter, die im Folgenden verkürzt und textlich vereinfacht widergegeben wird.

Sie beginnt damit, dass der Vater Tobit, der sein Leben zu beenden meint, sich an das Geld erinnert, das er auf seiner Flucht bei seinem Freund Gabael hinterlegt hat. Er gibt nun seinem Sohn Tobias - mit vielen Ermahnungen, wie er sein Leben nach dem Tod des Vaters zu führen habe - den Auftrag, das besagte Geld (zehn Talente Silber!) zu holen. Tobias antwortete ihm: Ich will alles tun, Vater, was du mir aufgetragen hast. Aber wie soll ich das Geld holen? Ich kenne Gabael doch nicht. Da gab ihm der Vater den Schuldschein und sagte: Such jemand, der mit dir auf die Reise geht... Tobias ging auf die Suche nach einem Begleiter und traf dabei Rafael; Rafael war ein Engel, aber Tobias wusste es nicht. Er fragte ihn: Könnte ich mit dir ins Land der Meder reisen? Bist du mit der Gegend dort vertraut? Der Engel antwortete: Ich will mit dir reisen; ich kenne den Weg und war schon bei unserem Bruder Gabael zu Gast. Tobias bat ihn: Wart auf mich, ich will es meinem Vater sagen. Der Engel antwortete ihm: Geh, aber halte dich nicht auf!

Aufgabe 1

Was bedeutet Ihnen diese pädagogische Situation, in der Tobias sich rückversichern will und sein Begleiter ihn mahnt, sich nicht aufzuhalten?

Tobias ging nach Hause und sagte zu seinem Vater: Ich habe einen Mann gefunden, der mit mir reisen will. Da sagte der Vater: Ruf ihn her zu mir! Ich möchte wissen, aus welchem Stamm er kommt und ob er auch zuverlässig genug ist, um dich zu begleiten. Tobias holte den Engel; Rafael kam und sie begrüßten einander. Tobit fragte ihn: Bruder, aus welchem Stamm und aus welcher Familie kommst du? Sag es mir! Da erwiderte Rafael: Geht es dir um den Stamm und die Familie oder um einen Mann, der gegen eine Entlohnung mit deinem Sohn auf die Reise geht?

Aufgabe 2

Wie erklären Sie sich die brüske Antwort des Rafael gegenüber der Frage von Tobias' Vater? Was mag den Begleiter zu seiner Rückfrage bewogen haben?

Tobit sagte: Bruder, ich möchte nur deine Herkunft und deinen Namen wissen. Da sagte ihm Rafael seine Herkunft und seinen Namen. Darauf sagte Tobit: Sei willkommen, mein Bruder! Sei mir nicht böse, dass ich nach deiner Herkunft gefragt habe. Ich sehe, dass du aus einem guten und edlen Geschlecht stammst... Aber sage mir: Welchen Lohn soll ich dir geben? Eine Drachme täglich und dazu den Lebensunterhalt, wie ihn auch mein Sohn erhält? Ich will dir aber noch etwas zu deinem Lohn hinzugeben, wenn ihr gesund zurückkehrt. So einigten sie sich.

Darauf sagte Tobit zu Tobias: Mach dich fertig zur Reise! Ich wünsche euch alles Gute auf dem Weg. Als der Sohn alles für die Reise vorbereitet hatte, sagte sein Vater zu ihm: Mach dich mit dem Mann auf den Weg! Gott, der im Himmel wohnt, wird euch auf eurer Reise behüten; sein Engel möge euch begleiten. Da brachen die beiden auf und der Hund des jungen Tobias lief mit.

Hanna aber, die Mutter des Tobias, weinte und sagte zu Tobit: Warum hast du unseren Sohn weggeschickt? War er nicht die Stütze unseres Alters, als er noch bei uns ein- und ausging? Wir hätten dieses Geld gar nicht gebraucht; denn es ist nichts, verglichen mit dem Leben unseres Sohnes. Was uns der Herr zum Leben gegeben hat, reicht für uns. Tobit antwortete: Mach dir keine Sorgen, Schwester, er wird gesund zurückkommen und du wirst ihn wiedersehen. Denn ein guter Engel begleitet ihn und seine Reise wird ein gutes Ende nehmen... Da hörte sie auf zu weinen.

Tobias und Rafael kamen auf ihrer Reise abends an den Tigris, einen großen Fluss, wo sie übernachteten. Als der junge Tobias baden wollte, schoss ein Fisch aus dem Wasser hoch und wollte ihn verschlingen. Der Engel rief Tobias zu: Pack ihn! Da packte der junge Mann zu und warf den Fisch ans Ufer. Und der Engel sagte zu Tobias: Schneide den Fisch auf, nimm Herz, Leber und Galle heraus und bewahre sie gut auf! Der junge Tobias tat, was ihm der Engel sagte. Dann brieten sie den Fisch und aßen ihn.

Aufgabe 3
Was fällt Ihnen am Verhalten des Wegbegleiters auf?

Als sie weiterreisten... fragte der junge Tobias den Engel: Asarja, lieber Bruder, wozu sollen die Leber, das Herz und die Galle des Fisches gut sein? Rafael antwortete: Wenn ein Mann oder eine Frau von einem Dämon[1] gequält wird, soll man das Herz und die Leber in Gegenwart dieses Menschen verbrennen; dann wird er von der Plage befreit. Und wenn jemand weiße Flecken[2] in den Augen hat, soll man die Augen mit der Galle bestreichen; so wird er geheilt.

Als sie in der Nähe der Stadt Ekbatana waren, sagte der Engel zu dem jungen Tobias: Bruder, heute werden wir bei deinem Verwandten Raguel übernachten. Er hat nur ein einziges Kind, eine Tochter namens Sara. Ich will mit ihm reden, dass er sie dir zur Frau geben soll. Denn dir steht ihr Erbe zu, weil du ihr einziger Verwandter bist. Das Mädchen ist schön und klug. Darum hör mir zu! Ich will mit ihrem Vater sprechen und wenn wir aus Rages (der Stadt, in der Tobias Vater sein Geld zur Aufbewahrung gegeben hatte) zurück sind, feiern wir die Hochzeit. Denn ich weiß, dass Raguel sie nach dem Gesetz des Mose keinem anderen Mann geben darf, sonst wird er mit dem Tod bestraft; denn du hast vor allen anderen Anspruch auf ihr Erbe. Der Junge Tobias antwortete: Asarja, Bruder, ich habe gehört, dass

[1] Dämon: (griech. „daimonion“, göttliches Wesen) Wesen zwischen Gott und Mensch, ein auf jemanden große Macht ausübender Geist, der vom Menschen Besitz ergriffen hat, sein Leben beherrscht, und der ihn deshalb zum ‘Besessenen‘ macht. Nach Sokrates eine Art innerer, göttlicher Stimme, eine moralische Instanz, die es erlaubt, das Gute vom Schlechten bzw. nicht Richtigen zu unterscheiden (Gewissen). Psychologisch auch eine unbestimmte Personifizierung menschlicher Seelenkräfte, Anteile, die der Mensch in sich unterdrückt und nicht sehen will, so dass diese oftmals in anderen Menschen stellvertretend bekämpft werden; auch: das „Böse“ im Menschen. Ursprünglich konnten Dämonen Gutes und Böses bewirken, später galten sie als Gegenbild der Engel, als ‘gefallene’ Engel.

[2] Leukom: dichte, weißliche Hornhautnarbe nach Verletzung oder Entzündung, die mit einer Beeinträchtigung des Sehvermögens, Blendungsüberempfindlichkeit und Tränenfluss einhergeht.

das Mädchen schon sieben Männern versprochen war, die aber alle im Brautgemach gestorben sind. Ich bin der einzige Sohn meines Vaters und ich weiß, dass ich ebenso sterben muss wie die anderen Männer, wenn ich das Brautgemach betrete. Ein Dämon liebt sie und bringt alle um, die ihr nahe kommen. Darum habe ich Angst, dass ich sterben muss und dass ich dann meinen Vater und meine Mutter aus Kummer um mich ins Grab bringe. Sie haben keinen zweiten Sohn, der sie dann begraben könnte. Da sagte der Engel zu ihm: Erinnerst du dich nicht mehr, wie dein Vater dir aufgetragen hat, nur eine Frau aus deinem Volk zu heiraten? Darum höre jetzt auf mich, Bruder! Sie wird deine Frau werden. Höre auf mich; ich will dir zeigen, wodurch der Dämon überwältigt werden kann: Jene nämlich, die ihre Ehe so vollziehen, dass sie Gott von sich und von ihrem Sinnen ausschließen und die sich ihrer Lust so hingeben wie Pferd und Maultier, die keinen Verstand haben, über jene hat der Dämon Gewalt. Wenn du sie aber zu dir nimmst, gehe ins Brautgemach, enthalte dich von ihr drei Tage lang und gib dich zusammen mit ihr nur dem Gebet hin. In der ersten Nacht aber wird der Dämon durch Rauch der Fischleber vertrieben werden. In der zweiten Nacht wirst du zugelassen werden zur Gemeinschaft der heiligen Patriarchen. In der dritten Nacht aber wirst du gesegnet werden, dass aus euch gesunde Kinder geboren werden. Nach der dritten Nacht sollst du in der Furcht des Herrn die Jungfrau nehmen, mehr von Kinderliebe als von Leidenschaft geleitet, auf dass du den Segen des Geschlechtes Abraham über deine Kinder bringst. Hab also keine Angst. Das Mädchen ist schon immer für dich bestimmt gewesen. Du wirst sie aus der Not befreien, sie wird mit dir ziehen und wird dir gewiss Kinder schenken. - Als Tobias das hörte, fasste er Zuneigung zu dem Mädchen und sein Herz gehörte ihr.

Als sie in Ekbatana beim Haus Raguels ankamen, kam ihnen Sara entgegen und hieß sie willkommen. Saras Eltern fiel die Ähnlichkeit des jungen Tobias mit ihrem Vetter Tobit auf. Man nahm die Gäste herzlich auf. Mit großer Freude umarmten sie sich und weinten Tränen des Mitleids, als sie von der Erblindung Tobits hörten. Darauf drängte Tobias - trotz aller Vorbehalte von Saras Vater, der ein weiteres Unglück für seine Tochter befürchtete - dass ihm Sarah als Frau versprochen wurde. So wurde der Ehevertrag unterzeichnet. Als Sara ihr Brautgemach betrat, begann sie zu weinen. Ihre Mutter Edna trocknete ihr die Tränen und tröstete sie: hab vertrauen mein Kind! Nach so viel Leid schenke dir der Herr des Himmels und der Erde endlich Freude. Hab nur Vertrauen, meine Tochter.

Nach der Mahlzeit führten sie Tobias zu Sara. Als er hinein ging, erinnerte er sich an die Worte Rafaels; er nahm etwas Glut aus dem Räucherbecken, legte das Herz und die Leber des Fisches darauf und ließ sie verbrennen. Sobald der Dämon den Geruch spürte, floh er in den hintersten Winkel Ägyptens; dort wurde er von dem Engel gefesselt.

Als Tobias und Sara in der Kammer allein waren, beteten Sie. Und Tobias sagte: Herr, du hast Adam erschaffen und hast ihm Eva zur Frau gegeben, damit sie ihm hilft und ihn ergänzt. Von ihnen stammen alle Menschen ab. Du sagtest: Es ist nicht gut, dass der Mensch allein ist; wir wollen für ihn einen Menschen machen, der ihm hilft und zu ihm passt. Darum, Herr, nehme ich diese meine Schwester auch nicht aus reiner Lust zur Frau, sondern aus wahrer Liebe. Hab Erbarmen mit mir, und lass mich gemeinsam mit ihr ein hohes Alter erreichen! Und Sara sagte zusammen mit ihm: Amen. Und beide schliefen die Nacht über miteinander.

Morgens aber stand Saras Vater Raguel auf und hob ein Grab aus, weil er dachte, auch Tobias sei - wie die anderen Männer - gestorben. Dann bat er seine Frau, sie solle eine Magd ins Brautgemach schicken um nachzusehen, was geschehen sei. Die Magd öffnete die Tür, ging hinein, sah, dass die beiden schliefen und meldete den Eltern, dass Tobias noch am Leben sei. Da pries Raguel Gott: Sei gepriesen, weil du mit diesen beiden Menschen Erbarmen hattest, die die einzigen Kinder ihrer Eltern sind. Herr, hab Erbarmen mit ihnen, und lass sie ihr Leben in Gesundheit und Freude verbringen... Und er befahl seinen Knechten, das Grab wieder zuzuschütten. - Er veranstaltete für das Paar ein Hochzeitsfest, das vierzehn Tage dauerte und beschwor Tobias, nicht vorher abzureisen. Dann solle er die Hälfte seines Vermögens in Empfang nehmen und zu seinem Vater zurückkehren. Das Übrige, sagte er, wirst du erhalten, wenn ich und meine Frau tot sind.

Daraufhin bat Tobias Rafael, allein zu seinem Verwandten Gabael weiter zu reisen und das Geld zu holen, damit sich sein Vater Tobit nicht allzu große Sorgen mache, weil er so lange fort bliebe. Rafael nahm den Auftrag an und reiste ab, legte Gabael den Schuldschein vor und erhielt von ihm die versiegelten Beutel mit Silber. Und Gabael reiste mit Rafael, um an der Hochzeit von Tobias und Sara teilzunehmen.

Tobit zählte die Tage und machte sich große Sorgen. Seine Frau sagte zu ihm: Unserem Sohn ist etwas zugestoßen; deshalb kommt er nicht. Sie begann schon, ihn zu beweinen und klagte: Alles ist mir gleichgültig geworden, mein Kind, seit ich dich, das Licht meiner Augen, weggehen ließ. Tobit sagte zu ihr: Sei ruhig, mach dir keine Sorgen; es geht ihm gut. Sie aber antwortete: Schweig, du kannst mich nicht täuschen. Meinem Sohn ist etwas zugestoßen. Und sie lief jeden Tag hinaus auf den Weg, auf dem er fortgezogen war. Tagsüber aß sie nichts und in der Nacht hörte sie nicht auf, um ihren Sohn Tobias zu klagen, bis schließlich die vierzehn Tage der Hochzeitsfeierlichkeiten um waren, die Tobias auf die beschwörenden Bitten Raguels hin in Ekbatana verbrachte.

Nun sagte Tobias: Lass mich zu meinem Vater zurückkehren. Da stand Raguel, der ihn zuerst nicht ziehen lassen wollte, auf, vertraute ihm Sara als seine Frau an und gab ihm die Hälfte seines Vermögens: Sklaven, Vieh und Geld. Zum Abschied segnete er sie und sagte: Meine Kinder, der Gott des Himmels möge euch mit Kindern segnen, ehe ich sterbe. Und zu seiner Tochter sagte er: Halte deine Schwiegereltern in Ehren; von jetzt an sind sie deine Eltern. Ich möchte immer nur Gutes von dir hören. Und er küsste sie. Edna, Saras Mutter, sagte zu Tobias: Lieber Bruder, der Herr des Himmels geleite dich nach Hause. Er schenke dir das Glück, dass ich von dir und meiner Tochter Sara noch Kinder sehe; ich werde mich freuen und dem Herrn danken. Ich vertraue dir meine Tochter an. Mach ihr keinen Kummer! Dann reiste Tobias ab.

Als sie auf ihrer Heimreise in die Nähe der Stadt Ninive kamen, sagte Rafael zu Tobias: Weißt du noch, Bruder, wie es deinem Vater ging, als du ihn verlassen hast? Wir wollen deshalb deiner Frau vorausgehen und das Haus für ihren Empfang vorbereiten. Nimm auch die Galle des Fisches mit! Sie machten sich auf den Weg und der Hund, der sie auf dem Weg begleitet hatte, lief vor ihnen her, und gleichsam als Bote ankommend, wedelte er vor Freude mit seinem Schwanz.

Hanna saß am Weg. Als sie Tobias kommen sah, rief sie seinem Vater zu: Dein Sohn kommt zurück und mit ihm der Mann, der ihn begleitet hat. Rafael aber sagte zu Tobias: Ich weiß, dein Vater wird wieder sehen können. Streich ihm die Galle auf die Augen! Sie wird zwar brennen, aber wenn er sich die Augen reibt, wird er die weißen Flecken wegwischen und wird dich wieder sehen können.

Hanna war inzwischen herbeigeeilt und rief: Ich habe dich wiedergesehen, mein Sohn, jetzt kann ich ruhig sterben. Und beide brachen in Tränen aus. Auch Tobit versuchte, ihm entgegen zu gehen, stolperte aber an der Tür. Da lief ihm sein Sohn entgegen und fing ihn auf. Und er strich seinem Vater die Galle auf die Augen und sagte: Hab keine Angst, mein Vater! Tobit rieb sich die Augen, weil sie brannten; da begannen die weißen Flecken sich von den Augenwinkeln aus abzulösen. Und er konnte seinen Sohn sehen, fiel ihm um den Hals und pries Gott unter Tränen. Voll Freude ging der Sohn mit seinem Vater ins Haus und erzählte ihm, was für wunderbare Dinge er erlebt hatte. Dann begrüßte Tobit seine Schwiegertochter Sara und alle, die ihn sahen, staunten, dass er nach acht Jahren Blindheit wieder sehen konnte.

Danach rief Tobit seinen Sohn zu sich und sagte: Mein Sohn, vergiss nicht den Lohn für den Mann, der dich begleitet hat. Du musst ihm aber mehr geben, als wir ihm versprochen haben. Tobias antwortete: Vater, ich werde keinen Schaden erleiden, wenn ich ihm die Hälfte von all dem gebe, was ich mitgebracht habe. Denn er hat mich gesund zu dir zurückgebracht; er hat meine Frau geheilt; er hat mein Geld abgeholt und auch dich hat er geheilt. Da sagte Tobit: Ja, er hat es verdient. Dann rief er den Engel zu sich und sagte: Nimm die Hälfte von allem, was ihr mitgebracht habt.

Rafael aber nahm die beiden beiseite und empfahl ihnen, Gott zu loben, seinen Namen unter den Menschen zu verkünden und seine Taten zu preisen. Er sagte: Es ist gut, das Geheimnis eines Königs zu wahren; die Taten Gottes aber soll man offen rühmen. Und er erzählte beiden von allem, was der Vater Tobit an barmherzigen Taten an seinen Mitmenschen vollbracht hatte und sagte: In allem, was du tatest, war ich in deiner Nähe. Ich bin einer von Gottes Engeln. Nicht weil ich euch eine Gunst erweisen wollte, sondern weil unser Gott es wollte, bin ich zu euch gekommen. Ich bin sein Gesandter. Während der ganzen Zeit, in der ihr mich gesehen habt, habe ich nichts gegessen und getrunken. Man sah mich zwar mit euch essen und trinken, ich aber bediente mich unsichtbarer Speise und eines Trankes, der von den Menschen nicht gesehen werden kann. So habt ihr also nur eine Erscheinung gesehen. Da erschraken die beiden und fielen voller Furcht vor ihm nieder. Als sie wieder aufstanden, sahen sie ihn nicht mehr. Und sie verkündeten überall, welch große und wunderbare Dinge ihnen widerfahren waren und dass ihnen der Engel des Herrn erschienen war. (Die Bibel: Buch Tobit)

Aufgabe 4
Wie hilft uns diese Geschichte bei unserem Nachdenken über heilpädagogische Begleitung im Spiel, verstanden als „Begleitung auf dem Lebensweg“? Tauschen Sie Ihre Eindrücke und Vermutungen aus.

Der Vater, Tobit, sendet seinen Sohn, sein lebendiges Abbild, ‘in die Welt’, nachdem er zu dem Schluss gekommen ist, dass sein Leben ‘in der Gefangenschaft' und mit 'Totengräberei' ihm nichts mehr zu bieten habe. Tobias, der Sohn antwortet: „Ich kenne meine Verwandten nicht..." Er tut kund, dass er ein Unwissender ist, der sich noch nicht mit seiner Herkunft und seiner 'Mitgift', seinem 'Mitgegebenen' und 'Aufgegebenem', seinem Erbe auseinandergesetzt hat. Bisher tat er, was man ihn geheißen hat, er war ein folgsamer Sohn seiner Eltern. Nun plötzlich eine solche Herausforderung! Er „kennt keine Verwandten", wie jemand, der nicht Herr seiner Sinne ist zu unterscheiden, was er als Erbe in sich trägt und wen er vor sich hat. Kurz: Tobias 'hat keine Ahnung', wer er ist, welche Kräfte in ihm schlummern, was er tun muss, um erwachsen zu werden. Der Auftrag seines Vaters macht ihm Angst. Er soll in ein 'fremdes Land', ins Unbekannte bzw. 'Unbewusste', dorthin also, wo er bisher noch nie gewesen ist. Er soll seine ihm mitgegebenen Möglichkeiten und Grenzen, sein 'Vermögen' und seinen 'Schatten', die lichten und die dunklen Anteile in sich, kennen lernen und erproben. Das kann er alleine unter den gegebenen Umständen nicht schaffen. Er muss einen Begleiter suchen, der sich 'auskennt'.

Der Wegbegleiter handelt nicht aus eigenem Antrieb, sondern weil er sich gesendet weiß, d.h. er ist jemand, der 'im Auftrag' handelt. Diesem Auftrag bleibt er treu. Dabei setzt er seine ganze Kraft in die Erfüllung seiner Aufgabe und achtet darauf, seine –> Legitimation (HpE) [1] stets zu überprüfen. Auf diese Weise schützt er sich vor willkürlichen und anmaßenden Ausschreitungen in Erledigung seiner Sache, denn er weiß sich selbst der Rechenschaft über sein Handeln schuldig. Dabei hält er sich genau an den ausgehandelten –> Vertrag (HpE) und bleibt dem Gesetz der Väter treu.

Tobias fragt den Begleiter, ob er mit seiner Aufgabe 'vertraut' ist. Das bedeutet: Traust du dir selber über den Weg, auf dem du mich begleiten willst? Denn die Treue zu sich selber, die die Kenntnis der eigenen Person in ihren gegebenen und erworbenen Kompetenzen, ihren Stärken und Schwächen gleichermaßen einschließt, ist

[1] Die mit einem Hinweispfeil (–>) gekennzeichneten Begriffe können in ihrer Bedeutung und ihrem umfänglichen Zusammenhang nachgelesen werden in: W. KÖHN (2001): Heilpädagogische Erziehungshilfe und Entwicklungsförderung (HpE) - ein Handlungskonzept, Heidelberg: Universitätsverlag C. Winter

der beste Ausweis, einem solchen zur Persönlichkeit herangereiften Begleiter gegenüber Vertrauen zu entwickeln. Der Begleiter bejaht die Frage: Ich will mit dir reisen; ich kenne den Weg! Diese eindeutige und ohne Umschweife gegebene Antwort weist den Begleiter zugleich als einen aus, der den Mut hat, sich allen Widerwärtigkeiten und Gefahren des Weges zum Trotz Seite an Seite mit dem ihm anvertrauten Menschen auszusetzen und alle Abenteuer mit ihm zu bestehen.

Als Tobias sich bei seinem Vater rückversichern will, sagt der Begleiter zu ihm: Geh, aber halte dich nicht auf! Er tut damit unmissverständlich kund: Wer sich auf den Lebensweg begeben will, der darf sich nicht 'umdrehen', zurückblicken und in die Obhut seiner Eltern flüchten. Er muss sich entscheiden, seinen ureigenen Weg zu gehen, von dem niemand weiß, wo und wie er endet, mag auch die Wegstrecke ein Stück weit überschaubar erscheinen und ein Ziel bestimmt sein. Zugleich macht der Begleiter darauf aufmerksam, dass er nicht beliebig viel Zeit hat, denn er ist gekommen, seine Aufgabe zu erfüllen, nicht herumzutrödeln mit 'wenn und aber'. Es ist offensichtlich, dass es sich hier um eine wirkliche Entscheidung handelt: Tobias muss sich von seinen Eltern trennen und diese müssen ihn gehen lassen. Wie schwer ihnen dies fällt, wird am Verhalten von Mutter und Vater deutlich: Sie verheimlichen sogar ihre Sorge um ihren einzigen Sohn voreinander und die Mutter, die den Sohn nicht in die Welt ziehen und sein Glück machen lassen wollte, aus Angst vor dem Alleinsein nach dem Tod ihres Mannes, macht Tobit Vorwürfe dass er ihn gehen ließ „des Geldes wegen". Dennoch versteckt sich hinter ihrer Sorge um das Wohl des Sohnes nicht minder die Sorge um sich selbst: „War er nicht die Stütze unseres Alters, als er noch bei uns aus- und einging?" Oftmals verbirgt sich hinter der Angst der Eltern vor dem Kindesverlust die Eigensüchtigkeit: Kinder werden als Besitz, als Erbe und damit als 'Lebensversicherung' angesehen. Das alte Sprichwort: „Eine Mutter kann sieben Kinder ernähren, aber sieben Kinder nicht eine Mutter" zeugt von dieser Haltung, die in alten Tagen unter den gefährdeten Lebensbedingungen sicher nicht unberechtigt, aber nicht minder eigennützig war, bis auf den

heutigen Tag: „Was habe ich nicht alles für dich getan, und wie dankst du mir das?“
Wir erleben auch, dass die Sorge um das ‘behinderte’ Kind zum Lebensmittelpunkt der Eltern wird: Die ursprünglichen Lebenswünsche und -pläne werden aufgegeben, die Eltern sagen: „Alles hat sich seitdem verändert..., wir sind doch verpflichtet, uns zu kümmern..., wir können nicht anders..., wir haben in der Sorge um unser Kind unsere Beziehung aus dem Auge verloren..., unsere anderen Kinder fühlen sich vernachlässigt und bereiten uns Kummer...“ Sehr oft verstecken sich hinter diesen Worten und Gedanken Gefühle der Hilflosigkeit und des Versagens gegenüber dem ‘Schicksal’, personifiziert im ‘behinderten’ Kind, die Angst, letztendlich dem Leben, auch den eigenen Lebensansprüchen und Wünschen nicht zu genügen, versagt zu haben und selber unterzugehen. Solche Gefühle, die wiederum heimliche Schuldgefühle hervorrufen, müssen oft abgewehrt und durch Neid und Haß auf andere, ja auch auf den Partner und das ‘behinderte’ Kind selber übertragen werden: „Sowas darf ich gar nicht denken... wenn ich daran denke, dann könnte ich... ich kenne mich dann selber nicht wieder...“ usw. So müssen die Eltern einen Weg finden, ihre schwere Last zu tragen und sie tun dies oftmals, indem sie noch eifriger, geradezu unnachgiebig bestrebt sind „das Richtige“ zu tun, um dadurch ihren inneren Mangel zu kompensieren, auszugleichen und so vor sich selbst und anderen als „gerechtfertigt“ zu erscheinen.
So nicht nur Tobias’ Mutter Hanna mit ihren Vorwürfen, sondern auch Tobit, der Vater: Er lebt in der Verbannung, verschleppt in ein fremdes Land, ohne Freunde und ohne Freude, besorgt darum, die Reste seines Volkes zusammenzuhalten und ihrer Armut von seinem Besitz mitzuteilen. Er begräbt die Toten, die der feindliche König hatte hinrichten lassen und muss fliehen. Und als er nach dem Tod des Tyrannen seine Familie wiedersieht, die ihm ein Festmahl bereitet, beginnt er ob seines Schicksals zu weinen und klagt: „Eure Feste sollen sich in Trauer verwandeln und alle eure Freudenlieder in Totenklage.“ Und er erzählt über sein Schicksal selber: „Nach Sonnenuntergang ging ich hinaus, um ein Grab zu schaufeln, und begrub

den Toten (einen seines Volkes, den man auf dem Markt erdrosselt hatte). Meine Nachbarn aber sagten hämisch: Er hat schon gar keine Angst mehr, wegen dieser Tat hingerichtet zu werden. Eben erst hat er fliehen müssen, und schon begräbt er wieder die Toten. Als ich in der Nacht nach Hause kam, legte ich mich an der Hofmauer zum Schlafen nieder, weil ich unrein geworden war. Mein Gesicht ließ ich unbedeckt, ohne auf die Sperlinge zu achten, die in der Mauer nisteten. Da ließen die Sperlinge ihren warmen Kot in meine offenen Augen fallen, und es bildeten sich weiße Flecke in meinen Augen. Ich ging zu den Ärzten, doch sie konnten mir nicht helfen..."
Der Vater Tobit scheint hier wie unter einem Wiederholungszwang zu leiden: Er scheint seine als verpflichtend erlebten Handlungen und gesetzestreuen Gewohnheiten mit einer gewissen Lustbetonung wiederholen zu müssen. Würde er diesem Impuls nicht folgen, müsste er unter gefühlshafter Unruhe, Hemmung seiner Primärimpulse und 'Gewissensbissen' leiden. Der 'Wille Gottes' wird hier zu einer in ihm wirkenden persönlichkeitsfremden Macht, die seine Persönlichkeitskräfte lähmt und ihn zwingt, immer wieder in dieselbe ungünstige Situation zu geraten, immer wieder dieselben leidvollen Erfahrungen zu machen und immer wieder die zum Misserfolg führenden Handlungen auszuführen. Die Nachbarn, deren Warnungen er als hämisch empfindet, merken aus ihrer betrachtenden Distanz, dass bei all seinem Engagement und seiner Gesetzestreue „etwas nicht stimmt". Sie wenden sich der „Kunst des Überlebens" zu, die ihnen in der Gefangenschaft eine gewisse Freiheit sichert und die so ihrem Leben Sinn gibt. Jahrhunderte später wird der jüdischen Rabbi Jesus, der 'den Weg des Lebens' geht, zu einem Mann sagen: „Folge mir nach! Der erwiderte: Lass mich zuerst heimgehen und meinen Vater begraben. Jesus sagte zu ihm: Lass die Toten ihre Toten begraben..." (Lk 9, 59 - 61) Diese scheinbar harte Rede ist die konsequente Herausforderung, sich entweder *für das Leben* oder aber für die 'toten Verpflichtungen des Überlebens' zu entscheiden, die den Menschen auf seinem Lebensweg belasten, gefangen halten oder - wie bei Tobit - den Menschen für die 'Sehenswürdigkeiten' des Lebens erblinden lassen.

Diesem trostlosen Schicksal ausgeliefert, werden die Eltern von Tobias blind: Hannas Augen füllen sich mit Tränen und Tobits Augen sind blind vom Kot der Vögel. Schon in den Mythen der Ägypter und den Höhlenzeichnungen der Schamanen vor ca. 15.000 Jahren, bis zu den Märchen der Völker, empfanden die Menschen Vögel als Doppelgänger der Seele. Davon ist uns heute vielleicht noch am ehesten das Symbol der Taube als Friedensbringer geblieben, die die Botschaft „Land in Sicht“ verkündet, d.h. im übertragenen Sinne: Du kannst dein Lebensschiff im sicheren Hafen ankern und aus deiner Arche alles Lebendige freilassen! Du darfst die Türen öffnen und frischen Wind eindringen lassen! Habe Mut, wieder festen Boden zu betreten, geh deinen Weg weiter nach der Nacht des Wassers, des Untergangs, den Tränen der Verzweiflung, so wirst du dein Leben nach der Finsternis erneuern und fruchtbares Land gewinnen! Brich auf, aus der Dunkelheit zum Licht!
Der Seelenvogel, als Bild des Unbewussten, führt Tobit die Blindheit und Einseitigkeit seines Handelns ‘nach dem Gesetz’ deutlich vor Augen und zwingt ihn, seiner unnachgiebigen Lebensstarre im wahrsten Sinn des Wortes ‘ins Auge zu sehen’. Dort aber ist kein Licht am Ende des Tunnels: er sieht nichts mehr, er ‘sieht schwarz’. Er weiß bei all seinem redlichen Eifer nicht mehr, wohin er sich wenden, was er noch tun soll. Aus dem Volksmund kennen wir die Redensart: „Das hat dir wohl ein Vögelchen gesungen“; oder: „Du hast wohl einen Vogel“. So klingen auch die verletzenden Reden der Nachbarn, die Tobit für sich selber wünschen lassen, er möge sterben.
Der Begleiter sieht all dies. Und weil er es sieht, fordert er den jungen Tobias zur Tat heraus: „Geh, aber halte dich nicht auf!“, d.h. lass dich nicht anstecken vom Leid deiner Eltern und übernimm nicht eine Verpflichtung, die du nicht einhalten kannst. Kinder sind nicht für das Leben ihrer Eltern verantwortlich. Spiele also nicht mit vertauschten Rollen herum! Du kannst, so scheint der Begleiter indirekt auszudrücken, deinen Eltern nur dadurch helfen, indem du dich auf deine eigene Lebensreise begibst, ihnen nur dadurch näher kommen, indem du dich von ihnen entfernst. Interessanterweise muss Tobias ja einen Teil des Weges, den seine Eltern gegangen sind, zurückgehen,

zu seinen Verwandten, zu seinen heimischen Wurzeln, um neues Leben zu finden, während seinem Vater derzeit nur übrig bleibt, die Toten, Anteile seines gegenwärtig nicht gelebten Lebens, zu begraben.

So kommt es auch, dass Rafael dem Tobit eine brüske Gegenfrage stellt, als dieser ihn nach seiner Herkunft und seinem Stamm fragt: „Geht es dir um den Stamm und die Familie oder um einen Mann, der gegen eine Entlohnung mit deinem Sohn auf die Reise geht?“ Anders ausgedrückt: Was scheren dich Rang und Namen? Was nimmst du Zuflucht zu Äußerlichkeiten? Was hilft dir und deinem Sohn diese Art von Absicherung? Es gibt letztendlich im Aufbruch keine Sicherheit. Was für die Aufgabe zählt, das allein ist wichtig und das kann ich dir bieten: „Ich will mit deinem Sohn reisen; ich kenne den Weg!“

Entscheidend ist hier der Wille zur Tat, und die Vorausetzung für das Gelingen der Aufgabe ist die Kenntnis des Weges. Um den blinden Vater nicht allzu sehr zu verunsichern, nennt Rafael schließlich ein Geschlecht von Rang und Namen, wohl wissend, dass beides nicht unbedingt für Willenskraft, Verlässlichkeit, Klugheit und Kundigkeit bürgen kann. Tobit sagt: „Ich sehe, mein Bruder, dass du aus gutem und edlen Geschlecht stammst, denn ich habe Hanaja und Natan kennengelernt, die Söhne des großen Schimi, als wir zusammen nach Jerusalem pilgerten... auch diese beiden hatten sich nicht beirren lassen, als unsere Brüder von Gott abfielen“ (und dem Stierbild des Baal opferten). Tobit meint zu sehen, was er hört. Er erinnert sich und schließt aus seinen Erfahrungen auf den Mann, der vor ihm steht. In Wirklichkeit aber sieht er nichts. Doch er braucht eine Stütze, an die er sich klammern kann, um seinen Sohn gehen zu lassen.

Sodann wird der Lohn ausgehandelt. Auch das ist ein wesentlicher Aspekt der Begleitung auf dem Lebensweg. Der Begleiter fordert aber keinen bestimmten Lohn, sondern er nimmt, was ihm angeboten wird. Dies besagt, dass die Erfüllung der Aufgabe nicht abhängig ist von der Bezahlung, sondern dass die Aufgabe ihren Wert in sich trägt. Im Übrigen steht der Gesandte immer im Dienst dessen, der ihn gesendet hat. Dieser ist ihm seinen Lohn schuldig. So heißt es

Jahrhunderte später, als der jüdische Rabbiner Jesus seine Jünger aussendet: „Nehmt keinen Geldbeutel mit, keine Vorratstasche und keine Schuhe!...Wenn ihr in ein Haus kommt, so sagt als erstes: Friede diesem Haus!... Bleibt in diesem Haus, esst und trinkt, was man euch anbietet; denn wer arbeitet, hat ein Recht auf seinen Lohn..." (Luk 10, 4 - 7) Im übertragenen Sinne werden auch die Heilpädagogin, der Heilpädagoge als Begleiter auf dem Lebensweg eines 'behinderten' Menschen die Güte ihrer Leistung nicht von der Höhe der Bezahlung abhängig machen, sondern von ihrem Dienstgeber den ihnen zustehenden Lohn empfangen.

Nachdem nun alle Formalitäten für die Wegbegleitung erledigt sind, dazu gehören –>Auftraggeber/Vollmacht; –>Legitimation; –> Autorität; –>Kompetenz sowie –>Vertrag/Kontrakt (HpE), kann die Reise beginnen. Tobias und sein Wegbegleiter Rafael gelangen an den Fluss Tigris, einen der beiden großen Flüsse im Zwischenstromland Mesopotamien (Irak, füher Land der Hochkulturen Babylonien und Assyrien), der im Taurusgebirge entspringt und sich später mit dem Fluss Euphrat vereinigt. Der Fluss ist in seiner symbolischen Bedeutung von alters her als pulsierende Lebensader der Mutter Erde gesehen worden, an dessen Ufern sich Fruchtbarkeit ausbreitet. In Ägypten, später bei Griechen und Römern, kam dem Fluss wegen der Fruchtbarkeitsbedeutung eher männlicher Charakter zu, als Gottheit, die mit ihrer männlichen Potenz Befruchtung und Gedeihen garantiert: Götter des Nils, des Ganges, des Tibers wurden religiös verehrt. Der Fluss hat aber noch eine tiefere Bedeutung: Er hat immer auch etwas Trennendes, ein diesseitiges und ein jenseitiges Ufer. Seine männliche Potenz ist gewissermaßen nur das Mittel, um das Leben weiterzugeben, das im Urschoß des Ewigweiblichen schlummert. Der Fluss des Lebens ist das Reich des Göttlichen, der Makrokosmos. Der Fluss des Todes ist die manifeste Existenz, die Welt der Veränderungen, der Mikrokosmos. Der Fluss trägt deshalb hinüber 'zum anderen Ufer', zum Ufer des ewigen Lebens, ohne selbst daran teilzuhaben. Wer also ohne Schaden über den Grenzfluss gehen kann (Gjöll der Edda; Styx der Griechen) wird Herr seines Schicksals: er überwindet die Begrenztheit, die Gespaltenheit seines in der Polarität

befangenen Wesens. Will man Erleuchtung erlangen, so muss man den Fluss des Lebens zurück bis an seine Quelle verfolgen. Die Flussmündung hat Anteil an der Symbolik der Tür, bzw. des Tores, denn auch sie ermöglicht den Zugang zu einem ganz anderen Lebensreich, dem Ozean der Einheit, dem Urmeer, aus dem alles Leben einst hervorging. Bei Reisen, die zur Mündung des Flusses führen, bergen die Ufer Gefahren und sind deshalb zu meiden. Die Symbolik wandelt sich zu der des gefahrvollen Übergangs, der dem Wechsel von einer Ebene in eine andere gleichkommt, z.B. von dieser Welt in eine andere bzw. „jenseitige“, transzendente Welt. Wo das andere Ufer glücklich erreicht wird, erfährt man Rettung. Oft ist das andere Ufer, d.h. die andere Welt, das Jenseits des Unbewussten. Es kann auch die Angst ausdrücken, in der eigenen Tiefe zu versinken. Nur wer sein eigenes Wesen gefunden hat, hat keine Angst vor dem Versinken. (So ging Jesus auf den Wassern, in denen Petrus zu versinken drohte.)
Nicht von ungefähr führt die Reise der beiden Gefährten zum „Fluss des Lebens“, denn mit der Aussendung des Sohnes hat der blinde Vater Tobit den folgenschweren Entschluss gefasst, ohne dass es ihm recht bewusst ist, das Leben selbst, das ihm bereits zu Ende scheint, noch einmal beim Schopf zu packen, indem er seine jugendlichen Anteile, seine Hoffnungen und Wünsche in Gestalt seines Sohnes Tobias sozusagen stellvertretend in die Welt schickt, um sich seines zur Zeit verschütteten und ungenutzten Vermögens, seiner Kräfte und Potenzen, zu versichern. Und diese Herausforderung ist immer gefahrvoll und unberechenbar, wie sich erweist, denn kaum will der junge Tobias unbedarft, wie er ist, in den Wassern des Flusses baden, droht Gefahr von einem großen Fisch, der ihn zu verschlingen droht. Der Fisch ist als Wassertier durch seine reiche Vermehrung ein Symbol der Fruchtbarkeit und durch seine Form ein Bild des Phallus. Fische essen bedeutet Kindersegen. Er gehört zum Liebeszauber. (Es ist daher ebenso heiter wie tiefsinnig, wenn der junge Mann im „Märchen von einem, der auszog, das Fürchten zu lernen“ [Brüder Grimm] durch das Erlebnis der Fische, die eine junge Frau dem bisher Unerschockenen und Furchtlosen ins Bett schüttet, „das Gruseln“

lernt, d.h. jenen Urschauder erfährt, der mit jeder Lebensschöpfung verbunden ist.) Zugleich ist der Fisch ein „Heilbringer“, der dem Gott Ur nahesteht, der als selbstzeugend galt; im Gilgamesch-Epos (Dichtung um 1000 v. Ch.) ist der fischgestaltige Ea eine rettende Gottheit der Tiefe, der Fruchtbarkeit schenkt. Als Fruchtbarkeitszeichen kehrt der Fisch noch heute im Neujahrskarpfen wieder. Dass er ausgerechnet zu einer Fastenspeise wurde, zeigt wieder einmal, wie sich trotz vordergründiger Umkehrung der tiefere Sinn im Wesen eines Symbols erhält.

Der Wegbegleiter Rafael ist ein des Lebens Kundiger. Er ruft Tobias zu, nicht zimperlich oder gar ängstlich zu sein, sondern den Fisch bei den Kiemen zu packen, wie den „Stier bei den Hörnern“, denn so sagt das Sprichwort: „Eine Gefahr, der man mit Ruhe ins Auge sieht, ist schon halb überwunden“. Er handelt nicht für seinen Zögling, sondern ermutigt ihn, selber zur Tat zu schreiten und seine jugendlichen Kräfte im wahrsten Sinn des Wortes „fruchtbar“ werden zu lassen. So gelingt es Tobias, das Tier an Land zu werfen. Damit hat er einen „großen Fisch“ gefangen, sein mutiges Zupacken hat ihm Glück gebracht. Er wird nun belehrt, wie er den Fisch zubereiten und welche Organe er verwahren soll:

Das Herz ist die zentrale Weisheit des Fühlens gegenüber der im Kopf wohnenden Weisheit des Denkens, der ‘geheime Ort’, in dem die Liebe, die Nächstenliebe, das Mitleid wohnen und von dem aus das Herzblut, der Lebenssaft fließt. Die Leber ist der Sitz der aggressiven Kräfte der Lebensbewältigung (Begierde, Zorn), die die Lebensangst überwinden helfen. Darüber hinaus glaubte man aus der Tierleber in der ‘Leberschau’ die Zukunft vorauszusehen und dem Essen der Leber schrieb man die Kraft zu, Verzauberungen aufheben zu können. Die bittere Galle sollte helfen, eben diese Bitterkeit und den Groll zu vertreiben, der sich nach alter Vorstellung in diesem Organ ansammelt und zur Ausscheidung gelangt. Sprichwörtlich kennen wir: „Die Galle läuft ihm über“, er gerät in Zorn, äußert heftig seinen Ärger. Die Galle, die gelbliche Absonderung der Leber, gerät bei zorniger Erregung in Fluss, ist schon seit alter Zeit das Sinnbild für Bitteres, Unangenehmes und wurde schließlich auch zum

Scheltwort für böse und neidische Personen. (RÖHRICH 1979, Bd. 1, 300) Wie wir wissen, helfen die Organe des Fisches Tobias später beim „Liebeszauber", bei der Bekämpfung des Dämons im Brautgemach und mit ihrer Hilfe kann er schließlich seinem Vater Tobit das Augenlicht wiederschenken.
Rafael, der Wegbegleiter, kennt auch die inneren Zusammenhänge der äußeren Vorgänge, er erkennt das „Szenario", er weiß um die „Befindlichkeit", die Art und Weise des „In-der-Welt-Seins" seines Schützlings und der beteiligten Personen. So kann er verschüttete Kräfte freilegen und nutzen, um die Beteiligten - jeden nach seiner Bedürftigkeit - zu unterstützen, anzuleiten, zu fördern und ihm den Weg zu weisen.

Die Erlösung aus der Dunkelheit, aus der Finsternis der Seele, aus den Irrungen und Wirrungen der vielseitigen 'Behinderungen' der handelnden Personen, Eltern wie Kindern, ist schließlich glücklich gelungen. Ein jeder der handelnden Personen musste seinen Teil dazu beitragen. Auch Saras Vater musste das Grab wieder zuschaufeln lassen, dass er für Tobias gegraben hatte, im Glauben, auch dieser sei vom Dämon getötet worden. Wie voreilig wirkt die heimlich vorbereitete Bestattung! Auch Raguel ist ein geschlagener Mann. Er liebt seine Tochter und will sie „an den Mann bringen". Dabei bevormundet er sie und lässt sie auf diese Weise insgeheim nicht los: Indem er ihr die falschen Freier aufdrängt, ihr also nicht den vorgesehenen 'Spielraum' zubilligt, der nur dem wirklichen Bräutigam zusteht, stürzt er sie ins Unglück und damit sich selbst und seine Familie. Es scheint, als habe er bei seinem Bemühen die heilbringende Kraft der *coena pura,* des Sabbath-Males, die Wirkung der Speise der Seligen vergessen, die bei den Juden als Symbol für das himmlische Mal des zukünftigen Lebens in Seligkeit gilt. Das alte jüdische Pasahfest fand im Monat des Fisches statt und die Fische sind die Gläubigen Israels in ihrem wahren Element, den Wassern der Weissagungen, der Thora. Diesen Weissagungen scheint Raguel misstraut zu haben, was das Leben seiner Tochter anging, denn wie wir später von Rafael hören, durfte der Vater seine Tochter nicht an den 'falschen Mann' bringen, sonst würde dieser mit dem Tode bestraft.

Der Tod allerdings traf zweifach: Einmal die Freier, zum anderen auch Raguel, dem keine Nachkommen beschieden waren und dessen Geschlecht mit der 'Unfruchtbarkeit' seiner Tochter ausgelöscht worden wäre. Die Versuche Raguels, seine Tochter zu verheiraten hieße unter diesen Umständen „anderen eine Grube zu graben", in die man bekanntlich selbst hineinfällt. Auch Sara, die Tochter, litt unter der großen Last ihrer 'Besessenheit': Ihre Gefühle waren gefangen genommen, ihr Herz versteinert, ihr Schoß erkaltet. Sie befand sich im Würgegriff kindlicher Abhängigkeit zum Vater, um dessentwillen sie ihre unterdrückten Gefühle und Wünsche nur in 'verkehrter', frigider Form zum Ausdruck bringen konnte.
Die Hochzeit, die „hohe Zeit" des jungen Tobias, durch die er selber zum Mann wird, indem er sich den Ansprüchen der Eltern erwehrt, sich mutig auf den eigenen Weg macht, den Kampf mit dem Fisch gewinnt, dadurch den Fluch seiner jungen Frau löst und dem Vater das Augenlicht wiedergibt, kann als das Zusammenwirken und die Vereinigung der Gegensätze gelten, die das Leben selbst ausmachen: Licht und Finsternis, Gut und Böse werden durch den *hieros gamos,* die „heilige Hochzeit" zwischen dem Gott und der Göttin, der Priesterin und dem Priester, der Königin und dem König, die jedem 'zur Vollkommenheit gereiften' Menschen innewohnen, versöhnt. Das mystische Einssein von Himmel und Erde, von Sonne und Mond vereinigt die Lebenskräfte und schmilzt sie zusammen für die Geburt des „göttlichen Kindes", des Symbols des *unus mundus,* der einen Welt. Im Christentum symbolisiert das göttliche Kind die Erlösung und eröffnet den Zugang zum Reich Gottes. Das Kind, die Nachkommenschaft, ist demnach ein Symbol, das Gegensätzliches in sich vereint und versöhnt. Im tiefenpsychologischen Sinne ist das Kind das innerste, ungeteilte Selbst eines jeden Menschen, seine wahre Identität, und wird damit zu dem entscheidenden Wirkfaktor bei der Selbstverwirklichung des Menschen.

Der Wegbegleiter hat selber nichts 'bewirkt', sondern lediglich seinem Auftrag getreu gehandelt. Er konnte - trotz besseren Wissens - keinem der Beteiligten etwas von dem abnehmen, was sie selbst zum Geschehen beizutragen hatten. Sie alle mussten ihr eigenes Ge-

schick neu meistern und ihr Leben im wahrsten Sinn des Wortes 'wiederbeleben'. Wie so oft sind die Kinder - wenn sie die richtigen Wegbegleiter haben - diejenigen, die sich vom „Fluch der Vergangenheit", von den mehr oder weniger geheimen „Familienverträgen", zu trennen vermögen, um über den Fluss bzw. das Meer des Lebens in ein besseres Land zu gelangen, einem Leben in Fruchtbarkeit. (siehe Hänsel und Gretel [Brüder Grimm]) So lange sie ahnungslos sind, droht ihnen große Gefahr und sie erleiden schlimme Schicksale. Um ihre Vergangenheit, also die Wege, die sie bisher gegangen sind, zu überwinden, bedürfen sie einer wegkundigen Begleiterin, eines Begleiters, die sie unterstützten und ihnen 'über die Hürden' helfen. Gehen und sich mutig ihren herausfordernden Aufgaben stellen müssen sie allerdings selbst.

Am Ende bleibt der Wegbegleiter zurück und die Wege trennen sich. Rafael nimmt die angebotenen Geschenke nicht an. Er beschwert sich nicht mit Dingen, die ihn zurückhalten oder belasten könnten bei seinen zukünftigen Aufgaben. Er hat seiner Aufgabe treu zu bleiben und verweist den Dank an den, der ihn gesandt hat. Jetzt erst gibt er seine wahre Identität und sein Wissen preis und nun erscheint allen Beteiligten alles im neuen Licht der Erkenntnis. Wunderbar fügen sich die Dinge zu einem Ganzen, so sehr, dass es schon beinahe wieder furchteinflößend ist. Rafael aber beauftragt Tobit und Tobias, sie mögen alles, was geschehen ist, in einem Buch aufschreiben. Er sagt: Es ist gut, das Geheimnis eines Königs zu wahren und meint damit, dass es nicht immer mit rechten Dingen zugeht, wie Land und Krone, Macht und Reichtum gewonnen werden. Die Taten Gottes aber, des Gerechten, sollen gerühmt werden, damit jeder, der sie liest, von den wunderbaren Dingen angerührt werde und neue Hoffnung schöpfe, dass auch ihm ein Leben in Fülle geschenkt ist und ihm ein zuverlässiger Wegbegleiter begegnet, wenn er nur den Mut hat, sich selber (erneut) auf den Weg zu machen.

Werfen wir noch einen Blick auf die Gestalt des Wegbegleiters als Engel. Die heutige Werbung zeigt weibliche und männliche Engel unter dem Slogan: „Wenn dein Schutzengel einmal schläft"... dann hilft dir unsere Versicherung! Engel scheinen also immer wieder

einmal entdeckt zu werden, wenn sich mancher auch fragt: „Engel, gibt's die?" Ursprünglich sind sie Boten des Himmels, also Mittler zwischen Himmel und Erde, Boten zwischen den Welten. Sie sind keine 'Lebensversicherung', sondern bringen Erleuchtung, d.h. Licht ins Dunkel. Sie bildeten im Persischen ursprünglich einen fürstlichen Hofstaat der Götter. Obwohl ihnen auch Namen gegeben wurden, erfahren wir sie bis heute eher von ihren Handlungen als von ihrer Personalität her (im Christentum: Engel als Wächter am Tor des Paradieses, Engel der Verkündigung, Schutzengel, Engel des guten Rates usw.). Engel erscheinen nicht nur, sie sprechen auch in Träumen. Mit der mutmachenden Aufforderung „Fürchte dich nicht" lehren sie den Menschen das Hinsehen, Hinhören auf die „frohe Botschaft" oder warnen ihn. Ihre Erscheinungen sind immer auch mit sinnenhafter Wahrnehmung verbunden: Wenn sie „erscheinen", sind sie zu sehen, sie bringen Essensgaben, „berühren" den Menschen und haben einen Geistleib, der in seiner Erscheinung dem Körper bis auf die materielle Hülle gleicht. Auf diese Weise zeigen und übermitteln sie die himmlischen Geheimnisse, die im Gewand des Menschenkörpers verborgen sind. So weiß auch Rafael mehr als die Menschen, die zwar auch alle Informationen zur Verfügung haben, wie die Geschichte von Tobias zeigt, aber oft nichts Wirkliches mit ihrem Wissen anfangen können, weil sie für die verborgene, tiefergründige Wahrheit „blind" sind. Engel öffen die Sinne: Augen, Ohren sowie Herz *und* Verstand.

Und was ist aus dem Hund geworden? Er lief den ganzen Weg voraus und wieder zurück! Er wachte, wenn die Weggefährten schliefen und mit seiner feinen Nase 'roch er den Braten' schon von weitem. Er ist das Symbol des führenden und warnenden Instinktes, der an den Übergängen zwischen Tag und Nacht, an der Schwelle vom Bewussten zum Unbewussten die Wache hält. Er verkörpert die tierhafte Seite des Menschen, die nicht übersehen, verachtet oder gar verdrängt werden darf. In unterdrückter Weise wird er böse, dann zeigt sich „des Pudels Kern" (Goethe: Faust), der 'Teufel' im Menschen. In gezähmter Form aber ist er ein treuer und verlässlicher Gefährte. Es lohnt sich also manchmal, „auf den Hund zu kommen..."

in dem Sinne, dass wir unsere verschütteten Instinkte wiederbeleben und uns auf unserem Weg 'umsichtig' verhalten.

Begleiten heißt also:
Sich auf Gedeih und Verderb auf den anderen einlassen, sich in Freude und Leid treu an ihn binden:
„Der Helfer begleitet mit Rat und Tat unter Berücksichtigung des Subsidiaritätsprinzips den Menschen, der zur Unterstützung in der Selbsterziehung der Hilfe durch den Begleiter bedarf. Hier steht die Herausforderung des Menschen, die Lebensaufgabe optimal zu erfüllen und das Lebensziel zu erreichen, im Mittelpunkt des Geschehens". (NEUHAUS 1991)
Dass es den Begleitern manchmal schwer fällt, mit einem Menschen auf die große Reise seines Lebens- und Leidensweges zu gehen, in Gedanken, Bildern, im Spiel und in Träumen sogar über den Tod hinaus (z.B. auf der onkologischen Station einer Klinik der an Krebs oder Mukoviszidose erkrankten Kinder und Jugendlichen), um ihnen im 'Land am anderen Ufer des Flusses' selbst als ganzer, heiler, gesunder Mensch zu begegnen, sollten wir nicht verleugnen. Wenn wir ehrlich zu uns selber sind, haben wir oft - wie Tobias - Angst, den Fisch bei den Kiemen oder den „Stier bei den Hörnern" zu packen. Auch der Weg der Begleiterin, des Begleiters, ist nicht gefahrlos und sie müssen ihn ebenso mühevoll gehen.
Wir können daher auch die Kinder und Jugendlichen und ihre Eltern in ihren tiefen Ängsten und Hoffnungen verstehen, wenn wir daran denken, wie schwer es uns selber manchmal fällt, „den Dingen ins Auge zu sehen", vor denen wir uns ängstigen. Da wären wir doch lieber blind: „Augen zu und durch" wie im Nebel auf den Autobahnen, wo durch blindwütige Raserei hunderte von Auffahrunfällen mit lebensgefährlichen oder tödlichen Verletzungen geschehen. Wenn wir es aber als Wegbegleiter lernen, die Situationen nicht nur vordergründig sondern auf ihrem tieferen Bedeutungshintergrund, also 'symbolisch' zu reflektieren, dann kann es uns gelingen, dem uns anvertrauten Menschen behilflich zu sein

- beim Erlernen der Selbstständigkeit;

- beim Bemühen um sinnvolle Tätigkeiten im Alltag;
- beim Aufbau mitmenschlicher Beziehungen;
- beim Suchen und sich öffnen für Erlebnisse, die das Selbstwertgefühl stärken;
- in der Kunst des Sterbens im Erlernen des Lebens, des „Werde-Ganges“ unterwegs.

Die folgenden Beispiele sollen das verdeutlichen.

Bella

Bella heißt „die Schöne“. Sie ist knappe 8 Jahre alt. Sie hat 6 ältere Brüder und eine jüngere Schwester. Sie ist das Kind einer albanischen Familie, die aus dem Kosovo nach Deutschland floh und die alle drei Monate ihre Aufenthaltsgenehmigung erneuern muss, da sie nur vorübergehend „geduldet“ ist. Bellas kleine Schwester ist hübsch, alle mögen sie leiden. Bella selber wirkt nicht hübsch. Sie ist unterernährt, klein und zart, hat eine schlaffe Körperhaltung, spricht kaum deutsch, hat ungeputzte Zähne, ungewaschene Haare und trägt abgetragene, schmutzige Sachen. Niemand mag sie. Im Kinderhort, in den sie vorübergehend gehen darf, zankt sie, „reißt sich Dinge unter den Nagel, die ihr nicht gehören“, tritt und schlägt andere Kinder. In den Vorschulkindergarten, in den sie vorübergehend geht um deutsch zu lernen, darf sie nur noch stundenweise, denn sie ist „unerträglich“. - Die Heilpädagogin fährt mit Bella in das Spielzimmer einer Beratungsstelle, hinaus aus ihren beengten Wohnverhältnissen. Unterwegs und im Raum ist Bella neugierig, kocht für sich und versorgt zwei Puppen. Zwischendurch ist sie laut und unbändig, hört nicht, was die Heilpädagogin sagt, wirft alles durcheinander. Später ersticht und tötet sie eine Puppe. Ängstlich zieht sie sich in sich zurück, schaukelt hin und her. Am Ende will sie nicht nach Hause, sondern bei der Heilpädgogin bleiben. In der Straßenbahn pöbelt sie Leute an, beschimpft sie mit „Ausländer“. Sie benötigt sieben Monate, um festzustellen, dass sie lieber ein Junge wäre, „weil die sich besser wehren können“. Sie beginnt zaghaft, sich schön zu machen, die Puppen zu versorgen und zu liebkosen, sich über Kleinigkeiten zu freuen und die Heilpädagogin zu erwarten, wenn sie abgeholt wird. Sie hat gelernt, sich unter den gegebenen Bedingungen etwas für sich auf eine Art und Weise 'herauszunehmen', die nicht zugleich immer auch sozial auffällig ist. Nach neun Monaten sind die Wegbegleiterin und Bella ein letztes Mal gemeinsam unterwegs. Die Heilpädagogin geht „für immer“. Bella bleibt zurück und ist traurig, aber sie hat von der Heilpädagogin in ei-

nem symbolischen Akt ein kleines Geschenk erhalten, dass ihr ihren inneren Reichtum, ihre innere Schönheit und Einmaligkeit widerspiegelt und das sie „fest in die Hand nehmen" kann, so, wie sie ihr Leben fest in die Hand nehmen muss...

Aufgabe 5
Was fällt Ihnen spontan ein, nachdem sie die Geschichte von Bella gelesen haben? Was denken Sie, was fühlen Sie? Was spüren Sie in sich für Impulse, wenn Sie Bella vor ihrem geistigen Auge sehen? Was würden Sie tun, wenn Sie könnten? Wie würden Sie sich als Bella fühlen? Wie würden Sie sich als Heilpädagogin fühlen?
Vielleicht bemerken Sie auch, dass es Ihnen schwer fällt, *Gedanken* und *Gefühle* voneinander zu unterscheiden. Versuchen Sie es trotzdem immer wieder und 'bemerken' Sie den unterschiedlichen Empfindungs- und Aussagewert für den mitmenschlichen Umgang!

Frau Wesel

Frau Wesel ist eine geistig behinderte Frau. Sie ist 33 Jahre alt. Sie lebt in einer Wohngemeinschaft mit anderen geistig behinderten Erwachsenen. Frau Wesel ist Dialyse-Patientin: Ein Mal wöchentlich wird sie für 4 Stunden an eine künstliche Niere angeschlossen, um zu leben. Sie hat oft starke Nierenschmerzen. Wenn sich ihr Arm entzündet hat, in den der Katheter, ein Metallröhrchen zum Anschluss an das Dialysegerät eingeführt ist, leidet sie große Schmerzen. Ihre Arme und Venen sind zerstochen und verhärtet. Die Stiche tun sehr weh. Frau Wesel trägt eine Brille mit dicken Gläsern, sie kann sehr schlecht sehen und ist deshalb auf Hilfe und Begleitung angewiesen. Alle 14 Tage erhält sie Besuch von ihrer Mutter und ihrem Stiefvater. Ihren Vater kennt sie nicht. Sie soll ihn auch nicht kennen lernen, „bei allem, was der uns angetan hat", sagt die Mutter; und: „Wenn ich dich nicht hätte, dann hätte ich gar kein Kind." Frau Wesel ist in ihrer Wohngemeinschaft hilfsbereit und zuverlässig. Sie ist beliebt, hat aber eine „Feindin". Wenn sie wütend oder traurig ist, zieht sie sich in ihr Zimmer zurück. Das Schönste in ihrem Leben sind Luftballons, in allen Farben, Formen und Größen. Die Heilpädagogin begleitet Frau Wesel, wann immer es geht, überall hin, wo es Luftballons gibt: Zur Sparkasse, in Läden, auf den Jahrmarkt. Frau Wesel spricht manchmal sehr laut, dann drehen sich Leute nach ihr um: „Warum gucken die mich an? Die Leute gehen doch nicht wegen uns?" Manchmal spricht sie sehr höflich und sehr leise: „Ob die Frau mich

verstanden hat?“ Frau Wesel ist mit ihrer Situation oft sehr unzufrieden: Sie fühlt sich allein gelassen, „weil niemand Zeit hat, mit mir zu gehen.“ Sie sagt: „Keiner versteht mich, ich kann nicht alleine weg. Ich fühle mich gefangen.“ Sie regt sich manchmal auf, wenn sie keine Ballons bekommt und auch darüber, dass die Heilpädagogin sie im Stich lässt, wie sie glaubt, weil sie die Zeit vergessen hat, wann die Heilpädagogin kommt. Die Heilpädagogin bastelt mit Frau Wesel einen Wochenkalender, groß, damit sie ihn gut sehen kann, einen schmucken Kasten, für die vielen Luftballons, einen Ordner, „der wie ein Album aussieht“. Dort hinein kommen Bilder und Geschichten von Ballonfahrten. Die Heilpädagogin hilft Frau Wesel, bei einem Verein anzurufen, wie teuer eine Fahrt im Fesselballon ist oder eine Mitgliedschaft im Verein. Sie bringt Farben und Papier mit. Frau Wesel malt viele Ballons in bunten Farben und freut sich über ihre Bilder. Auf dem letzten Bild fliegt Frau Wesel hoch hinauf in den blauen Himmel und die Sonne lacht. Unten steht die Heilpädagogin und winkt zum Abschied...

Aufgabe 6
Was fällt Ihnen spontan ein, nachdem sie die Geschichte von Frau Wesel gelesen haben? Was denken Sie, was fühlen Sie? Was spüren Sie in sich für Impulse, wenn Sie Frau Wesel vor ihrem geistigen Auge sehen? Was würden Sie tun, wenn Sie könnten? Wie würden Sie sich als Frau Wesel fühlen? Wie würden Sie sich als Heilpädagogin fühlen?

Diese Fragen sollen Ihnen helfen, sich mit den geschilderten Personen zu *identifizieren,* um sich in heilpädagogisches *Verstehen* einzuüben und durch die Unterschiedlichkeit ihrer individuellen Wahrnehmungen eigene 'blinde Flecken' oder 'Einseitigkeiten' zu erkennen.

Julius

Julius ist 4;8 Jahre alt. Er hat noch einen 6 Jahre alten Bruder. Seine Eltern stellen ihn in einer psychiatrischen Praxis vor. Der Anlass sind „Schlafstörungen, Träume, Wutanfälle“. Julius ist ein „ungeschicktes Kind, ein Tollpatsch“. Die Diagnose lautet: „Sensorische Integrationsstörung“. Julius’ Eltern sind beide Architekten. Sie haben viel zu tun. Die Mutter arbeitet zu Hause. Im Kindergarten ist Julius „unachtsam, er ermüdet rasch, hat einen schlaffen Muskeltonus und ab und zu Speichefluss“. Die Heilpädagogin übt mit Julius das Gleichgewicht halten und noch viele andere Dinge, die ihn körperlich kräftigen. Julius spielt auch gern: „Drache

und: „Nachts kommen Gespenster". Er kämpft mit einem Gespenst und begräbt anschließend eine Jungenfigur. Dann baut er mit viel Mühe „ein ganz sicheres Haus". Die Mutter kommt allein zur Heilpädagogin in die Erziehungsberatung. Sie habe sich von ihrem Mann getrennt und sich ihre Mutter zum Schutz nach Hause geholt, weil ihr Mann sie bedrohe. Gemeinsame Elterngespräche werde es vorerst nicht mehr geben. Die Mutter sagt: „So war es schon einmal, vor zwei Jahren. Julius hatte eine Lungenentzündung, da zog mein Mann wieder ein. Ich muss jetzt zum Arzt, ich brauche etwas zur Beruhigung. Ich bin ganz durcheinander. Ich möchte in Therapie gehen. Wissen Sie jemanden?" Auch der Vater meldet sich allein zum Elterngespräch. Julius darf ihn regelmäßig besuchen. Julius ist bei den Übungen unwillig und aggresiv, er wirkt müde und angestrengt und „will lieber spielen". Die Heilpädagogin wird im Spiel „bestraft" und „ermordet". Er malt ein Bild vom Planeten Mars: „der ist rot, den kenne ich von meinem Bruder." Julius übt Gleichgewicht halten und Radfahren. Das freut ihn, er ist stolz. Er spielt „Harry Potter". Als Geist und in Tüchern verkleidet vertreibt er alle Gespenster im Zauberschloss. Die Heilpädagogin malt mit ihm eine „geheime Wegkarte", die leuchtet im Dunkeln, damit er immer weiß, wo es lang geht. Später gibt es einen Sturm auf hoher See. Julius ist ein Pirat und schreit gegen den Sturm an, so laut er kann. Der Sturm bekommt Angst und wird ganz leise. Julius fährt auf seine „Burginsel". Von dort, aus sicherer Entfernung, will er Freunde finden. Die Heilpädagogin ist noch für einige Zeit die Kontaktstation auf dem „Festland". Wenn auch die familiären Stürme um seine Insel toben: die Anbindung ans rettende Ufer und die Möglichkeit neuen Aufbruchs ist gesichert.

Aufgabe 7
Notieren Sie zunächst auch zu dieser Geschichte Ihre Gedanken, Gefühle und Identifkationserlebnisse mit Julius und der Heilpädagogin.

In einem weiteren Schritt können Sie versuchen, Julius' Situation auf seinem Lebensweg zu *verstehen.* Am besten gelingt das in einer Identifikation: „Ich als Julius... fühle mich... erlebe mich... möchte am Liebsten... habe Angst vor... hoffe inständig..." usw. Sprechen Sie die Identifikationsantworten in Ihrem Kreis laut aus. Unterbrechen Sie nicht und hören Sie aufmerksam zu... Welches Hauptthema, welchen Fokus, welches „Lebensmotto" erspüren Sie aus der Fülle der Identifikationen in der Lerngruppe, was ist der Kern der Aussagen?

Versuchen sie als Nächstes, sich Julius' Spielverhalten zu *erklären*, indem Sie sich auf Grund der anamnestischen Daten und der Symbolinhalte von Julius' Spiel einen fachlichen Zusammenhang herstellen.

Passen Ihre *Verstehensweisen* mit Ihren *Erklärungsweisen* zusammen? Welche Aspekte stören oder überlagern sich gegenseitig? Welche Unstimmigkeiten fallen Ihnen auf? Was wäre zu tun, um Verstehens- und Erklärungsweisen in eine sinnvolle und stimmige diagnostische Formulierung zu fassen? Versuchen Sie es einmal und lassen Sie sich gegenseitig durch ihre Ergebnisse bereichern!

Die drei Beispiele charakterisieren „heilpädagogische Begleitung" in je unterschiedlichen *Situationen, Institutionen* und *Praxisfeldern.*

Die heilpädagogische *Situation*
beinhaltet alle Bedingungen, die im Augenblick des heilpädagogischen Handelns gegeben und wirksam sind. Sie ereignet sich von Angesicht zu Angesicht (face-to-face), alles was geschieht, Wirkung und und Rückwirkung sind unmittelbar erfahrbar. Jede heilpädagogische Situation ist prinzipiell offen und hängt von den Sequenzen des wechselseitigen Handelns ab. Deshalb haben heilpädagogische Situationen auch etwas Bedrohliches, zumindest Riskantes an sich, weil niemand weiß, 'wie die Sache ausgeht'. „Pädagogische Situationen sind einmalig und unwiederholbar, wie die Augenblicke des Lebens überhaupt, und deshalb ist pädagogisches Handeln immer wieder schöpferisch und nie einfach die Wiederholung vergangener Handlungen." (GIESECKE 1997, 48f.)

Die heilpädagogische *Institution*
ermöglicht professionelles heilpädagogisches Handeln im gesellschaftlichen und politischen Rahmen. Fachkräfte, die dort arbeiten, unterliegen gesetzlichen und institutionellen Bedingungen, die ihr Handeln für den Klienten absichern. Solche rechtlichen und institutionellen Vorgaben (Legitimation, Weisungsbefugnis, Dienstweg, Haftung, Nachweis und Ausweis fachlicher Kompetenz, Schweige-

pflicht, Aufsichtspflicht, Kosten, Zeit u.a.) sichern und beschränken gleichzeitig den Handlungsspielraum, den die Heilpädagogin vorfindet. „Institutionen sind also allgemein gesagt gesellschaftliche Einrichtungen, die bis zu einem gewissen Grade menschliches Handeln personenunabhängig und damit auf Dauer gestellt regeln, wobei diese Regelungen teilweise *rechtlich* verankert sind, ihre Nichtbeachtung also Sanktionen nach sich ziehen kann." (GIESECKE 1997, 50)

Das heilpädagogische *Feld*
„ist derjenige, relativ dauerhafte *soziale Kontext,* in dem sich pädagogisches Handeln in pädagogischen Situationen abspielt... Entscheidend ist, daß dieses Feld wechselseitiges, unmittelbares Handeln möglich macht. Ist ein Feld dafür zum Beispiel zu groß, muß es neu aufgeteilt werden. Pädagogisch produktive Felder einzurichten ist eine wichtige pädagogische Handlungsform." (GIESECKE 1997, 55)
Durch pädagogische Felder wird heilpädagogischer Praxis eine gewisse Kontinuität ermöglicht, andererseits wird heilpädagogische Arbeit dadurch auch spezifisch eingegrenzt. Ein solches Feld ist z.B. die Beratungsstelle für Eltern, Kinder und Jugendliche in einem sozial schwachen Stadtrandmilieu einer rheinischen Großstadt. Sozialarbeiter, Sozialpädagogen und Heilpädagogen haben dort 'auf der Straße' über längere Zeit mit 'Straßenkindern' gespielt, wodurch sich schließlich eine relativ gefestigte Gruppe mit Regeln und Normen entwickelte. Dadurch war es möglich, Kinder und Eltern stärker an die Institution zu binden, gemeinsame Unternehmungen zu starten, Hausaufgabenhilfe und eben auch heilpädagogische Begleitung „unter erschwerenden Bedingungen" anzubieten. Die aus diesem Projekt entwickelte Stadtrandarbeit trägt - unter den gegebenen Bedingungen - gute Früchte.

In den vorab geschilderten drei Beispielen von Bella, Frau Wesel und Julius wird überdies ersichtlich, dass die heilpädagogische *Begleitung* zwar eine wesentliche, aber nicht die einzige Handlungsform der Heilpädagogin ist.

Bei Bella arbeitete die Heilpädagogin in einer Beratungsstelle und hatte nur partiell die Möglichkeit, sie zu begleiten.
Bei Frau Wesel arbeitete die Heilpädagogin in einem Verband, dem die Organisation von Wohngemeinschaften mit geistig behinderten Menschen oblag. Bei Frau Wesel lag eine medizinische Diagnose vor, sie gilt als Dialysepatientin und stark sehbehindert. Die Heilpädagogin bezieht diese Diagnosen in ihr Handeln ein.
Bei Julius lag eine medizinisch-psychologische Diagnose vor: Sensorische Integrationsstörungen; außerdem führte die Heilpädagogin getrennt Beratungsgespräche mit Julius' Eltern.
Wir können daraus schließen, dass heilpädagogisches Handeln in verschiedenen Institutionen und Praxisfeldern durch umfassende *Konzepte* gewährleistet wird, in denen die heilpädagogische Begleitung *ein* wesentliches Kernelement darstellt.

Konzepte sind „Brücken zwischen... allgemeiner Theorie und wertgeleiteter konkreter Berufspraxis (und) bilden eine Einheit von an Personen gebundenen Kognitionen *(Fachwissen),* wertenden Stellungnahmen *('Gewissen'), Motiven* (Absichten, Zielen) und *Interaktionsbeziehungen* zwischen mindestens zwei Personen. Diese beiden Personen sind nicht beliebig austauschbar; vielmehr ist das Handlungsergebnis (Zielkomponente des Konzepts) wesentlich von der 'Stimmigkeit' des Passungsverhältnisses zwischen Person und Konzept ('Authentizität') abhängig. Konzepte haben daher einen anderen Stellenwert als (sozial-)technische Regeln. Im Begriff von 'Konzept' geht es in erster Linie um die Klärung der personenbezogenen Ziele und Inhalte heilpädagogischen Handelns unter den konkreten Bedingungen der Alltagspraxis, dann erst um die methodisch-didaktischen Einzelschritte ihrer Anwendung in einer einzelnen Handlungssituation. Eine Zentrierung auf die Ziele und Inhalte des eigenen professionellen Handelns statt auf methodisch-verfahrenstechnische Aspekte (Praktiken, Techniken) bewahrt das fachliche Handeln vor blindem Aktionismus oder kurzschlüssigem Praktizismus/Technizismus.
Ein solches Verständnis von Konzept rückt dieses in die Nähe *handlungstheoretischer* Vorstellungen. Entsprechend verstehen Geißler

und Hege (1985, 2, 21)... darunter: 'Ein Handlungsmodell, in welchem die Ziele, die Inhalte, die Methoden und die Verfahren in einen sinnhaften Zusammenhang gebracht sind. Dieser Sinn stellt sich im Ausweis der Begründung und Rechtfertigung dar'." (GRÖSCHKE 1997, 115f.)

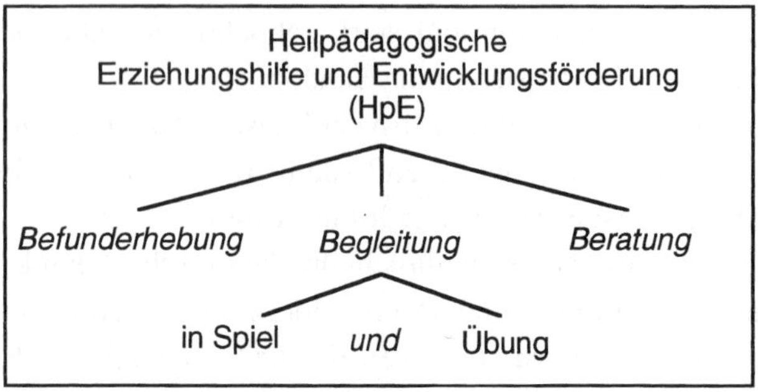

Abb. 1: HpE in Spiel und Übung

In der obigen Abbildung wird die Platzierung der Begleitung, flankiert von den Kernelementen der –>Befunderhebung und –> Beratung, im Konzept der „Heilpädagogischen Erziehungshilfe und Entwicklungsförderung (HpE)" deutlich. Ebenso wird erkennbar, dass *Spiel* und *Übung* in der Begleitung gleichbedeutend und zusammengehörig zu sehen sind. Sie bilden jeweils spezifische Akzente heilpädagogischen Handelns im Rahmen der Begleitung.
Befunderhebung wird die diagnostische Phase der HpE genannt, die als Prozessdiagnostik weiter fortgeschrieben wird.
Beratung meint in diesem Konzept vorrangig die Erziehungsberatung der Bezugspersonen der Klienten.

An dieser Stelle können wir zusammenfassend festhalten:
„Heilpädagogische Handlungskonzepte sind zentriert um ein ausgewähltes *Grundphänomen* menschlich-personaler Existenz, dessen Bedeutung für das individuelle Erleben und Verhalten des zu fördernden Menschen sie 'gründlich' reflektieren, dessen Entwicklungspotential sie diagnostisch einschätzen und im gemeinsamen (interpersonalen) Handeln interaktiv und kommunikativ zu entfalten trachten. Solche Grundphänomene als 'Material' heilpädagogischen Handelns

sind vor allem *Leiblichkeit, Wahrnehmung, Spielen, Lernen,* die so zum systematischen Ausgangs- und Bezugspunkt heilpädagogisch förderlichen Beziehungshandelns werden... Ein problem- und gegenstandsangemessenes pädagogisch-therapeutisches Handlungskonzept besteht aus drei Elementen, aus deren Zusammenspiel sich förderliche Wirkungen entfalten:
- *Person:* Der Heilpädagoge mit seinen Grundhaltungen von Authentizität, Ehrlichkeit und Selbstkongruenz gegenüber sich und dem anderen
- *Milieu:* Ein entwicklungsförderlich gestalteter Lebensraum, ein strukturiertes Lebens- Erfahrungs- und Lernfeld ('therapeutisches Milieu')
- *Methodik/Therapeutik:* Die spezifischen pädagogisch-therapeutischen Verfahren und Methoden zur Gestaltung und Strukturierung der Interaktion und Kommunikation. (GRÖSCHKE 1997, 268)

Knüpfen wir an dieser Stelle nochmals am heilpädagogischen Konzept „Erziehungshilfe und Entwicklungsförderung (HpE)" an:
Die heilpädagogische *Begleitung* ist das zweite, wesentliche Struktur- und Prozesselement der (HpE). Diese ist
„eine konzeptionelle Einheit von *Verstehen* und *Handeln* auf ethisch-anthropologischer Grundlage, als Antwort auf spezielle Erziehungsbedürfnisse. Ihr methodisches Herzstück bildet die Trias der Kernelemente
- heilpädagogische –>*Befunderhebung* (diagnostische Phase);
- heilpädagogische –>*Begleitung* (Entwicklungsbegleitung und Entwicklungsförderung mittels Spiel und Übung mit Einzelnen und kleinen Gruppen);
- heilpädagogische –>*Beratung* (vorrangig ist die Erziehungsberatung der Bezugspersonen).

Das Handlungskonzept der HpE beinhaltet das *Ganze* aller heilpädagogischen Hilfen für Menschen, die aufgrund ihrer Beeinträchtigung nicht die Selbstentfaltung und Selbstverwirklichung erreichen, die ihnen optimal möglich wäre." (KÖHN 2001, 60f.)

Erste Voraussetzung der heilpädagogischen Begleitung in Spiel und Übung ‘auf dem Lebensweg’, ist die „heilpädagogische Bedürftigkeit“[1].

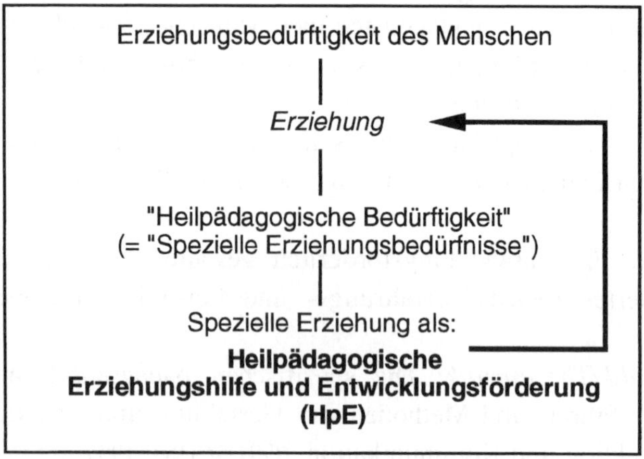

Abb. 2: „Spezielle Erziehungsbedürfnisse“
als heilpädagogischer Legitimationsbegriff
(in Anlehnung an Speck 1987, 233)

Es müssen „spezielle Erziehungsbedürfnisse“ vorhanden sein, aus denen heraus die Heilpädagogische Erziehungshilfe und Entwicklungsförderung (HpE) als eine „spezielle Erziehungshilfe“ entwickelt wird, wie die obige Abbildung zeigt.
Der Mensch gilt grundsätzlich als erziehungsbedürftiges Wesen:
„Erziehungsbedürftigkeit resultiert aus dem qualitativen Vergleich eines gegenwärtigen mit einem für die Zukunft vorgesehenen, erstrebenswerten Zustand personaler und sozialer Lebensformen...
Wird die *Erziehungsbedürftigkeit* des Menschen schlechthin oder eines bestimmten Individuums annulliert, so ist auch schon die Frage nach dem Sinn der Erziehung hinfällig. Wo keine Bedürfnisse anerkannt werden, wird die Suche nach Möglichkeiten zu deren Befriedigung überflüssig.“ (KOBI 1993, 76f.)
Aufgrund von Beeinträchtigung und Behinderung treten besondere Schwierigkeiten in der Erziehung auf, die als „spezielle Erziehungs-

[1] Zur „Heilpädagogischen Bedürftigkeit“ können Sie sich in den Übersichtsartikeln –>Elternberatung und –>Ziele (HpE) informieren.

bedürfnisse“ im Sinne einer besonderen „heilpädagogischen Bedürftigkeit“ angesehen werden. Sie unterscheiden sich jedoch nicht grundsätzlich von menschlicher Erziehungsbedürftigkeit, sondern lediglich in ihrer spezifisch notwendigen Art und Weise.
Neben der Erziehungsbedürftigkeit muss die Heilpädagogin als Wegbegleiterin nach der *Erziehbarkeit* fragen.
Wie der Wegbegleiter Rafael muss sie sich vergewissern, was ihr das Gegenüber des beeinträchtigten bzw. ‘behinderten’ Menschen und die erziehungsberechtigten Mitverantwortlichen ‘zu bieten’ haben. In unserer Geschichte wird ein eindeutiger –>Vertrag (HpE) ausgehandelt und Rafael prüft den Willen der Beteiligten, sich - jeder auf seine Art und in der ihm möglichen Zustimmung - auf diese gefahrvolle Reise einzulassen.
„*Erziehbarkeit* resultiert aus der partnerbezogenen Einschätzung der Möglichkeiten und Potenzen, die ein Mensch bietet hinsichtlich der Daseinsgestaltung. Die Erziehbarkeit eines Kindes steht somit in Abhängigkeit von der Beantwortung der Frage: Was bietet mir/uns dieses Du/Ihr an Realisierungsmöglichkeiten dessen, was ich/wir unter einer bestimmten edukativen Perspektive anstreben?“...
Wird die Erziehbarkeit aufgrund bestimmter Vorstellungen darüber, was Erziehung unabdingbar zu sein und zu leisten habe vis-à-vis einem Menschen, der keinerlei Handhabe in dieser Richtung zu bieten scheint, annulliert, so wird damit zum Ausdruck gebracht, dass die Existenz dieses Menschen unter meiner/unserer pädagogischen Perspektive keinen Sinn ergibt und für eine gemeinsame Daseinsgestaltung ohne Bedeutung bleibt.“ (KOBI 1993, 76f.)
Mit anderen Worten: Der Begleiter wird die Begleitung ablehnen, mag der angebotene ‘Verdienst’ auch noch so verlockend sein.

Ein weiteres wichtiges Kriterium für eine mögliche Begleitung ist die *Erziehungsfähigkeit* des Menschen.
In unserem ersten Beispiel prüfen der Vater Tobit ebenso wie der Wegbegleiter Rafael, ob Tobias fähig ist, seinen Weg zu gehen. Der Vater händigt ihm den Schuldschein aus, der sein Erbe ausmacht. Jeder Mensch trägt einen solchen ‘Schuldschein’ etwa im Sinne einer

Ausstattung, eines bewussten oder unbewussten Lebensvertrages, einer genetischen Disposition, einer sozialen Belastung mit sich, wobei sich dieses Erbe manchmal als eine schwere Last herausstellt. Von daher ist die Frage berechtigt, ob das Gegenüber mit seinen ihm gegebenen Möglichkeiten überhaupt in der Lage, also fähig, ist, die Wegwanderung aufzunehmen. Die Heilpädagogin als Wegbegleiterin kann die ihr anvertrauten Menschen nur 'fördern', wenn bei diesen grundlegende Fähigkeiten vorhanden sind, die mittels Förderung zu Fertigkeiten entwickelt werden können. Zugleich müssen wir den Blick auf die Erziehungsfähigkeit der Heilpädagogin, auf uns selber als Wegbegleiter richten: Bin ich, sind wir denn fähig, uns mit unserer Ausstattung, unserem Wissen, unserem Können, unseren Ressourcen und Kompetenzen auf die Lebenswegbegleitung einzulassen? Haben wir das 'Vermögen', die als richtig erkannte 'Förderung' für diesen Menschen 'ins Spiel' zu bringen oder nicht? Wir müssen daher beachten:

„*Erziehungsfähigkeit* resultiert aus der personalen und sozialen Einschätzung der Möglichkeiten, welche ein Mensch (Ich) bzw. eine Sozietät (Wir) Andern zu bieten haben hinsichtlich deren Daseinsgestaltung und Lebensmeisterung...

Wird die *Erziehungsfähigkeit* in Abrede gestellt, so werden umgekehrt das Ich und das Wir invalidiert und als untauglich erklärt zur Stiftung und Aufrechterhaltung eines Erziehungsverhältnisse." (KOBI 1993, 76f.)

Ein weiteres und letztes auszuhandelndes Kriterium für heilpädagogische Begleitung auf dem Lebensweg ist die *Erziehungswilligkeit.*

Der Vater, Tobias und auch Rafael, der Wegbegleiter *wollen* sich wirklich auf den Weg machen, jeder in der ihm möglichen Art: Der Vater, indem er seinen Sohn als Anteil seiner selbst ausschickt, 'den Reichtum des Lebens' zu finden, den der Vater selbst verloren zu haben meint; Tobias will sich - nachdem er einen Wegbegleiter gefunden und dadurch seine Angst überwunden hat - wirklich auf dem Weg durch die Vergangenheit hindurch in seine Zukunft begeben, indem er bereit ist, die Gefahren der Gegenwart mutig anzupacken;

Rafael, der Begleiter, weiß sich kundig, d.h. fähig, und sagt ohne Umschweife: Ich will dich begleiten, ich kenne den Weg... Diese Entschiedenheit ist Voraussetzung für jedes Unternehmen, jede Expedition:

„*Erziehungswilligkeit* resultiert aus dem im gelebten, haltungs- und handlungswirksamen Engagement zum Ausdruck kommenden Willen, die nach Maßgabe der Erziehbarkeit und Erziehungsfähigkeit anerkannte Erziehungsbedürftigkeit zu befriedigen...

Erziehungswilligkeit weist Erziehung als ein partnerschaftliches, personales Vertragswerk aus, welches, im Unterschied zu einer materialorientierten ICH-ES-Beziehung, auf der prinzipiellen, im Lauf der Entwicklung auch kindseitig immer deutlicher zum Ausdruck gelangenden Autonomie und freien Entscheidungsfähigkeit (im Sinne eines personalen Entgegenkommens und der Willfährigkeit) beruht. Ein Erziehungsverhältnis macht daher einen kontinuierlichen, personbestimmten Wandel durch und trägt von allem Anfang an den Kern der Auflösung und Ablösung in sich. - Ein Erziehungsverhältnis beruht zwar nicht unbedingt auf einer ausdrücklichen und reflektierten Willensentscheidung, benötigt jedoch ein Minimum von Anteilnahme und Anteilnehmenlassen an der personalen Daseinsgestaltung und mithin an partnerschaftlicher Empathie und Aufmerksamkeit. Wo gegenseitige Entfremdung und Desinteresse Platz greifen oder nicht überwunden werden können, und wo keine existentielle Verwandschaft in einem gemeinsamen Schicksal mehr gestiftet wird, zerfällt ein Erziehungsverhältnis auch da, wo allenfalls noch ein gewisser sachbezogener (z.B. therapeutischer) Funktionsaustausch stattfindet." (KOBI 1993, 76f.)

Wie unser historisches Beispiel und die vorangegangenen gegenwärtigen Beispiele heilpädagogischer Begleitung zeigen, ist „Erziehung... ein gegenseitiges Aushandeln von Gestaltungsmöglichkeiten und keine einseitige Durchsetzung von Machtansprüchen" (KOBI ebd. 76) Der zur heilpädagogischen Begleitung bereite Mensch und die Begleiterin, der Begleiter „...bilden eine Schicksalsgemeinschaft, innerhalb derer ein Machtmissbrauch sich stets auf *alle* Beteiligten auswirkt." Wer - wie in einem Schachspiel - „das Kind bereits auf einem tiefen Niveau seiner Spielgestaltungsversuche schachmatt setzt oder aber dem Kind einen billigen Sieg andient, bereitet dem gegenseitigen Erlebnis-, Gedanken- und Erfahrungsaustausch ein frühes Ende; das Spiel ist aus, noch bevor es realisiert werden konnte, und die Partner haben im buchstäblichen Sinne nur noch ein kariertes Brett vor dem Kopf." (KOBI 1993, 78)

Daher ist heilpädagogische Begleitung - so zeigt die vorangegangene biblische Geschichte - nicht gleichzusetzen mit irgendeiner Art der 'Behandlung' oder 'Therapie'.
„Gegenstand des heilpädagogischen Begriffs ist die *pädagogische* Aufgabenstellung und nicht... der medizinische Sachverhalt. Wir dürfen nicht... unsere wissenschaftlichen Begriffe einfach von einer andern Wissenschaft übernehmen, bloß weil diese schon klare und exakte Begriffe besitzt... Nirgends ist die biologische Krankheit als solche Anlass oder Gegenstand unserer Bemühungen, sondern nur der durch sie bewirkte Erziehungsdefekt." (KOBI 1993, 140)

In der heilpädagogischen Begleitung werden deshalb nach KOBI (ebd.) verschiedene *erzieherische* Aufgabenstellungen miteinander verbunden, die von drei Einflussbereichen bestimmt werden:
- *interaktional* durch die *Kommunikationseinbuße,* die gekennzeichnet ist durch unterschiedliche Beeinträchtigungsformen des Erziehungsverhältnisses, wie Verengung, Verarmung, Verfremdung, Brüchigkeit;
- *chronologisch* durch die *Entwicklungsphasen* des Kleinkindes, Schulkindes, Jugendlichen und erwachsenen Menschen mit ihren jeweils kulturabhängigen Entwicklungsaufgaben;
- *teleologisch* (ziel- bzw. zweckgerichtet) durch die *Bildbarkeit* und den daraus resultierenden Bildungsauftrag.

Dazu sind diagnostische Voruntersuchungen des Kindes durch einen *Psychologen* und wenn nötig durch einen *Allgemeinmediziner* oder *Facharzt* notwendig. Die medizinische Untersuchung soll klären, ob organische Krankheiten zu Fehlverhaltensweisen geführt haben könnten; in psychodiagnostischen Verfahren soll geklärt werden, ob und wie ausgeprägt Störungen im Erleben und Verhalten vorliegen. Zusätzlich wird die Heilpädagogin eine *heilpädagogische* –>Befunderhebung durchführen, die ihr wichtige Informationen über die Entwicklung des Kindes in seiner Herkunftsfamilie, die Art der Beeinträchtigung, Behinderung oder Störung, die Erziehungsverhältnisse in der sozialen Umgebung und damit über die *Befindlichkeit*[1] d.h. das spezifische „In-der-Welt-Sein" dieses Kindes oder Jugendlichen vermitteln.

Erst auf Grund dieser Ergebnisse kann entschieden werden, ob und welche *Art der heilpädagogischen Begleitung* die geeignete Methode ist, um das Erleben und Verhalten des Kindes, das unter erschwerenden Bedingungen lebt, durch veränderte Beziehungsgestaltung mit seinen Bezugspersonen, erzieherisch angemessen, entwicklungsfördernd und verantwortlich zu gestalten.

Je intensiver die Heilpädagogin Erlebens- und Verhaltensweisen, bewusste und unbewusste Beweggründe aller Beteiligten vor und während des Prozessverlaufs der HpE kennenlernen und reflektieren kann, um so eher wird sie den Bedeutungsgehalt der Äußerungen des Kindes nachvollziehen und damit die wahrscheinliche Richtigkeit ihrer *heilpädagogischen hypothetischen Diagnosen* erhöhen, die vorrangig immer als Begleitdiagnosen bzw. Prozessdiagnosen zu verstehen sind. Das diagnostische Vorgehen führt die Heilpädagogin

- von der Ebene der Vermutung (–>Vermutungsdiagnose) als subjektiv-reflektierte Standortbestimmung für die Weiterarbeit;
- über die Ebene der Hypothese (–>Hypothetische Diagnose) als Versuch objektiv-relativierender Zustandsbeschreibung und Prozesskontrolle;
- zur Ebene des Verstehens (–>Verstehensdiagnose) als subjektiv-objektivierende und intersubjektiv-dialogisierende Beziehungsgestaltung gelangt.

[1] Über das Verständnis und die heilpädagogisch bedeutsame Anwendung des Begriffs *Befindlichkeit* (im Unterschied zum „Befinden") können Sie sich in den Übersichtsartikeln –>Diagnose und –>Ziele (HpE) informieren.

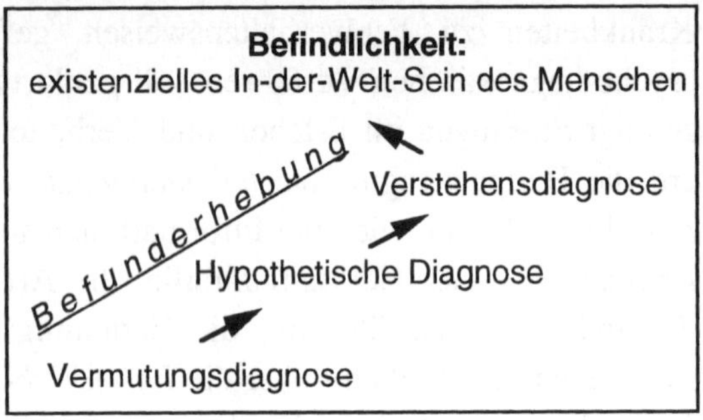

Abb. 3: Ebenen der heilpädagogischen Diagnosefindung
(Köhn 2001, S. 296)

Die Abbildung veranschaulicht die verschiedenen Ebenen der Befunderhebung: der Vermutung, der Hypothese und des Verstehens, wobei auf der letzten Ebene ein deutlicher Perspektive-Wechsel diagnostischer Urteilsbildung in der Annäherung zur Befindlichkeit des Menschen zu erkennen ist.

„Die Heilpädagogin ist herausgefordert, in einem dialektischen Prozess von der Ebene der Vermutung, die zur Auswahl der diagnostischen Methoden führt, über die Ebene der Hypothese, die relativ objektive Ergebnisse beinhaltet zur Ebene des Verstehens zu gelangen. Von dieser Ebene kann ein *personbezogenes* Konzept von Erziehungshilfe und Entwicklungsförderung (HpE) im Sinne der *Befindlichkeitsdiagnostik* abgeleitet werden, nach der heilpädagogischen Maxime „Erst verstehen, dann erziehen!“ (MOOR 1965), um über eine objektivierende Tatsachendiagnostik hinausgehend „Wege der verstehenden Erfassung“ (MOOR, ebd. 227) zu finden.“ (KÖHN 2001, 297)

„Sicherlich muß der Heilpädagoge *auch* ‘Tatsachenmaterial’ sammeln; aber nach dem Sammeln komme als eigentlich entscheidender Schritt das ‘Deuten’ dieses Materials. In diesem (hermeneutischen) Akt von Deutung oder Interpretation muß der innere Sinnzusammenhang der ‘Daten’ erschlossen werden. Sie müssen als *intentionale* und *sinnvolle* Äußerungen der konkreten Personalität des erfaßten Menschen erkannt werden, auch wenn einzelne Äußerungsformen nach der üblichen ‘Grammatik’ der ‘normalen’ Lebensformen unlogisch, unsinnig, pathologisch erscheinen mögen.“(GRÖSCHKE 1997, 273)

Aufgabe 8

Versuchen Sie in Stichworten die Bedeutung der Begriffe -> „Befindlichkeit" und ->„Befinden" zu beschreiben: Welche unterschiedlichen Sichtweisen beinhalten sie gegenüber einem Menschen?

Was verstehen Sie unter ->Befunderhebung im heilpädagogischen Handeln?

PS: Sie können zu Ihrer Orientierung den Artikel ->Befunderhebung (HpE) nachlesen und die Begriffe „Befindlichkeit" und „Befinden" im -> Stichwortverzeichnis (HpE) nachschlagen.

Dieses diagnostische Vorgehen soll das *Verstehen,* d.h. die *erlebnismäßige Verarbeitung* der 'objektiven' Daten durch das Kind und seine Angehörigen ermöglichen und die Auswirkungen des Erlebten in den Interaktionen im sozialen Umfeld für die Heilpädagogin nachvollziehbarer machen. Insofern sind die diagnostischen Schritte notwendige Hilfen für die Heilpädagogin, um sinnvolle ->*Ziele* (HpE) formulieren und sich auf das Kind und seine Umgebung heilpädagogisch angemessen einstellen zu können.
In ihrem weiteren Handeln wird sich die Heilpädagogin deshalb konsequenter Weise im Interesse des Kindes und der Auftraggeber um *interdisziplinäre Zusammenarbeit* bemühen und ->*Kontaktaufnahmen* und ->*Konsultationen* (HpE) pflegen.

Aufgabe 9

Wann haben Sie in Ihrer bisherigen Praxis- bzw. Berufserfahrung Konsultationen mit welchen Fachleuten anderer Disziplinen aufgenommen, wenn dies Kinder oder deren Bezugspersonen betraf? Schildern Sie ein Erfahrungsbeispiel.

Wann würden Sie Kontakte und Konsultationen *vor, während* oder *nach* einer heilpädagogischen Begleitung aufnehmen?

PS: Zur Hilfe und Orientierung empfehle ich den Artikel ->Konsultationen (HpE)

Mittels ->*Spiel* und ->*Übung* (HpE) werden, je nach heilpädagogischer Bedürftigkeit der Klientel, spezifische Akzente in der heilpädagogischen Begleitung gesetzt. Beide Elemente, Spiel wie Übung,

können in der heilpädagogischen Einzel- und/oder Kleingruppenarbeit eingesetzt werden. Sie sind immer *personzentriert* und *identitätsbezogen.* Deshalb fallen ihnen auch im Lebensalltag, im Rahmen eines heilpädagogischen Milieus, besondere Bedeutung für den erzieherischen Umgang mit beeinträchtigten, behinderten, psychosozial gestörten Kindern zu.
Ziel der heilpädagogischen Begleitung und Förderung in Spiel und Übung ist immer das Erreichen altersgemäßer *Entwicklungs- und Lebensziele* durch Bewältigung entsprechender *Entwicklungs- und Lebensaufgaben,* die aufgrund von Beeinträchtigung und Behinderung *spezielle erzieherische Hilfe notwendig* machen.

'Heilpädagogische Begleitung' kann zusammenfassend als *spezielle erzieherische Handlungspraxis* (SPECK 1996) definiert werden. Diese spezielle erzieherische Handlungspraxis ereignet sich
- im *erzieherischen Alltag* im Gestaltungsrahmen eines heilpädagogischen Milieus;
- in *spezifischen heilpädagogischen Situationen* außerhalb des Erziehungsalltags.

In beiden Situationen wird der *pädagogische Bezug* durch *spezifische therapeutische Beziehungsvariablen* angereichert.

In diesem Übungsbuch soll vorrangig die *heilpädagogische Begleitung im Spiel*[1] *in spezifischen heilpädagogischen Situationen* erläutert und mittels Übungen veranschaulicht werden. Dabei wird vor allem auf die *verbale* Beziehungsgestaltung mit *Kindern* eingegangen.

PS: Lesen Sie, dies vertiefend, ausführlich nach im Artikel ->Begleitung (HpE)

[1] In dieser Schrift wird nicht auf den spezifischen Umgang mit heilpädagogischen Medien, wie Figurenspiel, Puppenspiel, Malen, Basteln, Körperübungen, Tanz, auf den Umgang mit spezifischem Material wie Sand, Wasser, Farbe, Raumgestaltung und auf spezielle Methoden wie Kontaktzeichnen, Malbrief u.a. eingegangen. Dies bedarf gesonderter umfangreicher Ausführungen an anderer Stelle.

1.1 Pädagogische Grundlagen

Die heilpädagogische Begleitung basiert auf der *pädagogischen Theorie*, die bestimmt ist durch die „Eigentümlichkeit dessen..., was mit 'Erziehung' und mit 'Erziehungswirklichkeit' umschrieben ist.“ (DICKOPP 1983, 29)

Aufgabe 10
Was verstehen Sie als das 'Eigentümliche' der Erziehungswirklichkeit? Anders gefragt: Wodurch unterscheidet sich eine Erzieher-Kind-Beziehung beispielsweise von einer Freundschafts-, Partnerschafts-, Therapeut-Klient- oder Arzt-Patient-Beziehung?

PS: Sie können über die Unterschiedlichkeit der Beziehungsgestaltung im Artikel ->Vertragsabschluss (HpE) nachlesen.

Ein erwachsener Mensch soll möglichst viele Aufgaben in Alltagssituationen lösen können, beruflich wie privat, vertraut oder unbekannt. Es wird von ihm erwartet, dass er sich 'auskennt', d.h. sich in einem umfassenden Gesamtzusammenhang der gesellschaftlichen Bedingungen, in denen er lebt, orientieren kann und weiß, wo er Hilfe bekommt, wenn er Aufgaben nicht alleine lösen kann.
Kinder und Jugendliche - um so mehr, wenn sie als 'beeinträchtigt', 'behindert' oder 'seelisch gestört' angesehen werden - können diesem Anspruch nicht genügen. Sie bedürfen konkreter Hilfestellung in Alltagssituationen, in denen sie überfordert sind.
„Pädagogisch werden diese Alltags-Situationen durch die Besonderheiten der Aufgabe, die die Erwachsenen mit den jungen Menschen verbindet: Der für sie verantwortliche Erwachsene, der Pädagoge, hat die Aufgabe, ihnen zu helfen, daß sie ihr Leben, das bedeutet, jede neue Situation, möglichst selbständig und verantwortlich meistern können, daß sie die sich bietenden Chancen nutzen, Vor- und Nachteile abwägen und prüfen lernen, ob es recht ist, dieses zu tun und anderes zu lassen; der junge Mensch, der Educand, hat die Aufgabe, sich in selbständiges und verantwortliches Handeln einzuüben

und auf diese Weise sein Leben führen zu lernen, das sich nicht von selbst gestaltet. Das geschieht in Elternhaus und Kindergarten, in Schule und Lehrwerkstatt, in Heimen und Internaten, in Freizeitstätten für Kinder und Jugendliche, in außerschulischen Bildungseinrichtungen. Die Institutionen selbst sind in den gesellschaftlich-politischen Gesamtzusammenhang eingebunden.“ (BADRY 1999, 35)

Die Erziehungswirklichkeit, anders formuliert der Erziehungsvorgang, besteht aus drei konstitutiven Momenten des Pädagogischen:

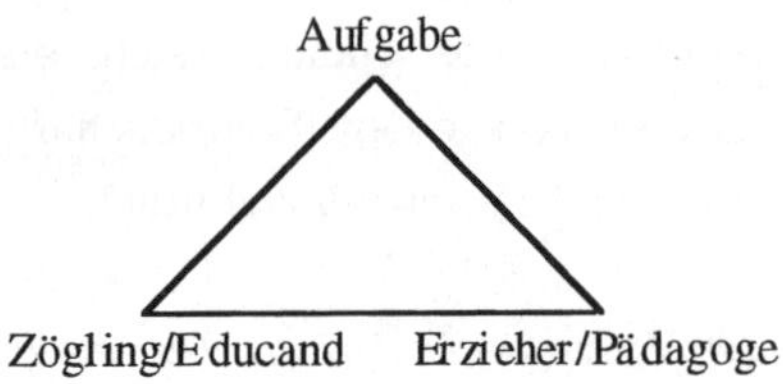

Abb. 4: Pädagogisches Dreieck

„Das »pädagogische Dreieck« veranschaulicht das Verhältnis von Pädagoge, Educand und Aufgabe: Die Aufgabe stiftet die Gemeinsamkeit der beiden Erziehungspartner. Ein gutes Verhältnis zwischen ihnen, eine »gute Beziehung«, ist für das Gelingen der Erziehung eine notwendige Bedingung (conditio sine qua non), aber keine hinreichende (conditio per quam); das erzieherische Verhältnis ist weder ein Kameradschafts- noch ein Freundschafts- und auch kein Liebesverhältnis, sondern eben ein erzieherisches, für das die Bindung an die Aufgabe konstitutiv ist, um des jungen Menschen willen. Weil alle erzieherischen Bemühungen darauf zielen, ihn zu fördern, ihm die besten Startchancen für ein gelingendes Leben zu geben, muß dem Pädagogen alles daran gelegen sein, daß der Heranwachsende möglichst alle seine Fähigkeiten entfaltet und seine Möglichkeiten nutzt. Das kann er ihm aber nicht per Dekret verordnen, etwa dadurch, daß er täglich drei- bis zehnmal den Appell an ihn richtet: »Entfalte dich!« Die Hilfe gelingt lediglich über Aufgaben. Das leuchtet ein, wenn man bedenkt, daß der Mensch nur, wenn er sich Situationen stellt, in denen bestimmte Fähigkeiten, Fertigkeiten und Kenntnisse gefordert werden, erfährt, ob er über sie verfügt, nur dann erlebt er, daß er das, was er sich bereits erworben hat, steigern, ausdifferenzieren, erweitern oder vertiefen muß." (BADRY 1999, 36)

Im Mittelpunkt heilpädagogischen Denkens und Handelns steht also *der Mensch als Subjekt in seinen existenziellen und dialogischen Bezügen, in seinen Beziehungen und Erziehungsverhältnissen:* WER ist er in seiner existenziellen und subjektiven Befindlichkeit?
Dies gilt um so mehr, je mehr Erziehung unter „erschwerenden Bedingungen" der Beeinträchtigung, Behinderung oder seelischen Störung erfolgt. So beinhaltet auch der ->*Vertrag* (HpE) bzw. *Kontrakt* zwischen der Heilpädagogin und ihren Vertragspartnern im Wesentlichen die Diagnose, Begleitung und Beratung von *Beziehungen,* bei denen es sich zumeist um *gestörte Erziehungsverhältnisse* handelt. Erst in diesem Kontext gewinnt die Beeinträchtigung, die Störung, die Behinderung eines Menschen, insbesondere die eines Kindes oder Jugendlichen, ihren beachtenswerten Stellenwert und ihre spezifische Relevanz für den Prozess der HpE.
„Innerhalb von Erziehung (*dieser* Erziehungswirklichkeit) konzentriert sich das pädagogische Geschehen auf ein Du, von dem der individuelle Anspruch ausgeht, durch Erziehung 'Mensch' zu werden. Dieser Anspruch ist immer ein personaler, d.h. er wird nur im unmittelbaren Bezug zum anderen Menschen, zum Mitmenschen realisierbar. Der Mensch kann nicht Mensch werden ohne den Mitmenschen. Mitmenschlichkeit ist daher die zentrale Aussageweise des Menschlichen.
Erst in ihrem Vollzug wird 'Pädagogisches' möglich: Absichten mit dem Ziel, dem Anderen dazu zu verhelfen, mündig zu werden, sich selbst zu bestimmen, zu sich selbst zu stehen, sozialgerecht zu sein, sich selbst immer in Bezug zum anderen zu sehen..." (DICKOPP ebd., 29f.)
Wenn wir das pädagogische Dreieck unter dem Aspekt der *gestörten Erziehungsverhältnisse* sehen, können wir sagen, dass sich die pädagogischen Aufgaben für beeinträchtigte und behinderte Menschen sowohl an die Pädagogen als auch an die pädagogischen Institutionen richten. Nach SPECK (1996, 374f.) gliedern sie sich in:

- behinderungsbezogene Aufgaben, die sich aus dem konkreten Erscheinungsbild der Behinderung ergeben und die sich an den spezifischen Erziehungs- und Sozialisationsbedürfnissen bzw. -hemmnissen der behinderten Menschen orientieren;
- lebenslaufbezogene Aufgaben, die sich aus den speziellen Bedürfnissen der beeinträchtigten Menschen in den jeweiligen Alters- und Entwicklungsstufen, von Früh- und Elementarerziehung über die Schul- und Berufsbildung bis hin zur Erwachsenen- und Altenbildung ergeben;
- methodenbezogene Aufgaben, die sich aus den jeweiligen Handlungskonzepten der Pflege, speziellen Förderung, Persönlichkeitsbildung, Sozialerziehung, Beurteilung (Diagnostik), Beratung und Therapie ergeben;
- sozialökologische Aufgaben, die sich auf das Zusammenwirken ganzer Lebensbereiche beziehen, die für beeinträchtigte, behinderte oder seelisch gestörte Menschen wichtig sind, um die Hilfesituation für den Einzelnen und seine Bezugspersonen durch das Zusammenwirken der Helfersysteme insgesamt zu verbessern.

Insofern beeinflusst und verändert Erziehung, d.h. heilpädagogisches Handeln, auch die Umwelt und umgekehrt:

Erziehung
beeinflusst und wird beeinflusst vom

↕

Mikrosystem
dem unmittelbaren Lebensbereich eines Menschen
Mesosystem
dem Wechselwirkungsgefüge, das zwischen Mikrosystemen, an denen ein Individuum beteiligt ist, besteht
Exosystem
dem Bereich, dem ein Mensch nicht angehört, der aber ihn beeinflusst bzw. von ihm beeinflusst wird
Makrosystem
den formalen und inhaltlichen Übereinstimmungen, die auf der gesellschaftlichen bzw. kulturellen Ebene bestehen

Abb. 5: Erziehung und beeinflussende Systeme

Die Wechselwirkungen zwischen dem Einzelnen und seiner Umwelt innerhalb dieser ökologischen Systeme machen es notwendig, das pädagogische Dreieck zu einem „Pädagogischen Kegel“ (DERBOLAV 1987) zu erweitern, um auf die institutionellen, gesellschaftlichen und politischen Zusammenhänge der Lebens- und Erziehungswirklichkeit hinzuweisen, insbesondere für Heilpädagogik als „Erziehung unter erschwerenden Bedingungen“ für beeinträchtigte, behinderte und seelisch gestörte Menschen.

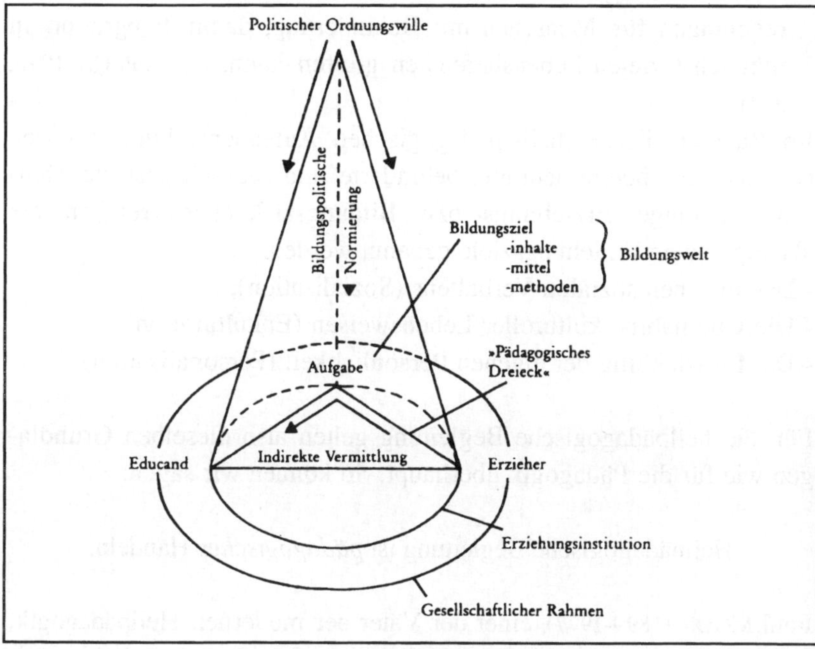

Abb. 6: „Pädagogischer Kegel“
(in: Badry 1999, 38)

Die pädagogische Aufgabe beinhaltet für Menschen mit Beeinträchtigungen die mittels heilpädagogischer Konzepte und Methoden notwendig zu erreichenden Lebensbedingungen, damit sie unter diesen erschwerenden Bedingungen möglichst human leben können. Dazu gehören u.a.:

- Prävention, d.h. die besondere Förderung von Kindern, die von Behinderung bedroht sind (Risikokinder);
- Rehabilitation, d.h. eine komplexe und von unterschiedlichen Helfersystemen zu leistende Aufgabe zur Verbesserung der physischen, psychischen und sozialen Entwicklungs- und Lebensbedingungen;
- Integration (soziale Eingliederung) als umfassende sozialpolitische und gesellschaftliche Aufgabe;
- Normalisierung, d.h. die Bemühungen um den Abbau von Sonderregelungen für Menschen mit Behinderung, damit Integration in möglichst vielen Lebensbereichen greifen kann. (vgl. SPECK 1996, 374).

Im Rahmen dieser (heil-)pädagogischen Aufgabenstellungen lassen sich auch für beeinträchtigte, behinderte und seelisch gestörte Menschen diejenigen Erziehungs- bzw. Bildungsziele eher erreichen, die als allgemeine Erziehungsziele genannt werden:
- Das Erlernen sozialen Verhaltens (Sozialisation);
- Die Übernahme kultureller Lebensweisen (Enkulturation);
- Die Entwicklung der eigenen Persönlichkeit (Personalisation).

Für die heilpädagogische Begleitung gelten also dieselben Grundlagen wie für die Pädagogik überhaupt. So können wir sagen:

Heilpädagogische Begleitung ist *pädagogisches* Handeln.

Paul MOOR (1899-1977), einer der Väter der modernen Heilpädagogik, verdeutlichte immer wieder, *Heilpädagogik sei nichts anderes als Pädagogik unter erschwerten Bedingungen.*

Wenn wir danach fragen, was Pädagogik für eine Aufgabe hat, können wir sagen:

„Die wichtigste pädagogische Aufgabe der Eltern besteht darin, das Leben ihrer Kinder zu begleiten und dabei ‘Kindheit’ als eine durchaus *eigenständige und in sich gültige Lebensform und Lebensphase* mit all ihren positiv oder negativ erscheinenden Phasen und Aspekten anzusehen und anzuerkennen.“ (KRAWITZ 1992, 273)

Heilpädagoginnen helfen Eltern und Erziehern bei dieser Aufgabe, wenn „erschwerende Bedingungen“ (MOOR 1994, 44) in der Erziehung dies erfordern, d.h. wenn Kinder einer zusätzlichen Entwicklungsförderung im Sinne einer *speziellen Erziehungshilfe* bedürfen. Diese spezielle Erziehungshilfe wird mittels *heilpädagogischer Handlungskonzepte*[1] geleistet, die als „Heilpädagogische Erziehungshilfe und Entwicklungsförderung (HpE)“ zusammengefasst werden können, wie die Abbildung zeigt:

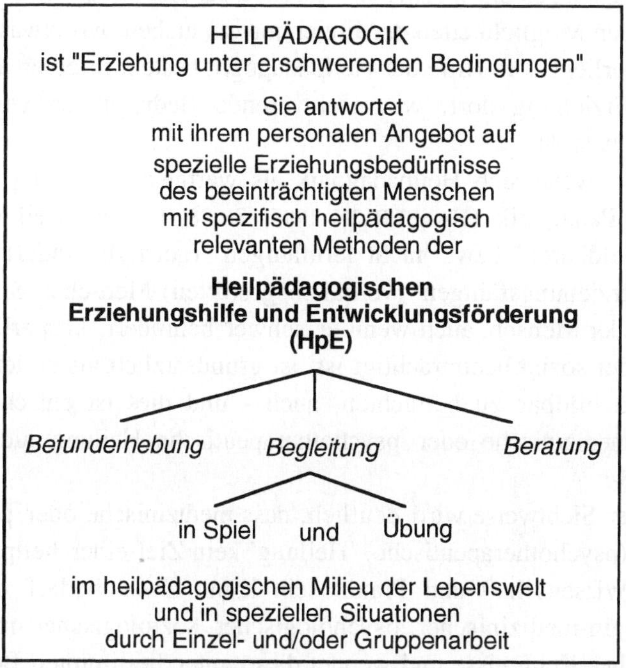

Abb. 7: Heilpädagogik als Antwort auf spezielle Erziehungsbedürfnisse (Köhn 2001, S. 61)

„Das Handlungskonzept der HpE beinhaltet das *Ganze* aller heilpädagogischen Hilfen für Menschen, die aufgrund ihrer Beeinträchtigung

[1] Zum Verständnis von *„Konzept“* lesen Sie bitte nach bei Dieter GRÖSCHKE (1997): Praxiskonzepte der Heilpädagogik; Kap. 4.: Konzepte der Heilpädagogik: Brücken zwischen Theorie und Praxis sowie Kap. 5.: Konzepte von „Praxis“ in der Heilpädagogik. Eine Definition von „Konzept“ finden Sie überdies auch in *diesem* Buch im 1. Kapitel „Heilpädagogische Begleitung auf dem Lebensweg“.

nicht die Selbstentfaltung und Selbstverwirklichung erreichen, die ihnen optimal möglich wäre.“ (KÖHN 2001, 61)

Dabei wird Heilpädagogik als eine Disziplin verstanden, die in erster Linie mit *Erziehung* und *Bildung* zu tun hat. Darin unterscheidet sich Heilpädagogik durch nichts von ‘normaler’ Pädagogik, einer für jeden Menschen zu leistende Aufgabe, der sich zuerst die Eltern, später Erzieher(innen) und Lehrer sowie andere Personen verpflichtet fühlen sollten.

Allerdings ist es die *spezifische* Aufgabe der Heilpädagogik,

„nach den Möglichkeiten der Erziehung zu suchen, wo etwas Unheilbares vorliegt. Die Hilfe der Heilpädagogik besteht in einer angemessenen Erziehung dort, wo erschwerende Bedingungen vorliegen.“ (MOOR 1994, 44)

Dadurch weist sich Heilpädagogik als wertgeleitete und parteinehmende Pädagogik (HAEBERLIN 1996, S. 28 ff.) aus, weil es keine ‘nicht-bildbaren’ bzw. ‘nicht lernfähigen’ (geistigbehinderten) oder ‘nicht-erziehungsfähigen’ (verhaltensgestörten) Menschen geben soll, denn jeder Mensch, auch wenn er schwer behindert, körperlich, seelisch oder sozial beeinträchtigt ist, ist grundsätzlich als erziehungsfähig und bildbar zu betrachten, auch - und dies ist entscheidend - wenn medizinische oder psychotherapeutische Heilung nicht mehr greifen.

In dieser Sichtweise wird deutlich, dass medizinische oder psychologische (psychotherapeutische) ‘Heilung’ kein Ziel einer heilpädagogischen Wissenschaft und Praxis sein kann. Zwar bedarf die Heilpädagogin medizinischer, psychologischer, soziologischer und therapeutischer Kenntnisse und wendet diese unter bestimmten Bedingungen partiell und situativ in ihrem heilpädagogischen Konzept auch an, jedoch ist dem programmatischen Satz von Paul MOOR zuzustimmen, dass Heilpädagogik *Pädagogik* und nichts anderes sei.

Demgegenüber scheint sich unreflektiert und modischen Trends entsprechend - beispielsweise in einer Hochstilisierung von ‘Gesundheit’ als dem höchsten Lebensgut des Menschen - der Begriff „Therapie“ in vielen heilpädagogischen Institutionen eingebürgert zu haben, obwohl sich diese Einrichtungen eigentlich als *pädagogische* Einrichtungen verstehen. Selbstverständliche und lebensbegleitende pädagogische Tätigkeiten wie

„Malen, Schwimmen, Spielen, Essen, Freizeitgestaltung, Ferienfreizeiten usw. werden als Maltherapie, Spieltherapie, Schwimmtherapie, Eßtherapie, Freizeittherapie, Reisetherapie bezeichnet und mit (pseudo-)wissenschaftlicher Dignität versehen.“ (THEUNISSEN 1991, 137)

HAEBERLIN (1996, 18 f.) postuliert:

„Die Verwischung der Grenzen zwischen bestimmten Formen der Psychotherapie und der Erziehung bedeutet für das Selbstverständnis der Heilpädagogik als Pädagogik stets eine Gefahr. Wenn sich Therapie nicht ursachenorientiert versteht, sondern störende Symptome durch den Aufbau von neuem Verhalten zu beseitigen sucht, ist Therapie immer auch Erziehung und darf nicht den Zielen der Erziehung entgegenwirken. Als Heilpädagoge oder Heilpädagogin mit pädagogischer Verantwortung für das anvertraute Kind sollte man sich deshalb davor hüten, Kinder einfach an Therapeuten abzugeben, ohne zu wissen, ob diese Spezialisten ebenfalls in der Richtung der eigenen erzieherischen Bemühungen arbeiten.

Die wichtige Tätigkeit des Erziehens ist in Gefahr, immer mehr abgewertet zu werden. Dies zeigt sich heute beispielsweise schon deutlich im Erziehungsbereich heilpädagogischer Heime, in denen die Arbeit der Erzieher und Erzieherinnen gelegentlich als die am wenigsten professionalisierte und häufig auch am schlechtesten bezahlte Arbeit gewertet wird. Man sollte im Interesse der betroffenen Kinder und Eltern wieder eher darauf hinwirken, daß Erziehung die allerwichtigste Tätigkeit im heilpädagogischen Bereich wird. In Abgrenzung zum krankheitsbezogenen Therapiebegriff gilt es, die Dimensionen einer pädagogischen Betrachtungsweise ins Zentrum der heilpädagogischen Tätigkeit zu stellen.“[1]

[1] Zur vertieften Reflexion und Klärung des Verhältnisses von Pädagogik und Therapie in der Heilpädagogik lesen Sie bitte nach

a) im Artikel ->Begleitung (HpE);

b) Georg THEUNISSEN (1991), S. 139 ff.: Der therapeutische Fehlansatz in der Heilpädagogik. S. 144 ff.: Pädagogische Gesichtspunkte heilpädagogischen Handelns.

Diese Überlegungen sind für ein *Verständnis der heilpädagogischen Begleitung* von besonderer Wichtigkeit, weil wir uns in folgenden Kapiteln mit der Anwendbarkeit und der Integration von therapeutischen Interventionsvariablen in heilpädagogische Erziehungskonzepte auseinandersetzen wollen.

Als *wesentliche pädagogische Grundaussagen* für die heilpädagogische Begleitung in Spiel und Übung gelten die Grundsätze von Paul MOOR:

1. Erst verstehen, dann erziehen;
   „Wir müssen das Kind verstehen, bevor wir es erziehen. -
   Daraus ergibt sich die Grundfrage: Wie lernen wir das entwicklungsgehemmte Kind verstehen? Es ist die Frage nach einer dem heilpädagogischen Gegenstande angemessene Psychologie."
2. Nicht gegen den Fehler, sondern für das Fehlende;
   „Wo immer ein Kind versagt, haben wir nicht nur zu fragen: Was tut man dagegen? - Pädagogisch wichtiger ist die Frage: Was tut man dafür? ... nämlich für das, was werden sollte, soweit es werden kann.
   Das ist die Frage nach einer dem heilpädagogischen Gegenstande angemessenen Pädagogik."
3. Nicht nur das Kind, auch seine Umgebung ist zu erziehen.
   „Wir haben nie nur das entwicklungsgehemmte Kind als solches zu erziehen, sondern immer auch seine Umgebung. Sie leidet am Leiden des Kindes und kommt damit meistens nicht zurecht; wodurch das Leiden des Kindes noch vergrößert wird. -
   Daraus ergibt sich die Frage nach der Erziehung des Erziehers, in welcher die Spezialfrage nach der Ausbildung des Heilpädagogen enthalten ist." (MOOR 1994, 43)

Des Weiteren gelten die Aussagen eines der führenden Vertreter heutiger Heilpädagogik in der Schweiz, Emil E. KOBI, der Heilpädagogik als *subjektzentrierte Wissenschaft* ausweist:

c) Emil. E. KOBI (1993), S. 223 ff.: Gegenüberstellung von ärztlichem gegenüber pädagogischem Denken und Handeln; S. 266 ff.: Therapeutische Versionen in der Heilpädagogik; S. 344 ff.: Gegenüberstellung von Therapie und Erziehung.
d) Rudi KRAWITZ (1992): Pädagogik statt Therapie

„(Heil-)Pädagogik findet auf der Objektebene und unter der Perspektive einer exklusiv objektivierenden Fragestellung kein pädagogisches Thema, keinen als pädagogisch auszuweisenden Gegenstands-(genauer: Personen-)Bereich und zerbröselt bestenfalls in Psychopathologie.“ (KOBI 1983, 47)

„Es geht auf der Subjektebene nicht darum, bestimmte Merkmale als Symptome aus dem Beziehungsnetz herauszulösen, sondern im Gegenteil ‘objektive Befunde’ als subjektive, interaktionale Befindlichkeiten auszuweisen. Was uns heilpädagogisch interessiert, sind die sich in einem Behinderungszustand ausbreitenden »Befindlichkeitsstörungen«; es interessiert nicht die Behinderung an sich, sondern das Leid und das Leiden der davon betroffenen Personen. Verhalten hat keinen immanenten Sinn und muss daher im zwischenmenschlichen Kontext studiert werden...

Die heilpädagogisch entscheidende Frage lautet daher nicht:

Wie ändert man ein kindliches Störverhalten?,

sondern:

wie stelle ich mich einem Kind dar, dass es mich in einer Art und Weise erlebt, die ihm ein angemessenes Verhalten ermöglicht?

Existentiell ausschlaggebend ist... jene Wirklichkeit, die Kind und Erzieher *gemeinsam* und in *derselben Weise* zu erfahren imstande sind. Verstehen gründet im gemeinsamen Erleben.“ (KOBI 1993, 60)

PS: Über das bewusste und unbewusste Erleben und Verarbeiten von emotionalen Vorgängen und deren Auswirkungen auf den einzelnen Menschen und seine Beziehungen - beim Kind wie beim Heilpädagogen - sowie auf die dadurch erschwerten Erziehungsverhältnisse, können wir uns in diesem Buch nur ansatzweise befassen, weil dazu vertiefende theoretische Erörterungen nötig wären. Wir werden jedoch in einzelnen Kapiteln und Übungen immer wieder darauf zurückkommen.

1.2 Weltanschauliche Grundlagen

Grundlagen heilpädagogischen Handelns leiten sich aus einem *heilpädagogischen Menschenbild* ab, welches das Handeln der Heilpädagogin mit dem beeinträchtigten und behinderten Kind und dessen Bezugspersonen in der heilpädagogischen Begleitung beeinflussen soll. Urs HAEBERLIN (1985) schreibt dazu:

„Es spielt keine Rolle, ob wir uns als Praktiker oder ob wir uns als Wissenschaftler mit Heilpädagogik befassen; in beiden Fällen bildet ein Menschenbild die Grundlage unseres Tuns und unseres Erkennens." (11)

Aus dieser Erkenntnis resultiert nach HAEBERLIN folgende Aufgabe:

„Der praktische und der wissenschaftliche Heilpädagoge muss sich über die Grundhaltung zum eigenen Menschsein klar werden. Er muss sich selbst eine Vorstellung davon erarbeiten, wie er sich selbst und wie er sein Verhältnis zu den anderen Menschen definieren will... es geht um Selbsterkenntnis und Selbsterziehung des Heilpädagogen als Mensch." (14)

Selbsterkenntnis ist eine Vorstufe zur Selbstverwirklichung. Echte Selbsterkenntnis ist heilsam, weil sie von Ängsten und Hemmungen, von Unsicherheit und Minderwertigkeitsgefühlen befreit. Sie ist aufbauend und bewirkt, dass der Mensch zu sich selbst steht in seinen Schwächen und Stärken.

Sie ist zugleich die Voraussetzung für *Selbsterziehung:* Der junge Mensch wird sich seiner selbst bewusst und dadurch mehr und mehr für alles, was er fühlt, denkt und tut selbst verantwortlich. Er kann durch sich selbst und durch andere 'beim Wort' genommen, d.h. auf seine *Mündigkeit* hin geprüft werden. Der mündige Mensch kann in seinem Handeln sowohl Nützliches bewirken als auch Sittliches berücksichtigen. Dazu gehören Sachverstand, Geschick und Gewissenhaftigkeit (RITZEL 1973). *Selbsterziehung* ist die Fähigkeit eines jeden Menschen, im Rahmen der ihm gegebenen individuellen und sozialen Möglichkeiten sich selbst und seine soziale Umwelt auf dem Weg zum besseren Verständnis eigener und fremder Wirklichkeiten zu mehr Menschwerdung zu organisieren. Dadurch beschreitet er den Weg der Selbstverwirklichung.

Selbstverwirklichung hat der Tiefenpsychologe C. G. JUNG als Weg der "Individuation" bezeichnet: "Selbsterforschung und Selbstverwirklichung ist daher - oder vielmehr sollte es sein! - die unerläßliche Voraussetzung für die Übernahme höherer Verpflichtung, und wäre es auch nur die, den Sinn des individuellen Lebens in bestmöglicher Form und in größtmöglichem Umfang zu verwirklichen, was die Natur ja immer tut, allerdings ohne die Verantwortung, welche die schicksalsmäßige und göttliche Bestimmung des Menschen ist. «Individuation» bedeutet: «Zum Einzelwesen werden, und insofern wir unter Individualität unsere innerste, letzte, unvergleichliche Einzigartigkeit verstehen, zum *eigenen Selbst werden.*» Individuation bedeutet jedoch keineswegs Individualismus im engen, egozentrischen Sinn dieses Wortes, denn die Individuation macht den Menschen nur zu dem Einzelwesen, das er nun einmal ist. Er wird aber dadurch nicht «selbstisch», sondern erfüllt nur seine Eigenart, was von Egoismus und Individualismus himmelhoch entfernt ist. Seine errungene Ganzheit ist durch Bewußtes und Unbewußtes als Einzel- wie als Kollektivwesen auf das Ganze der Welt bezogen. Das bedeutet aber nicht ein individualistisches Betonen der vermeintlichen Eigenart im Gegensatz zu kollektiven Verpflichtungen, sondern die Erfüllung dieser Eigenart innerhalb ihrer Einordnung in ein Ganzes. «Denn ein wirklicher Konflikt mit der Kollektivnorm entsteht nur dann, wenn ein individueller Weg zur Norm erhoben wird, was die eigentliche Absicht des extremen Individualismus ist». Darum soll auch dieser Weg [der Individuation] nur «zu zweit» beschritten werden. Der Versuch, ihn allein zu gehen...wäre... verhängnisvoll, wenn er überhaupt gelänge. Das Nur-auf-sich-gestellt-sein-Wollen führt leicht zu geistigem Hochmut, zu steriler Grübelei und zu Vereinsamung im eigenen Ich. Der Mensch braucht ein Gegenüber, sonst ist seine Erlebnisgrundlage zu wenig real..." (JACOBI 1978, 108 f.)

Aufgabe 11

Versuchen Sie, sich der Aufgabe der Selbsterkenntnis und Selbsterziehung zu stellen, indem Sie sich auf folgende Fragen eine überzeugende, begründete Antwort geben:

Sind Sie der Meinung, dass ein behinderter Mensch Subjekt ist und bleiben soll, d.h. z.B. einen eigenen Willens- und Entscheidungsspielraum haben soll, auch wenn die Behinderung sehr schwer ist?

Sind Sie der Meinung, dass man einem Menschen, weil er stark behindert ist, sich möglicherweise nicht verständlich machen kann und auf dauernde Hilfe angewiesen ist, um so weniger Willens- und Entscheidungsspielraum geben darf, um ihn selbst - und möglicherweise andere - nicht zu gefährden?

Wie lösen Sie den Widerspruch beider Ansichten in Ihrem praktischen heilpädagogischen Handeln auf?

PS: Denken Sie bei Ihren Überlegungen vor allem über Ihre möglichen ganz persönlichen Wertentscheidungen in Situationen großer emotionaler Betroffenheit nach, z.B.:

- *Stellen Sie sich vor, Sie selber würden nach einem Verkehrsunfall querschnittsgelähmt bleiben, stets bei alltäglichen Verrichtungen intimster Art auf die Hilfe Dritter angewiesen sein und Sie könnten sich nur im Rollstuhl fortbewegen:*
  a) Könnten Sie Ihrem Leben neuen Sinn abgewinnen - wie und wodurch?
  b) Wie würden Sie sich wünschen, von Ihren Mitmenschen 'behandelt' zu werden?

- *Wie würden Sie entscheiden, wenn Sie mit Hilfe pränataler Diagnostik herausgefunden hätten, dass Ihr Kind vermutlich behindert sein würde, ohne dass die Schwere der Behinderung vorauszusagen wäre: Würden Sie Ihrem Kind ein Lebensrecht zubilligen oder würden Sie den Fötus abtreiben lassen?*

- *Wie würden Sie entscheiden, wenn ein naher Angehöriger schwer verunglückt wäre und seit Wochen unter dem Sauerstoffzelt künstlich beatmet würde, ohne dass Lebenszeichen erkennbar wären und die Prognose der Ärzte so lautet, dass keine Besserung abzusehen ist: Würden Sie zustimmen, die Beatmung einzustellen oder nicht?*

(Die Zahl der Abtreibungen von Ungeborenen mit diagnostizierter Behinderung ist sehr hoch. 90 - 95 Prozent der ungeborenen Kinder, bei denen ein Down-Syndrom festgestellt werde, würden abgetrieben, heißt es in einer Pressemeldung von dpa im September 2001.)

PPS: Um für solche Schicksalsentscheidungen, die jedem von uns abverlangt werden könnten, gewappnet zu sein, bedarf es grundlegender Auseinandersetzung mit Lebensfragen überhaupt. 'Behinderte' Menschen können uns lehren, wie sie ihr eigenes Schicksal gemeistert haben. Dazu empfehle ich Ihnen, einige außergewöhnlich spannende autobiografische Zeugnisse zu lesen:

1) Jean-Dominique Bauby: Schmetterling und Taucherglocke, dtv 12565

2) Julia Tavalaro mit Richard Tayson: Bis auf den Grund des Ozeans, Herder spektrum 4863

3) Lance Armstrong: Tour des Lebens - Wie ich den Krebs besiegte und die Tour des France gewann, Berg.-Gldb.: Verlagsgruppe Lübbe

HAEBERLIN (1996) postuliert,

„...daß Heilpädagogik nicht nur eine Frage der Wissenschaftlichkeit, sondern auch eine Frage der 'Haltung' ist." (35)

„Bedenkt man, daß dialogisches Leben im Sinne der „Heilpädagogischen Haltung" als Partner nur Menschen ohne Abgrenzungshaltung kennen darf und daß jede Unterscheidung zwischen Kategorien von Menschen, z.B. zwischen Schwer-, Leicht- und Nicht-Behinderten, schon die Zerstörung des Dialogischen Prinzips bedeutet, gelangt man zur Einsicht, daß „Heilpädagogische Haltung" eine Lebensweise ist, die im Gegensatz zu allen üblichen Bewertungen und Gepflogenheiten in unserer gesellschaftlichen Welt steht. Weil der Gegensatz zwischen Heilpädagogischer Haltung und den üblichen Haltungen in unserer Welt besteht, muß... ausdrücklich betont werden, daß „Schwerste Behinderung nicht als Minusvariante des Menschen, sondern als menschliche Daseinsform, die es anzunehmen gilt", anzusehen sei (Bach 1991, 13)." (40)

Auf diesem Hintergrund beansprucht die Heilpädagogin durch ihr Handeln in der Heilpädagogischen Erziehungshilfe und Entwicklungsförderung (HpE) - hier im Kernelement der heilpädagogischen *Begleitung* - das Mandat,

„die Frage nach dem Sein des Menschen, den wir als behindert und in der Folge oft als hinderlich empfinden" und „ferner die Frage nach unserem gemeinsamen *Dasein* und endlich die Frage nach dem, was wir *füreinander sein* können" (KOBI 1983, 31) in unserer Gesellschaft zu stellen und zu versuchen, angemessen darauf zu antworten. Dies führt in letzter Konsequenz zu einem Bekenntnis für das unverbrüchliche Recht auf Leben eines jeden, auch des schwerstbehinderten Menschen, denn:

„Ehrfurcht vor dem Wort 'Heilpädagogik' ist für uns symbolisch Ehrfurcht vor einer Haltung, welche kein unwertes Leben kennt." (HAEBERLIN 1985, 13)

Dabei sollte sich jede Heilpädagogin dessen bewusst sein:

„Die Entscheidung für die gleiche Würde aller Menschen ist nicht rational-logisch begründbar. Es handelt sich um eine Wertentscheidung und ist als solche einer rationalen Begründung nicht zugänglich." (HAEBERLIN 1996, 11)

„Aber es ist ein entscheidender Unterschied, ob wir uns der Klassifikation und deren Folgen bewusst sind, oder ob wir mit nichtbewussten Menschenbildern unser Leben und das Leben anderer gestalten. Im zweiten Fall kommt es zur Gewohnheit, andere Menschen zu verurteilen, ohne es zu wissen." (12)

„Betrachten wir den Behinderten als „Abfall der Menschheit", würden wir uns an einem Menschenbild orientieren, das zwischen eigentlichen Menschen und Untermenschen trennt; diese Auffassung würde unsere Einstellung und unser Verhalten gegenüber dem behinderten Kind entscheidend beeinflussen. Wenn wir hingegen dem Behinderten die gleiche Menschenwürde zusprechen wie uns selbst, dann wird sich diese Auffassung ebenfalls im Verhalten gegenüber dem behinderten Kind niederschlagen. (11)

Als immer wieder neu ins Bewusstsein und damit in die persönliche Verantwortung zu rückende historische Tatsache ist zu bemerken, dass im nationalsozialistischen Deutschland ab 1939 bis zum Kriegsende Tausende von geistig behinderten Kindern und Jugendlichen in sogenannte „Kinderfachabteilungen" eingegliedert und teilweise unter grausamsten Bedingungen, auch zum Zwecke wissenschaftlicher Forschungen, umgebracht wurden. Der Tötungsvorgang wurde in den amtlichen Dokumenten als „Behandlung" bezeichnet, die für die Tötungen eingerichteten „Kinderfachabteilungen" wurden sogar in „Heilanstalten" umbenannt. (SCHMEICHEL 1982)

Als herausragendes Beispiel für 'heilpädagogische Begleitung auf dem Lebensweg' auf dem Hintergrund des beschriebenen Men-

schenbildes kann der Leidensweg des polnisch-jüdischen Kinderarztes, Schriftstellers und Pädagogen Janucz KORCZAK mit seinen 200 Waisenkindern im Warschauer Ghetto gelten. Wer seine Schriften liest - und das sei jeder Heilpädagogin und jedem Heilpädagogen wärmstens empfohlen - wird berührt von dem hervorragenden pädagogischen Verständnis, der tiefen Menschenfreundlichkeit und Hingabefähigkeit des großen Pädagogen, den man einen der größten Humanisten des 20. Jahrhunderts nannte. Selbst in schwierigster Zeit und unter Todesdrohung für sich selber und seine Schützlinge erzieht er die ihm anvertrauten Kinder zu Gerechtigkeit, Brüderlichkeit und Toleranz. Er schrieb einmal:
„Die Lebenswege großer Menschen gleichen Legenden - sie sind beschwerlich, aber schön."
Damals wusste er noch nicht, dass sein Leben und das seiner Helferinnen und Kinder einmal zu einer Legende werden würde. Er hätte es auch bestimmt nicht gewollt, denn was er tat, hielt er für selbstverständlich. Am 6. August 1942 wurde sein Leben zur Legende, als ihn die SS zwang, 'seine' Kinder hinter der Fahne mit dem Davidsstern zum Zug in das KZ Treblinka zu führen. Er verzichtete darauf, sein eigenes Leben zu retten und starb gemeinsam mit ihnen...

Heute besteht im Zuge einer Relativierung gentechnischer Möglichkeiten erneut die Gefahr, menschliches Leben mehr und mehr nach seiner Nützlichkeit und nach dem subjektiven Glückszuwachs zu beurteilen (Utilitarismus), wodurch behinderte Menschen wieder in die greifbare Nähe des „minderwertigen Lebens" gerückt werden und dadurch humaner Entwertung und Entwürdigung anheim fallen. Wenn nach utilitaristischer Denkweise das größte Glück für die größtmögliche Anzahl von Menschen durch behinderte oder alte Menschen eingeschränkt erscheint, ist der nächste Schritt zu deren Beseitigung ebenso wieder möglich wie vordem.
Historisches Bewusstsein und politisches Engagement werden daher von jeder Heilpädagogin und jedem Heilpädagogen berufsethisch verlangt.

1.3 Beziehungsgestaltende Grundlagen

1. Die heilpädagogische Beziehung
   ist das *Fundament* für die heilpädagogische Begleitung des Klienten. Sie ist
   - *Voraussetzung für Erziehung* unter erschwerenden Bedingungen;
   - *Hilfe bei der Entwicklung* von einem Ist-Zustand zu einem Soll-Zustand, verstanden als
   - *Prozess der Identitätsentwicklung* mit dem Ziel der
   - *Hilfe zur Vermenschlichung.*

2. Die heilpädagogische Beziehung
   wird gestaltet
   - in der individualisierenden *Einzelsituation,*
   - in der spezifischen zusammengestellten *Kleingruppe* und
   - in der *Lebensgruppe* im heilpädagogischen Milieu.

Aufgabe 12
Was bedeutet für Sie selbst „Beziehung"? Wie haben Sie in Ihrem Leben Beziehung erfahren? Worauf basiert „Beziehung", was macht „Beziehung" aus?

Was sind die grundlegenden Annahmen Ihres persönlichen Menschenbildes, von denen Sie in Ihrer heilpädagogischen „Beziehungsarbeit" ausgehen: Als „Wer" sehen Sie sich selbst als Einzelwesen (Individuum) Frau oder Mann und als Gemeinschaftswesen (Zoon politikon)?

Welche Bedeutung hätte diese Sichtweise im Hinblick auf Ihre Beziehungen, insbesondere auf heilpädagogische Beziehungen zu behinderten oder seelisch gestörten Menschen?

3. Die heilpädagogische Beziehung
   basiert auf einem heilpädagogischen *Menschenbild.*

Wir haben bereits im Kapitel „Weltanschauliche Grundlagen" darüber nachgedacht, dass sich jede Heilpädagogin und jeder Heilpädagoge ihr erzieherisches Menschenbild immer wieder neu erarbeiten müssen, denn es ist ihr *persönliches Menschenbild,* das sich durch neue Erlebnisse, Erkenntnisse und auch durch zunächst unbemerkte gesellschaftliche Umwälzungen mit verändert. Die Heilpädagogin ist bemüht, sich diese *Veränderungen ihres Menschenbildes bewusst zu machen* und in ihre Beziehungsgestaltung zu integrieren. Obwohl so viele Menschenbilder existieren, wie es Menschen gibt, bestehen gewisse Übereinstimmungen in den heilpädagogischen Menschenbildern, die sich im Lauf der Geschichte entwickelt haben, denn ein Bild ist immer eine

„aus Vielheiten aufgebaute Einheit, die in sinnvoller Weise nicht mehr aufgelöst werden kann“, ohne das gesamte Bild zu zerstören. Ein Bild zeigt „das Ganze in den Einzelheiten“, aber auch „die einzelnen Momente im Ganzen“. Für den Menschen, das Individuum (das Un-Teilbare) ist das Bild, das Menschenbild, der „Inbegriff seiner Wesensbestimmung“. Als solches ist das Menschenbild immer ein „Seinsbild, sofern es die Struktur seiner konkreten Existenz darstellt.“ Es ist zugleich aber auch ein „Wertbild“, in dem es „ausdrückt, *wie* dieses Seiende *sein soll,* um voll es selber und damit auch wertgerecht zu sein.“ (GUARDINI 1953)

Beim Versuch, Ihr persönliches Menschenbild „auszumalen“ wird Ihnen aufgefallen sein, dass Sie mit Ihrem Menschenbild zugleich auch Ihr *Weltverständnis* beschreiben. Wir kommen in der Beschreibung des Menschenbildes und damit in der Entwicklung einer Vorstellung über ‘Beziehung’ zu uns selbst und anderen nicht aus, ohne auch unser Verhältnis zur Welt zu bedenken. Das *Weltverständnis* setzt sich zusammen aus dem *Weltbild* und der *Weltanschauung.*

a) Das Weltbild

wird verstanden als die Summe aller vorhandenen Erkenntnisse, kulturellen Gegebenheiten und technischen Errungenschaften, die für eine bestimmte Zeit charakteristisch sind und die das Leben in der Welt, insbesondere im eigenen kulturellen und gesellschaftlichen Lebensraum, aber auch darüber hinaus in globaler Verantwortung, formen, abgrenzen und bestimmen.

Aufgabe 13

Überlegen Sie bitte und bedenken Sie auf der Suche nach Ihrem Menschenbild: Was ist der Mensch heute wert ohne Auto, Flugzeug, Internetanschluss? Aus eben diesem Internet erfahre ich Folgendes:
Wenn man die Weltbevölkerung auf ein 100 Seelen zählendes Dorf reduzieren könnte und dabei die Proportionen aller auf der Erde lebenden Völker beibehalten würde, wäre dieses Dorf folgendermaßen zusammengesetzt:
57 Asiaten, 21 Europäer, 14 Amerikaner (Nord-, Zentral- und Südamerikaner), 8 Afrikaner. Es gäbe
52 Frauen und 48 Männer;
30 Weiße und 70 nicht Weiße;
30 Christen und 70 nicht Christen;
89 Heterosexuelle und 11 Homosexuelle.
6 Personen besäßen 59% des gesamten Reichtums und alle 6 kämen aus den USA.
80 lebten in maroden Häusern.
70 wären Analphabeten.
50 würden an Unterernährung leiden.
1 wäre dabei zu sterben.
1 wäre dabei geboren zu werden.
1 besäße einen Computer.
1 (ja, nur einer!) besäße einen Universitätsabschluss.

Welche *Bedeutung* geben Sie diesen Daten für Ihr Menschenbild und daraus folgernd für mitmenschliche Beziehungen?

Bei der Beantwortung der letzten Frage: „Was ist der Mensch wert?“ werden Sie nicht umhin kommen, sich nach dem *Sinn* des Geschehens in der Welt zu fragen. ‘Sinn’ bedeutete ursprünglich „gehen, reisen“ und später „streben, planen, vorhaben“. Etymologisch ist damit angedeutet, das jemand „die Gedanken auf etwas richtet, nach etwas strebt, etwas begehrt“ und im Englischen „achtgibt, für etwas sorgt“. (DUDEN) Damit ist wieder das „Auf dem Weg sein“ des Menschen angesprochen, aus dem heraus persönliche (Mit-)Verantwortung erwächst. Die Überlegungen zum *Weltverständnis* führen Sie daher über das *Weltbild* hinaus zur Frage nach der Weltanschauung.

b) Die Weltanschauung
ist die *Sinndeutung* des Geschehens in der Welt, unabhängig von den jeweils geringeren oder größeren Gestaltungsmöglichkeiten. Es geht um die Frage nach der verborgenen und unverfügbaren Hintergründigkeit, nach dem Ursprung und dem Ziel der Welt, des Lebens und letztlich des Menschen und der gesamten Menschheit.

Aufgabe 14
Die Frage nach der Weltanschauung bzw. der Sinndeutung des Geschehens ist zugleich die Fragestellung nach dem „Wozu/Wohin" sich der Mensch bewegt und wozu/wohin er erzogen werden soll, was die Ziele von (heilpädagogischer) Erziehung sein können und sein sollen und wie dementsprechend die *Beziehung* zwischen Heilpädagogin und Klient gestaltet sein sollte.
Es gab z.B. eine Zeit, in der junge Menschen in Deutschland keine Kinder wollten, weil ihnen die Zukunft der Welt und des Menschen durch von ihm selbst verursachte Umweltkatastrophen, atomare Bedrohung, soziale Ungerechtigkeit, Zerfall der Familie sinnlos erschien. Wie denken Sie heute darüber?

Folgende Hinweise können Ihnen bei Ihren Überlegungen und Gesprächen vielleicht hilfreich sein.
Wenn man die Welt so wie oben geschildert betrachtet, wird das Bedürfnis nach Akzeptanz und Verständnis des Menschen für den Menschen offensichtlich:
- Wenn Sie heute morgen aufgestanden sind und eher gesund als krank waren, haben Sie ein besseres Los gezogen als die Millionen Menschen, die nächste Woche nicht mehr erleben werden.
- Wenn Sie noch nie in der Gefahr einer Schlacht, in der Einsamkeit der Gefangenschaft, im Todeskampf der Folterung oder im Schraubstock des Hungers waren, geht es Ihnen besser als 500 Millionen Menschen.

- Wenn Sie zur Kirche gehen können ohne Angst haben zu müssen, wegen Ihres Glaubens bedroht, gefoltert oder getötet zu werden, haben Sie mehr Glück als 3 Milliarden Menschen.
- Wenn Sie Essen im Kühlschrank, Kleider am Leib, ein Dach über dem Kopf und einen Platz zum Schlafen haben, sind Sie reicher als 75% der Menschen dieser Erde.
- Wenn Sie Geld auf der Bank, in Ihrem Portemonnaie und im Sparschwein haben, gehören Sie zu den privilegiertesten 8% dieser Welt.
- Wenn Ihre Eltern noch leben und immer noch verheiratet sind, sind Sie schon wahrlich eine Rarität, sozusagen ein „Ausstellungsstück".
- Während Sie dies lesen, gehören Sie nicht zu den 2 Milliarden Menschen, die nicht lesen können.

Wenn Sie die o.g. Daten des *Weltbildes* im Hinblick auf Ihre *Weltanschauung*, Ihre *Sinndeutung* der Realitäten in der Welt betrachten, welche Antwort geben Sie dann auf die Frage, „wozu/wohin" Sie einen behinderten Menschen erziehen wollen?

Als Ergebnis können wir festhalten: Die heilpädagogische Beziehung ist geprägt von einem *heilpädagogischen Menschenbild,* in dem humane Menschenliebe und Liebe zum Leben sowie eine berufsethische Haltung der *personalen Mitverantwortung* grundgelegt ist, die erworben werden im Ringen um *Selbsterkenntnis* und *Selbsterziehung* der Heilpädagogin als Mensch und Mitmensch, auf der Suche nach der eigenen Identität und in Verantwortung für die menschliche Gemeinschaft.
Wenn wir dabei das Menschenbild des Heilpädagogen Paul MOOR exemplarisch für andere heilpädagogische Menschenbilder zu Grunde legen, sind in diesem das 'Gegebene' (die Anlagen bzw. Dispositionen), das 'Aufgegebene' (die Entwicklung zur Selbstbestimmung und „innerem Halt") wie das 'Verheißene' enthalten, das nur noch religiös oder metaphysisch zu begreifen ist („Ergriffenheit"). Dieses und andere (heilpädagogische) Menschenbilder, etwa von den Begründern der Heilpädagogik DEINHARDT und GEORGENS, die die von ihnen erstmals erwähnte „Heilpädagogik" als einen „pädagogischen Kampf

gegen bestimmte Gestaltungen der Not, des Leidens und der Entartung, die in der zivilisierten Gesellschaft hervortreten", verstehen (GEORGENS und DEINHARDT 1861/1979, 191); oder von MONTESSORI, die die Freiheit des Kindes in der spielerisch-spontanen Selbstverwirklichung auf dem Hintergrund einer gestalteten „vorbereiteten Umgebung" betont (MONTESSORI 1913, 76) zeigen auf, was auch für uns heute an Verlorenem in Erscheinung tritt: der deutlich spürbare Verlust eines „Ganzen" gegenüber einem „zerrissenen" Daseinsgefüge, in seiner heimlichen Unheimlichkeit der Heimatlosigkeit vieler Menschen, z.B. durch vielgepriesene 'Mobilität' und 'Flexibilität' als unerbittliche Machtfaktoren eines industriellen Globalisierungsprinzips, die viele Menschen sich selbst, ihren Beziehungen und der Welt entfremden.

4. Die heilpädagogische Beziehung
   basiert auf *pädagogischen Grundlagen* eines interpersonalen Beziehungsverhältnisses.

Aufgabe 15

Erinnern Sie sich, worauf Sie achten würden und was unmittelbar 'dazugehört', wenn Sie eine mitmenschliche Beziehung als *pädagogische Beziehung* ausweisen wollen? Anders gefragt: Wodurch unterscheidet sich eine *(heil-)pädagogische* Beziehung z.B. von einer familiären oder freundschaftlichen Beziehung? Vielleicht schlagen Sie nochmals im Kapitel „Pädagogische Grundlagen" (Aufgabe 10) nach bzw. überzeugen sich, was Sie bereits dazu erarbeitet haben.

Das interpersonale Beziehungsverhältnis zwischen Heilpädagogin und Kind basiert auf folgenden *pädagogischen* Grundlagen:

a) Die heilpädagogische Beziehung wird um des Kindes willen gestiftet, und alles, was innerhalb dieser Beziehungsgestaltung geschieht, geschieht um des Kindes willen.
b) Die heilpädagogische Beziehung ist ein Verhältnis der Wechselwirkung.
c) Die heilpädagogische Beziehung kann nicht erzwungen werden.

d) Die heilpädagogische Beziehung ist in ihrem Intensitätsgrad nach altersgemäß und entsprechend der vorhandenen körperlichen, geistigen, seelischen und/oder psychosozialen Beeinträchtigungen angemessen zu gestalten. (vgl. HUPPERTZ/SCHINZLER 1983, 18 ff.)

Was hier über die Erzieher-Kind-Beziehung ausgesagt ist, gilt im übertragenen Sinne für jede professionelle pädagogische bzw. *heilpädagogische* Beziehungsgestaltung, auch mit beeinträchtigten oder behinderten Jugendlichen und Erwachsenen.

5. Die heilpädagogische Beziehung
ist eingebettet in eine pädagogische Atmosphäre.

Die *heilpädagogische Atmosphäre* beruht auf Einstellungen, Haltungen und Formen der menschlichen Zuwendung - vom Erzieher zum Kind, vom Kind zum Erzieher - in besonderen Situationen (der Einzel- und Kleingruppenbegleitung) und im Lebensalltag. Diese vor allem auch *gefühlsmäßigen* zwischenmenschlichen Voraussetzungen und menschlichen Haltungen werden von BOLLNOW (1965) als „erzieherische Tugenden" bezeichnet.

Tugend meint ursprünglich eine Kraft, ein Vermögen oder eine Fähigkeit etwas zu wirken und durchzustehen im Sinne von Tüchtigkeit, Tauglichkeit. Es geht bei der Tugend um eine über die aktuelle Situation hinausgehende Wertantwort, um das rechte Menschsein. Tugend ist also nicht ein Mehr oder Weniger Tun oder Lassen, sondern eine Optimierung, d.h. es geht um das 'Bestmögliche'. Thomas von AQUIN definiert Tugend als „ultimum potentiae", als das Äußerste, was ein Mensch sein kann, als die Erfüllung menschlichen Seinkönnens. Durch seine Mühe im Erwerb von Tugenden wird der Mensch 'tüchtig', Tugenden ermöglichen dem Menschen für etwas 'tauglich' zu sein. PLATON unterscheidet vier Kardinaltugenden: Weisheit (Klugheit), Besonnenheit (Maß), Tapferkeit (Starkmut) und Gerechtigkeit, wobei die Gerechtigkeit den anderen vorgeordnet ist. ARISTOTELES versteht Tugend als eine durch *Übung* erworbene, gefestigte seelische Haltung, das Finden der jeweils richtigen Mitte in der und aus der konkreten Situation. In der christlichen Tradition werden den o.g. Kardinaltugenden die drei göttlichen Tugenden: Glaube, Hoffnung, Liebe vorangestellt. In der chinesischen Tradition des fernen Ostens steht in der Tugendlehre die ganzheitlich kontemplative Haltung des Menschen im Vordergrund, mit den Haupttugenden: Wohlwollen als Liebe und Erbarmen, die Rechtheit und die Ehrfurcht, das Wissen um den Menschen, die Aufrichtigkeit und die Treue.

Aufgabe 16

Was halten Sie von den „Tugendlehren" unserer Vorfahren? Können Sie daraus für sich selbst in heutiger Zeit etwas Wertvolles entdecken?

Welche „erzieherischen Tugenden" fallen Ihnen im Nachdenken über Ihre Eltern, Ihre Lehrer, andere Erziehungspersonen ein?

Welche „erzieherischen Tugenden" entdecken Sie bei sich und welche weiteren würden sich Ihrer Meinung nach lohnen, für die heilpädagogische Begleitung einzuüben?

„Die pädagogische Atmosphäre... ist eine gefühlsmäßige Einstellung des Kindes zum Erwachsenen, das andere jene entsprechende Haltung, die der Erwachsene von seiner Seite aus dem Kind entgegenbringt... Es geht... um die pädagogische Situation im ganzen und insbesondere die Kind und Erzieher gemeinsam übergreifende Gestimmtheit und Abgestimmtheit des einen auf den anderen, die für das Gelingen der Erziehung erforderlich ist." (BOLLNOW 1965, 12)
Die „Doppelseitigkeit der erzieherischen Atmosphäre" und die zu entwickelnden „erzieherischen Tugenden" können in Anlehnung an BOLLNOW (1965) wie folgt skizziert werden:

a) *Keine falschen Erwartungen*
   Bezugspersonen bringen Kinder oft zum Scheitern, weil ihre Erwartungen bereits vorauseilend in die Zukunft gerichtet sind und dabei die - vor allem emotionale - Belastbarkeit des Kindes in der Gegenwart 'überziehen'. Neben den notwendigen Spannungen zwischen den vorauseilenden Erwartungen der Erzieher mit der langsamer oder anders als erwartet verlaufenden Entwicklung (vor allem des beeinträchtigten, behinderten oder psychosozial

gestörten! Anm.: W. K.) Kindes wird es noch sehr viel gefährlicher,

„wenn die Erzieher und besonders die Eltern in ihren Erwartungen über das vernünftige Maß hinausgehen, wenn sie in ihrer Eitelkeit vom Kind erwarten, dass es einmal ungewöhnliche Leistungen hervorbringt oder bestimmte von ihnen gestellte Aufgaben übernimmt, etwa einen bestimmten, von den Eltern für wünschenswert gehaltenen Beruf ergreift oder das elterliche Geschäft übernimmt und vorwärts führt.“ (54f.)

Daher gilt es, sich um Entwicklung folgender erzieherischer Tugenden *in der Beziehung zum einzelnen Kind* zu bemühen, um eine entwicklungsfördernde *heilpädagogische Atmosphäre* zu schaffen, durch:

b) *Zutrauen und Vertrauen,*
weil das Kind sich nicht einfach nur aus sich selbst entwickelt, sondern in Vielem von den Erwartungen abhängig ist, die ihm insbesondere durch seine Bezugspersonen entgegengebracht werden. Deshalb ist es für die kindliche Entwicklung wichtig, grundsätzlich den körperlichen, geistigen und seelischen Kräften des Kindes zu vertrauen. Der Erzieher sollte davon überzeugt sein, dass es diese oder jene Entwicklungsaufgabe gut erfüllen kann.

c) *Geduld,*
weil beim Kind nie vorausgesetzt werden darf, was es noch lernen soll. Der gute Erzieher engagiert sich, aber er kann auch warten.
„Die Geduld ist die Tugend des Wartenkönnens. Wir verstehen sie am besten von ihrem Gegenteil her, vor der Ungeduld, oder direkter ausgedrückt, von der Hast.“ (BOLLNOW 1965, 56f.)

d) *Hoffnung,*
weil alle Erziehung letztlich getragen wird vom Vertrauen in die Zukunft. Dies gilt für die Heilpädagogin besonders dort, wo keine „Besserung“ eines Leidens oder einer Behinderung erwartet werden kann, wo im Sinne von Paul MOOR eine „Schwererziehbarkeit“ vorliegt oder eine Behinderung nicht aufgehoben werden kann, denn

„Die Hauptaufgabe der... Heilpädagogik besteht darin, nach den Möglichkeiten der Erziehung zu suchen, wo etwas Unheilbares vorliegt.“ (MOOR 1994, 43)

Voraussetzung für hoffnungsvolle Erziehung ist die *positive Zukunftsperspektive* des Erziehers, denn nur so vermag er diese auch anderen atmosphärisch zu vermitteln:

„Es ist die Hoffnung, dass sich das Kind in der rechten Weise entwickelt, nicht so sehr in eigener Anstrengung, sondern dass die Natur sich in ihm entwickelt. In den schwersten Enttäuschungen und aussichtslos scheinenden Verwicklungen behält sie die Gewissheit, dass sich alles ‘irgendwie’ schon lösen wird, und bewahrt darin eine innere Überlegenheit zu den Schwierigkeiten, die auch das Kind, wo es verzagen möchte, mittragen kann...

Hoffnung und Geduld sind so in ihrer notwendigen Polarität zu begreifen. Sie sind in innerster Zusammengehörigkeit und wechselseitiger Ergänzung aufeinander bezogen und bestimmen gemeinsam den zeitlichen, zukunftsbezogenen Aspekt der Erziehung.“ (BOLLNOW 1965, 61f.)

e) *Humor,*

weil alle Erziehung - auch im unaufhebbaren Beeinträchtigt- und Behindertsein - letztlich getragen ist von der ‘Fülle des Lebendigen’, die das Leben in den sogenannten ‘Kleinen Dingen’ alltäglich bereithält als Quelle der Lust, der Freude und des Trostes, als Sinnfindung selbst in Schmerz, Trauer und Leid.

„Humor bedeutet in der erzieherischen Perspektive die Fähigkeit, die kleinen Kümmernisse des Kindes aus einer gewissen Überlegenheit zu sehen und sie so leicht zu nehmen. Denn würde der Erzieher jedes Leid, das dem Kind oft unendlich und nicht mehr zu ertragen scheint, ebenso schwer nehmen wie dieses, so könnte er gar nicht mehr in der rechten Weise helfen. Durch den Humor löst der Erzieher die Spannung.

Dieser Humor muss sich besonders da bewähren, wo sich das Kind in Zorn oder Unart gegen den Erzieher selber wendet, wenn es etwa trotzig aufbegehrt oder diesem gar wehtun will. Hier darf dieser nicht gleich menschlich gereizt reagieren.

Dieser überlegene Humor würde freilich entarten, wenn er nicht von der Warmherzigkeit des Mitgefühls getragen ist oder gar in kalte Ironie oder bissigen Spott umschlägt. Wirkliche Ironie, in dem Sinn, wie das Wort heute verstanden wird, kann kein Kind ertragen. Ironie mag eine Waffe im Kampf mit einem gleichwertigen Gegner sein, dem Kind gegenüber aber ist eine ironische Behandlung schlechterdings verboten. Es ist ihr gegenüber in seiner eigenen Schwachheit hilflos und fühlt sich durch die ironische Behandlung aus dem menschlichen Bezug gerissen und im innersten Kern verletzt." (BOLLNOW 1965, 68f.)

6. Die heilpädagogische Beziehung
enthält *spezielle erzieherische Aufgaben und Angebote*
der Heilpädagogin an das ihr anvertraute Kind und dessen Bezugspersonen, ausgehend von der *'heilpädagogischen Bedürftigkeit'* (HAGEL 1990).

Aufgabe 17
Erinnern Sie sich noch, was Sie unter „heilpädagogischer Bedürftigkeit" verstehen und welche grundlegenden heilpädagogischen Aufgaben und Angebote Sie dementsprechend für ein Kind bereithalten würden? Sie können sich darüber im 1. Kapitel: „Begleitung auf dem Lebensweg" (Abb. 2: Spezielle Erziehungsbedürfnisse) rückversichern.

Aufgrund der meist schweren Entbehrungs-, Trennungs-, Gewalt- und Entwurzelungserlebnisse und durch die mit einer Krankheit oder Behinderung einher gehenden Schmerzen und Traumatisierungen der Kinder, gehören zu den Aufgaben und Angeboten der *personalen heilpädagogischen* Beziehung vor allem:

a) *Äußerer Halt*
gegeben durch einen eindeutigen Orientierungsrahmen in einer überschaubaren Lebenssituation;

b) *Innerer Halt*
gegeben durch Sicherheit und Geborgenheit spendende unbedingte Zuverlässigkeit;

c) *Vertrauen*
gegeben durch die unmittelbar spürbare selektive Authentizität (Echtheit) in der Selbst- und Fremdwahrnehmung sowie Selbst- und Fremdakzeptanz und der daraus erwachsenden grundlegenden positiven Selbst- und Fremdwertschätzung;

d) *Empathie*
gegeben durch die Fähigkeit, Reaktionen, Handlungsweisen, Auffassungen usw. des Kindes von *dessen Voraussetzungen* her zu verstehen und darauf angemessen einzugehen;

e) *Offenheit und Spontanität*
gegeben im Sicheinlassen auf affektives, psychosomatisches und intellektuelles Geschehen bei sich und den Kindern und Bereitschaft zur freien Kommunikation im Geben und Empfangen solcher Informationen;

f) *Permissivität*
gegeben durch Gewähren von individueller Freiheit beim sinnvollen Suchen und Bestimmen eigener Ziele und

g) *Interdependenz*
gegeben durch ein ausgewogenes Verhältnis zwischen eigener und kindlicher Autorität sowie eigenen und kindlichen Mitbestimmungsbedürfnissen und Selbständigkeitswünschen im Sinne 'ausgleichender Gerechtigkeit'.

7. Die heilpädagogische Beziehung
ist eine *entwicklungsorientierte* Beziehung.

Bei der Gestaltung ihres personalen Angebotes und ihrer Aufgaben in einer heilpädagogischen Atmosphäre beachtet die Heilpädagogin beim Kind die *entwicklungsbezogenen Prozesse,* um in Ihrer heilpädagogischen Begleitung angemessene Entwicklungsförderung in Spiel und Übung anbieten zu können. Am Entwicklungsprozess sind nach SCHENCK-DANZINGER (1991, 43) folgende Faktoren beteiligt:

- genetische Faktoren aufgrund Vererbung
  a) strukturelle Reifung zum Menschen
  b) individuell genetische Anlagen (z.B. Temperament)
- soziokulturelle Faktoren im Sinne von Lernangeboten
  a) Kulturkreis
  b) weitere Umwelt (Volk, Stadt oder Land), Sozialschicht, Berufsgruppe der Eltern usw.
  c) engere Umwelt (Milieu) wie Familie, Schule, engerer Freundeskreis
- Innerseelische dynamische Faktoren im Sinne von Selbststeuerung
  a) bewusste Selbststeuerung (Arbeitshaltung, Motivationen, Lebensziele, Lebenspläne, Selbsterziehung, Streben nach Identität und Selbstverwirklichung)
  b) unbewusste dynamische Prozesse (Entstehung von Leitbildern und Leitlinien; die Bewältigung des Trieblebens in der Auseinandersetzung mit Ich und Über-Ich; die Ausbildung von Abwehrmechanismen)

Aufgabe 18
Überlegen und erläutern Sie bitte einmal anhand Ihrer praktischen Erfahrung im Umgang mit (behinderten) Menschen, vor allem mit Kindern, woran Sie im Alltag die *bewusste Selbststeuerung* und die *unbewussten dynamischen Prozesse* erkennen und wie Sie jeweils darauf heilpädagogisch Einfluss nehmen könnten.

Ich habe die Erfahrung gemacht, dass mir solche Überlegungen am ehesten ohne 'Kopfzerbrechen' gelingen, wenn ich bei mir selber Rückschau halte und mir die Erfahrungen meines eigenen Lebensweges vergegenwärtige. Vielleicht versuchen Sie es auch einmal auf diese Weise!?

Sehr oft höre ich von Kolleg/inn/en die Aussage: Dieses oder jenes Kind „will auf sich aufmerksam machen". Diese Aussage unterstellt *bewusste* Selbststeuerung. Ich habe hingegen häufiger den Eindruck, dass unbewusste Prozesse Auslöser für bestimmte Verhaltensweisen sind. Was ist Ihre Ansicht?

8. In der heilpädagogischen Beziehung
   reflektiert die Heilpädagogin die *innerseelischen, dynamischen Faktoren der bewussten und unbewussten Selbststeuerung.*

So sehr wir uns auch um bewusste Erziehung, personale Beziehung, ein Verhältnis der Zuwendung und der wechselseitigen Anerkennung bemühen, werden wir in der alltäglichen Erziehungspraxis - bei (selbst-)reflektorischer Einstellung mehr als uns lieb ist - bemerken, dass viele Erziehungsvorgänge stärker von halb- oder nichtbewussten Beeinflussungen, von Abwendungen, von Kränkungen oder Fehlern gesteuert werden.

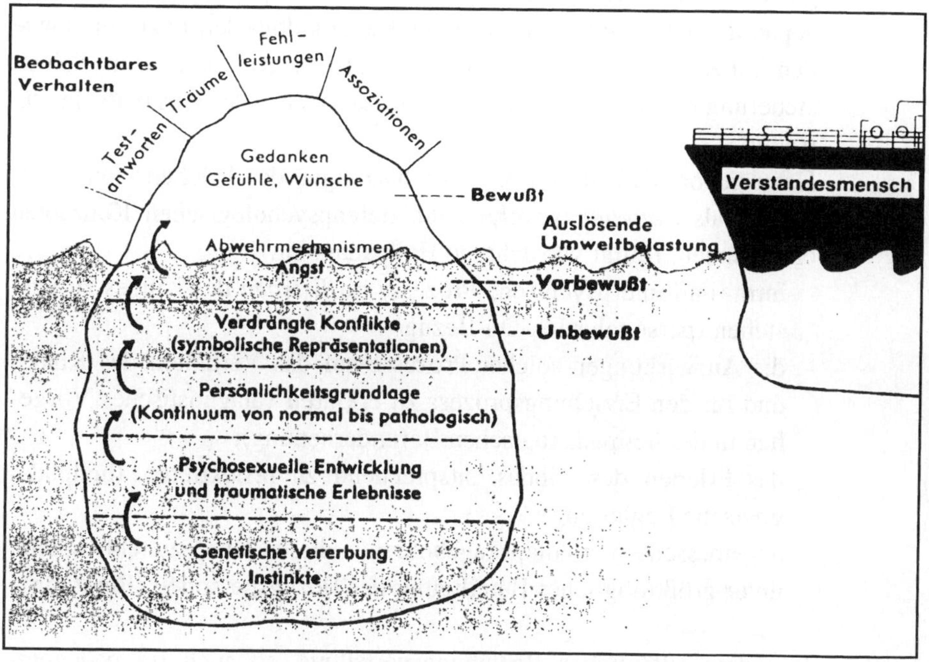

Abb. 8: Verstandesmensch „Titanic“
(in P.G. Zimbardo: Psychologie. [4]1983, S. 407)

Der ‘Verstandesmensch’ gleicht dem Schiff namens Titanic, dessen Kapitän bei vollem Verstand und im Bewusstsein des hohen Risikos einen Eisberg rammte - mit katastrophalen Folgen. Was vom Schiff aus zu sehen ist, ist die ‘Spitze des Eisbergs’, das *beobachtbare Ver-*

halten. Einiges davon ist bewusst und wird (wie das Ablösen des Eisberges) von Umwelteinflüssen und -belastungen ausgelöst. Einiges ist knapp unter der Wasseroberfläche zu vermuten, zu ahnen, zu spüren: im *Vorbewussten* bewegen sich *Abwehrmechanismen,* um Lebensängste zu meistern. Der weitaus größere Teil des 'Eisbergs' liegt unter der Wasseroberfläche, im Bereich des sogenannten *Unbewussten.* Bei psychischen Beeinträchtigungen gibt es demzufolge latente (verborgene) Zustände und Vorgänge, die dem registrierenden "Ich" (Bewusstsein) verborgen bleiben, also unbewusst sind.

Deshalb bedarf es besonders in der Heilpädagogik als „Pädagogik unter erschwerten Bedingungen" solcher psychologischer Konzepte, die neben den genetischen und soziokulturellen Faktoren sowie den innerseelischen, dynamischen Faktoren der bewussten Selbststeuerung auch den *unbewussten dynamischen Prozessen* Rechnung tragen.

Dazu gehören diagnostische Einschätzungen des Erlebens und Verhaltens als *Beziehungsanalyse,* die tiefenpsychologischen Konzepten entstammen. Damit versucht die Heilpädagogin

- intra- und interpsychische Prozesse im *Erleben* des Kindes zu verstehen (personaler Ich-Du-Bezug);
- die Auswirkungen solcher Prozesse auf das Verhalten des Kindes und für den Erziehungsprozess zu erklären (diagnostisches Vorgehen in der heilpädagogischen Befunderhebung);
- das Erleben des Kindes entsprechend zu reflektieren (heilpädagogische Begleitung);
- angemessene Verhaltensangebote für dieses Kind zu entwickeln, unter größtmöglicher Beteiligung der Bezugspersonen (Beratung).

In jedem alltäglichen Beziehungsverhältnis, so auch im pädagogischen und heilpädagogischen Erziehungsverhältnis, können wir zwei Ebenen der Beziehung unterscheiden:

a) *Real*-Beziehung
b) *Übertragungs*-Beziehung.

Zugleich kommt es auf beiden Ebenen zu *Inszenierungen* oder *Reinszenierungen* von inneren Schwierigkeiten und Nöten, d.h. zu unbewussten Darstellungen von erlebten und/oder verdrängten Szenen. In solchen Situationen setzt das Kind sein Erleben aktiv in Handlungen um. Indem es also in der Beziehung zu anderen etwas inszeniert und reinszeniert, äußert sich das Kind über sich selbst, über seine Innenwelt und damit auch über seine vergangenen Beziehungserfahrungen. Die Heilpädagogin kann mit den Konzepten

c) *„Szenisches Verstehen“* (LEBER 1986) und

d) *“Fördernder Dialog“* (LEBER 1988)

in angemessener Weise auf diese Inszenierungen antworten, dadurch dem Kind ihr Verständnis ausdrücken und es auf diese Weise zu anderen Verhaltensweisen motivieren und hinführen. In den folgenden Abschnitten sollen die vier Aspekte genauer dargestellt werden.

a) Die *Real*-Beziehung

gestaltet jedes Kind in der Hier-und-Jetzt-Situation seinem Lebensalter entsprechend mit den ihm gegebenen Möglichkeiten: Es ist neugierig, es möchte wissen, wer die Heilpädagogin, der Heilpädagoge ist; Kinder fragen und interessieren sich auch für intime Dinge (Haare, Schminke, Schmuck, Kleidung, Familienstand usw.). Kinder wollen alles ausprobieren, sich riskieren, spielen, lachen, sich bewegen, interessante Dinge entdecken, Angst und Lust erleben, kurz: Sie wollen sich mit der Person der Heilpädagogin, des Heilpädagogen und mit der Situation vertraut machen und suchen die Auseinandersetzung mit dem Erwachsenen, um sich ins Leben einzuüben. Die Verhaltensweisen des Kindes sind individuell verschieden, jedoch real angemessen.

b) Die *Übertragungs*-Beziehung

wird in der heilpädagogischen Beziehungsgestaltung gerade durch die heilpädagogische Atmosphäre angeregt, so dass frühkindliche Haltungen und Gewohnheiten reaktiviert werden ‘dürfen’, die sonst unterdrückt (z.B. aus Angst vor Liebesverlust verdrängt) werden müssen. Dadurch kommt es zu einer Wiederbelebung unbewusster Konflikte (Komplexe). Vor Sigmund Freud nahm man an, dass menschliches Verhalten in alltäglichen Situationen weitgehend durch bewusstes Denken und rationales Handeln bestimmt sei. Heute wissen wir, dass die Gedanken, Gefühle, und Verhaltensweisen, die einem Menschen bewusst werden, nur einen sehr kleinen Teil der fortlaufenden Erfahrung ausmachen. Wir wissen, dass bestimmende Einflüsse auf bewusste Gedanken und auf das beobachtbare Verhalten irrational, unbewusst und *von Erlebnissen aus früheren Entwicklungsphasen abhängig* sind, wobei diese 'frühen Erfahrungen' spätere sehr maßgeblich beeinflussen können. So kann die Heilpädagogin, der Heilpädagoge in bestimmten Situationen als Funktionsträger frühkindlicher mütterlicher und/oder väterlicher Verhaltens- und Erlebensweisen angesehen und erlebt werden, so wie diese vom Kind introjiziert wurden.

Solche Wiederbelebungen von Gefühlen und Verhaltensweisen sind häufig der realen Situation unangemessen (z.B. ein plötzlicher Spielabbruch oder eine heftige affektive Reaktion im Kontext einer reizarmen und positiv getönten Atmosphäre). Die fachlich kompetente Arbeit mit Übertragungsreaktionen und kindlichen Widerständen ermöglicht es, frühkindliche Erfahrungen mit dem Kind neu zu durchleben und mit Hilfe der Heilpädagogin im Spielgeschehen und in alltäglichen Situationen durchzuarbeiten und anders zu gestalten, so dass es zur Auflösung von Wiederholungszwängen und zu alternativen Konfliktlösungen kommt. Auf diese Weise erprobt das Kind mit der und an der Heilpädagogin seine Möglichkeiten; es lernt, sicherer zu werden in Wünschen und Ansprüchen, in der Übernahme ihm möglicher Eigen- und Mitverantwortung, im Treffen von Entscheidungen als Probehandlungen und im erlebnismäßigen Verarbeiten angenehmer und unangenehmer Konsequenzen infolge eigenen Handelns. So erarbeitet sich das Kind mit Hilfe der Heilpädagogin ein wachsendes Selbstbewusstsein sowie ein gefestigtes Selbstwertgefühl und kann dadurch eine stabilere Identität entwickeln, um seine realen Lebenssituationen unter erschwerten Bedingungen angemessener meistern zu können.

c) *Szenisches Verstehen*
ist eine aufmerksame Art der Wahrnehmung, um auf Übertragungsbeziehungen sowie (Re-)Inszenierungen des Kindes angemessen 'antworten' zu können , sich also gegenüber den Handlungen, in denen *Inszenierungen* innerer Schwierigkeiten und Nöte des Kindes 'versteckt' sind, 'a-sozial', d.h. nicht im vom Kind gewohnten Sinne 'sozial' (mit Zurückweisung, Androhung oder Durchsetzung von Bestrafung, Liebesentzug, Vorwürfen usw.) zu 're-agieren'.
Menschen, am spontansten Kinder, gestalten unbewusst ihre Beziehungen zu Eltern, anderen Kindern, Erziehern, Lehrern gemäß der 'inneren Notwendigkeit' ihres Erlebens. Daher stellen viele so genannte „Verhaltensauffälligkeiten" und -störungen die symptomatische Oberfläche tieferliegender Beeinträchtigungen dar. Deshalb wird die Heilpädagogin in ihrer diagnostischen Urteilsbildung (–> Befunderhebung, HpE) gleich zu Beginn und während des Prozesses der heilpädagogischen Begleitung die Bedeutung von –>Anlass, Symptom und Symbol (HpE) reflektieren und auf diese Weise den Besonderheiten des Erlebens und Verhaltens als *symbolisch* geäußerte Konflikthaftigkeit Beachtung schenken.
Das 'Szenische Verstehen' ist eine psychoanalytische Wahrnehmungshaltung, die solche Situationen zu erkennen und zu gestalten hilft. Die Heilpädagogin lässt das Erlebte und Erfahrene des Kindes auf sich wirken, so dass die dem Kind unbewussten und der Heilpädagogin zunächst verborgenen Beziehungserfahrungen gefühlsmäßig ausgedrückt werden können. Das Kind löst mittels Übertragung in der Heilpädagogin unbewusst diejenigen Gefühle und Impulse aus, die in der Vergangenheit zu negativen Verhaltensreaktionen der Erwachsenen geführt haben.
Um diesem Anspruch des Kindes angemessen zu begegnen, wird die Heilpädagogin *reflektierend* auf seine Inszenierungen antworten. Dazu benötigt Sie

- die Fähigkeit zur *Selbstreflexion,* um die Gefühle und Fantasien, die das Kind in ihr wachruft, als *Gegenübertragungsreaktion* zu erkennen (z.B. „so etwas tut man nicht"; „ich bin enttäuscht von dir, dass du mich trotz all meiner Bemühungen so im Stich lässt";

„am liebsten würde ich dir jetzt eine runterhauen, weil du so unverschämt zu mir bist"; „ich fühle mich wie gelähmt und würde doch am liebsten wegrennen" usw.). Diese in der Heilpädagogin aufsteigenden und zum Teil überraschend und ungewohnt anmutenden Gefühle und Fantasien spiegeln etwas von dem wider, was als zugestandene oder abgewehrte Bedürfnisse und Impulse der Kinder selbst oder auch als Reaktionen ihrer wichtigsten Bezugspersonen erkannt werden können;

- die Fähigkeit zum *Verstehen der Inszenierungen* des Kindes
  (1) als Reproduktion früherer Erfahrungen durch Wiederholungszwang in Übertragungssituationen und
  (2) als Erdichtung ersehnter Szenen.

Mittels *einfühlender Distanz* und auf den Hintergrund einer *tragfähigen, realen* und *personalen Beziehung* wird die Heilpädagogin in der vom Kind dargestellten Szene die erlebten Strebungen, Ängste und Wünsche des Kindes gedanklich, durch symbolische Handlung oder verbal reflektieren, so dass dies zu einer *Durcharbeit* verdrängter Erlebnisinhalte und zur *symbolischen Erfüllung* ersehnter Erlebnisinhalte führt. Wir können zusammenfassend sagen:

„Szenisches Verstehen beruht auf der Selbstreflexion des Pädagogen und dem Verständnis von Szenen als Reproduktion (aufgrund des Wiederholungszwanges) früherer Erfahrungen und der Erdichtung ersehnter Szenen." (HEINEMANN u.a. 1992, 43)

Am folgenden Beispiel eines Schülers aus ihrer Klasse der Sonderschule für Erziehungshilfe schildert Evelyn HEINEMANN (1992, 39 ff.) Situationen szenischen Verstehens.

Jürgen war ein 13jähriger Schüler, der bereits vier Jahre im Heim lebte und danach zu seiner Mutter nach Hause entlassen worden war. Die Kolleginnen waren in großer Sorge, wie Jürgen den Wechsel aus dem Heim zurück zur Mutter verkraften würde. Sie schilderten ihn als besonders aggressiv und bedrohlich. „Die starken Bedenken der Pädagoginnen, 'daß ich mit Jürgen nicht fertig werden würde', ließen mich immer ängstlicher werden. Schließlich fühlte ich mich bereits von Jürgen bedroht, bevor ich ihn überhaupt kennenlernte."

Aufgabe 19
Stellen Sie sich vor, Sie seien in der Situation der Heilpädagogin gewesen. Wie hätten Sie gefühlsmäßig auf die Befürchtungen und Besorgnisse der Kolleginnen reagiert: Was hätten Sie möglicher Weise *gedacht, gefühlt, sich vorgenommen?*

„Als ich das Klassenzimmer betrat, verstärkte sich meine Angst vor Jürgen. Er war kräftig, etwas füllig in seinem Körperumfang und droht immer wieder 'auszuflippen', wie er es nannte. Er wollte im Unterricht mitarbeiten, fragte mich ständig irgend etwas, und bei dem geringsten Gefühl, daß ich ihn nicht beachte oder daß er die Aufgabe nicht lösen könne, drohte er, andere Schüler zu schlagen oder Gegenstände des Klassenzimmers zu zerstören. Ich sah mich gezwungen, ihn ständig im Auge zu behalten..."

Aufgabe 20
Was glauben Sie, was Jürgen hier inszeniert? Fragen Sie nicht nach den Gründen für sein Verhalten (was Erzieher gern zuerst tun), denn der Gründe gibt es sicher viele. Bleiben Sie *in der Szene,* indem Sie sich vorstellen, wie Sie als Heilpädagogin, vorgewarnt und ängstlich, versuchen, den großen Jungen „im Auge" zu behalten, der öfter mit Angriffen und Zerstörung droht.

„Angst vor Jürgen hatten auch die Erzieherinnen seiner Gruppe und seine Mutter, die ich gleich am zweiten Schultag kennenlernte. Jürgens Mutter begrüßte mich mit musterndem Blick. Sie war mißtrauisch, ob ich 'schmächtige' Frau (Jürgens Mutter war ausgesprochen korpulent) mit ihrem Sohn 'fertig werden würde'. Da ich aber den ersten Schultag überstanden hatte und Jürgen begeistert von mir nach Hause kam, war sie in ihrer Einschätzung etwas verunsichert. Während der ganzen Zeit als Klassenlehrerin von Jürgen entwickelte sie aber nie das Vertrauen, daß ich mit ihrem schwierigen Sohn zurechtkommen könnte. Sie war immer in der Erwartung, daß ihr Sohn durch seine Aggression wieder Probleme erzeugen würde."

Aufgabe 21

Welche Gedanken und Gefühle bewegen Sie, wenn Sie die kurze Beschreibung von Jürgens Mutter lesen. Wie hätten Sie sich bei der Begrüßung mit Jürgens Mutter gefühlt?

Was bedeutet es für Sie, wenn sie lesen, dass Jürgens Mutter stets 'bange Erwartungen' hat und kein Vertrauen in die Heilpädagogin setzt?

Wie erklären Sie sich, dass Jürgen nach dem ersten Schultag zu Hause begeistert von der neuen Lehrerin erzählt? Was ist da geschehen?

„Jürgens Mutter erzählte mir, daß die Ehe mit ihrem Mann schon sehr schlecht war, als sie mit Jürgen schwanger war. Sie habe Jürgen eigentlich schon während der Schwangerschaft nicht mehr gewollt, im Gegensatz zu dem vier Jahre älteren Bruder. Sie würde sich oft fragen, ob Jürgen deshalb so schwierig sei. Der große Bruder mache überhaupt keine Probleme. Als Jürgen drei Jahre alt war, habe der Vater die Familie verlassen. Sie waren damals Flußschiffer. Als Flußschiffer waren sie immer unterwegs und hätten so zu niemandem intensiven Kontakt gehabt. So habe es viel Krach gegeben. Nach der Trennung habe sie es sehr schwer gehabt, die Kinder zu versorgen. Sie lebe seitdem von Sozialhilfe in einer kleinen 2-Zimmer-Wohnung mit Jürgen und dessen Bruder. Jürgen sei schon im Kindergarten sehr aggressiv gewesen. Er mußte aus dem Kindergarten herausgenommen werden. In der Grundschule gab es immer wieder Probleme, weil er andere Schüler schlug. Nachdem er mehrmals auch die Klassenlehrerin angegriffen hatte, wurde er in das Heim und die Sonderschule überwiesen. Die Mutter erzählte, daß sie eigentlich immer nur Angst vor Jürgen habe. Deshalb gebe sie immer nach, wenn er etwas wolle."

Aufgabe 22

Versuchen Sie einmal, alle 'objektiven' diagnostischen Aspekte aus den anamnestischen Daten zusammenzustellen und vergleichen Sie Ihre Ergebnisse.

Welchen *Sinn* sehen Sie, welche *Bedeutung* geben Sie als -> Vermutungsdiagnose (HpE) der Beziehung zwischen Mutter und Vater; der Beziehung zwischen Mutter/Jürgen/älterem Bruder; dem Lebensalter Jürgens von 3 Jahren, als der Vater die Familie verlässt; der Lebensweise der Familie als Flußschiffer; den Versorgungsnöten der Mutter nach der Trennung vom Vater; den beengten Wohnverhältnissen und der geringen finanziellen Versorgung. Was 'bedeuten' die aggressiven Handlungen Jürgens in Kindergarten und Schule gegenüber anderen Kindern? Was bedeuten die tätlichen Angriffe Jürgens auf die Klassenlehrerin? Welche Bedeutung hat die Aussage der Mutter, dass sie eigentlich immer nur Angst vor Jürgen habe? Welche Bedeutung hat das Nachgeben der Mutter in Jürgens Leben?

Versuchen Sie einmal, eine *Vermutungsdiagnose* als Resümee aus den Sinndeutungen der genannten Fakten zu ziehen, und formulieren Sie Ihre Diagnose so, dass sie möglichst kurz, verständlich und plausibel (einleuchtend, stichhaltig, begründet) ausfällt, damit ein fremder Leser sie in ihrer Logik gut nachvollziehen kann.

Versuchen Sie danach - wie schon in Aufgabe 7 - ein *Lebensmotto* aus der Identifikation mit Jürgen zu formulieren: „Ich als Jürgen fühle mich... lebe wie... wünsche mir... "usw.
Lesen sie die Lebensmodi in Ihrem Kreis laut vor und spüren Sie der Kernaussage der verschiedenen Identifikationen nach. Welche –> *Befindlichkeit* (HpE) scheint Jürgen in seinem Erleben zu haben?

„Etwa am dritten Schultag gab ich Geschichtsunterricht. Es stand das Thema 'die Steinzeit' an. Ich brachte schöne Bilder mit, auf denen die Menschen der Steinzeit in Fellen vor und in ihren Höhlen am Feuer saßen. Die Schüler lasen die Texte über den Alltag in der Steinzeit und ich hatte ein Arbeitsblatt vorbereitet, auf dem die Sätze Bildern zugeordnet werden sollten. Jürgen war begeistert von den Höhlenmenschen und wollte unbedingt das Arbeitsblatt richtig ausfüllen. Geschichtsunterricht war nun für den Rest des Schuljahres sein Lieblingsunterricht, und er war besonders glücklich, wenn er in einer Geschichtsarbeit eine Eins bekam."

Aufgabe 23

Weshalb ist Jürgen vom Leben der Steinzeitmenschen so begeistert? Welcher *symbolische* Gehalt mag in der beschriebenen Bildszene (Höhlenfeuer) und in den historischen Beschreibungen eine Rolle spielen?

Was motiviert Jürgen, das Arbeitsblatt unbedingt richtig ausfüllen zu wollen? Steht dies und die Drohung, es evtl. zu zerreißen, im Zusammenhang mit o.g. Bildszenen?

Abgesehen davon, dass die meisten Kinder auf ihre gute Noten stolz sind: Was macht Jürgen so „besonders glücklich" über seine Eins?

„Bei schriftlichen Arbeiten hatte Jürgen heftige Angst, die Aufgaben nicht lösen zu können. Ich mußte immer neben ihm stehen, bei jedem Wort, das er schrieb, mußte ich meine Miene verziehen in Richtung 'richtig oder falsch', weil er drohte, sofort das Blatt zu zerreißen und die Einrichtungsgegenstände zu zerstören, wenn er das Gefühl bekam, die Aufgabe nicht lösen zu können. So stand ich meist neben ihm, legte sogar hin und wieder... meine Hand auf seine Schulter. Ich war jedesmal erlöst, wenn er das Blatt abgegeben hatte. Besonders schlimm war es bei Klassenarbeiten... Durch meine Hilfe schaffte er es, die ersten Monate im Unterricht nur die Noten 1 und 2 zu schreiben... Schaute er mich anfangs noch nach jedem Wort an, um sich zu vergewissern, wurden die Phasen langsam länger, die ich von seiner Seite weichen konnte. Ich reduzierte meinen Beistand in dem Maße, wie er es ertragen konnte."

Aufgabe 24

Wie kommt es, dass ein so 'gewichtiger' und 'aggressiver' Junge wie Jürgen solche Angst hat, die Aufgaben nicht lösen zu können? Welche Erklärungen gäbe es dafür?

Wie erklären Sie Jürgens Drohung, alles zu zerreißen und zu zerstören, wenn er das Gefühl hat, keine Lösung erbringen zu können?

Was fühlte Jürgen Ihrer Meinung nach durch die körperliche Nähe und Berührung der Heilpädagogin?

Wie ist es zu erklären, dass Jürgen allmählich ohne ständigen, direkten Beistand der Heilpädagogin arbeiten konnte?

PS: Vergleichen Sie einmal die Sammlung Ihrer Antworten mit dem Ergebnis Ihrer Vermutungsdiagnose (Aufgabe 22): Hält Ihre Diagnose noch stand oder sind inzwischen Informationen, Eindrücke, Fragen aufgetaucht, die Ihre erste Vermutungsdiagnose in Frage stellen (oder bestätigen)?

Da heilpädagogischen Diagnosen immer Begleit- bzw. Prozessdiagnosen sind, d.h. fortgeschrieben werden, müssen wir uns immer wieder neu orientieren und das Entwicklungs- und Fördergeschehen reflektieren, um unsere Sichtweise über Klienten nicht zu fixieren und damit die eigene Arbeit und die Entwicklung des Klienten zu torpedieren.

Am Beispiel von Jürgen konnten wir ein Stück weit beschreiben und nachvollziehen, was mit „szenischem Verstehen" gemeint ist:
Die Szenen, in die Jürgen die Heilpädagogin verstrickt, sind sowohl Wiederholungen *erlebter* Szenen als auch Erdichtung *ersehnter* Szenen. Dadurch löst er in der Heilpädagogin *emotionale Reaktionen* aus, indem er sie beispielsweise drängt, sich so zu fühlen, wie er sich selber in früheren Szenen seines Lebensweges fühlte (vgl. Aufgabe 20): abgelehnt, alleingelassen, um so mehr, als das Kind sogar die 'mächtige' Mutter (Aufgabe 21) ängstigen kann:
„Wer bin ich, was geschieht mit mir, wenn bei meinem Toben, Schreien und Zerstören die ganze Welt (= Mutter) außer Fassung gerät und mich niemand 'halten' kann? Welche furchtbaren zerstörerischen Kräfte kann ich auslösen? Ich muss Angst vor mir selber haben und davor, dass mich niemand liebt, so wie ich bin: ein 'Monster'!"
Und die ersehnten Szenen:
„Wie sehr wünsche ich mir, in der Höhle geborgen zu sein, am warmen Feuer mit den anderen zu sitzen und genährt zu werden! (Aufgabe 23) Ich habe solche Angst, so klein und schwach zu sein, dass ich die Aufgaben nicht schaffe, das Leben zu meistern, das so bedrohlich und gewalttätig ist (wie mein Vater). Dann muss ich wieder zum 'Monster' werden, alles zerreißen und zerstören, den anderen meine Angst einjagen, damit ich mich wieder goß und stark fühlen kann!" (Aufgabe 24)
Indem die Heilpädagogin die *Inszenierungen* und *Übertragungsreaktionen*
(„Ich will mal sehen, ob du auch Angst hast, wie meine Mutter und alle anderen, solche Angst wie ich sie früher hatte und immer noch habe [Angst zu versagen], so dass ich mich mit Macht dagegen weh-

ren muss, indem ich Dinge ‘klein mache’ [so klein wie ich mich fühle] und zerstöre!“)
von Jürgen *bei sich reflektiert,* indem sie ihrer eigenen Angst nachspürt, ihr innerlich Raum gibt und so einen emotionalen Kontakt und darauf folgend eine *verständnisvolle Beziehung* mit Jürgen entwikkelt, ist sie in der Lage, aus diesem *Verstehen* heraus ‘a-sozial’, d.h. nicht im für Jürgen gewohnten Sinne ‘sozial’ (= ängstlich abwehrend, verurteilend mit Rückzug oder Angriff) zu *antworten.*

Wir können hier nachvollziehen, dass es in der *heilpädagogischen Begleitung auf dem Lebensweg* nicht darum geht, irgendwelche Methoden und Techniken - und seien sie auch therapeutischer Art - eklektisch anzuwenden, sondern dass es *pädagogisch* letztlich darum geht, mit dem Kind, dem Jugendlichen, dem körperlich, geistig, seelisch behinderten Menschen unterwegs zu sein auf der Suche nach *Antwort* auf die Fragen:
Wer bin ich?
Wer bist du?
Woher komme ich?
Zu wem gehöre ich?
Wohin gehe ich?
„So beginnt der *heilpädagogische Dialog* immer erst da, wo der beeinträchtigte und behinderte Mensch in seiner Not *den Heilpädagogen zur Antwort herausfordert:*
»Höre, *wozu* lebe ich!?
Antworte, wenn du ein *Mensch* bist!"«
Diese Anfrage aus dem Schauspiel »Der Familientag« von T. S. ELIOT kann uns verstehen lehren:
Es geht nicht nur darum, WER der andere als solcher ist,
sondern vielmehr darum, wer er FÜR MICH ist!
Es geht nicht nur darum, WER ich bin,
sondern vielmehr darum, wer ich FÜR IHN bin!
Es geht darum, dass ich als Heilpädagoge dem Du des beeinträchtigten und behinderten Menschen die krankmachende Desorientierung, die Ziellosigkeit und die irregeleitete Suche überwinden helfe, durch

die er sich selbst und sein Ziel auf seinem Lebensweg im Gestrüpp am Wegrand und im Dunkel der Einöde verloren hat. Ich muss wissen, dass ich als Wegweiser und Wegbegleiter zur Antwort herausgefordert bin!“ (KÖHN 1992, 143 ff.)

Deshalb muss ich mich selber fragen und fragen lassen: Weiß ich als Heilpädagogin, als Heilpädagoge denn, Antwort zu geben?

PS: Kehren wir an dieser Stelle wieder zu Jürgen und der Heilpädagogin zurück, die sich im Bewusstwerden ihrer eigenen Ängste den Inszenierungen und Übertragungssituationen von Jürgen stellt und auf diesem Hintergrund ihre Aufgabe als Lehrerin auf dem Lebensweg von Jürgen ernst nahm, indem sie das Konzept „Szenisches Verstehen“ anwendete. Lassen wir sie nochmals selber zu Wort kommen:

d) *Fördernder Dialog*

Evelyn HEINEMANN (1992, 44) beschreibt, wie sie „szenisches Verstehen“ praktizierte. Dazu gehört ein weiteres tiefenpsychologisches Konzept, das mit dem szenischen Verstehen einhergeht, der *„fördernde Dialog“*. Aus dem Verstehen, wie Jürgen seine Situation szenisch begriff und darstellte, konnte die Heilpädagogin die angemessene dialogische Ebene finden, um mit Jürgen ‘im Gespräch’ zu bleiben. Sie gab durch ihr *Verhalten* dem Jungen *Antwort* auf seine verschlüsselten Fragen, die er bewusst und laut nicht hätte stellen können.

„Am Beispiel von Jürgen möchte ich einen solchen fördernden Dialog aufzeigen. Jürgen erzeugte in mir Gefühle der extremen Unsicherheit und Angst. Jeden Moment befürchtete ich, daß seine Bereitschaft mitzuarbeiten durch plötzliche Aggression unterbrochen wird. Nur ständiger Blickkontakt und Nähe beruhigten ihn. Ich hatte kein Vertrauen. Ich verstand dies als seine innere Situation, als Wiederholung einer inneren Erfahrung, einer Angst vor der Unzuverlässigkeit des anderen. Seine Aggressionen sah ich als Versuch, meine Nähe und Sicherheit zu erzwingen, mich zu kontrollieren. Im Sinne von Kohut können wir auch sagen: Spiegelung erzwingen durch narzißtische Wut (»Ich hatte Jürgen ständig im Auge.«)

Besonders beruhigend wirkte auf ihn das Bild der Steinzeit. Dies war seine ersehnte Szene. In und vor der Höhle (dem Mutterleib) zu leben. Nur in der Urzeit fühlte er

sich geborgen - oder wenn ich ganz dicht neben ihm stand. Eine »Eins« in der Geschichtsarbeit brachte ihn der Erfüllung seiner Phantasie näher, bot ihm aber auch die Möglichkeit, über Größenphantasien die innere Angst abzuwehren.
Jürgen inszenierte also erlebte Szenen von Angst und Hilflosigkeit, aber auch ersehnte Szenen von Nähe und Geborgenheit. Jürgen erzeugte in mir und bei allen Erziehern und bei der Mutter heftige Angst, die ich als seine Angst verstand, d.h., meine Gefühle (Selbstreflexion) ließen mich ihn verstehen, und ich gab ihm die beruhigende Antwort von Nähe und Geborgenheit. Ich übernahm *haltende* Funktionen. Ich bot ihm soviel Nähe an, wie er nötig hatte. *Die Antwort* entstand dabei aus dem Prozeß der Selbstreflexion und konnte wie hier *symbolisch* (über die Bilder der Steinzeit) und *averbal* (handelnd) durch Nähe ausgedrückt werden.
Diese extreme Sehnsucht nach Nähe und Spiegelung, die ich bei aggressiven Kindern immer wieder erlebte und die oft mit der Bemerkung abgewehrt wird: »Der will ja nur Aufmerksamkeit erzielen«, wirft natürlich die Frage nach dem Befinden der anderen Schüler auf, wenn ich mich als Lehrerin so intensiv einem Schüler zuwende. Zuerst einmal hatte ich in der Sonderschule kleine Klassen, so daß ich mich allen Schülern intensiv zuwenden konnte. Gelegentlich hatte ich nur sechs Schüler in der Klasse. Ich hatte aber auch die Möglichkeit, mich Schülern in Einzelgesprächen in den Pausen oder nach dem Unterricht gesondert zuzuwenden. Differenzierungen im Unterricht erlaubten mir, wechselweise mit einer Kleingruppe zu arbeiten während ein anderer Teil der Klasse von Kollegen unterrichtet wurde.
In der Klassensituation übernahm Jürgen aber auch in der Anfangszeit die Rolle des Protagonisten. Stellvertretend für die Gruppe prüfte er, ob ich ihn und seine Aggressionen aushalte. Gleichzeitig hatten die Schüler auch Angst vor Jürgen. Indem es mir gelang, daß Jürgen nicht »ausflippte«, konnten auch sie sich beruhigen. So hatten sich die anderen Schüler nie beschwert, daß ich Jürgen bei den Arbeiten half. Ich bemühte mich natürlich, auch ihnen bei den Arbeiten zu helfen, und hatte, gerade wenn ich beruhigend neben Jürgen stand, die Möglichkeit, die anderen Schüler anzuschauen. So erlebten sie die räumliche Nähe zu Jürgen nicht als Beziehungsabbruch zu ihnen oder als Bevorzugung.“ (HEINEMANN 1993, 44 f., *kursive* Hervorhebungen durch W. K.)

Der fördernde Dialog, wie wir ihn bisher kennen gelernt haben, beruht nach LEBER (1988, 52) auf
- der *Darstellung* von Szenen durch das Kind,
- der *Teilhabe* (Einfühlung), dem Verstehen und
- der *Antwort* des Pädagogen.

Der Pädagoge versteht und gibt dem Kind Antwort. Das Kind erwartet eine Lösung seines Problems, die Erfüllung seiner Bedürfnisse und Entlastung von bedrängenden überwältigenden Erlebnissen.

Das *Halten* allein reicht aber nicht aus. Wenn die Mutter oder die Eltern das Kind nur „festhalten", so wird es sich spätesten in der Pubertät losreißen *müssen,* wenn es nicht 'außer sich' leben bzw. 'neben sich herlaufen' will. Wir haben dies bereits im ersten Kapitel (Begleitung auf dem Lebensweg) in der Erzählung von Tobias und dem Engel reflektiert. Hier ein weiteres Beispiel:

Eine 40jährige Frau wohnt seit ihrer Kindheit bei ihren Eltern. Sie ist unverheiratet. Mehrfach schon bekam sie als „Top-Sekretärin" mit Sprachkenntnissen in drei europäischen Sprachen (!) attraktive berufliche Angebote in anderen Städten, aber stets lehnte sie diese mit der Begründung ab, ihre Eltern brauchten sie, obwohl ihre Eltern sie zum Gehen ermutigten und sogar drängten.

Aufgabe 25

Wie verstehen Sie die Aussage der Frau, welche „Szene" spielt sie in ihrem „Spiel des Lebens", in ihrem „Familientag"?

Könnte es sein, dass nicht die Eltern die Tochter brauchen, sondern die Tochter die Eltern? Hier läge dann eine ungewöhnlich lang anhaltende kindliche Bindung an die Eltern vor, die sich die Frau aber nicht eingestehen mag, weil sie sich dann nicht „normal" fühlen könnte.

Außer dem „Halten" und dem „Halt geben" benötigt jeder Mensch schon in früher Kindheit auch Herausforderungen, Anreize, *Zumutungen* zum Greifen, Krabbeln, Laufen, um sich die Welt zu erobern. 'Zumutung' bedeutet in der Umkehrung des Wortes 'Mut zu' etwas haben. Mut bedeutet etymologisch „nach etwas trachten, heftig verlangen, erregt sein“. Das gemeingermanische Wort bezeichnete ursprünglich die triebhaften Gemütsäußerungen und seelischen Erregungszustände und wurde in den alten Sprachzuständen häufig im Sinne von ‘Zorn’ verwendet. Das abgeleitete Verb ‘muten’ bedeutete „seinen Sinn auf etwas richten, begehren“, bergmännisch für „Erlaubnis auf Ausbeute erbitten“. (DUDEN, Herkunftswörterbuch)

Aufgabe 26
Vielleicht haben Sie Lust, nach weiteren Worten, Bedeutungen und Zusammenhängen um das Wort „Mut", „muten" zu suchen, von „anmuten" bis „gemütlich"... Es kann Spaß machen und anregend sein, nach den Reichtümern unserer Sprache zu 'graben' und dabei verloren gegangene Schätze zu heben, die für unseren Umgang und unser Leben Be-Deutung haben...

Jeder Lebensweg birgt in sich eine Fülle von Herausforderungen, wie wir es in unserem Eingangsbeispiel von Tobias und seinem Wegbegleiter Rafael, ebenso mit Jürgen, nachvollziehen können. Auch aus unserer eigenen Lebenserfahrung wissen wir, dass wir uns - so schwer es jungen Menschen oft auch fällt - von zu Hause lösen müssen, um wie es im Märchen heißt, „in der Fremde das Glück zu suchen“. Der Lebensweg ist also eine „Reifeprüfung“ und in diesem Sinne eine „Zumutung“ für den Menschen. Infolge dessen wird die Heilpädagogin sowohl ‘haltende’ als auch ‘zumutende’ Interventionen anbieten, wie die folgende Abbildung zeigt.

Die Antwort des Pädagogen besteht aus dem dialektischen Verhältnis von *Halten* und *Zumuten*	
Die haltende Funktion	*Zumuten*
ist dabei die Unterstützung, die Liebe, das Vertrauen, welche die Pädagogen in ihrer Reaktion vermitteln können.	ist dabei das vorsichtige Abschätzen, was das Kind an Problemlösungen ertragen und verwenden kann.

Abb. 9: Halten und Zumuten

Beim *Halten* wird eine neue, Beziehungserfahrung ermöglicht, die Sicherheit oder Hilfe gibt; beim *Zumuten* wird dem Kind etwas von sich und seinen Schwierigkeiten reflektiert, so dass es bei sich nachfühlen, nachdenken und Erlebens- und Handlungsweisen verändern kann. Dazu gehören besonders die symbolische Konfliktverarbeitung im Spiel, Konfrontation mit der Realität sowie Möglichkeiten zur Wiedergutmachung.

Evelyn HEINEMANN (1993, 45 ff.) schildert ihre weitere Begleitung von Jürgen wie folgt:

„Nach etlichen Wochen ließ ich eine Geschichtsarbeit schreiben, die Jürgen relativ selbständig verfaßte. Als ich die Arbeit zu Hause korrigieren wollte, sah ich, daß ich ihm aufgrund des der Klasse bekannten Notenschlüssels nur eine 4 geben konnte. Nun überlegte ich lange, ob ich ihm dies *zumuten* könne. Ich entschied mich dafür... Als ich ihm die Arbeit in die Hand gab und schon beruhigende Worte formulierte, hörte er gar nicht zu, sah die Note, beschimpfte mich, zerriß das Blatt, rannte zur Tür hinaus und schlug diese, so heftig er konnte, hinter sich zu. Das Klassenzimmer bebte, die Fensterscheiben vibrierten. Er rannte aus der Schule, zerschlug noch die Glasscheibe der Eingangstür der Schule, und rannte nach Hause."

Aufgabe 27

Wie 'geht' es Ihnen beim Lesen dieser Szene, besonders, wenn Sie sich mit der Heilpädagogin identifizieren? Welche Gefühle und (Re-) Aktionsweisen bzw. Impulse und Fantasien spüren Sie in sich aufsteigen?

Teilen Sie sich alles dies gegenseitig mit und bemerken Sie dabei die Unterschiede in Ihren Wahrnehmungen. So schulen Sie ihre Wahrnehmungs- und Beziehungsfähigkeit.

„Während dieser Szene stand ich regungslos im Klassenzimmer und spürte, daß ich das erste Mal keine Angst mehr vor Jürgen hatte. Während alles um mich herum bebte, hatte ich die Phantasie, ich bin ein Fels, nichts kann mich erschüttern.

Als Jürgen nach dem Zerreißen der Geschichtsarbeit am nächsten Tag wieder in die Schule kam, lächelten wir uns an. Ich sagte ihm, daß ich mich freue, daß er wieder da sei, und daß ich in der Pause mit ihm sprechen möchte über das, was ihn so verletzt habe.

Während des Einzelgespräches sagte ich ihm, daß er gestern wohl so wütend über die 4 war, weil es ihn kränkte, und daß er vielleicht Angst habe, weil eine 4 ihm das Gefühl gebe, wertlos zu sein. Ich sagte ihm, daß die Note nur etwas aussage über die Anzahl der Punkte, die jemand in der Geschichtsarbeit hat. Die Note sage nichts darüber aus, ob ich ihn gern habe oder nicht. Er lächelte." (ebd. 45 f.)

Aufgabe 28

Wie ging es Ihnen früher, wenn Sie mit einer „schlechten Note" nach Hause kamen? Was fühlten Sie, was taten Sie? Wie reagierte ihre Mutter, ihr Vater? Was sagten und was taten sie? Wie fühlten Sie sich dann?

Gibt es in Ihrem Leben Unterschiede in der Art und Weise, wie Eltern oder Lehrer reagierten, im Vergleich zur Reaktion der Heilpädagogin? Worin bestehen diese Unterschiede und was ist die bedeutsame Wirkung der heilpädagogischen Reflexion, so dass Jürgen nach dem Gespräch sogar lächeln kann?

„Nach einigen Tagen holte ich aus meinem Schreibtisch die übriggebliebenen Schnipsel der Geschichtsarbeit. Ich hatte die Schnipsel eingesammelt, nachdem Jürgen weggelaufen war. Ich sagte ihm, daß er die Schnipsel wieder zusammenkleben könne, was er ablehnte. So setzte ich mich neben ihn und klebte in seiner Gegenwart die Schnipsel zusammen. Beeindruckt von meiner Mühe, war er bereit, dieses Blatt in seinen Geschichtsordner einzuheften." (ebd. 46)

Aufgabe 29

Was halten Sie von der Idee der Heilpädagogin?

Wären Sie, je nachdem, wie Sie sich nach Jürgens „Ausflippen" gefühlt hätten (Aufgabe 27), auch auf die Idee gekommen, die Schnipsel einzusammeln? Was hätten Sie getan, weshalb?

Was 'bedeutet' die Heilpädagogin Jürgen durch das Zusammenkleben der zerrissenen Geschichtsarbeit?

Was geschieht symbolisch, als Jürgen das zusammengeklebte Blatt in seinen Ordner einheftet?

„Es kam in den nächsten Wochen hin und wieder vor, daß Jürgen eine 3 schrieb, worauf er jedesmal wutentbrannt das Blatt zerriß. Er rannte aber nicht mehr weg und schlug auch keine Scheibe ein. Jedesmal bot ich ihm nach einigen Tagen an, das Blatt wieder zusammenzukleben. Zuerst war er bereit, die Ecken des Blattes festzuhalten, damit ich es leichter zusammenkleben konnte, dann half er beim Zusammenkleben, und schließlich klebte er das Blatt selbst wieder zusammen. Irgendwann stand er bei einer schlechten Note nur noch vor mir mit der entsprechenden Handbewegung: „Soll ich?", worauf ich nur sagte: „Wenn du willst, dann kleben wir es halt wieder zusammen." Wir mussten beide lachen. Er bat später darum, die Arbeiten noch einmal abschreiben zu dürfen, damit seine Ordner so schön aussehen wie die der anderen Schüler und nicht diese geklebten Blätter enthalten." (ebd. 46)

Aufgabe 30

Ich merke, während ich dies schreibe, dass ich richtig erleichtert bin und tief durchatmen muss. Wenn ich mir vorstelle, wie die beiden zusammen lachen, empfinde ich diese Szene so unmittelbar befreiend! Wie geht es Ihnen damit?

Zwischendurch bemerkte ich beim Schreiben, dass ich am liebsten die ganze Geschichte mit Jürgen in einem Zug getippt hätte, um 'durchzukommen' zum „guten Ende". Ich dachte nach, ob ich die Fragen für Ihre Überlegungen einfügen sollte oder nicht, weil sie den Fortgang der Lebensgeschichte irgendwie unterbrechen und stören. Jetzt lasse ich sie doch stehen, weil ich ja ein „Übungsbuch" schreibe. Ich denke daran, dass es mir in schwierigen heilpädagogischen Situationen auch manchmal so geht, dass ich mich „nichts fragen" sondern einfach etwas „übersehen" oder „ausblenden" möchte, was mir unangenehm ist. Kennen sie das auch?

Schade, dass wir uns nicht sehen und darüber sprechen können! Ein Glück, dass Sie ihre Kolleginnen und Kollegen zur Seite haben, um sich Ihr Erleben mit-zu-teilen!

Die zusammenfassende Reflexion von Frau Heinemann soll uns helfen, *szenisches Verstehen* und *fördernden Dialog* nochmals im Ganzen am Beispiel der schulisch-heilpädagogischen Begleitung von Jürgen zu erfassen:

„Als ich die Geschichtsarbeit korrigieren wollte, saß ich zu Hause und grübelte, ob ich ihm eine 4 *zumuten* kann. Immer und immer wieder fragte ich mich dies. Es war eine seiner geliebten Geschichtsarbeiten. Dann aber verstand ich meine Frage *als seine Frage:* Kann ich die Realität aushalten oder muß ich weiter in der Illusion leben? Kann ich den Sprung von der Steinzeit ins 20. Jahrhundert aushalten? Auf diese Frage mußte ich ihm die *Antwort geben:* Ja, die Realität ist verläßlich und stabil.

Selbstreflexion ließ mich auch hier seine innere Welt verstehen. Daß ich ihm die richtige Antwort gab, spürte ich an meiner Reaktion auf seine Zerstörung. Ich hatte das erste Mal keine Angst mehr, sondern das Gefühl, ich stehe mit beiden Beinen auf dem Boden, während alles um mich herum wackelt.

Jürgen provozierte die Wiederholung von Enttäuschungen, indem er das Arbeitsblatt fehlerhaft ausfüllte, in der Hoffnung, Stabilität und realistische Gefühle zu erhalten. *Die Beziehung hatte seine Aggression ausgehalten.* Ich hatte Versagung erzeugt, die guten Aspekte unserer Beziehung überwogen aber. So kam er am nächsten Morgen wieder. Er kam in die Schule und grinste mich an. Wir waren beide erleichtert.

„In einem Einzelgespräch deutete ich ihm die Situation...

(Wir werden uns später in einzelnen Übungen mit unterschiedlichen verbalen Interventionen wie Reflektieren, Interpretieren, Deuten befassen und diese zu unterscheiden und anzuwenden lernen. Anm. W. K.)

Ich deutete ihm die Kränkung, die *ich ihm zumutete,* wies ihn aber auf den *realistischen Anteil unserer Beziehung* hin, daß ich seine Lehrerin bin und daß ich ihn weiterhin gern habe, auch bei einer schlechten Note.

Damit war seine innere Welt natürlich noch nicht schlagartig verändert. Gab ich ihm eine „Eins“, war er großartig und ich eine Super-Lehrerin, bei einer schlechten Note wurde ich beschimpft. Er fühlte sich dann völlig wertlos und wurde aggressiv.

Ich *konfrontierte ihn mit der Realität,* indem ich sowohl *schützend* als auch *versagend* war. Die Gefühle von Versagung und Hilflosigkeit, die er durch besondere Großartigkeit abzuwehren versuchte, konnte er ganz allmählich annehmen und in seine Persönlichkeit integrieren. Da ich darauf bestand, nicht nur gut oder nur böse zu sein, konnte er seine gespaltene innere Welt (Selbst- und Objektrepräsentanzen) integrieren. Dabei mußte ich ihn *halten* und Hilfs-Ich-Funktionen übernehmen, d.h., ich näherte mich den schrecklichen Gefühlen stellvertretend, indem ich die Arbeitsblätter erst einmal selbst wieder zusammenklebte. Hilfs-Ich-Funktionen bezeichne ich dabei die Tätigkeiten zur Aufgabenbewältigung. Im Unterschied dazu ist die haltenden Funktion die *emotionale Stütze.* Die haltende Einstellung stärkt das Selbst, während die Hilfs-Ich-Funktionen die Aufgaben des Ich (z.B. Reizschutz) unterstützen.

Mit der Annahme seiner abgespaltenen Anteile, den Gefühlen von Wertlosigkeit, Hilflosigkeit und Wut, wurde Jürgens aggressives Verhalten geringer. Reagierte er noch auf die erste schlechte Note mit Gefühlen totaler Zerstörung, so stand er bei der zweiten schlechten Note nur noch haßerfüllt vor mir, rannte nicht mehr weg und zerschlug auch keine Scheibe mehr. Das zweite Arbeitsblatt zerriß er dagegen in winzig kleine Schnipsel, was bedeutete, daß er in diesem Moment genau wußte, daß ich ihn wieder mit der Realität der schlechten Note konfrontieren werde, d.h. ihn auffordern werde, dieses zusammenzukleben. Genau dieses Wissen ermöglichte es ihm, nicht mehr mit totaler Zerstörung zu reagieren. Das zweite zerrissene Arbeitsblatt zusammenzukleben war für mich äußerst schwierig." (ebd. 47 f., *kursive* Hervorhebungen durch W. K.)

Aufgabe 31

Bedenken Sie bitte einmal, wie wertvoll die Papierschnipsel in ihrer *symbolischen Bedeutung* wurden: sie wurden nicht einfach als 'Mist', als 'Dreck', als 'Abfall', als Ausdruck des Wertlosen zusammengekehrt, in den Papierkorb geworfen und auf solche Weise (aus dem Leben des Jungen) entfernt, sondern sorgsam und mühevoll 'aufgehoben' als Anteile seines Lebens. Durch diese Aufmerksamkeit, diese Wertschätzung des 'Abfälligen', der Schattenanteile in Jürgens Persönlichkeit, konnte die Heilpädagogin ihm helfen, *sich kennen zu lernen* und *sich anzunehmen, wie er wirklich ist.*

Dieses Beispiel sollte uns aufmerksam darauf machen, wie wir im heilpädagogischen Alltag mit *Dingen* umgehen, die uns oder den uns anvertrauten Menschen gehören. Vielleicht erinnern Sie sich noch an das Beispiel von Frau Wesel (Aufgabe 6). Ich hörte dort Aussagen wie: „Was will sie denn immer mit diesem Zeug, diesen Luftballons, sie sollte besser mal was anderes ausprobieren." Wenn wir uns bemühen, *aufmerksam* auch im Umgang mit kleinen, scheinbar unbedeutenden Dingen, z.B. mit achtlos oder in Wut zerstörten und weggeworfenen Spielzeugen oder zerknüllten und zerrissenen Kinderzeichnungen zu sein, sie aufzubewahren und später wieder auf-zugreifen versuchen, kann es uns gelingen, unsere Wertschätzung symbolisch über die Dinge auch der Person gegenüber auszudrücken und 'handgreiflich', zum 'Anfassen', d.h. 'begreiflich' unter Beweis zu stellen, nach der Regel: „Wir zerstören nichts, wir werfen nichts weg, alles ist wichtig. So tun wir einander nicht weh!"

Mir selber passierte einmal ähnliches, als ich mit 3 verhaltensgestörten Jungen in einer heilpädagogischen Kleingruppe in einem Kinderheim arbeitete. Wir hatten mit Ton gearbeitet und die Jungen hatten Saurier und schreckliche Monster geschaffen. Durch einen Streit geriet einer der Jungen in Wut und zerstörte ein Tier eines anderen. Ehe ich mich versah, waren die drei über ihre Sachen hergefallen und schlugen sich gegenseitig alles, wie im Rausch, kurz und klein. Ich saß danach ziemlich hilflos im verschmutzten Spielzimmer und war ratlos. Ich ärgerte mich auch über mich selbst, dass ich nicht früher auf die aggressiven Anzeichen reagiert hatte. Ich räumte ziemlich lange auf und putzte den Raum. Während dessen nahm ich auch immer wieder die zerstörten Teile in die Hand und legte die Reste der Schlacht auf den Tisch. In diesem 'Aufräumen' (auch meiner eigenen Gefühls- und Gedankenwelt), als ich alles in einen großen Klumpen zusammenkneten wollte, kam mir plötzlich die Idee, drei Tonköpfe zu kneten, die auf den Finger gesteckt werden konnten, für jeden der Jungen einen mit ihm ähnlichen Gesichtszügen, bzw. Haarschnitt, Brille, Narbe. In der nächsten Stunde stürmten die Jungen ins Zimmer und fanden die Stockpuppenköpfe aufgereiht auf Stäben auf dem Tisch. Einer fragte unvermittelt: „Wer sind die denn?" Ich antwortete: „Schaut sie euch mal genau an!" Die Jungen entdecken sich bald selber und ich erzählte ihnen, dass aus ihren Sauriern und Monstern diese Jungenköpfe geworden seien. Ich hätte sie aus allen Teilen zusammengesetzt. Aus dem Erstaunen und der Begutachtung der (äußeren) Eigenschaften der Spiegelbilder entstand ein über mehrere Stunden anhaltendes Rollenspiel mit den Köpfen, die „sprechen lernten", „aneinanderstießen",

„sich prügelten", „sich vertrugen" usw. Die Jungen gingen sehr sorgsam mit den Puppenköpfen um und kommunizierten miteinander auf eine Weise, wie es ihnen vorher nicht möglich war. Die Köpfe wurden später gebrannt, angemalt und bekamen Kleidungsstücke und Zubehör. Zum Abschluss der heilpädagogischen Gruppenbegleitung schenkten mir die Jungen ihre Köpfe „zum Andenken, damit ich sie nicht vergesse". Sie sehen, liebe Leser/innen, die Jungen sind mir nicht „aus dem Kopf" gegangen...

Zurück zu Jürgen:

„Jürgen mußte die Realität nicht mehr mit Hilfe von Omnipotenzphantasien abwehren und verleugnen. Mit den Veränderungen seines inneren Erlebens konnte Jürgen sich, mich und den Unterricht, zum Beispiel das Arbeitsblatt, realistischer wahrnehmen. Die Spaltung (als Abwehr) seines Erlebens in total gut und total böse konnte durch die haltende Beziehung bearbeitet werden. Die Integration innerer Bilder ermöglichte eine Stärkung seines Selbst und seines Ich. Seine Aggressionen waren geringer geworden.
Etwa in diese Zeit fiel folgende Szene: Ich kam morgens in das Klassenzimmer, und Jürgen schaute mich gespannt an. Nach einiger Zeit sagte er: »Schauen Sie doch mal auf ihren Schreibtisch.« Gespannt schaute ich auf meinen Schreibtisch, auf dem ein Abziehbild klebte. Es war ein grüner Frosch mit dickem Hals. Darunter stand gedruckt: »Blas dich nicht so auf!« Ich mußte lachen. Stolz und grinsend rief er mich zu seinem Tisch. Auf seinem Tisch klebte ebenfalls ein Abziehbild. Es war ein stehender Tiger, der seine Muskeln am ausgestreckten Arm zeigte. Darunter stand: »Ich bin der King.« Wir lachten beide.
Die Veränderungen in Jürgens innerer Welt zeigten sich sehr schön an der Szene mit dem Frosch und dem Tiger. Er konnte nun schon über seine Größenphantasien und die Abwertung von mir lachen, was ein Zeichen des Bewältigens seines narzißtischen und gespaltenen Erlebens war.

Die hier auftauchenden *Bilder* sind *Symbole* die im Sinne von Winnicott (1987) einen Übergang darstellen zwischen innerer Welt und äußerer Realität. Sie sind nur gut und stark und von daher bei der gespaltenen Welt aggressiver Kinder von besonderer Bedeutung." (HEINEMANN 1993, 48 f.; *kursive* Hervorhebungen durch W. K.)

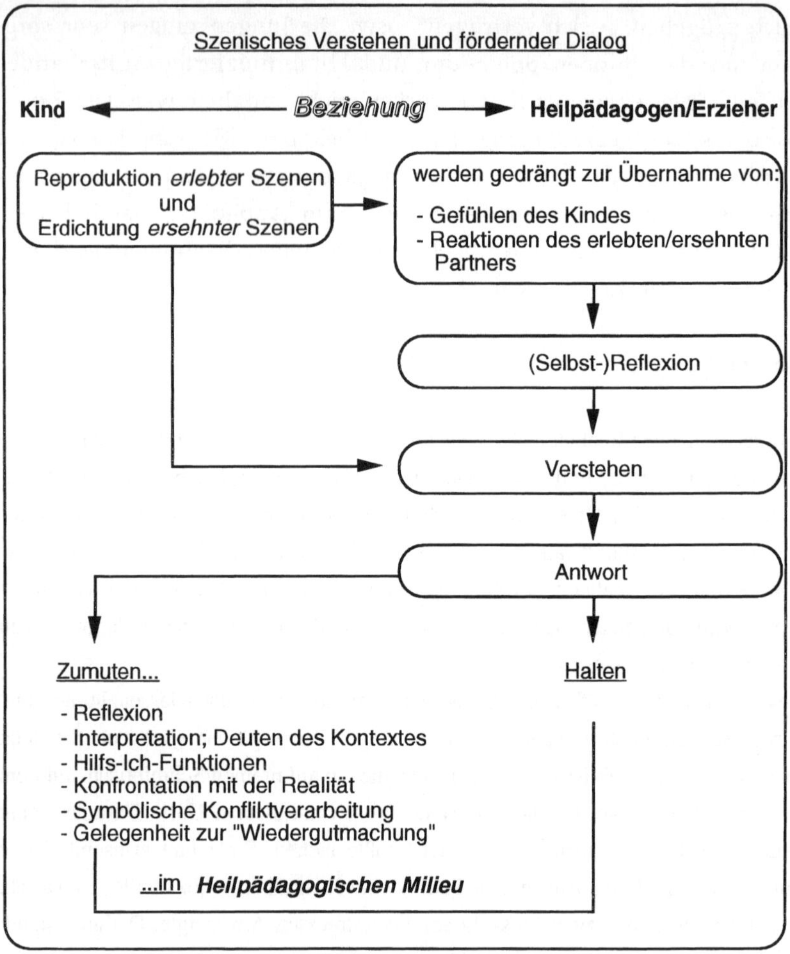

Abb. 10: Szenisches Verstehen und fördernder Dialog
(Skizze leicht verändert nach Heinemann u.a. 1992, 42)

In der Abbildung wird erkennbar, dass eine effektive Nutzung von Übertragungsbeziehungen in der heilpädagogischen Arbeit nur möglich ist, wenn die Heilpädagogin eine *tragfähige Real-Beziehung* gestiftet hat und in der Lage ist, beide Beziehungsebenen voneinander zu unterscheiden und angemessen zu reflektieren.

Einige der hilfreichen Interventionen, die im 'Szenischen Verstehen' besonders betont werden (über weitere werden wir noch später sprechen), sind die

a) Hilfs-Ich-Funktion;
b) Konfrontation mit der Realität;
c) Gelegenheit zur Wiedergutmachung.

a) Die Hilfs-Ich-Funktion

ist eine spontane Reaktion der Heilpädagogin auf das Kind, wobei sie sich nicht nur darauf stützt, was das Kind sagt oder tut, sondern vor allem auf die Gedanken und Gefühle, die es *in ihr hervorruft,* entsprechend ihrer positiven *Gegenübertragung.* Sie wird (innerlich, ggf. aber auch spielerisch in der ihr vom Kind zugeteilten Rolle) durch ihr Abstandnehmen von den eigenen Bedürfnissen, Gefühlen und heilpädagogischen Vorstellungen zum „Doppelgänger", der die Körperhaltung oder Gangart des Kindes einnimmt, dessen Gefühle ausspricht, sagt, was das Kind sich in der Situation nicht auszusprechen wagt usw.. Dabei wird sie (z.B. als kleiner, 'armer Hund') vom Kind nicht getrennt erlebt und als 'Du' empfunden, sondern als Teil des Selbst, wie ursprünglich die Mutter vom Neugeborenen. In dieser Hilfs-Ich-Funktion kann sie also *im Spiel* alles stellvertretend unternehmen, was das Kind sich (noch) nicht traut, bzw. reflektieren, was sich an Gefühlen oder Befürchtungen in den Spielsequenzen des Kindes verbirgt. So wird jede Bemerkung des Hilfs-Ichs vom Kind sozusagen als eigene, innere Stimme bzw. ähnlich den Hilfeleistungen der Mutter als Extension seiner selbst erlebt. Unzutreffende Bemerkungen werden als 'Fremdkörper' in der eigenen Erlebniswelt empfunden und 'reflexartig' durch Verneinen, oft als agierte Abwehr oder Spielunterbrechung aus ihr eliminiert. Solange die Hilfs-Ich-Funktion konform mit dem Erleben des Kindes ausgeübt wird, wird dieses alle zutreffenden verbalen und nonverbalen Ausdrucksformen der Heilpädagogin als seine eigenen Ich-Ergänzungen dulden, nicht abwehren und auf diese Weise ein Stück des bisher nicht gangbaren eigenen Weges durch emotionalen Nachvollzug weitergehen. Im Nachhinein wird das Kind bemerken: „Ich habe dies und das gemacht"; oder „Ich habe dem Hund gesagt, er soll die Frau beißen!" usw., obwohl die Heilpädagogin stellvertretend diese Rollen spielte.

Hilfs-Ich-Funktionen sind auch Tätigkeiten zur Aufgabenbewältigung. Dies kommt insbesondere im Lebensalltag vor, wenn verwahrloste und aggressive Kinder in eine heilpädagogische Intensivgruppe aufgenommen werden. Die Heilpädagogin als Bezugsperson wird alle Tätigkeiten übernehmen, die das Kind in der ihm fremden Umgebung noch nicht übernehmen kann. „Ich tue dies für dich so lange, bis du es selber tun kannst", heißt die einfache Regel. Dadurch werden Kinder neugierig und zugleich ermutigt, sich selber in ihren Möglichkeiten auszuprobieren. Die Heilpädagogin reflektiert das Handeln des Kindes:

„Du denkst, dass du schon selber deine Sachen aufräumen kannst. Aber es fällt dir schwer, zu merken wo alles hingehört. Nun bist du wütend, weil dir nicht gelungen ist, was du wolltest. Ich tue es wieder für dich, und morgen kannst du es neu versuchen, wenn du möchtest. Manchmal willst du etwas ganz gut können und dann bist du enttäuscht, wenn es nicht so geht, wie du es dir vorgestellt hast. Wir werden es so lange zusammen tun, bis du es wirklich alleine kannst. Dann wirst du dich richtig freuen und ganz stolz sein."

Durch die Annahme der Gefühle von Hilflosigkeit und Wertlosigkeit, die z.B. mittels agierter Wut ihren Ausdruck finden, tritt die haltende Funktion der Heilpädagogin in Kraft, wodurch die realistische Selbstwahrnehmung des Kindes Stück für Stück stabilisiert wird, so dass auf die Dauer eine echte Bitte um Hilfe geäußert werden kann, ohne im Vorfeld zerstörerische Aktionen zu starten. Aber noch längere Zeit hindurch wird das Kind die haltende Kraft der Heilpädagogin durch gelegentliche Provokationen 'austesten', um sicher zu sein, wirklich „gehalten" und wertgeschätzt zu werden. Es dauert oft lange, bis die Abspaltungen in „gut" und „böse" im Ich des Kindes integriert und miteinander versöhnt sind. *Geduld* und *Ausdauer* sind die erzieherischen Tugenden, die die Heilpädagogin in dieser Zeit am meisten benötigt.

b) Die Konfrontation mit der Realität
wird in der Begleitung im Spiel durch die Vertragsabsprache, die Einhaltung der Regeln (z.B. Ausstieg aus der agierten Rolle; Aufräumen des Raumes zum Ende der heilpädagogischen Stunde; das Gebot, nichts im Affekt wegzuwerfen bzw. zerstören, eine symbolische Bezahlung usw.) eingesetzt. Im Alltag, d.h. in der Lebensgruppe bzw. im heilpädagogischen Milieu kommen auf der Realebene eine Vielzahl weiterer Notwendigkeiten hinzu.

Eine Form der Konfrontation mit der Realität ist das „Life Space Interview", das „Lebensfeldgespräch" nach Fritz REDL. (in: FATKE 1988, 135 ff.) Es ist ein therapeutischer Dialog zwischen Erzieher und 'verhaltensauffälligem' Kind. Die Realität wird vom Kind so verzerrt wahrgenommen, dass es sich die tiefsitzenden, eingeschliffenen Verhaltensmuster und Einstellungen, besonders gegenüber den Erwachsenen, immer wieder selbst bestätigt, so dass sein Hass, seine Wut und seine Aggressivität stets neue Nahrung erhalten. Es gilt das Kind zu erreichen, zu seinen Empfindungen und Gefühlen durchzudringen, um es vor sich selber und andere vor Aggressionen zu schützen und auf Dauer eine vielschichtigere und realitätsnähere Beurteilung affektiv geladener Situationen bei sich und anderen wahrnehmen zu können.

Dabei wird durch die verbale Rekonstruktion krisenhafter Ereignisse und die Entschlüsselung ihrer Bedeutung versucht, zum Ausdruck von Gefühlen, zur Minderung von Schuld und Ängsten, zur angemessenen Realitätserkenntnis und zum Aufbau von innerer Kontrolle des Kindes beizutragen. Wichtig ist dabei, dass

- generell eine dichtere Nähe zu Zeit und Raum im natürlichen Leben des Kindes und eine größtmögliche Nähe des Dialogs zu den tatsächlichen Erlebnissen des Alltaglebens gegeben ist;
- der erwachsene Gesprächspartner eine lebensnahe Rolle innehat, z.B. als Erzieher oder Lehrer oder einer anderen bedeutsamen Persönlichkeit im kindlichen Alltag.

Durch diesen konfrontierenden, situationsbezogenen, therapiewirksamen Dialog im aktuellen Lebenskontext bei krisenhaften Ereignissen soll das Kind davor geschützt werden, nicht von Angst- und

Schuldgefühlen so überschwemmt zu werden, dass sich seine Abwehrmechanismen noch verfestigen und damit sein Hass auf die Erwachsenen sich verstärkt.
Dies wird auf zwei Ebenen erreicht: einmal durch die
- *emotionale Soforthilfe;* zum anderen durch die Bewusstmachung der Situation im Sinne einer
- *therapeutischen Auswertung der Alltagsereignisse.*

Aufgabe 32
Während Sie den folgenden Dialog lesen, versuchen sie bitte, die Gesprächssituation aktuell wie folgt auszuwerten:
- Welche herausragenden Momente fallen mir besonders auf?
- Welche *Gedanken* habe ich dabei und welche *Gefühle* bemerke ich bei mir?
- Wie wirkt Bill auf mich?
- Wie wirkt der Direktor (Erzieher) auf mich?
- Wie beurteile ich das Beziehungsverhältnis zwischen beiden?
- Welche Veränderungen ereignen sich im Gesprächsverlauf? Wodurch kommen sie zustande?

Bill, 9 Jahre, hat ständig Schwierigkeiten im Unterricht. Eines Tages wird er wegen einer aggressiven Episode aus dem Unterricht entfernt und zum Direktor der pädagogisch-therapeutischen Einrichtung gebracht.

Direktor: Nun Bill, es tut mir leid, zu hören, dass du heute während des Unterrichts nach Hause geschickt werden musstest. Wie kam das?

Bill: Dieser verdammte Lehrer - was fällt dem bloß ein, mich herumzuschubsen, mich auf meinen Stuhl zu drücken und so.

Direktor: Was hat er mit dir gemacht?

Bill: Ach, er kam auf mich zu, packte mich und warf mich raus auf den Gang.

Direktor: Warum hat er das getan?

Bill: Woher soll ich denn wissen, warum er das getan hat?

Direktor: Was ich meine, ist: Hatte er einen Grund dafür, sich dir gegenüber so zu verhalten?

Bill: Zum Teufel, natürlich nicht.

Direktor: Es fällt mir schwer, zu verstehen, warum dein Lehrer ganz plötzlich einfach so auf dich zukommt, dich packt und dich aus der Klasse wirft.

Bill: Er hat's eben getan.

Direktor: Bill, ich sage nicht, dass er es nicht getan hat. Was ich herauszufinden versuche, ist, ob er irgendeinen Grund dafür gehabt hat. Fällt dir irgend etwas ein, dass zur gleichen Zeit geschehen ist und das alles erklären könnte?

Bill: Nein.

Direktor: Schau Bill, es macht einfach keinen Sinn, dass dein Lehrer dir das aus heiterm Himmel antut. Irgend etwas muss passiert sein.

Bill: Dieser verdammte Joe (ein Kind aus der Klasse) fing an, an meinen Schulsachen herumzumachen. Ich sagte ihm gerade, er soll abhauen und da kam K. (Lehrer) auf mich zu und zieht mich raus auf den Gang.

Direktor: Das ist alles, was passiert ist?

Bill: Ja.

Direktor: Ging Joe weg, als du es ihm sagtest?

Bill: Was?

Direktor: Hat Joe deine Sachen in Ruhe gelassen, nachdem du ihn dazu aufgefordert hattest?

Bill: Zum Teufel, nein. Deshalb habe ich ihn geschubst, und er kam trotzdem zurück. Dann habe ich ihm eine in die Fresse gegeben, und er fing an zu heulen.

Direktor: Und was geschah dann?

Bill: K. kam her und sagte zu mir, ich soll damit aufhören. Er sagte, ich soll mich hinsetzen.

Direktor: Hast du's getan?

Bill: Was getan?

Direktor: Dich hingesetzt?

Bill: Ja.

Direktor: Warum hast du dann vorhin gesagt, er hat dich auf den Stuhl gedrückt?

Bill: Er hat's getan.

Direktor: Ich dachte, du hast gerade gesagt, dass du dich freiwillig hingesetzt hast, als er dich darum bat. Wenn du es getan hast, warum hätte er dich dann auf den Stuhl drücken sollen?

Bill: (Schweigen)

Direktor: Irgend etwas stimmt hier nicht, Bill.

Bill: Nun, als er auf mich zu kam, sagte er, ich soll Joe in Ruhe lassen; und ich sagte, ich würde es nicht zulassen, dass er mit meinen Sachen rummacht.

Direktor: Und was geschah dann?

Bill: Er sagte: „Setz dich hin, und ich kümmere mich darum." Ich sagte, er soll besser von hier verschwinden.

Direktor: Wo war Joe zu dieser Zeit?

Bill: Wieder auf seinem Platz.

Direktor: Warum dann die ganze Aufregung?

Bill: Ich wollte sichergehen.

Direktor: Sicher wegen was?

Bill: Dass er nicht zurückkommen würde. K. sagte: „Setz dich hin." Deshalb sagte ich, ich setz mich nicht hin, wenn der Joe nicht von meinen Sachen wegbleibt.

Direktor: Und was geschah dann?

Bill: K. sagte: „Setz dich hin."

Direktor: Und dann?

Bill: Er setzte mich hin.

Direktor: Was geschah dann?

Bill: Ich sagte: „Lass mich los, du Arschloch."

Direktor: Und dann?

Bill: Er nahm mich mit raus in den Gang und sagte, ich darf nicht so zu ihm sprechen. Und dann rief er hier an, und der Counselor kam mich abzuholen.

Direktor: Mit anderen Worten, du hast dich geweigert, dich hinzusetzen und mit dem Streit aufzuhören.

Bill: Ja.

Direktor: Und als K. dich hinsetzte, hast du ihn beschimpft, wo alle dabei waren.

Bill: Ja.

Direktor: Warum?

Bill: Warum sollte ich zulassen, dass der blöde Joe meine Sachen versaut?

Direktor: Hat er es immer noch gemacht?

Bill: Nein.

Direktor: Warum hast du dann deswegen den Lehrer beschimpft?

Bill: (Schweigen)

Direktor: Das war doch nicht der Grund, weshalb du ihn beschimpft hast, nicht wahr?

Bill: Was meinst du damit?

Direktor: Nun, wie kann das der Grund sein, wenn Joe gar nichts mehr machte?

Bill: (Schweigen)

Direktor: In Wahrheit hast du K. beschimpft, weil er darauf bestand, dass du dich hinsetztest. Er hat nicht gesagt, es sei in Ordnung, dass Joe deine Sachen versaut - oder ?

Bill: Nein.

Direktor: Aber du hast es ihm vor der ganzen Klasse gegeben, weil er dich hingesetzt hat, als du dich nicht von selbst hinsetzen wolltest.

Bill: Das stimmt.

Direktor: Aber ist das richtig?

Bill: Er hat kein Recht, mich auf meinen Platz zu setzen. Ich brauche mich nicht hinzusetzen, wenn ich nicht will.

Direktor: Nun sag mir mal: Wo glaubst du wohl, könntest du mit solchem Verhalten durchkommen? In welcher Schule könntest du einfach hinter einem Kind herrennen, wenn der Lehrer dir gerade gesagt hat, du sollst auf deinem Platz bleiben?

Bill: (Schweigen)

(aus: Fritz REDL / D. WINEMANN: Controls from Within. N.Y. 1952, S. 264 - 266)

Für Bill liegt der Fall zu Beginn völlig klar: „Dieser verdammte Lehrer - was fällt dem bloß ein, mich herumzuschubsen, mich auf meinen Stuhl zu drücken und so.“ Daran hält Bill beharrlich fest. Seine Realitätswahrnehmung ist verzerrt und er fühlt sich (wieder einmal) von einem Erwachsenen ungerecht behandelt und gedemütigt.
Der Direktor versucht durch beharrliches Nachfragen Bill dahin zu bringen, weitere Einzelheiten des Geschehens mitzuteilen, d.h. *vor sich selbst zuzulassen.* So konstruieren sie allmählich das Geschehen.

Zunächst erzählt Bill, dass Joe in das Geschehen verwickelt war und sich an Bills Schulsachen zu schaffen machte, worauf Bill begann, Joe zu verprügeln: „Deshalb habe ich ihn geschubst, und er kam trotzdem zurück. Dann habe ich ihm eine in die Fresse gegeben, und er fing an zu heulen."
Erst dann griff der Lehrer ruhig ein: „K. kam her und sagte zu mir, ich soll damit aufhören. Er sagte, ich soll mich hinsetzen."
Als Bill darauf nicht reagiert, sondern den Lehrer unflätig beschimpft: „Ich sagte, er soll besser von hier verschwinden."; und später: „Lass mich los, du Arschloch.", wird der Lehrer energischer und nimmt Bill aus der Klasse heraus.

FATKE (ebd. 138 ff.) analysiert die Situation wie folgt:
Die Gesprächsstrategie des Direktors steht ganz im Dienste der angestrebten Entzerrung von Bills (Selbst-)Wahrnehmung und Wirklichkeitsdeutung. Nach dem Versichern seines Mitgefühls zu Beginn: „Nun Bill, es tut mir leid, zu hören, dass du heute während des Unterrichts nach Hause geschickt werden musstest.", verlegt sich der Direktor ausschließlich auf die *Rekonstruktion der Fakten:* „Wie kam das?" - „Was ist zur gleichen Zeit geschehen?" - „Was passierte dann?". Immer wenn Widersprüche auftauchen, macht der Direktor darauf aufmerksam. Wichtig ist: *Er versucht nicht, Bill zu belehren,* sondern die Widersprüche mit Hilfe von Bill *aufzuklären.* Es geht darum, einen *Sinn im Geschehen zu konstituieren,* um Bill zu ermöglichen „zu sich zu kommen", den eigenen Standort, das eigene Verhalten deutlicher wahrzunehmen um dadurch die Situation realistischer sehen und beurteilen zu können. Außerdem gehört zur Strategie des Direktor die *Reflexion der Aussagen von Bill:* „Mit anderen Worten, du hast dich geweigert, dich hinzusetzen und mit dem Streit aufzuhören."; „In Wahrheit hast du K. beschimpft, weil er darauf bestand, dass du dich hinsetztest. Er hat nicht gesagt, es sei in Ordnung, dass Joe deine Sachen versaut - oder ?"; „Aber du hast es ihm vor der ganzen Klasse gegeben..." In der letzten Aussage ist auch Bills eigentliches Problem verborgen, auf das der Direktor zu diesem Zeitpunkt nur in einer vagen Andeutung aufmerksam macht. Dies

löst in Bill die Reaktion aus, die zugleich der Schlüssel zum Verständnis seines Verhaltens ist: „Ich brauche mich nicht hinzusetzen, wenn ich nicht will." An dieser Stelle *verdeutlicht* ihm der Direktor *sehr klar die geltenden Normen* und weist ihn darauf hin, dass er mit Regel- und Normverletzungen nirgendwo durchkomme. Bills Schweigen am Ende des Gespräches, wie auch das zwischenzeitliche Schweigen ist ein Zeichen wachsender (Selbst-)wahrnehmung und Einsicht in die Geschehnisse.

Das Beispiel verdeutlicht die beiden oben genannten Funktionen des „Lebensfeldgespräches" (LSI): Emotionale Soforthilfe und therapeutische Auswertung von Alltagsereignissen.

Emotionale Soforthilfe

(1) Es wird dem betreffenden Kind in Situationen, in denen es emotional überfordert ist, Beistand geleistet, der ihm hilft, panikartige Angst, Wut und Schuldgefühle zu bewältigen.

(2) Das Kind kann Frustrationen ausdrücken, indem durch einfühlendes Verstehen über die Wut und die Empörung die zusätzliche, durch die Interventionen hervorgerufene Feindseligkeit abgelassen wird, wodurch verhindert werden kann, dass sich der Hass noch steigert.

(3) Bei drohendem Abbruch der Beziehungen zwischen dem Kind und seinen erwachsenen Bezugspersonen wird die Kommunikation aufrecht erhalten.

(4) Bei schwierigen Entscheidungen wird eine schiedsrichterliche Hilfe angeboten.

(5) Verhaltensabläufe und soziale Kontakte werden reguliert. Die allgemeinen Grundsätze und Regeln der Interaktion sind den Kindern zwar bekannt, sie haben jedoch auf Grund ihrer überlagernden Erfahrungen diese Kenntnis und die Fähigkeit ihrer Umsetzung nicht unbedingt im richtigen Augenblick zur Verfügung. Sie bringen auch in einem solchen Moment nicht immer die nötige Ich-Stärke auf, um die affektive 'Überschwemmung' einzudämmen und die eigene Impulsivität der Verhaltensnorm unterzuordnen.

Therapeutische Auswertung von Alltagsereignissen

(1) Aufhebung von Wahrnehmungsverzerrungen

Da sich diese Kinder eine hochdifferenzierte „Argumentationsakrobatik" zulegen, um die verleugnete Wahrheit sowohl vor dem Gesprächspartner als auch vor sich selber zu verbergen, wird durch das Lebensfeldgespräch das Realitätsprinzip gestärkt. Der Gesprächspartner muss im Gespräch das Geschehen durch das betreffende Kind selbst rekonstruieren lassen. Dies geschieht mittels behutsam geführten Fragen, die sich an die Fakten halten. Dadurch - und nur dadurch - kann sich im Kind ein Bewusstsein über das eigentliche Problem entwickeln (im Beispiel: Bill tut, was er will, einfach weil er es will). Wird statt dessen, wie es leider allzu oft geschieht, moralisiert („Das tut man nicht, wie kannst du nur!?"), mit unterschwelligem Vorwurf nach Motiven geforscht („Warum hast du das getan?") oder dem Kind zusätzliche Schuldgefühle zugewiesen („Darüber bin ich traurig. Das habe ich nicht von dir erwartet."), wird das Kind in seinem Hass gegenüber den Erwachsenen bestätigt und bestärkt und eine tragfähige Beziehungsgestaltung verhindert.

(2) Einmassierung des Realitätsprinzips

Kinder wie Bill sind nach REDL „kurzsichtig", d.h. sie benötigen 'große Buchstaben' und 'Unterstreichungen' um zu begreifen, worum es in der sozialen Realität eigentlich geht. (In diesem Sinne ist auch die Schlussbemerkung des Direktors zu verstehen.)

(3) Entfremdung von Symptomen

Da verhaltensgestörte Kinder einen großen Lustgewinn aus ihren Symptomen ziehen, wird das Lebensfeldgespräch in konkreten Situationen dazu eingesetzt, ihnen Beweise zu liefern, dass sich ihr pathologisches Verhalten nicht auszahlt: Der Preis ist zu hoch für den armseligen sekundären Gewinn, den sie daraus ziehen, bzw. Die Freude, die sie aus anderen Formen der Problemlösung gewinnen könnten, ist viel zuverlässiger und regelmäßiger. (So durfte z.B. ein Junge in einer heilpädagogischen Intensivgruppe nicht an der abendlichen Runde, in der erzählt wird, kleine Aufmerksamkeiten ausgetauscht werden, Süßigkeiten die Runde machen, Schönes vom Tag berichtet und vorgelesen wird nicht teilnehmen, weil er am Nachmittag ein Zusammenspiel der Kleingruppe immer wieder massiv störte. Als er sich in die Runde setzte, wurde er von der Leiterin gefragt, weshalb er dabei sitze. Es dauerte ungefähr 7 Minuten, bis dem Jungen nach der Rekonstruktion der nachmittäglichen Situation die Regel bewusst wurde: Wer die Gemeinschaft verletzt muss warten, bis die Wunde verheilt ist. Obwohl alle - auch die anderen Kinder mit Beispielen von ähnlichen Situationen, in denen es ihnen auch so ergangen war - Verständnis für ihn äußerten, war dennoch die Konsequenz des Ausschlusses unbedingt notwendig. Beim zu Bett gehen verhielt sich die Leiterin dem Jungen über genau so zugewandt und eindeutig wie immer, er bekam auch sein „Betthupferl“ und das gewohnte Massage- und Liedritual, wobei die Pädagogin an geeigneter Stelle bemerkte, dass es schade gewesen sei, ihn heute in der Runde zu vermissen, aber dass er morgen bestimmt wieder dabei sein dürfe.)

(4) Wiederbeleben eingeschlafener Wertgefühle

Der Verlust von Wertvorstellungen sowie Normen und Regeln kann am besten durch die „Fairness-Norm“ langsam wieder aufgebaut werden, weil diese für die meisten Kinder noch eine Bedeutung hat. Die Kinder haben ständig Angst, vor ihren Alterskameraden das Gesicht zu verlieren. Wenn nun aber - wie unter Punkt (3) im Beispiel beschrieben - die Kameraden ihr Bedauern ausdrücken, weil sie wissen, dass es weh tut, wenn man ausgeschlossen wird, aber zugleich sagen, das das Kind dies verdient habe, „wie jeder von uns“, dann ist diese Angst besiegt. Das Prinzip der Gerechtigkeit, eine ‘höhere Instanz’, von der auch die Leiterin keine Ausnahme machen darf, weil sie keine Vollmacht dazu hat, ermöglicht es den Kindern, eine neue, gerechte, Halt gebende Sicherheit zu erleben, auf die sie sich unbedingt verlassen können, was auch immer geschieht. Da sie trotzdem das Ansehen, die Zuwendung und das Mitgefühl grundsätzlich nicht verlieren, wächst ihr Mut, sich der Realität aufmerksamer zu stellen und sich neu einzureihen.

(5) Anbieten neuer Anpassungstechniken
Um dies leisten zu können, bedarf es des Angebotes und der Einübung neuer Anpassungstechniken, denn diese sind zur Umsetzung der neuen Einsichten in die Realität dringend notwendig. Viele so gestörte Kinder wissen nicht, „wie sie es machen sollen". Dazu gehört auch, den Kindern deutlich zu machen, dass es andere als die verwendeten Abwehrmechanismen gibt (z.B. aus dem Feld gehen, sich entschuldigen, einen neuen Versuch wagen, sich beruhigen durch Atemübung usw.) die sich im Lebenskontext des Kindes realisieren lassen, weil die Bedingungen im heilpädagogischen Milieu sehr klar strukturiert und deshalb erkennbar sind. Es ist nötig vorzumachen, „wie es geht" und dabei anfänglich mehr, später weniger, auf dem Weg „mitzugehen".

Das Lebensfeldgespräch ist weder ein Patentrezept, noch ein Allheilmittel, jedoch eine wichtige Methode im pädagogisch-therapeutischen Umgang mit verhaltensgestörten Kindern und Jugendlichen. Voraussetzung ist der innere Halt der Heilpädagogin, die sich nicht persönlich gekränkt und entmutigt fühlen darf, sondern souverän, konstant und liebevoll als „Modell" einen Lebensstil verkörpert, der den Kindern erstrebenswert erscheint, weil es schön ist, so miteinander zu leben.

c) Gelegenheit zur *'Wiedergutmachung'*
ist das Angebot der Heilpädagogin an das Kind, 'die Welt wieder in Ordnung zu bringen', sie also äußerlich zu 'heilen', um im Kind entstandene Ängste, Schrecken und Schuldgefühle abzutragen, ähnlich einer Mutter, die abends beim Zubettgehen mit dem Kind die schlimmen und die schönen Dinge des Tages reflektiert und ihm zusichert, das „alles vergeben und vergessen sei".
Dies heißt nicht, dass man nicht anderentags, bei guter Gelegenheit, neu über die Erfahrungen und Ereignisse nachdenken muss, dann

allerdings ohne übermäßige Angst und Furcht auszulösen. So wird die Heilpädagogin dem Kind in der heilpädagogischen Begleitung Gelegenheit geben, zerstörtes Spielzeug wiederherzustellen und ihm dabei helfen; oder in einer Gruppensituation stellvertretend (als Hilfs-Ich) Gelegenheiten inszenieren, in denen es dem Kind ermöglicht wird, einem anderen Gruppenmitglied 'wiedergutmachend' entgegenzukommen (durch Abgabe einer beliebten Rolle, Überlassen eines bevorzugten Gegenstandes; Teilen der [symbolischen] Mahlzeit usw.).

Im folgenden Beispiel wird nochmals eine Situation mit Jürgen geschildert, den wir bereits aus vorherigen Szenen kennen

Aufgabe 33

Versuchen sie wieder, die Szene, Ihre aufkommenden Gedanken und Gefühle wahrzunehmen und spontan zu entscheiden, wie Sie gehandelt hätten.

PS: Bedenken Sie dabei und lassen Sie zu, dass Sie nicht mehr so unbefangen an die Szene herangehen, wie Sie das vielleicht noch bei den ersten Beispielen taten. Sie sind jetzt sozusagen 'vorgewarnt' und kritisch. Vielleicht leiden Sie sogar ein wenig, wenn Sie einen Mangel an Spontanität bei sich feststellen, weil Sie sich 'gezwungen' oder 'eingeengt' fühlen durch Ihr (Vor-)Wissen...

Haben Sie den Führerschein gemacht? Wissen Sie noch, wie die Fahrt anfangs losging, wie der Fahrlehrer Ihnen die einzelnen Handlungen genau vorsagte und wie Sie sich die Anweisungen im Geiste wiederholten?; wie sie alle Bewegungen etwas unbeholfen und nacheinander ausführten: „Innenspiegel einstellen; Außenspiegel einstellen; Festigkeit der Kupplung prüfen; Gangschaltung fühlen und den Gang kontrollieren; Leerlauf einlegen; Starten; leicht Gas geben; in den Spiegel schauen; Handbremse lösen; Kupplung treten; Gang einlegen; nicht zu viel Gas geben; Kupplung langsam kommen lassen... usw.

Genau so geht es auch beim „geistigen Führerschein": Später läuft alles wie selbstverständlich, Sie können gelassen den Verkehr beobachten und die Handlungen laufen wie automatisch ab. Aber wenn Sie beginnen, wieder sehr bewusst zu handeln, dann könnten Sie womöglich - wie anfangs - gehemmt werden, ähnlich wie der Tausendfüßler in der folgenden Fabel:

Eine Schnecke und ein Tausendfüßler begegneten sich jeden Morgen vor dem Frühstück. Während die Schnecke sich „Schritt für Schritt" mühevoll vorwärts bewegte, brauste der Tausendfüßler wie ein Express an ihr vorbei und schleuderte ihr noch obendrein den Staub in ihre Fühlaugen. Die Schnecke ärgerte sich und wollte auch gern einmal die frischen Salatblätter als erste erreichen, um nicht nur die Reste des Tausendfüßlers fressen. Also dachte sie sich eine List aus. Eines Morgens stand sie ganz früh auf, und als sie den Tausendfüßler heranbrausen sah, rief sie schon von Weitem: „Halt, halt!" Nur mit Mühe bremste der Tausendfüßler seinen schnellen Lauf und fragte: „Was ist los, Schnecke, warum hältst du mich auf?" Die Schnecke antwortete: „Ach Tausendfüßler, ich bewundere deine Schnelligkeit jeden Morgen. Aber wie machst du es nur, dass du mit deinen tausend Beinen nicht stolperst?" Der Tausendfüßler fühlte sich geschmeichelt und begann, zu überlegen, wie er Fuß vor Fuß setze. Dabei stolperte er über seine eigenen Beine und fiel auf die Nase. Die Schnecke aber lief ihm davon...
Ich denke, es wird Ihnen schon ähnlich ergangen sein, wie dem Tausendfüßler! Aber ich bin sicher: Wenn er seine tausend Beine wieder geordnet und geübt hat, sie bewusster einzusetzen, kann er sich jedem Gelände besser anpassen und kommt weiter voran, als zuvor...

Jetzt also: Die neue Szene eröffnet sich uns!

„Nach weiteren Wochen geschah folgende Szene: Ich wollte morgens das Klassenzimmer aufschließen. Dabei gab es jedesmal Gedrängel, weil jeder Schüler zuerst in der Klasse sein wollte. Jürgen glaubte, ein anderer Schüler drängle sich an ihm vorbei. Wutentbrannt riß er diesem den Ranzen aus der Hand und kickte den Ranzen durch den Gang. In der Klasse öffnete der geschädigte Schüler den Ranzen und tobte, als er sah, daß das Joghurt, das im Ranzen war, über alle Bücher und Hefte gelaufen war.

Jürgen sah die Verzweiflung des anderen Schülers und schien doch etwas betroffen. So fragte ich ihn: »Möchtest du den Schaden nicht wiedergutmachen?« Er zögerte, denn das war seiner Meinung nach eine Niederlage und Schwäche. so sagte ich ihm: »Vielleicht machen wir es zusammen?« Ich nahm die Tasche und ging zum Waschbecken. Jürgen kam und säuberte die Tasche mit mir." (HEINEMANN 1993, 50 f.)

Aufgabe 34

Was wird in Jürgen vorgegangen sein, als er sich aus freien Stükken entschloss, den Schaden - wenigstens teilweise - wieder gut zu machen?

Erinnern Sie sich an ähnliche Szenen aus Ihrem eigenen Leben und beschreiben Sie einmal, was da in Ihnen vorging und wie Sie sich fühlten.

Haben Sie vielleicht den Begriff „Wiedergutmachung" in schlechter Erinnerung, weil Sie sich dadurch bestraft fühlten? Wie reagierten die Erzieherpersonen dann Ihnen gegenüber, was lief Ihrer Meinung nach dort richtig oder falsch?

War vielleicht auch die gewachsene Beziehung zur Heilpädagogin eine ausschlaggebende Größe für Jürgens Verhalten? Gab es bei Ihnen auch wichtige Beziehungsvariablen?

„Die Szene mit dem Schulranzen war eine Aggression, die bei mir Aggression und den Wunsch zu strafen auslöste. Statt zu strafen, habe ich, wenn ein Schüler einen anderen Schädigte, versucht, ihm Gelegenheit zur Wiedergutmachung (vgl. Winnicott 1988) zu geben. Da aggressive Kinder immer wieder Szenen provozieren, in denen sie mächtig oder ohnmächtig sind, besteht die Gefahr, daß sie Strafe als Wiederholung von Ohnmacht erleben. Um die tiefen Ohnmachtsängste der aggressiven Kinder nicht durch Strafen zu wiederholen, waren mir Gelegenheiten zur Wiedergutmachung eine alternative Antwort. Ich konnte die *haltende Funktion* beibehalten, wurde nicht zur bösen, strafenden, mächtigen Lehrerin. Der schädigende Schüler wurde von Schuldgefühlen entlastet und das geschädigte Kind konnte sein Erleben von Ohnmacht besser bewältigen. Auch die Wiedergutmachung mußte in zumutbarer Form geschehen. Ich leistete gelegentlich stellvertretend Wiedergutmachung, wenn das Kind sich weigerte. Ich akzeptierte dies oder übernahm Hilfs-Ich-Funktionen, d.h. half etwa beim Säubern des Schulranzens etc.

Bei Aggressionen zwischen Klassenkameraden mußte ich beiden Kindern *eine Antwort geben;* den Schädiger und das geschädigte Kind halten.

Gelegenheit zur Wiedergutmachung muß allerdings wirklich Gelegenheit bleiben, da sie sich sonst nicht von Strafe unterscheidet.

Die Gelegenheit zur Wiedergutmachung führt nach Winnicott (1988) zur Fähigkeit der Besorgnis, d.h. *dem Bewältigen von Schuldgefühlen und der Über-*

nahme von Verantwortung für die eigenen aggressiven Triebe. Dies setzt Selbst- und Objektkonstanz und die Integration von Libido und Aggression voraus."
(HEINEMANN 1993, 50 f.)

Über weitere Formen eines hilfreichen heilpädagogischen Dialoges und entsprechender Interventionen wird in den folgenden Kapiteln noch ausführlicher zu sprechen sein.

Aufgabe 35
Sie können die drei Beispiele heilpädagogischer Begleitung zu Beginn des Buches (Bella, Frau Wesel und Julius, Aufgaben 5, 6, 7) nochmals 'wahrnehmen' und auf dem Hintergrund der angedeuteten Lebensgeschichten und (Spiel-)Situationen versuchen, „szenisches Verstehen" auszuprobieren. Was entdecken Sie in den geschilderten Szenen?

PS: Sie können mehr über die Phänomene 'Übertragung', 'Gegenübertragung' und 'Szenisches Verstehen finden im ->Stichwortregister (HpE) und in den dort angegebenen Artikeln nachlesen.

PPS: Wenn Sie sich für weitere Beispiele zum „Szenischen Verstehen" und „Fördernden Dialog" interessieren, können sie diese im Kapitel -> Erziehungsberatung (HpE) nachlesen und für sich auswerten.

9. In der heilpädagogische Beziehung
   wird in kommunikativ-interpersonaler Hinsicht auf *Beeinträchtigungsformen des Erziehungsverhältnisses* geachtet.

Dazu gehören Verengung, Verarmung, Verfremdung und Brüchigkeit. (vgl. KOBI 1993, 140 ff.)

Verengung kann durch Mängel und Ausfallserscheinungen im Bereich der Sinnestätigkeit und der körperlichen Funktionstüchtigkeit bewirkt werden, wodurch Erziehung ebenfalls nur einen verengten Zugang findet. Aber auch die Erzieherschaft kann durch Verabsolutierung eines Wertgebietes, durch Fanatismus, Übergewichtung von

Ideen Verengung bewirken. Heilpädagogisches Bemühen dient einer Verganzheitlichung bzw. Überbrückung des verengten Zugangs durch Kompensation der Ausfallerscheinungen.

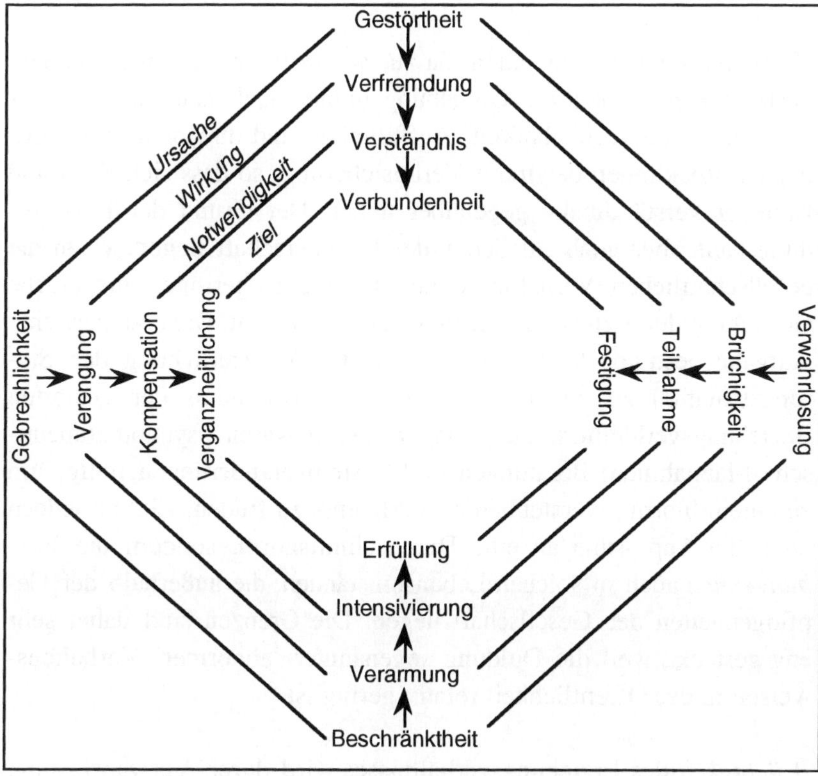

Abb. 11: Beeinträchtigungen des Erziehungsverhältnisses nach Kobi (1993, 143)

Verarmung des erzieherischen Verhältnisses kann in einer Beschränktheit des Kindes bzw. des Erziehers liegen. Zentrale Persönlichkeitsstörungen, wie z.B. verschiedene Grade geistiger Behinderung, schränken die Kontaktmöglichkeiten ein, ohne dass hier eine Kompensation und Überbrückung o.g. Art möglich ist. Dadurch wird auch die heilpädagogische Beziehung durch mangelnde Tiefe, Dichte und Intensität gekennzeichnet. Aufmerksames Begleiten und der entweder situativ oder dauerhaft gerechtfertigte Versuch, mittels

Übung eine mögliche Intensivierung und Differenzierung der Wahrnehmung zu erreichen, würde zur Erfüllung und Vertiefung der Kontaktmöglichkeiten beitragen und damit den Beziehungs- und Welthorizont erweitern helfen.

Verfremdung trifft vor allem da zu, wo in ihrer Leistungsfähigkeit gestörte Kinder in ihrer Umgebung immer auch 'störende' Kinder sind. Ihre Unberechenbarkeit, Auffälligkeit und ihre nicht einzuordnenden Reaktionen bewirken Verunsicherung, so dass sich Kind und Erzieher verständnislos gegenüber stehen. Der Grund der Entfremdung kann aber auch auf Seiten der Erzieherschaft liegen, wenn die gesellschaftlichen Verhältnisse nur noch eine geringe kindgemäße Gestaltung der erzieherischen Begegnung zulassen. Die erzieherische Aufgabe bestünde hier darin, durch eine Verdeutlichung der Störungssituation zu einem umfassenderen Verständnis der gestörten Beziehungsverhältnisse zu gelangen. Dabei wären psychotherapeutische Maßnahmen, Beratungen und Systemveränderungen nötig, um zu einem 'normal verstehbaren' Verhältnis zu finden. Ziel ist jedoch nicht die Anpassung an eine Durchschnittsnorm, sondern die *Verbundenheit* auch in solchen Lebensumständen, die außerhalb der Gepflogenheiten der Gesellschaft liegen. Die Grenzen sind dabei sehr eng gesteckt, weil die Duldung sogenannter 'abnormer' Verhaltensweisen in der Öffentlichkeit relativ gering ist.

Brüchigkeit des Erziehungsverhältnisses wird durch Verwahrlosung, d.h. die Missachtung der Erziehungsaufgabe hergestellt. Durch die *geringe Bindungsfähigkeit* verwahrloster Menschen, insbesondere Kinder, gehört deren Nacherziehung mit zu den schwierigsten Aufgaben der Heilpädagogik. Das generelle Ziel ist hier eine Festigung der heilpädagogischen Beziehung. Dies kann nur im alltäglichen, heilpädagogischen Milieu gelingen, in dem das Kind am Leben der Heilpädagogin teilnimmt und umgekehrt, wenn ohne jeden Vorbehalt und in „deckungsloser Offenheit" (BOLLNOW 1959) mit dem Kind eine gemeinsame Daseinsgestaltung *gelebt* wird. Hier sind Heilpädagoginnen und Heilpädagogen zur Entwicklung und Mitarbeit in sogenannten „Heilpädagogischen Intensivgruppen" herausgefordert.

10. Die heilpädagogische Beziehung
enthält *diagnostische* Interventionsvariablen.

Aufgrund ihrer Aufgabe, „Erziehung unter erschwerenden Bedingungen" zu leisten, kann die Heilpädagogin nicht auf diagnostische Verfahren verzichten, die ihr die Erfüllung dieser Aufgabe ermöglichen. War früher 'Diagnostik' Aufgabe des Arztes (medizinische Diagnostik) oder des Psychologen (psychologische Diagnostik), so ist *heilpädagogische* Diagnostik heute eine systematische Erkenntnistätigkeit nach Maßgabe erziehungswissenschaftlicher, bildungstheoretischer, entwicklungs-, lern-, tiefenpsychologischer, systemisch-ökologischer sowie fördernder Konzepte. Heilpädagogische Diagnostik bestimmt aus sich heraus keine Ziele (diese werden aus einem heilpädagogischen Menschenbild und aus der Heilpädagogik selber hergeleitet), sondern dient zur Begleitung von Prozessen der Bildung, Erziehung und Entwicklungsförderung unter erschwerten Bedingungen.
Schon die *pädagogische* Diagnostik war seit jeher ein wichtiges Spannungsfeld zur Koordination unterschiedlicher Konzepte über Menschen, Schule und Gesellschaft, Erziehung und Bildung. Die historisch wichtigen Auseinandersetzungen zur 'Selektions-' und 'Förderdiagnostik' gehören allerdings der Vergangenheit an.
Zum Aufgabenbereich *heilpädagogischer* Diagnostik gehört heute die Erfassung individueller Unterschiede menschlichen Verhaltens und Erlebens sowie intraindividueller Merkmale mit ihren Veränderungen und Bedingungen. Hinzu kommt das systematische Sammeln und Auswerten von Informationen mit dem Ziel, Entscheidungen zu treffen und daraus förderliche heilpädagogische Handlungen zu begründen, zu kontrollieren und zu optimieren.
Die diagnostische Kompetenz der Heilpädagogin setzt Kompetenzwissen, Bedingungswissen, Verfahrenswissen, Änderungswissen sowie pädagogisch-individual/sozial-psychologisches sowie medizinisches Grundwissen voraus.

In Bezug auf die Einzelperson wird körperliches, seelisches und geistiges Wohlbefinden und die Förderung der Persönlichkeit bzw. von Teilleistungen der Persönlichkeit angestrebt. Die Ziel- und Zweckbestimmung diagnostischen Vorgehens erfolgt - wie gesagt - von außen, gesetzt durch ein heilpädagogisches Menschenbild und Weltverständnis. Der Verlauf und die Ergebnisse heilpädagogischer Diagnostik werden durch die Interaktion mit der zu beurteilenden Person mitbestimmt. Dabei ist auf die besondere Situation der Heilpädagogin als zugleich pädagogisch wie diagnostizierend Tätige zu achten. Heilpädagogische Diagnostik mündet in einen zwischenmenschlichen *Verstehensprozess,* in dem die Verbindungen zwischen Diagnostik und Intervention mit dem jeweiligen Klienten sinnvoll einordnet werden. Dabei wird der gesamte Prozessverlauf durch sachlich-inhaltliche wie auch soziale Interaktions- und Feedback-Vorgänge mit den Klientel bestimmt.
Aufgrund der geschilderten diagnostischen Aufgaben der Heilpädagogin wird bereits die Nähe zu spezifisch *therapeutischen* Aufgaben angedeutet.

11. Die heilpädagogische Beziehung
enthält *therapeutische* Interventionsvariablen.

Die diagnostische Beurteilung ist die Grundlage für die Entscheidung zu einer heilpädagogischen Intervention, die zunächst als Empfehlung ausgesprochen wird und deren Umsetzung meist der Zustimmung durch Eltern oder Institutionen bedarf. Dabei kann es sich um individuell angepasste Förder- und/oder Therapievorschläge handeln oder auch um eine institutionell bezogene Platzierungsentscheidung. Im heilpädagogischen Bereich geht es immer auch um krankmachende Folgen von Fehlerziehung. Dazu gehören z.B. psychische Störungen, seelische Behinderung, erlittene Traumata und eine Vielzahl unterschiedlicher Beeinträchtigungen des Erziehungsverhältnisses, wie wir sie in den vorhergehenden Abschnitten bereits kennen gelernt haben. Deshalb ist es die Aufgabe der Heilpädagogin, die *Bedingungen*, die im Umfeld des Klienten Auffälligkeiten und Störungen hervorrufen, zu erkennen. Dies können Überforderungs- und

Versagensprobleme im Kontext einer Behinderung oder auf Grund von Vernachlässigung oder Armut und sein. Kinder, die oft einer übermächtigen Erwachsenenwelt wehrlos und hilflos ausgeliefert sind, erweisen sich auf Grund ihrer erhöhten Sensibilität als besonders anfällig.
Die Heilpädagogin benötigt deshalb Grundwissen über einige Therapieformen, z.B. über tiefenpsychologische, verhaltenstherapeutische, klientzentrierte und gestalttherapeutische Ansätze im Kinderspiel. Darüber hinaus werden psychologisch begründete Interventionen bei verhaltensauffälligen und -gestörten Kindern und Jugendlichen durch pädagogisch-therapeutische Spielverfahren und Konzepte der Verhaltensmodifikation, pädagogische Kunst- und Musiktherapie, Entspannungs- und Meditationsverfahren, Mototherapie und die sensorisch-integrative Therapie nach Ayres mittels *Spiel* und *Übung* in pädagogisch-didaktische Konzepte integriert.
Je nach heilpädagogischem Feld können sich daraus Spannungen zwischen 'pädagogischem Anspruch' und 'therapeutischem Gewährenlassen' ergeben. Deshalb sind heilpädagogische Situationen in der Einzelbegleitung, Kleingruppenbegleitung wie in der Begleitung im Lebensfeld sorgfältig unter den Aspekten von Raum, Zeit und Material zu gestalten.
Das Bindeglied zwischen Pädagogik und Therapie in der Heilpädagogik ist die *heilpädagogische Beziehung*. Beziehung gilt auch in den sogenannten „unmittelbaren Therapien" (KOBI 1982, 31) als Grundvoraussetzung zur Gestaltung des personalen Arbeitsverhältnisses. „Unmittelbare Therapien sind dadurch gekennzeichnet, dass die Person des Therapeuten unmittelbar (d.h. nicht via Mittel und Instrumente) Einfluss nimmt auf die Person des Patienten (und nicht auf die Störung als solche). Das Übel wird in seiner subjektiven Bedeutungshaltigkeit, als subjektivierungsbedürftiges Leiden aufgefasst. In dieser Perspektive ist dann die Rede von depressiv, ängstlich, gehemmt etc. *sein.* Es wird ein Zustand angesprochen, aufgrund dessen ein Mensch der personalen Integrität im umfassenden sozialen Organismus und in seinen Sinnbezirken verlustig zu gehen droht. Therapie vollzieht sich hier in der Kommunikation zwischen Subjekten und

zielt auf verbesserte und angemessenere Konstellationsbildungen, auf eine Neukonstitution der Person in ihren sozialen, sachlichen und transzendenten Bezügen." (KOBI 1993, 346)

Die Kenntnis und die Auseinandersetzung mit verschiedenen Therapieformen und dem Therapieproblem hilft der Heilpädagogin, ihr Verhalten im Kontext von Erziehung bewusster zu hinterfragen, zu erleben und zu gestalten. Sie wird dabei erkennen, dass - besonders bei emotional gestörten Kindern und Jugendlichen - das *erzieherische* Bemühen vorläufig eher in den Hintergrund zu stellen ist, um ein *therapeutisches* Handeln in den Vordergrund zu stellen. Dabei gilt der Grundsatz, dass Erziehung im *heilpädagogischen* Bereich eben nicht neben oder gesondert von Therapie geschieht, sondern durch die heilpädagogische Beziehungsgestaltung therapeutische Aspekte in erzieherisches Handeln integriert werden, bis die sogenannte 'Normalerziehung' wieder möglich wird. Hierbei darf sich die Heilpädagogin auf Sigmund Freud berufen:

„Eine Behandlung, die analytische Beeinflussung mit erzieherischen Maßnahmen vereinigt, von Personen ausgeführt, die es nicht verschmähen, sich um die Verhältnisse des kindlichen Milieus zu kümmern, und die es verstehen, sich den Zugang zum Seelenleben des Kindes zu bahnen, bringt in einem beides zustande, die nervösen Symptome aufzuheben und die beginnende Charakterveränderung rückgängig zu machen." (FREUD, 1926)

12. Die heilpädagogischen Beziehung
    ist ein Angebot zur *personalen heilpädagogischen Beziehungsstiftung.*

Dies geschieht gemäß der existentiellen, dialogischen, sinngebenden, *subjektiven Fragestellung:*

- Wer bist du? - Wer bin ich?
- Wer bist du für mich? - Wer bin ich für dich?
- Wer können wir füreinander sein?
- Was können wir wo, wann, wie miteinander tun, um dein Leben für dich und mit anderen sinnvoll zu gestalten?

Aufgabe der Heilpädagogin ist folglich die existentielle, *personale heilpädagogische Beziehungsgestaltung* auf der Real- wie Übertragungsebene. Es kann daher niemals die heilpädagogische Fragestellung sein:

„Wie ändert man ein kindliches Störverhalten?, sondern: wie stelle ich mich einem Kind dar, dass es mich in einer Art und Weise erlebt, die ihm ein angemesseneres Verhalten ermöglicht? Existentiell ausschlaggebend ist (...) jene Wirklichkeit, die Kind und Erzieher *gemeinsam* und in *derselben Weise* zu erfahren imstande sind. Verstehen gründet im gemeinsamen Erleben.“ (KOBI 1993, 61)

Dieses gemeinsame Erleben, das zum Verstehen führt im Durcharbeiten und Durchhalten schwieriger Entwicklungsprozesse auf dem Lebensweg des Kindes kann für die Heilpädagogin bedeuten, für kurze oder lange Dauer nicht nur *Begleiterin* zu sein, sondern auch *Betreuerin* oder *Beistand* für das Kind zu werden, je nach der Bedürftigkeit des Kindes und der Notwendigkeit in der Lebenssituation.

Die Heilpädagogin als *Betreuerin*

„übernimmt ‘treu’, gewissenhaft die Verantwortung für die physischen oder psychischen alltäglichen Bedürfnisse, sorgt sich um die Befriedigung der Grundbedürfnisse in dem Maße, wie der zu betreuende Mensch nicht die Verantwortung für sich gewissenhaft ausüben kann (Handeln nach dem Subsidiaritätsprinzip [der Hilfe zur Selbsthilfe, d.h. so viel wie nötig, so wenig wie möglich. Anm. W. K.]) Hier steht der Mensch in und mit seinen physischen und psychischen Bedürfnissen im Mittelpunkt des Geschehens.“ (NEUHAUS 1991, 62)

Die Heilpädagogin als *Beistand*

„...muss bei einem Menschen ‘stehen’ und aushalten, damit dieser sich nicht verlassen, alleingelassen, isoliert erleben muss. Hier steht der Mensch, der auf ‘etwas’ Existentielles, auf eine existentielle Begegnung mit einem menschlichen ‘Du’ oder den transzendenten ‘DU’ wartet, in seiner Befindlichkeit im Mittelpunkt des Geschehens. (NEUHAUS 1991, 63)

Wie schon gesagt geht es in der *heilpädagogischen Begleitung auf dem Lebensweg* letztlich darum, dem Kind, dem Jugendlichen, dem körperlich, geistig, seelisch behinderten Menschen zuerst *Antwort* zu geben auf die Fragen:
Wer bin ich?
Wer bist du?
Woher komme ich?
Zu wem gehöre ich?
Wohin gehe ich?
„So beginnt der *heilpädagogische Dialog* immer erst da, wo der beeinträchtigte und behinderte Mensch in seiner Not *den Heilpädagogen zur Antwort herausfordert:*
»Höre, *wozu* lebe ich!?
Antworte, wenn du ein *Mensch* bist!"«
Es ist dieser verzweifelte Schrei des Menschen, an uns als Mensch gerichtet, der uns in unserer Arbeit so tief betroffen macht, wenn wir überhaupt in der Lage sind, diesen Schrei zu hören; denn manchmal ist er so leise wie ein Wispern, kaum wahrnehmbar und doch hören wir ihn unendlich laut.
Vielleicht macht uns dieser Schrei deshalb so betroffen, weil wir darin das Echo unserer eigenen Stimme hören, weil auch wir uns trotz aller Aufgeklärtheit und Wissenschaft letztlich fragen:
»Was liegt... hinter dem Lächeln des Monds?
Und was geschieht mit uns?
Und was sind wir, was tun wir?
Und auf all und jede dieser Fragen
Gibt es keine faßliche Antwort.
Uns traf viel mehr als ein persönlicher Verlust -
wir verloren unsern Weg im Dunkeln.«" (KÖHN 1992, 141)
Diese Sätze aus dem bereits zitierten Schauspiel »Der Familientag« von T. S. ELIOT[1] fordern uns heraus, als Wegweiser und Wegbegleiter Antwort zu geben auf die Fragen des Lebens.

[1] In diesem Schauspiel (Erstaufführung 1939!) hat Lord Harry seine Frau (gedanklich oder real) ins Meer gestoßen um „frei" zu sein. Bei einem Familientreffen holen ihn die „Geister der Vergangenheit" ein, wodurch aus seinem Unbewussten selbstzerstörerische Impulse auftauchen, zumal er erfährt, dass auch sein Vater - aus lei-

Weiß ich als Heilpädagoge denn, Antwort zu geben?

„Wir werden in Verlegenheit gebracht, wenn wir trotz Wissen und Verstand keine Antwort haben auf die Frage: "Warum hat meine Mutter mich nicht gewollt?"

Weckt das nicht in uns die Frage: "Von wem werde ich selbst zutiefst geliebt und angenommen?"

Wir werden in Verlegenheit gebracht, wenn wir keine Antwort haben auf die Frage: "Warum bin ausgerechnet ich so krank?"

Wagen wir uns die Frage selbst zu stellen: "Was macht mich so krank, so lustlos, so unzufrieden, so ängstlich, welchen Mangel erleide ich, welchen Verlust muß ich betrauern?"

Wir werden in Verlegenheit gebracht, wenn wir keine Antwort wissen auf die Frage: "Weshalb hat mein Partner mich verlassen, was hat ein anderer mehr als ich, was kann er/sie mehr und anderes geben als ich?

Gestatten wir uns die Erinnerung: "Ich bin es, der untreu geworden ist, der verlassen wurde, der zutiefst gekränkt verharrt, und ich bin es, der meine Schuldgefühle unverarbeitet herumträgt oder kultiviert, um mich meiner anteiligen Schuld nicht stellen zu müssen!"

Wir werden in Verlegenheit gebracht, wenn wir keine Antwort wissen auf die Frage: "Wozu soll das alles noch gut sein? Warum muß ich mich so quälen? Ich möchte sterben!"

denschaftlicher Liebe zu seiner Schwägerin Amely - plante, Harrys Mutter umzubringen, um für die neue Ehe „frei“ zu werden. Wenn auch die Tat durch Amely verhindert wurde, blieb doch die Gedankenschuld erhalten, die sich nun auf den Sohn 'vererbt' hat. Harry erkennt den Fluch seiner Familie stellvertretend auch als Fluch des Mordens auf der ganzen Welt. Das Ausmaß und die Auseinandersetzung mit solch furchtbarer Erkenntnis führt ihn, der „seinen Weg im Dunkel verloren hat“, zu einem Wendepunkt seiner Nerven- und Persönlichkeitskrise. Er erkennt: „Die Hölle - das sind die anderen“, wie Sartre sagt, stimmt nicht, sondern: „Die Hölle, das sind wir selbst“, die Hölle ist in uns und wir schaffen die Selbstzerstörung des Menschen (auch in den furchtbaren Kriegen). Er stürzt sich aus den „Höllenqualen“ in das „Feuer der Reinigung“, verzichtet auf sein Erbe und tritt die fluchlösende Pilgerschaft zu der Helle einer großen, schenkenden Gottes- und Menschenliebe an.

Macht uns das vielleicht deshalb so betroffen, weil wir uns selber sagen müssen: "Schon über längere Zeit habe ich vergessen, mir selbst die Frage nach dem Sinn meines Lebens im Tiefsten zu stellen und bin meinen Verpflichtungen nachgeeilt, ohne zu wissen wozu und wohin!"

Wenn wir lernen, den Schrei des Menschen nach Antwort:
»Höre, wozu lebe ich?
Antworte, wenn du ein Mensch bist!«...
...wenn wir lernen, diesen Schrei als unseren eigenen Schrei auf unserem eigenen Lebensweg zu begreifen, als Sehnsucht nach liebendem Angenommensein unserer ganzen Existenz, dann erst werden wir bereit sein, uns mit dem beeinträchtigten und behinderten Menschen *gemeinsam* auf jenen einzig möglichen, harten und einsamen Weg ins Ungewisse zu machen, *»irgendwohin jenseits der Verzweiflung«,* wie es im Schauspiel heißt.
Auf diesem Weg, den jeder Mensch als seinen eigenen Lebensweg erfahren wird und erkennen lernt, den er aber zugleich *als einzigen Weg* immer auch mit allen anderen Menschen gemeinsam gehen muß, weil es für niemanden einen anderen Weg gibt, als den,

geboren zu werden, *leben* zu dürfen und *sterben* zu müssen,

auf diesem Weg wird der Heilpädagoge *mit* dem beeinträchtigten und behinderten Menschen verstehen lernen, was es bedeutet, als Mensch zu leben: als einzigstes Lebewesen aus der Vergangenheit heraus in der Gegenwart und auf die Zukunft hin zu leben.
Auf diesem Weg wird der Heilpädagoge *mit* dem beeinträchtigten und behinderten Menschen lernen müssen, daß der Mensch als einzigstes Lebewesen Selbstbewußtsein hat, d. h. daß er die Fähigkeit besitzt, zu sich und seinem Dasein in seinen triebgesteuerten Impulsen, in seinen Bedürfnissen Stellung zu beziehen. Auf diesem Weg wird der Mensch lernen können und müssen, daß es ebenso Bedürfnisbefriedigung wie auch Verzicht geben muß, wenn die menschliche Freiheit gelebt werden soll.

Auf diesem Weg wird der Heilpädagoge *mit* dem beeinträchtigten und behinderten Menschen auch erfahren, daß sie durch das Bejahen und die mühevolle Arbeit, das Jetzt zu leben, immer auch gleichzeitig die Zukunft meistern, die oft aussichtslos scheint und die dennoch erfordert, das eigene Leben selbst zu bestimmen durch die ungeschminkte Reflexion des Gewesenen, die das Gestalten des Heute ermöglicht und dadurch für das Morgen die Fehler des Gestern zu vermeiden hilft.

Sie werden aber beide, der beeinträchtigte und behinderte Mensch ebenso wie der Heilpädagoge erfahren, daß sie in ihrer Selbstbestimmung einer auf den anderen angewiesen sind.

Der Heilpädagoge wird erkennen müssen, daß ihnen als Menschen die schwere Arbeit aufgebürdet ist, erwachsen, nämlich sie selbst zu werden, als diejenigen, die sie wirklich werden und *sein sollen*, und daß sie diese Last nie von ihren Schultern abwerfen können.

Der Heilpädagoge und der beeinträchtigte und behinderte Mensch werden aber auch erkennen, daß die Aufgabe der Selbstwerdung in der "Kunst zu leben" immer auch die "Kunst zu Sterben" beinhaltet, jene Kunst, die verlangt, die Kindheit, das Gewesene, das Gestern zu verlassen und sich erneut und ohne Wenn und Aber dem Entwicklungsweg in die unbekannte Zukunft anzuvertrauen. Sie werden gemeinsam erleben, was es heißt, auf diesem Weg von liebgewordenen Personen verlassen zu werden, wie auch, was es heißt, immer wieder neu geboren zu werden durch die Ausstoßung aus liebgewonnenen Lebenssituationen und Lebensbereichen.
Ich kenne Heilpädagogen, die mir anvertraut haben... daß sie sich nie zu einem solchen Lebensweg der Menschwerdung gezwungen gefühlt und ihn deshalb auch nicht beschritten hätten, wenn ihnen nicht - ohne daß sie es zunächst bemerkten - die beeinträchtigten und behinderten Kinder und Jugendlichen dazu verholfen hätten, durch ihre Dreistigkeit, ihre Frechheit, ihre Kompromisslosigkeit und durch ihr unerbittliches Provozieren.

Diese Kolleginnen und Kollegen haben gelernt, hinter die Maske solcher Provokationen zu schauen, weil sie bereit waren, hinter die eigene Maske zu schauen und darüber zu erschrecken, wie sehr sie selbst dreist und frech, kompromisslos und unerbittlich ihren nächsten Menschen begegnen: Den eigenen Eltern, den Geschwistern, dem Lebenspartner, den Lehrern, den Kolleginnen und Kollegen und eben diesen Kindern und Jugendlichen, die ihnen anvertraut waren.

Im Erschrecken und Entsetzen über ihr eigenes Gesicht im Spiegel des beeinträchtigten und behinderten Menschen klärte sich ihr Blick; und sie konnten in ihr wahres Gesicht und dadurch auch in das wahre Gesicht der ihnen anvertrauten Menschen schauen:

Ihre Verletzlichkeit, ihre Hilflosigkeit, ihre Sehnsucht, ihren persönlichen Verlust und ihre Perspektivelosigkeit auf dem 'verlorenen Weg im Dunkel'.

Es war immer auch ein Stück ihres eigenen Lebensweges!

Indem sie lernten, sich auf diesen Dialog einzulassen und den Mut zu finden, auch *ihrerseits* den beeinträchtigten, behinderten Menschen zu fragen:
»Höre, wozu lebe *ich!?*
Antworte, wenn *du* ein Mensch bist!« (KÖHN 1992, 142 ff.)

„Wer als Heilpädagogin, als Heilpädagoge den behinderten, beeinträchtigten Menschen ernst nimmt, wer sich als Heilpädagoge, als Dialogpartner in einer Situation gefordert weiß, in der der Mitmensch sich keine Antwort auf die Frage nach dem Sinn des Lebens wie nach dem, was für ihn richtig und falsch... ist geben kann und der darum in seinen Lebensbezügen beeinträchtigt, behindert ist, der wird erfahren, dass *erzieherisches Handeln eine Haltung und nicht nur eine spezifische Tätigkeit ist,* d.h. dass die Heilpädagogin, der Heilpädagoge *ihr persönliches Sein und Verhalten für ein Du aufschließen, dem Du durchsichtig und nachvollziehbar machen müssen,* denn:

Erziehung ist ein gemeinsam vollzogener Gestaltungsprozess und nicht ein einseitiges Tun und Erleiden.
Erzieherisches Handeln ist deshalb eine Hilfe im Entwicklungsprozess, verstanden als gegenseitiger Wandlungs- und Gestaltungsprozess.

Erziehung ist ein gegenseitiges 'Aushandeln' von Möglichkeiten und kein einseitiges Durchsetzen von Machtansprüchen.
Erzieherisches Handeln entlässt den Erzieher aber nicht aus der Verantwortung, dem zu erziehenden Menschen zu vermitteln, was richtig und falsch... ist. Dieses gilt besonders für das erzieherische Handeln mit dem im Leben und am Leben beeinträchtigten, behinderten Menschen...

Damit ist der Heilpädagoge verpflichtet,
- Hilfe zur Annahme von Erziehung zu geben, unter erschwerten Bedingungen, weil er in dialogischer Partnerschaft heilpädagogisch mit den Menschen erzieherisch handelt, die sich gegen ein Erzogenwerden wehren;
- Hilfe zur Selbsterziehung zu geben, zu leisten, unter erschwerenden Bedingungen, weil er in dialogischer Partnerschaft heilpädagogisch mit den Menschen erzieherisch handelt, die zur Selbsterziehung nicht, noch nicht oder nicht mehr fähig oder bereit sind.

Darüber hinaus ist die Heilpädagogin, der Heilpädagoge - weil sie dafür besonders ausgebildet sind - verpflichtet,
- Hilfe zur möglichst weitgehenden Besserung bzw. Leistungssteigerung der beeinträchtigten körperlichen, geistigen und seelischen Kräfte zu leisten;
- Hilfe bei der Eingliederung oder Wiedereingliederung in die Gesellschaft zu geben, zu leisten;
- Hilfe zur Selbstentfaltung und Lebensentfaltung im Beeinträchtigtsein und Behindertsein zu geben, zu leisten." (NEUHAUS 1992, 9 ff.)

2. Begleitung im Spiel

Aufgabe 36

Was fällt Ihnen spontan zu „Spiel" ein?

Wann haben Sie das letze Mal 'nach Herzenslust' gespielt? Was für ein Spiel war das? Spielten Sie allein oder mit anderen?

Drei bedeutende Menschen haben in verschiedenen Jahrhunderten auf die Frage: „Wie lebt man glücklich?" geantwortet:

a) *Benedikt von Nursia (um 500),* der „Vater des Abendlandes" antwortete: „Ora et labora" d.h. „Bete und arbeite".

b) *Sigmund Freud (1856-1939), der Begründer der Psychoanalyse* antwortete: „Lieben und arbeiten".

c) *Roger Schutz, der Prior von Taizé und Initiator des weltweiten „Konzils der Jugend"* antwortete: „Kontemplation und Kampf".

Reflektieren Sie den Sinngehalt der drei Aussagen im Zusammenhang mit dem Wesen des Spiels.

PS: Über Spiel als heilpädagogisches und therapeutisches Medium, das altersgemäße Kinderspiel unter entwicklungs- und tiefenpsychologischen Gesichtspunkten, über Diagnose, Intervention und Zielsetzungen sowie Aufbau und Verlauf der heilpädagogischen Spielbegleitung können Sie im Artikel –>Spiel (HpE) nachlesen.

2.1 Das Spiel als Wesensmerkmal des Menschen

Immer hat das Spiel die Menschen fasziniert und begeistert. Durch das Altertum bis in die Postmoderne, durch Kultur und Kunst, durch Religion und Wissenschaft hindurch zieht sich die Diskussion um das „Wesen des Spiels", gepriesen als ein Geschenk der Götter, das den Menschen von den Lasten des Alltags befreit, bis hin zur Verdammung des Spiels als „Teufelswerk", das den Menschen zum 'Un-Sinn' verführt und vom nützlichen, gottgefälligen Tun der Arbeit (verstanden als Schuld und Sühne in Folge des Sündenfalls) abhält nach dem Motto: „Müßiggang [= Spiel] ist aller Laster Anfang", wodurch der Mensch letztlich ein Gefangener der 'Spielsucht' werde, seiner menschlichen Freiheit beraubt.

Die kulturgeschichtliche Betrachtungsweise zeigt die ursprüngliche Verbindung von Kult und Spiel auf. Im kultischen, rituellen *Schauspiel* war die ganze Kultgemeinde - oft mit Gesang, Tanz, und chorischen Rhythmen - beteiligt, um die Kräfte der Erde und des Himmels zu vereinigen und auf diese Weise zu bändigen: die Elemente Wasser, Feuer, Luft und Erde. Im mythischen Spiel um Geburt und Tod, um Leben und Sterben, um Liebe und Hass, um Gottheit und Menschheit vereinigten sich die Gegenkräfte, die der Mensch in seinem alltäglichen Leben ständig als innere und äußere Zerrissenheit und Bedrohung erlebte und denen gegenüber er sich ohnmächtig und voller Angst ausgesetzt sah: Naturkatastrophen, soziale Konflikte und individuelle Krisen, die Elemente des Chaos, wurden gebannt und verloren vorübergehend ihre zerstörerische Wirkung. Im kultischen Spiel wurden Heil und Ordnung verwirklicht, für die Natur, für die menschliche Gemeinschaft und für die individuelle Existenz. Insofern könnte man den Ursprung der Kultur im Spiel vermuten. (HUIZINGA 1971)

Dem Begriff „Spiel" kommt bei verschiedenen Völkern unterschiedliche Bedeutung zu. Bei den Griechen bezeichnete er gewisse Handlungen der Kinder in dem Sinne, sich 'Kindereien' hinzugeben. Bei den Juden enthielt der Begriff 'Spiel' Scherz und Lachen. Bei den Römern bedeutete das Wort 'ludus' Freude und Heiterkeit. Im Mittelhochdeutschen wurde 'spilen' gleichgesetzt mit Scherz treiben, sich vergnügen. Später begann man in allen europäischen Sprachen mit dem Wort Spiel viele menschliche Handlungen zu bezeichnen, die nicht schwere Arbeit waren und Freude und Vergnügen bereiteten. (ELKONIN 1980) Heute gehört zu den Spielhandlungen sowohl das Spiel des Kindes wie auch die schauspielerische Darstellung eines (tragischen) Helden, das Spiel an der Börse ebenso wie das Spiel eines Violinvirtuosen.

Auch die sprichwörtlichen Redensarten verdeutlichen die vielseitige Verwendung und Bedeutung des Begriffs Spiel: alles aufs Spiel setzen; auf dem Spiel stehen; im Spiele sein; ein gewagtes Spiel spielen; das Spiel zu weit treiben; das Spiel verloren geben (aufgeben); das Spiel in den Händen haben (seiner Sache gewiss sein); ein doppeltes (falsches) Spiel spielen; jemandes Spiel durchschauen; ein offenes Spiel spielen; jemandem das Spiel verderben; seine Hand im Spiele haben; einen aus dem Spiele lassen; jemanden (etwas) mit ins Spiel bringen; gute Miene zum bösen Spiel machen; ein leichtes Spiel mit jemandem haben; genug des grausamen Spiels! (RÖHRICH 1973, Bd. 4, 973 f.)

Die Anfänge einer Theorie des Spiels sind mit den Namen solcher Denker wie Plato, Aristoteles, Quintilian, John Locke, Jean Jaques Rousseau, Friedrich Schiller, Friedrich Fröbel, Herbert Spencer, Wilhelm Wundt, Karl Marx oder Jean Piaget verknüpft, um nur einige stellvertretend zu nennen.

Plato (427 - 347 v. Chr.) reflektiert einen Zusammenhang zwischen einer durch Erziehung herzustellenden Beständigkeit der kindlichen Spiele und einem ungestörten Fortbestehen der Gesetze des Staates, worin bereits die erneuernde Kraft des Spiels zum Tragen kommt. Er nimmt weiterhin an, dass ein tüchtiger Baumeister schon im Spiel mit Geschick kleine Bauwerke zu errichten lernt (Konstruktionsspiel, Bauspiel, Übungsspiel)

Aristoteles (384 - 322 v. Chr.) verbindet das Spiel mit den ernsthaften Dingen des Lebens (Ernstspiel) und regt an, man solle den Kindern Spielzeug geben, damit sie im Hause nichts zerbrechen (Eingehen auf das kindlich-originäre Tun).

Der Römer *Quintilian* (35 - 95 n. Chr.) entwickelt bereits eine Art Programm zum Frühleselernen und empfiehlt, den Kindern Lust zum Lernen zu machen, indem man ihnen Buchstaben aus Elfenbein zum Spielen gibt.

John Locke (1632 - 1704) beschreibt Spiele als spezifisch kindliche Form von Erholung und Zerstreuung und betont den Anspruch der Kinder auf diese Aktivität (man denke dabei an die Kinderarbeit!). Durch gelungene Steuerung des Spiels bei Kindern könne man Mäßigung in ihren Wünschen, Fleiß, Geschäftigkeit, Nachdenken, Findigkeit und Sparsamkeit erreichen.

Jean Jaques Rousseau (1712 - 1778) sieht einen von der Natur gegebenen Sinn und Nutzen des Spiels - auch im Spiel von Tieren - vor allem darin, dass die Kinder ihre Sinne einüben und so die Realitäten der Umwelt besser einschätzen lernen (Funktionsspiel, Explorationslernen). Das Kind habe die Fähigkeit, „alles, wovon es umgeben ist, zu beseelen." (Antropomorphismus) „Ob es schafft oder zerstört, ist nicht wichtig, es genügt, wenn es den Zustand der Dinge verändert." Die „Neigung zum Zerstören... (ist) kein Zeichen von Bösartigkeit". (zit. in: SCHEUERL 1955, 30 f.)

Friedrich Schiller (1759 - 1805) schreibt in seinen Briefen „Über die ästhetische Erziehung des Menschen" (1795) den vielzitierten Satz: „Der Mensch spielt nur, wo er in voller Bedeutung des Wortes Mensch ist, und er ist nur da ganz Mensch, wo er spielt." Die innere Spaltung des menschlichen Wesens auf Grund des dualistischen Prinzips von sinnlicher Natur und vernünftiger Natur des Menschen wird durch das Spiel als „glückliche Mitte" aufgehoben, so dass die „Pflicht nicht mehr nötigt, sobald die Neigung zieht." (SCHILLER 1913, 55)

Friedrich Fröbel (1782 - 1852) ist der Initiator der Kindergartenpädagogik und der Schöpfer kindgerechten Spielmaterials, das er seiner Weltanschauung des alleinig Göttlichen gegenüber der Vielfalt der Erscheinungswelt entsprechend gestaltet. Dementsprechend soll das Kind auf einer frühen Stufe (2 - 6 Jahre) spielend das Innere darstellen bzw. ausdrücken, um im Alter von 7 - 10 Jahren die Stufe des Lernens zu erreichen, in der es das Äußere verinnerlichen soll. (SCHEUERL 1955, 57) Abgesehen von der religiös-mystischen Gedankenwelt, in die das Geschehen eingebettet ist, könnte man hier schon eine Vorwegnahme der PIAGET'schen Annahmen von Assimilation (Übertragung eigener kognitiver Schemata auf die Umwelt) und Akkomodation (eigene Anpassung an Umweltstrukturen) erkennen.

Herbert Spencer (1884/97) ging in seiner Spielbeobachtung von den Tieren aus und stellte fest, dass diese um so mehr spielen, je weniger sie ihre Kraft und Zeit mit der Suche nach Nahrung bzw. dem Kampf ums Überleben widmen müssen. Die nach ihm so benannte „Kraftüberschuss-Theorie" korrespondiert mit der Aussage Schillers,

dass das Spiel frei sein müsse von der Forderung der Realität, dem Druck des Überlebens und dem Zwang der Notwendigkeit.
Wilhelm Wundt (1886) verknüpft beide Aspekte miteinander, indem er das Spiel als die Arbeit des Kindes beschreibt. Er geht davon aus, dass es keine Form des Spiels gebe, die nicht in irgendeiner Form ernster Beschäftigung ihr Vorbild fände, wodurch die Arbeit immer dem Spiel vorausgehe, denn die Not des Lebens zwinge zur Arbeit. In ihr (der Arbeit also) lerne der Mensch allmählich die Betätigung seiner Kräfte als einen Genuss schätzen. Auf diese Weise verzichte das Spiel auf den nützlichen Zweck der Arbeit, um den erfreulichen Nebeneffekt der Arbeit (das Spiel) zum Selbstzweck zu erheben.
Aus solchen Überlegungen wurde auch die von *Karl Marx* (1818 - 1883) begründete materialistische Auffassung gespeist, dass die Kunst ihren Ursprung in der Arbeit habe, weil der Mensch sich erst in der Folge der nützlichen Betrachtung der Gegenstände und Erscheinungen auch von deren ästhetischem Reiz ansprechen lasse. Daraus schließt der materialistische Ansatz, dass das Spiel nicht früher aufgetaucht sein kann als die Arbeit und nicht früher als die einfachsten Formen der Kunst. So gesehen wäre das Spiel des Menschen eine Tätigkeit, in der die zwischenmenschlichen Beziehungen ohne unmittelbaren Zweck nachgestaltet würden (Rollenspiel), indem eine spezifische Form gesellschaftlicher Praxis, irgendeine Lebenssituation teilweise oder ganz außerhalb der realen Situation reproduziert wird. Das Spiel hätte also eine soziale Bedeutung, indem es den Menschen auf den niederen Stufen seiner Entwicklung übt und kollektiviert.

In der heutigen *Spielforschung* können wir eine Vielzahl theoretischer Ansätze benennen, zu deren wichtigsten die *psychoanalytische* Spieltheorie, die *kognitive* Spieltheorie Piaget's, die *Verhaltensforschung* mit ihren bekannten Tierbeobachtungen und -experimenten, die *Motivationspsychologie,* die *Sozialisationstheorie,* die *Rollentheorie* sowie die *Phänomenologie* als spieldeutender Ansatz gehören. Die phänomenologische Sichtweise vom Spiel als Urphänomen menschlichen Lebens, als Grundlage und wirkender Faktor der Kultur aufgreifend, können folgende „formale Kennzeichen“ (HUIZINGA

1971) bzw. „Wesensmerkmale“ (SCHEUERL 1977) des Spiels unterschieden werden:

- das Spiel ist zweckfreies Handeln, losgelöst von Zwang und Daseinskampf;
- das Spiel ist innerhalb dieses Freiraumes eine Bewegung hin zu innerer Unendlichkeit, d.h. letztendlich zu Lebensbejahung, Freiheit und Liebe;
- das Spiel unterscheidet sich von der alltäglichen Realität des Lebens im ‘Tun als ob’, wobei dieses Tun gleichzeitig in voller Hingabe und vollem Ernst gestaltet wird (Ernstspielcharakter);
- das Spiel ist in sich geschlossen und zeitlich-räumlich begrenzt, so dass es erkennbar, veränderbar und wiederholbar wird;
- das Spiel hat eine innere Ordnung, die durch (Spiel-)Regeln aufrecht erhalten wird;
- das Spiel lebt von Spannung (Zufall und Regel) und Geheimnis (Spannungsverhältnis von Wissen und Nichtwissen, Aufgabe und Lösung [Erlösung]) ohne reale Bedrohung. (RENNER 1997, 31 ff.)

Diese ‘Spielwirklichkeit’ ist eine „Form menschlicher Fähigkeit, Modellsituationen zu schaffen, um darin Erfahrungen zu verarbeiten und die Realität durch Erfahrung und Experiment zu beherrschen.“ (ERIKSON 1971, 216)

Aufgabe 37

Raucht Ihnen schon der Kopf vor so vielen Theorien und Wesensmerkmalen des Spiels? Da tut es sicher gut, sich auf sich selber zurückzubesinnen und von der Arbeit des Studierens ein wenig Abstand zu gewinnen. Erlauben Sie sich einen Blick auf Ihre eigenen Erfahrungen: Welche der genannten spieltheoretischen Ansätze haben Sie selbst schon bei sich oder anderen beobachtet? Halten die Theorien Ihren persönlichen Eindrücken stand oder eher nicht? Können Sie aus Ihrer Erfahrung die „Wesensmerkmale“ des Spiels nachvollziehen? Tauschen Sie (spielerisch!?) in der Runde Ihre Erfahrungen und Eindrücke aus.

PS: Ist es Ihnen gelungen, auf Grund Ihrer eigenen Erfahrungen und Überlegungen im Austausch dem „Wesen des Spiels" ein wenig näher zu kommen?
Vielleicht benötigen Sie dazu (noch) die Meinung einer Expertin?
Wen könnten wir befragen, wenn nicht ein Kind!?

Zur Illustration der Kompetenzen, der Fähigkeiten und Fertigkeiten eines Kindes, das Spiel betreffend, mag das folgende Interview dienen, das Gerd E. SCHÄFER (1989, 11 ff.) mit seiner sechsjährigen Tochter führte.

Aufgabe 38
Versuchen Sie beim Lesen, wesentliche Aspekte dieses Dialoges herauszufiltern und zu bündeln: Welche Gedanken werden von unserer Expertin für Spiel ausgedrückt, und worauf sollten wir, wenn dies die Meinung eines Kindes über uns Erwachsene ist, besonders achten?

Vater: Was ist spielen?

Tochter: Spielen ist, wenn man was macht!
(Spielen ist also ein Teil des *kindlichen Machens* einer sechsjährigen, die noch nicht zur Schule geht. Es steht damit im Gegensatz zum Nichtstun, das im Wesentlichen - wie noch zu sehen sein wird - der Langeweile gleichkommt. *Spielen bedeutet demnach das Gesamt sinnvoll erlebter Tätigkeit des Kindes.*)
Dann präzisiert sie:

Tochter: Wenn man Spiele macht oder malt. Aber wenn man schreibt, spielt man nicht. Wenn man mit Freundinnen was macht, spielt man auch.

Vater: Wenig später frage ich sie:
Wie ist das, wenn man Fahrrad fährt?

Tochter: Da spielt man und man spielt nicht - gleichzeitig... Das Treten auf den Pedalen ist Spielen, das Fahren und Lenken nicht.
(So wird ein Übergangsbereich zwischen Spielen und Nichtspielen beschrieben. Es folgt darauf der Versuch einer klaren Trennung.)

Tochter: Wenn man arbeitet, spielt man nicht, da hat man was zu tun.

Vater: Und wenn man nichts zu tun hat?

Tochter: Dann will man spielen. Wenn man nichts findet, langweilt man sich.

(Dann wird noch der Unterschied zwischen Erwachsenen und Kindern im Spiel herausgestellt.)

Vater: Spielen nur Kinder?

Tochter: Manchmal spielen auch Erwachsene.

Vater: Was spielen denn die Erwachsenen?

Tochter: Spiele mit Kindern, mit Fingerpuppen, Kasperletheater. Können alles mitspielen, können es nicht so gut machen wie die Kinder; denn Kinder wissen es meistens besser!"

„Es scheint, als hätten die Erwachsenen keine für Kinder erkennbare Spielwelt mehr und könnten daher auch nicht mehr zu den Experten des Spiels gezählt werden. Wenigstens drei Gedanken werden in diesen Dialogteilen angesprochen:

1. Daß für das sechsjährige Mädchen der wesentliche Teil der kindlichen Tätigkeit das Spiel ist.
2. Daß es klare Vorstellungen von Spielen und Nichtspielen hat, eingeschlossen mögliche Übergänge.
3. Daß es die Erwachsenenwelt als Nicht-Spielwelt ansieht und somit die Erwachsenen auch als nichtzuständig für Spielfragen."

Diese Vorüberlegungen deuten an, „daß das Thema Spielen an das 'Kind im Erwachsenen' appelliert. Man muß sich selbst als spielendes Kind verstehen, wenn man etwas vom Spielgeschehen verstehen will." (SCHÄFER 1989, 12 f.)

Den letzten Satz aufgreifend - auch wenn wir in den folgenden Kapiteln dennoch als erwachsene, mit Kindern spielen und üben lernende Heilpädagog/inn/en am Spiel zu „arbeiten" haben - möchte ich Sie mit Paul MOOR vor einer professionell einengenden „spielpädagogischen" oder „spielherapeutischen" Sichtweise warnen:

„Sehen wir im Spiel nicht einfach die Erlösung und Befreiung vom Ernst der Verantwortung, wie sie der Erwachsene in seinem Spiel sucht, fassen wir auch nicht erst das Regelspiel und das Werkschaffende Spiel des Kindes ins Auge, sondern wenden wir uns den früheren Formen zu, die noch das Ganze enthalten, dem Funktionsspiel und vor allem dem Rollenspiel, sehen wir ab von denjenigen Formen dieses Rollenspieles, die uns durch die Schilderungen einer spieltherapeutischen Praxis vor Augen geführt werden, versuchen wir uns einmal zu lösen von allen bloß tiefenpsychologisch orientierten Begriffen, und unbefangen uns ansprechen zu lassen durch das, was uns beim gesunden, intelligenten, nicht unglücklich veranlagten und erzieherisch nicht verbildeten Kinde begegnet, lassen wir uns einmal nicht beunruhigen durch Versagen, Verkümmerung, Minderwertigkeit, Erziehungsschwierigkeiten und krankhaft Anmutendes, sondern tun wir unsere Augen und unsere Herzen auf für das Geschenk des trotz allem ja doch auch vorhandenen Reichtums im kindlichen Leben, dann - dann erfassen wir in diesem Spiel den Quellgrund, aus welchem alles hervorgeht, was ein Hineingreifen in Lebensaufgabe und Lebensinhalt möglich macht; und haben wir an ihm gesehen, gespürt und erfaßt, um was es im Ganzen geht, dann vermag unser Verstehen und unser Mitgehen vielleicht auch mit der sich differenzierenden Entfaltung Schritt zu halten, die Überbetonung der einen Entwicklungslinie, die sich die heutige Psychologie so sehr zu Schulden kommen läßt, in ihrer Einseitigkeit zu durchschauen, zugleich aber im Leben des Kindes selber die sich jederzeit auch regenden anderen Möglichkeiten und Notwendigkeiten zu bemerken und ihnen in der rechten Weise zu begegnen.“ MOOR (1962, 79f.)

2.2 Das Spiel als fundamentales Lebenssystem des Kindes

Ausgehend von der Erörterung des Spiels als Wesensmerkmal des Menschen können wir mit MOGEL (1996) betonen: Das Spiel ist ein „fundamentales Lebenssystem“ des Kindes. Es ermöglicht dem Kind einen ihm gemäßen, grundlegenden, kindlichen Bezug zur Welt. In dieser wechselwirksamen Auseinandersetzung Ich <–> Welt kann das Kind sich selbst gestalten, ganz es selbst sein und sich deshalb selbst verwirklichen. Dies gilt vor allem für das *freie Spiel* des Kindes, d.h. solches Spiel, das ihm die größtmöglichen Gestaltungsmöglichkeiten auf allen Ebenen des Wahrnehmens, Fühlens, Denkens, Wollens und Handelns offen hält.

Aufgabe 39
Ich erinnere mich an mein viertes Lebensjahr, als ich nach Jahren der Flucht und des Lagerlebens zum ersten Mal in einem halbzerbombten Zimmer einen eigenen Platz unter dem Tisch hatte, auf dem meine Mutter das Essen zubereitete. Meine ersten Spielgegenstände, an die ich mich erinnere, waren ein hölzerner Kochlöffel und ein zerbeulter Blechtopf. Ich war glücklich, weil sicher, in dieser Welt, in der ich ungestört spielen durfte. - Was hätten Sie (mit mir) gespielt?

PS: Sie können ja eine Wette abschließen, wer von Ihnen am meisten Möglichkeiten entdeckt und wenn Sie wollen, können Sie diese Spiele ausprobieren, allein, doch mit anderen zusammen und besonders mit Kindern macht es noch mehr Spaß!

Auch Kinder sind in ihren Spielhandlungen niemals ganz frei. Immer diktiert die *Spielwirklichkeit* den Rahmen des Möglichen. Es kommt dabei einmal auf die Spielgegenstände an (z.B. beim Funktionsspiel); des Weiteren auf die sensomotorischen Koordinationskompetenzen (z.B. beim Konstruktionsspiel). Später bestimmen Rollen (beim Rollenspiel) und Symbole (beim Rollen bzw. Symbolspiel) sowie Spielregeln und ihre Verbindlichkeit (beim Regelspiel) das Geschehen. Auch der *Spielraum* wirkt als entscheidender Faktor: Die Höhle unter dem Tisch meiner Mutter ermöglichte mir einen anderen Spielraum als das Dorf mit den Gärten ums Haus, in denen man sich so gut verstecken konnte. Der Wald erfüllt mich mit einem Schauer, aber ich darf nicht schreien und muss leise sein, wenn ich mich wie ein Indianer anschleichen will. Im Kaufhaus kann ich mich blitzschnell durch einen Schritt zur Seite hinter einem Regal unsichtbar machen und durch ein oder zwei Schritte in einem ganz anderen, neuen 'Spielraum' sein. (Wer einmal verzweifelte Eltern im Kaufhaus auf der Suche nach ihren Kindern erlebte, kann das hautnah nachempfinden!) Im Raum der Heilpädagogin darf ich Dinge tun, die ich zu Hause nicht tun darf: hier muss ich mich angepasst verhalten, dort darf ich den Spielraum ausprobieren.

Das Spiel als ein fundamentales Lebenssystem des Kindes hat - wie alle Lebenssysteme - mit Lebenserhaltung und Lebensoptimierung zu tun. Im Spiel treffen dynamische Zusammenhänge, wie sie das Leben selbst beinhaltet, zusammen, sie funktionieren nach den gleichen Gesetzen - vielleicht abgemildert - und sind deshalb förderlich wirksam. Der *lebende Organismus* und das *psychische Bezugssystem* für Erleben, Erfahren und Verhalten sind zwei existenziell zusammen wirkenden fundamentale Lebenssysteme, da ihre gegenseitige Bezogenheit und Abstimmung zueinander die Basis jeder Aktivität darstellen. Diese Lebenssysteme sind so komplex, dass man zu ihrer Erforschung interdisziplinäre Zusammenarbeit zwischen Grundlangenforschung der Biologie, Ethologie, Medizin und Psychologie benötigt.

Das Spiel als fundamentale Lebensform des Kindes enthält sämtliche menschlichen Aktivitäten: Gefühle der *Geborgenheit* werden ebenso erlebt wie das Bewältigen von Kummer, Schmerz, Sorgen und Trauer. Alle diese dynamischen Vorgänge sind in sich wiederum Manifestationen fundamentaler Lebenssysteme. Im Wort Er-leben steckt das Wort *leben,* das etymologisch ursprünglich mit dem Wort „Leib" gleichgesetzt war. Das Vorhandensein des lebendigen Leibes (Körper, Geist, Seele) ermöglicht das „Leib-Erleben". Was Leben ist, manifestiert sich im *Erleben.* Leben wird durch das ins Bewusstsein tretende Erleben *erkannt.* So formulierte schon Wilhelm DILTHEY (1833 - 1911) in seiner verstehenden Psychologie für die Pädagogik den Satz: „Das Leben ist nur da im Erleben." (GS VII, 291) Die fundamentalen Lebenssysteme regulieren das *Leben* im *Erleben,* weil sie existenziell, im eigenen Erleben, wirksam werden und auf diese Weise die individuelle Entwicklung der Persönlichkeit steuern helfen.

Im Spiel als fundamentaler Lebensform des Kindes kann der *Erlebniswert* als ein wesentliches Element angesehen werden. Dieser Erlebniswert des Spiels ist weitgehend identisch mit dem aktuellen subjektiven Wert des Lebens selbst, den sich das Kind mittels seiner aktiven spielerischen Handlungen selber schafft bzw. neu ordnet und gestaltet. Ganze Lebensentwürfe („Was willst du einmal werden, wenn du groß bist?“), Verhaltensweisen, Handlungsstile und Zielorientierungen sind motivational in Lebenssystemen verankert. Das Lebensgefühl der Geborgenheit basiert auf den erlebten dominanten Dimensionen der „Sicherheit“ und des „Wohlbefindens“. Beide sind eine notwendige Voraussetzung für *freies* Spiel. Dazu Paul MOOR: „Wir können... sehen, wie gerade die Beeinträchtigung, Behinderung oder gar Verunmöglichung der erfüllten Spielhaltung zu eben denjenigen Haltschwächen führt, welche der Therapie bedürfen...“ (79) „Dort, wo Therapie notwendig ist, dort ist erfülltes Spiel unmöglich; die gleichen Tatsachen, welche der Therapie bedürfen, verhindern das Kind an derjenigen inneren Haltung, aus welcher allein ein erfülltes Spiel möglich wäre. Jede Therapie muß deshalb mit verengten, defizienten Formen des Spieles vorlieb nehmen, wenn sie das Spiel als therapeutisches Mittel benützen will, mit Formen, welche darin dem Spiel des Erwachsenen gleichen, daß sie kein Geschehenlassen, sondern Tätigkeiten sind, deren Zwecke und Auswirkungen nicht ernst gelten, weder ernst im Sinne der Verantwortlichkeit, noch ernst im Sinne des erfüllten Gehaltes. Wenn aber dann im Verlauf der Therapie aus dem Spiel doch Ernst wird, und Ernst werden muß, so handelt es sich immer nur um den Ernst des Kampfes um die innere Läuterung und Ordnung.“ (MOOR ebd. 1962)

Im Spiel als fundamentaler Lebensform kommt es zu einem universalen, spielerischen *Gegenstandsbezug*. Der Gegenstandsbezug umfasst neben *Ding*bezügen auch *Person*bezüge und alle Relationen des Individuums zu den verschiedensten Bereichen der Realität. „Z.B. kann ein Dreirad fahrendes Kind zugleich auf sein Dreirad, seine Trinkflasche, seine Bewegungskoordination, die anwesende Mutter und den soeben eingetroffenen Besuch bezogen sein.“ (MOGEL 1996, 186) Mit aller zu Gebote stehenden Vorsicht kann der Begriff „Gegenstandsbezug“ vielleicht im Sinne der Psychoanalyse mit dem dort gebräuchlichen Terminus „Objektbezug“ korrespondieren, der Besetzung von Objekten (Personen und Dingen) mit psychischer Energie. Dabei wird unterschieden

- *inter*psychisch zwischen einem Objekt, das sich außerhalb des kindlichen Körpers befindet (z.B. die Mutter selbst [tendenziell psychische Beziehung] oder die Brust der Mutter [tendenziell biologische Beziehung]) und Objekten, die den kindlichen Körper als Ganzes (primärer Narzissmus) oder einen Teil des kindlichen Körpers ausmachen;

- *intra*psychisch im Sinne eines Triebes oder eines Partialtriebes (biologische Beziehung) wie auch einer Beziehung des Ichs zu den Abwehrmechanismen oder zu echten psychischen Beziehungen wie ambivalenzfreie, reife Liebe oder Hass.

„Auf das Erleben und Verhalten von Personen angewandt, erweist sich der Gegenstandsbezug als ein universelles Phänomen allen psychischen Geschehens. Dennoch gibt es im Individuum-Umwelt-Bezug sowie der Organisations- und Bewertungsstruktur des Individuums während seiner Entwicklung sehr unterschiedliche Hierarchisierungen von Gegenstandsbezügen, je nachdem, welche Erfahrungen gemacht und wie sie erlebt wurden. Solche Hierarchisierungen haben mit der internen emotionalen Wertigkeit der Gegenstände zu tun, ihrer motivationalen Relevanz für die Handlungsregulation, damit, ob bestimmte Erfahrungen bewältigt werden müssen, ob Bewältigungsstrategien verfügbar oder erst aufzubauen sind und schließlich damit, ob diese Aspekte der inneren Wirklichkeit der Person in der äußeren Wirklichkeit ihrer Umweltbeziehungen überhaupt bewältigbar sind... Nur wenn die Umwelt durch Präsenz der relevanten Gegenstände die Bewältigung ermöglicht, ist Bewältigung im faktischen Gegenstandsbezug durchführbar. Ansonsten muss das Individuum seine Bewältungsbemühungen auf eine andere Ebene des Realitätsbezugs verlegen, z.B. in die Phantasie. Der Verlust eines persönlich wertvollen Spielzeugs, das unwiederbringlich und durch nichts ersetzbar ist, wäre ein Beispiel für diesen Vorgang." ." (MOGEL 1996, 186)

Ein solches Spielzeug wäre im Sinne von WINNICOTT (1953) als „Übergangsobjekt" zu bezeichnen, an das sich ein Kind festklammert, an dem es saugt, das es an sich drückt und das besonders beim Einschlafen nicht fehlen darf. Solche Gegenstände können der Zipfel einer Decke, ein Teddy, ein Kissen, ein Tuch mit dem Geruch der Mutter oder ein anderer Gegenstand sein, den das Kind als 'zu sich selbst' gehörend betrachtet, die internalisierte Mutter (Bezugsperson) oder ein internalisierter Teil von ihr, ohne den das Kind einen schweren (Selbst-)Verlust erleiden würde, da es zwischen äußerem und innerem Objekt (noch) nicht unterscheiden kann. Auch größere Kinder greifen, z.B. bei den ersten Besuchen im Kindergarten, wieder zu Übergangsobjekten, ebenso in Zeiten realen Verlusterlebens der Bezugsperson durch Trennung, Scheidung, Tod, Verunsicherung durch Krankheit oder in depressiven Phasen. Das Übergangsobjekt ist ein normales Phänomen, das es dem Kind ermöglicht, den Übergang zwischen der ersten oralen Beziehung zur Mutterperson und der 'wirklichen', d.h. von sich selbst getrennten, Objektbeziehung zu vollziehen.

Wie die oben genannten Beispiele zum Thema „Gegenstandsbezug" bzw. „Objektbeziehung" zeigen, können in der fundamentalen Lebensform des Spiels alle erdenklichen Realitätsebenen mühelos, spielend gelebt werden. Das Kind kann zwischen allen Ebenen wechseln, der Gegenstandsbezug kann spielintern grenzenlos werden und mit ihm können alle Handlungen und Emotionen innerhalb der Ordnungsstrukturen und der Spielregeln des Systems möglich werden. Gegenstände (wie wir sagten auch Personen) erfahren durch ihren Einbezug ins Spiel eine besondere Transformation, d.h. eine Umwandlung oder Umformung im Sinne des Spielenden und werden dadurch zu einer Komponente seines Lebenssystems Spiels:

So konnte mich z.B. ein verwahrlostes Mädchen im Alter von 6 Jahren, das noch nicht schulfähig war, in der heilpädagogischen Begleitung in ihren kranken Vater 'verwandeln' („Du wärst jetzt mein Papa, du wärst jetzt krank!"), den sie nun mit Hingabe (allerdings halb bewusst auch mit einigen Kniffen und Tritten) 'behandelte' um ihn gesund (d.h. im übertragenen Sinne auch 'auf sich aufmerksam') zu machen. Auf diese Weise gelang es ihr, einerseits ihren 'schwachen' leiblichen Vater, der sie niemals vor den schweren körperlichen Verletzungen durch ihre Mutter schützte, zu bestrafen; zugleich war sie in der Lage, den realen Verlust des 'geliebten' Vaters durch ihre 'Pflege' zu kompensieren und sich dadurch als 'geliebte, einmalige und hilfsbereite Tochter' ein neues Selbstbild als Mädchen zu gestalten, zumal sie durch den Heilpädagogen dabei auf der Suche nach imaginären und realen Schmuckstücken und Kleidern 'mühevoll' unterstützt wurde.

„Das kindliche Spiel ist vorzüglich geeignet, dominante, d.h. selbstnah bzw. zentral erlebte Ereignisse hinsichtlich ihrer Qualität/Intensität für die Erfahrungsbildung und -verarbeitung zu diagnostizieren, denn in der spielerischen Selbstdarstellung wird transparent, wie die erfahrene Wirklichkeit (Gegenstands-, Umweltbezüge) angeeignet wurde. Die Spielgestaltung gibt Aufschluß darüber, welche persönliche Relevanz (Erlebniswert) den damit verbundenen Gegenstandsbezügen innerhalb der motivationalen Hierarchisierung der internen Gegenstandsbezüge beim Kind zukommt.

Die klinisch psychologische Erfahrung und das notwendige einfühlsame „Know how" des Diagnostikers und Therapeuten sind gefragt, wenn das freie Spiel des leidenden Kindes (oder auch des Kindes, das bei anderen durch bestimmtes Verhalten Leiden erzeugt) in diagnostischen und therapeutischen Kontexten eingesetzt werden soll. Hier sind Situationen gefragt, die sich eignen, die selbstnahen und verhaltenssteuernd wirksamen Erfahrungen des Kindes darzustellen, spielend zu erleben, damit das Spiel seine „heilenden Kräfte" entfalten kann. (MOGEL 1996, 190)

2.3 Das Spiel als entwicklungsförderndes Phänomen

Gemäß einem Gesetz der Entwicklungspsychologie knüpft das Spiel an den Prozessen der Funktionsreifung an, bevor bestimmte Funktionen dann durch günstige Ausgangsbedingungen gefördert werden können. Kurz gesagt bedeutet dies: Kompetenzerwerb durch Fähigkeit zur Fertigkeit. Allerdings ist das Spielgeschehen und der Prozess der Spielentwicklung - wie bereits gesagt - ein fundamentales Lebenssystem und so komplex, dass man zugleich annehmen muss: Das Kind entwickelt sich, weil es spielt, und es spielt, weil es sich entwikkelt. Dabei kommt neben der Beeinflussung durch den Reifungsprozess auch dem Situationscharakter des Spiels eine wichtige Bedeutung zu. Insofern fällt es schwer, spezifische Wirkungen des Spiels auf die

Entwicklung des Menschen zu ermitteln. Aus verschiedenen Theorien und Erklärungsmodellen des Spiels, die wir kurz angedeutet haben, lassen sich dennoch einige übergreifende und miteinander verbundene Einflussbereiche differenzieren:

a) Spiel als Förderung der *sensomotorischen* Entwicklung;
b) Spiel als Förderung der *emotionalen* Entwicklung;
c) Spiel als Förderung der *kognitiven* Entwicklung;
d) Spiel als Förderung der *sozialen* Entwicklung.

a) Im Spiel als Förderung der *sensomotorischen* Entwicklung
findet nach BÜHLER (1962, 166 ff.) besonders die Kooperation und Differenzierung von Wahrnehmung und Motorik statt, durch die mittels bestimmter Bewegungsmuster und Hantieren am und mit Material eine Funktion erfüllt wird. Das Hantieren (betasten, begreifen, bewegen) erfüllt ein funktionales Bedürfnis des kleinen Kindes (Funktionslust), weshalb es alles immer wiederholt. Dadurch kommt dem Spiel ein hoher Übungswert zu. (Funktionsspiel) Gleichzeitig können wir den sozialen Faktor z.B. im „guck-guck-da-da“ Versteckspiel zwischen Mutter und Kind sowie das Glück und den Stolz des kleinen Kindes beobachten, wenn es ihm gelingt, beidhändig zwei Dinge zugleich zu schwingen oder aneinander zu schlagen, ein frühes Erfolgserlebnis beim Vorführen gegenüber der Bezugsperson.
Im Verlauf weiterer Differenzierungsprozesse im Alter von ca. 2 - 4 Jahren gibt das Kind seinen ausgeführten Funktionen Sinn und Bedeutung, indem es etwas bewusst darstellt bzw. intendiert, z.B. „der Teddy soll heia machen.“ Im „als-ob-Spiel“ äußert sich die individuelle Fantasietätigkeit des Kindes, womit zugleich auch der Bereich der kognitiven Spielentwicklung berührt wird. (Fiktionsspiel)
Sodann ahmt das Kind mit Fantasie gepaart die Handlungsweisen der Erwachsenen oder älteren Geschwister mittels sinnunterlegtem Handeln nach, wodurch es sich die Rechte und Fähigkeiten der Großen anzueignen versucht und gleichzeitig sich selbst die Welt der Großen innerlich näherbringt. Die Kombination von Bewegung und gleichzeitiger Sinnerfüllung ist auch eine beträchtliche psychische Leistung, was wiederum zeigt, dass das Spiel eine Vielzahl miteinander ver-

bundener entwicklungsfördernder Aspekte bewirkt. (Rezeptionsspiel bzw. Nachahmung durch Lernen am Modell)
Die Betätigung der Fantasie findet anschließend Ausdruck in den kindlichen Kunstwerken, die einen wichtigen Teil seiner gestaltenden, konstruktiven Handlungen darstellen. Das Spiel entwickelt sich, indem das Kind Aufmerksamkeit für zufällig entstandene Ergebnisse seiner Spielhandlungen erhält, wenn z.B. aufgestapelte Klötze zum Turm werden. In diesen spielerischen Handlungen des Kindes übt es zugleich die Fähigkeit der Hingabe an sein Tun und sein Werk, den Einsatz von Geduld und Ausdauer, den Willen, Schwierigkeiten zu überwinden und das Gebilde zu vollenden. Das hingegebene malende, zeichnende, formende oder technisch konstruierende Kind entwickelt bei diesen Tätigkeiten zugleich eine Einstellung zur Leistung, die ihm später in der Arbeit zugute kommt. (Konstruktionsspiel)
PIAGET (1972) differenziert mehrere Phasen der sensomotorischen Entwicklung des Kindes. Auf das Spiel bezogen beschreibt er die hilfreiche Angleichung kindlicher Vorstellungen und Gewohnheiten an die Gegebenheiten der Umwelt im *Nachahmungsspiel* und die Einordnung von Handlungs- und Denkstrukturen im *Symbolspiel.* Durch Darbietung von Bildern oder Symbolen können Ähnlichkeiten zwischen der Darstellung eines Gegenstandes und dem real vorhandenen Objekt entwickelt werden. Durch Darbietung oder Verwendung von Zeichen können Beziehungen zwischen dem, der das Zeichen nutzt oder anbietet und dem bezeichneten Objekt hergestellt und ausgedrückt werden. Dadurch wird es zunehmend möglich, Begriffe und geistige abstrakte Schemata auszubilden. Über diese Zusammenhänge wird im Abschnitt über die Bedeutung des Spiels für die kognitive Entwicklung noch mehr zu sagen sein.

b) Das Spiel als Förderung der *emotionalen* Entwicklung
des Kindes wird weitgehend durch tiefenpsychologische Konzepte erklärt, die auf der psychoanalytischen Theorie von Sigmund FREUD basieren. Die oben geschilderten sensomotorischen Handlungen gehen einher: greifen, stellen, bauen, schieben, zerren, drücken, nachahmen usw. werden mehr und mehr auf Menschen oder Gegenstände

(„Objekte") bezogen, die das Kind im Spiel „libidinös", d.h. mit „Libido" (Verlangen, Liebe), also mit psychischer Energie besetzt. Dabei wird das Streben des Kindes nach Befriedigung und Wunscherfüllung seiner individuellen Bedürfnisse (Lustprinzip) oftmals an der gegenständlichen oder personalen Wirklichkeit (Realitätsprinzip) und an den sozialen Regeln und Normen (Moralitätsprinzip) scheitern. Dieses Scheitern ruft im Kind an Stelle der erhofften Bedürfnisbefriedigung, Lust und Entspannung, Frustration, Unlust und Spannungen hervor, die häufig verdrängt werden, sich aber im späteren Leben auswirken können.

Die fehlende Erinnerung an Erlebnisse der frühen Kindheit begründete Sigmund FREUD damit, dass diese Geschehnisse nicht unbedingt mit einem bewussten, sondern mit einem unbewussten psychischen Prozess in Kausalzusammenhang stehen. Insofern sehen tiefenpsychologische Schulen seelische Schwierigkeiten stets in engem Zusammenhang mit der *bisherigen Lebensgeschichte* eines Menschen.

Bei psychischen Beeinträchtigungen gibt es demzufolge latente, d.h. verborgene Zustände und Vorgänge, die dem registrierenden „Ich" (Bewusstsein) verborgen bleiben, also unbewusst sind.

Durch Erziehungs- und Kulturbedingungen wird das Auftreten von (unbewussten) Bedürfnissen, das als „Es" bezeichnete Lustprinzip, mit Strafen bzw. Missbilligung bedroht. Dadurch bildet sich die moralische Instanz des „Über-Ich" heraus. Um zu einer reifen Persönlichkeit zu werden, muss der Mensch zu seiner ihm möglichen Identität gelangen, indem sein Ich zwischen Selbstverwirklichung in Beziehung zur Außenwelt vermittelt und zugleich die Forderungen des Über-Ich und des Es in einem vorübergehend harmonischen Zustand ausbalanciert, wie die nachfolgende Abbildung zeigt.

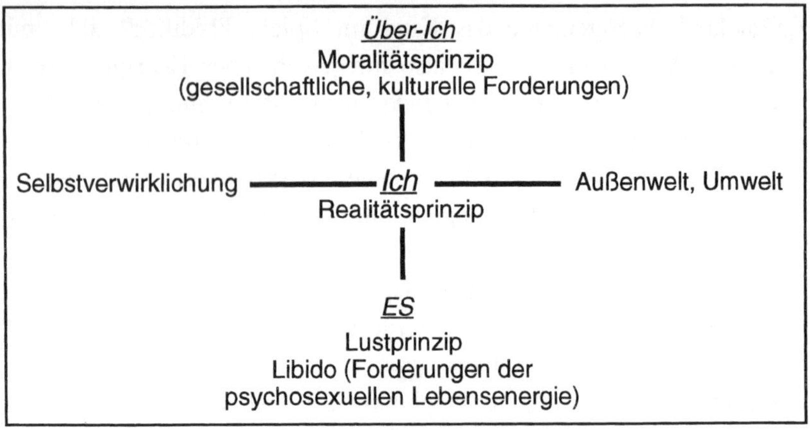

Abb. 12: Psychische Instanzen

Vereinfacht gesagt geht es also um einen immer neuen Balanceakt zwischen den inneren Instanzen des

Es = den biologischen Komponenten und primären vitalen Bedürfnissen;

Ich = den psychologischen Komponenten (Wahrnehmen, Fühlen, Denken, Wollen, Entscheiden, Handeln);

Über-Ich = den soziologischen Komponenten (soziale Werte und Normen)

Diesen Balanceakt kann sich das Kind im Spiel leichter herstellen und dadurch sein inneres Gleichgewicht stabilisieren. Mit Hilfe tiefenpsychologischer Orientierung versucht die Heilpädagogin daher

- *intra- und interpsychische* Prozesse im *Erleben* des Kindes zu verstehen (personaler Ich-Du-Bezug);
- die Auswirkungen solcher Prozesse auf das Verhalten des Kindes und für den Erziehungsprozess zu erklären (diagnostisches Vorgehen in der heilpädagogischen –>Befunderhebung [HpE]);
- das Erleben des Kindes entsprechend zu reflektieren (heilpädagogische –>Begleitung [HpE]);
- angemessene Verhaltensangebote für dieses Kind und seine Bezugspersonen in ihr heilpädagogisches Handeln einzubeziehen (–> Beratung [HpE]).

Dabei kann das Spiel nach HERING (1979, 21 ff.) vom Kind auf folgende Weise für seine emotionale Entwicklung genutzt werden.
(1) Spiel als Trieb-, Fantasie- und Ersatzbefriedigung:
Die unbefriedigt gebliebenen Bedürfnisse und Wünsche des Kindes werden symbolisch inszeniert, wodurch z.B. im Rollenspiel Zärtlichkeit, Zuwendung, Bewunderung ausgedrückt und erlebt werden können, die das Kind in seiner Lebenswelt entbehrt. Dadurch überwindet das Kind seine enttäuschenden Erfahrungen und schafft sich im Spiel eine ausgleichende, lustvolle Realität.
(2) Spiel als Verarbeitung unbewältigter Erfahrungen und als Angstabwehr: Im Spiel kann das Kind angenehme wie unangenehme Erfahrungen beliebig oft wiederholen und unterschiedlich verschlüsselt in Szene setzen. Auf diese Weise werden sowohl Alltagserfahrungen wie auch belastende Erlebnisse durch wiederholtes Erzählen oder Spielen strukturiert und verarbeitet. War das Kind vorher der Umwelt ausgeliefert, kann es im Spiel selbst die Handlung steuern und somit bewältigen, ähnlich einem Erwachsenen, der immer wieder von einem schweren Erlebnis spricht oder sich in Gedanken damit beschäftigt, um das für ihn Unfassbare durch diese Wiederholungsprozesse zu assimilieren. Durch das Prinzip des Wiederholungszwangs wird versucht, passiv erlebte, negative Erlebnisse durch aktive Gestaltung lustvoller Erlebnisse zu kompensieren. Dabei kommt es auf die spielerische Wiederholung dessen an, was dem Kind vorher in realistischen, angstmachenden Situationen widerfahren ist. Zugleich wird dabei die angeborene Angstabwehr mobilisiert, negativen Erfahrungen durch positive Aktivität der Angstbewältigung zu begegnen. Auf diese Weise gelangt das Kind zu einer gefühlsmäßigen Alternativbefriedigung und Aufarbeitung unbewältigter Erlebnisse, schafft sich im Spiel Rückzugsmöglichkeiten und Entlastung von zu hohen Anforderungen durch die Umwelt und kann stark erregende oder sogar traumatisierende Ereignisse bzw. Erlebnisse verarbeiten. (Katharsis-Funktion)
(3) Spiel als Regression, Tarnung und Flucht vor der Wirklichkeit:

In manchen Spielen fallen die Kinder hinter ihren bereits erreichten Entwicklungsstand zurück, sie regredieren indem sie z.B. Baby spielen, am Daumen lutschen, Bettnässen, wie Kleinkinder sprechen und krabbeln. So können Kinder vorübergehend (über-)großem Realitätsdruck und zu hohen Anforderungen entgehen und sich in erlaubter - nämlich spielerischer Weise - unbemerkt von der Mitwelt ohne Strafen und Schuldgefühle entlasten. Zugleich erhalten Sie vielleicht auch die bis dahin ausgebliebene aber ersehnte Zuwendung ihrer Bezugspersonen. Kinder tarnen ihre negativen Erlebnisse (Angst, Furcht, Erschrecken, Verlegenheit, Sich-Versprechen, Stottern) durch den Kunstgriff der Übertreibung oder Parodie: sie führen sich wie ein Clown auf. Was ihnen normalerweise Gelächter oder Spott eingebracht hätte, lässt sie dadurch zum positiven Mittelpunkt des Geschehens werden und Anerkennung für ihre gelungene Darbietung bekommen. So schlüpfen sie aus der Rolle des Opfers in die Rolle dessen, der die Situation gekonnt meistert, ein Wechsel vom passiv Erleidenden zum aktiv Gestaltenden. Durch „Szenisches Verstehen" kann erkannt werden, dass die Kinder in ihrem Spielverhalten oftmals Elemente einer negativen Identität darstellen, mit denen sie sich nicht identifizieren möchten.

c) Im Spiel als Förderung der *kognitiven* Entwicklung
ist wiederum zu beachten, dass alle kognitiven, ebenso wie die bisher geschilderten sensomotorischen und emotionalen wie die noch zu beschreibenden sozialen Prozesse immer und überall gleichzeitig und zusammenwirkend erfolgen. Die Konzeption des Spiels als *kognitive Aktivität* wurde neben BRUNER (1972) und VYGOTSKY (1976) besonders von dem Schweizer Psychologen Jean PIAGET (1972) vertreten. PIAGET (erstmals 1945) betrachtet das Spiel als Ausdruck einer bestimmten Stufe innerhalb der kindlichen Denkentwicklung, die von zwei dynamischen Prinzipien abhängig ist: *Assimilation* und *Akkomodation.*
Assimilation ist eine Form der Introjektion, eine Aufnahme fremder Anschauungen, Motive, Eindrücke aus der Außenwelt und deren Einverleibung in das Ich. Auf diese Weise versucht das Kind seine

Erlebnisse in bereits vorhandene Handlungs- und Denkstrukturen einzugliedern und seine Aufmerksamkeit diesen bekannten und vertrauten Dingen zu widmen. Dabei selektiert es Aspekte die ihm fremd sind und verändert auf diese Weise Erfahrungen und Objekte so, dass es darauf in ihm möglicher und gewohnter Weise reagieren kann.
Akkomodation ist der entgegengesetzte Vorgang, durch den das Kind eigene Vorstellungen und Gewohnheiten an die Gegebenheiten der Umwelt angleicht. Das Kind passt sich also an seine Umwelt an und es passt gleichzeitig die Umwelt an sich selbst an. Durch dieses „begreifen" im wörtlichen wie übertragenen Sinne baut das Kind kognitive Schemata und Strukturen auf, differenziert sie und ist zunehmend in der Lage, sich den Problemen (= Auf-Gaben) des menschlichen Lebens altersgerecht zu stellen. Dies geschieht nach PIAGET im Übungsspiel, Symbolspiel und Regelspiel.
Im *Übungsspiel* (Funktionsspiel nach BÜHLER) neigt das kleine Kind - wie beschrieben - dazu, jede neu erworbene sensomotorische Aktivität in spielerischer Weise immer neu zu wiederholen und dadurch seine Fähigkeit zu entwickeln, die Realität zu unterwerfen und sich über den Erfolg seiner Unternehmungen zu freuen. Durch den rhythmischen Ablauf der Bewegungsspiele entwickeln sich vom ersten bis dritten Lebensjahr nach LEHR (1956) periodisch gegliederte Verhaltensabläufe von der Betätigungsperiodik über die Spielgegenstandsperiodik und Ortsperiodik hin zur Periodik der Verhaltenstypen: Zuerst hantiert das Kind, dann wendet es sich verschiedenen Spielgegenständen und Spielorten in gleicher Folge zu und schließlich erfolgt ein mehrmaliger Wechsel zwischen Bewegungsspiel und Spiel mit Objekten. So erweitert das Kind seinen Wahrnehmungs- und Aktionsradius und kann Interesse und Aufmerksamkeit einem ständig erweiterten Ausschnitt seiner Umgebung widmen. Dadurch bildet es Verhaltens- und Denkstrukturen aus, die nach PIAGET als wesentlicher Beitrag der Übungsspiele zur Entwicklung kognitiver Funktionen anzusehen sind. Es ist leicht nachvollziehbar, dass Kinder, die auf Grund von körperlichen, geistigen oder psychosozialen Beeinträchtigungen weniger Spielmöglichkeiten gehabt haben, Intelligenz-

rückstände, geringere Koordinationsleistungen und stärkere spielerische Stereotypien aufweisen.
Im *Symbolspiel* entwickelt das Kind seine Fähigkeiten zum symbolischen bzw. repräsentativen Denken. Dazu gehört die Entwicklung der symbolischen Sprachfunktionen, der fiktiven Erfindung und der zeitlich verzögerten Nachahmung (Fiktionsspiel nach BÜHLER) sowie der inneren Nachahmung, welche die Entstehung geistiger Bilder und Vorstellungen in der Fantasie bewirkt. Dabei überträgt das Kind seine Aktivität von einem Objekt auf ein anderes und benennt dieses um (Objektsymbolismus) und/oder es übernimmt nachahmend eine Rolle sowie die Inszenierung von Spielhandlungen, die reale Aktivitäten ersetzen sollen (Handlungssymbolismus). Rollenbildung und Objektübertragung setzt bereits die Ausbildung höherer intellektueller Funktionen voraus, wie Generalisierungsfähigkeit und Transferfähigkeit. Im Symbolspiel gewinnt auch das dramatische Spiel zunehmend an Bedeutung, in dem das Kind bestimmte Rollen übernimmt, darstellt und entsprechend seiner Erlebniswelt modifiziert. Dabei löst sich das Spiel mit dem Alter immer mehr von konkreten Objekten und Handlungen, komplizierter Spielaufbau und fiktive Themen (z.B. Zoobesuch, Bootfahren auf dem Meer, eine Sternenfahrt) werden fantasievoll ausgespielt. Dabei nimmt die Verbalisierungsfähigkeit zu und das Spiel wird stärker von kognitiven Prozessen gesteuert. Das Vorstellungsvermögen des Kindes entwickelt sich immer weiter in Richtung des logischen Denkens.
Im *Regelspiel,* d.h. im Zusammenspiel mit anderen Kindern, lernt das Kind nach PIAGET soziale Zusammenarbeit und in gemeinsamer Bemühung mit einer Gruppe entwickelt das Kind einen wichtigen Rahmen des Denkens, innerhalb dessen Kinder miteinander kommunizieren müssen. Dies ist nach PIAGET ein wesentlicher Faktor in der intellektuellen Entwicklung. Das Kind muss zwischenmenschliche und innerpsychische Konflikte bei der Auseinandersetzung um Einhaltung von Regeln lösen. Die kindliche Egozentrik muss auf die Notwendigkeiten und Anforderungen der Rollenerwartungen im Spiel abgestimmt werden. So überlegt das Kind sein Verhalten immer bewusster, versucht sich in die Situation der Mitspieler einzu-

fühlen und einzudenken und stellt sich die Auswirkungen des eigenen und fremden Verhaltens vor. Auf diese Weise wird allmählich die Fähigkeit entwickelt, Problemsituationen durch Überlegung zu lösen.

d) Das Spiel als Förderung der *sozialen* Entwicklung
ist bereits im vorangegangenen Abschnitt deutlich geworden. Besonders die Fähigkeit zur Kooperation im Regelspiel wurde beschrieben. Die Fähigkeit zur Kooperation hängt allerdings - wie angedeutet - von vielen anderen Entwicklungsmöglichkeiten, insbesondere auch von der Ich-Entwicklung des Kindes ab. Nach Annahme der Sozialisationstheorie und der Theorie des Symbolischen Interaktionsmus entwickelt das Kind mit Hilfe des Rollenspiels neben der „persönlichen Identität" zugleich eine „soziale Identität", die sowohl auf der aktiven, spontanen und kreativen Einflussnahme auf das Spielgeschehen wie auch auf der teilweisen Übernahme der Erwartungen von Mitspielenden beruht. Hinzu kommen Faktoren der sozialen und Spielumwelt, das Erkennen und Befriedigen eigener Bedürfnisse und das Einüben von Verhaltensweisen, die ein Zusammengehen in der Kleingruppe ermöglichen. In diesem Spannungsfeld zwischen dem Individuum in sozialen Systemen erwächst die Fähigkeit des Kindes, seine „Ich-Identität" zu entwickeln, d.h. eine Balance zwischen der sozialen und persönlichen Identität zu erreichen und aufrecht zu erhalten. Neben der Entschlüsselung und Verschlüsselung von symbolischen Signalen erfordert dies nach KRAPPMANN (1988) *Empathie* (Einfühlungsvermögen) gegenüber den Spielpartnern als wesentliche Grundlage für die Entwicklung altruistischen und moralischen Verhaltens; *Rollendistanz,* d.h. die Fähigkeit zur Interpretation und zum Aushandeln von Normbesetzungen bei Übernahme einer Rolle und beim Rollenwechsel; *Ambiguitätstoleranz,* d.h. die Fähigkeit, Ambivalenzen (Mehrdeutigkeiten, Doppelwertigkeiten, Unsicherheiten) und möglicherweise auch sachliche und emotionale Zielkonflikte wahrzunehmen, zu ertragen und auszuhandeln. Im Einzelnen können im Spiel folgende wichtige Qualifikationen für soziales Handen erreicht werden: flexibler Umgang mit Regeln; soziale Sensibilität; Fähigkeit zur Kommunikation; Handlungsdispositionen, Kooperations-

fähigkeit durch Vertrauen auf sich selbst und auf die Gruppe, Toleranz für nur partielle Befriedigung der Bedürfnisse, Stile der Informations- und Problembearbeitung; Fähigkeit zur Veränderung vorgegebener Handlungsbedingungen.

Die Bedeutung des Spiels für die kindliche Entwicklung kann nach FRITZ wie folgt zusammengefasst werden:
„a) Das Spiel gibt Möglichkeiten, sich auf die Realität einzulassen. Durch das Spiel kann das Kind Innenwelt und Außenwelt voneinander trennen und zugleich aber in wirkungsvoller Weise miteinander verbinden. Indem das Kind im Spiel seine Eindrücke 'nacherschafft', gelingt es ihm, die Wirklichkeit für sich 'wirklich' werden zu lassen.
b) Durch das Spiel entsteht ein Zwischenbereich, der sowohl die Anpassung an die Realität ermöglicht als auch die Ausbildung von Potentialitäten (also möglichen Handlungsweisen) für die *Veränderung* der Realität bewirken kann. So entsteht ein Wechselbezug zwischen Einflüssen der Umwelt und spielerischer Umsetzung: Die Umwelt wirkt auf die Spielinhalte und das Ausbilden spieldynamischer Gestalten ein. Im Spiel werden diese Einflüsse 'bearbeitet': verändert, in neue Zusammenhänge gestellt. Als Potentialitäten wirken diese 'Bearbeitungen' auf die Umwelt zurück.
c) Das Spiel entfaltet ein vielfach geschichtetes und ineinander verwobenes Wirkgefüge. So werden im Spiel sensumotorische Fähigkeiten ausgebildet und *zugleich* können Kinder ihre konflikthaften Situationen darstellen und allmählich assimilieren. Im Spiel werden soziale Verhaltensweisen (Kooperation, Rollenverständnis, Fähigkeit zum Ebenenwechsel, Empathie, Gemeinschaftsgefühl) gefordert und gefördert, *zugleich* werden gesellschaftliche Konfliktmuster in Form von spieldynamischen Gestalten reproduziert und 'bearbeitet'. Das Spiel ermöglicht sowohl ein Verändern der Realität, ein Ausprobieren neuer Möglichkeiten als auch die Stabilisierung von Wahrnehmung und Wirklichkeitssicht (weil man lernt, sich auf die Sichtweisen der Mitspieler einzustellen und sie angemessen bei der Ausbildung und Festigung der eigenen Wirklichkeitsvorstellungen zu berücksichtigen).

d) Das Spiel schafft emotionale und geistige Freiheit. Mit der Entwicklung des Symbolspiels gelingt es Kindern, die Realität von ihrem Begriff zu trennen. Zeichen und Bezeichnetes, Symbol und Symbolisiertes können etwas verschiedenes werden: Der Stock wird zum Pferd, der ausgestreckte Finger zur Pistole. Die Kinder haben nun die Möglichkeit, den Begriff ganz neu zu füllen, für die eigenen Zwecke dienstbar zu machen und mit ihren Gefühlen und Umwelteindrücken zu 'befrachten'. So können sie auch in symbolischer Weise Besitz von den Möglichkeiten und Rollen unserer Welt nehmen. Sie gewinnen durch das Spiel eine geistige und emotionale Distanz zu ihrer inneren und äußeren Welt. So wie das Spiel ein gewisses Maß an Distanz und innerer Freiheit voraussetzt, so schenkt es auch diese Distanz und Freiheit im Spielen.
e) Die wesentliche Bedeutung der Spielentwicklung des Kindes ist also, daß ein 'Spielraum' geschaffen wird, eine 'lebendige Hüllenschicht', die trennt und verbindet, abfedert, klärt und entspannt, inhaltlich füllt und konkretisiert, Realität 'verkleinert', verändert, neu gruppiert - zugleich aber Realität neu schafft. Der 'Spielraum' ist 'Wirklichkeit im Vorstadium', ein 'vorläufiges Manuskript der Realität', dessen endgültige und letzte Fassung erst am Ende des Lebens vorliegt." (FRITZ 1991, 46 f.)

2.4 Spiel als *pädagogisches* Medium

Wir haben eingangs beschrieben, dass der Pädagoge die Aufgabe hat, den Menschen auf seinem Lebensweg zu begleiten. „Erziehung heißt: auf den Weg bringen. Allerdings auch nicht mehr!" (BALLAUFF 1970, 66) Insofern ist es einleuchtend, wenn das Spiel als Wesensmerkmal des Menschen, fundamentales Lebenssystem des Kindes und entwicklungsförderndes Phänomen auch als Medium pädagogischer bzw. erzieherischer Beeinflussung gesehen wird.
Bereits in der Antike sollten dem Kind im spielerischen Tun, d.h. Übung, die ja im Spiel mit enthalten ist (z.B. Funktionsspiel, Übungsspiel), Kenntnisse und Fähigkeiten vermittelt werden, um es auf den „Ernst des Lebens" vorzubereiten und in die Gesellschaft einzufüh-

ren. Nachdem das Spiel - u.a. durch SCHILLERs „Briefe über die ästhetische Erziehung des Menschen“ (1795) - als menschliches Existenzial anerkannt war, wurde der Bildungsaspekt frei von der Legitimationsfunktion: Wenn das Spiel zum Wesen des Menschen gehört, dann kann und soll es auch zur Förderung des Menschen genutzt werden.
In den siebziger Jahren des 20. Jh. erfolgte diese pädagogische Nutzbarmachung des kindlichen Spiels - nicht ohne Widerspruch (vgl. TÜRCKE 1986: „Vermittlung als Gott“) - durch die Entwicklung von Spielcurricula: Man benutzte das Spiel vor allem für den Bereich der Schule als eine Art organisierter Lernerfahrung zur Erreichung bestimmter Verhaltensdispositionen. Dabei bediente man sich lernpsychologischer Erkenntnisse (Verstärker- und Verstärkungskonzepte sowie Modelllernen) und versuchte Spielen und Lernen gleichzusetzen. Dem gegenüber wurden „offene“ Spielcuricula konzipiert, um der prinzipiellen „Unverfügbarkeit der Lernprozesse im Spiel“ (CALLIESS 1975, 33) durch theoretisch begründete Vorschläge und Situationsbeschreibungen als Ausgangsbasis für Spiele wieder mehr Raum zu verschaffen.

Die Diskussion über den Einsatz des Spiels als pädagogisches Mittel bis hin zur „Vermarktung“ des Spiels und des Spielzeugs (z.B. im elektronischen Spielzeug wie Tamagotchi, Gameboy etc.) geht weiter. Ohne Zweifel kann man mit dem Spiel als erzieherisches Medium erhebliche Einflussnahme auf den Menschen, insbesondere auf Kinder gewinnen. Es muss daher pädagogisches Bemühen bleiben, die Institutionalisierung des kindlichen Spiels und die damit einhergehende Verbreitung von Leistungsdenken, Konkurrenzstreben und Geschlechtsdiskriminierung zu bekämpfen. Um so wichtiger ist es, die Motive, Interessen, Bedürfnisse, Einstellungen und Erfahrungen der Adressaten als Ausgangspunkt zu nutzen, mit dem Ziel, die Kinder anzuregen, selbst Spiele erfinden, einführen, vermitteln und ändern zu können. Dabei sollte nicht eine Entwicklung der Spielfähigkeit im Sinne von Konkurrenz- oder Mannschaftsspielen im Vordergrund stehen sondern primär versucht werden, individuelle Aspekte der subjektiven Lebens- und Spielwelten des Kindes zu berücksichtigen. Das pädagogisch initiierte und geleitete Spiel soll freudvolles, ganzkörperliches, geistig anregendes und psychisch entlastendes Erleben allein oder im sozialen Rahmen ermöglichen.

„Die aus der objektiven Spielwelt ausgewählten Inhalte führen nur dann zum gewünschten Ziel, wenn sie sich mit der subjektiven Spielwelt in eine 'dialektische Beziehung' bringen lassen. Diese subjektive Spielwelt zu ergründen und sie im Hinblick auf die objektive Spielwelt und unter dem Ziel der „Allgemeinbildung“ 'stellvertretend' zu deuten, ist die wichtigste Aufgabe im Rahmen spielpädagogischen Handelns. (VOGELSANG 1994, 133)

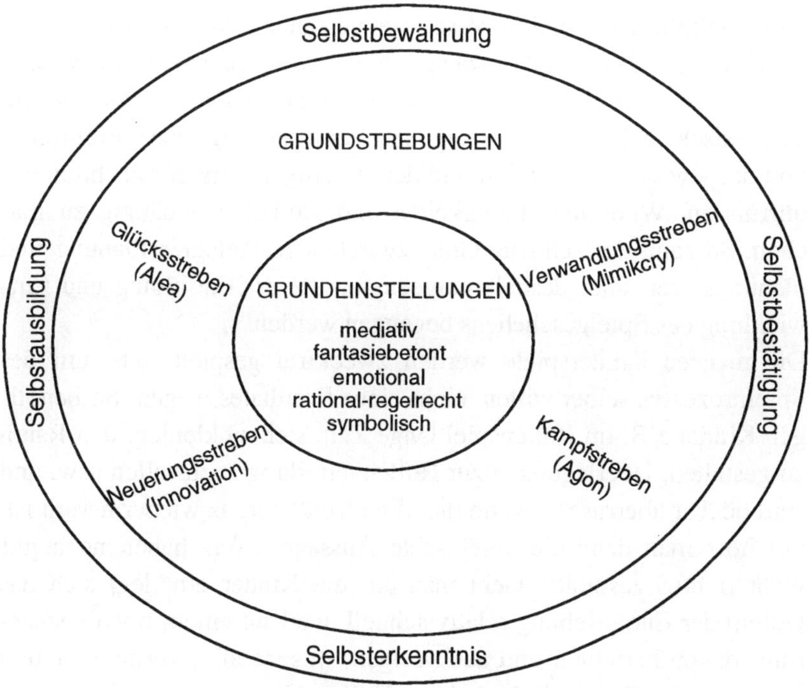

Abb. 13: Schaubild möglicher Grundeinstellungen zum Spiel (nach Röhrs in Vogelsang (1994, 125):

Eine Hilfe für die „stellvertretende Deutungstätigkeit“ der Pädagogen kann das dieses Schaubild sein. Es fasst Grundeinstellungen zum Spiel, wie sie in den Spieltheorien genannt sind, zusammen, wenn-

gleich es nicht die individuelle Abhängigkeit von Bedürfnissen und die von der jeweiligen Lebenswelt des Kindes beeinflussten Bestrebungen darstellen kann. Letztere sind jedoch immer mitzusehen.
In der Spielpädagogik stehen sich also die Zweckfreiheit und Spontanität des Spiels und die Spielbeeinflussung gegenüber. Dieser Gegensatz kann vermutlich nie ganz aufgelöst werden. Die Notwendigkeit pädagogischer Planung steht im Widerspruch zur spielerischen Spontanität und wirkt daher begrenzend, ausgrenzend und akzentuierend. Dadurch kann die gewünschte Lebendigkeit und Vielfältigkeit des Spiels behindert werden. Fehlende Planung hingegen kann einen ähnlichen Effekt bewirken: Es fehlt an Anregung für Lebendigkeit und Vielfalt der Spielprozesse, sie versanden in Langeweile und Lustlosigkeit. Die Kinder fragen dann: *„Müssen* wir heute wieder spielen, was wir *wollen?"* Von daher ist der Pädagoge angehalten, „subjektsensibel" seine Planung und sein pädagogisches Eingreifen von der jeweiligen Situation und der jeweiligen Person mit ihren Bedürfnissen, Wünschen, Fähigkeiten und Defiziten abhängig zu machen. So kann der schmale Grad zwischen festgelegter Planung und planungsloser, aber deshalb eingeengter 'freier' Entfaltung und Entwicklung des Spielgeschehens begangen werden.
Die meisten Kinderspiele werden zweckfrei gespielt, d.h. um des Spielprozesses selber willen, nicht eines Resultates wegen. So benötigen Kinder z.B. im Rollenspiel lange Zeit, sich zu kleiden, den Raum zu gestalten, Überlegungen zur Rollenverteilung anzustellen usw. und sind höchst überrascht, wenn die „Spielzeit" bereits wieder herum ist. Oft hört man dann die enttäuschte Aussage: „Wir haben noch gar nicht richtig gespielt!" Geht man auf die Kinder ein, legt sich das Gefühl der Enttäuschung relativ schnell, weil sie einem mit Begeisterung davon berichten und auch zeigen, was sie alles vorbereitet und wie sie sich alles gedacht haben. Voller Hoffnung und Erwartung wird die Ausführung der 'eigentlichen' Spielhandlung dann zufrieden auf den nächsten Tag verschoben. Von diesem Beispiel ausgehend können wir sagen:
„Das Spiel ist ein Bereich, der sich von der 'ernsthaften', festgelegten und festlegenden Wirklichkeit und ihrem hohen Verbindlichkeits-

und Wirkungscharakter abhebt. Es ist eine andere Wirklichkeit mit anderen Funktionen und Wirkungen: unverbindlicher, offener, freier. In Bezug auf die Wirklichkeit ist das Spiel eine 'lebendige Hüllenschicht', die sich um den Wirklichkeitskern lagert. Diese Hüllenschicht, der Raum des Spiels, bildet ein Reservoir an locker gefügten Potentialitäten, an Möglichkeiten, die realisiert werden *können:* Wirklichkeitsauffassungen, Wertvorstellungen, Handlungsbereitschaften. Indem das Kind spielt, lernt es primär nicht etwas für die 'ernsthafte' Wirklichkeit, sondern vergrößert den Bereich seiner Möglichkeiten: Es erspielt, was alles sein *kann.* Es rüstet sich aus, um für viele Eventualitäten gewappnet zu sein. Alle diese Potentialitäten sind Geschöpfe aus der Verbindung zwischen dem eigenen seelischen Erleben, den Wünschen, Gefühlen, Antrieben und den Einflüssen aus der Umwelt mit ihren Reizen, Forderungen, Gefahren - mal stärker von der Innenwelt, mal stärker von der Außenwelt bestimmt.“ (FRITZ 1991, 17)

Die Notwendigkeit der *Spielförderung* ergibt sich besonders im heilpädagogischen Bereich, wo Erziehung „unter erschwerenden Bedingungen“ (MOOR) geleistet werden muss.
Wenn heute Kinder bereits im 'normalpädagogischen' Bereich mangelnde Spielfähigkeiten und dadurch z.B. körperliche Haltungsschäden entwickeln, wird sich jeder Pädagoge schon um des Wertes des Spieles als humane Grundfähigkeit willen herausgefordert sehen, Spielanregungen zu geben. Um so mehr gilt dies dort, wo Kinder, Jugendliche und Erwachsene aufgrund körperlicher, geistiger, psychischer oder sozialer Beeinträchtigungen nicht spielen können. Insofern kann die Notwendigkeit der Spielförderung in der Heilpädagogik auch unter dem Gedanken des sogenannten „Normalisierungsprizips“ für behinderte Menschen begründet werden, nach dem Diktum: „...Beim Spielen lernt das Kind in erster Linie - spielen.“ (FLITNER 1972, 119)

Spielschwierigkeiten, Spieldefizite und Spielunfähigkeit sind Bedingungen, die das Spiel einschränken oder gar verunmöglichen. Einige Hinweise auf beeinträchtigtes Spielverhalten seien hier gegeben:

FREUDENREICH (1976, 22 f.) differenziert „play-damaged-children“ in drei Gruppen:
- die „Spielungeübten“, denen die grundlegende Spielerfahrung fehlt, die aber ohne weiteres durch entsprechende Anregung nachzuholen ist;
- die „Spielgehemmten“, die sich nicht frei entfalten können, weil ihre Erziehung Dressur war;
- die „Spielunfähigen“, die so verhaltensgestört sind, dass sie Spielangebote nicht annehmen können.

RENNER (1995, 129 ff.) benennt folgende Faktoren für beeinträchtigtes Spielverhalten von entwicklungsgestörten, entwicklungsgehemmten, devianten und auffälligen Kindern, Jugendlichen und Erwachsenen:
(1) sie zerstören Spielmittel oder können sich nicht richtig mit ihnen beschäftigen;
(2) sie dominieren ihre Mitspieler/innen oder hemmen deren Initiative;
(3) sie können die Spielräume nicht ausreichend nutzen, weil sie ängstlich werden oder Hemmungen bekommen;
(4) sie geraten unter Druck und haben das Gefühl, nicht ausreichend Zeit für ein Spiel zu haben, weil die Vorgaben nicht angemessen sind;
(5) sie wissen nicht so recht, wie sie mit sich umgehen sollen, sind entscheidungsunfähig, spielen den Gruppenclown oder entwickeln andere störende Verhaltensweisen.

Weitere Aspekte beeinträchtigten Spielverhaltens sind:
Spielhemmung; Expansives Spielverhalten; Hirnorganische Schädigungen als Ursache von Spielstörungen, insbesondere Störungen der Motorik; Aphasie (Verlust des Sprechvermögens oder Sprachverständnisses infolge einer Hirnschädigung); Aggressives Spielverhalten durch hirnorganische Schädigung, emotionale Deprivation und emotionale Beziehungsstörungen; Sprunghaftes Spielverhalten durch leichte Ablenkbarkeit von außen; Autistisches Spielverhalten als Abwendung von der Umwelt und Selbstisolation.

„Es ist sehr wichtig, daß Pädagog/inn/en und Therapeut/inn/en lernen, pathologische Spielauffälligkeiten von situationsbedingten (Streß, besondere Vorkommnisse im Alltag etc.) Störungen zu unterscheiden. Dafür muß das Spielverhalten längerfristig beobachtet und gegebenenfalls einer Spieldiagnostik unterworfen werden, um manifeste und vorübergehende Störungen voneinander unterscheiden zu können.
Während Menschen ohne sozial auffällige oder störende Verhaltensabweichungen in der Regel keine besondere Spielbetreuung brauchen, so benötigen Menschen mit extremen Spielstörungen oder gar klinisch-psychiatrischen Krankheitsbildern Anleitung und/oder Anregung." RENNER (1995, 129)

Wichtige Ansätze der Spielförderung sind Konzepte der indirekten und der direkten Spielführung, die ursprünglich auf Hildegard HETZER (1950) zurückgehen: „Die *indirekte Spielführung* hat den Vorrang und sorgt für die geeignete zeitliche und räumliche Organisation des Spielens, für entwicklungsangemessenes Spielzeug und für Sozialkontakte im Spiel. Die *direkte Spielführung* soll nur da einsetzen, »wo das unbedingt notwendig ist« (HETZER), z.B. wenn ein Kind im Spiel nicht weiterkommt oder wenn gefährliche Aggressionen auftreten... (145) Die Methoden der indirekten und direkten Spielförderung haben in der Kindergartenpädagogik weite Verbreitung gefunden (...). Die indirekte Spielförderung wird nicht nur favorisiert, weil dadurch das spontane und freie Spielen besser zum Tragen kommt, sondern weil dieser Ansatz den übergeordneten Erziehungszielen der Selbständigkeit und Handlungsfähigkeit entspricht." (EINSIEDLER 1990, 146)

Im *Kleinkindalter*
kann Spielförderung geschehen mittels
- Vormachen: Beim Aufmerken des Kindes wird eine Handlungsfolge gezeigt, z.B. Stein auf Stein setzen beim Turmbau.
- Hinweisreize geben: Die Pädagogin lenkt die Aufmerksamkeit auf führen.

- Ein Handlungsgerüst bereit stellen („Scaffolding“): Die Pädagogin reduziert die Komplexität, versucht, Ablenkungen zu verhindern, steuert in die angemessene Richtung, lässt aber das Kind selbst handeln.
- Den Einsatz erhöhen: Nachdem das Kind eine Spielroutine beherrscht, erhöht die Pädagogin die Komplexität, fordert es zu Neuem heraus, neckt es, um Langeweile zu vermeiden.
- Verbale Unterweisung kann dann eingesetzt werden, wenn das Kind das entsprechende Sprachverständnis erreicht hat.

Im *Kindergarten* und in *Spielgruppen*
sollten Kinder durch Pädagoginnen Anregung erfahren:
- wenn sie in einfachen Spielformen verharren und keine Kreativität entwickeln;
- wenn Mädchen, die häufiger zum Basteln und Malen neigen, zu dynamischen und spannenden Spielen herausgefordert werden;
- wenn sich die Pädagogen selbst am Kinderspiel beteiligen, so dass es zu entwicklungspsychologisch anspruchsvolleren Spielformen kommen kann.

Letzteres kann in den Fantasiespiel-Förderansatz von Johnson, Christie & Yawky (1987) münden, der das *Mitspielen,* das *Spieltutoring* und das *thematische Fantasiespiel* umfasst.

Mitspielen:
Die Kinder bestimmen das Spiel, der Pädagoge macht gelegentlich Einzelvorschläge, die zu interessanten Spielelementen führen können. Beispiel: Die Kinder formen aus Knetmasse „Hamburger“. Die Pädagogin kommt einkaufen und fragt: „Hast du Ketchup?“ Ein Kind reicht einen Holzbaustein und die Pädagogin fragt: „Wie bekomme ich den Deckel ab?“ Ein Kind tut so, als ob es vom Baustein den Deckel abdrehe.
Um das Spiel in neue Richtungen zu lenken, werden drei Gesprächsformen empfohlen:

- Informationsfragen: „Hast du...?“
- Fragen, die die Kinder zu Erklärungen auffordern: „Wie macht man...?“
- Reaktionen auf die Spielhandlungen wie „Prima...“ o.ä.

Dabei sollte sich die Pädagogin als aktive Spielpartnerin *inhaltlich* einbringen und nicht fragen: „Kann ich mitspielen?“

Spieltutoring

Beim Mitspielen schließt sich der Pädagoge nur einem vorhandenen Spielablauf an. Beim *Spieltutoring initiiert er neue Themen.* Er nimmt eine dominantere Rolle als beim bloßen Mitspielen ein und steuert gezielt die Bestandteile des Fantasiespiels an, die dessen anspruchsvollere Formen ausmachen: Umdeuten, Als-ob-Handlungen, Metadiskussionen, Perspektivenwechsel. Dabei werden zwei Formen des Spieltutoring unterschieden:

- Spieltutoring von außen:

Die Pädagogin beobachtet das Spiel und greift ein, wenn die Kinder anfangen, sich zu langweilen, stereotype Wiederholungen verwenden usw. Obwohl sie ‘von außen’ kommend handelt, spricht sie die Kinder als Rollenträger, also in und aus einer übernommenen Rolle an. Beispiel: „Ein scheuer Junge spielt allein mit Bausteinen, ohne tatsächlich konstruktiv oder symbolisch zu spielen. Der Erzieher weiß, daß der Junge stolz auf seine neuen Schuhe ist. Er tritt hinzu, deutet auf die Klötze und sagt: „Herr Kaufmann, Sie haben da so schöne Schuhe. Haben Sie schon welche verkauft?“ Der Junge: „Nein.“ Der Erzieher: „Warum bauen Sie nicht einige Regale auf? Ich kümmere mich inzwischen um Schuhkäufer“...“ (JOHNSON u.a. in EINSIEDLER 1994, 152)

- Spieltutoring von innen:

Die Pädagogin spielt bereits mit, sie ist ‘im Spiel’ und versucht, den Verlauf durch Handlungen und Äußerungen zu beeinflussen. Sie führt neue Rollen oder Spielepisoden ein.

Beispiele: In der Puppenecke spielen Kinder mit Puppen Mutter-Kind-Szenen, jedoch ohne soziales So-tun-als-ob. Die Pädagogin sagt: „Guten Tag, ich bin die Ärztin“. ... Später soll Fieber gemessen wer-

den; sie nimmt einen Bleistift: „Hier haben wir ja ein Thermometer"...
Im oben geschilderten Schuhladenspiel, beim Spieltutoring von außen, würde die Erzieherin sofort als Käufer auftreten: „Ich möchte gern ein Paar Schuhe kaufen."

Thematisches Fantasiespiel
Die Pädagogin schlägt vor, eine Geschichte, ein Märchen zu spielen. Im Sinne eines Spiels mit inneren Vorstellungen sollen möglichst wenig realistische Kostüme, Kulissen, Requisiten usw. benutzt werden. Die Spielsschritte sind:

- Die Geschichte wird erzählt und erörtert.
- Erzieher/in und Kinder teilen die Rollen ein und besprechen den Handlungsplan sowie die Umwandlung von Objekten für das So-tun-als-ob. Der Erwachsene gibt Hilfen, indem er als Erzähler agiert oder mitspielt.
- Die Spielhandlung wird mit wechselnden Rollen gespielt.

Das Thematische Fantasiespiel begünstigt besonders Kinder mit geringen Spielerfahrungen und hat u.a. positive Auswirkungen auf die sozial-kognitive Entwicklung.
Johnson u.a. (in EINSIEDLER 1994, 153) gehen auch auf die Gefahren eines zu dominanten Mitspielens im Thematischen Fantasiespiel und Spieltutoring ein. Sie empfehlen bei gutem Spielverlauf einen raschen Abbau der Anleitung sowie ein „Ausgleiten" aus dem Spiel.

MERKER u.a. (1980) entwickelten „spielzentrierte, situationsbezogene Arbeitsmethoden", in denen aus Spielinitiativen der Kinder heraus umfassende Spielprojekte entstehen sollen, z.B. „Das Kaufladenspiel", „Das Hausbauspiel", „Vom Korn zum Brot" u.a. Dabei greifen die Erzieher/innen Themen der Kinder auf, wobei sich die Ausführung der Spielthemen über Tage oder Wochen hinziehen kann, je nachdem, wie intensiv die Kinder weiter mitspielen. Der pädagogische Vorteil besteht darin, dass sich die Kinder mit längeren Spiel-"Scripts" befassen und intensiv mit Planungsaufgaben konfrontiert werden. Dabei soll der Spielprozess nicht vorgegeben werden, sondern dynamisch aus der Situation heraus entstehen und verlaufen. Um dies zu ermöglichen, sind folgende Teilmethoden von Bedeutung:

- Genaue Beobachtung der Kinder, wobei aufmerksam auf Spielideen geachtet wird;
- Abflauen von Spielhandlungen registrieren, reflektieren, eigene Ideen entwickeln;
- Spielimpulse geben, Veränderungen vorschlagen, die zur Situation passen;
- Vorschläge zur Kleingruppenbildung machen, damit sich viele Kinder am gemeinsamen Projekt beteiligen können.

(in EINSIEDLER 1994, 153)

Spielförderung *in der Schule*
wurde zeitweise wegen des scheinbar unversöhnlichen Gegensatzes von Spielen und Lernen sehr kritisch betrachtet. Heute findet man folgende Begründungen für eine - wenigstens partielle - Integration des Spielens in den Schulunterricht:
„In den ersten Schuljahren erleichtern Spielprozesse den Grundschulkindern den Übergang zum formalen und systematischen Lernen; da evolutionär gesehen das Spiel in den ersten Lebensjahren eine so bedeutende Lernform ist, sollte man es in der Institution Schule nicht schlagartig abstellen. Spielorientierte Lernformen können - auch bei älteren Schülern - zu erhöhter Motivation führen; Erfahrungsberichte über mehr Interesse und Lernfreude durch Spiel liegen vor allem für Plan- und Simulationsspiele vor. In einem weiteren Sinne wird argumentiert, daß Spielen eine menschliche Ausdrucksform ist, die zu einer allseitigen und psychisch gesunderhaltenden Lebensweise dazugehört und deshalb Bestandteil des Schullebens sein sollte.“ (EINSIEDLER 1994, 155)
Es gibt inzwischen eine Reihe von Untersuchungen über Spielförderung in der Grundschule; Lernspiele bzw. didaktische Spiele als hilfreiche Ergänzung des Unterrichts; Rollenspiele im Unterricht; Dilemmageschichten im Unterricht als Anregung zum inneren Vorstellen von Konfliktsituationen sowie das gedankliche Durchspielen von

Entscheidungen und deren Folgen; Regelspiele in Sportunterricht, Pausen und Schulfesten, die alle auf Lerngewinne für die Individualentwicklung oder für die Sozialkompetenz von Schülern hinweisen.

Spielförderung kann zusammenfassend beschrieben werden als
- Förderung *zum* Spiel, d.h. Übung aller Fähigkeiten, die ausgebildet werden müssen, um überhaupt spielen zu können;
- Förderung *im* Spiel, d.h. Anregung, Unterstützung und Lenkung des Spielgeschehens, um die vorhandenen spielerischen Kompetenzen zu erweitern und zu vervollkommnen;
- Förderung *durch* Spiel, d.h. Einwirkung mittels spielerischen Ressourcen auf lebensbedeutsame Bereiche innerhalb oder außerhalb der Person.

Für die Spielpädagogik ergeben sich daraus folgende Aufgaben:
(a) „die Umwelt sollte für Kinder spielanregend gestaltet werden;
(b) es sollte Orte geben, an denen Kinder, Jugendliche und Erwachsene - auch Erzieher/innen - Kinder treffen können, um gemeinsam mit ihnen zu spielen;
(c) die Schaffung von Spielmöglichkeiten, die dem Entwicklungsstadium körperlich, seelisch- und geistig behinderter Kinder gerecht werden, damit sich ihre Spielfähigkeit als Teil ihrer Entwicklungsfähigkeit entfaltet;
(d) die Behandlung der Ursachen und Symptome von Beeinträchtigungen und Behinderungen durch Förderungs-, Übungs- und Therapiemaßnahmen, die nicht nur die Klienten, sondern auch das erzieherische Umfeld berücksichtigen. Die Behandlung soll nicht nur dazu dienen, die Arbeitskraft wieder herzustellen, sondern auch die Spielfähigkeit." (RENNER 1995, 52)

2.5 Das Spiel als *therapeutisches* Medium

Dem Spiel kommt in der kindlichen Entwicklung ein hoher Wert zu. Es ist zugleich ein Wesensmerkmal des Menschen, ein fundamentales Lebenssystem des Kindes und ein entwicklungsförderndes Phänomen. Daher ergibt sich zwangsläufig, dass fehlende, mangelhafte oder fehlgeleitete Entwicklungstendenzen auch im Spiel geäußert, dadurch erkennbar und therapierbar werden. ZULLIGER (1952) bezeichnete das Spiel als „die eigentliche Sprache des Kindes“. Daher ist es sinnvoll, diese Sprache zu erlernen, um mit dem Kind zu kommunizieren, es zu verstehen, sich mit ihm auf seinen Entwicklungsweg begeben zu können und dabei mit dem Kind - aber auch mit Jugendlichen und Erwachsenen - Wege aus körperlichen, geistigen, seelischen und sozialen Schwierigkeiten zu finden, um Angst, Isolation, Überforderung, Einschränkungen zu überwinden und bei dauerhaften Schädigungen oder Gebrechen für Erleichterung und Ausgleich Sorge zu tragen. Deshalb haben sich Kindertherapeutinnen und -therapeuten gefragt, wie das Spiel für ihre Arbeit eingesetzt werden könnte. Spieltherapie ist ein Verfahren, das die spezifische „Sprache“ des Kindes, nämlich den Ausdruck im Spiel, berücksichtigt und dies als Medium für einen psychotherapeutischen Prozess nutzt. Im Laufe der historische Entwicklung entstanden ganz unterschiedliche, aber auch von Gemeinsamkeiten getragene spieltherapeutische Ansätze, deren Wurzeln sich aus verschiedenen Theorien heraus entwickelten, im Wesentlichen aus der Psychoanalyse, der humanistischen Psychologie und der Verhaltenspsychologie. In den letzten Jahren sind außerdem einige ökologisch-systemorientierte Therapieansätze hinzu gekommen. PETZOLD (1987) beschreibt allein fünfzehn „Schulen der Kinderpsychotherapie“, denen sich noch etliche hinzufügen ließen. Exemplarisch seien für den deutschsprachigen Raum folgende Richtungen genannt:

- psychoanalytische Kindertherapie nach Anna Freud; nicht-deutende analytische Kindertherapie nach Zulliger und die neopsychoanalytische Kindertherapie nach Dührssen; Sand-, Rollen-, Puppen oder Figurenspiel sowie Malen, Zeichnen oder Modellieren in der Kindertherapie aus der Sicht der analytischen Psychologie von C. G. Jung; Alfred Adlers Individualpsychologie, als sozialpädagogisch orientierte Kinderpsychotherapie, ein tiefenpsychologisch verstehender Brückenschlag zwischen Therapie und Pädagogik; die Entwicklung des Psychodramas aus dem Kinderspiel nach Moreno und die Gestalttherapie.

- Nicht-direktive Spieltherapie nach Axline; Klientzentrierte Spieltherapie nach Schmidtchen und Personzentrierte Spieltherapie nach Goetze.
- Verhaltenstherapie und Verhaltensmodifikation durch Konditionierungsmethoden zur Behandlung operanter und respondenter Verhaltensweisen, Lernen am Modell und Rollenlernen in Unterricht, Erziehung und Therapie.
- Konzepte für therapeutische Spielgruppen mit Kindern bis ca. 12 Jahren aus allen genannten Richtungen.

Für die Heilpädagogin bedeutet dies, wenn sie therapeutische Hilfen in der heilpädagogischen Begleitung nutzen will, eine vertiefte Kenntnis der theoretischen Grundlagen der jeweiligen Schulen sowie eine gründliche Einübung und Erprobung therapeutischer Interventionen der jeweiligen Therapiekonzepte, die meist erst durch entsprechende Zusatzausbildungen erreicht werden können.
In allen Richtungen der Kindertherapie ist das Spiel in seinen spezifisch menschlichen Formen, insbesondere in seinen wichtigen Funktionen für die kindliche Entwicklung, Interaktions- und Kommunikationsträger des kindlichen Lebens und deshalb auch *das Medium,* der Mittelpunkt der heilpädagogischen Begleitung im Spiel:
„In ihrem Spiel stellen Kinder nicht nur die Wirklichkeit dar, die sie erleben, sowie verschiedene Formen der Auseinandersetzung mit ihr, sondern auch Dinge, die sie sich ausdenken, die sie wünschen, erhoffen oder ersehnen... Andererseits vermag das Kind durch die Gestaltung in der quasi-realen Situation des Spiels verschiedene Formen der Verarbeitung affektiver Erlebnisse und der Bewältigung bisher nicht beherrschter Situationen zu erproben.“ NICKEL (1972)
Dabei ist es wichtig, das Kind in *seine Wirklichkeit* zu begleiten so weit es geht, es zu *verstehen* so gut das möglich ist, um in der Begleitung auf dem Lebensweg Vertrauen aufzubauen, Sicherheit und Halt zu geben sowie Rollen und Funktionen, die das Kind dem Begleiter zuteilt, stellvertretend zu übernehmen. Entscheidend im gemeinsamen Spielprozess ist der *aktuelle Erlebniswert,* denn nur auf Grund „der existenziellen Gegebenheit des *Verstehens* vermag die

Heilpädagogin aus der Annäherung im *gemeinsamen Erleben* heraus Vergangenheits-, Gegenwarts- und Zukunftsbilder zu entwerfen, zu 'malen' zu 'beschreiben' zu imaginieren und mit dem beeinträchtigten Kind, Jugendlichen und ihren Bezugspersonen Methoden zu entwickeln, d.h. gemeinsame Wege zu beschreiten, die nur im Kontext dieses einmaligen Geschehens ihre besondere Bedeutung für das Leben der Beteiligten gewinnen." (KÖHN 2001, 312) Mit anderen Worten: Es geht um das Mitspielen, das Zusammenspiel von Kind und Heilpädagogin.

Dieses Zusammenspiel wird um so eher gelingen, je intensiver sich die Heilpädagogin auf das Kind einlassen kann und je intensiver sie sich verschiedene Formen von Spieltherapien aus psychoanalytischer, tiefenpsychologischer, verhaltenstherapeutischer und humanistisch-psychologischer Sicht in Theorie und Praxis angeeignet hat, um dadurch ihre heilpädagogische Tätigkeit zu ergänzen und zu vertiefen, ohne dabei ihren *pädagogischen* Auftrag zu vernachlässigen.

Innerhalb der heilpädagogischen Begleitung können dem Spiel - gemeint sind immer zugleich spielerische Situationen des Malens, Formens und Gestaltens, des Rollen- und Märchenspieles, Musizierens, des Tanzes, der Bewegung usw. - folgende Funktionen zugeordnet werden:

1. In einer durch das Spiel entspannten Situation kann das Kind in einer ihm angemessenen Weise agieren und reagieren und die ihm wichtigen Lebensinhalte in symbolischer Form „zur Sprache" bringen.
2. Im Spiel kann das Kind lernen, eigene Handlungsabläufe und soziale Wirkungen, eingebettet in die tragende Beziehung zur Heilpädagogin (und zu den Gruppenmitgliedern) zu erkennen, zu verändern, zu üben und zu festigen.
3. Die Heilpädagogin hat im Spiel Anteil an der Lebenswelt und Lebensfülle oder auch der Lebensarmut des kindlichen „In-der-Welt-Seins", der „Befindlichkeit" des Kindes und kann diese durch eigenes phantasievolles und kreatives Tun anreichern und beleben.

4. Im Spiel mit dem Kind erfährt die Heilpädagogin wichtige Eindrücke über die Befindlichkeit des Kindes:
   a) Informationen über das Potential des Kindes
      - im sensomotorischen Funktionsspiel, z.B. Bewegung, Funktionsbeherrschung, Funktionslust, Fiktionsfähigkeit [sinnschaffende Bedeutungsvergabe], Konstruieren, Imitieren, Rezipieren [Entdecken]);
      - in seinen kognitiven Fähigkeiten und Fertigkeiten, durch die sich das Kind mit seiner Umwelt auseinandersetzt (Assimilation und Akkomodation), über Erregung, Spannungssuche und Explorationsmöglichkeiten;
      - in seinen emotionalen und sozialen Fähigkeiten und Fertigkeiten, wie Bedürfnisse, Motivationen Assoziationen, Phantasie, Ich-Erleben, Entwurf eines Selbstbildes, Über-Ich, Nähe und Distanz, Durchsetzungsfähigkeit, Hilfsbereitschaft usw.
   b) Informationen über die Reaktionsmechanismen des Kindes, z.B. Verhalten in Wettbewerbssituationen, Reaktionen auf Frustrationen; Ausdauer, Konzentration, Belastbarkeit u.v.a.m.
   c) Informationen über im Spiel enthaltene Gefühle, Wünsche, Einstellungen, affektive Erlebnisse und Komplexe, die das Kind nicht verbal mitteilen kann und die unbewusst sind.

Wir sollten davon ausgehen können, dass das Spielen ein Freiraum ist, der dem Kind von der Gesellschaft eingeräumt wird. Aber leider müssen wir feststellen, dass dies heute nicht mehr selbstverständlich angenommen werden kann: Kinder haben in bestimmten Kreisen einen Terminkalender wie Manager - und die heilpädagogische Begleitung als ‘Zusatztermin’ könnte dazu weiter beitragen!
Diesen Freiraum des Spiels - wenn er (noch) vorhanden ist - kann das Kind je nach seinem Entwicklungsstand füllen und wesentliche Grundverhaltensdimensionen wie Wahrnehmung, Motorik, Denken und Gedächtnis, soziale Rollen, emotionales Erleben üben.

Im Spiel werden zugleich Bezüge zur realen Umwelt hergestellt, in der heilpädagogischen Begleitung repräsentiert durch die Heilpädagogin und die Mitspieler in der heilpädagogischen Gruppe, wobei der „Ernstfall" der Bewertung dieser Bezüge zurücktritt zugunsten eines Schutzraumes zur Einübung. Das Kind erhält also die Möglichkeit spielend zu üben, ohne den Druck kritischen Lobes oder Tadels. Es wird ihm daher leichter fallen, alternatives Verhalten spielerisch auszuprobieren.
In diesem Zusammenhang ordnet die Psychoanalyse dem kindlichen Spiel verschiedene Funktionen zu:

1. Das Spiel hat die Funktion einer *Alternativbefriedigung,*
   wobei hier bereits vorausgesetzt wird, dass Spielhandlungen des Kindes in einer wertenden Realität bereits zu negativen Erlebnissen geführt haben.
2. Das Spiel hat die Funktion der *Angstabwehr,*
   wobei hier ebenfalls auf bereits vorhandene Konflikte und Möglichkeiten zur Konfliktlösung durch Angstabwehr hingewiesen wird, mittels
   - motorischer Abfuhr;
   - symbolischer Wunscherfüllung;
   - aktives Herausfordern der Angst;
   - aggressive Handlungen zur Überwindung der Angst.
3. Das Spiel dient der *Ich-Synthese,*
   da das Ich des Kindes die Kommunikation mit der Umwelt (Realität) zu verantworten hat, jedoch aufgrund von Es- bzw. Über-Ich-Funktionen dazu nicht angemessen in der Lage ist.

Zum Selbstheilungsverhalten der Kinder werden in einer Fallstudie der „Klientzentrierten Spieltherapie" folgende Faktoren benannt:

1. Kognitive und emotionale Komponenten des Problemlösungsverhaltens, wie Selbstbehauptungsverhalten, Problemlösungsverhalten und zeigen eines aggressiven, zerstörerischen Verhaltens.
2. Zeigen und Erleben unangenehmer Gefühle wie Ärger-(Wut-) Erlebnisse, Trauererlebnisse, Angsterlebnisse.

3. Freude an einem selbstbewussten Sozialverhalten, wie Zugehen auf den Therapeuten, Spaßerlebnisse, Selbstbehauptungsverhalten.
4. Beschäftigung mit seinen inneren Prozessen, wie Ausmaß der Vertiefung im Spiel, Empathie für den Therapeuten, Selbstexploration. (SCHMIDTCHEN 1999, 396)

„Die Ergebnisse der Fallstudie machen deutlich, daß sich die kindlichen Spieltätigkeiten durch differenzierte Problemlösungs- bzw. handlungsprozesse beschreiben lassen, und daß sich diese Prozesse im Therapieverlauf signifikant verbessern. Auch wurde gefunden, daß der Therapeut in hohem Ausmaß Bewußtmachungsprozesse im Klienten anregt und dann Hilfe gibt, wenn es der Klient wünscht. Damit ist belegt, daß es sich bei der Spieltherapie nicht um ein 'laissez faire' Verfahren unter Nutzung des selbstentdeckenden Spiels handelt, sondern um eine theoriegeleitete, professionell durchzuführende Heilungs- und Entwicklungsmaßnahme." (SCHMIDTCHEN 1999, 398)

In der heilpädagogischen Begleitung werden diese „Heilende Kräfte im kindlichen Spiel" (ZULLIGER 1952) je nach therapeutischem Konzept gezielt eingesetzt, um dem beeinträchtigten, behinderten oder psychosozial gestörten Kind seelische Entlastung zu ermöglichen und ihm auf angemessene Weise, in der ihm zugänglichen *Symbolsprache,* nämlich im spielerischen Probehandeln, die Auseinandersetzung mit der belastenden Wirklichkeit und dadurch ihre Veränderung zu ermöglichen.

Dies müssen wir jedoch als eine *therapeutische Einengung* des Spiels verstehen, als „erschwerende Bedingung", die nur aufgrund der Unfähigkeit des Kindes zu spielen, d.h. sich angemessen entwickeln zu können, vorübergehend erlaubt und notwendig ist. Dazu Paul MOOR (1962, 78 f)):

„So wie Tiefenpsychologie zumeist nur zeigen kann, wie man einen Augiasstall[1] reinigt, nicht aber erkennen läßt, daß das Gereinigte mehr ist als der Stall, und schon gar nicht ahnen läßt, womit es aus-

[1] Auf seinem Lebensweg musste der griechische Held *Herakles* viele beschwerliche Aufgaben lösen. Eine davon war die Reinigung der Augeias-Ställe. Augias, König von Elis, besaß riesige Viehherden, deren Ställe von Schmutz angefüllt waren, den Herakles an einem Tag reinigen sollte - eine schier unlösbare Aufgabe. Dafür versprach ihm der König den zehnten Teil seines Viehs. Herakles vollbrachte die Tat, indem er zwei Flüsse durch die Ställe leitete, die den Schmutz fortspülten.

zustatten, zu erfüllen wäre, so kann Ziel einer das Spiel als Mittel benützenden Therapie immer nur sein, die Widerstände, welche einem vollen, in seinen Möglichkeiten uneingeschränkten Leben im Wege stehen, beiseite zu räumen, damit, wenn sie ihr Werk getan hat, Erziehung wieder möglich werde; und sie erreicht dieses Ziel da am besten, wo es ihr gelingt, das Kind zu einem erfüllten Spielen wieder fähig zu machen. Verstehen wir unter dem Spiel das erfüllte Spiel, so müssen wir sagen: Spieltherapie gibt es nur als Therapie zum Spiel, aber nicht als Therapie durch das Spiel. Dieses letztere kann sie nur sein, wenn wir unter dem Spiel das unerfüllte Spiel verstehen. Wo das Kind im erfüllten Sinne spielen darf, da bedarf es dann keiner Therapie."

Aufgabe 40
Reflektieren Sie die Heldentat des Herakles in ihrer mythisch-symbolischen Bedeutung für Ihr heilpädagogisches Handeln.

Heilpädagogische Begleitung im Spiel kann es also unter therapeutischen Gesichtspunkten ermöglichen, in Bezug auf Ursachen, Folgen und Hilfen gestörter Entwicklung und Sozialisation, besonders bei beeinträchtigten, behinderten und psychosozial gestörten Kindern die eigentlich *pädagogischen Fragestellungen*

- nach kindlich angemessenem und altersgerechten Spielen und Lernen,
- nach angemessenem Verhalten der Eltern und Erzieher,
- nach sinnvollen Erziehungszielen, brauchbaren Erziehungsmitteln und tragfähigen Erziehungshilfen

neu mitzusuchen, neu wahrzunehmen, neu auszuprobieren und zu unterstützen, bis eine gefestigte Erziehungshaltung und eine bergende und animierende Erziehungsatmosphäre neu gestiftet und vom Kind durch wachsende Freude am Leben auch *im* Beeinträchtigt- und Behindertsein zu erkennen sind.

2.6 Spiel als diagnostisches Medium

In den vorangegangenen Kapiteln ist bereits deutlich geworden, dass im Spiel ein enger Zusammenhang zwischen pädagogischen, therapeutischen und diagnostischen Gesichtspunkten besteht. Zugespitzt kann man sagen: Wenn ein Kind nicht spielt, ist es höchste Zeit, etwas zu unternehmen.

Der Einsatz des Spiels zu diagnostischen Zwecken gründet sich auf die Annahme, das Spiel sei das natürliche Medium des Kindes, sich selbst auszudrücken und darzustellen. Zugleich ist Spiel eine Erscheinungsweise des „intermediären Raumes“, in dem das Individuum Austauschprozesse zwischen seiner „inneren“ und seiner „äußeren“ Realität ausführt. Daher kann das Spiel als Ausdrucksform des Menschen aufgefasst werden, in dem er seine Persönlichkeit offenbart. (VOGELSANG 1994, 153 f.; SCHÄFER 1989, 31)

In der Diagnostik - sowohl der pädagogischen wie der therapeutischen - nutzt man diese Erkenntnisse, um aus den Spielhandlungen bzw. dem Spielverhalten Aussagen über den sensomotorischen, sozialen, emotionalen und kognitiven Entwicklungsstand des Kindes zu gewinnen, damit geeignete Vorgehensweisen für die heilpädagogische Erziehungshilfe und Entwicklungsförderung (HpE) entwickelt werden können..

Heilpädagogische Diagnostik versteht sich dabei als systematische Erkenntnistätigkeit mit Hilfe pädagogischer, bildungstheoretischer und psychologischer Konzepte, wobei sie nichts anderes ist als pädagogische Diagnostik zur Begleitung von Prozessen der Bildung, Erziehung und Entwicklungsförderung unter erschwerten Bedingungen. Sie versucht sowohl *inter*individuelle Unterschiede im Erleben und Verhalten als auch *intra*individuelle Merkmale mit ihren Veränderungen und Bedingungen zu sammeln und aufzubereiten um Entscheidungen zu treffen und daraus pädagogische und/oder therapeutische (eben: heilpädagogische) Handlungen sowohl auf individueller wie auch auf organisatorischer Ebene zu begründen, prozesshaft zu kontrollieren und zu optimieren.

Wichtigste Zugehensweise heilpädagogischer Diagnostik durch Spiel ist die *Beobachtung.*

„Die Spielbeobachtung ist eine Form der Diagnostik, die dann angebracht ist, wenn Behinderungen, Beeinträchtigungen und Störungen des Verhaltens und deren Auswirkungen auf die Spiel- und Entwicklungsfähigkeit dieser Menschen festgestellt und interpretiert werden soll. Sie soll Entscheidungsgrundlage für die Anwendung von heilpädagogischen und anderen therapeutischen Arbeitsformen geben." (RENNER 1995, 141)

Qualifizierte Beobachtung erfolgt nach KOBI (1990, 32) planmäßig bezüglich Kriterien, Zeit, Zielsetzung usw., kontrolliert, nachvollziehbar, theorie- bzw. hypothesengeleitet. Beobachtungen werden im intersubjektiven Kontext ausgehandelt und verifiziert. Sie können nach folgenden Fragestellungen vorgenommen werden:

- *phänomenologisch* (erscheinungsbildlich): (Was) haben andere (dasselbe) beobachtet?
- *topologisch* (situationsabhängig/umfeldbezogen): Wie zeigt sich das Phänomen in unterschiedlichen Situationen?
- *chronologisch* (zeitabhängig): Zeigt sich das Phänomen wiederholt? Periodik?
- *ätiologisch* (bezogen auf das Bedingungsgefüge): Zeigt sich das Phänomen nur unter bestimmten Umständen?
- *teleologisch* (ziel- und zweckgerichtet): Zeigt das Phänomen eine Tendenz bzw. Richtung, einen inneren (immanenten) Sinn?
- *methodisch* (nach der Lenkbarkeit): Lässt sich das Phänomen systematisch beeinflussen?
- *dialogisch* (die Zweieinheit des beobachtenden und des beobachteten Subjekts betreffend): Besteht über Art und Sinn, Erleben und Bedeutung des Phänomens Übereinstimmung?

Beobachtung und Beschreibung der Beobachtungsdaten erfolgen (KOBI 1993, 361) nach Kriterien der

- *Objektivität* im Sinne der Sachtreue und Überprüfbarkeit;
- *Offenheit* im Sinne eines breiten Spektrums der Beobachtung;
- *Genauigkeit* im Sinne eines präzisen Festhaltens der einzelnen Daten;

- *Gleichwertigkeit* im Sinne eines noch nicht akzentuierten Nebeneinander der einzelnen Fakten;
- *Vollständigkeit* im Sinne einer möglichst umfassenden, reichhaltigen Sammlung von Beobachtungen.

Gegenstände der Spielbeobachtung können die Spieltätigkeit als solche sein; verschiedene Spielmittel, um spielzeugbezogene Spieltätigkeit deutlicher unterscheiden zu können; die Beobachtung der sozialen Beziehungen zu Spielpartnern; die Beobachtung der Spielzeit, um den Umgang mit Zeitstrukturen in Spielsituationen zu erfassen; sowie die Nutzung des Spielraumes, allein oder mit anderen.

Der Vorteil der Beobachtung kindlichen Verhaltens im Spiel liegt in der Spontanität des Handelns, im Erkennen relativ unverfälschter Motivationen und im Aufdecken von Persönlichkeitsproblemen, Konflikten und Ängsten. Außerdem setzt die Diagnose durch Spiel nicht unbedingt sprachliche Äußerungen voraus. Ein weiterer Vorteil der spielorientierten Entwicklungsdiagnose besteht darin, dass auch Kinder zu motivieren sind, die sich z.B. auf Testverfahren nicht einlassen wollen oder können (z.B. Kinder mit zerebralen Dysfunktionen oder hyperaktive Kinder). Die Sprunghaftigkeit der Kinder, der Wechsel zwischen verschiedenen Spielformen und die dabei auftretenden Unterschiede der Kompetenzniveaus können durch zusätzliche Objektivierung der Spielsituation ausgeglichen werden, wenn z.B. durch Spielzeugvorgaben bestimmte Eingrenzungen erfolgen. Allerdings können dann eines oder mehrere Wesensmerkmale des Spiels verloren gehen. Ebenso sind erhebliche Schwankungen in den Altersnormen zu berücksichtigen. Sie ergeben sich sowohl aus unterschiedlichen Formen der Beeinträchtigung (körperlich, geistig, seelisch, sozial bzw. multikausal oder auch situativ) wie auch durch Einflüsse der gesellschaftlichen und medialen Spielwelten. Zu Zeiten des Rubik-Würfels (als „Zauberwürfel" bekannt) schnellten das räumliche Vorstellungsvermögen, die Handgeschicklichkeit sowie die Fähigkeit, Farb- und Formkombinationen zusammen zu stellen auch bei jüngeren und beeinträchtigten Kindern sprunghaft in die Höhe. Zu Zeiten der „Heman-", „Turtle-" oder „Star-Wars"-Figuren spielten die Kinder aller Schichten mit diesen

Figuren und auch neutrale Spielfiguren wurden von den Kindern in eben jene Helden umfunktioniert und mit entsprechenden Handlungssequenzen besetzt. Durch solche Einflüsse, die von Heilpädagogen zu beachten sind, ändern sich auch Annäherungswerte von Spielverhalten und Entwicklungsalter, wenn z.B. auch jüngere Kinder (3 - 5 J.) bereits kleinere Szenen nachspielen, die in früheren Jahren eher 6 - 8jährige spielten.

Um solche Beeinflussungen zu reduzieren oder wenn alltägliche Beobachtungen keine Aufschlüsse über das Spielverhalten des Kindes geben, sind intensivere Beobachtungstechniken notwendig. Neben der *unsystematischen* Spielbeobachtung ist die *systematische* zu nennen, die sich in Formen der *standardisierten* und der *nicht standardisierten* Beobachtung unterscheidet. Gedächtnisprotokolle über Spielsituationen auf Grund von *Gelegenheitsbeobachtungen* oder längerfristige Protokolle von *Dauerbeobachtungen* sind Hilfen, um genauere Kenntnis über das Geschehen in Spielsituationen des einzelnen Kindes oder im Zusammenspiel mit anderen Kindern in gleichen oder ähnlichen Situationen zu erhalten.

In der standardisierten Spielbeobachtung wären *Rating-Skalen* und *Kategoriensysteme* einzuführen, die es ermöglichen, bestimmte Spielformen oder Aspekte des Spiels als operationalisierte Kriterien zu erfassen. Dabei tragen festgelegte Beobachtungszeiträume nach der Methode des „time-sampling“ (Zeitsammeln) dazu bei, die Häufigkeit und die zeitliche Verteilung einzelner Verhaltenskategorien genauer zu bestimmen. Man kann zu festgelegten oder nicht festgelegten Zeitpunkten beobachten, je nachdem, ob man Situations- oder Tageseinflüsse eher in die Beobachtung aufnehmen oder eher ausschließen möchte. Will man die Intensität bestimmter Verhaltensweisen genauer bestimmen, kann dies mittels Rating-Skalen geschehen. Es werden verschiedene Ausprägungsgrade der einzelnen Kategorien formuliert und diese erhalten dann einen bestimmten Punkt- oder Zahlenwert, z.B. von 1 - 5 (1 = sehr schwach; 5 sehr stark). Dadurch erhalten die beobachteten Verhaltensweisen einen bestimmten Rangplatz innerhalb unterschiedlicher Ausprägungsgrade.

Ein Beispiel dafür ist die Untersuchung von TOLICIC (1963) (in SCHMIDTCHEN/ERB 1979, 101 f.) über die wechselseitige Beziehung zwischen Spielverhalten und geistiger Entwicklung von 3;6 - 6;11 jährigen Kindern von Arbeitern und Angestellten aus drei jugoslawischen Kindergärten, deren Intelligenzquotient zwischen 80 und 139 lag (minderbegabte Kinder waren ausgeschlossen). Die Kinder durften zweimal in einem Spielzimmer je 40 Minuten lang spielen. Beobachter hinter einer Einwegscheibe analysierten das Spielverhalten nach folgenden Aspekten:

Dauer der Beschäftigung mit einem oder mehreren Spielzeugen; Beschreibung der Art und Weise, wie das Spielzeug verwendet wurde, Auswahl des Spielmaterials. Der Komplexitäts- und Organisationsgrad der Beschäftigung mit dem Spielzeug wurde an Hand folgender Beurteilungskriterien ermittelt:

A: Das Kind betrachtet das Spiel oder Spielzeug der anderen und zeigt Interesse daran; es trägt die Spielsachen herum und bewegt sie, ohne damit zu spielen.

B: Das Kind übt eine einfache Spieltätigkeit aus. Es schiebt z.B. ein Auto, bläst auf der Pfeife oder klettert auf das Schaukelpferd.

C: Das Kind spielt vielfältiger. Es fährt die Puppe im Wagen spazieren, füllt den Lastwagen mit Sand usw.

D: Das Kind verwendet das Spielzeug in komplexer Weise und verfolgt ein bestimmtes Ziel (zweckvolles Handeln). Es setzt die Puppe in den Wagen und sagt: Jetzt fahre ich dich zur Oma.

E: Das Spielzeug wird zweckvoll, konstruktiv und kreativ eingesetzt. Das Spiel hat einen hohen Organisationsgrad; so spielt das Kind beispielsweise „das jüngere Geschwister zum Spielplatz bringen", indem es die Puppe anzieht und ein Transportmittel verwendet, auf dem es die Puppe und deren Spielsachen zum Spielplatz bringt.

Diesem unterschiedlichen Organisationsgrad des Spiels wurden Punktwerte von 1 - 5 zugeordnet (A = 1; E = 5). Ein bestimmtes Spiel musste mindestens eine Minute lang ausgeführt werden, um einen Punktwert zu bekommen. Die Gesamtpunktzahl setzte sich aus dem Produkt von Spielzeit und Organisationsgrad zusammen. Als unabhängige Variable wurden Intelligenz- und Lebensalter variiert. Die Kinder spielten gruppenweise (je drei Jungen und Mädchen) in einem Spielzimmer, in dem verschiedene Arten von Spielen enthalten waren. - In der Auswertung der Daten zeigte sich ein enger Zusammenhang zwischen *Intelligenzalter* und *Organisationsgrad* Des Spielverhaltens: Die Korrelation betrug r = 0,82, d.h., aus dem Organisationsgrad des Spieles ließ sich mit ziemlicher Sicherheit das Intelligenzalter der Kinder vorhersagen. Beim Vergleich des Spielverhaltens von Kindern unterschiedlicher Intelligenz ergaben sich unterschiedliche Vorstellungen der einzelnen Organisationsformen.

Anhand verschiedener Untersuchungen kann man sagen: „Während sich die Diagnose des sozialen und emotionalen Entwicklungsstandes vorwiegend aus inhaltlichen Spielaspekten ergibt, bezieht sich die Diagnose des kognitiven Entwicklungsstandes auf formale Kriterien wie Komplexität, Organisation und Materialverwendung der konstruierten Spielsituation.“ (SCHMIDTCHEN/ERB 1979, 99)

So interessant die Untersuchungen einzelner Aspekte im Hinblick auf die Erforschung der diagnostischen Aussagefähigkeit des kindlichen Spiels auch sein mögen: Für die heilpädagogisch-diagnostische Praxis ist hervorzuheben, dass im fortschreitenden Entwicklungsprozess immer alle Dimensionen (motorische, kognitive, emotionale, soziale) in wechselseitiger Beziehung stehen und sich gegenseitig beeinflussen. Dem entsprechend hat auch jedes Kind seine eigene Spielwelt, für deren Entwicklung eine Vielzahl von Faktoren wie Medien, Elternhaus, Wohnumfeld, Spielzeugangebot usw. mit entscheidend sind, die deshalb in die heilpädagogische Spieldiagnostik mit einfließen müssen, um das Kind in seiner „Befindlichkeit“ zu verstehen.

Eine weitere Möglichkeit der Spieldiagnostik ist der Einsatz bestimmten Spielmaterials, um daraus Schlüsse über das Entwicklungsniveau und emotionale Konflikte der Kinder zu ziehen. Man kann diese Art der Spieldiagnostik als *gestaltendes* oder *projektives* Verfahren beschreiben. Ausgesuchtes Spielmaterial, in offener oder bestimmter Anordnung dargeboten, wurde zuerst von Margaret Lowenfeld (1954) als „Weltspiel“ eingeführt. Es besteht aus Miniaturgegenständen wie Häusern, Bäumen, Zäunen, Menschen, Tieren, Wagen usw. und wurde später von Charlotte Bühler als „Welt-Test" standardisiert. Auch Anna Freud und Melanie Klein (1955) setzten Spielgegenstände ein; Madeleine Rambert (1938) benutzte veränderliche und nicht veränderbare Figuren, Puppen und Spielzeuge. Gösta Harding (1972) führte die „Erica-Methode" in einem Standardschrank mit Rolläden ein. Die Kinder bauen mit den Spielgegenständen ihre Welt im Sandkasten. Ähnliches versuchen Dora Kalff (1979) in ihrer „Sandspieltherapie" sowie Wolfgang Krucker (1997) in der „szenisch-analytischen Spieltherapie". Gerhild von Staabs (1938) entwickelte den „Sceno-Test", eine Sammlung von Menschenfiguren, Tieren und Gegenständen, aus dem das Kind eine „Szene" (daher der Name) bauen darf. Im Unterschied zu den bisher genannten Methoden war dieses Material von Anfang an als diagnostisches Hilfsmittel beabsichtigt und wird noch heute in der Psychodiagnostik eingesetzt. Die genannten Verfahren erschließen aus der kindlichen Handhabung von Spielmaterialien eine Diagnose des emotionalen, kognitiven und sozialen Entwicklungsstandes des Kindes. Besonders der Sceno-Test „will Hinweise geben, wo im Einzelfall die Probleme und Schwierigkeiten seelischer Art liegen, und inwiefern sie zu den Umweltfaktoren in Beziehung stehen." (v. STAABS 1964, 9)

Alle genannten Verfahren können auch mittels Video-Aufzeichnung eingesetzt werden, was eine genauere Auswertung und Beurteilung der gefilmten Situationen ermöglicht. Allerdings reicht die Durchführung solcher Verfahren allein nicht aus, um über die Hintergründe der Auffälligkeiten oder Symptome von Kindern Aufschluss zu erhalten. Eine zutreffende Diagnose freien kindlichen Spiels ist erst möglich, wenn man nicht nur den allgemeinen psychologischen Sinn der Spielhandlungen auf Grund psychologischer Theorien analysiert und diagnostiziert, sondern wenn man *vom persönlichen Sinn* der Spielhandlungen *für das Kind* ausgeht:

„Im freien Spiel stellt das Kind seinen eigenen und eigentlichen Bezug zur Wirklichkeit her, und zwar zu der Wirklichkeit, wie es sie *selbst erlebt und erfährt.* Psychologische Theorien und Erklärungsmöglichkeiten können zwar dabei helfen, den persönlichen Wirklichkeitsbezug des Kindes besser zu erkennen und zu verstehen, aber der

Sinn des kindlichen Wirklichkeitsbezugs gründet in den kindlichen *Lebensverhältnissen* (Ökosysteme des kindlichen Lebens, wie Familie, Verwandtschafts- und Freundschaftsverhältnisse, Wohnverhältnisse, Alltagabläufe und -ereignisse) und dem individuellen psychischen *Bezugssystem* des Kindes (seiner Informationsverarbeitung, seinem Gedächtnis, seinen Bedürfnissen, Emotionen, seiner Motivation, seinen Wünschen und Zielen, seinem Wohl- oder Unwohlbefinden. Aus diesen und ähnlichen Gründen ist jede Diagnostik des psychischen Geschehens beim Kind auf maximal mögliche Ökosystem- und Bezugssysteminformation angewiesen, wenn sie hinsichtlich abzuleitender Entscheidungen für die weitere Entwicklung des Kindes auch optimal sein soll. Daher kann es nicht genügen, nur einige Tests durchzuführen oder das Spielverhalten zu analysieren." (MOGEL 1994, 191) Wichtig ist die 'persönliche Bedeutung' einer im Spiel ausgedrückten Symbolik, die erst aus einer eingehenden Beobachtung des Kindes im Zusammenhang mit anamnestischen Erhebungen der kindlichen Lebensverhältnisse und den individuellen psychischen Bezugssystemen des Kindes erschlossen werden kann.

Das Vorgehen in der heilpädagogischen Spieldiagnostik - ebenso wie heilpädagogisch-diagnostisches Vorgehen überhaupt - ist im Sinne fortlaufender Beobachtung als Begleit- bzw. *Prozessdiagnostik* zu verstehen. Grundlage einer Prozessdiagnostik, die sich helfende und fördernde Maßnahmen zum Ziel gesetzt hat, ist die unmittelbare und stetige Beobachtung in der heilpädagogischen Begleitung, um Entwicklungsmöglichkeiten eines Kindes in ständiger Beobachtung aufzuzeigen, über geeignete Erziehungs und Fördermaßnahmen bei Kindern mit besonderen Erziehungsbedürfnissen Aufschlüsse zu erzielen und konkrete Hilfestellung für die Planung, Durchführung und Kontrolle von pädagogischen und therapeutischen Handlungsansätzen zu leisten. Dabei können in Anlehnung an LEDL (1994, 24) im Sinne eines Verlaufs- und Entscheidungsschemas folgende Stufen beschritten werden:

1. Stufe: Beobachtung in natürlichen Situationen unter Verwendung unterschiedlicher Beobachtungsverfahren;
2. Stufe: Verwendung von informellen Verfahren zur Überprüfung-von Teilleistungen;
3. Stufe: Verwendung von standardisierten Verfahren zur genaueren diagnostischen Abklärung in den Bereichen Motorik, Wahrnehmung, Sprache, Kognition, Verhalten.

Danach wird eine heilpädagogische –>Stellungnahme bzw. ein heilpädagogisches –>Gutachten (HpE) unter Einbeziehung von (psychologischen, medizinischen, sonderpädagogischen, sozialpädagogischen usw.) Daten in einem interdisziplinären Team erstellt und in →Fallarbeit (HpE) werden konkrete Vorschläge zur Heilpädagogischen Erziehungshilfe und Entwicklungsförderung (HpE) erarbeitet.

Ergebnisse der Spieldiagnostik (RENNER 1995, 129 ff.) können folgende Aspekte beeinträchtigten Spielverhaltens sein:

- Spielhemmung bei Kindern, die zwar innerlich engagiert sind, jedoch ihre Impulse nicht in die Spielgruppe einbringen können und diese im nachfolgenden Alleinspiel ausdrücken und variieren. Die Spielhemmung betrifft vorwiegend die Beziehungen und äußert sich in erster Linie in Kontaktempfindlichkeit und einem gespannten Verhältnis zum Spielpartner, weniger durch Ablehnung des Spielzeugs.
- Expansives Spielverhalten tritt dort auf, wo Menschen Verhaltensweisen zeigen, die eine soziale Selbstkontrolle ihres Spielverhaltens und ihrer emotionalen Beteiligung zunehmend vermissen lassen und die andere Mitspieler durch dominierendes, expansives Verhalten massiv einschränken. In einer emotionsüberladenen (Spiel-)Welt können psychotische Grenzzustände erahnt werden.
- Hirnorganische Schädigungen wie eingeschränkte Lokomotion (Haltung, Fortbewegungsfähigkeit, beeinträchtige Bewegungs-, Geschwindigkeits- und Raumerfahrung); Beeinträchtigung der Handfertigkeit; Beeinträchtigung des verbalen, mimischen und expressiven Ausdrucks; Beeinträchtigung in der Koordination von Bewegungsabläufen. Die Unfähigkeit hirngeschädigter Kinder,

Wichtiges von Unwichtigem zu trennen, überfordert sie häufig, in Spielsituationen angemessen zu reagieren, oftmals gepaart mit Einschränkungen durch erhöhte Schmerzempfindlichkeit.

- Aphasie, eine Störung des Darstellungsvermögens, die im Sprachverlust, fehlendem Sprachverständnis oder in der Unfähigkeit Gedanken in Sprache umzuwandeln, z.B. in Wortfindungsschwierigkeiten, erkennbar wird.
- Aggressives Spielverhalten kann auf hirnorganische Schädigung, emotionale Deprivation oder emotionale Beziehungsstörungen hinweisen. Kinder mit hirnorganischen Störungen sind relativ stark von ihren nicht beherrschbaren Triebimpulsen abhängig, weshalb Gegenstände und Menschen nicht sicher sind vor Zerstörung und Angriff. Ihre Spielentwicklung ist stark verzögert. Emotionale Deprivationen verhindern normale, anpassungsfähige Verhaltensweisen im Spiel, weil jede Wahrnehmung auf dem Hintergrund des erlebten Mangels zu situationsunangepassten Erwartungen führt. Die Defizite beeinträchtigen so die Spielfantasie, die Einhaltung von Spielnormen und die subjektiv interpretierte Beziehung zu den Mitspielern. Emotionale Beziehungsstörungen äußern sich oftmals ambivalenten, aggressiv versus hoch angepassten Verhaltensweisen, wobei die Aggressionen wie hinter einer Maske versteckt sind und im scheinbar unbeabsichtigten zerstören von liebgewordenen Dingen, provokativen und sadistischen Verhaltensformen zu Tage treten, was wiederum neue Schuldgefühle auslösen kann. Die Kinder neigen häufig dazu, Konflikte im Spiel auszulösen, für die sie die anderen verantwortlich machen, wobei ihre Projektionen ihnen erlauben, aggressiv zu werden.
- Sprunghaftes Spielverhalten wird meist von außen hervorgerufen. Die Kinder mit dieser Störung sind leicht ablenkbar, kaum in der Lage ein Spiel durchzuhalten oder geplante Spiele vollständig zu realisieren. Ihr Spiel ist oberflächlich und lässt kaum eine Identifikation mit der Gruppe bzw. dem Spielereignis erkennen. Ursachen können sein a) eine endogen-konstitutionelle Komponente ähnlich der „Zweiphasenneuropathie“ (ASPERGER); b) eine hirnorganisch in Richtung der Erethie (gesteigerte Erregbarkeit) weisende Kom-

ponente des enthemmten, distanzlosen Verhaltens; c) eine exogen-pädagogische Komponente bei Kindern, die nicht ernst genommen wurden, mit Erwachsenen im Spiel nicht mithalten konnten, mit Spielmaterial überschüttet wurden und die sich deshalb schlecht auf ein bestimmtes Spiel konzentrieren können, sondern schnell und oberflächlich auf äußere Reize reagieren.

- Autistisches Spielverhalten im Sinne der Abwendung von der Umwelt, der Beschränkung auf sich selbst und der Selbstisolation, differenziert in den KANNERschen (frühkindlichen) und den ASPERGERschen Autismus. Ersterer ist in Kontaktstörungen wie kurzer Blickkontakt, verzögerte Sprachentwicklung, unterdurchschnittliche Intelligenz und Stereotypien im Umgang mit Spielmaterial zu bemerken; letzterer durch beinahe ausschließliches Alleinspiel ohne sozialen Bezug auf dem Hintergrund von hohem Abstraktionsvermögen und Symbolverständnis (Sprachspiele mit Sinnanalogien, witzige Wortkonstruktionen).
- Pathologisches, exzessives Spielen in der Spielsucht, die häufig als eine Art 'fehlgeschlagener Selbstheilungsversuch' bei schmerzlichen Gefühlszuständen und/oder Verlust von positiven Perspektiven in der Lebensführung (existenzielles Vakuum) auftritt.

Bei aller Notwendigkeit der Spieldiagnostik sei am Schluss nochmals betont: „Man muss sich in die Welt des kindlichen Spiels hineinversetzen, um den Sinn der Spieltätigkeit zu erkennen. Günstig ist, wenn man das spielende Kind selbst gut kennt, um seine Erfahrungen, Wünsche und Ziele weiß und auch darüber informiert ist, wie das Spiel in die sonstigen kindlichen Lebensverhältnisse eingebunden ist. Fundiertes Wissen ist also ein Schutz gegen Fehlinterpretationen.“ (MOGEL 1994, 46)

2.7 Spielszenen und ihre Bedeutung

Die folgenden Beispiele dienen der Einübung in die Beobachtung und Beurteilung von Spielszenen. Sie sollen bei der Auseinandersetzung mit eigenen Wahrnehmungen, Gedanken und Gefühlen helfen und Anregungen für daraus resultierende Interventionen von Heilpädagog/inn/en in der Arbeit mit Kindern geben.

Beispiel 1

Das folgende Beispiel von Hans ZULLIGER (1952), dem schweizer Psychoanalytiker, Sonderschullehrer und Begründer der „nicht-deutenden“ Kindertherapie, dient sozusagen als ‘Einführung’:

„Ein Sechsjähriger mit Eß-Schwierigkeiten zeigt mir, als ich zum erstenmal bei ihm bin, seine große elektrische Eisenbahn. Er befiehlt mir, auf dem Teppich zu liegen. Dann fährt er mit der Lokomotive über den Hals.
‘Der Kopf ist ab!’ erklärt er. ‘Du bist tot!’“

Aufgabe 41
Wie hätten Sie auf die Herausforderung des Jungen reagiert?
Aus welchem Grund?
(Frage nach dem 'Warum', der Ursache, dem (Beweg-)Grund Ihres Handelns)
Mit welcher Intention?
(Frage nach dem 'Wozu', 'Wohin', der Perspektive, der Zielsetzung dem Sinn Ihres sprachlichen oder nicht sprachlichen Eingehens)

PS: Diese und weitere Fragestellungen zielen darauf ab, sich für die heilpädagogisch-spielerische Arbeit mit Kindern - zumindest gedanklich - zu sensibilisieren. Einmal ist es wichtig, sich über eigene Wahrnehmungen, Gedanken, Gefühle, Impulse, Abwehrhaltungen, Grenzerfahrungen bewusster zu werden; darüber hinaus gilt es, diese Erfahrungen - sozusagen als 'Trockenübung' - in zielorientiertes, heilpädagogisches Handeln umzumünzen, sowohl verbal wie nonverbal.

Ich schließe die Augen. Er betrachtet mich, geht mißtrauisch im mich herum, erteilt mir vom Rücken her einen Tritt. Ich muckse nicht. Wieder prüft er mich voller Mißtrauen. Dann versetzt er mir gleich ein paar Fußtritte und reißt mich an den Haaren. Ich verhalte mich stille.
'Tut's dir denn nicht weh?' schreit er mich an und tritt mich neuerdings.
Ich schweige.
Fast weint er: 'Sag! Tut's dir nicht weh?'
'Wie kann ich dir antworten?' frage ich. 'Ich bin ja tot, der Kopf ist ja abgefahren!'
Sofort greift er die Lokomotive und fährt damit in entgegengesetzter Richtung über meinen Hals. 'So - jetzt ist der Kopf wieder am Leib!' versichert der Bub.
'Natürlich hast du mir weh getan!' gebe ich nun Bescheid.
Er guckt mich betroffen an, dann drückt er mir die Lokomotive in die Hand. 'So!' läßt er sich vernehmen. 'Du bist jetzt mein Lokiführer, und ich stelle die Weichen!'
Und die Freundschaft war geschlossen. Wir 'verstanden' uns, ich war 'akzeptiert' - und wer weiß, ob das dermaßen rasch geschehen wäre, falls ich die Stöße abgewehrt hätte. Dies sei nur ein kleiner Hinweis." (84 f.)

Aufgabe 42
Reflektieren Sie das Verhalten Zulligers und Ihre eigenen Vorstellungen über mögliche Interventionen.
Was hat die Akzeptanz des Jungen herbeigeführt?

„Der Umgang mit Kindern, insbesondere mit Kleinkindern, ließ mich immer deutlicher erkennen, was für ein bedeutsamer Unterschied besteht zwischen der 'Welt-Anschauung', der Art des Denkens der Kleinen und der unseren. Wohl hatte ich aus Büchern gewußt, das Kinderspiel sei für die Kinder 'ernst'. Aber ich hatte gefühlsmäßig nicht erfaßt, *was* dies bedeutet und das Spiel eigentlich immer als 'Spiel' aufgefaßt. Der 'Ernst' besteht jedoch nicht darin, daß das Kind mit ganzer Hingabe im Spiel lebt, sondern daß das Spiel eben kein 'Spiel' mehr, vielmehr 'Wirklichkeit' auf einer anderen Ebene des Denkens und Auffassens ist. Ich gewann die Überzeugung, daß (im 'Spiele') der lange Stein, der, nach meiner Ansicht, den Vater *'bedeutete',* der Vater *'war'* - für das Kind nämlich; und daß das Kaninchen, das Kätzchen, das Hündchen für das Kind wirklich 'Brüderchen' und 'Schwesterchen' *waren* - also viel mehr als nur

bewußte Fiktionen von Geschwistern, als Geschwister-*ersatz,* der als *'Ersatz'* dem Kinde bewußt war. Ich erlebte, daß das Kleinkind, das zu einem Holzscheite, dem es ein paar Tuchfetzen umgelegt hatte, sprach, *wirklich* glaubte, ein Kindlein im Arm zu halten - nicht nur eine Puppe... Und immer von neuem fiel mir auf, daß Kinder ab und zu von ihren Schwierigkeiten oder Störungen durch das Spielen geheilt wurden, *ehe ich ihnen etwas gedeutet hatte...* (78)
Wir wollen... nicht daran zweifeln, daß es manchmal nötig sei, Deutungen zu geben, etwa um 'tote' Punkte zu überwinden... zu aktivieren, vorwärtszutreiben, oder auch ausschließlich zu dem Zwecke, das Kind zu veranlassen, sich mit sich selber zu konfrontieren.
Umgekehrt wollen wir *mit Deutungen so lange zurückhalten,* die Deutungstechnik wirklich nur dann benutzen, wenn dies unumgänglich ist, und *im Prinzip* wollen wir dem Kinde nichts deuten. Es handelt sich darum, daß das Kind etwas *erlebe,* und nicht in erster Linie darum, daß es etwas *wissen* lerne. Deshalb erscheint das Deuten fragwürdig." (80)
Neben vielen anderen Beispielen schildert Zulliger, dass man in der Arbeit mit Kindern „etwas aushalten" solle, weil man dadurch oft „die gröbste Aggression" brechen könne:
„Wenn man Sachverhalte mit Kindern als Mitspielern dramatisiert, muß man dabei einen Rutenschlag, Stoß, Klaps, Fußtritt... riskieren. Wird die Aggression zu stark, kann man das Kind fest beim Ärmchen fassen, um ihm *'die Grenze'* anzudeuten - und es versteht ohne Worte, was man ihm handelnd mitgeteilt hat... Diese zu erkennen hat es zur Ausbildung seines Ichs auch nötig."... (ZULLIGER 1952, 84)

Beispiel 2
Aus dem Videoprojekt einer Kindergartengruppe hat HEBENSTREIT (1979, 70 ff.) eine Reihe von Beispielen vorgestellt. Daran lassen sich die Äußerungsformen der Kinder und Erzieher/innen unter spieltheoretischen Gesichtspunkten anschaulich demonstrieren und reflektieren. Zunächst wird ein Spiel von Jungen (Spielszene 1), danach ein Spiel von Mädchen (Spielszene 2) der gleichen Altersstufe vorgestellt. Anschließend werden die Spielszenen auf dem Hintergrund der im Kapitel „Spiel" beschriebenen Spieltheorien analysiert.

Spielszene 1 (Jungen)

„Stefan und Andreas sind in der Bauecke, in der unplanmäßig auch eine Matte liegt, die eigentlich in die Puppenecke gehört. Simone kommt und holt die Matte, um die es mit Andreas einen kurzen Kampf gibt. Andreas und Stefan beginnen damit, die Baukasten so hinzustellen, daß sie eine Barriere zu dem offenen Raum hin bilden. Sie sagen: "Damit keiner hereinkommt." Beide stellen dann Verkehrszeichen auf die Kisten. Nach kurzer Zeit kommt Martin hinzu und sagt: "Ich bin Polizei." Und auch Marcus kommt mit einem selbstgebauten Flugzeug, das als Waffe fungiert. Es gibt ein kurzes Gespräch der Kinder über die Polizei, das von mehrfachen Ausrufen "tatütata" begleitet ist. Andreas und Stefan verstecken sich kurz hinter dem Vorhang, kommen wieder hervor, und Martin ruft: "Hände hoch, oder ich schieße." Es gibt einen kurzen Kampf, und Andreas liegt - von Marcus erschossen - auf dem Boden. Marcus sagt: "Er ist tot", worauf Stefan zum Telefon geht: "Ich mal anrufen, die Polizist." In der Zwischenzeit kniet Marcus über Andreas und horcht an dessen Herz. Andreas macht Schnarchgeräusche. Martin kommt mit "tatütata" an und fragt, wer Andreas erschossen habe; alle Kinder streiten die Tat ab. Marcus rüttelt nun an Andreas und ruft: "Aufwachen!" Da dieser sich aber immer noch nicht bewegt, sagt Martin zweimal: "Der ist tot." Marcus schlägt vor: "Okay, wir müssen ihn vergraben", von Marcus und Martin im folgenden durch Fußbewegungen angedeutet.- In der Zwischenzeit hat Stefan sich zurückgezogen. Marcus schlägt Martin nun vor: "Jetzt mußt du mich totschießen!", was dieser mit "peng, peng" auch tut, so daß Marcus umfällt. Martin geht daraufhin stolz zu Stefan: "Ha, ha, hab ich doch wohl gut gemacht. Mit einem Schuß. Da hab ich wohl getroffen. Ich bin wohl ein guter Mann, was?!" Als Andreas nun wieder aufsteht, wird er ebenfalls von Martin erschossen und fällt um. Christian kommt hinzu und äußert den Wunsch, auch Polizist zu sein. Stefan daraufhin spontan: "Ich bin die Mutter", was ihm von den anderen auch bestätigt wird. So baut Stefan mit den Verkehrszeichen auf den Baukästen, während die anderen Kinder kämpfen: herumschießen, umfallen etc. Während dieser Phase wird mehrfach gesagt: "Der ist tot." "Ich bin tot". "Schieß mich tot." - Stefan sagt dagegen einmal: "Aber eine Mutter nicht" (totschießen).- Andreas will nach einiger Zeit weg ("zu meiner Freundin"), was Marcus jedoch nicht zuläßt; daraufhin droht der Kampf Ernstcharakter anzunehmen. Andreas bleibt schließlich und gibt Anweisungen, von wem und wie er totgeschossen werden möchte. Obwohl Andreas dann regungslos am Boden liegt und Marcus ausruft "Der ist immer noch tot", schießen alle weiter auf ihn.- Stefan spielt die ganze Zeit weiter für sich alleine, schaut dabei aber laufend den anderen zu.- Marcus schneidet (dem toten) Andreas

nun ein Bein ab und ruft laut aus. "Ich hab ihm ein Bein abgerissen." Jemand anderes schlägt vor. "In den Bauch reinstoßen, dann ist er wirklich tot."
Das Spiel endet plötzlich damit, daß die Kinder von der Bauecke weggehen und im Raum umherlaufen. Die ganze geschilderte Szene dauerte etwa 15 Minuten." (71 f.)

Aufgabe 43

Äußern Sie sich zuerst einmal spontan und 'unsortiert' zum Spiel der Kinder. Wenn Sie in einer Gruppe arbeiten, lassen Sie alle Äußerungen unwidersprochen zu und achten Sie darauf, welche emotionalen Akzente, welches Thema, welcher Fokus sich aus den Eindrücken in Ihrer Runde herausbildet. Formulieren Sie dann möglichst kurz und präzise diesen Fokus.

Versuchen Sie danach, ob sie *Spielphasen* beim einzelnen Kind oder der Gruppe ausmachen können. Gibt es besondere Anlässe, die eine Änderung des Spielgeschehens bewirken? Welche sind dies?

Welche *symbolischen* Handlungen führen die Kinder aus, „was wird hier gespielt"? Vergleichen Sie Ihre Annahmen mit Ihren ersten Eindrücken und dem zuerst beschriebenen Fokus.

Fallen Ihnen *spieltheoretische* Aspekte ein? Um welche Art von Spiel handelt es sich hier? Mit Hilfe welchen theoretischen Annahmen könnten Sie das Spielgeschehen analysieren?

Was wäre für Sie ein Anlass gewesen, mitzuspielen? Wie hätten Sie sich dann selber in das Spiel eingebracht, welche Rolle hätten Sie gewählt, wie gehandelt (warum/wozu)?

Schlagen Sie bitte nach im Kapitel 2.3 „Das Spiel als entwicklungsförderndes Phänomen", besonders in den Abschnitten:
- Spiel als Förderung der *emotionalen* Entwicklung;
- Spiel als Förderung der *kognitiven* Entwicklung;
- Spiel als Förderung der *sozialen* Entwicklung.

Auf diese Weise vergegenwärtigen Sie sich im Überblick die Inhalte der beschriebenen Spieltheorien. Nun können Sie Ihre Analyse der Spielszenen unter den verschiedenen theoretischen Gesichtspunkten besser vervollständigen.

Im Folgenden wird die Spielszene der Jungen auf dem Hintergrund verschiedener Spieltheorien reflektiert, wie wir sie im Kapitel „Spiel“ als Förderung der *emotionalen, kognitiven* und *sozialen* Entwicklung des Kindes beschrieben haben.

Zuerst wird die Szene auf der Grundlage der *psychoanalytischen Spieltheorie* reflektiert.

Darin geht es im Wesentlichen um die *affektive* bzw. *emotionale* Bedeutung des Spiels. Tiefenpsychologische Aussage ist, dass das Spiel von Gefühlen gespeist wird, die sich in Gegensatzpaaren ausdrücken lassen: Liebe und Hass, Freude und Trauer, Lachen und Weinen, Macht und Ohnmacht, Sexualität und Aggression. Es ‘spielen weiterhin mit’: bildhaft sogenannte „innere Instanzen“ bzw. Strebungen, in denen verschiedene psychische Strukturanteile jeweils mehr oder weniger miteinander um die Vorherrschaft ringen. Dazu gehören:

- das Bewusste, Vorbewusste und *Unbewusste;*
- (1) das *Es* (Triebe, Wünsche, Bedürfnisse = Lustprinzip);

  (2) das *Ich* in der Auseinandersetzung mit der inneren und äußeren Realität (ausgleichende Instanz zwischen den Triebansprüchen des ES und den Werten, Normen und Erwartungen der Umwelt, die vom Kind internalisiert wurden = Realitätsprinzip);

  (3) das *Über-Ich,* d.h. internalisierte Werte, Normen und Erwartungen der Umwelt (= Moralitätsprinzip) in welchem die Strebungen des Ich-Ideal [wie ich auch sein könnte und sollte] und des Ideal-Ich [wie und was ich am liebsten sein möchte]) miteinander streiten.
- In verschiedenen *Entwicklungsphasen* (orale, anale, phallisch-ödipale Phase) kommen die genannten Strebungen in besonderen Ausdrucksformen (eben „Spielformen“) zur Geltung und ermöglichen auf diese Weise dem Kind Entlastung von innerpsychischem Druck und äußeren Anforderungen.
- Außerdem besitzt jeder Mensch ein vielschichtiges *Abwehrsystem,* (Abwehrmechanismen) das ihm hilft, mit eigenen und fremden, erlaubten und verbotenen, erwünschten und befürchteten, geliebten und verhassten Triebbedürfnissen, Wünschen, Vorstellungen und Handlungen einigermaßen ‘mit sich in der Welt’ zurechtzukommen.

Aufgabe 44

Beschreiben Sie ein Situationsbeispiel, in dem Sie selbst in inneren Konflikt zwischen Ihren Wünschen und Strebungen gegenüber Ihren Werten, Normen, Idealvorstellungen geraten sind und Entscheidungsschwierigkeiten hatten, sich persönlich angemessen, mit einem guten Gefühl für sich selbst, zu verhalten.

Haben Sie in Ihrem Verstehensversuch (Aufgabe 43) ähnliche Zusammenhänge entdeckt? Wenn nicht, versuchen Sie einmal, die Spielszene auf dem Hintergrund Ihres Wissens über die tiefenpsychologische Sichtweise in ihrer „Be-Deutung" noch einmal neu zu entschlüsseln.

Aufgabe tiefenpsychologischer Spieldeutung ist die Verdeutlichung der unbewussten Wünsche, die hinter den manifesten Spielerscheinungen stehen. Wie ist das oben beschriebene Spiel der Kinder unter diesen Gesichtspunkten zu sehen?
„Welche Triebstrebungen stehen hinter den Spielhandlungen?
Auf den Dualismus von Lebens- und Todestrieb, Sexualität und Aggression bezogen kann man in bezug auf das erste Rollenspiel der Jungen sagen, daß zunächst vor allem aggressive Strebungen zum Tragen kommen und zwar sowohl in ihrer nach außen als auch nach innen gewandten Form: Die Kinder erschießen die anderen, und sie fordern die anderen auf, sie selbst zu erschießen. Auch direkte Ausdrucksformen von Sexualität lassen sich beobachten, und zwar sowohl in aktiver wie in passiver Form. Wenn Marcus über Andreas kniet, so löst diese Berührung seines Genitals bei ihm sichtbare Befriedigungserlebnisse aus (vergleiche das Hoppe-hoppe-Reiter-Spiel der zweijährigen Kinder), während Andreas vor allem aus dem passiv am Boden liegen und beherrscht zu werden Lust gewinnt. Er sucht im Laufe des Spiels immer wieder solche Situationen und gibt deshalb genaue Anweisungen, wie und von wem er erschossen werden möchte. Das Spiel - wie jede menschliche Verhaltensweise - besteht nun aber weniger aus solchen reinen Triebbestrebungen, als vielmehr aus Formen der Triebmischung, d.h. einem wechselseitigen Zusammenspiel von Sexualität und Aggression. Dies wird - und es ist für die Interpretation wichtig, darauf hinzuweisen, daß die Kinder

sich im ödipalen Stadium befinden - vor allem an der Verwendung phallischer Symbole deutlich: Die Kinder spielen mit Messern, Flugzeugen, Bombern, Gewehren etc. Ganz zum Schluß sagt etwa ein Kind: "In den Bauch reinstoßen (das Messer), dann ist er wirklich tot." Dies ist deutlich Ausdruck aggressiver Bestrebungen, aber die Situation wäre kein Spiel mehr, würden nicht gleichzeitig sexuelle Phantasien eine Rolle spielen. So hat die psychoanalytische Forschung immer wieder den Symbolgehalt von Messern und Gewehren als Phallussymbole aufgedeckt. Uns Erwachsenen mag dies unverständlich erscheinen, wie uns vielleicht überhaupt solche Spiele negativ berühren, bringen sie doch ein so hohes Maß an Aggression zum Ausdruck; das Spiel zeigt jedoch eindeutig, daß die Kinder sich (unbewußt) verstehen. Andreas wehrt sich nicht gegen sein Erschießen und auch nicht dagegen, daß sein Bein abgerissen und ihm ein Messer in den Bauch gestoßen wird. Dadurch daß alle mitspielenden Kinder vor dem gleichen affektiven Konflikt stehen, hilft ihnen das Spiel, diese Konflikte wortlos "zur Sprache zu bringen", d.h. aber auch eine Wendung von der Passivität zur Aktivität machen zu können. Im Kontakt mit den Erwachsenen erfährt das Kind ständig sein Zurückgesetztsein, seine Ohnmacht, sich selbst nicht gleichberechtigt in die Interaktion einbringen zu können, während es im Spiel nun aktiv werden kann, da die Bestrafungstendenzen der Realität (der Erwachsenen) herabgesetzt sind. Es ist nicht das geschlagene Kind - und dem Leser wird deutlich sein, daß wir unsere Kinder nicht nur physisch schlagen, sondern gleichermaßen durch eine kinderfeindliche Umwelt, Einschüchterungen, Nichternstnehmen, Verleugnung von Bedürfnissen etc. -, sondern es wird zum schlagenden Kind. Diese Wendung von der Passivität zur Aktivität gilt übrigens gleichermaßen für die Kinder, die erschossen werden, da sie im Spiel dieser Situation nicht hilflos ausgeliefert sind, sondern sich ihr selbst ausliefern, und das heißt auch, sie kontrollieren können. Gut ist dies bei Stefan zu sehen, dem jüngsten der mitspielenden Kinder. Anfangs mischt er in der Auseinandersetzung kräftig mit, während diese für ihn nachher gefährlich wird. Er hat nun die Möglichkeit, wegzugehen oder von den anderen gezwungen zu werden, doch - und dann wahrscheinlich vor allem als Opfer - mitzuspielen. In beiden Fällen würde die Situation für Stefan ihren Spielcharakter verlieren. In der Tat findet Stefan aber einen gelungenen Kompromiß, der von seinen Mitspielern spontan akzeptiert wird - er übernimmt mitten in einer wild kämpfenden Gruppe die Rolle der 'Mutter'. Wir behaupten nun, daß dieser spontane Einfall kein Zufall ist (wenngleich sich ihm diese Rolle auch nicht durch bewußte Überlegung aufgetan hat), sondern daß sie eine gelungene Synthese zwischen seiner Angst vor dem aktiven Mitmachen und seinem Wunsch nach Einbezogenheit in das Spiel darstellt. Die Mutter steht als Frau außerhalb der Kämpfe, da Aggressionen "Männersache" sind, und sie ist als Erwachsene gleichzeitig wichtiger und stärker als ein Kind. Stefan kann so als Mutter beim Kämpfen zuschauen, ohne gleichzeitig direkt aktiv zu sein. Daß Stefan in seiner Rolle von den anderen bestätigt wird, zeigt gleichzeitig den Mechanismus des unbewußten Verstehens der Kinder im Spiel, während wir Erwachsenen seinen Einfall allenfalls als "drollig" empfinden. Zum Schluß noch ein Satz zu dem von der psychoanalytischen Spieltheorie herausgehobenen Kennzeichen des Kinderspiels als dem Wunsch groß zu sein, wobei wir... gesagt haben, daß dieses Großsein nicht den tatsächlichen Erwachsenen im Auge hat, sondern den aus der Sicht des Kindes absolut wichtigen Erwachsenen. Das zitierte Spielbeispiel zeigt uns nun, daß die Kinder in ihren Rollenspielen nicht kämpfende Kinder spielen, sondern kämpfende Erwachsene, denen sie große Macht zuschreiben: Polizist, Cowboy etc." (HEBENSTREIT 1979, 74 f.)

Aufgabe 45

Haben Sie in Ihrem Verstehensversuch (Aufgabe 43) auch kognitive Spielanteile entdeckt? Wenn nicht, versuchen Sie einmal, die Spielszene auf dem Hintergrund Ihres Wissens über die kognitive Spieltheorien in ihrer „Be-Deutung" noch einmal neu zu entschlüsseln.

PS: Bedienen Sie sich dazu wieder des entsprechenden Abschnittes im Kapitel „Spiel", um sich die Aufgabe zu erleichtern und die dort beschriebenen Inhalte mit der Spielszene lebendiger zu verknüpfen.

Neben der tiefenpsychologischen, *emotionalen* Spieldeutung, ist die *kognitive* Entwicklung im Spiel zu reflektieren. Wir wollen die vorher beschriebene Spielszene nochmals analysieren, diesmal jedoch auf dem Hintergrund der *kognitiven Spieltheorie* von Jean PIAGET, wie wir sie im Kapitel „Spiel“ unter dem Aspekt der „kognitiven Entwicklung“ dargestellt haben.

„Die These, daß das Symbolspiel Ausdruck der egozentrischen Form des Denkens der Kinder sei und daß der Aspekt der Assimilation den der Akkomodation überwiege, kann man deutlich am Umgang der Kinder mit dem Begriff des Todes sehen. Der Tod wird als eine Form des Schlafens angesehen, der Folge einer aggressiven Handlung ist, gleichzeitig aber nichts Endgültiges darstellt. So schnarcht Andreas, während er tot sein spielt; die Toten stehen mehrfach wieder auf, um erneut erschossen zu werden; die Kinder sagen: "Der ist *immer noch* tot"; dem toten Kind wird ein Bein abgerissen; Kinder, die bereits tot auf der Erde liegen, werden weiter erschossen. All dies deutet darauf hin, daß die Kinder einen Begriff vom Tod haben und mit diesem spielerisch umgehen, der nicht der Wirklichkeit entstammt, sondern den sie an die Tatsachen assimilieren, die sie kennen, in diesem Fall die des Schlafens. Den Tod kognitiv zu verstehen, erfordert eine Reihe von Abstraktionsleistungen, z.B. Vorstellungen von Endgültigkeit, Unendlichkeit etc., über die das Kind in diesem Alter noch nicht verfügt; gleichzeitig hört es häufig die Erwachsenen vom Tod reden (und erfährt beispielsweise durch das Fernsehen vom Tod). Im Spiel kann das Kind sich nun mit diesem Problem auseinandersetzen, indem es so agiert, als verstünde es alles. Dabei assimiliert es die Tatsache des Todes an vorhandene Schemata. (...) Als Hauptgruppe der Spiele vier- bis siebenjähriger Kinder hat Piaget das Symbolspiel genannt... Gleichzeitig gibt es im Kindergarten eine Fülle von Funktionsspielen, etwa die Kugelbahn. Auch Regelspiele kommen vor, die dann aber meistens unter der Regie des Erziehers in den gelenkten Spielphasen ablaufen, weshalb diese Situationen auch häufig in der Gefahr stehen, ihren Spielcharakter zu verlieren, da den Kindern eine Regel gegeben wird, mit der sie noch nicht spielerisch umgehen können. Regelspiele ohne Beteiligung von Erwachsenen und insbesondere Regelspiele, die nicht von Erwachsenen, son-

dern von Kindern weitergegeben werden (z.B. Gummitwist), kommen im Kindergarten selten vor. (...)
Die... zitierten Spielbeispiele kann man im Sinne Piagets als dem Stadium II der Entwicklung des Symbolspiels zugehörig klassifizieren, wobei Kennzeichen dieses Stadiums ist, daß der *symbolische* Gehalt dieser Spiele zwar abnimmt, nicht jedoch ihre absolute Anzahl. Die Symbolspiele der Kindergartenkinder verlieren zunehmend ihren Symbolcharakter, da sie sozialisierter, geordneter und der Realität besser angepaßt werden. In... (den) Spielen spielen die Kinder gemeinsam, d.h., sie sind in der Lage, sich auf gemeinsame Symbole zu einigen, wodurch diese ihren beschränkten Charakter verlieren. Die Aneinanderreihung von fünf Constribausteinen wird von allen beteiligten Kindern als "Messer" angesehen... In bezug auf das Beispiel der Jungen können wir auf eine Vorlaufphase verweisen, die wir in der obigen Beschreibung nicht mitgeschildert haben. Einige Kinder haben nämlich vor dieser Spielszene eifrig an ihrem "Bomber" gebastelt, wobei sie sich über eine halbe Stunde bemühten, eine richtige Lösung ihres Bauproblems zu finden. Gleichzeitig steht jedoch dieser Einbezug der Realität, hier die langen Vorarbeiten beim Bauen der Waffen, nicht im Gegensatz zur oben dargestellten These vom Überwiegen der Assimilation im Spiel. Betrachtet man das Bauen der Kinder, so haben sie bestimmte Vorstellungen, wie ihr Produkt auszusehen habe: Sie korrigieren sich, fangen neu an, bewerten ihre Produkte im Sinne von richtig und falsch; gleichzeitig ist dem erwachsenen Betrachter diese Vorstellung, was eigentlich ein "richtiger Bomber" sei, nicht deutlich geworden. Das Kind baut nach seinen Vorstellungen, aber diese entstammen weniger der Realität, als daß es diesen die Realität assimiliert.“ (HEBENSTREIT 1979, 75 f.)

Aufgabe 46
Haben Sie in Ihrem Verstehensversuch (Aufgabe 43) neben emotionalen und kognitiven auch *soziale* Spielanteile entdeckt? Wenn nicht, versuchen Sie, die Spielszene auf dem Hintergrund Ihres Wissens über die *sozialen Spieltheorien* (s. Kapitel „Spiel“) in ihrer „Be-Deutung“ noch einmal neu zu entschlüsseln.

Eine weitere Möglichkeit das Spiel der Jungen zu analysieren, wäre die Betrachtung der Spielszenen unter dem Gesichtspunkt der *„Sozialen Spieltheorie“*, wie wir sie im Kapitel „Spiel“ unter dem Aspekt der „Sozialen Entwicklung“ kennen gelernt haben.

„Einfühlungsvermögen zeigen z.B. die Jungen im... Rollenspiel, als sie die von Stefan gewählte Rolle der "Mutter" akzeptieren, d.h. seinen Wunsch erkennen, am Spiel teilnehmen zu wollen, ohne sich gleichzeitig der Gefahr des Kämpfens auszusetzen. Sein Wunsch, sich von der unmittelbaren Spielhandlung zu distanzieren, ohne gleichzeitig aus dem Spiel ganz auszusteigen, wird wohl auch deswegen akzeptiert, weil Stefan wesentlich kleiner ist, als die anderen Jungen. Andreas, Marcus und Martin können die Angst Stefans verstehen (wohl weil sie selbst in analogen Situationen in der gleichen Lage sind) und zeigen deshalb ein hohes Maß an Einfühlungsvermögen, wodurch das Spiel für alle Beteiligten gerettet ist. Stefan wird nicht als "Angsthase" beschimpft und von dem Spiel ausgeschlossen, sondern er bleibt als Ansprechpartner für die anderen erhalten, etwa wenn Martin bei ihm eine Bestätigung erhalten will, indem er zu Stefan sagt: "Ha, ha, hab' ich doch wohl gut gemacht." Wenn Stefan und Andreas in der ersten Spielszene sagen: "Damit keiner hereinkommt", schaffen sie für sich und für die anderen eine *explizite Kontextherstellung,* indem sie von dem gesamten Gruppenraum ein Stück als ihre private Spielecke abgrenzen. Sie definieren durch eine räumliche Abgrenzung den Bereich ihres Spiels und gleichzeitig damit, welche Personen zum Spiel gehören und welche nicht. Wenn Martin kurze Zeit später sagt: "Ich bin Polizist", gibt er sich selbst und den anderen einen Rahmen, innerhalb dessen seine nun folgenden Spielhandlungen verständlich werden. Beispiele für *sprachliche Desambiguierung* und auch *Metakommunikation* lassen sich... nicht finden, da die Handlungen der Kinder immer auf einer Spielebene gehalten werden können, während die beiden zitierten Fähigkeiten nur in gestörten Spielabläufen benötigt werden... Wenn Stefan in der ersten Spielszene sagen würde: "Mich (Stefan) nicht totschießen", so hätte er die Ebene des Spiels verlassen, und ein Prozeß der Metakommunikation wäre eingetreten, indem die anderen Kinder etwa hätten erklären müssen, daß sie ja nur so tun würden. Stefan bezieht

sich dagegen in seiner Äußerung ausdrücklich auf die Spielebene, wenn er sagt: "Aber eine Mutter nicht." Die Förderung des *Selbstvertrauens* läßt sich ebenfalls in der Rollenzuschreibung "Mutter" durch Stefan zeigen, da er in das Spiel unter kalkulierbarem Risiko eintreten kann. An dem Spiel der älteren Jungen überhaupt teilnehmen, ihre Verhaltensweisen beobachten und damit später kopieren zu können, erhöht das Selbstvertrauen Stefans. Dadurch, daß er bestimmen kann, wieweit er sich in das Spiel einläßt, kann er ein solches Maß an Aktivität zeigen, daß er auf jeden Fall eine positive Verstärkung bekommt. D.h., das Spiel bringt dadurch eine Stärkung des Selbstvertrauens, daß es dem Spieler die Bestimmung des Ausmaßes und der Grenzen des Einbringens seiner eigenen Person selbst erlaubt, so daß es zu einem Kreislaufprozeß kommt: Aktivität wird in einem solchen Maße gezeigt, daß es auf jeden Fall zu erfolgreichem Handeln kommt, und diese Selbstbestätigung erhöht das Maß an Aktivität in der nächsten Spielsituation.“ (HEBENSTREIT 1979, auszugsweise 77, 78)

Spielszene 2 (Mädchen)

„Die im folgenden beschriebene Spielszene von vier Mädchen dauert etwa 25 Minuten. Sie beginnt damit, daß ein Mädchen auf der Matratze in der Puppenecke liegt und sich zwei weitere dazugesellen. Simone ist beleidigt, weil die anderen nicht auf ihre Spielidee eingehen: "Ich spiele nie mehr mit euch." Zufällig nehmen die Kinder die Becher des Puppengeschirrs und spielen Trinken und Becherwegwerfen, was ihnen viel Spaß bereitet. Simone schlägt dann vor, "krank sein" zu spielen, was auch gemacht wird, zunächst werden die Rollen festgelegt. Die Rolle des Kranken ist so unbeliebt, daß in mehreren Versuchen ausgezählt werden muß, wer diese Rolle übernehmen muß. Jesseka, die schließlich die Kranke sein muß, wird ins Bett gelegt, und ihr werden die Schuhe ausgezogen. Aus diesem Schuheausziehen wird nun ein neues Spiel: Alle ziehen sich die Schuhe aus, stellen sie in eine lange Reihe und spielen Schuheverkaufen, wobei drei Mädchen im Kreis sitzen und Simone den anderen die Schuhe anprobiert. Dabei fängt Inge an zu erzählen:

"Wie lange dauert das Herr Zuschauer?"

"Wie lange dauert das Herr Pumpsmann?"

"Wie lange dauert das Herr Schweinefuß?"

"Wie lange dauert das Herr Schweinespeck?"

"Wie lange dauert das Herr Scheißmann?"
Alle vier Kinder lachen heftig darüber. Während des Schuheanziehens wird zum Teil auch gesungen. Danach gehen die Kinder planlos in der Puppenecke umher, ohne daß sich ein gemeinsames Spielthema herausstellen würde, bis Simone vorschlägt, in die Bauecke zu gehen. Vorher muß aber noch aufgeräumt werden, wobei beim Wegräumen des Puppengeschirrs noch einmal so getan wird, als trinke man. Die Kinder spielen besoffen und behaupten, daß Bier dick mache. Inge sagt: "Mein Vater hat mal ein Bier getrunken, da ist er so dick geworden und geplatzt." Das Spiel endet damit, daß drei der vier Mädchen in die Bauecke gehen." (HEBENSTREIT 1979, 72)

Aufgabe 47

Wie wirkt die Spielszene auf Sie, welche Gedanken, Gefühle, Assoziationen fallen Ihnen ein?

Was spielen die Mädchen? Haben Sie spontane Einfälle, was das Spiel „bedeuten" könnte?

Versuchen Sie, das Kinderspiel nach *emotionalen, kognitiven, sozialen* Aspekten zu durchforsten. Schauen Sie dazu vielleicht nochmals im Kapitel „Spiel" unter den ebenso bezeichneten Abschnitten nach, wie sich die spieltheoretischen Betrachtungsweisen differenzieren.

PS: Bei dieser Aufgabenstellung kommt es darauf an, Ihr Wissen und Ihre Wahrnehmungs- bzw. Beobachtungsfähigkeit an Hand der Szene zu schärfen und zu vertiefen und beides in einen Zusammenhang zu bringen, so dass Sie in der praktischen heilpädagogischen Arbeit, z.B bei einer Spielbeobachtung aus diagnostischen Zwecken, auch „richtig sehen", gemäß der alten Weisheit „Man sieht nur das, was man kennt!" Das gilt auch für andere Sinne, z.B. riechen (Wonach riecht es hier?); schmecken (Was ist das für ein Geschmack); fühlen (Ich fühle mich irgendwie komisch, ich weiß auch nicht wie...) denken (Ich kann das nicht verstehen; d.h. es fehlen mir die Orientierungspunkte der Einordnung für das Verstehen).

Welche emotionalen, kognitiven und sozialen Aspekte sind im Spiel der Mädchen erkennbar? Nach HEBENSTREIT (1979, 74 - 77) können folgende Hinweise gegeben werden:

Emotional:

„Hier soll... der Hinweis auf das Spiel als Befriedigung analer Bedürfnisse genügen, z.B. als Inge ihre Worte steigert: "Zuschauer, Pumpsmann, Schweinefuß, Schweinespeck, Scheißmann." Im gemeinsamen Lachen der Kinder zeigt sich wieder ein unmittelbares Verstehen der Kinder, ein Verstehen, das auf eine gleiche Bedürfnislage zurückzuführen ist. (74)

Kognitiv:

Überwiegen von Assimilation im Vergleich zur Akkommodation ist die... schon zitierte Aufzählung eines Kindes von Zuschauer bis Scheißmann, die keine logische Abfolge darstellt, sondern rein assoziativ erfolgt.

Als Hauptgruppe der Spiele vier- bis siebenjähriger Kinder hat Piaget das Symbolspiel genannt... Im... Spiel der Mädchen wird ein Ansatz von Regelspiel sichtbar, als nämlich Simone durch Auszählen feststellt, wer die Rolle des Kranken übernehmen muß. In der Tat ist dieses Regelspiel aber eingebettet in den Zusammenhang eines Symbolspiels, und der tatsächliche Vorgang des Auszählens zeigt, daß dies den Mädchen trotz mehrfacher Versuche mißlingt, da Simone die Regel, für jedes Wort des Reimes abwechselnd auf ein Kind zu zeigen, nicht durchhalten kann. (75)

Die Symbolspiele... spielen die Kinder gemeinsam, d.h., sie sind in der Lage, sich auf gemeinsame Symbole zu einigen, wodurch diese ihren beschränkten Charakter verlieren... und das "so tun-als-ob-man-trinke" bewirkt spontan bei allen Assoziation von "besoffen spielen".

Gleichzeitig sind diese Spiele geordneter, vor allem auch im Sinne der Einhaltung einer korrekten zeitlichen Ordnung. Während es Sarah mit zwei Jahren nichts ausmacht, erst zu trinken und sich dann etwas einzuschütten, passiert dies den Mädchen nicht. Beim Schuhverkaufsspiel gibt es eine richtige Reihenfolge von: Schuhe ausziehen - in eine Reihe stellen - sich in den Kreis setzen - Schuhe anprobieren - die passenden Schuhe anziehen. Auch Beispiele für das dritte Kennzeichen des Symbolspiels während der zweiten Phase, nämlich den stärkeren Einbezug von Realität in das Spiel, sind zu beobachten, etwa wird Schuhe verkaufen mit richtigen Schuhen gespielt, was für die Spielhandlung ja auch zur Folge hat, daß man sich beim Schuheanziehen realitätsgerecht verhalten muß. (76)

Sozial:

Flexibilität weist das Spiel der Mädchen auf, die in 25 Minuten wenigstens sechsmal ihr Thema wechseln. Dabei soll hier nicht behauptet werden, daß eine solche Sprunghaftigkeit charakteristisch für das Spiel der Kinder auf dieser Altersstufe ist, vielmehr haben wir auch Spielszenen beobachten können, wo eine Kindergruppe über eine halbe Stunde konstant bei einem Spielthema blieb. In der hier zitierten Spielszene hat man dagegen den Eindruck, daß die Mädchen nicht zu einem spannenden Spiel finden, sondern daß sie auf der Suche sind. Damit die Situation aber überhaupt fortgesetzt werden kann, müssen alle Mitspieler ein hohes Maß an Flexibilität aufbringen, sich auf neue Situationen einlassen und nicht an einer Spielidee kleben, die für die anderen Mitspieler langweilig ist.

Die... Spielszene zeigt uns auch ein Beispiel für *Toleranz gegenüber teilweiser Nichtbefriedigung eigener Bedürfnisse,* denn das Spiel der Mädchen droht bereits zu Beginn auseinanderzubrechen, als Simone erklärt: "Ich spiele nie mehr mit euch." Diesen Entschluß setzt sie aber nicht in die Tat um, sondern geht bereits kurze Zeit später auf die Spielideen der anderen ein und macht anschließend selbst Vorschläge. Sie, die es gewohnt ist, in dieser Mädchengruppe die führende Rolle zu übernehmen, verarbeitet ihre Enttäuschungen und steckt ein hohes Maß an Frustration ein. Gleichzeitig beweisen die Mitspieler dadurch Flexibilität, daß sie Simones Äußerungen nicht ernst nehmen und ihr so eine rasche Rückkehr in das Spiel ermöglichen, ja sogar kurze Zeit später wieder ihre führende Rolle anerkennen. (77)

In den folgenden Spielszenen geht es um alltägliche Situationen im Kindergarten, wie Sie sie vielleicht alle schon einmal als Kind, in pädagogischen Fachpraktika oder auch in der Rolle als Erzieher/in mit Kindern erlebt haben.

Ich erinnere an das Kapitel „Spiel“, in dem wir uns im Abschnitt 2.4 mit dem „Spiel als *pädagogisches* Medium“ beschäftigten. Wir sprachen von der Schwierigkeit, die immanenten Möglichkeiten des Spiels einerseits im Sinne einer *Spielförderung* für das Lernen des Kindes zu nutzen, dabei aber die prinzipielle „Unverfügbarkeit der Lernprozesse im Spiel“ nicht didaktisch zu überhöhen und damit das Spiel in seinem Wesenscharakter zu zerstören.
Die folgenden Beispiele zeigen diese Schwierigkeit deutlich auf, vor allem, wenn Sie die folgenden *gelenkten Spielphasen* mit dem sogenannten *'freien'* Spiel der Kinder im obigen Beispiel 1 (Szene 1 und 2) vergleichen. Zugespitzt lautet die Frage, ob gelenktes Spiel überhaupt noch Spiel ist und ob die Erzieher/innen in solchen Situationen wirklich die emotionale (affektive), kognitive, und soziale Entwicklung der Kinder anregen - oder sogar hemmen.
Die folgenden Beispiele der gelenkten Spielphasen und die daran anschließenden Analysen werden weitestgehend aus HEBENSTREIT (1979, 79 - 95) übernommen. Ich bin mir dabei bewusst, dass die Zeit inzwischen nicht stillstand, sondern sich im 'normal'-pädagogischen Raum von Kindergarten und Schule eine Vielzahl von Veränderungen ergeben haben. Die Kritik an dem Verhalten der Erzieher in den gewählten Beispielen dient einzig und allein der Verdeutlichung der Schwierigkeiten, die wir Erwachsenen haben, wenn wir in das kindliche Spiel eingreifen oder im Spiel etwas Bestimmtes bezwecken. Ähnliches geschieht immer auch im Alltag, im Umgang zwischen Eltern und Kindern, beim Sport, bei dem wir auch vom „Spiel“ sprechen, in dem es aber vorrangig um Training und Leistung geht und auch dann, wenn Heilpädagog/inn/en den Anteil der „Übung“ im Spiel, im Bestreben um „Spielförderung“, einseitig gegenüber der freien Aktivität des Kindes überbetonen.

Beispiel 3

„Die im folgenden referierte Stuhlkreissituation fand am Ende des Kindergartenvormittags statt und dauerte zwanzig Minuten. Die Erzieherin führte in dieser Zeit drei verschiedene Spiele durch ("Ich bin in den Brunnen gefallen"; "Bello, dein Knochen ist weg"; "Ich steh' hier im Kreise"), von denen hier nur das erste und der Übergang zum zweiten dokumentiert werden sollen.

(E = Erzieherin; K = Kind; KK = Kinder)

E.: So, sind wir jetzt soweit? Prima. Claudia, mach doch deine Hose lieber zu. Meinst du nicht? So, was wollen wir denn mal für ein Spiel machen?
KK.: Ich bin in den Brunnen gefallen.
K.: Das haben wir schon lange nicht mehr gespielt.
E.: Komm. Das spielen wir fast jedesmal. Ist gut. Wer darf mal in den Brunnen fallen?
KK.: Ich.
E.: Claudia, willst du mal in den Brunnen fallen?
Cl.: ...
E.: Lauter, wir hören dich ja gar nicht.
Cl.: Brunnen gefallen.
E.KK.: Wie tief denn?
Cl.: 100000 Meter tief!
E.KK.: Wer soll dich denn da wieder raus holen?
E.: Wer soll dich da rausholen?
Cl.: Nicole.
E.: Och nein. Wer am besten? Nein! Was soll der am besten machen? Wer am besten Zähne putzen, Fahrrad fahren. Autofahren, Klatschen oder irgend etwas.
KK.: Feuerwehr fahren oder schreien.
E.: Was soll der mal machen? Wer am besten?
Cl.: Fahrrad fahren.
E.: Wer am besten Fahrrad fahren kann.
KK.: (Machen Geräusche) Fahrrad fahren. Hör mal. (Will darauf hinweisen, daß die Kinder falsche Geräusche machen)
KK.: Klingelingeling.
E.: Claudia hebst du mal deinen Arm? (Die Erwachsenen lachen, weil Claudia nicht ihren Arm hebt, was in diesem Spiel das Zeichen für das Ende ist.)
E.: Gut, Schluß. Ja, wer darf's jetzt? Nicole. Ja, ha. Klar. (Erwachsene lachen, weil Claudia ihre Freundin nennt.)
E.: Feste, Nicole, feste. Sag mal Nicole, hast du neue Schuhe?
Nic.: Nein!
K.: Ich hab neue.
Nic.: Ich bin in den Brunnen gefallen!
E.KK.: Wie tief denn?
Nic.: 100000 Meter tief!
E.KK.: Wer soll dich denn da wieder rausholen?
Nic.: Feuerwehr fahren.
E.: Feuerwehr.
E.KK.: Tatütata.
Nic.: Simone.
Sim.: Ich bin in den Brunnen gefallen.
E.KK.: Wie tief denn?
Sim.: 100 000 Meter tief.
E.KK.: Wer soll dich denn da wieder rausholen?
Sim.: Wer am besten Autofahren kann.

E.: Auto fahren, das ist immer das gleiche. Du Simone, warte mal, kann es nicht was anderes sein?
Sim.: Wer am besten aufräumen kann.
E.: Aufräumen. Jetzt müssen wir mal so tun, als wenn wir aufräumen. Ah - äh (Stöhnen vor Anstrengung)
E.: Ruth, du bist sehr fleißig.
K.: Ich bin auch fleißig. Petra.
Sim.: Petra.
E.: So Petra, machst du es dann vielleicht zum letzten Mal, oder warst du schon einmal in den Brunnen gefallen?
P.: Nein.
E.: Nein, gut. Dann mach erst mal zum letzten Mal.
P.: Ich bin in den Brunnen gefallen!
E.KK.: Wie tief denn?
P.: 100000 Meter tief!
E.KK.: Wer soll dich denn da wieder herausholen?
P.: Wer am besten die Luft anhalten kann.
E.KK.: (Halten die Luft an)
K.: Da oben ist eine Maus.
K.: Ha - ha - ha
K.: Du meinst wohl eine Fledermaus.
E.: Petra, wer hat denn am besten die Luft angehalten?
P.: Du (die Erzieherin).
E.: Dann ziehe ich dich erst mal raus. So. So. Dann darf ich jetzt auch ein neues Spiel vorschlagen. Ja.
KK.: Ich, Ich, Ich, Ich.
E.: Christian. Gut, was spielen wir denn? Ich schlag ein Spiel vor. Du mußt erst mal zuhören, was ich spielen möchte.
Ch.: (Schlägt ein Spiel vor.)
E.: Ne, möchte ich gar nicht. Ich darf doch jetzt eins vorschlagen. Ich hab doch als letzte rausgezogen. Paßt mal auf. Kennt ihr denn wohl das Spiel "Bello, dein Knochen ist weg"?
K.: Ich kenne "Mein Hund ist weg".
E.: Vielleicht ist es das gleiche. Erklärst du mal, wie es geht?
K.: Weiß ich nicht, hab' ich schon mal gespielt.
E.: Einer von euch ist der Bello. Das ist ein Hund. Ne. Und der Bello geht in die Mitte und schläft. Und dann legen wir einen Knochen daneben. Das ist ganz einfach ein Baustein oder ein Bleistift. Das ist egal. Dann zeig ich auf irgendein Kind und das darf den Knochen dann wegnehmen. Wir haben alle unsere Hände auf dem Rücken.
K.: Das kenn ich, das haben wir im Kindergarten . . .
E: Und der Bello, der darf nicht blinzeln. Der hat die Augen ganz fest zu. Der muß nur ganz genau hinhören, woher die .Schritte denn wohl kommen, der ihm den Knochen wegnimmt.
K.: Und dann muß der raten, wer das war?
E.: Und dann rufen wir "Bello, dein Knochen ist weg". Dann darf der nachgucken, und dann darf er zeigen, wer den Knochen wohl hat. Wenn er genau hingehört hat, kann er es vielleicht verstehen.

Das Spiel wird im folgenden fünf Mal durchgeführt, wobei die Kinder unterschiedliche Strategien des Suchens anwenden.

1. Carola errät es sofort richtig.
2. Christian wird beschuldigt zu blinzeln (s.u.), errät es ebenfalls sofort.

3. Christina findet die richtige Lösung nach einigen gezielten Versuchen.
4. Anke braucht viele Versuche, weil den Knochen Sabine hat, die von ihr abgelehnt wird (s.u.).
5. Marcus spielt richtig Hund (was auf Lachen stößt) und sucht ganz unstrukturiert.“ (HEBENSTREIT 1979, 79 - 82)

Aufgabe 48

Wie mutet Sie die Spielszene an? Welche Gefühle, Gedanken, Erinnerungen, andere Assoziation fallen Ihnen spontan ein?

PS: Es ist wichtig, dass Sie sich immer wieder zuerst selbst Auskunft über sich geben, bevor Ihr ganz persönlicher Eindruck durch andere Äußerungen oder Meinungen möglicherweise verwischt wird. Auf diese Weise lernen Sie sich selbst in Ihren ganz eigenen Reaktionen am besten kennen und das ist eine gute Voraussetzung für einfühlendes Verstehen anderer!

Es geht bei den Aufgaben niemals um „richtig" oder „falsch". Wir suchen Annäherungswerte im Verstehen!

Deshalb ist es auch wichtig, wegen unterschiedlicher Wahrnehmungen nicht zu diskutieren (= um die Richtigkeit zu streiten), sondern sich mit-zu-teilen und an den Erfahrungen und Einschätzungen anderer Anteil-zu-nehmen.

Wie fühlten Sie sich in der Identifikation mit der Erzieherin?

Wie fühlten Sie sich in der Identifikation mit einem (oder mehreren) Kindern?

Ist Ihnen zu den spieltheoretischen Betrachtungsweisen *emotional, kognitiv, sozial* im Spielverlauf etwas aufgefallen?

„Fangen wir mit einem Ereignis am Schluß der beschriebenen Spielszene an, und fragen wir nach den Außenseiterkindern in diesem Spiel. An zwei Stellen fallen diese sehr auf. Als Anke den Knochen bei Sabine - einem Mädchen, das von allen Kindern der Kindergruppe abgelehnt wird - suchen muß, weigert sie sich lange, zu Sabine zu gehen, obwohl ihr die richtige Lösung schon lange klar ist: Sie wird ihr vorgesagt, sie bellt alle Kinder im Umkreis von Sabine an, nur diese nicht. Wenn auch der Spaß dieses Spiels normalerweise im raschen Herausfinden des richtigen Kindes liegt, zieht es Anke vor, lieber nicht erfolgreich zu sein und auf das Spiel zu verzichten, als zu der verhaßten Sabine zu gehen. Beide Kinder machen nach der Lösung des Spiels ein unglückliches Gesicht: Anke setzt sich schnell auf ihren Platz, und Sabine legt gelangweilt den "Knochen" auf den Boden. Die Lage erreicht für beide eine solche Spannung, daß das Spiel unlustvoll wird und seinen Spielcharakter verliert. Die Aggressivität dieser Situation wird dadurch verstärkt, daß beide ihre Spannungen nicht im Spiel lösen können, sondern nur durch eine Verhinderung des Spiels. Der enge Spielrahmen. dessen genaue Einhaltung sowohl durch die Erzieherin als auch die zuschauenden Kinder überwacht wird, ermöglicht weder Anke noch Sabine ein wütendes Ausbrechen, und er bietet auch keine versteckten Möglichkeiten eines symbolischen Ausdrückens der Aggressionen. Der Konflikt wird dadurch weiter verschärft, daß die Erzieherin die Situation falsch einschätzt, indem sie das Nichtfinden des Knochens als eine kognitive Fehlleistung interpretiert. Dies wird daran deutlich, daß sie Anke konkrete Suchhilfen gibt, sowie durch ihr Lachen, das ihr Unverständnis zum Ausdruck bringt, als Anke nicht zu einer richtigen Lösung kommen kann. Beide Kinder spüren deutlich ihre Feindseligkeit, aber sie lernen, daß sie diese nicht zeigen dürfen, ja daß sie von der Erzieherin noch nicht einmal beachtet wird. Spiel als Meisterung der aggressiven und sexuellen Gefühle muß in Situationen mißlingen, in denen diese abgeblockt werden, so daß sie nicht verarbeitet werden können. Der zweite Außenseiter in diesem Spiel ist Christian. Auch er erfährt in dieser Spielsituation, was seine durchgängige Erfahrung im Kindergartenalltag ist, nämlich angeschwärzt zu werden.

E.: Nimmt Christian dran und sagt dann: "Mal sehen, ob du genau hinhören kannst. Aber nicht blinzeln!"

KK.: "Der blinzelt."

E.: "Du, Christian, wenn du mogelst, dann möchten wir gar nicht mehr spielen. Augen zu."

Zwischen der Erzieherin und den Kindern besteht in bezug auf Christian eine gemeinsame Rollenzuschreibung: Er ist hinterhältig, ein Spielverderber und Schummler. Die Kinder und die Erzieherin bestätigen sich gegenseitig in dieser Meinung, obwohl objektiv an Hand der Filmaufnahmen festzustellen ist, daß Christian in Wirklichkeit nicht blinzelt. Aber diese Tatsachen haben keine Bedeutung angesichts der festen Überzeugung aller Beteiligten. Christian selbst hat sich mit seiner Rolle abgefunden, er hat resigniert und wagt deshalb gar nichts gegen diese falsche Beschuldigung zu sagen. Das Spiel ist in diesem Fall die Bühne, um latent vorhandene Vorurteile manifest werden zu lassen, und für Christian ist es ein Mosaiksteinchen mehr in seinem negativen Selbstbild. Er kann auch in diesem Spiel nicht aktiv werden und sich und den anderen keine positive Selbstdarstellung bieten.

In bezug auf die in dieser Spielszene zum Ausdruck kommende Erzieher-Kind-Interaktion möchten wir behaupten, daß sich hier die zentrale Rolle der Erzieherin zeigt, der eine Passivität auf Seiten der Kinder gegenüber steht. Die Erzieherin schlägt die Spiele vor, oder zumindest bewertet sie die Vorschläge der Kinder und entscheidet ("Komm, das spielen wir fast jedes mal!"). Die Kinder, die beim Spiel "Ich bin in den Brunnen gefallen" in der Hocke sitzen, schauen mit ihrem Gesicht immer zu der Erzieherin hin und drehen den meisten anderen Kindern den Rücken zu. Das einzig spontane Moment in diesem Spiel, nämlich die Aufgabe zu nennen, die Gruppe tun muß, um das Kind aus dem Brunnen herauszuholen, wird ebenfalls von der Erzieherin kontrolliert. Sie entscheidet, ob die Vorschläge passen oder nicht. Die Kinder können auch hier nur reagieren. Sie brauchen keine eigenen Spielideen einzubringen, sondern sie müssen sich fragen, was die Erzieherin als Vorschlag akzeptieren wird. Die Aktivität dir Erzieherin und die Passivität der Kinder zeigen sich auch darin, daß die Erzieherin den Rahmen vorgibt: Sie kennt das Spiel und hat es den Kindern beigebracht, während die Kinder nur vorgefaßte Sprachschablonen nachsprechen können:

- "Ich bin in den Brunnen gefallen!"
- " Wie tief denn?"
- "100000 Meter tief!"
- " Wer soll dich denn da wieder herausholen?"

Spontane Eigenaktivitäten der Kinder, das Hauptmerkmal von Spiel schlechthin, finden in diesen Spielen keinen Ausdruck, sondern die Kinder lernen hier eine Disziplinierung, ein sich Fügen in eine von der Erzieherin gegebene Regel, die sie nicht umstürzen können. Piaget hat in bezug auf die Entwicklung des Regelspiels die Tendenz herausgefunden, daß die kleinen Kinder die Regel als absolut setzen,

sich in ihrer Spielpraxis effektiv aber überhaupt nicht daran halten, während die älteren Kinder die Regel diskutierend verändern, sich nach einer Absprache dann aber daran halten... In bezug auf die hier zitierten Spiele - und jeder Erzieher kann unsere Aussagen auf die meisten der traditionellen Stuhlkreisspiele übertragen - zeigt sich dagegen, daß die Kinder beides nicht können: Sie können die Regel nicht diskutieren, da sie von der Erzieherin absolut gesetzt wird, und sie können die Regel in ihrer Spielpraxis auch nicht entsprechend ihren egozentrischen Verhaltensweisen subjektiv anwenden, da sie in der Situation zu einem konformen Verhalten gezwungen sind. Im Sinne Piagets bedeuten die zitierten Spiele auch insofern keine kognitive Förderung, da die Kinder in ihrer absoluten Gläubigkeit an die Autorität des Erwachsenen verstärkt werden, wobei diese Autoritätsgläubigkeit gleichzeitig auch den Egozentrismus bedingt (beide sind zwei Seiten einer Medaille).
Noch in einem weiteren Punkt zeigt sich die aktive Rolle des Erziehers, der eine passive auf Seiten der Kinder entspricht. Die Erzieherin hat in der Stuhlkreissituation viel Arbeit, was sich bei ihr als körperliche Erschöpfung nach einem Kindergartenvormittag äußert: Sie muß ständig organisieren, um die Ordnung des Stuhlkreises und den Ablauf der Spiele zu gewährleisten. Dieser Aktivität der Erzieherin entspricht bei den Kindern eine affektive Neutralität, die sich in verschiedenen Verhaltensweisen zeigt, die Langeweile andeuten: gähnen mit Armen und Beinen baumeln, durch den Raum schauen etc. Diese Langeweile der Kinder bewirkt, daß die Spiele in einem geordneten Rahmen ablaufen können, und die Ordnung wird eigentlich nur gefährdet, wenn ein neues Kind drankommen soll. Dann springt ein Teil dar Kinder auf und ruft laut durcheinander: "Ich, Ich, Ich!" Aber die Situation ist für die Kinder auch hier aussichtslos. Da die Regel besteht, daß nur die Kinder drankommen, die ruhig auf ihren Plätzen sitzen, erfahren sie auch hier wieder ihre Unfähigkeit, ihr eigenes Schicksal in die Hand nehmen zu können. Sie müssen sich dem Plan der Erzieherin einfügen, die ihrerseits nach ihren Vorstellungen von Gerechtigkeit die Kinder auswählt, wobei das Prinzip der Auswahl den Kindern nicht deutlich wird.

Warum bekunden aber immer so viele Kinder Interesse an einem Spiel, das aufgrund unserer Analyse doch eigentlich nicht lustvoll ist? Hier scheinen wir uns in Widerspruch zu verwickeln, doch möchten wir die These aufstellen, daß das Interesse der Kinder kein Interesse an dem Spiel als Spiel ist - dazu ist es auch viel zu kurz und zu sehr außengeleitet, und es besteht ständig die Gefahr der Bewertung (und damit der eventuellen Abwertung) durch die Erzieherin -, sondern es ist einzig und allein ein Interesse an dem Herausgehobensein vor der Gruppe. Das Kind hat den Wunsch, einmal aus der Anonymität herauszukommen, nicht ein Kind unter vielen zu sein, sondern im Mittelpunkt zu stehen. Ein solches Interesse erscheint legitim, doch muß bedacht werden, daß in den Spielen des Stuhlkreises dieses Interesse eher frustriert wird, als daß es erfüllt werden kann. Die Spiele sind strukturell so angelegt, daß die aktive Rolle bei der Erzieherin liegt und immer nur wenige Kinder kurzzeitig im Mittelpunkt stehen können.

Noch auf einen letzten Punkt bei der Betrachtung der obigen Spielszene soll hier aufmerksam gemacht werden. Es gibt zwei Stellen, an denen aus dem festen Rahmen des Spiels ausgebrochen wird, wobei dies einmal von den Kindern und einmal von der Erzieherin ausgeht.

K.: Da oben ist eine Maus.

K.: Ha-ha!

K.: Du meinst wohl eine Fledermaus?!

E.: Petra, wer hat denn am besten die Luft angehalten?

Es ist erstaunlich, daß die Kinder nur an einer Stelle den engen Rahmen des von der Erzieherin vorgegebenen Spiels verlassen, und der häufig zu beobachtende Ausdruck der Langeweile zeigt an, daß dies nicht durch die Spannungsmomente des Spiels zu erklären ist, sondern durch die Autoritätsfixierung der Kinder (s.o.). In der oben nochmals wiedergegebenen Szene geht die Erzieherin nun nicht auf das Gespräch der Kinder ein, sondern sie ist am Durchhalten ihres Spiels interessiert und lenkt deshalb sofort wieder zu ihm zurück. Der Witz der Kinder trifft ihr Bedürfnis nach unsinnigen Wortverbindungen, Quatsch machen, und dies ist eine Ebene, die dem Denken des Erwachsenen, das dem Realitätsprinzip angepaßt ist, widerspricht. Es fällt leider vielen Erwachsenen schwer, sich auf solch unsinnige Gespräche einzulassen, obwohl es den Kindern großen Spaß macht. Dem Vergnügen der Kinder - und dies war ja Sinn der Veranstaltung des Stuhlkreises - hätte es eher entsprochen, wenn die Erzieherin auf die Situation der Kinder eingegangen wäre, indem sie Raum für freie Assoziationen zum Thema "Maus - Fledermaus" gegeben hätte. Vielleicht hätte es ausgereicht, wenn sie einfach ihre eigenen spontanen Assoziationen geäußert hätte.

Das andere Mal ist es die Erzieherin, die den Rahmen des Spiels verläßt:

E.: Sag mal Nicole, hast du neue Schuhe?

N.: Nein.

K.: Ich hab' neue.

Die Unterbrechung des Spiels weckt bei den Kindern Interesse. Sich über seine neuen Schuhe zu unterhalten, bedeutet den Versuch, Stolz und Prestige ausdrücken zu wollen. Doch die Erzieherin geht auf das zweite Kind nicht ein, sie ist lediglich an einer sachlichen Information aufgrund eines plötzlich bei ihr entstandenen Eindrucks interessiert.

Wir möchten an dieser Stelle noch einmal ausdrücklich eine Warnung einschieben. Uns geht es hier nicht um eine Kritik an einer einzelnen Erzieherin oder an einem einzelnen Kindergarten, noch um eine Kritik an den Kindergartenerziehern im allgemeinen, die sicherlich bemüht sind, mit großem Engagement den Kindergartenvormittag zu organisieren. Wir wollen vielmehr ein Problembewußtsein schaffen, das jeden Erzieher in die Lage versetzt, seine eigene Praxis kritisch zu reflektieren. Die Struktur des Stuhlkreises und viele seiner traditionellen Spiele verhindern unserer Meinung nach, daß das gemeinsame Spiel von Erwachsenen mit Kindern ein wirkliches Spiel wird, daß die Kinder als gleichberechtigte Partner ihre Konflikte austragen können und Spaß an der Situation haben.“ (HEBENSTREIT 1979, 79 - 86)

Beispiel 4

In diesem Beispiel geht es um Hilfen beim Misslingen des Spiels im pädagogischen Alltag mit Vorschulkindern,

a) wenn das Ausmaß an Aggressionen im Kinderspiel so groß wird, dass es zum Spielabbruch führt;
b) wenn ein Kind permanent in der Kindergruppe isoliert wird.

„Jessika, Simone und Anne kommen auf den Bauteppich, wobei eine feindselige Haltung zwischen Jessika und Simone auf der einen Seite und Anne auf der anderen Seite besteht: Sie bauen getrennt voneinander, wobei der Streit um den Platz (wer darf wie weit bauen?) und um das Material (wem gehören welche Bau-Kästen?) geht. Es kommt sowohl zu verbalen Aggressionen als auch zu kurzen Handgreiflichkeiten: dabei ist Anne auch aufgrund ihres Alters in der schwächeren Position. In der Diskussion darüber, ob Anne eine bestimmte Kiste mit Bauklötzen nehmen darf, kippt die Situation plötzlich um, und die Kinder beschließen gemeinsam zu bauen. Dies geschieht jedoch nicht, statt dessen kommt es zu einem verbalen Rollenaushandeln. Anne wird die Rolle des Kleinkindes zugesprochen, um die sich Jessika und Simone mütterlich zu kümmern haben. Realisiert werden dann verschiedene Spiele mit einer Matte, die aus der Puppen- in die Bauecke geholt wurde: darauf herumspringen, sich auf sie setzen, sie als Rutsche vom Schrank benutzen etc.. Bei all diesen Spielaktionen fällt immer wieder das mütterliche Verhalten der beiden älteren Kinder gegenüber Anne auf: Als sie anfängt zu weinen, holt Simone schnell ein Taschentuch; Kisten werden hingestellt, damit Anne besser auf den Schrank klettern kann; bevor Anne auch herunterrutschen darf, machen es ihr Simone und Jessika mehrmals vor.

Dieses Beispiel zeigt eine spontane Lösung des Konfliktes durch die Kinder, die diese im Spiel schaffen, indem allen Beteiligten eine Spielrolle gegeben wird, mit der sie sich ins Spiel einbringen können. Bevor wir auf das Beispiel zurückkommen, betrachten wir noch kurz eine andere Szene:

Marina geht zu Frau Riller - der Zweitkraft - und beschwert sich über Lisa, die ihr auf den Fuß getreten habe. Frau Riller bittet nun Lisa, zu ihr zu kommen, und fragt sie, ob sie absichtlich getreten habe. Ohne die Antwort des Kindes abzuwarten, schickt sie die beiden Kinder mit ein paar Ermahnungen, sich doch zu vertragen, wieder weg." (HEBENSTREIT 1979, 116)

Aufgabe 49
Ich möchte in diesem Zusammenhang ein weiteres Beispiel einfügen, das eine ähnliche Interaktion der Kinder, diesmal zwischen Geschwistern beschreibt, wobei der Erwachsene ebenfalls als „Rückversicherung" ins Spiel der Kinder einbezogen wird.

Versuchen Sie einmal, die *Unterschiede im Verhalten der Pädagogen* zu beschreiben und überlegen Sie, welche *Wirkungen* diese unterschiedlichen Verhaltensweisen wohl auf die betroffenen Kinder haben mögen.

Diese (eingeschobene) Szene handelt vom älteren Bruder Bobby und dem kleineren Gavin:

„Und ich sah, wie Gavin langsam, langsam seinen Fuß näher zu dem großen komplizierten Gebäude hin bewegte, das Bobby gerade als Kaserne aufgebaut hatte. Bums! 'Zufällig' brach es zusammen. Bobby wurde sofort zum Monster und warf einen Stein. Gavin schrie *verzweifelt* auf und rannte schutzsuchend zu mir...
Ich sagte: 'Oh, Mann... Armer kleiner Gavin ... (Pause) oder ... (Pause) eigentlich Supermann Gavin? ... Konntest sogar den Bau vom großen Bobby kaputtmachen *und* es schaffen, daß Mami kam und mit Bobby schimpfte und *ihn* tröstete.' ... Gavin lächelte verlegen. An diesem Punkt drückte ich ihn kurz an mich - nicht vorher, als er versucht hatte, mich dazu zu zwingen, ihn zu beschützen." (COLM in GENDLIN in GOETZE 1981, 71)

„Was beim Vergleich dieser beiden Beispiele (gemeint sind das erste Rollenspiel und die Reaktion der Erzieherin in der zweiten Szene. Anm. W.K.) auffällt ist, daß die Kinder im ersten Beispiel ihren Konflikt spontan im Spiel lösen, während die Erzieherin im zweiten Beispiel außerhalb des Spielrahmens bleibt und auf einer allgemein-moralischen Ebene handelt: auf den Fuß treten ist nicht so schlimm, wenn es zufällig geschieht, die gleiche Handlung ist aber negativ zu bewerten und zu sanktionieren, wenn sie mit Absicht geschehen ist. Nun hindert aber der Egozentrismus der Kinder sie an einer solchen Unterscheidung vielmehr interpretiert Marina die Situation eindeutig als absichtsvoll, weil es ihr ja wehgetan hat. Erzieher und Kind handeln also nicht nur auf verschiedenen Ebenen - Spielverhalten gegen

verbale Reflexion -, sondern ihre unterschiedliche Denkweise bewirkt ein Nichtverstehen, so daß die Kinder nicht die moralischen Kategorien der Erzieherin übernehmen können, sondern sie nur als außengesteuert akzeptieren, was ihnen dank ihrer Erwachsenengläubigkeit (die die Kehrseite des Egozentrismus ist; s.o.) möglich ist.“
(HEBENSTREIT 1979, 116)

In der dritten, eingefügten Szene (Aufgabe 49) wird der Erwachsene zeitweilig ebenfalls in die Verhaltensmuster des Kindes hineingezogen. Gavin, der kleinere Bruder, der sich vermutlich gegenüber dem größeren Bruder Bobby häufiger unterlegen fühlt, plant dessen Bauwerk zu zerstören, um sich mit dieser aggressiven Handlung einerseits Erleichterung und ‘Genugtuung’ zu verschaffen, andererseits aber auch seinen Neid und seine fantasierte Allmacht ‘ins Spiel zu bringen’, indem er sich stark genug zeigt, das Werk des Älteren zu zerstören und sich dadurch selbst als ‘Könner’ und ‘Großer’ zu beweisen. Der Erwachsene durchschaut aufgrund seiner Beobachtung die Szene und entschlüsselt sich dadurch das Erleben des Kindes. Er kann mittels „Szenischem Verstehen“ einen „Fördernden Dialog“ beginnen, indem er einerseits Gavins Gefühle und sein daraus resultierendes Manöver *akzeptiert* („Armer kleiner Gavin...“), zugleich aber dem Kind seine Gefühle und seine Handlung reflektierend *bewusst macht* („...oder Supermann Gavin?... usw.) Er geht damit *auf die Gefühlsebene des Kindes ein,* ohne dessen Handeln *moralisch* zu bewerten, z.B. durch Schimpfen, Ermahnen, Rügen usw. Gavin *erlebt,* dass der Erwachsene ihn *versteht,* dass jemand seine Unterlegenheit, seinen Neid und seine unterdrückte Wut mitfühlt, die in der aggressiven Handlung zum Ausdruck kommt.
(Ich nenne dies ein ‘a-soziales’, d.h. ein *nicht im gewohnten Sinne* ‘sozial-erzieherisches’ Verhalten, in dem leider häufig mehr von Ermahnungen, Reglementierungen, Zurückweisungen, Bestrafungen zu spüren ist, als von Verständnis, Annahme und Hilfestellung.)
Zugleich *spürt* Gavin sehr deutlich, dass (unausgesprochen) seine Handlungsweise nicht unterstützt wird. Der Erwachsene schützt den „kleinen armen Gavin“ nicht, als er vom Bruder mit einem Stein beworfen wird. Denn Gavin ist nicht „klein und arm“, sondern er zeigte sich „groß, stark, zerstörerisch“ und im Wissen darum, was

geschehen würde. Dies nimmt der erwachsene Begleiter ernst, indem er Gavin unausgesprochen wissen lässt: „Wenn du auf diese Weise groß und stark sein willst und die Konsequenzen nicht fürchtest, dann kann ich dich auch nicht wie ein Kleinkind behandeln, das sich unter Mutters Rock verkriechen möchte. Nicht wahr, wir verstehen uns (und das verlegene Lächeln von Gavin beweist es), du hast versucht, es deinem Bruder zu zeigen, aber dein Versuch war nicht der Beste. Lass dir etwas anderes einfallen (z.B. Vorschläge machen, mitbauen, selber spielen)." Dabei - und nicht vorher - drückt der erwachsene Begleiter das Kind kurz an sich, um Gavin sein Verstehen zu bedeuten.

Wenn wir also in die kindlichen Verhaltensmuster hineingezogen, als „Schiedsrichter" angerufen werden und dabei aufgrund des „Szenischen Verstehens" bemerken, dass das Kind mit Hilfe unwirklicher Annahmen und Fantasien Mitleid oder Schutz zu erringen hofft, so müssen wir diese Hoffnung enttäuschen, ohne dabei das Kind zurückzuweisen oder zusätzlich zu verletzen. Dies kann gelingen, wenn wir dem Kind die Realität vor Augen führen (z.B. wie im „Lebensfeldgespräch"), uns also verständnisvoll in sein Erleben einfühlen, zugleich aber die realen Konsequenzen als eine wichtige Erfahrung des Kindes reflektieren. Wir unterstützen dadurch die Ich-Entwicklung des Kindes und verhelfen ihm zu einer gefestigten, realistischen Selbsteinschätzung.

„Der Erzieher hat also die Aufgabe, bei Konflikten, die im Spiel der Kinder auftauchen und die das Spiel der Kinder zerstören könnten, sich auf die Ebene der Kinder zu begeben, d.h. im Rahmen des Spiels selbst einzugreifen. Wie dies geschehen kann, zeigen die Kinder in dem ersten Beispiel. Der Erzieher kann z.B. selbst eine Rolle im Spiel übernehmen, um von daher dem Rollenspiel der Kinder aus der Sackgasse zu helfen. Wenn zwei "friedlich" kämpfende Kinder etwa plötzlich die Kontrolle über ihr Handeln verlieren und sich nicht mehr sicher sind, ob die Situation noch als Spiel zu interpretieren ist, kann der Erzieher als Schiedsrichter eine zeitweise starke Rolle übernehmen, die es den Kindern erlaubt, ihr Kämpfen wieder eindeutig als Spaß am fairen Wettkampf zu sehen. Sicherlich gibt es Fälle, in denen das Konfliktpotential ein solches Ausmaß an-

genommen hat, daß es durch die Mechanismen des Spiels selbst nicht mehr zu regulieren ist. Doch soll die Grundregel hier festgehalten werden, daß der Erzieher sich Gedanken machen soll, wie er als Spielpartner so in das Spiel der Kinder eingreifen kann, daß ihnen eine neue Perspektive für ihr Spiel geboten wird...
Lassen sich die Konflikte nicht auf diese Weise regeln und ist eine vom Spiel isolierte verbale Reflexion des Konfliktes notwendig, so muß der Erzieher behutsam vorgehen: Er muß sich bewußt machen, daß seine moralischen Kategorien nicht diejenigen der Kinder sind - wie kindernah er sie auch immer sprachlich ausdrückt -, so daß auch in der verbalen Auseinandersetzung die Kinder primär selbst zu Worte kommen müssen.
Noch ein wenig soll aber zu dem eben als vorbildlich hingestellten Beispiel der Spielszene mit Jessika, Simone und Anne gesagt werden, denn in der Tat beinhaltet auch diese Situation ihre Gefahren. In allen Spielaktionen wird die aggressive Komponente, die in der Zuschreibung der Babyrolle für Anne durch Simone und Jessika liegt, deutlich. Indem Anne infantilisiert wird, wird sie im Spiel ein Stück weit unter das Niveau gedrückt, das sie sonst schon erreicht hat; damit werden ihr aber auch Privilegien entzogen, auf die sie als älteres Kind eigentlich schon Anspruch hat. Um nur ein Beispiel zu nennen: Anne darf erst von der Matte herunterrutschen, wenn die anderen sich dieses Vergnügen bereits mehrmals gegönnt haben, was natürlich mit verbalen Kommentaren begleitet wird, daß die Sache im Interesse Annes erstmals ausprobiert werden müßte. Das erinnert an den Vater, der zuerst selbst herzhaft in die Wurst beißt, "nur" um zu probieren, ob sie für das Kind auch nicht zu heiß ist. Falls der Erzieher feststellt, daß die spontanen Lösungen der Konflikte durch die Kinder im Spiel immer auf Kosten eines Kindes gehen, muß er eingreifen, um eine stärkere Flexibilität anzuregen.

Abschließend wollen wir noch kurz eine andere Form des Mißlingens des Spiels betrachten, bei der der Erzieher eingreifen muß: die permanente Isolierung eines Kindes. Wiederum besteht die erste große Schwierigkeit des Erziehers in der Beobachtung des Kindes, denn auf der einen Seite braucht das Kind Raum und Zeit für seine eigenen Phantasien - es muß Rückzugsmöglichkeiten haben -, auf der anderen Seite kann der Rückzug des Kindes auch Ausdruck seiner Hilflosigkeit sein. Der Erzieher muß also entscheiden, wann er ein Kind aus seiner Isolierung herausholt, wobei es für diese Entscheidung kaum verallgemeinerbare Kriterien gibt, außer dem Hinweis, das Kind genau zu beobachten und sich die Frage zu stellen, ob dieser Rückzug vom Kind selbst gewünscht ist oder ob sich in ihm Angst und die Unfähigkeit zum sozialen Kontakt ausdrücken. In diesem zweiten Fall sollte der Erzieher zunächst selbst den Kontakt zu dem Kind herstellen, um dann überzuleiten zum Kontakt mit anderen Kindern. So kann er das Angebot zu einem gemeinsamen Spiel machen, was häufig wegen des großen Respekts vor dem Erwachsenen vom Kind auch angenommen wird. Zu dem Zeitpunkt, wo das Kind sich im Spiel öffnet und Vertrauen gewinnt, kann der Erzieher andere Kinder mit einbeziehen, um sich zunehmend mehr vom Spiel zurückzuziehen. Dabei wird ein solches Kontaktherstellen und -weitergeben nicht nur auf eine einzelne Erfahrung beschränkt sein dürfen, sondern sie muß sich so oft wiederholen, bis das zunächst isolierte Kind von selbst aktiv den Kontakt mit anderen Kindern anstrebt. (HEBENSTREIT 1979, 116 -118)

Beispiel 5

Die folgende Schilderung des spielerischen Umgangs in der heilpädagogischen Begleitung geistig behinderter Kinder verdanken wir Clara Maria von OY, die ein umfassendes Konzept von Übungen als Hilfe für das behinderte und entwicklungsgestörte Kind erarbeitet hat. Durch dieses integrierte Konzept von Spiel *und* Übung wird mittels eines „ausgewogenen Angebotes von Übungseinheiten unter Berücksichtigung der individuellen Möglichkeiten... im Spiel und durch Spiele neue Kenntnisse, Fähigkeiten und sinnvolle Verhaltensweisen in Einzel- und Gruppensituationen geweckt, entwickelt und gefestigt. Die heilpädagogische Übungsbehandlung ist grundsätzlich auf die Gesamtförderung, d.h. auf die Förderung der emotionalen, sensorischen, motorischen, sozialen und kognitiven Fähigkeiten ausgerichtet. Teilleistungsschwächen unterschiedlicher Ursachen sollen durch ein vielfältiges Angebot an Erfahrungs- und Handlungsmöglichkeiten in der optischen, akustischen sowie taktilen Erfassung und Differenzierung der Umwelt ausgeglichen werden. Die Zusammenarbeit mit den Eltern ist integrierter Bestandteil der heilpädagogischen Übungsbehandlung.“ (OY/SAGI 1997, 67)

Szene 1

„Edith wird in ihrem ersten Lebensjahr von ihrer Mutter in die HPÜ gebracht, sie hat ein Down-Syndrom. Wenn wir miteinander spielen, schaut uns die Mutter zu. Unser Richtziel ist von Anfang an klar: Edith soll durch entwicklungsspezifische Spiel-Angebote im gemeinsamen Tun zur Selbsttätigkeit angeregt werden.
Im Anfang flüchtet Edith bei geringsten Aufforderungen in die Arme der Mutter, die sich ihr rasch entgegenstrecken. Nach und nach lernen wir gemeinsam, unser Zuwendungsbedürfnis zu Gunsten einer Selbsttätigkeit im Spiel zurückzunehmen...“ (OY/SAGI 1997, 72)

„Für das geistig behinderte Kind, das sich selbst überlassen bleibt, sind die Möglichkeiten der Entwicklung und Bildung im Spiel sehr gering oder gar nicht vorhanden, da ihm häufig Eigenaktivität und Initiative, die Fähigkeit zur Nachahmung und zur Übung fehlen. Spielaktivität und Initiative, die das nichtbehinderte Kind spontan entwickelt, müssen beim behinderten Kind geweckt, planvoll und systematisch aufgebaut werden. Durch das Spiel soll das behinderte Kind in Kontakt treten zu seiner Umwelt, sich aus seiner Passivität und Ich-Verhaftung lösen. Es soll spielend zu den Objekten seiner Umwelt in Beziehung treten, zunächst unter Mitwirkung einer Bezugsperson, und später immer mehr selbständig.“ (OY/SAGI 1997, 74)

„Das Spiel hat auch als Übung seine Bedeutung. Beim Kleinkind besteht die spielerische Tätigkeit vor allem darin, die Funktionen, die nacheinander auftauchen, in Bewegung zu bringen: es spielt Saugen, Betrachten, Befühlen; später spielt es Gehen, Laufen. (74) Zunächst sind es die motorischen und sensomotorischen Tätigkeiten, die vom Kleinkind unermüdlich wiederholt und vervollkommnet werden.

Bei Edith beobachtete ich etwas Ähnliches und doch ganz anderes: zu unserem Übungsrepertoire gehörte das Aufstecken von Holzscheiben auf einen Holzstab, der fest auf dem Tisch vor uns stand.

Die Übung begann mit beidseitiger Handführung, nachdem ich das Material benannt, erklärt und Edith begreiflich gemacht hatte. Es dauerte allerdings eine Reihe von HPÜ-Stunden, bis Edith eines Tages das vor sie hingestellte Material selbständig ergriff und eine Scheibe nach der anderen auf den Stab steckte.

An diesem Tag schaute uns eine Kollegin durch die Einwegscheibe zu. Sie, Ediths Mutter und ich waren Zeugen eines unvergeßlichen Erlebnisses: Edith ergriff plötzlich mit beiden Händchen eine Scheibe und führte sie zum Stab. Vorsichtig tastend fand sie schließlich die Öffnung und 'klick' fiel der Ring nach unten. Für Edith selbst war dieser geglückte Versuch ein ungeheures Erleben. Ohne uns eines Blikkes zu würdigen, wurde der zweite Versuch gestartet, dann der dritte, vierte! Edith atmete hörbar tief und zu Anfang erregt. Der Mund war leicht geöffnet, die Wangen färbten sich rot und ihre Augen glänzten. Sie hatte uns völlig vergessen, ja selbstvergessen wiederholte sie immer und immer wieder, was sie in dieser HPÜ gelernt hatte. Am Ende der Stunde - für die Übung waren bisher in der Einübungsphase nur fünf Minuten angesetzt - atmete sie ganz tief aus und ein: wie aus einem Traum erwachend strahlte sie uns an.

Erst später fiel uns Maria MONTESSORIs Erlebnis der „Polarisation der Aufmerksamkeit" ein..." (OY/SAGI 1997, 75)
Das behinderte Kind muß also *spielen lernen.* Wir müssen ihm helfen, die ihm möglichen Entwicklungsschritte im Spiel zu vollziehen. Mit Hilfe des Erwachsenen soll das Kind im Spiel neue Ausdrucksmittel finden und gleichzeitig, wie das nichtbehinderte Kind auch, die Möglichkeit, eigene Probleme zu verarbeiten." (OY/SAGI 1997, 74 *kursive* Hervorhebung W. K.)

Szene 2

„Ulrich ist sechs Jahre alt und geistig behindert. Er hat große Angst vor Hunden. Eines Tages entdeckt er in einem Puppenhaus einen kleinen schwarzen Plastikhund und beginnt mörderisch zu schreien. In der nächsten Spielstunde wirft er diesen Hund in eine Zimmerecke. In der darauffolgenden Woche nimmt er den Hund und sperrt ihn in die Hundehütte ein. In der vierten Spielstunde setzt Ulrich den Hund auf den Balkon des Puppenhauses. In der fünften Stunde läßt er den Hund durch die Küche spazieren, in der sechsten das Puppenhaus bewachen. In der siebten Stunde hockt Ulrich neben dem Hund auf dem Boden und bellt.

Das geistig behinderte Kind wird behutsam durch das vom Heilpädagogen vorbereitete und angebotene Spiel zur Eigenaktivität und Initiative, zur Nachahmung und Übung im Spiel geführt.
Der dafür vorbereitete Raum, das jeweils entsprechende Spielmaterial, die Zeit und Ruhe, eine spannungsfreie fröhliche Atmosphäre und die Bereitschaft des Erwachsenen, mit diesem Kind zu spielen, bieten ihm Möglichkeiten der Entwicklung und Bildung im Spiel, die es allein noch nicht entdecken kann.
Der Ansatz der Hilfe wird im Spiel gesucht und der Wert des Spiels als Hilfe bei geistig behinderten Kindern erkannt. Daraus ergibt sich die Notwendigkeit, die *intuitiv* begonnene Arbeit immer mehr *methodisch zu durchdenken* und auch *verständlich* und *wiederholbar* darzustellen. (OY/SAGI 1997, 74 *kursive* Hervorhebung W. K.)

PS: Wissenswertes und Ausführlicheres zum Thema „Übung" in der heilpädagogischen Begleitung lesen Sie bitte vertiefend nach im gleichnamigen Artikel –> Übung (HpE).

Szene 3
In der folgenden Szene wird der *Verlauf* heilpädagogischer Übung im Spiel als *dialogisches Beziehungshandeln* deutlich, wobei auch die *Erlebnisqualität der Heilpädagogin* mit reflektiert wird:
„Nachdem sich durch die vorangegangenen Begegnungen mit Daniel die Richtung abzeichnete, in der der inhaltliche Schwerpunkt... liegen sollte, wurden in mir *Widerstände* gegen das mehrmalige Wiederholen der ausgewählten Übungen wach. Es galt zwar die oberste Richtlinie, Daniel müsse Freude an den Übungen haben, doch fragte ich mich, welcher Stellenwert den Übungen zukommen kann, ohne von Training sprechen zu müssen. Daniel sollte Offenheit erleben, um sich zu freuen, um staunen zu können und Vertrauen zu erleben. Gerade diese Fähigkeiten prägen das Wesen Daniels entscheidend. Sie zu pflegen, schien mir durch das ständige Wiederholen erschwert. Das

Üben soll in heiterer und fröhlicher Atmosphäre erfolgen." (KELLER in OY/SAGI, 142 f.)

Aufgabe 50

Welche Gefühle und Gedanken haben Sie, wenn Sie sich mit der Heilpädagogin identifizieren? Spüren Sie auch den inneren Widerstand zwischen dem Wunsch nach dem zu Erreichenden und dem Gefühl der Hilflosigkeit, dies nicht (immer) erreichen zu können?

Was wäre für Sie persönlich im wahrsten Sinne des Wortes „Not"-wendig, um in der heilpädagogischen Arbeit Ihren Mut, Ihre Zuversicht, Ihre Hoffnung, Ihre Freude, Ihre Ausdauer, Ihre Gelassenheit im alltäglichen 'Trott' und dem Erleben, wenig bewirkt zu haben, zu erhalten? Woher schöpfen Sie Ihre Kraft, was sind Ihre täglichen Quellen? Welche Ressourcen haben Sie zur Verfügung, um ein 'gesunder' Mensch zu bleiben?

„Gerade Daniel zuliebe wollte ich der Spannung nicht ausweichen, die sich daraus ergab, ihm *Zeit zur Wiederholung* zu geben oder ihn in perseverierenden Verhaltensweisen zu bestärken, zumal Wiederholungen auch die emotionalen Sicherheit erweitern, was ja für Daniel wünschenswert ist.
So, wie wir Erwachsenen immer wieder über Inhalte reden, die uns bewegen, so hilft die Wiederholung, das wiederholte Tun, eine Fertigkeit heranzubilden, zu verfeinern und zu erweitern. Auch der Gedanke an die Herausforderung durch *Begegnungen,* die jeweils einmalig, eine Art von Lebens-Übungen darstellen, klärte meine Haltung zum Üben.
Einen weiteren Meilenstein bildete für mich die Auseinandersetzung mit der Tatsache, daß Daniel nach größeren Anfällen die geübten Fertigkeiten wieder schlechter oder kaum durchführen konnte: ein Gefühl der Hilflosigkeit entstand, wenn er kaum ansprechbar war oder von Krämpfen geschüttelt wurde. Diesen Zustand als Teil der Begegnung mit Daniel durchzutragen, war ein Ziel für mich selbst. Wenn er in diesen Phasen auf dem Boden lag, verstand ich *mein Gegenwärtigsein als Mittragen an seinem Leiden.* Aus dieser Realität entwickelte sich, durch den Willen, sie auszuhalten und zu bejahen,

eine Grundstimmung der "Freude als Bereitschaft, neu zu beginnen mit dem Wissen, daß man jederzeit wieder an einem Ende stehen kann und erneut einen Anfang suchen muß".
Der dritte Aspekt, den ich im Nachhinein als Meilenstein bezeichnen möchte, ist der der *Begegnung.* Obwohl von Anfang an eine Beziehung zwischen Daniel und mir bestand, empfand ich zu dieser Zeit ein starkes Ungleichgewicht in unserem Verhältnis. Ich fühlte mich ausschließlich als Gebende, was mich ziemlich unzufrieden machte. Dieser Eindruck entstand für mich vermutlich deshalb so stark, weil Daniel nicht sprechen kann und ich durch meine Lebensbereiche, wie z.B. das Studium, sehr stark auf sprachliche Reaktionen fixiert war. Es war für mich wirklich ein kleines "Wunder", als ich das erstemal *sein Handeln als Antwort auf mich und mein Tun* erlebte.
Jetzt begann die Zeit des "Sprechenlernens" für mich: nämlich der *"Sprache"* Daniels. Seine Körperhaltung, seine Bewegung, sein Muskeltonus, sein Atemrhythmus, seine Gestik und Mimik begannen plötzlich zu mir zu "sprechen". Sein Handeln war Antwort auf meine Gegenwart und mein Angebot geworden. Nun erlebte ich "unsere" HPÜ als *Dialog.*
Das... Zitat "Das erste Wirkende ist das Sein des Erziehers; das zweite, was er tut; das dritte erst, was er redet“ (Romano Guardini), wurde für mich gut nachvollziehbar, gewann für mich an Bedeutung. Natürlich sprach ich auch weiterhin in meiner Sprache mit oder zu Daniel, da sie zu meinem Sosein gehört und in unserer Begegnung sich jeder in seiner Eigenart einbringen können sollte. Ergänzend begann ich, meine *Sprache vermehrt mit nonverbalen Anteilen zu untermalen.*
(Es) fand wöchentlich viermal eine HPÜ statt... Die Stunden lagen alle am Vormittag zwischen 9 Uhr und 12 Uhr, um Daniels größtmöglicher Aufnahmebereitschaft entgegenzukommen. Durch das beinahe tägliche Zusammentreffen vertiefte sich die Beziehung zwischen ihm und mir noch mehr. Das war ein großer Vorteil, wenn es darum ging, Übungen konsequent durchzuführen, auch gegen seinen Widerstand. In dieser Phase *hielt* unsere *Beziehung* diesem Handeln *stand.“*
(KELLER in OY/SAGI, 145 f.; *kursive* Hervorhebungen durch W.K.)

Aufgabe 51
Die Selbstreflexionen der Heilpädagogin im Umgang mit Daniel, einem geistig 'behinderten' Kind (wer 'behindert' wen, wie und wodurch?) fordern uns heraus, uns selber als Mensch im beruflichen Handeln Antwort zu geben auf eine Reihe von Fragen, die zwar im Umgang mit 'körperbehinderten' Kindern entstanden sind, jedoch für heilpädagogisches Handeln grundsätzliche und persönliche Bedeutung haben.
Ich möchte Sie ermuntern und zugleich herausfordern, sich die Fragen allein oder gemeinsam mit Kolleg/inn/en zu beantworten. Nutzen Sie hierbei Ihren ganz persönlichen Erfahrungsschatz, den Sie in Ihren persönlichen Beziehungen zu anderen Menschen erworben haben und gehen Sie dabei *liebevoll* und *nicht moralisch wertend* mit sich und den anderen um!

Die Ausgangsposition lautet: Wie geht es mir und was erlebe und tue ich, wenn ich die Gefühle des (körperbehinderten, sinnesgeschädigten, seelisch gestörten, geistig behinderten, tödlich erkrankten) Kindes so in mir erfahre, *als ob* es meine sind, d.h. wenn ich nicht nur reflektiere oder verbalisiere, sondern *empathisch verstehe?*

- „Habe ich den Mut, mit dem behinderten Kind eine offene Hier-und-Jetzt-Beziehung einzugehen? Wenn ich mich als ganze Person direkt in den Erlebnisfluß der Beziehung einlasse, dann werde ich mit Mortalität (die Kinder leben näher am Tod) und physischer und psychischer Insuffizienz konfrontiert. Oder aber steige ich aus dem Hier-und-Jetzt aus, indem ich tröste, Problematiken bagatellisiere oder mich identifiziere? Wenn ich mich mit der Hilflosigkeit des Kindes identifiziere, dann resultiert das häufig in Mitleid; Mitleid ist ein destruktives Sich-Treibenlassen in der Identifikation, im Mitfühlen ist man sich seiner selbst als getrenntes Wesen bewußt (vgl. Cooper 1974).
- Kann ich mich selbst in der Beziehung mit dem Kind annehmen? Kann ich mein - sichtbares und nicht sichtbares - Kaputtsein annehmen, mit dem ich durch das offensichtliche Kaputtsein des Kindes konfrontiert werde, kann ich diese Konfrontation aushal-

ten? Kann ich mit dieser Verunsicherung leben, wo Ganzsein und Gesundsein ein Geschenk wird?

- Kann ich eine hilfreiche Beziehung aufbauen? Wage ich es, mich über die Diagnose hinaus auf die Erlebniswelt des Kindes einzulassen, sie mit seinen Augen zu sehen, ihre Begrenzungen zu erleben? Habe ich genügend Feingefühl, um mein Verständnis seiner Welt nicht bedrohlich mitzuteilen, kann ich es unzweideutig äußern? Kann ich vertrauenswürdig und beständig sein und es mir erlauben, positive Einstellungen zu empfinden und auszudrücken? Kann ich das Kind mit seinem Kaputtsein akzeptieren?
- Traue ich dem körperbehinderten Kind eine positive Entwicklung zu, kann ich es als Individuum im Werden, mit Entwicklungsmöglichkeiten sehen? Habe ich die Geduld dazu? Kann ich mit Hilfestellungen warten, bis das Kind sie will oder kann ich die Konfrontation mit der Behinderung nicht aushalten?
- Kann ich mich in der Beziehung mit dem Kind riskieren? Kann ich so sein, wie ich bin, oder nimmt mir der Umgang Möglichkeiten des Ausdrucks? Kann ich ihm zumuten, daß ich andere Möglichkeiten habe? Kann ich die Frustration des Kindes aushalten? Kann ich auch für skurriles Verhalten offen sein und mich einfühlen? Was mache ich mit den sexuellen Problemen der Kinder? Habe ich den Mut, etwas vom Kind zu lernen? Fühle ich mich als Mensch stark genug neben ihm, um sein Anderssein zu erlauben?
- Habe ich den Mut zu körperlicher Nähe, wenn sie vom Kind gewünscht wird?
- Wie starr ist meine Definition von Realität, kann ich die Realitätsdefinition des Kindes aushalten und verstehen? Die Kinder stellen meine Realität in Frage, ich selbst könnte kaputtgehen - bin ich gesund und stabil genug?

Die Offenheit diesen Fragen gegenüber bestimmt, welche Art von Beziehung ich mit dem körperbehinderten Kind eingehe. Die Auseinandersetzung mit diesen Problemen in der Supervisionsgruppe verhindert, daß ich meine Gefühle und Bedürfnisse als Helfer auf Kosten des Kindes ausagiere (vgl. Schmidbauer 1977; Richter 1976). Angesprochen mit diesem gesamten Fragekomplex wird das 'Prinzip der inneren Sicherheit' des Therapeuten (Tausch u. Tausch 1956): Ich fühle mich als Person in meinem Handeln sicher und kann dafür Verantwortung übernehmen. Ich habe soviel an mir selbst gearbeitet, daß ich meine Konflikte nicht an den Kindern ausagiere; ich kann ihnen gegenüber ruhig und zuversichtlich sein; ich bin auch in Situationen, in denen das Kind in hohem Maße Aggression ausdrückt, sich zurückzieht, tiefen Schmerz zeigt oder sich auf skurrile Weise äußert, angstfrei. Dadurch, daß bestimmte Einstellungen Teil meiner Persönlichkeit sind und ich sie verkörpere (und nicht Techniken benutze), bin ich in meinem Verhalten konsistent.“ (KREMER in GOETZE 1981, 113)

Beispiel 6

Die „emotionale Offenheit“, die im vorhergehenden Beispiel 5 und den darauf folgenden Fragestellungen angesprochen wurde, schildert KREMER (in GOETZE 1981, 109 - 121) am Beispiel der personzentrierten Spieltherapie eines körperbehinderten Mädchens. Dabei wird anhand ausführlicher Ausschnitte aus der Selbstexploration des Kindes aufgezeigt, auf welche Weise eine konstruktive Auseinandersetzung mit Spannungen im Selbstkonzept bei einem entsprechenden *Angebot einer mitmenschlichen Beziehung* vor sich gehen kann.

„Petras Beispiel ist insofern so eindringlich, da sie ihr eigenes Erleben selber schildern kann; daher ist sowohl die Genese ihrer Spannungen im Selbstkonzept als auch die Verarbeitung ihrer traumatischen Erlebnisse anschaulich zu verfolgen. Tiefliegende Ängste, Wut und Isolationsgefühle konnten erst in dem Moment zunehmend in das Selbsterleben integriert werden, als das Kind sich in einer Beziehung erfuhr, in der ihr Erleben nicht konstant bezweifelt und abgewertet wurde.

Bis zum Alter von sechs Jahren war Petra nicht behindert. Kurz vor der Einschulung erlitt sie einen Kopfunfall durch einen Sturz von einem Fahrrad. Petra selbst schildert den Unfallvorgang so, daß ihre Schwester (und ihre Spielkameraden) sie mit den Worten 'Angsthase, Angsthase' herausgefordert hätten, auf dem Rad zu fahren. Sie fuhr auf ein Hindernis auf, wurde vom Rad geschleudert und schlug mit dem Kopf auf der Straße auf. Sie war nur kurzzeitig bewußtlos, wurde aber doch vorsichtshalber ins Krankenhaus gebracht und nach wenigen Tagen mit der Diagnose 'Gehirnerschütterung' als völlig in Ordnung entlassen. In Wirklichkeit aber konnte sich Petra kaum auf den Beinen halten, es entwickelte sich eine plastische Diplegie mit dem dafür charakteristischen Gangbild. Petra war sehr erschrocken darüber, daß sie sich kaum auf den Beinen halten konnte. Da dies auch der Mutter auffiel, wurden noch weitere Ärzte konsultiert - mit dem Ergebnis, daß ihr gesagt wurde, sie sei hysterisch, sie stelle sich nur an und wolle verwöhnt werden. Die fachärztlichen Untersuchungen blieben ohne Befund, allein Einlagen wurden ihr verschrieben.

Petra wurde so in ihrem Selbstverständnis zutiefst irritiert, und eine Verarbeitung ihres Traumas wurde verhindert. Ihr eigenes Erleben - nämlich, daß ihre Beine steif und schwer beweglich waren - wurde von ihren nächsten Bezugspersonen und den Ärzten geleugnet; äußerte sie ihre Angst darüber, bekam sie Vorwürfe zu hören. Damit war aber darüber hinaus eine Verarbeitung des Unfallgeschehens schwer gemacht, der Wut auf ihre Schwester und der Spielkameraden. Nach dem Unfall wollten ihre alten Freunde nicht mehr mit ihr spielen, da sie sich anstelle; sie urteilten sie als 'Mißgeburt' ab. Von ihren Eltern fühlte sie sich nicht verstanden und nicht geliebt. Vor Ärzten entwickelte Petra eine nahezu panische Angst .

Nachdem Petra auf der Grundschule versagt hatte und auch in der Schule für Lernbehinderte nicht zurechtkam (bei einem Intelligenzquotienten im Normalbereich), wurde sie auf die Schule für Körperbehinderte umgeschult. Dort fiel sie wegen ausgeprägter Zwangshandlungen und Angstzustände sowie durch ihre Unfähigkeit, Kontakt mit anderen aufzunehmen, auf. Daraufhin wurde eine Reihe von Spieltherapiekontakten in unregelmäßiger Folge durchgeführt. Es kam zu der Zeit zu einer Abnahme der Angstanfälle und Zwangshandlungen. Zu Beginn der im folgenden dargestellten Reihe von Therapiekontakten zeigte Petra im Klassenraum starke Unsicherheit bei selbständiger Arbeit, sie neigte zu Resignation und Selbstmitleid. In den Pausen nutzte sie selten die Spielangebote im Klassenzimmer. Wurde Petra mit einer Regel konfrontiert, oder versuchten Kinder mit ihr Kontakt aufzunehmen, dann zeigte sie häufiger folgendes

Verhalten: sie schrie, warf ihre Sachen fort und schien völlig außer sich zu sein; bisweilen schrie sie dann eine halbe bis ganze Stunde; Kindern und Erwachsenen gegenüber verhielt sie sich dann körperlich aggressiv und erging sich in Beschimpfungen. Häufig endeten diese Situationen mit einem Fluchtversuch Petras - die dann so schnell rennt, daß sie bisweilen schwer einzuholen ist - und, eingeholt, wurde sie dann über mehrere Stunden hin sehr anhänglich und liebebedürftig. Bisweilen wurde Petra - ohne für Außenstehende ersichtlichen Anlaß plötzlich sehr traurig oder verzog sich weinend in eine Ecke; angesprochen, schilderte sie dann ihre Ängste (Angst vor dem Leben mit der Behinderung, vor Ärzten und Krankenhaus, vor der Mutter und Geschwistern, Angst, nicht hübsch zu sein).

Petras Vater ist Rentner, ihre Mutter Hausfrau. Sie hat zusammen mit ihren zwei Stiefgeschwistern acht Geschwister. Zeitweilig wohnen noch zwei andere Personen im Haushalt. Der family-relation-test zeigte ambivalente Gefühle den beiden Elternteilen, sowie einen auffällig starken Überhang negativer Gefühle der Schwester, die sie zum Radfahren angetrieben hatte, sowie einem Bruder gegenüber.

Es wurden zwanzig Spieltherapiestunden im Verlauf von sieben Monaten mit Petra durchgefuhrt; die Therapeutin war Frau Gerdi Koll. Zu diesem Zeitpunkt war Petra zehn Jahre alt. Auffällig war im Verlauf des Therapieprozesses die starke Zunahme der gefühlsmäßigen Exploration der Behinderung und des Unfallgeschehens, das zur Behinderung geführt hatte. Ihre Äußerungen darüber nahmen sowohl an Länge als auch an Konkretheit und gefühlsmäßiger Intensität zu. Im folgenden zitiere ich zwei Ausschnitte der Selbstexploration des Kindes aus späteren Kontakten; sie illustrieren die Intensität der Behinderungsverarbeitung, die durch ein entsprechendes Beziehungsangebot gefördert wurde (sowohl empathisches Verstehen wie innere Anteilnahme der Therapeutin lagen gemäß Rateneinschätzung durchschnittlich im oberen Skalendrittel)." (115 f.)

Szene 1 (16. Sitzung)

„(Petra weint über Schmerzen im Zeh, zieht sich die Schuhe aus, zeigt die Schmerzstellen, läuft zur Demonstration herum): Ich soll mir abgewöhnen, auf Zehenspitzen zu laufen, ich soll ja hinten auftreten. Deshalb kann ich ja auch nicht barfuß gehen, mit Strümpfen kann ich laufen, aber ohne nicht, und das soll ich ja lernen, damit die Lähmung hier (sie zeigt auf ihr Knie) raus geht. Die geht ja bis hier hinten. Ich soll erst laufen lernen wegen der Hüfte, weil die ja zu viel hin und her geht, das darf ja nicht sein, das darf man ja auch nicht beim Laufen merken, deshalb soll ich das ja üben. Aber ich weiß nie, was ich mit der Hüfte machen soll - ich kann sie ja nicht festhalten . . . Die Krankengymnastin drückt das hier immer so runter, das Ding macht schrumm, schrumm, schrumm. Ja, und die Knie durchdrücken, aber ich weiß nicht, wann ich sie durchdrücken soll, wenn ich den Fuß nach vorne tu oder wenn ich ihn nach hinten tu.

Die Hornhaut wächst bei mir zu rasch, das ist ja gerade die Sache. Ich hab das ja nicht von Geburt an, ich hab das ja erst ab 7 Jahren ungefähr, gerade, als ich 7 Jahre alt wurde.

Da war ich dann im Krankenhaus, und da haben sie mich falsch behandelt. Die haben gesagt, ich hätte eine Gehirnerschütterung, und ich hatte einen Gehirnbruch gehabt. Mit den Knien aber (undeutlich) - als ich zum ersten Mal im Krankenhaus war, hat man das mit der Hüfte noch gar nicht gemerkt, nur mit den Knien, daß ich die nicht durchgedrückt habe, und hinten, daß ich nicht auf der Ferse gestanden bin. Und da sagte meine Mama: "Was gehst Du denn so komisch?", und da sagte die Krankenschwester: "Ach, das kommt nur vom Liegen." Dabei bin ich, als ich aufstehen durfte, immer schön zu den Jungs gegangen und hab' einen Ball reingeschmissen. Und jeden Tag ist es dann schlimmer geworden.

Aber Beinbrechen hilft doch nicht, das weiß ich jetzt, weil es ja vom Kopf kommt (sie demonstriert unter Tränen ihren Gang). Ja hier, guck mal da, das gefällt mir nicht, wenn ich das da durchdrücken täte (läuft herum), dann wäre es immer noch die Hüfte. Da weiß ich nicht, was ich selbst machen kann. Also, durchdrücken könnte ich, aber hier bei der Hüfte kapier ich nicht, was ich da machen könnte, weil die ja immer noch hin und her geht - und das muß ja auch weggehen (sie weint laut) - weil ich das ja auch zurückbehalten kann! Ich muß ja mit Füßen und Rücken üben, und hinten (sie führt meine Hand an ihre Wirbelsäule) die ist nicht gerade - die muß gerade werden! Mit dem Kopf das ist ja nicht so schlimm, aber mit den Hüften und den Füßen, weil man das so sieht.

Gabi und Peter haben es etwas besser als ich; Klaus kriegt es auch wieder weg aber bei mir bleibt es . . . aber bei anderen auch. Wenn der Arzt sofort gemerkt hätte, was es war, hätten die noch etwas machen können, aber jetzt nicht mehr. Die spinnen ja auch! Die haben behauptet, ich hätte ja gar nichts! Manche Ärzte haben gesagt, ich könnte vielleicht wieder gesund werden - aber nur vielleicht, das weiß ich

auch nur vielleicht. (Ich erkläre ihr ihre Behinderung). Meine Mutter sagt immer, daß es besser gewesen wäre, wenn ich die Behinderung von klein auf gehabt hätte. Ich kann mir keine Bilder von früher ansehen.
Ich hab noch was, das ist keine Krankheit, das kann jeder Mensch kriegen - Angst! Die kann weggehen, die haben ja viele, das könnte ich schaffen, wenn meine Mutter nicht immer so einen blöden Quatsch erzählen würde, nämlich, daß sie vielleicht mal weggeht. Der Arzt hat ihr aber gesagt, daß sie nicht so lange weggehen kann, weil ich ja so eine Angst habe vom Krankenhaus her. Die hab ich ja erst, seitdem ich im Krankenhaus war . . .
Irgendwann ist meine Mutter ja tot - dann krieg ich ein paar Tage einen Schock, hat der Arzt gesagt - wenn meine Mutter nicht mehr da ist, dann ist es auch für meinen kleinen Bruder schlimm, der hängt so an meiner Mutter. Petra haßt mich seit dem Unfall. Sie nimmt mich nicht mehr mit, weil sie glaubt, die Leute sagen auch zu mir 'Mißgeburt'. Es sind eigentlich nur die Kinder, die Leute wissen das ja, daß ich das nicht von klein auf habe.“ (117 f.)

Aufgabe 52
Versuchen Sie mittels einfühlendem Verstehen (via Identifikation) mit Petra eine Aussage zu machen: „Ich als Petra fühle mich...“, um ein Lebensmotto für Petras derzeitige Befindlichkeit zu erhalten.

Versuchen Sie dann die psychische Situation Petras anhand Ihrer bisherigen Kenntnisse genauer zu analysieren: Was drückt Petra in ihren Erzählungen aus, wie verarbeitet sie ihr Schicksal, welche Gefühle und welche Abwehr sind wem gegenüber spürbar, welche Wünsche werden indirekt deutlich?

Petra scheint in ihrem Selbstverständnis zutiefst irritiert. Sie weiß alles Mögliche, was andere ihr über sie gesagt haben, aber über sich selbst weiß sie nichts. Sie versucht verzweifelt, ‘sich ein Bild’ über sich zu machen. Dabei bemüht sie sich, alles zu probieren, was ihr geraten wurde, aber „da weiß ich nicht, was ich selbst machen kann“. Darin steckt ihre ganze Hilflosigkeit. Sie möchte, dass man ihr ihr Gebrechen nicht ansieht. Dahinter stecken Schamgefühle, vielleicht auch ein latentes Schuldgefühl, am Unfall mitbeteiligt gewesen zu sein: Man soll nicht zu sehr (hin)sehen... Die anderen körperbehinderten Kinder haben es „etwas besser“ als sie, die „kriegen es wieder weg - aber bei mir bleibt es“... Nun äußert sie ihren unterdrückten Wunsch, den anderen möge es ebenso gehen wie ihr. Hier kann sie sich von ihrer Bürde entlasten und sie auf diese Weise den anderen zuschieben. Zugleich schafft sie sich damit ein Gefühl der Zugehörigkeit, weil es anderen auch so ergeht wie ihr. Sie sucht dann weiter nach Erklärungen und Entschuldigungen für ihren Zustand („wenn der Arzt sofort gemerkt hätte...“) und kann dann ihrer Empörung Luft machen, dass man ihr nicht geglaubt und sie nicht ernst genommen hat („die spinnen ja...“). Schlimm empfindet sie das Verhalten ihrer Mutter. Sie wünscht sich sehr, wenigstens ihre Mutter möge zu ihr stehen und sie verstehen. Statt dessen scheint sie zu fühlen, dass die Mutter ihr in der Bemerkung, es wäre besser gewesen, wenn sie von klein auf behindert gewesen sei, den letzten Rest an Hoffnung wegnimmt. Es ist für sie zu schmerzlich, Bilder von früher anzusehen, als sie noch ein gesundes Kind war. Und dann kann sie das ‘Unaussprechliche’ zu sagen wagen, dass sie „Angst!“ hat. „Angst essen Seele auf...!, heißt es in einem Film. Sie könnte ihre Angst besiegen, „wenn ihre Mutter nicht immer so einen blöden Quatsch erzählen würde, nämlich dass sie vielleicht mal weggeht.“ Wie muß es in Petra aussehen, wenn sie in all ihren Nöten und dem Verlusterleben ihrer gesunden Körperlichkeit auch noch fürchten muss, ihre Mutter zu verlieren? (Ich frage mich: Wie kann man das aushalten!? Und in mir wächst ein Gefühl der Hochachtung vor diesem Kind, das so tapfer und unter Tränen um sein Leben kämpft.) Anschließend ruft sie die Autorität des Arztes an, der ihrer Mutter quasi ‘verbietet’ wegzugehen; so dämmt sie ihre Verlustangst ein und auch ihre Realangst wird vermindert: „Die hab ich ja erst, seitdem ich im Krankenhaus war...“ Im nächsten Abschnitt werden Petras unbewusste Abwehrreaktionen, ihre Wut und ihr Hass auf Mutter, Schwester und kleinen Bruder deutlich, die alles besitzen, was sie selbst entbehrt: Gesundheit, Zuwendung der Mutter, regressive aber tröstende Abhängigkeit. Sie hingegen wird als ‘Missgeburt’ gesehen. Sie entschuldigt bzw. mildert ihren Zustand durch das Schimpfwort der Kinder durch deren ‘Unwissenheit’ und nimmt nun Zuflucht zu ihren vorher abgelehnten Kindheitsbildern: „die Leute wissen das ja, dass ich das nicht von klein auf habe.“ Hier scheint durch die emotionale Entlastung ein Hoffnungsschimmer aufzukeimen.

Szene 2 (17. Sitzung)

„(Petra malt ein Bild über etwas, 'was sie nicht aussprechen kann'): Doris und Reiner spielen Tennis - Heidelore und Sabine wohnten in diesem Hochhaus; das waren meine Freundinnen. Hier kommen die Garagen - das ganze Bild hat etwas mit mir zu tun. Ein Schild: für Hunde verboten - da ist der Spielplatz: Karussell, 1. Schaukel, 2. Schaukel, weiter geht es so an Bauten. Da hinten eine Kette (sie stöhnt) mit einem Reifen - da sind ein paar Stangen, die sind da oben fest. Das geht aber noch weiter. Da kommt eine Rutschbahn, die ist so lang - das ist doof, da muß man so viele Treppen steigen, hier unten ist der Sandkasten. Ein paar Meter zurück ist das Häuschen mit einer Bank - wo der Sandkasten zu Ende ist, da sind Reifen - aber es geht noch weiter.

Hier sind auch Garagen, 1,2,3,4,5,6,7,8,9, die Garage von Doris und Reiner... hier geht der Berg hoch; da kommt ein Geländer, dann ein Schild, dann kommt eine Hecke - dann gehe ich geradeaus - da ist auch ein Berg.

Das soll eigentlich ein Rad sein; ich kann kein Rad, deswegen male ich einen Roller. Ich sitze auf dem Rad, unten steht meine Schwester, die hat mir gesagt wie ich das machen soll - sie steht neben dem Rad . . . Mit A fängt es an 'Angsthase' ruft die Schwester - da kommen noch ein paar Kinder dazu und rufen alle 'Angsthase' (sie malt die Kinder um die Schwester herum und versucht, 'Angsthase' dazu zu schreiben: Anan) - ich solle runterfahren. Ich hab zurückgerufen: "Ich bin aber kein Angsthase" - dann bin ich gefahren ... bin gegen die Garage geknallt mit dem Kopf, das Rad lag so ... meine Mutter kam mein Vater kam, wir sind zum Krankenhaus gefahren - Gehirnerschütterung - Im Auto habe ich hinten gelegen, Papa ist schnell gefahren. Wolfgang hat neben mir geknatscht. Wolfgang, Petra, mein Vater haben geweint.

Das erste Krankenhaus hatte keinen Platz; in N., die hatten Platz. Hier im 3. Stock hab ich gelegen - da war die Röntgenaufnahme ... ich hatte meine ganzen Knie aufgeschlagen, ins Auge haben sie mir sowas getan, das sah aus wie Zahnpasta. Dann durfte ich aufstehen. Meine Mutter hat mich abgeholt, ich bin hin und her gelaufen, meine Mutter sagte: "Was läuft die so komisch" Ich hab alles getan, was die Ärzte gesagt haben, ich bin gelaufen aber es ist immer schlimmer geworden. Eigentlich ist meine Schwester schuld. Sie hat immer gewollt, daß ich da runter fahre. Als ich aus dem Krankenhaus gekommen bin, sind meine Freundinnen nicht mehr gekommen... - auf einmal rufen sie alle: "Mißgeburt" - deshalb gehe ich nicht mehr auf die Straße.

Meiner Mutter habe ich das nicht erklärt, was ich Dir erklärt habe, auch der Frau S. nicht - die sollen sich nicht in meine Angelegenheiten mischen.

Die Ärzte wissen, daß meine Behinderung vom Kopf her kommt, weil vom Kopf alles gesteuert wird; an der Hüfte, am Knie und hier unten hab ich eine kleine Lähmung.

Manchmal sprechen andere so: "ach, hoffentlich wird das Kind gesund" - dann dreh ich das rum und höre: "hoch, das Kind wird nie mehr gesund". . . ich glaube nicht mehr, daß ich gesund werde - schön wäre es, aber ich meine, ich werde es nicht mehr.

Rolfs Mutter, die mag ich ja auch ungern - da sagt sie: "Wann wird das denn mal mit Deinen Füßen gemacht?" - mich ärgert das Mitleid! Die Kinder haben mit mir Mitleid und darum spielen sie nicht mit mir - die brauchen mit mir kein Mitleid zu haben! Ich kann selbst mit mir Mitleid haben! Mitleid bringt mich nur zum Heulen, nur weil sie Mitleid mit mir haben, wollen sie nicht mit mir spielen. Ich möchte, daß sie so tun, als wär ich gar nicht krank, aber die kapieren das einfach nicht, ich hab es schon versucht zu erklären, aber die Kinder kapieren es einfach nicht! Genauso meine Mutter! Die hat auch Mitleid mit mir, aber das hilft nicht - sie sollen mich so nehmen, wie ich jetzt bin - das können sie aber einfach nicht. Genau wenn sie spielen und ich bin gerade so schön glücklich und denk: jetzt gehe ich mal zu denen hin und frage: "Kann ich mitspielen?" - "Nein, das kannst Du mit Deinem Bein nicht!" - dann könnte ich die umbringen! Aber versuchen könnten sie es mich doch mal lassen! Blöd sind die, blöd. Die kapieren doch gar nichts! Daß die Eltern es denen nicht mal erklären können, daß ich keine Mißgeburt bin - ich wünsche mir mal, daß die das kriegen und ich gesund wäre und dann zu denen sagen würde: "Mißgeburt, mit Dir kann man nicht spielen!" - mal sehen, was sie davon halten würden . . . da werden sie sehen, wie einsam das ist "Ja, das kannst Du nicht" würde ich denen auch mal sagen.“ (118 f.)

Aufgabe 53
Inwiefern hat sich das Ausdrucksverhalten von Petra gegenüber der vorherigen Sitzung verändert? Was könnte Ihrer Meinung nach innerpsychisch in Petra vorgegangen sein, dass sie sich nun auf diese Weise 'ausdrücklich' im Malen und Erzählen so deutlich äußert?

Petra malt ein Bild, d.h. sie drückt sich in der Bildersprache *symbolisch* darüber aus, „was sie nicht aussprechen kann". Gleich zu Beginn werden Ball spielende Menschen, auch ihre Freundinnen gezeichnet, Ausdruck ihres tiefen Wunsches, wieder „dazuzugehören" wie früher, denn „das *waren* meine Freundinnen". „Das ganze Bild hat etwas mit mir zu tun", ich möchte sagen, sie malt ihr 'Lebensbild' in Teilen ihres Lebensweges. Der Spielplatz ist 'verbotenes Gelände', für Hunde (und für behinderte Kinder, wie sich später noch erweist). Petra ist auch so ein 'lahmer Hund', der abgelehnt und damit gefühlsmäßig weggejagt wird („Kann ich mitspielen?" - „Nein, das kannst Du mit Deinem Bein nicht!" - „dann könnte ich die umbringen!" [der getretene Hund wird zum wütenden Angreifer]). Petra stöhnt auffallend beim Malen der Kette mit dem Reifen: Unbewusst fühlt auch sie sich 'angekettet' und 'eingeengt', denn sie kann die lange Treppe zur Rutsche nicht bewältigen. Überall 'geht es den Berg hoch', auch wenn sie 'geradeaus' voller Mut in ihre Zukunft geht... Sodann schildert sie ausführlich ihren Unfall, ein gutes Zeichen, weil sie dadurch den Schrecken des Geschehens bannt und integriert. „Das erste Krankenhaus hatte keinen Platz..."
(Diese Aussage lässt mich spontan an das Weihnachtsspiel „Die Herbergsuche" erinnern, in dem Maria, Josef und das Kind abgewiesen werden und schließlich in einem Stall unterkommen..., ein Spiel, das ich als Kind immer mit Inbrunst in verschiedenen Rollen mitgespielt habe: Als Josef [Vater], sogar verkleidet als Maria [Mutter], als böser, abweisender Wirt und als Hirte.)
Petra stellt sich innerlich 'aufrecht' „Ich hab alles getan... aber es ist schlimmer geworden." Wie gut, dass sie keine Schuldgefühle entwikkelt, hier zeigt sie, dass sie wirklich kein 'Angsthase' ist, sondern sich in ihrem Ich der Realität zu stellen beginnt. Prompt kommt auch die entlastende Schuldzuweisung an ihre Schwester. Anschließend schmiedet sie an ihrer 'haltenden Beziehung' zur Therapeutin, die sie zur geheimen Mitwisserin ihrer Gedanken und Gefühle und so zum vertrauten Muttterersatz macht. Ihr kann sie die ganze Ambivalenz Ihrer Gefühle offenbaren: Die Hoffnung auf Gesundung und die Angst vor dauerhafter Behinderung mit ihren Folgen. Danach stellt sie sich wieder der 'bemitleidenswerten' Realität und gibt ihrem Är-

ger angemessen Ausdruck: Sie geht aus der wehleidigen in die angreifende Rolle über und stärkt sich so für ihren 'Werde-Gang'.

Zusammenfassend können wir sagen:
„Petras Veränderungen zeigten sich in mehrfacher Hinsicht. Einerseits durch ihr Verhalten in der Klasse, dessen Veränderung durch Lehrer und Schulassistenten berichtet wurde:

- Petras Pausenverhalten veränderte sich, sie nutzte die Pause aktiver und benutzte auch die Angebote im Klassenraum.
- Sie begann aus eigenem Antrieb mit anderen zu spielen und zeigte nicht mehr die Schreckreaktion, wenn andere Kinder auf sie zugingen. Ihre oben beschriebenen Ausbrüche gingen von 3 - 4 mal täglich auf 2 mal wöchentlich zurück.
- Sie wurde lebhafter, selbstbewußter und veränderte ihren Haarschnitt aus eigenem Antrieb (wirkte dann offener, fröhlicher).
- Sie konnte sich selber besser leiden, ihr Perfektionsanspruch ließ nach, ebenso wie ihr resignatives Verhalten bei jeder Schwierigkeit, sie wurde sicherer.
- In Unterrichtsgesprächen begann sie durch Selbstöffnung Verarbeitungsprozesse zu finden (während sie sich früher, wenn das Erleben anderer Kinder angesprochen wurde, häufig sensationslustig und auch abfällig urteilend verhalten hatte).
- Sie erlebte sich nicht mehr als völlig von der Angst beherrscht, sondern sagte, daß sie sich vorstellen kann, mit der Angst und auch der Behinderung besser zu leben. Ihr Erleben der Behinderung wurde realistischer und bewußter.

Andererseits zeigten sich die konstruktiven Veränderungen auch in den vorgegebenen Tests...

- Es gab eine sehr signifikante Abnahme auf der Skala fehlende Willenskontrolle, d.h. eine Annahme von Selbstkontrolle und der Fähigkeit sich an die sozialen Spielregeln zu halten.
- Eine signifikante Abnahme von Zurückhaltung, Hemmung, Mißtrauen und sozialer Scheu.
- Eine signifikante Abnahme des aggressiven Bedürfnisses nach Ich-Durchsetzung (d.h. weniger Schadenfreude, Nörgelei und Kritik

am anderen, mehr Möglichkeit zuzuhören, weniger Drang immer der Erste zu sein zu müssen).

- Eine sehr signifikante Abnahme schulischen Ehrgeizes, d.h. auch weniger Wunsch nach Kontakt zu und Gefälligkeit für den Lehrer
- Eine signifikante Abnahme von Impulsivität und Unbekümmertheit (im Sinne von wenig Skrupel, Maßlosigkeit, Übertreten sozialer Spielregeln usf.)
- Eine sehr signifikante Abnahme von derb-draufgängerischer Ich-Durchsetzung, d.h. eine Zunahme sensibel-differenzierter Selbstbeherrschung.
- Eine tendenzielle Abnahme von Neurotizismus/emotionaler Labilität.
- Eine tendenzielle Abnahme emotionaler Erregbarkeit (ängstliche Irritierbarkeit, Ich-Schwäche, Prüfungsangst).
- Eine tendenzielle Zunahme an spontaner Aktivität, sozialer Initiative, guter Laune, Einsatz bei der Bewältigung von Problemen.
- Eine tendenzielle Zunahme an humaner Art der Einstellung und der Lösung von Schwierigkeiten, an feinfühligeren, ästhetischen Erlebnis- und Selbstbild-Inhalten.

Als möglicherweise negativ ist eine

- signifikante Zunahme der Neigung zu Erwachsenenabhängigkeit zu sehen. Für mich verstehbar ist dieses Ergebnis allein dadurch, daß Beziehungen zu Erwachsenen für Petra über lange Zeit sehr schmerzhaft besetzt waren und sie entsprechende Bedürfnisse zur Vermeidung des Schmerzerlebens abblockte. Durch die in der Spieltherapie erlebte liebevolle Erwachsenenbeziehung wurde eine Verarbeitung dieser Gefühle in Gang gebracht und ein Erleben der alten Bedürfnisse wieder zugelassen, es wurde eine Entwicklungsphase nachgeholt als Grundlage für späteres reifes Verhalten. Mit dieser Interpretation kongruent ist, daß jüngere Kinder im Mittel höhere Werte auf dieser Skala aufweisen.
- Auch kam es zu einer tendenziellen Zunahme der Tendenz zur Selbstaufwertung, vermutlich als eine Kompensation von Unterlegenheitsgefühlen, eines der Zeichen dafür, daß der therapeutische Prozeß am Ende der zwanzig Kontakte sicherlich noch nicht abgeschlossen war.“ (KREMER in GOETZE 1981, 120 f.)

Beispiel 7
Gelegentlich arbeiten Heilpädagog/inn/en in Krankenhäusern und Kinderkliniken. Sie begleiten Kinder, Jugendliche und deren Eltern durch eine schwere Zeit. Besonders auf onkologischen Stationen mit Krebspatienten sind sie, ebenso wie das pflegerische und ärztliche Personal, in hohem Maße körperlich, geistig und gefühlsmäßig herausgefordert, den Weg ihrer kleinen Patienten mitgehen zu können, oft bis zu deren Tod:
„Auf der einen Seite gibt es die Mitleidsreaktion, die einen dazu drängt, sich dem Kind mit jeglicher Form der Hilfestellung und des Trostes zuzuwenden. Auf der anderen Seite spürt man eine Abwehrreaktion durch die Todesdrohung, die einen dazu drängt, sich vom Kind zu entfernen, um sich selbst vor dem drohenden Schock des Trennungsverlustes zu schützen." (ROTHENBERG 1967 in WOLFF in GOETZE 1981, 95)
„Und wenn ich dann doch - ängstlich, ambivalent und mit dem Wunsch, psychologisch zu stützen - in das Krankenzimmer des Kindes gehe, dann tauchen flüchtig formulierte, unausgesprochene Fragen auf: Wieviel weiß, wieviel spürt das Kind von seiner Lebensbedrohtheit? Wird es darüber sprechen? Wird es mein Zaudern erspüren? Wird es mein Hilfsangebot zu seiner Beruhigung und Entlastung annehmen können? Werde ich dem Kind überhaupt helfen können, oder werde ich es vielmehr durch mein Verhalten einschränken, vielleicht auch ängstigen'? Ähnliche Fragen, wenn ich mit den Eltern und Geschwistern des Kindes zusammentreffe: Kann ich trotz eigener Ängste oder sogar auch unter Einbringung meiner eigenen Ängste der Familie in dem Prozeß ihrer Trauerarbeit um den bevorstehenden Verlust des Kindes behilflich sein?
In der Konfrontation mit einem sterbenskranken Kind und seiner Familie bin ich insofern auch emotional selbst betroffen, als ich selbst sterblich bin und davor Angst habe. Und um trotz und mit dieser Angst leben und arbeiten zu können, brauche ich Klärungen, Gespräche, Auseinandersetzungen mit anderen über die Frage, in welcher Weise mein eigenes Erleben auf das Umgehen mit Kind und Familie und deren Verhalten Einfluß nimmt. Ich brauche Klärungen auch in Bezug auf die Frage, wieweit ich meine eigenen Ängste und

meine Trauergefühle ausgelebt und verarbeitet haben muß, um überhaupt stützen zu können. Mit der Formulierung "Hilfe für den Sterbenden ist weniger das, was ich ihm sage, als das, was ich ihm bin" macht Wiesenhütter (1974) deutlich, wie sehr meine eigene Befindlichkeit, mein eigenes Erleben Bestandteil der Kommunikation mit dem sterbenskranken Kind und seiner Familie ist, und wie sehr sich - gewollt oder ungewollt - meine Befindlichkeit, mein Erleben und Verhalten in den Äußerungen und Verhaltensweisen von Kind und Familie widerspiegeln werden.
In dem Versuch einer psychologischen Betreuung, aber auch in einer psychologischen Untersuchung über Wissen, Erleben, Trauerarbeit und Verhalten bei lebensbedrohlich erkrankten Kindern und ihren Familien muß ich deshalb den jeweiligen psychosozialen Kontext, zu dem ich auch als Betreuer bzw. Untersucher gehöre, mit einbeziehen (Minuchin, 1978). Ich muß das Erleben von Kind und Familie zu erfassen suchen in seiner Interaktion mit dem Erleben des Betreuers bzw. Untersuchers (Gendlin, 1974). "Daß der Kontext die inneren Prozesse (des Individuums) beeinflußt, daß Veränderungen im Kontext Veränderungen im Individuum bewirken, und daß das Verhalten des Therapeuten bei dieser Veränderung signifikant ist", diese Überlegungen gehören nach Minuchin (1978) von jeher zum Grundwissensbestand psychotherapeutischer Verfahren, werden in zunehmendem Maße auch in die psychotherapeutische Praxis einbezogen. (WOLFF in GOETZE 1981, 95)

Szene 1

Bei dem damaligen 7jährigen Jens wurde vor Jahresfrist ein bösartiger Tumor diagnostiziert, der nach einjähriger medikamentöser Therapie nun nicht mehr auf die Medikamente anspricht, so daß der Junge mit großer Wahrscheinlichkeit in naher Zukunft sterben wird. Trotz beeinträchtigender Nebenwirkungen durch die Erstbehandlung, die über Weihnachten und Neujahr im Krankenhaus stattfand und anschließend ambulant fortgesetzt wurde, erschien der Junge zum Erstaunen aller beteiligten Krankenhausmitarbeiter stets fröhlich und zufrieden, unterzog sich geduldig allen notwendigen Prozeduren ohne Klagen, sondern viel mehr mit einem "vernünftigen" Hinweis auf deren Notwendigkeit. Ganz selten gab es im Verlauf der ersten Monate Situationen, in denen er auf emotional signifikante Episoden zu sprechen kam: Z.B. seien in einem See, in dem er gelegentlich gebadet habe, einmal mehrere Kinder auf den glatten Steinen ausgerutscht und ertrunken. Er verneinte, Angstgefühle bei dieser Schilderung zu haben, aber er erfuhr bei dieser und ähnlichen Situationen wiederholt, daß ich bereit war, auf von ihm geäußerten Gefühlsinhalte einzugehen. Anläßlich eines stationären Aufenthaltes im Frühsommer weinte er ebenso heftig wie plötzlich und unerwartet. Auf meine Reaktion, irgend etwas mache ihn jetzt ganz traurig, beschrieb er, wie er immer an seinen Hund denken müsse, der so sehr traurig sei, weil sein Herrchen im Krankenhaus sei. Er könne gar nichts essen, liege immer im Körbchen und weine. Der Hund spüre auch immer ganz genau, wenn es seinem Herrchen wieder schlechter ginge. Jetzt, mit zunehmender Schwächung durch die fortschreitende Krankheit, kann der Junge seine Ängste von dem Alleingelassenwerden immerhin indirekt kundtun, indem er organisierend dafür sorgt, daß immer jemand bei ihm ist, zu Hause wie in der Klinik. Direkt äußert er weder Klagen über die zunehmende Schwächung noch gar Ängste vor dem Sterben. Vielmehr spricht er von baldiger Wiederaufnahme der intensiven Behandlung, während gleichzeitig die ihn umgebenden Erwachsenen in Klinik und zu Hause die Hoffnung aufgeben mußten und sich häufiger als vorher in ihre Äußerungen über Fertigkeiten des Jungen das Wörtchen "noch" einschleicht. Er weiß, daß seine Familie ihn in keinem Moment allein lassen wird. Vielleicht muß er auch deshalb seine Sterbensängste nicht aussprechen. Darüber hinaus fragen wir uns, ob er uns auch vor der Konfrontation mit seinen Ängsten schützen möchte, uns dadurch trösten möchte, daß er hoffnungsvoll bleibt. Und obgleich der Junge so nachdrücklich darauf besteht, daß mein Kollege oder ich bei seinen stationären Aufenthalten bei ihm sind, kommen in mir doch Zweifel auf, ob er uns hinreichend vertraut, um uns mit seinen Ängsten zu konfrontieren. Gelegentlich denke ich, daß *ich* es als Erleichterung erleben würde, wenn wir das "Geheimnis" nicht mehr hüten müssen, sondern aussprechen können. Und zugleich besteht bei mir die Angst vor einer solchen Aussprache, die ich als gegeben annehmen muß und vielleicht verbalisieren kann, wenn es zu dieser Aussprache kommt.“ (WOLFF in GOETZE 1981, 105 f.)

Aufgabe 54

Beim Lesen dieser Szene sind Sie vermutlich von vielen (unsortierten) Gedanken und Gefühlen begleitet worden. Es ist nicht leicht, sich einer Wirklichkeit zu stellen, die wir im Alltag oft verdrängen. Trotz der Bilder aus Kliniken und der Spendenaufrufe für krebskranke Kinder in den Medien, die für viele Menschen eine Information sind, die zum (finanziellen) Engagement herausfordert, erleichtern uns solche Mitteilungen häufig vorschnell, nach dem Motto: „Es wird ja geholfen". Wir haben es dann leichter, uns von einem unliebsamen Teil der Realität zu trennen, obwohl wir im Tiefsten wissen, dass letztlich niemand vor eben dieser und vielen anderen beängstigenden, belastenden und zerstörerischen Realitäten unseres Lebens davonlaufen kann.

Lassen Sie sich einmal durch dieses und die folgenden Beispiele herausfordern, sich ebenso ehrlich wie der Begleiter dieser Kinder über die vielfältige *innere Realität Ihres Erlebens* klarer zu werden und sich dadurch selber - wenn möglich im offenen Gespräch mit anderen - besser kennen zu lernen.

Szene 2

Ein anderer 7-jähriger Junge mit einem Lymphdrüsenkrebs konnte seine Ängste in ebenfalls einjähriger Betreuung nur dadurch äußern, daß er in den stationären Behandlungsphasen entweder permanent, meist weinend, fragte, wann er denn endlich nach Hause könne, oder aber bei den von ihm gemalten Bildern auf Auffälligkeit wie eine verwelkte Blume (neben anderen blühenden) oder die nur bei der eigenen Personendarstellung (Familienbild, verzauberte Familie) eingemalten roten Stellen verwies. Es bestand keine akute Lebensbedrohung. Daß dennoch seine Trennungsängste so wenig beeinflußbar waren, rief in mir gelegentlich Ärgergefühle hervor, die vielleicht des Jungen Wunsch, nach Hause zu können, noch verstärkten. Andererseits begrüßte er meine Besuche, unterbrach sein Spiel oft durch Fragen nach dem Entlassungstermin und schien angstfreier, je näher der Termin rückte. Bei diesem Jungen ist es für mich schwierig abzuschätzen, ob er überhaupt von meinem Angebot profitieren konnte. (WOLFF in GOETZE 1981, 106)

Szene 3

Der 10-jährige Werner, zunehmend gelähmt im Verlauf eines bösartigen Gehirntumor-Rezidivs, verlor erst während der letzten Krankenhausaufnahme seine über ein Jahr lang bei regelmäßiger psychologischer Betreuung vorgewiesene Fröhlichkeit und scheinbare Problemlosigkeit. Der Vater konnte einen Besuch im Krankenhaus nicht verkraften, eine Kommunikation mit der regelmäßig besuchenden Mutter über die erlebten Gefühle war nur begrenzt möglich. Zwei Wochen vor dem Tod kam es zu folgendem Dialog zwischen dem weinend klagenden Jungen und mir, der sich über 20 Minuten hinzog, unterbrochen von langen Pausen (Gedächtnisprotokoll, gleich nach dem Kontakt notiert):

W: "Ich halte es nun bald nicht mehr aus. - Ich möchte nach Hause. Ich habe ja nur noch Pech." (Der Junge liegt im Bett, ich kraule seinen Kopf)

Th : "Du möchtest nach Hause und hast das Gefühl, daß du gar kein Glück mehr hast".

W: "Hier gibt es keinen Tag mit etwas Spaß. - Ich kann das nun nicht mehr aushalten. Es wird gar nicht besser."

Th : "Das ist ein schlimmes Gefühl, wenn es gar nicht besser wird" (Der Junge will einschlafen, spricht dann doch weiter)

W: "Wenn die Angst jetzt noch größer wird, bringe ich bald gar kein Wort mehr hervor. - Dann ist es ganz aus."

Th : "Dann kannst du gar nichts mehr sagen."

W: "Hier hat man an nichts mehr Freude. - Es geht mir an den Kragen. Immer wollen die einen umbetten, morgens und abends. Und immer müssen die einen waschen."

Th : "Das stört dich sehr, daß sie dich immer umdrehen und waschen."

Während dieses Dialogs hatte er kurzzeitig den Impuls, schlafen zu wollen, meinte aber, doch nicht schlafen zu können. Jetzt bat er mich, ihn weiter am Kopf zu kraulen, bis er eingeschlafen sei. Bis zu seinem Tode zwei Wochen später gab es keine krankheitsbezogenen Gespräche mehr, aber auch keine so ausgeprägten Traurigkeitsphasen. Er war in die Klinik gekommen, weil er zu Hause nicht mehr gepflegt werden konnte. Mit seinem Ärger über die Pflege brachte er nicht nur Ablehnung dem Krankenhaus gegenüber zum Ausdruck, sondern wohl auch Wut über die zunehmende Verschlechterung seines Befindens und Enttäuschung darüber, daß seine Eltern ihn in die Klinik verlegt hatten. Die ruhige Ausgeglichenheit, die ich nach diesem Dialog bei dem Jungen wahrzunehmen meinte, mag zu Teilen auch das Resultat oder eine Widerspiegelung meiner eigenen Erleichterung gewesen sein, denn wir hatten diese klare Konfrontation mit der Angst aushalten können und brauchten nun nicht mehr den Schutz vor gespielten 'Optimismus'." (WOLFF in GOETZE 1981, 106 f.)

Szene 4

„Der 14jährige Gymnasiast Thomas schließlich las seine Diagnose Knochenkrebs in der Krankenakte zwei Wochen nach Armamputation und bekam auf direkte Nachfrage von einer Röntgenassistentin die Auskunft, daß es sich um eine lebensbedrohliche Erkrankung handele. Er war ihr dankbar dafür und wollte ihren Namen nicht nennen, da er Konsequenzen für sie für ihre unerlaubte Aufklärung befürchtete. Schon in dem zweiten von etwa 30 Kontakten im Verlauf des nächsten Halbjahres begann er über seine Ängste angesichts des drohenden Sterbens zu sprechen. Er nahm bewußt wahr, daß er als Kranker wohl auf die Gesunden Rücksicht nehmen müsse. Er fand aber im Verlauf einer stark religiösen Orientierung zu einer annehmenden Ruhe und Unabhängigkeit, die mir deutlich werden ließ, daß er weniger und weniger auf die von mir angebotenen Kontakte angewiesen war." (WOLFF in GOETZE 1981, 107)

Georg WOLFF zieht folgende vorläufige Schlussfolgerungen:

„Die für die vier Jungen beschriebenen charakteristischen Reaktionen zeigen sehr wesentliche Unterschiede. Diese Unterschiede beruhen nicht allein auf unterschiedlicher psychosozialer und emotionaler Biographie und Lernerfahrung, sie beruhen auch auf altersbedingten Verbalisierungs- und Konzeptualisierungsunterschieden. Das Wissen um die Todeskonzeptentwicklung bei Kindern (z.B. Fuchs, 1973; Hansen, 1973; Nagy, 1948, Schilder et al., 1934; Stern, 1957) und das Wissen um die Erlebnis- und Verhaltensstadien beim allmählichen Annehmen des Sterbens, wie sie für krebskranke Erwachsene z.B. von Kübler-Ross (1973) und Sporken (1977) beschrieben wurden und auch bei Eltern lebensbedrohlich erkrankter Kinder regelmäßig beobachtet werden können, können eine wesentliche Hilfe in dem Versuch sein, die jeweilige Erlebnisbefindlichkeit von Kind und Familie zu erfassen. *Das Wissen kann aber ebenso gut zu einer Behinderung wirksamer Arbeit werden, wenn hinter der Erwartung einer typischen Reaktion die individuelle Reaktion des jeweiligen Klienten übersehen wird.*

Die Unterschiede in den Reaktionen der vier Jungen mögen auch ein Ausdruck unterschiedlicher Beziehungsbildung zwischen ihnen und mir gewesen sein. An den Beunruhigungen in meinem eigenen Erleben, an Angst, feuchten Händen oder verschluckten Worten spüre ich in den Kontakten meine emotionale Beteiligung. Wenn ich die Kinder

zu einer Operation begleite, spüren sie auch diese Beunruhigungen, verzeihen sie mir, wenn ich sie verbalisiere. Und die Kinder scheinen dennoch nach einer derart gemeinsam überstandenen Operation rascher und intensiver Vertrauen fassen zu können als nach vielen nur Rede-Kontakten.
Bei einer psychologischen Betreuung lebensbedrohlich erkrankter Kinder und ihrer Familien kann ich mich nicht non-direktiv verhalten in dem Sinne, daß ich, wie selbst unbeteiligt, nur die Gefühle des anderen widerspiegele und verdeutliche. Ich bin selbst zu sehr emotional beteiligt, um ausschließlich klientenzentriert arbeiten zu können. Eine solche Betreuung ist eine Begegnung von zwei Betroffenen, die mehr oder weniger füreinander Entlastung und Beruhigung bringen können. Für das Vorgehen in einer solchen Betreuungsarbeit scheint mir das *personenzentrierte Gespräch* (Gordon, 1972; Minsel, 1974, Muchielli 1972) sehr angemessen, *solange es nicht lediglich als Technik angewendet wird,* sondern zu einer letztendlich *sehr individuellen Kommunikationsform entwickelt* wird. Diese Kommunikationsform *basiert* neben der Technik *auf dem Durch- und Verarbeiten der eigenen Erlebnisse* im Verlauf der Konfrontationen und ermöglicht dann vielleicht zunehmend echte Kommunikationen, in denen die erlebten Gefühle geäußert werden können." (WOLFF in GOETZE 1981, 107 f.; *kursive* Hervorhebungen durch W.K.)

Beispiel 8

In dieser und in den folgenden Szenen *malen* und *beschreiben* Kinder *Familienszenen.* Malen, vor allem die *freie Zeichnung,* aber auch bestimmte Aufträge, z.B. „Male einen Menschen, so gut du kannst" (Mensch-Zeichen-Test, MZT) oder „Zeichne einmal deine Familie in Tieren" (Familie-in-Tieren-Zeichentest, FiT), die gezielte diagnostische Aufschlüsse geben, gehören zum Repertoire der heilpädagogischen Spielbegleitung. Bei Auswertung der Szenen muss die Heilpädagogin die entsprechende spieltheoretische Grundlage und die daraus abzuleitenden spieltherapeutischen Vorgehensweisen berücksichtigen. Zugleich sollte sie die gemalten oder erzählten Szenen bei guter Gelegenheit wieder aufgreifen, um dieses *Angebot* der Kinder für sie selber fruchtbar werden zu lassen. Heilpädagogisch gesehen fruchten diagnostische Erkenntnisse am meisten, wenn sie in angemessener Form in die *Beziehungsgestaltung* der heilpädagogischen Begleitung einbezogen und *im Dialog mit dem Kind,* bzw. der Familie, 'ausgeträumt', 'ausgemalt', 'ausgespielt', 'ausgesprochen' werden dürfen. Aus Violet OAKLANDERs (1981) gestalttherapeutischen Arbeitsweisen entnehme ich dem Kapitel „Zeichnen und Phantasie" beispielhaft folgende Szenen:

Szene 1

„Susan... füllte ungefähr die Hälfte des Blattes mit ihrer Zeichnung aus und ließ die andere Hälfte frei. Sie benutzte viele verschiedene Pastellfarben und fügte hier und da dunkle Figuren ein. Ihr Bild bestand aus runden sonnenähnlichen Figuren mit einander berührenden Strahlen, in deren Zentrum sie mit Filzstift ein sehr dunkles, schwarz-rotes Dreieck setzte. Als Susan der Gruppe ihr Bild beschrieb, sagte sie, daß sie sich genau in der Mitte der Formen befinde, die ihre Sorgen, ihre Enttäuschungen, ihre vergnüglichen Erlebnisse und ihre glücklichen Gefühle darstellten. Ihre Sorgen und Enttäuschungen waren in dunklen Farben wieder gegeben." (35 f.)

Aufgabe 55

Schauen Sie sich das folgende Bild einmal genau an, so gut dies bei der - leider nur kleinen, schwarz-weißen - Reproduktion möglich ist. Notieren Sie dann Ihre Wahrnehmungen und Eindrücke und tauschen Sie diese mit Ihren Kolleginnen und Kollegen aus: Wie wirkt Susannes „My World", ihre Welt, auf Sie? Was fällt Ihnen auf?

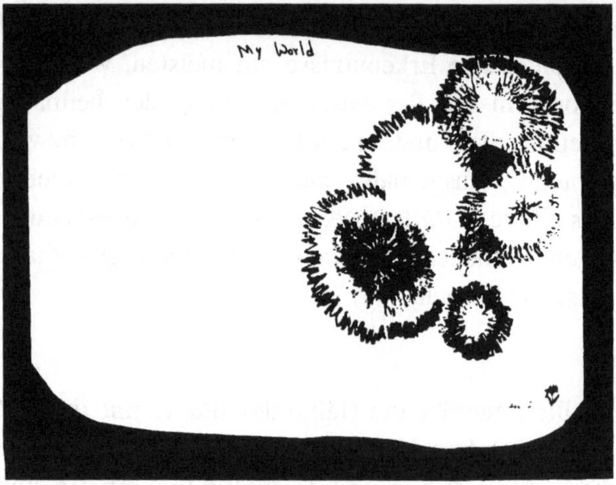

Susan, 13 Jahre
aus: Violet Oaklander (1981, 35)

Indem wir uns ein Bild oder eine Szene anschauen, tauchen in uns zugleich immer auch *Vermutungen* (–>Vermutungsdiagnose, HpE) auf, die sich in uns zu einer ersten Annahme über die Darstellung, das Geschehen verdichten. Wir wissen nicht, „ob wir richtig liegen". Auch ein kollegialer Austausch bietet keine letzte Gewissheit. Wirklich Klarheit verschaffen kann uns nur der betroffene Mensch, das Kind, selbst.

Wie würden Sie versuchen, mit Susan ihr Bild zu entschlüsseln? Versuchen Sie einmal in einem kleinen *Rollenspiel* als Susan und Heilpädagogin einen Dialog über das Bild zu entwickeln, wobei 'Susan' ihre „Sorgen und Enttäuschungen" nur entsprechend des einfühlenden Verstehens der Heilpädagogin preisgibt.

Werten Sie anschließend das eigene Erleben dieser - und vielleicht noch einiger weiterer Versuche - miteinander aus.

Hier entdecken Sie den Dialog zwischen Frau Oaklander, den Kindern und Susan:

„*Kind:* Könntest du uns etwas von deinen Enttäuschungen erzählen?

Susan: Nein, jetzt lieber nicht, aber ich weiß genau, welche das sind.

Kind: Bist du über irgendeinen von uns enttäuscht?

Susan: Nun . . . ja. (Susan erzählte nun, daß sie sich über einen der Jungen in der Gruppe geärgert habe, der etwas Verletzendes zu ihr gesagt hatte, was sie aber für sich behalten hatte. Sie sprachen eine Weile darüber - sie und der Junge -, und damit schien die Sache erledigt zu sein.)

VO: *(Violet Oaklander)* Willst du vielleicht dir, dem schwarz-roten Dreieck, eine Stimme geben und zu deinen anderen Teilen sprechen?

Susan: Ja, natürlich. Ich bin Susan, und ich bin hier genau in eurer Mitte. Manchmal bin ich mitten in Sorgen und Enttäuschungen und fühle mich schrecklich, und manchmal bin ich mitten in lustigen und fröhlichen Dingen und fühle mich wohl.

VO: Was kannst du zu deinen Sorgen und Enttäuschungen sagen?

Susan: Ich mag es nicht, wenn ihr da seid. Ich mag nicht mit euch sprechen. Ich wünschte, ihr würdet nie auftauchen. Aber ihr seid manchmal einfach da, und ich kann euch nicht daran hindern. Ich muß aber nicht über euch sprechen, wenn ich nicht will!

VO: Ich weiß, Susan, daß du dich wegen deiner Sorgen und Enttäuschungen schrecklich fühlst. Es ist in Ordnung, wenn du jetzt nicht über sie sprechen möchtest. Ich bin froh, daß du Jimmy von deiner Enttäuschung erzählt hast. Welche war das auf deinem Bild?

Susan: Diese hier. (Sie streicht eine Figur mit einem großen schwarzen X aus. Eine Sorge weniger.)

VO: Möchtest du jetzt noch eine andere Sorge oder Enttäuschung sein und sie sprechen lassen?

Susan: Nein.

VO: Gut. Was kannst du zu deinen vergnüglichen Erlebnissen und glücklichen Gefühlen sagen?

Susan: Ich habe euch wirklich gern. Ich fühle mich gerne wohl und habe gerne Spaß. (Sich wohlzufühlen und Spaß zu haben waren für Susan *neue* Erfahrungen.)

VO: Ich sehe, daß du eine ganze Menge davon in deiner Welt hast.

Susan: Ja! Früher war ich immer sehr unglücklich. Aber jetzt habe ich wirklich viel Spaß und fühle mich sehr wohl.

VO: Möchtest du eines deiner glücklichen Erlebnisse oder Gefühle sein? (Bereitwillig erzählt Susan von den Dingen, die sie gerne tut, und wie sie sich dabei fühlt.)

VO: Gibt es hier (ich deute auf ihr Bild) in deiner glücklichen Welt irgend jemanden?

Susan: Klar. Das ist meine beste Freundin. Und das ist ein Lehrer, den ich in diesem Jahr sehr gern habe. Und das ist meine Mutter, die mich nicht mehr so oft anschreit, und das ist mein Vater (ein Alkoholiker), der sich wirklich große Mühe gibt, sich zu bessern, genau wie ich, und das ist meine Schwester, die gar nicht so ein Scheusal ist (an dieser Stelle zwinkerte sie ihrer Schwester, die auch an der Gruppe teilnahm, heftig zu), und das ist die ganze Gruppe, und das sind Sie!

VO: Möchtest du uns etwas über die leere Fläche auf deinem Bild erzählen? (Alles befand sich ja auf der einen Seite ihres Bildes.)

Susan: Das ist für mein Leben, in das ich hineinwachsen werde. Da ich nicht weiß, wie es sein wird, habe ich dort nichts hingemalt.

VO: Dort ist viel Platz - für alles mögliche.

Susan: Stimmt!" (36 f.)

Aufgabe 56

Sie haben im Verlauf dieser Szene

a) Susans Bild betrachtet;
b) Ihre Wahrnehmungen, Eindrücke und Vermutungen mit anderen ausgetauscht;
c) in kleinen Rollenspielen versucht, eine dialogische Situation zwischen Susan und der Heilpädagogin, dem Heilpädagogen herzustellen;
d) den Dialog zwischen den Kindern in der Gruppe und Frau Oakländer gelesen und nachvollzogen.

Frau Oakländers eigene Reflexion zu Susans Bild und zu der Szene in der Gruppenbegleitung gibt Ihnen nun die Gelegenheit, Ihre Erlebnisse und Erfahrungen miteinander in Beziehung zu setzen und auszuwerten. Gutes Gelingen dabei!

„Dies scheint mir ein gutes Beispiel dafür zu sein, wie wichtig es ist, keine Interpretationen zu geben. Als ich mir Susans Bild ansah und feststellte, daß sie alles auf die eine Seite des Papiers gequetscht und eine große Fläche einfach weiß gelassen hatte, hätte ich mir sagen können: »Aha - das Kind ist offensichtlich befangen und gehemmt.

Es ist ängstlich und verschließt sich, oder es ist irgendwie unausgeglichen.« Jede dieser Interpretationen hätte richtig sein können - auch andere Interpretationen wären möglicherweise zutreffend gewesen. Vielleicht hatte Susan, als sie ihre Welt malte, tatsächlich das Gefühl, verschlossen und gehemmt zu sein. Vielleicht empfand Susan ihre Welt als eng, eingeschränkt und begrenzt. Ich kann das nicht mit Sicherheit sagen; ich weiß aber, daß Susan, nachdem sie sich ihre Welt vorgestellt, sie gezeichnet und ausführlich mit uns über ihr Bild gesprochen hatte, in der Lage war, ihre weite, weiße Fläche zu betrachten und zu erkennen, daß sie noch einiges in ihrem Leben vor sich hatte. Ich hatte das Gefühl, daß ihre Äußerung, aber auch ihre Stimme und ihr Gesichtsausdruck, Optimismus, Hoffnung, Hinwendung zum Leben erkennen ließen.

Noch eine Bemerkung zu meiner Arbeit mit Susan: Jetzt, da ich diesen Abschnitt noch einmal lese, kommt mir der Gedanke, daß ich mich vielleicht noch etwas länger bei Susans »Dreiecks«-Selbst hätte aufhalten, etwas tiefer in sie dringen und ihre Erfahrung mit sich selbst hätte mehr ergründen sollen. Ich hätte zu ihr sagen können: »Sei dieser Teil deines Bildes, dieses Dreieck, und beschreibe dich.« Ich hätte sie bitten sollen, die dunkle Linie zu sein, die das Dreieck umgab. »Sei diese Grenze und sag uns, was du tust.« Vielleicht hätte sie darüber gesprochen, wie sie sich in ihrer Welt schützt (eine Interpretation). Ich hätte sie auffordern sollen, der Kern, das Zentrum ihrer selbst zu sein, das für mich so aussah, als ob es glühend und voller Energie sei. Ich hätte auch noch die Ecken des Dreiecks erforschen können. Jetzt, nachträglich, läßt sich jedoch nicht mehr feststellen, wie nützlich das gewesen wäre. Es sieht jedoch so aus, als ob ich damit Susans Selbstgefühl hätte stärken können.“ (OAKLANDER 1981, 37 f.)

Szene 2

„Eine sehr aufschlußreiche Übung besteht darin, die Kinder Zeichnungen anfertigen zu lassen, in denen sie ihre Familienmitglieder als Symbole oder Tiere darstellen.

»Schließt eure Augen begebt euch in euren Raum. Denkt nun an alle, die zu eurer Familie gehören. Wenn ihr sie jetzt auf einem Blatt Pa-

pier als das darstellen solltet, woran sie euch erinnern, nicht als die Leute, die sie in Wirklichkeit sind, was wäre das? Wenn euch irgend jemand in eurer Familie an einen Schmetterling erinnert, weil er so herumflattert, würdet ihr ihn dann als Schmetterling darstellen? Vielleicht erinnert euch aber auch jemand an einen Kreis, weil er ständig um euch herum ist. Beginnt mit der Person, an die ihr zuerst denkt. Wenn ihr nicht weiter wißt, dann schließt eure Augen wieder und begebt euch wieder in euren Raum. Ihr könnt Farbkleckse, Formen, Gegenstände, Tiere, alles, was euch einfallt, verwenden.«
Ein elfjähriger Junge zeichnete ein Bild, auf dem er seine Familienmitglieder als verschiedene Symbole darstellte. Dazu sagte er (die in Klammern hinzugefügten Erläuterungen stammen von mir, auch beim folgenden Beispiel):
"Ich befinde mich in einem Käfig und werde in der Mitte gefangengehalten (ein grüner Seestern in einem kastenähnlichen Gebilde). Mein Bruder (16 Jahre) denkt, er sei die Nummer eins (ein großer rosaroter Kreis mit einer riesigen Eins in der Mitte). Meine Schwester (12 Jahre) hält sich einfach für toll - sie täuscht jeden, nur mich nicht (ein blauer Kreis, in der Mitte ein rotes Herz, aus dem überall Klauen herausragen).

Junge, 11 Jahre
aus: Violet Oaklander (1981, 42)

Meine Mutti ist lieb (eine Blume). Papa habe ich als Gehirn dargestellt, weil er glaubt, er wisse alles. Donna (8 Jahre) ist lieb: sie beschimpft mich nicht (ein blaurosa Schmetterling). Mein Bruder (10 Jahre) schiebt immer die Schuld auf mich. Er stellt irgend etwas an, lächelt aber die ganze Zeit dabei, so daß keiner merkt, daß er es getan hat, und deshalb wird er nie erwischt (ein leeres, lächelndes Gesicht). Mutti habe ich am liebsten. Alle sagen mir, was ich tun soll, hacken auf mir herum, geben mir die Schuld. Ich werde in der Mitte gefangengehalten." (OAKLANDER 1981, 41 f.)

Szene 3 und 4

„Bittet man kleinere Kinder (unter acht Jahren), ihre Familie zu zeichnen, so ziehen diese es in der Regel vor, Personen als Personen darzustellen (obwohl sie manchmal auch bereit sind, Tiere zu zeichnen). *Ein Bild von der Familie zeichnen zu lassen, gehört zu den traditionellen psychodiagnostischen Verfahren in der Kindertherapie,* und ganz sicher kann man mit Hilfe eines solchen Bildes viel über ein Kind erfahren. *Noch sinnvoller und nützlicher ist es aber, die so gewonnenen Informationen in die therapeutische Arbeit mit einzubeziehen.* (*Kursive* Hervorhebungen durch W. K.)

Szene 3

Ein siebenjähriges Mädchen, das ich gebeten hatte, seine Familie zu zeichnen, machte seiner Meinung nach dauernd »alles falsch«. Es zeichnete die Mutter größer als den Vater und sagte:

»Ach, das ist ja falsch, meine Mutter ist kleiner als mein Vater.« Dann schrieb es Namen über jede Figur und schrieb »Mutti« über seinen »Papa«. Hierauf strich es das Wort durch und sagte: »Ach, Papa.« Zuerst zeichnete es seinen Vater so, daß er beide Arme hinter seinem Rücken hielt. Dann veränderte es die Armhaltung, so daß der Vater nun seinen Arm nach dem Arm der Mutter ausstreckte (den diese hinter ihrem Rücken hielt), und sagte: »Mein Vater sollte den Arm meiner Mutter halten. So sollte das sein.«

Mir war mittlerweile klar geworden, daß irgend etwas mit den Gefühlen dieses Mädchens seinem Vater gegenüber nicht stimmte. Also mußte ich einige der nächsten Sitzungen darauf verwenden, es dazu zu bringen, diese Gefühle zum Ausdruck zu bringen. Dann zeichnete es ein Bild, auf dem ein sieben Monate altes Baby, in einiger Entfernung davon das Mädchen selbst, seine Mutter und sein Vater zu sehen waren. Alle drei standen sie nun dicht beieinander und berührten sich. Nur das Baby war ganz für sich, und sein Mund war rund, als ob er offen stünde. Das Mädchen und seine Mutter lächelten, sein Vater machte aber ein ziemlich grimmiges Gesicht.

Ich fragte: »Weint das Baby?«

Laura antwortete: »Ja.«

Warum weint das Baby?

Laura: Nun, weil ich es nicht an der Hand halte.

Dann zeichnete Laura ein Haus um die ganze Familie herum - einschließlich des Babys:

Bist du froh, daß das Baby dort in dem Haus ist?

Laura: O ja. Ich habe das Baby wirklich gern. Es hat mich auch gern.

Bist du manchmal froh, wenn das Baby nicht da ist? (Jetzt, beim Schreiben, kommt mir diese Frage merkwürdig vor, Laura schien jedoch den Sinn der Frage verstanden zu haben.)

Laura: Manchmal wäre es mir lieber, wenn es gar nicht auf die Welt gekommen wäre!

Dann erzählte sie mir, daß ihre Mutter ihr manchmal erlaube, das Baby zu halten und auf es aufzupassen, daß es ihr manchmal aber auch auf die Nerven gehe. Sie brachte ihre Gefühle immer offener zum Ausdruck und fühlte sich immer wohler bei dem Gedanken, daß sie sowohl positive wie negative Gefühle dem Baby gegenüber empfinden durfte.

Szene 4

Ganz ähnlich erging es einem fünfjährigen Jungen.

Ich bat ihn, das Baby in seinem Bild zu sein.

Jimmy: Bäh, Bäh!

Wann weint das Baby?

Jimmy: Nachts, und ich kann nicht schlafen.

Das muß dich sehr ärgern.

Jimmy: Hmm, ich kann nicht schlafen, und ich bin müde.

Weiß deine Mutter davon?

Jimmy: Nein, meine Mutter weiß nichts davon.

Dann machte er seiner Wut auf seine Mutter Luft, die, wie er glaubte, keine Ahnung hatte, wie sehr das Baby sein Leben beeinträchtigte.

Mir hatte die Mutter erzählt: »Er liebt das Baby. Er ist überhaupt nicht eifersüchtig.« Er hat das Baby *wirklich* gern, das Baby nimmt aber seine Mutter voll in Anspruch, weckt ihn nachts und macht ihn wütend. Irgendwie war er nicht imstande oder nicht bereit, diese Gefühle seiner Mutter gegenüber direkt und offen zu äußern. Deshalb verlieh er ihnen auf andere Weise Ausdruck: indem er das Bett näßte und in der Schule den Unterricht störte. Ich bat ihn, zu seiner Mutter und zum Baby im Bild zu sprechen, und, nach dem er seinen Gefühlen Luft gemacht hatte, erzählte er mir, worauf er stolz war: Er werde diesem Baby eine ganze Menge beibringen; immerhin sei er der große Bruder des Babys!" (OAKLANDER 1981, 46 f.)

Beispiel 9

Die folgenden Beispiele zeigen, wie das Spiel der Kinder *psychodramatisch* eingesetzt werden kann.

Das Psychodrama ist eine von J.L. MORENO begründete Methode für Gruppen oder Einzelne (Monodrama). In szenischer Darstellung werden *intra*psychische (z.B. innere widerstreitende Gefühle, Ansichten, Wünsche usw.) wie *extra*psychische Beziehungen und Interaktionen dargestellt. Die Methode des Psychodramas verfügt über eine Vielzahl verschiedener Techniken wie Rollenwechsel, Doppeln, Leerer Stuhl, Spiegeln, agierte und verbale Deutung u.a., die die Heilpädagogin in einer entsprechenden Ausbildung erlernen kann. Beim Psychodrama kommt es weniger auf die verbale als vielmehr auf die *spielerische Ausdrucksform* in verschiedenen Rollen und das anschließende reflektierte Erleben der Szenen an. Mutter, Vater, Tiere, wichtige Gegenstände, Ideen, Erlebtes oder in die Zukunft gedachtes, Fantasien, Träume, Märchen oder Symbolinhalte werden möglichst spontan und konkret dargestellt. Dies dient *über das Erlebnis* zur Bewusstwerdung und Verarbeitung auch von Inhalten aus dem kollektiven Unbewussten, sowie zur Selbsterfahrung und zum Kennenlernen eigener Lebensmöglichkeiten. Über die Gruppenspiele kommt es zur Selbst- und Du-Erfahrung, wobei neben dem affekti-

ven Entlastungseffekt Spontanität und Kreativität der Spieler - auch für das tägliche Leben und Erleben - gefördert werden.
„Moreno sah in den Spielen seiner Kindheit und in den Erlebnissen seiner Jugend den Ursprung des Psychodramas. Er erzählte gern von zwei entscheidenden Anstößen für seine Arbeit:

Der eine kam aus einem Kinderspiel, beim dem der fast fünfjährige Jakob Moreno Levy und seine Freunde "Gott und Engel" spielten. Mit großer Begeisterung bauten die Kinder im Keller mit Kisten und Stühlen auf einem großen Tisch den Himmel. Ganz oben, auf dem Thron Gottes, nahm der klein Moreno Platz. Die anderen Kinder flatterten als Engel um ihn herum. Als plötzlich ein Engel rief: "Warum fliegst Du nicht auch? Du bist doch der liebe Gott!", zögerte Moreno nicht lange, breitete seine Arme aus und lag Sekunden später mit gebrochenem Handgelenk auf dem Boden (Moreno 1982; S. 70).

Den zweiten wesentlichen Anstoß erfuhr Moreno als junger Mediziner vor dem ersten Weltkrieg. Auf seinen Spaziergängen in den öffentlichen Gärten Wiens erzählte er den dort spielenden Kindern Geschichten, die diese rasch ins Spiel umsetzten und auch abwandelten. Dabei fiel ihm auf, welche Freude und Freiheit die Kinder in den Rollen zeigten, wie sie sich im Laufe dieser Spiele wandelten, wie schüchterne Kinder sich freispielten, aggressive Kinder sich ins Spiel einfügten und in Rollen Ventile für ihre Aggressionen fanden, wie Kinder im Rollentausch Ängste ablegten und in Rollen neue Verhaltensweisen lernten. Diese Beobachtungen führten ihn zur Entwicklung des Psychodramas (Leutz 1974, S. 29).“ (AICHINGER in BOSSELMANN u.a. 1993, 220)

In der Psychodramaarbeit mit Kindern haben sich kleine, heterogene Gruppen von 4 - 6 Kindern in der Begleitung möglichst eines weiblichen *und* eines männlichen Spielleiters bewährt. Gemeinsam mit den Kindern werden die Spielszenen und Rollen entworfen, moderiert und einmal mehr, einmal weniger deutlich verbal, andeutungsweise oder vertieft, im Spiel wie in gesonderten Auswertungssituationen, reflektiert. Die Spielbegleiter/innen können in der Symbolsprache der Kinder auf das Gruppengeschehen einwirken, indem sie eine Position beziehen, die sie entweder aus therapeutischen Überlegungen

heraus aufsuchen oder die sie sich aus den Rollenerwartungen der Kinder zuweisen lassen. Sie können z.B. aus der Position des Beobachters, des Berichterstatters und Kommentators in Rollen wie Zeitungs-, Rundfunk- oder Fernsehreporter intervenieren. Sie beschreiben die Aktionen der Gruppenmitglieder nicht aus der Distanz heraus, sondern spielen eine Beobachterrolle, berichten, was sich in der Gruppe abspielt und kommentieren das Geschehen.
Die folgenden Szenen und Zitate sind AICHINGER (in BOSSELMANN u.a. 1993, 220 - 237) entnommen.

Aufgabe 57
Versuchen Sie einmal, die Anfangsszene des folgenden psychodramatischen Spiels psychologisch zu analysieren anschließend Ihre Eindrükke und Annahmen auszutauschen: Was fällt Ihnen im Spielverlauf auf und was spielen die Kinder unbewusst aus?

Szene 1

„Zu Beginn der 2. Stunde setzen sich die 7jährigen Kinder voll innerer Anspannung verkrampft auf die Polster im Gruppenraum. Als ein Kind damit beginnt, von einem Polster auf das andere zu hüpfen, schließen sich die anderen sofort an, so daß es zu einer motorischen Entladung der Spannung kommt. Die Therapeuten beschreiben diese Szene: Es komme ihnen vor, als ob Frösche an einem See aufgeregt und ängstlich herumhüpfen. Die Kinder nehmen das Bild auf und sagen, sie seien Wasserfrösche, die Therapeuten Giftschlangen an Land. Nachdem die Kinder dann See und Ufer aufgebaut haben (mit Tüchern, Decken, Schaumstoffteilen; Anm. W.K.), hüpfen sie als Frösche im See herum, während die Therapeuten als Schlangen vom Land aus nach ihnen zu schnappen versuchen. Als die Spannung steigt und die Angst vor den Schlangen zunimmt, verändern die Kinder das Spiel: Sie seien jetzt starke Frösche, die keine Angst zu haben brauchen. Ein Junge schlägt vor, sie könnten giftige Frösche sein. Die Kinder nehmen diese Idee begeistert auf: Die Therapeuten sollen nach ihnen beißen und sich an ihnen das Maul verbrennen. Jetzt lassen sich die Frösche beißen und freuen sich, wenn die Schlangen vor Schmerz aufheulen. Nach einiger Zeit vergiften sie die Schlangen und sagen, diese würden nun ganz steif und unbeweglich werden. Sie tragen sie dann in ihre Speisekammer und fressen sie auf.“ (AICHINGER in BOSSELMANN 1993, 224)

Nachdem die Begleiter die Szene angemessen beschrieben und die Kinder die Rolle als Frösche angenommen haben, weisen sie den Therapeuten die Rolle der Giftschlangen zu. Sie zeigen damit symbolisch die Bedrohung auf, die ihnen seitens der Erwachsenen in ihrem Leben entgegenschlagen mag und die sie nun auf die anwesenden Erwachsenen übertragen. Als das Spiel zu 'gefährlich' zu werden droht, nehmen die Kinder Zuflucht zu Allmachtsfantasien, mit denen sie ihre Unterlegenheits- und Ohnmachtsgefühle bändigen: Sie selber sind die Starken, man kann ihnen nichts anhaben. Durch diesen psychischen Abwehrmechanismus besiegen sie ihre Angst und ein Junge geht sogar zum indirekten 'Angriff' über, indem er vorschlägt, die Schlangen sollten sich an den Fröschen „das Maul verbrennen". So werden die Täter zu Opfern, wie wir es auch aus dem Sprichwort kennen: „Der hat sich das Maul verbrannt!", d.h. es hat sich jemand großtuerisch zu weit vorgewagt und dabei eine (verbale) Schlappe erlitten. Die Kinder genießen mit sadistischer Genugtuung die 'Schmerzen', die die Schlangen sich zufügen, indem sie die Kinder beißen wollen. Ohne eigene Schuldgefühle entwickeln zu müssen, können sich die Kinder in aller gefühlsmäßigen Heftigkeit 'berechtigt' über die 'Bestrafung' der bösen Schlangen freuen und sich auf diese Weise von ihnen angetanen körperlichen oder seelischen 'Schmerzen' entlasten. Am Ende werden die Schlangen vernichtet, indem sie gefressen werden. Die Kinder einverleiben sich dadurch die Kräfte der mächtigen Schlangen, sie werden ihnen an Mut und Stärke gleich. Indem sie sich des Abwehrmechanismus „Identifikation mit dem Angreifer" bedienen, sich also mit dem Angreifer gleichstellen und ihn sich sogar auf oraler Ebene einverleiben, besiegen sie ihn nicht nur, sondern beherrschen ihn und seine Kräfte in und durch sich selbst. - Es ist immer wieder beeindruckend, wie archaisch Kinder spielen können, in diesem Fall symbolisch kannibalistisch (menschenfressend). Wir wissen aus kulturanthropologischen und psychologischen Forschungen, dass Körperteile bzw. Organe von Gegnern real verspeist wurden, um durch diesen Akt den besiegten Feind zu ehren und ihn durch sich selbst, den Sieger, der sich nun mit zusätzlichen Kräften ausgestattet weiß, weiter leben zu lassen. Unsere Sprichwörter weisen auf solche Zusammenhänge hin, wie die

Redensart: „Ich habe dich zum Fressen gern“ erkennen lässt. Auch der christliche Brauch der „Kommunion“ bzw. des „Abendmahls“ wird aus diesen archaischen Quellen gespeist: Fleisch und Blut des geopferten Gottes schenken (symbolisch) Anteil an ihm selbst in innigster Verbindung: „Wer mein Fleisch ißt und mein Blut trinkt, hat das ewige Leben, und ich werde ihn auferwecken am Letzten Tag. Denn mein Fleisch ist wahrhaft eine Speise, und mein Blut ist wirklich ein Trank. Wer mein Fleisch ißt und mein Blut trinkt, der bleibt in mir, und ich bleibe in ihm.“ (Die Bibel, Joh 6, 54 - 57)

Aufgabe 58
Versuchen Sie einmal, in der folgenden Szene herauszufinden, welche Rolleninhalte die Begleiter übernehmen und was sie in ihren Rollen den Kindern anbieten?
Wie beeinflussen sie auf diese Weise das Spielgeschehen?

Szene 2

„In der l. Stunde sind die 6jährigen Kinder noch sehr verängstigt. Sie kennen sich noch nicht, sitzen ganz isoliert auf ihren Sesseln und sind sehr auf die Therapeuten bezogen. Wir nehmen diese Situation in einem Bild auf und sagen, es sei jetzt so, wie wenn jeder auf einer Insel säße. Wir fragen sie, ob sie sich das vorstellen können. Als die Kinder zustimmen, helfen wir ihnen mit detaillierten Fragen, ihre Inseln zu beschreiben. Nachdem jedes Kind von seiner Insel erzählt hat, stellen wir uns vor: Wir seien ein Fährschiff, das die Verbindung zwischen den Inseln herstelle und auch, wenn gewünscht, Nahrung bringe. Jeder, der uns brauche, könne uns über Funk erreichen. Wenn ein Kind ein anderes Kind auf dessen Insel besuchen möchte, kommen wir mit unserem Schiff (ein großes Tuch) und tragen und schaukeln das Kind.“ (226)

Die Begleiter bieten den Kindern hier eine positive Übertragung an, sie übernehmen Rollen wie die der „guten Mutter“ und des „guten Vaters“, symbolisch die des Tierpflegers, der guten Fee u.ä., die der Wunscherfüllung der Kinder dienen. „Mit diesem Bild (des Fährschiffs; Anm. W.K.) möchten wir den Kindern vermitteln, daß wir eine "holding function" (haltende Funktion, Anm. W.K.) übernehmen, daß wir ihnen beim Aufnehmen von Beziehungen helfen und sie beim Abgrenzen schützen." (226)

Szene 3

„Im Gegensatz zu den vorhergehenden Stunden, in denen die 10-jährigen Kinder lebhaft gespielt haben, sitzen sie in der 10. Stunde untätig herum. Es kommt kein Spiel zustande. Die Kinder wirken ganz zurückgezogen. Der Therapeut schlüpft in die Rolle des Arztes, geht auf die Kinder zu, befragt sie, was ihnen fehlt, und überlegt laut, was ihnen wohl die Lust am Spiel genommen habe. Die Kinder greifen die Spielidee auf und sagen, sie möchten Irrenhaus spielen. Als Verrückte übertreiben die Kinder nun genau das Verhalten, weswegen sie an der Beratungsstelle vorgestellt wurden. Als Ärzte überlegen die Therapeuten laut, welche Ängste und Nöte hinter diesem Verhalten stecken könnten.
In der Abschlußrunde können die Kinder dann sogar offen von der Angst sprechen, andere Kinder könnten sie zur Beratungsstelle gehen sehen und denken, sie seien nicht normal."

„Die Therapeuten intervenieren in komplementären Rollen, die ihnen von den Kindern unbewußt zugewiesen oder aufgedrängt werden. Indem die Therapeuten die in der komplementären Identifizierung in ihnen ausgelösten Gefühle wahrnehmen, können sie derzeit in der Gruppe vorherrschende Wünsche und Spannungen erfassen und auf die von den Kindern intendierte Wechselbeziehung eingehen. Sie müssen Rollen suchen, um diesen Erwartungen zu entsprechen und um das zu verkörpern, was in der Übertragungsfrage von den Kindern an sie herangetragen wird." (225)

Aufgabe 59
In den beiden folgenden Szenen werden seitens der Spielbegleiter so genannte „Gegenpositionen" eingenommen. Versuchen Sie einmal herauszufinden, was diese Rollen im Spiel für die Kinder bewirken.

Szene 4

„Die Kinder aus einer Gruppe mit 8jährigen kommen mit großem Geschrei in den Gruppenraum gerannt. Als die Therapeuten sich fragen, welche wilde Horde da reingestürmt kommt, sagen die Kinder, sie seien Cowboys, verweigern aber jede weitere Strukturierung des Spiels. Sie springen einfach durch den Raum, stoßen wilde Schreie aus und bedrohen uns. Da übernehmen wir die Rollen von Sheriffs und beschweren uns über die randalierenden Cowboys, die unsere Stadt unsicher machen. Sofort fallen die Cowboys über uns her und sperren uns ins Gefängnis. Sie geben uns Schokoladentorten zu essen, die aber mit Stecknadeln und Scherben gefüllt sind, so daß unser Magen zerschnitten wird. Dann werden wir über Kakteen gezogen, mit Beton abgefüllt und zum Schluß verbrannt. Das ganze Geschehen wird noch von einem Cowboy gefilmt, damit die ganze Welt über unsere Ohnmacht lachen kann.“ (226)

Szene 5

„Eine Gruppe 7-jähriger spielt seit einigen Stunden Astronauten. Die Konkurrenz und der Kampf um die Rolle des Chefpiloten nimmt von Stunde zu Stunde zu. In dieser Stunde können die Kinder nicht weiterspielen, weil sie sich gegenseitig mit Spielvorschlägen blockieren. Die Stimmung wird immer gereizter, die Kinder fangen an sich zu beschimpfen. Zwei Kinder drohen, sie kämen das nächste Mal nicht mehr in diese blöde Gruppe. Als die Kinder dann anfangen zu raufen, übernehmen die Therapeuten die Rollen von "Außerirdischen" und äußern laut ihre Freude, daß die Astronauten sich gegenseitig bekämpfen. Da hatten sie leichtes Spiel und könnten ihre Rakete erobern. Sofort hören die Kinder mit Raufen auf, schließen sich zusammen, bauen eine schwerbewaffnete, mit Laserkanonen ausgerüstete Rakete, greifen die Außerirdischen an und nehmen sie gefangen.“ (226)

In beiden Szenen intervenieren die Therapeuten aus der Gegnerposition, um die Gruppenkohäsion, d.h. den Gruppenzusammenhalt zu stärken, durch den die einzelnen Kinder ‘Rückendeckung’ für sich erfahren, nach dem Motto: „Gemeinsam sind wir stark“.

„Die Einnahme der Gegnerposition ist dann ratsam, wenn die Gruppe bei Konkurrenzkonflikten wegen starker gruppeninterner Aggressionen auseinanderzubrechen droht. Indem ein Therapeut gezielt eine Rolle übernimmt, mit der er die Aggressionen auf sich lenken kann (Autoritätsrollen wie die des Polizisten eignen sich besonders gut dafür), zieht er die Aggressionen gleichzeitig von der Gruppe ab. Die Bedrohung durch den Therapeuten verbindet die Kinder untereinander. Der Gruppenzusammenhalt wächst, die Gruppenspannung sinkt, konstruktive Interaktionen unter Kindern können wieder in Gang kommen, richten sich aber zunächst gegen die Bedrohung durch den Therapeuten." (226)

Aufgabe 60
In der folgenden Szene findet ein spontaner Rollentausch statt, den ein Mädchen für sich selber inszeniert. Was drückt diese Inszenierung für das Kind möglicherweise aus?

Szene 6

„In der achtzehnten Stunde einer Kindergruppe stellt die 13jährige Anne, die nach ihrer Geburt in ein Säuglingsheim und dann zu wechselnden Pflegestellen kam, ihre traumatische Erfahrung dar. Die Kinder hatten seit einiger Zeit Mäuse gespielt, die Therapeuten waren Mäuseforscher. In dieser Stunde kommt es zu einer Szene, die von Anne bestimmt wird. Die anderen Kinder schauen als Mäuse aus ihren Höhlen gespannt zu: Anne spielt, sie sei eine ganz kleine Maus, die vom Mäuseheim entflohen sei. Als Mäuseforscher versuchen wir, sie zu pflegen und zu füttern. Sie ist aber zunächst sehr scheu und zeigt uns gegenüber große Angst. Erst langsam wird sie zutraulicher, läßt sich streicheln und versorgen. Dann tauscht sie plötzlich die Rolle und sagt, sie sei jetzt die Besitzerin des Tierheims, die die entflohene Maus wieder einfangen möchte. Sie mache Tierversuche und habe den Tieren Gift eingespritzt, so daß sie morgen eingehen werden. Wir empören uns und möchten sie daran hindern, die Tiere wieder einzufangen. Sie geht aber gegen uns vor und sagt, sie sei auf ihrem Grundstück, da könne sie tun und lassen, was sie wolle. Außerdem habe sie eine Erlaubnis der Polizei. Unter unserem Protest legt sie wieder eine neue Falle aus. Dann wechselt Anne erneut die Rolle. Als kleine Maus tappt sie in die Falle, kann dann aber wieder entfliehen. Diese Szene wiederholt sie mit wechselnden Rollen. Ein Junge, ebenfalls ein Pflegekind, fügt sich in ihr Spiel ein und läßt sich auch in der ausgelegten Schlinge fangen. Gespannt verfolgen die anderen Kinder das Spiel und versuchen, die kleinen Mäuse zu warnen. In der folgenden Stunde bekommt dann die Therapeutin die Rolle der Tierheimbesitzerin, und die Kinder lassen ihre ganze Wut an ihr aus." (230)

Die Kinder vollziehen von sich aus spontan einen Rollentausch. Sie setzen damit aktiv um, was sie passiv erlebt und erlitten haben. Sie weisen den Therapeuten meist solche Rollen zu, die sie selber im realen Leben innehaben. So fügen sie „im Spiel" den Begleitern stellvertretend all das Unangenehme zu, das ihnen selber widerfahren ist. Wenn die Therapeuten diese Rollen übernehmen, *nachempfinden* sie die Lage des Opfers und der erlittenen Ungerechtigkeiten. Dieses Mitfühlen hat eine entlastende und heilende Funktion.

„Einen Rollentausch vollziehen Kinder außerdem spontan bei der Bearbeitung eines unbewußten Konflikts zwischen Trieb und Abwehr. Beispiel:

10jährige Kinder übertragen zunächst dem Therapeuten die Rolle eines strengen, verurteilenden inneren Objekts, indem sie ihn zum Polizisten machen. Sie selbst übernehmen die abgewehrte Triebseite in der Rolle von Räubern, die Schätze rauben. Nach einigen Stunden nehmen sie einen Rollentausch vor und spielen als Polizisten ein toleranteres Über-Ich." (230)

Die folgenden Szenen beinhalten Beispiele zur Techniken des *Doppelns* und des *Doppelgängers.* Die Therapeuten übernehmen in der Kindertherapie Rollen, in denen sie einfühlendes, stützendes oder explodierendes Doppel der Kinder werden können, und stützen so das Ich der Kinder.

„Kinder, die zu uns kommen, sind meist nicht imstande, über ihre Gefühle zu reden. Sie geben aber den Therapeuten im Rollentausch die Rollen, die sie selbst in ihrem realen Leben haben. Die Therapeuten werden dadurch zum "symbolischen Doppelgänger" der Kinder (Anzieu 1984, S. 102) und können in diesen Rollen die in ihnen aufkommenden Gefühle der Wut, Trauer und Ohnmacht verbal widerspiegeln. Über die Therapeuten lernen die Kinder zu verbalisieren, was sie innerlich bewegt, quält und ihr Wohlbefinden stört und machen dadurch einen großen Schritt zur Realitätsgewinnung." (233)

Szene 7

„Ein sehr schüchterner 8-jähriger Junge, der in den Stunden zuvor immer Affenbaby gespielt hat, möchte in dieser Stunde Löwe sein. Als während des Spiels ein anderes Kind in seine Höhle eindringt, ruft er mit weinerlicher Stimme nach dem Therapeuten. Der Therapeut greift aber nicht als Spielleiter ein, sondern bleibt in seiner Rolle als Tierpfleger und wundert sich laut, warum der starke Löwe nicht sein mächtiges Brüllen ertönen läßt und sein Revier verteidigt. Nach diesem "stützenden Doppeln" faucht der Junge laut und wehrt sich gegen den Eindringling.

Die Ich-stützende Technik des Doppelgängers kann in der Kindertherapie so eingesetzt werden, daß die Therapeuten eine Rolle übernehmen, in der sie als stützendes Doppel, als Verbündeter der verdrängten Triebregungen dem gehemmten Kind Halt geben.“ (231)

Szene 8

„In einer Kindergruppe von 6jährigen spielten die Kinder einige Zeit Schiffsabenteuer. Um die Kapitänsrolle gab es immer wieder Kämpfe zwischen vier lebhaften Jungen. Als in dieser Stunde ein gehemmter Junge plötzlich Anspruch auf die Rolle erhebt, sind die anderen so überrascht, daß sie zustimmen. Im Spiel hat der Junge aber keine Ideen, was er als Kapitän machen könnte und gerät zunehmend unter Druck. Um ihm im Rollenwechsel die korrigierende Erfahrung zu vermitteln, daß er in seinem Handeln noch andere Möglichkeiten zur Verfügung hat, als er bisher praktizierte, geht der Therapeut als Matrose ins Spiel. Durch Fragen wie: "Was wünscht der Herr Kapitän heute zu speisen? Einen Haifisch oder einen Seeteufel?" oder "Befiehlt der Herr Kapitän, daß ich dem Steuermann sage, er solle nach Osten oder Westen segeln?" oder "Befiehlt der Herr Kapitän, daß ich dem Schiffsoffizier auf dem Ausguck sage, er solle auf die gefährlichen Haie achten?" regt er ihn an, die Rolle zu füllen.

Außerdem versucht er, ihm durch unterwürfiges, diensteifriges Verhalten das Gefühl zu vermitteln, ein "richtiger" Kapitän zu sein. Eine weitere Möglichkeit ist, als Hilfs-lch beim unkontrollierten Kind die unterentwickelten Ich Funktionen zu stärken.“ (232)

„Das explorierende Doppeln ermöglicht, die Intentionen oder die Erlebnisinhalte der Kinder zu erfragen. Indem ein Therapeut sich laut in seiner Rolle in einer Art Selbstgespräch fragt oder beide Therapeuten im Zwiegespräch erörtern, warum sich ein Kind oder die Gruppe in einer bestimmten Weise verhalten, was wohl in ihm (ihr) vorgeht, regen sie die Kinder an, sich mit der Frage auseinanderzusetzen und sich vielleicht auch über das Gefragte zu äußern.“ (232)

Szene 9

„5-jährige Kinder spielen Affenfamilie. Die Therapeuten sind die Eltern und die Kinder die kleinen Affenkinder. Als Affenkinder äußern sie ununterbrochen Wünsche an die Mutter. Obwohl die hin und her hetzt, schafft sie es nicht, alle Wünsche zu erfüllen. Als der Affenvater in den Urwald weg geht, um Nahrung zu suchen, werden die Kinder der Mutter gegenüber frech. Sie gehorchen nicht mehr, fallen schließlich über sie her und schlagen sie. Als diese jammert und sich fragt, warum ihre Kinder so mit ihr umgehen, ruft ein Junge voller Ärger: Sie habe ihnen schlechte Ananas gegeben und keine guten Bananen. Die anderen Kinder stimmen zu und beschließen dann, die Affenmutter gefangen zu nehmen und aufzuhängen, da sie eine ganz böse Mutter sei. Der Vater soll im Urwald schlafen und nichts davon mitkriegen." (232 - 233)

Als weitere Interventionsmöglichkeiten sollen noch interpretierende bzw. deutende Äußerungen der Spielbegleiter vorgestellt werden:
„Indem die Therapeuten die ihnen - im doppelten Sinn des Wortes - übertragenen Rollen, die 'guten' oder 'bösen' Objekte spielen, haben sie ein ausgezeichnetes Mittel, den Kindern lebendig und anschaulich ihre Übertragungen, ihre unbewußte Rollenbeziehung aufzuzeigen und auch bewußt zu machen. Daher ist die kontrollierte Übernahme der Rollen, die die Kinder den Therapeuten auferlegen, ihr Mitspielen *aktionale Deutung,* Deutung durch das Spiel (Rubner u. Rubner, 1982, S. 21). *Die Therapeuten reden im Spiel direkt in der Symbolsprache des Unbewußten mit dem Kind* und vermitteln ihm so, daß sie das Bedrohliche und Bedrückende, das es im Spiel ausgedrückt hat, verstanden haben.
Da Kinder zur Behandlung geschickt werden, bringen sie gegenüber den Therapeuten zunächst meist eine negative Einstellung mit und projizieren auf sie dann oft alle negativen Erfahrungen mit 'bösen' Erwachsenen. Daher begegnen sie in der Anfangsphase den Therapeuten oft mit Angst und Mißtrauen. In der Sicherheit und Geborgenheit der Gruppe und durch ihre Verstärkerwirkung schaffen sie es aber schnell, ihre Aggressionen angst- und straffrei zur Darstellung zu bringen. Da es entscheidend für den psychischen Gesundungsprozeß ist, in welchem Maße Kinder gerade ihre negativen Gefühle wie Wut, Ärger, Neid und Eifersucht zur Darstellung bringen

und verarbeiten können, *müssen sich die Therapeuten diese negative Übertragung lange gefallen lassen und ihre Gegenübertragung kontrollieren.* Gerade in der Kindergruppe, wo aggressive Impulse verstärkt auf die Therapeuten gerichtet werden, ist die *Gefahr groß, daß die Therapeuten die negative Projektionen abwehren und sich statt dessen lieber den Kindern als gute Spielkameraden oder gute Eltern anbieten.* Sie schränken dann zugunsten eines 'schönen Spiels' über pädagogische Eingriffe die aufsteigenden inneren Bilder und Projektionen ein.
Da Kinder in der Übertragung Wünsche zu befriedigen oder Unlust und Angst durch Abwehrmechanismen abzuwehren versuchen, müssen die Therapeuten das Spiel der Kinder durchschauen, ohne das Spiel der Kinder zu spielen (Lebovici, 1971, S. 331). Sie müssen unter Umständen einen anderen als von den Kindern gewünschten oder befürchteten Ausgang einer Szene herbeiführen und die Kinder mit sich selbst konfrontieren. Bei dieser *"agierten Deutung"* (Anzieu, 1984, S. 139 f) *nehmen die Therapeuten im Spiel eine andere als die von den Kindern gewünschte Haltung ein und halten sie konsequent durch, bis die Kinder ihre Haltung ändern.* (235; *kursive* Hervorhebungen durch W.K.)

Szene 10

In einer Gruppe von 14jährigen, in der alle Jungen eine sehr enge Mutterbindung haben, sprechen die beiden Therapeuten an, daß die Gruppe nun bald zu Ende gehe und die Jungen, die inzwischen groß geworden seien, ja auch im Leben ganz gut zurecht kommen. Das erinnere sie an die Ritterweihe, bei der die Knappen zu Rittern geschlagen werden und dann ausziehen, um Abenteuer in der Welt zu bestehen. Die Jungen nehmen das Bild auf, wollen aber vor dem Ritterschlag noch ein Festessen veranstalten. Sie decken die Tafel und bedienen dann die Königin, die Therapeutin, freundlich, dem König aber, dem Therapeuten, werfen sie das Essen auf den Tisch und machen sich über die Proteste des "alten Knackers" lustig. Als Königspaar sprechen die Therapeuten darüber, daß die Ritterweihe bevorstehe, die zukünftigen Ritter sich in der Fremde bewähren müßten, vielleicht später heiraten u.ä.. Darauf sagt Martin, der seiner geschiedenen Mutter als Partnerersatz dient, er brauche nicht zu gehen, er habe hier im Schloß zwei bis dreimal mit dem Dienstmädchen geschlafen. Das Königspaar äußert sein Erstaunen über die rasche Entwicklung seines Sohnes. Da sagt Martin, er habe in des Königs Bibliothek, in einem Buch verborgen, Präservative gefunden und dann auch benützt. Doch habe er gemerkt, daß der Vorrat kleiner werde. Deswegen habe er dann den König heimlich verfolgt und gesehen, daß er mit dem Dienstmädchen schlafe. Drei Stunden lang sei er das letzte Mal bei ihr gewesen. Die anderen Jungen äußern erstaunt, das hätten sie dem alten Knacker gar nicht zugetraut. Die Königin ist entsetzt und stellt den König zur Rede. Der sagt, die Ritter wollten sich mit den Verleumdungen nur zwischen ihn und die Königin drängen. Doch die Kinder beharren auf ihren Vorwürfen und bringen Beweise vor. Sie zeigen der Königin Dias, die den König beim Seitensprung zeigen. Martin rät der Königin, sie solle sich scheiden lassen, zumal der König bei ihr ja impotent sei, und beteuert ihr, er werde sie nicht verlassen, sogar heiraten könne er sie, wenn sie es wolle. Die anderen Jungen halten ihn aber zurück und meinen, der König sei wohl ein Ekel, die Königin soll sich aber lieber nicht scheiden lassen, sonst könne sich ja jeder Buschtrommler an der Ecke an sie heranmachen.

Da der Ödipuskonflikt nur überwunden werden kann, wenn die Parentifizierung aufgelöst wird, interveniert die Therapeutin strukturell. Sie spielt nicht das Spiel der Jungen mit, die die besseren Geliebten der Mutter sein wollen und vom ödipalen Sieg träumen, sondern grenzt sich als Eltern ab. Um die Jungen zu frustrieren und ihnen zu zeigen, daß sie nicht zu haben ist, und die Jungen sich daher den Gleichaltrigen zuwenden müssen, zieht sie sich mit dem König ins Schlafgemach zurück und redet leise mit ihm. Nach einer Weile kommen die beiden wieder in den Saal zurück, wo die Königin den Rittern sagt, sie hätten den Konflikt besprochen und bereinigt. Sie würde selbst damit zurecht kommen und brauche nicht die Hilfe der Ritter.“ (235 f.)

Wie in anderen kindertherapeutischen Konzepten wird auch im Psychodrama mit Kindern die Frage diskutiert, ob es in der ausreicht, wenn das Kind seinen inneren Konflikt über die symbolische Gestaltung ausspielt oder ob echte Heilung erst erreicht wird, wenn das Problem reflektiert und bewußt gemacht wird.

„*Wir führen die verbale Deutung im Spiel erst dann ein, wenn die Sprache für das Kind als Ausdrucksmittel größere Bedeutung gewonnen hat.* Diese *Deutungen erfolgen dann im Spiel,* indem ein Therapeut in seiner Rolle im Selbstgespräch Überlegungen anstellt und das Verhalten eines Kindes oder der Gruppe zu erklären versucht. Eine weitere Möglichkeit ist, *daß die Therapeuten sich im Dialog über das Kind unterhalten,* sein Verhalten hinterfragen und unterschiedliche Erklärungen dafür überlegen. *Deutungen müssen der Sprache und dem emotionalen und kognitiven Entwicklungsstand der Kinder angepaßt sein,* damit die Kinder nicht aus Widerstand das Spielen aufgeben. *Sie sollten nur sparsam gegeben werden und behutsames Abtasten der Oberfläche sein.* (236; *kursive* Hervorhebungen durch W.K.)

Szene 11

In einer Kindergruppe von 13-jährigen spielen zwei Kinder Hundebabys auf einem Bauernhof, die vier anderen Kinder Feldmäuse in der Nähe dieses Hofes. Die Therapeuten sind Bauern, die die Hundebabys zu verpflegen und zu versorgen haben. Mark beobachtet als Feldmaus einige Zeit gespannt, wie die beiden Hundebabys sich streicheln und füttern lassen. Da ändert er seine Rolle und sagt, er sei jetzt auch ein Hundebaby, ein viel kleineres aber als die beiden anderen, und die Bauern würden ihn in der Scheune finden. Die Bauern freuen sich über das zugelaufene Hundebaby und setzen ihm eine Schale Milch vor. Da entreißen die beiden anderen ihm die Schale, trinken sie selber schnell aus und drängen ihn knurrend und zähnefletschend aus dem Hof. Die Bauersleute wundern sich, daß ihre kleinen Hunde so wütend auf das neue Baby reagieren und fragen sich, ob die Hunde es wohl deshalb vertreiben wollten, weil sie ihren Platz zu verlieren fürchten und sich gar nicht vorstellen können, daß Milch und Platz für mehrere Hunde vorhanden sei. Da sagen die beiden, das sei ganz normal, daß Hunde ihr Revier verteidigen. (AICHINGER in BOSSELMANN u.a. 236)

PS: Sie sind nun einen langen Weg durch verschiedene heilpädagogische Arbeitsfelder mitgegangen und haben jeweils sehr unterschiedliche Szenen und Vorgehensweisen im Umgang mit spielenden Kindern kennen gelernt.
Dabei waren Sie herausgefordert, immer wieder zuerst sich selbst, Ihre Gefühle und Gedanken, Ihre eigenen Erfahrungen und Erlebnisse zu reflektieren und mit anderen gemeinsam Ihre Wahrnehmungen und Eindrücke auszutauschen und zu überprüfen.
Zusätzlich haben Sie eine Vielzahl von Interventionsmöglichkeiten im Kinderspiel mit heilpädagogisch-therapeutischer Wirkung kennen gelernt.

Bei all diesem Tun sind Sie ein Stück weit Expertin oder Experte auf diesem Gebiet geworden.
Die nun folgenden Beispiele sollen Sie herausfordern, Ihre (neuen) Erkenntnisse auszuprobieren, indem Sie selber verbal in Dialoge mit Kindern eintreten und dabei versuchen, die Kinder zu verstehen und aus diesem Verstehen heraus möglichst dicht an die „richtigen" Antworten heranzukommen.
Natürlich wissen Sie inzwischen, dass es niemals „die" richtige Antwort geben kann: Die Beziehung zwischen Heilpädagogin und Kind, die aktuelle Situation, das Konzept der heilpädagogischen Spielbegleitung, das konkrete Setting spielen ebenso eine wichtige Rolle wie das Alter, der Lebensweg und die Beeinträchtigung, Behinderung oder Störung des Kindes.
Alle diese Faktoren sind - wenn überhaupt - schriftlich nur schwer mitzuteilen.
Ich möchte Sie dennoch nach dem Motto: „Frisch gewagt ist halb gewonnen" ermuntern, sich als Heilpädagogin oder Heilpädagoge in den nächsten Szenen mit verbalen Äußerungen selbst zu erproben. Gutes Gelingen und viel Spaß dabei!
PPS: Außerdem haben Sie noch Ihre Kolleginnen und Kollegen an Ihrer Seite, mit denen Sie gemeinsam Ihre unterschiedlichen Ergebnisse - wie bisher - erfolgreich und vertieft reflektieren können!

Bei den folgenden Übungen handelt es sich jeweils um die *erste Begegnung* zwischen der Heilpädagogin, dem Heilpädagogen und einem Kind.

Aufgabe 60

Setzen Sie in den Zwischenräumen die Dialogsequenzen fort, indem Sie sich eine oder mehrere mögliche Antworten notieren, die Sie an Stelle der Heilpädagogin geben würden.

Lassen Sie sich möglichst spontan auf die Situationen ein, die aufgrund der Informationen, die Sie vorfinden und aufgrund der Bilder, die vor Ihrem geistigen Auge sehen, entstehen.

Notieren Sie am Ende der „Stunde" in einer Gesamtreflexion

a) alle Daten, die Sie für den weiteren Verlauf für wichtig halten;
b) Formulieren Sie eine ->Vermutungsdiagnose (HpE) aufgrund der gesammelten Daten.
b) Notieren Sie Ihre momentanen Einfälle für Ihr weiteres Vorgehen mit diesem Kind.

Tauschen Sie danach Ihre Antworten, Daten, Ihre Vermutungsdiagnose und Ihre momentanen Einfälle zum weiteren Vorgehen mit Ihren Kolleginnen und Kollegen aus.
Achten Sie bei Ihrem Austausch darauf, *gut zuzuhören,* damit Sie *nachvollziehen können,* was Ihre Gesprächspartner/innen empfunden haben und Ihnen 'mit-teilen' möchten.
Diskutieren Sie nicht! Bedenken Sie bitte, dass es nicht die einzig „richtige" Lösung geben kann, sondern Sie nur dann voneinander lernen können, wenn Sie offen sind für alle möglichen Versuche, die Sie in ihrer ganzen Vielfalt bereichern und Ihnen wieder ein klein wenig über sich selber und Ihre Wahrnehmungen Aufschluss geben werden.

Übung 1

Pünktlich bringt die Mutter Marina in die Beratungsstelle. Die Heilpädagogin begrüßt Mutter und Tochter. Marina lacht die Heilpädagogin offen und aufgeschlossen an. Die Heilpädagogin erklärt Marina, dass sie jetzt eine 3/4 Std. mit ihr ins Spielzimmer gehen würde und dass die Mama sie danach wieder abholen komme.

M. hat einen kleinen Teddybären mitgebracht, den sie im Spielzimmer auf den Tisch setzt und sagt, der hätte mitgewollt, um zu sehen, wie das hier so sei.

Hp.: ...

Hp.: fragt M. ob sie wisse, warum sie hier sei;

M.: verneint.

Hp.: sagt, dass ihre Mutter erzählt habe, dass es im Hort schon mal Ärger gebe...

M.: stimmt zu und erzählt lebhaft von diversen Streitigkeiten im Hort, wobei sie immer betont, dass andere angefangen haben, dass sie nie Schuld gehabt habe.

Hp.: ...

M.: meint, dass das in der Schule ähnlich sei. Erst heute habe sie ein anderes Kind gezankt und die Lehrerin habe M. ausgeschimpft, an dem Arm gepackt und vor die Tür gesetzt. Dabei habe sie gesagt, wenn sie so weiter machen würde, würde sie noch viel Ärger bekommen. Darauf habe sie (M.) gesagt: „Dann komme ich eben nicht mehr in die Schule!" Hierauf habe die Lehrerin wohl gesagt, das sei ihr doch egal, ob M. komme oder nicht.

Hp.: ...

M.: Geht im Raum umher, sieht die Malsachen und fragt, ob sie malen darf.

Hp.: Stimmt zu.

M.: Beginnt sogleich mit Filzstiften auf ein DIN-A-4-Blatt im Querformat zu malen...

Hp.: Als M. fertig ist, gibt Hp. die Anweisung zum Mensch-Zeichen-Test (MZT).

M.: Beim Malen erzählt M. sehr viel und lebhaft, u.a. dass der Papa nicht mehr bei ihnen wohne. Sie betont, dass sie deshalb sehr traurig sei und den Papa immer noch sehr lieb habe. Heute, sagt sie, sei der Papa noch mal dagewesen und er habe sich ganz doll mit der Mama gezankt. Ihr und ihrem Bruder habe er etwas mitgebracht. Aber das sei ganz blöd gewesen, dass er sich so mit der Mutter gestritten habe. M. sagt, sie habe sehr weinen müssen...

Hp.: ...

M.: Ja, und die Mama hat auch geweint, dann hat der Papa noch Sachen eingepackt und die Mama hat gesagt: „Dann hau doch ab!"

Weiter erzählt M. während des MZT von ihrer großen Schwester Anja (die sie in Wirklichkeit gar nicht hat!)...

Sie sieht die Puppen und das Puppengeschirr und fragt Hp., ob sie mit Vater/Mutter/Kind spiele.

Hp.: ist einverstanden...

M.: „Ich bin die Mutter! Und wer willst du sein?"

Hp.: ...

M.: (als Mutter) kocht, deckt den Tisch, sagt dann, Hp. sei das Schulkind und die Mutter koche etwas Gutes.

Hp.: Spricht mit dem Vater... worauf...

M.: Fragt, wo der Mann sei?

Hp.: Zeigt auf den leeren Stuhl und sagt da säße er und habe auch Hunger.

M.: Lacht und lässt den imaginären Vater mitspielen. Sie spielt (als Mutter) versorgen und Ordnung schaffen.

Die Stunde ist bald zu Ende.

Hp.: macht M. darauf aufmerksam.

Es wird abgemacht, dass Hp. für nächste Stunde eine Mappe für Ms. Bild mitbringt.

Hp.: Verabschiedet sich von M.

Gesamtreflexion; Vermutungsdiagnose; Weiteres Vorgehen.

Aufgabe 61
Versuchen Sie sich auch in der folgenden Übung wieder mit Ihren Antworten, Reflektieren Sie dann den Stundenverlauf, die mögliche Bedeutung der Spielszenen sowie das weitere Vorgehen und tauschen Sie sich miteinander aus.

Übung 2

Der Heilpädagoge erhält eine Akte mit folgenden Kurzdaten, die später noch vervollständigt werden sollen, über Boris, (6;8 J.) und den Auftrag, mehrere Beobachtungsstunden mit Boris durchzuführen, um sich ein Urteil zu bilden, das die folgenden Daten ergänzt:

Anlass: Keine altersgemäße Motorik, Unruhe, Unkonzentriertheit, Ausschulung und Aufnahme in den Vorschulkindergarten.

Medizinischer Befund: Familiär bedingte Anfallsbelastung; EEG: aktiver epileptogener Fokus, inzwischen o.B.; regelmäßige Einnahme von Anti-Epileptika.

Psychologischer Befund: Keine Wahrnehmungsstörung; motorischer Entwicklungsrückstand ca. 1 1/2 Jahre (Entwicklungsalter [EA] ca. 5 Jahre; nicht pathologisch. Ehekrise, Scheidungsproblematik.

Erste Beobachtungsstunde

1. Hp.: Begrüßt Frau Z., B's Großmutter, die ihn gebracht hat.
2. B.: Spielt im Wartezimmer mit einem Trecker.
3. Hp.: Begrüßt B., stellt sich vor und spricht mit Großmutter und B. kurz über die Zeitdauer.
4. B.: Betritt den Raum, geht hinein (wirkt sehr neugierig, lebhaft, vital).
5. Hp.: ...
6. B.: Ja. (setzt sich an den Tisch und schaut sich um).
7. Hp:: ...
8. B.: Ja, ich muss hier spielen.
9. Hp.: ...
10. Hp.: Zeigt Spielmaterial.
11. B.: Entscheidet sich schnell für ein aufklappbares Haus mit Innenräumen und Inventar. Er spielt kurz mit dem Inventar, findet dann zwei Autos in der Garage, rast umher und „baut Unfälle" (ziemlich lautstark und ausgelassen).
12. Hp.: ...
13. B.: Schlägt ein Autorennen vor und knallt immer gegen das Auto von Hp., gleich ob dieser damit hantiert oder nicht.
14. Hp.: ...
15. B.: Holt eine kleine Eisenbahn aus dem Regal.

16. Hp.: ... (Macht deutlich, dass er gern Unfälle spielen darf, das Material aber nicht kaputt gehen soll.)
17. B.: Stellt das Haus fort, nimmt die zwei Autos, spielt Autorennen und Unfälle. Er spielt laut mit Auto- und Unfallgeräuschen und hochrotem Kopf. Nächster Unfall...
18. Hp.: ...
19. B.: Ist Polizist, geht zum Arzt und fragt, wie das passiert sei.
20. Hp.: (als Arzt)
21. B.: (als Polizist) will hinterher.
22. Hp.:
23. B.: (als Polizist) fährt zum Unfallort, findet den Raser (verletzt), so dass dieser auch ins Krankenhaus gebracht wird, mit dem Polizeiwagen.
24. Nimmt dann eine Schneemannfigur und stellt sie neben das Bett des Rasers: „Draußen ist Winter..."
25. Der 1. Verletzte ist wieder gesund, wird aber von einem Hund gebissen.
26. Hp.:
27. B.: Der Polizist versucht, auf dem Hund zu reiten (was schlecht geht) - „Für Unfälle brauchen wir eine Feuerwehr..." (leider ist keine vorhanden)
28. Hp.: ... (Dann spricht Hp. nochmals B.'s Hiersein an.)
29. B.: Weicht mit Blicken aus.
30. Hp.:
31. B.: Weil ich krank bin.
32. Hp.:
33. B.: Mein Fieber, ich bin hier, damit ich mein Fieber nicht mehr kriege.
34. Hp.:
35. B.: Du kannst mich nicht hauen!
36. Hp.:
37. B.: Soll ich dir zeigen, wie stark ich bin? (zeigt seine Muskeln)
38. Hp.:

Aufgabe 62

Ich kann mir vorstellen, dass es nicht leicht für Sie war, sich in die Rolle des Heilpädagogen hineinzuversetzen und auf Boris einzugehen, zumal Sie das Geschehen nicht 'vor Augen' haben.

Außerdem scheint es so, als sei der Verlauf recht sprunghaft und deshalb schwer nachzuvollziehen.

Wenn Sie Ihre Eindrücke reflektiert und sich miteinander ausgetauscht haben, können Sie die Szene nochmals im Zusammenhang nachlesen, diesmal mit den Interventionen des Heilpädagogen.

Vergleichen Sie dann Ihre Eindrücke der beiden Szenen, reflektieren Sie nochmals den Stundenverlauf, die mögliche Bedeutung der Spielszenen sowie das weitere Vorgehen und tauschen Sie sich darüber aus.

1. Wirkt sehr neugierig, lebhaft, vital.
2. HP.: Na, du bist schon sehr gespannt, was jetzt geschieht?
3. B.: Ja. (setzt sich an den Tisch, schaut sich um)
4. HP.: Schon wieder etwas Neues. Du hattest ja häufig etwas anderes in der letzten Zeit... Zuletzt warst du bei Herrn... zum Turnen (= Psychomotorische Übungsbehandlung). Du gehst jetzt nicht mehr dorthin. Weißt du denn, warum du hierher kommst?
5. B.: Ja, ich muß hier spielen.
6. HP.: Nein, hier mußt du nicht spielen, hier darfst du spielen, so wie du es gern möchtest. Ich zeige dir mal, was wir alles haben...(HP zeigt Spielmaterial);
7. B.: entscheidet sich schnell für ein Haus, aufklappbar, Innenräume, Inventar
8. B.: Spielt kurz mit dem Inventar, findet dann zwei Autos in der Garage, rast umher, baut Unfälle; lautstark, ausgelassen.
9. HP.: Nimmt ein Auto.
10. B.: Schlägt Autorennen vor, knallt immer voll gegen das andere Auto, egal ob HP damit spielt oder nicht.
11. HP.: Du bist ja ein ganz schneller Raser, der gern Unfälle baut. Es scheint dir Spaß zu machen...
12. B.: Holt die Eisenbahn aus dem ScT-Kasten.
13. HP macht deutlich, daß er gern Unfälle spielen darf, das Material aber dabei nicht kaputt gehen soll.
14. B.: stellt Haus fort, nimmt Autos aus ScT, Autorennen, Unfälle; ist laut mit Auto- und Unfallgeräuschen, mit hochrotem Kopf. Nächster Unfall.
15. HP: Stopp! Unfall, jemand ist verletzt. (HP holt Krankenwagen, Krankenhaus, Arzt (ScT-Figur); HP legt Verletzten ins Bett.
16. B.: ist Polizist, geht zum Arzt und fragt, wie das passiert sei.
17. HP.: Arzt: Das war ein Raser, der baut viele Unfälle, der kriegt den Fuß nicht vom Gas.
18. B.: Polizist: will hinterher.
19. HP.: Arzt: Der ist zu schnell, den kriegt man nicht.
20. B.: Polizist: fährt zum Unfallort, findet den Raser (verletzt), so daß dieser auch ins Krankenhaus gebracht wird, mit dem Polizeiwagen.
21. B.: nimmt Schneemann, stellt ihn daneben "Draußen ist Winter". Der 1. Verletzte ist wieder gesund, wird aber vom Hund (aus ScT) gebissen.
22. HP.: Der Hund ist ja gefährlich, so ähnlich wie der Raser...
23. B.: Die Polizisten versuchen auf dem Hund zu reiten, geht schlecht.
24. B.: „Für Unfälle brauchen wir eine Feuerwehr". (Leider keine vorhanden)
25. HP.: regt an, eine zu malen. Diese soll B. das nächste Mal mitbringen und in der Zwischenzeit zu Hause malen. B. ist begeistert.
26. HP.: spricht nochmals B.'s Hiersein an.
27. B.: (Weicht mit den Augen aus)
28. HP.: Es ist dir unangenehm, darüber zu sprechen...
29. B.: Weil ich krank bin.
30. HP.. Was hast du denn?
31. B.: Mein Fieber, ich bin hier, damit ich mein Fieber nicht mehr kriege.
32. HP.: Ja, deshalb bekommst du Tabletten. Aber hier bist du noch aus einem anderen Grund: Weil alle sagen, du seist so zappelig und unruhig und baust überall Unfälle...
33. B.: Du kannst mich nicht hauen!
34. HP.: Hier will dich niemand hauen, ich auch nicht.
35. B.: Soll ich dir zeigen, wie stark ich bin? (zeigt seine Muskeln)
36. HP.: Das habe ich gesehen, ein starker Raser, der immer Unfälle baut...

Aufgabe 63

Was denken Sie: Ob sich der Heilpädagoge und Boris wohl verstehen?

Wie schätzen Sie Boris' emotionales Befinden ein?

Wie fühlten Sie sich in der Identifikation mit dem Heilpädagogen?

Was ist der Fokus, das Thema dieser ersten Stunde? Woran erkennen Sie das Thema?

Hätten Sie aufgrund des Themas anders interveniert als der Heilpädagoge? Weshalb? In welchen Sequenzen?

In der zweiten heilpädagogischen Stunde stellt der Heilpädagoge Boris die Aufgabe: „Zeichne deine Familie in Tieren“, nach dem „Familie in Tieren Test (FiT)“ von Luitgard BREM-GRÄSER (1980). Boris macht sich sofort daran, seine Familie zu zeichnen und kommentiert dabei sein Tun.

Hier ist Boris' Zeichnung mit seinen Kommentaren in der Reihenfolge der gezeichneten Tiere.

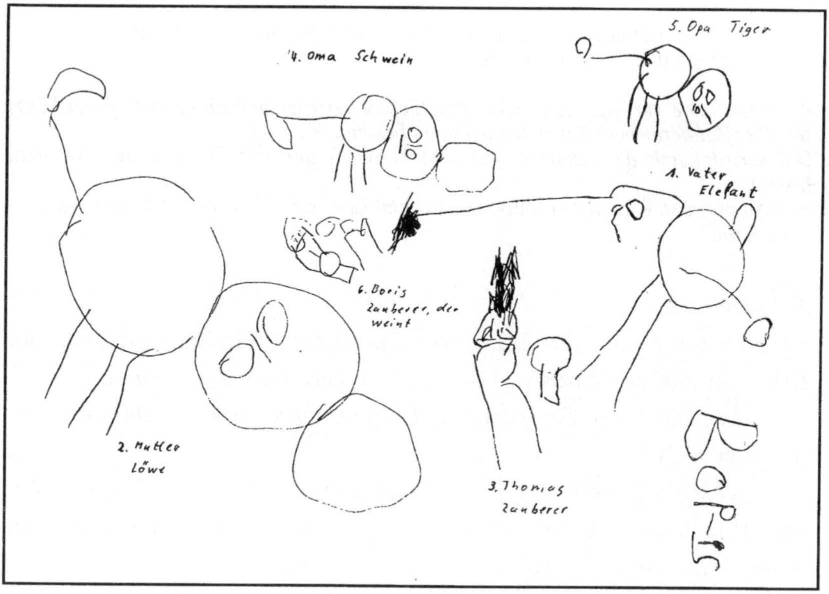

Boris (6;8 J.): Familie in Tieren (FiT)

1. Vater = Elefant
   "Der kann Wasser spritzen... Das ist ein nettes Tier..."

2. Mutter = Löwe
   "Der brüllt, der ist ein böses Tier..."

3. Thomas (Freund, 6 J.)
   "Das ist ein Zauberer..."

4. Oma = Schwein
   (Er lacht...) "Die heißt Mimi, die ist nicht nett, die wird dreckig..."

   Nun ergänzt er bei allen Tieren die Schwänze.

5. Opa = Tiger
   (Kein Kommentar)

   "Ich bin in meinem Haus. Mama und Papa sind auch da..."

   HP.: "Aber ich kann gar nicht sehen wo du bist!"

6. Boris = Zauberer
   "Ich bin traurig, weil ich zaubern muß! Mama und Papa sagen, daß ich zaubern muß, aber ich weiß nicht, wie das geht. Die sind dann böse, weil ich es nicht kann."

   HP.: "Es sind ja ganz verschiedene Tiere zu sehen und die Zauberer. Wie vertragen die sich denn miteinander?"

B.: *"Der Löwe verträgt sich nicht. Der Elefant verträgt sich nicht, der spritzt Wasser. Der Zauberer verträgt sich auch nicht besonders.*
Gut verträgt sich der Zauberer mit dem Schwein und der Thomas auch mit dem Löwen.
Er malt nun den Rüssel des Elefanten aus und sagt dazu: *"Der spritzt Wasser, dann bin ich tot!"*

Aufgabe 64
Versuchen Sie nun, Ihre bisherigen Eindrücke und Annahmen aus der ersten Stunde von Boris mit dem FiT in Verbindung zu bringen:

Welche Ihrer Eindrücke und Annahmen decken sich eher, welche eher nicht?

Wie verändert sich der Verstehenshintergrund von Boris' Befindlichkeit in der ersten Stunde, wenn Sie seine Zeichnung sehen und seine Kommentare lesen?

Versuchen Sie, in Identifikation mit Boris, eine Ich-Aussage im Sinne eines Lebensmottos zu formulieren: „Ich als Boris fühle mich..."

Versuchen Sie, sachliche Zusammenhänge herzustellen zwischen Boris und

a) seinem Erleben in den Beziehungen zu den Familienmitgliedern und seinem Freund Thomas;
b) der Zeichnung und seinem Lebensalter;
c) seinen Kommentaren und seinem Lebensalter.

Nutzen Sie dazu - wenn möglich - Ihr bisheriges Wissen über entwicklungspsychologische Zusammenhänge (des Kinderspiels, der Kinderzeichnung) und tiefenpsychologische Entwicklungsphasen im Kindesalter. Ansonsten vertrauen Sie Ihrem Einfühlungsvermögen und den gesammelten Erkenntnissen Ihrer Lerngruppe.

Wie lautet Ihre Vermutungsdiagnose und (wie?) würden Sie mit Boris weiter heilpädagogisch arbeiten?

3. Ziele und Wege in der Begleitung

Heilpädagogik, heilpädagogische *Begleitung auf dem Lebensweg,* kümmert sich nicht vorrangig um die Erschließung von Ressourcen und die Ausbildung von Kräfteresten zum Zweck der sozialen Brauchbarkeit.
Sie fragt auch nicht nur nach dem „Job“, der reinen bezahlten Dienstleistung, sondern zugleich auch nach der *Berufung* des Menschen, so auch der Heilpädagogin, des Heilpädagogen selbst.
„Jedem Menschen ist die Aufgabe ‘aufgetragen’, bei der Gestaltung der... Welt mitzuwirken. So ist der Mensch *‘berufen’,* diese Welt, sein Leben und das Leben seiner Mitmenschen im Hier-und-Jetzt zu gestalten. Jeder ‘Berufene’ muss sich fragen: Wozu werde ich, bin ich berufen? Wer bin ich als Berufener? Welche Lebensform entspricht meiner Berufung? Jeder Mensch, der sich nach seinem Sein und seiner Lebensaufgabe, nach *seiner* Berufung fragt, der bemüht sich, sich als Leib-Geist-Seele-Wesen zu erkennen und den Mitmenschen in der leib-geistigen und sozial-gemeinschaftsbezogenen Existenz zu verstehen. Jeder Mensch, der sich nach seinem Dasein und Sosein fragt, wird immer dann, wenn er dieser Frage nicht durch eine ‘Warum-Frage’ ausweicht, sondern sich die *‘Wozu-Frage’* stellt, Ausschau halten nach dem, was seinen Lebenssinn ausmacht und was die Mitmenschen von ihm erwarten. Jeder Mensch, der nach dem Sinn, dem Wert und dem Ziel seines Lebens fragt, fragt sich nach seiner Berufung. (61) Wer seine Identität nicht gefunden hat, der wird unsicher, verliert das Vertrauen in sich selbst und traut sich wenig oder nichts zu. Er ist daher nicht fähig, gemäß seiner Berufung zu leben, die er sich als Arbeiter, Handwerker, Krankenschwester, Arzt, Erzieherin, Lehrer, Politiker, Heilpädagoge, als Hausmann oder Hausfrau... gewählt hat. (62) So bemühen sich viele, vor allem junge Menschen, um eine „Neuorientierung des Berufsbildes“: Sie fragen sich nach ‘neuen Wegen’ psychosozialer Hilfeleistung für die, die auf der Schattenseite des Lebens stehen; sie fragen nach Hilfen wegen der Schwierigkeiten, in Wort und Tat glaubhaft entsprechend ihrem Berufsbild zu leben; sie fragen nach dem Sinn der Aus-

bildungs-Ordnung, der Lehrinhalte, der geistigen und materiellen Anforderungen und prüfen dieselben anhand der von ihnen erlebten Wirklichkeit.“ (NEUHAUS, 1993)

Heilpädagogik, heilpädagogische *Begleitung auf dem Lebensweg,* fragt ebenso nach der Berufung des beeinträchtigten oder behinderten, kranken oder leidenden Menschen gleich welchen Alters und Geschlechts, nach seiner Menschwerdung und nach der Menschwerdung seiner nächsten Mitmenschen.

Insofern ist für die Heilpädagogik - und die Heilpädagog/inn/en als ihre berufenen Vertreter/innen - nicht das „Vorgefundene“, das „Gegebene“, das Wichtigste, sondern, wie Paul MOOR es nennt: Das „Aufgegebene“, das also, *was werden soll.*

Aufgabe 65

Versuchen Sie bitte, sich in einigen Stichworten selbst Antwort zu geben auf die Fragen:

1. W o z u werde ich, wozu bin ich berufen, was ist mir 'aufgegeben'?
2. W e r bin ich als Berufener?
3. Welche Lebensform entspricht meiner Berufung? (z.B. verheiratet, Single, liiert)
4. Was hat mein Leben
   a) für mich selbst,
   b) für meine Mitmenschen
   im Tiefsten für einen Sinn, d.h. wie gehe ich 'sinngemäß' meinen Lebensweg und was für Entscheidungen treffe ich daraufhin?
5. Ist meine Berufswahl, Heilpädagogin, Heilpädagoge zu werden, eine 'lebenssinngemäße' Entscheidung, ein Zufallsprodukt oder eine Notlösung? Welchen Lebenssinn kann ich meinem Berufswunsch nachträglich abgewinnen, wie stelle ich mich derzeit dazu?
6. Was muss ich h e u t e aus eigener Freiheit heraus für mich selbst und für meinen Nächsten t u n , um entsprechend meiner reflektierten Erkenntnis zu handeln?

Die heilpädagogische Zielvorstellung bedarf eines Menschenbildes, in dem sich der Mensch als ein „Sich Aufgegebener“ erfährt, so dass er sich der Herausforderung seines „In-der-Welt-Seins“ auf ein „Du“ hin stellen kann; denn ein heilpädagogisches Ziel kann nur dort wirksam werden, wo es aufgenommen wurde in *das eigene Wollen* und zum eigenen Wertziel geworden ist. Um dies zu erreichen, bedarf es der *Wege des Verstehens*, bevor „erzogen" wird. Es bedarf nach Paul MOOR des

- *beurteilenden Verstehens,* mit dem die Heilpädagogin das „Gegebene" begreifen lernt als Bild von der Innerlichkeit ihrer selbst und des anderen Menschen, um aus beider Empfinden und Verhalten den immanenten Sinn zu entschlüsseln;
- *verzeihenden Verstehens,* das aus dem Gespür der gemeinsamen Verantwortung für das menschlich Aufgegebene entspringt und so das der Lebenssituation und den individuellen Fähigkeiten Entsprechende im gemeinsamen Handeln ermöglicht;
- *Verstehens im liebenden Ergriffensein,* als „Hauptaufgabe der... Heilpädagogik... nach Möglichkeiten der Erziehung zu suchen, wo etwas Unheilbares vorliegt." (MOOR 1994, 43)

Daraus erwächst die heilpädagogische Grundhaltung, die sich im *methodischen, d.h. zielorientierten Handeln* der Heilpädagogin ausweist:
Nicht gegen die Beeinträchtigung, Behinderung, Störung, den 'Fehler', sondern *für das Fehlende,* das also, was dem Menschen auch in seiner (kindlichen, jugendlichen) Umgebung an menschlicher Lebensqualität *fehlt:*
„Es scheint, dass der Übergang von solchem *liebenden Verstehen* zum tatkräftig und entschieden *eingreifenden Helfen* einen radikalen Wechsel in der inneren Haltung notwendig mache. Aber dieser Schein trügt. Gerade an diesem Punkt berühren sich das gänzlich zurückhaltenden, nicht aktive, sondern pathische, das heißt erleidende Verstehen und das durch und durch aktive, stellungnehmende, angreifenden Helfen. Denn alles wirkliche Helfen beginnt damit, dass ich den Hilfsbedürftigen erst einmal so nehme, wie er ist; und jedem Erzieher, der wegen Schwäche, Mängeln und Schwierigkeiten seines Kindes um Rat fragt und dabei nichts anderes vorzubringen weiß, als: „Was muss ich tun?" oder gar: „Was tut man dagegen?", muss vor allem gesagt werden, dass keine Anweisung ihm helfen kann, bevor sich nicht seine innere Haltung derart gewandelt hat, dass er

bereit ist, das Kind mit seiner Schwäche und Unart, mit seinem Versagen und Vergehen ganz einfach hinzunehmen, zu tragen, zu erdulden. Wenn damit auch noch nichts geholfen ist, so ist dies doch die Voraussetzung des Gelingens aller Hilfsversuche, und ich darf nicht zu rasch von der Erfüllung dieser Voraussetzung übergehen wollen zum eigentlichen Angriff auf das, was mir und der Entwicklung des Kindes im Wege steht." (MOOR 1994, 85)

Aufgabe 66

Wenn wir davon ausgehen, dass Heilpädagog/innen/en beeinträchtigte, behinderte, psychosozial gestörte Kinder *einfühlend-zurückhaltend* und zugleich *eingreifend-helfend* in Spiel und Übung begleiten, indem sie mit ihnen 'mitgehen' auf deren Lebensweg und sie damit zugleich ein Stück weit mitnehmen auf ihrem eigenen Lebensweg, wie könnten Sie solche Wertziele auch für die Ihnen anvertrauten Kinder und Eltern (Bezugspersonen) verdeutlichen und erreichen?

Vielleicht entwickeln Sie Vorstellungen oder nennen Beispiele dafür, wie so etwas 'gehen' könnte und tauschen diese miteinander aus!

PS: Es nutzt ja niemandem, here Ziele zu verkünden, wenn man nicht weiß, „auf welchem Weg", d.h. unter welchen Bedingungen (die meist ja „erschwerend" sind), mit welchen Ausrüstungsgegenständen, welcher 'Logistik', welchen Mitteln man so etwas t u n, d.h. den Weg real gehen kann, unter realistischer Einschätzung eigener und fremder Kräfte...

PPS: Vielleicht erinnern Sie sich auch an unsere Eingangsgeschichte der Wegbegleitung von Tobias durch Rafael und die folgenden Beispiele; oder Sie erinnern sich besonders gut an ein für Sie wichtiges Beispiel aus dem Kapitel „Spielszenen"?

Ziele[1] der Heilpädagogischen Erziehungshilfe und Entwicklungsförderung (HpE) sind so verstanden Schritte auf dem Weg zur Erreichung *menschlicher Lebensziele,* die die Heilpädagogin methodisch begleitet, gegebenenfalls anregt und vorstellt.

[1] Lesen Sie hierzu bitte auch den Artikel →Ziele (HpE)

Spezielle Erziehungsziele sind in der Heilpädagogik hergeleitet aus einem heilpädagogischen Menschenbild, das ohne Unterschied zum 'gesunden' Menschen in besonderer Weise die Bedürftigkeit des beeinträchtigten, behinderten, entwicklungsgestörten oder sozialauffälligen Menschen berücksichtigt.

Grundlegendes Erziehungsziel einer personzentrierten heilpädagogischen Begleitung ist der „Innere Halt" im Sinne von Paul MOOR, dessen Fehlen sich als Haltlosigkeit und Schwäche des Willens oder des Gefühls äußern kann, *weil die innere Verbundenheit bzw. Integration eines tiefen Gefühlslebens mit einem festen Willen verloren gegangen oder (noch) nicht entwickelt ist.*
Neben allgemeinen und speziellen Erziehungs- und Behandlungszielen wird die Heilpädagogin in ihrer *Erziehungsplanung* nach Paul MOOR vor allem unterscheiden:

a) das *generell notwendige Erziehungsziel,* das sich an den allgemeingültigen pädagogischen Notwendigkeiten orientiert aber kaum je zu erreichen sein wird;
b) das *individuell mögliche Erziehungsziel,* das aufgrund der heilpädagogischen Befunderhebung und Diagnostik über die Befindlichkeit, die inneren und äußeren Gegebenheiten im Leben eines Kindes Auskunft gibt und aufgrund des heilpädagogischen Verstehens auf das heilpädagogisch Notwendige hin ausgerichtet ist;
c) das *momentan dringliche Erziehungsziel,* das sofort angegangen werden muss und von dem aus der Weg zum individuell Möglichen hin anzutreten ist.

Dazu Paul MOOR:
„Dieser Weg der Erziehung, die gerade *in der heilpädagogischen Situation jederzeit erst zu findende 'Methode',* besteht darin, dass der Erzieher selber einen Weg geht, selber versucht, ein rechtschaffenes und erfülltes Leben zu führen, und das Kind mitnimmt auf diesem seinem Weg. *Auch sein Aufdemwegsein orientiert sich an den pädagogischen Notwendigkeiten.* Die Art und Weise aber, wie er das Kind auf seinem Wege mitnimmt, *richtet sich nach den individuellen Möglichkeiten des Kindes.*

Die vielleicht wichtigste Frage ist bei all dem, wie weit das Kind in eine Bewährung hineingeführt werden kann, an der es zu wachsen und zu reifen vermag, und wie weit und wie lange es noch bewahrt werden muss vor Bewährungsproben, denen es nicht oder noch nicht gewachsen ist. Die Fragen, die man sich dabei zu stellen hat, sind:
Weiß das Kind, um was es geht...?
Will es, was es eingesehen hat?...
Kann es, was es will?..."

(MOOR 1994, S. 99 f.; *kursive* Hervorhebungen durch W. K.)

Resümierend betonen wir mit KOBI:

„Ziel der heilpädagogischen Arbeit ist also *nicht*

- eine Schädigung zu beheben. Falls dies möglich sein sollte, sind, was den Individualkörper anbetrifft, die Medizin, was den Sozialkörper anbetrifft die Politik (im weitesten Sinne des Wortes) sowie die Gesellschaftswissenschaften gefordert;
- eine funktionelle Irregularität zu korrigieren. Hierzu sind (funktionelle) therapeutische Aktivitäten erforderlich,

sondern

ein System zu optimieren. Heilpädagogik schafft weder Behinderungen noch Behinderte ab, sondern bemüht sich, als systemisches Integral um deren Integration. Sie hat daher nicht eine behandelnde (therapeutische, heilende, reparative), sondern eine vermittelnde (mediale, verganzheitlichende, kooperative) Aufgabe zu erfüllen."

(KOBI 1990, 18)

Aufgabe 67

Wie kommen Sie mit dieser Zieldefinition zurecht, wenn wir doch in den vorangegangenen Kapitel auch gesagt haben, dass es nötig sein kann, *therapeutische Elemente in die heilpädagogische Arbeit zu integrieren?* Diskutieren Sie bitte diesen Widerspruch (z.B. in zwei gegenüber sitzenden Gruppen mit für jeden Teilnehmer begrenzter Redezeit in Debatten-Stil - das kann mächtig aufregend und spannend sein) und versuchen Sie, eine eigene, gut begründete Position zu gewinnen!

Wir können zusammenfassen:
„Ziele der Heilpädagogischen Erziehungshilfe und Entwicklungsförderung (HpE) sind Schritte auf dem Weg zur Erreichung menschlicher Lebensziele. Allgemeine Erziehungsziele sind in der Heilpädagogik identisch mit allgemeinen Erziehungszielen der Pädagogik überhaupt. Spezielle Erziehungsziele sind in der Heilpädagogik hergeleitet aus einem heilpädagogischen Menschenbild, das in besonderer Weise die Bedürftigkeit des beeinträchtigten, behinderten, entwicklungsgestörten oder sozialauffälligen Menschen berücksichtigt. Aus der Sicht heilpädagogischer Anthropologie unterscheidet sich der beeinträchtigte oder behinderte Mensch aber nicht vom sogenannten 'gesunden' oder 'normalen' Menschen: Der Mensch ist Mensch und bleibt Mensch, auch wenn er unter erschwerenden Bedingungen lebt. Insofern sind Ziele der HpE aus der Bedürftigkeit des beeinträchtigten und behinderten Menschen heraus so zu entwikkeln, dass es mit ihrem Erreichen dem beeinträchtigten oder behinderten Menschen durch Beseitigung des Mangels mehr als bisher gelingen kann, die jedem Menschen aufgegebenen Entwicklungsaufgaben für sein Menschsein (wieder) leisten zu können, um zu einem sinnerfüllten Leben zu gelangen.“ (KÖHN 2001, 803)

Die so verstandene „Zielvorstellung“ der Heilpädagogin, des Heilpädagogen dient dem Erreichen bestimmter Ziele beim Kind:

a) existenzieller *Lebensziele,* die auf dem Weg über
b) allgemeine und spezielle *Entwicklungsziele* ‘greifbar’, ‘erfahrbar’ ‘lebbar’ und durch
c) allgemeine und spezielle *Erziehungsziele* verantwortlich ‘gehandhabt’ werden.

Allgemeine und spezielle Erziehungsziele werden als

1. *Richtziele* und als
2. *Teilziele,* die Teilziele wiederum als
3. *Grobziele,*
4. *Feinziele* und
5. *methodische Ziele* formuliert.

Alle diese zu erreichenden Ziele können auf verschiedenen Ebenen liegen:

- der *aktionalen* bzw. *phänomenologischen* Ebene der konkreten Verhaltensziele;
- der *rationalen* bzw. *kognitiven* Ebene der Wahrnehmungs- und Problemlösungsprozesse;
- der *emotionalen* bzw. *affektiven* Ebene der Auseinandersetzung mit Gefühlen, Einstellungen, Wertungen, Interessen, Wünschen sowie der Ziele im sozialen Bereich.

Speziellere Ziele der heilpädagogischen Begleitung und Entwicklungsförderung können wie folgt beschrieben werden:

1. Das Kind soll durch das *spezifische Verhalten der Heilpädagogin* unter anderem erfahren, dass es einen Teil seiner Probleme *selbst hervorruft* und dass hinter seinen konflikthaften Verhaltensweisen häufig *eigene Bedürfnisse* stehen, z.B. der Wunsch nach Zuwendung und Geborgenheit oder die Minderung von Angst. Diese Bedürfnisse bzw. Ängste kann das Kind häufig nicht selbst erfüllen bzw. mindern, weil es seine Energie darauf richten muss, vermeintliche Zurücksetzungen auszugleichen, Minderwertigkeitsgefühle zu kompensieren und Ängste auszugleichen.
2. Die Heilpädagogin hilft dem Kind, *die zu den Konflikten führenden Verhaltensweisen aufzugeben und zu einem innerpsychischen Gleichgewicht und einem möglichst konfliktarmen Agieren mit der Umwelt zu finden.*
3. Aus jeder heilpädagogischen Situation der Einzelbegleitung, Kleingruppenbegleitung oder in der Lebensgruppe im heilpädagogischen Milieu ergeben sich für die Heilpädagogin überdies je nach *Begleit- bzw. Prozessdiagnose* verschiedene Feinziele und methodische Ziele, die als nächstliegende Ziele *der spezifischen Situation in der heilpädagogischen Begleitung* angepasst werden müssen und stets neu zu setzen sind.

Um die Kommunikation/Interaktion mit dem Kind *effektiv gestalten* zu können, wird sich die Heilpädagogin *vor jeder Intervention (Kommunikation, Interaktion)* fragen:
Was ist *das Ziel* meiner Kommunikation, was will ich erreichen?, z.B.:

- Soll das Kind eine Nachricht nur sinngemäß wiederholen können?
- Soll es über bestimmte Dinge so informiert sein, dass es auf Fragen verbindliche Antworten geben kann?
- Soll es darüber hinaus instruktionsgemäß handeln können, z.B. zu Hause eine Tätigkeit ausführen?
- Soll es mit neuem Wissen „arbeiten" können, z.B. in einer bestimmten Situation eine angemessene Entscheidung treffen, eine Voraussage über sein Verhalten machen; eine neue Idee entwikkeln; eine Aufgabe kreativ lösen?
- Soll es überhaupt fähig sein, selbständig zu handeln?
- Soll es Einstellungen, Meinungen, Werthaltungen in einem bestimmten Bereich entwickeln?
- Soll es seine Affekte emotional verarbeiten und angemessen ausdrücken können?

Die wichtigste Voraussetzung für die Erreichung von Zielen ist die *Bewusstheit* der Heilpädagogin in ihrem Wahrnehmen, Denken, Fühlen, Wollen und Handeln. Mit einer solchen wachen Sensibilität kann es gelingen, das Kind auf seinem Werde-Gang mittels Spiel und Übung *personal* und *situativ* angemessen 'ansprechen' zu können. Dazu werden wir im Kapitel „Kommunikation und Interaktion" und in den folgenden noch einiges zu erarbeiten haben.

4. Befunderhebung und Beratung

Ich habe bereits in den Kapiteln „Begleitung auf dem Lebensweg“ (Abb. 1) und „Pädagogische Grundlagen“ (Abb. 7) die Platzierung der Begleitung, flankiert von den Kernelementen der –>Befunderhebung und –> Beratung, im Konzept der „Heilpädagogischen Erziehungshilfe und Entwicklungsförderung (HpE)“ veranschaulicht:
Befunderhebung wird die diagnostische Phase der HpE genannt, die als Prozess- bzw. Begleitdiagnostik weiter fortgeschrieben wird.
Beratung meint in diesem Konzept vorrangig die Erziehungsberatung der Eltern und der erziehenden Bezugspersonen der Klienten.

„Die heilpädagogische *Befunderhebung* ist Sammlung, Zuordnung, Beschreibung und Gewichtung aller Erkenntnisse, die die Heilpädagogin benötigt, um einen Menschen in seiner Befindlichkeit zu verstehen. Ziel der heilpädagogischen Befunderhebung ist es, mittels heilpädagogischer –>Diagnostik eine erste und später fortlaufende –> Diagnose zu erstellen, so dass die angemessene heilpädagogische –> Hilfeleistung (–>Begleitung und –>Beratung) auf dem Lebensweg für *diesen* heilpädagogisch bedürftigen Menschen und seine Bezugspersonen gefunden werden kann.“ (KÖHN 2001, 222)

Zur heilpädagogischen *Beratung* in der Heilpädagogischen Erziehungshilfe und Entwicklungsförderung (HpE) gehört
die –>*Elternarbeit.*
Elternarbeit kann als Einzelarbeit oder Gruppenarbeit mit einem oder mehreren Elternteilen vorgesehen sein und eher beraterische oder übende Funktionen beinhalten, zusammen mit dem vorgestellten Kind und seinen Geschwistern oder auch getrennt. Elternarbeit kann differenziert werden in

a) die –> *Elternberatung.*
   „Elternberatung im Rahmen der HpE beinhaltet die Reflexion über die Rolle als Mutter oder Vater, über die individuelle oder gemeinsame Lebenssituation, über eigene Vorstellungen und Fragen bezüglich des Zusammenlebens in der Familie und die Kin-

dererziehung und über alle damit im Zusammenhang auftauchenden Probleme und Schwierigkeiten.“ (KÖHN 2001, 398)

b) die *->Erziehungsberatung.*

„Erziehungsberatung im Rahmen der HpE beinhaltet den Aufgabenschwerpunkt der Elterninformation und -anleitung. In Kooperation zwischen Heilpädagogin und Eltern bzw. Bezugspersonen werden konkrete Hilfen zur Entwicklung von Handlungsalternativen der Eltern im erzieherischen Alltag sowie bei der gezielten Förderung ihres Kindes durch die Eltern erarbeitet. Dadurch soll eine veränderte Eltern-Kind-Beziehung und ein gewandeltes Erziehungsverhältnis auf neuem Niveau erreicht werden. Erziehungsberatung im Rahmen der HpE ist immer im Verbund mit →Elternarbeit und ->Elternberatung in ihren je besonderen Aspekten zu leisten. Sie beinhaltet akzentuiert

1. die Information und Aufklärung der Eltern über Fragen der Erziehungshilfe und Entwicklungsförderung;
2. die Erarbeitung von Erkenntnissen und Verständnis über den Entwicklungsstand, die Symptomatik bzw. Behinderung und das daraus resultierende *Erleben* und *Verhalten* des Kindes bzw. Jugendlichen;
3. die Erarbeitung konkreter Hilfe- und Förderpläne zur Veränderung der Situation und des erzieherischen Verhältnisses.“

(KÖHN 2001, 436)

Im Rahmen der Zusammenarbeit mit den Erzieherpersonen werden akzentuierte Vorgehensweisen mit Schwerpunkten in der *Erziehungsberatung* oder der *Elternberatung* unterschieden.

Die *->Erziehungsberatung* (HpE)
ist schwerpunktmäßig Aufgabe der begleitenden Heilpädagogin.

Die *->Elternberatung* (HpE)
ist schwerpunktmäßig Aufgabe von (therapeutischem) Fachpersonal, das in Beratungskonzepten ausgebildet ist.

Im Einzelfall kann es sinnvoll sein, begleitende Elternberatung durch eine Kollegin oder einen Kollegen des interdisziplinären Teams durchzuführen zu lassen, die Erfahrung in der Beratung Erwachsener oder entsprechende beraterische oder therapeutische Ausbildungen absolviert haben, um das Vertrauensverhältnis zwischen Kind und Heilpädagogen nicht zu stören.

Ob, auf welche Weise und inwieweit die Heilpädagogin, die die heilpädagogische Begleitung des Kindes leistet, in die Elternarbeit jeweils einbezogen wird, ist unterschiedlich zu beurteilen und von Fall zu Fall zu klären.
Jedenfalls haben Eltern und natürlich auch andere Bezugspersonen das Recht, die Person kennenzulernen, die mit ihrem Kind maßgeblich zusammenarbeitet, an diese Person klärende Fragen stellen zu dürfen und ggf. diese Person auch um Rat und Hilfe anzugehen. Aufgabe der Heilpädagogin in der Erziehungsberatung ist es, mit den Eltern oder Erziehern des Kindes eine vertragliche Vereinbarung (→Vertrag, Kontrakt) für die HpE zu schließen und ein Konzept für die Erziehungsplanung unter erschwerenden Bedingungen zu entwikkeln.

Aufgabe 68

Welche Bereiche der Elternarbeit würden Sie nach Beendigung Ihres Studiums als Ihre originäre heilpädagogische Aufgabe ansehen und welche nicht?

Im Rahmen der Erziehungsberatung kommt es auch zur Beratung von pädagogisch geschultem Fachpersonal. Überlegen Sie, welche Unterschiede in der Erziehungsberatung von Eltern oder Erziehern zu erwarten sind und wie Sie sich inhaltlich und methodisch darauf vorbereiten würden.

Die kommunikative Beziehungsgestaltung in der heilpädagogischen Begleitung

5. Elemente

Die wichtigsten Elemente der heilpädagogischen Begleitung sind

1. Das *Spiel*
   Das Spiel ist das natürlichste Ausdrucksmittel des Kindes. Es dient in der heilpädagogischen Begleitung zugleich als heilpädagogisches wie therapeutisches Medium zur Bewältigung früherer affektiver Erlebnisse.
2. Die *Übung*
   Die Übung dient zum Ausprobieren, Wiederholen und Festigen neuer aktionaler, affektiver und kognitiver Erfahrungen, die das Kind *im Spiel* einübt.
3. Die *Sprache*
   Mit zunehmendem Alter gewinnt die Sprache als Ausdrucksmittel für innere Vorgänge an Bedeutung.

Spiel und Sprache, mit den darin jeweils enthaltenen Übungseffekten, sind *symbolische Ausdrucksformen,* die das Kind seinem Alter und Vermögen entsprechend frei wählt.

4. Die *heilpädagogische Atmosphäre*
   Das Kind kann sich in Spiel, Übung und Sprache nur dann vollends entfalten und entwickeln, wenn die *Atmosphäre* in der heilpädagogischen Begleitung dies ermöglicht. Die heilpädagogische Atmosphäre basiert auf der *pädagogischen Beziehung* zwischen Heilpädagogin und Kind. Wichtigste Bestandteile dieser Beziehung sind:
   a) das vollständige *Akzeptieren der Gefühle* des Kindes. Das Kind darf z.B. ungehindert in die Rolle eines Babys schlüpfen, *symbolisch* aus einer Babyflasche trinken, die Mutter aus dem Fenster werfen und den Vater einsperren. Die *auslösenden Gefühle* für diese *Spielhandlungen* sind unbedingt zu

akzeptieren, was nicht gleichzusetzen ist mit dem Einverständnis ebensolcher *Realhandlungen*..
Wie Sie im Kapitel „Spielszenen“ erarbeitet haben, drücken Kinder ihre Wünsche und Befürchtungen, ihre Freude und ihre Ängste im Rahmen einer heilpädagogischen Atmosphäre häufig in *Symbolhandlungen* aus, indem sie in scheinbar nebensächlichen Tätigkeiten oder verbalen Äußerungen komplexe psychische Gegebenheiten darstellen, ohne sich dessen bewusst zu sein. Sie 'versinken' oftmals im Spiel, sehen die Heilpädagogin z.B. als gute oder böse Mutter an und provozieren entsprechende Reaktionen.[1]

Die Heilpädagogin muss daher zwischen der *Real-* und der *Übertragungsbeziehung* unterscheiden können. Was *„im Spiel“* und *„symbolisch“* ausgedrückt werden darf, soll nicht gleichermaßen *real agiert* werden, sonst kann die 'unerlaubte' Spielhandlung beim Bewusstwerden zu neuen Ängsten und Schuldgefühlen oder zu einer Verstärkung des sozial unangemessenen Verhaltens führen.
Zugleich muss die Heilpädagogin die Auffassungsgabe und die Einsichts- und Reflexionsfähgkeit des Kindes berücksichtigen, um kompetent entscheiden zu können, ob z.B. *real* oder *symbolisch „im Spiel“* gekocht werden darf.
Auf der *Symbolebene* kann das Kind seine Bedürfnisse, Wünsche, Befürchtungen und Ängste stets so durchleben, wie es von ihm verkraftet wird. Auf der Realebene kann es häufig neue Enttäuschungen oder Ängste erleiden, wenn z.B. das real gekochte Essen nicht erwartungsgemäß schmeckt oder wenn sich das Kind an einer Aufgabe übernommen und real verletzt hat.
Fazit: Die Symbolebene bietet den größeren 'Spielraum' in der heilpädagogischen Begleitung; die Realebene verlangt sehr differenzierte Vorgehensweisen, um unnötige Frustra-

---

[1] (siehe *„Szenisches Verstehen* und *Helfender Dialog“* in den Kapiteln „Beziehungsgestaltende Grundlagen“ und „Gestaltungselemente“)

tionen zu vermeiden, die der heilpädagogischen Beziehung abträglich sind und sich den 'typischen' Erziehungsmustern der Eltern und der Alltagspädagogik annähern.

b) das *freundliche Gewährenlassen* der Spielhandlungen des Kindes.
Der 'Spielraum' des Kindes in der heilpädagogischen Begleitung ist sehr viel weiter gesteckt, als es das Kind im alltäglichen Leben gewöhnt ist. Dies darf jedoch nicht zu ausufernden und zerstörerischen Realhandlungen führen, die das Kind mit seiner Lebenswelt in Konflikt bringen. Hier kommt es auf *das rechte Maß für dieses Kind* an, das die Heilpädagogin in ihrer Beziehungsgestaltung differenziert herausarbeitet. In das *freundliche Gewährenlassen* bezieht die Heilpädagogin - je nach Beeinträchtigung oder Behinderung des Kindes und auf Grund der heilpädagogischen Befunderhebung und Prozessdiagnose - auch den angemessenen und ausgewogenen Umgang der spezifischen Gestaltungselemente *'Geschehenlassen* und *Lenken'* sowie *'Regeln* und *Grenzen'* mit ein[2]. Diese haben wir vorab im Kapitel „Beziehungsgestaltende Grundlagen" als „Halten und Zumuten" (Abb. 9) bezeichnet.

Im folgenden kleinen Beispiel sollen Sie einmal versuchen, übungsweise herauszufinden, wie die Elemente der heilpädagogischen Begleitung zusammenwirken und ob Sie die vorausgehenden Ausführungen umsetzen können.

Aufgabe 69

Ein 8jähriges Mädchen erzählt strahlend, dass sie einen kleinen Bruder bekommen hat. Sie sitzt dabei in der Sandkiste und gräbt die Babypuppe ein.

a) Auf welche *Situationsvariablen* sollte die Heilpädagogin Ihrer Meinung nach achten?
   o Auf das Spiel?

[2] Die heilpädagogischen Gestaltungselemente 'Geschehenlassen und Lenken' sowie 'Regeln und Grenzen' werden in folgenden Kapiteln ausführlich dargestellt.

o Auf die verbale Äußerung?
Begründen Sie bitte Ihre Ansicht!

b) Wie würden Sie dem Kind atmosphärisch vermitteln, dass Sie seine Gefühle verstehen? (Führen Sie bitte aus, welche Gefühle Sie beim Kind in diesem Beispiel vermuten.)
Beschreiben Sie, wie Sie sich verhalten würden und notieren Sie Ihre Antwort in wörtlicher Rede.

Je mehr *Sicherheit* das Kind gewinnt, dass die Heilpädagogin *seine Gefühle und das Ausprobieren seiner Grenzen akzeptiert und mittels reflektierender symbolischer wie realer Ausdrucksformen nonverbal und verbal begleitet,* um so mehr gewinnt es Vertrauen zur Heilpädagogin und ist bereit, seine Gefühle frei und ungehemmt zu äußern. Dies ist die Voraussetzung dafür, dass psychische Fixierungen des Kindes aufgelöst, verändert und neu stabilisiert werden können.

Wenn Sie nur a) oder nur b) angekreuzt haben, bedenken Sie bitte Folgendes:

1. Das *Spiel* ist das natürlichste Ausdrucksmittel des Kindes. In der heilpädagogischen Begleitung ist es *das Medium*, das „Mittelste“ schlechthin. Im Spiel können Kinder
   a) frühere affektive Erlebnisse bewältigen;
   b) neue Fähigkeiten einüben.

2. Mit zunehmendem Alter des Kindes gewinnt auch die *Sprache* als Ausdruckmittel für innere Vorgänge an Bedeutung.

3. Beides: Spiel und Sprache sind *symbolische Ausdrucksformen.* Unabhängig vom Alter bleibt es jedem Kind selbst überlassen, welche Ausdrucksform es wählt bzw. wie es beide Ausdrucksformen im Spielen, Malen, Tanzen, Bewegen, Basteln, Gestalten, übend verbal oder nonverbal miteinander verbindet.

Wenn Sie a) *und* b) angekreuzt haben, ist Ihre Antwort genau richtig! Sie haben die wesentlichsten Punkte der heilpädagogischen Begleitung erkannt.
Die Heilpädagogin wird also *auf alle Situationsvariablen achten,* sowohl auf das Spiel (Spielauswahl) wie auch auf verbale und nonverbale symbolische Ausdrucksformen des Kindes.

Nach dieser kurzen Einführung werden die Elemente der heilpädagogischen Begleitung in weiteren Kapiteln im umfassenderen Kontext beschrieben. Sie erhalten außerdem die Möglichkeit, sich mittels Übungsaufgaben differenziert in die Anwendung einzuarbeiten.

Im nächstfolgenden Kapitel werden Sie darauf aufmerksam gemacht werden, wie

eigene *Wahrnehmungsprozesse*

den effektiven Einsatz der heilpädagogischen Gestaltungselemente und damit die heilpädagogische Atmosphäre in der Beziehungsgestaltung beeinflussen.

Danach werden Sie maßgebende

Verhaltensmerkmale der Heilpädagogin

kennenlernen und einüben können, die als persönliche Variablen für den effektiven Einsatz heilpädagogischer Gestaltungselemente unentbehrlich sind:
- Konzentriertes Interesse;
- Sicherheit;
- Einfühlende Distanz mittels Teil- bzw. Probe-Identifikation;
- Verhaltenskonsistenz.

In einem weiteren Kapitel werden

Interaktions- und Kommunikationsprozesse

in der heilpädagogischen Begleitung beschrieben, die Sie sich anhand von Übungsbeispielen veranschaulichen können. Sie werden lernen,

- *Sachgehalt* und *Darstellungsform* in den Äußerungen eines Kindes differenziert wahrzunehmen;
- *Ursachen* für die Äußerungen des Kindes herauszufinden und hypothetisch zu formulieren;
- *Appelle* des Kindes zutreffend zu entschlüsseln und darauf heilpädagogisch angemessen zu antworten.

Dadurch werden Sie in der Lage sein, anhand der Begleit- bzw. Prozessdiagnosen

- *Ziele* zu entwickeln, die Sie in die Lage versetzen, eine heilpädagogische Begleitung entwicklungsorientiert durchzuführen.

Weil das Gestaltungselement 'Sprache' mit zunehmendem Alter des Kindes an Bedeutung gewinnt, werden Sie in die

Sprache der Annahme

eingeführt. Die Sprache der Annahme kann

- ohne Worte oder
- mit Worten

ausgedrückt werden.

Eine der wichtigsten Fertigkeiten der Heilpädagogin ist das

- Eingehen auf die Gefühlsebene

des Kindes, das in sehr differenzierten Formen angewendet werden kann, um entsprechend hilfreich zu wirken.

Schließlich erhalten Sie die Möglichkeit, die schon erwähnten

spezifischen heilpädagogischen Gestaltungselemente

kennenzulernen und einzuüben:

- das Geschehenlassen und Lenken;
- den Umgang mit Regeln und Grenzen und
- die heilpädagogische Beziehungsgestaltung mittels Übertragung und Gegenübertragung.

Das abschließende Kapitel trägt den Titel:

Übungen zu Fallbeispielen

Hier können Sie unter Berücksichtigung ihres neu erworbenen Wissens die Vorgehensweisen im heilpädagogischem Handeln analog reflektieren und die Übereinstimmungen bzw. Unterschiede gezielt diskutieren.

Noch eine wichtige Anmerkung:
Viele Begriffe und Anregungen verdanke ich Frank BAUMGÄRTEL (1976), der unter dem Titel: „Theorie und Praxis der Kinderpsychotherapie“ ein interdisziplinäres Konzept für die Arbeit mit Kindern vorgestellt hat, das ich aus langjähriger Erfahrung unter heilpädagogischen Gesichtspunkten punktuell als anwendbar und hilfreich ansehe. Seinen Mitarbeiterinnen Ursula BÜKER und Elisabeth STEFFEN (1975) verdanken wir aus: „Training der Kinderpsychotherapie“ viele Anregungen zu Übungen, die ich - teils moderiert - übernommen habe. Da es unmöglich ist, alle Einzelheiten an Ort und Stelle zu zitieren, ohne den Sinn- und Textzusammenhang zu zerstören, weise ich an dieser Stelle ausdrücklich auf die genannte Literatur hin.

6. Wahrnehmungsprozesse

Das Spielgeschehen und die Entwicklungsangebote in der heilpädagogischen Begleitung werden stark beeinflusst durch Empfindungen und Wahrnehmungen: Äußere Reize, Gefühle, Gedanken, Strebungen, Verhaltensweisen betreffen die Beteiligten.
Solche Reizsituationen finden immer und überall statt, und sie bestimmen maßgeblich das zwischenmenschliche Verhalten, wenngleich wir uns dessen oft nicht bewusst sind. Sie bestimmen ebenso die *Spielsituation* in der heilpädagogischen Begleitung.

Aufgabe 70
Notieren Sie, welche Empfindungs- und Wahrnehmungsprozesse Sie bei sich kennen bzw. an welche inhaltlichen Aussagen zu diesem Thema Sie sich aus Unterricht oder Studium erinnern.

Wahrnehmung, besonders im zwischenmenschlichen, sozialen Bereich, ist niemals nur ein fotografisch-objektives Registrieren dessen, was wir sehen. Unsere Sinne täuschen uns, ob wir es 'wahrnehmen' oder nicht. Dies kann sowohl durch *angeborene,* nicht veränderbare Störungen und Fehler geschehen, wie auch durch *erlernte* und damit - wenigstens zum Teil - veränderbare Wahrnehmungsbedingungen.
Dabei unterscheiden wir
- neurologisch-physiologische,
- individualpsychologische und
- sozialpsychologische Bereiche,

in denen komplexe Wahrnehmungsprozesse miteinander vermischt ablaufen, von denen wir nur den geringsten Teil bewusst registrieren.

Die heilpädagogische Begleitung, gleich ob
- in der Lebensgruppe,
- in der ausgewählten heilpädagogischen Kleingruppe oder
- in der heilpädagogischen Einzelsituation mit einem Kind

ist jedoch im Unterschied zu Alltagssituationen als eine *heilpädagogische* Situation *nach bestimmten Regeln zielgerichtet strukturiert.* Es wird - möglichst unter Ausschaltung oder zumindest Eindämmung von Wahrnehmungs- und Beobachtungsfehlern - versucht, die Situation „im Blick" zu behalten und sich dabei auch der eigenen Sinneswahrnehmungen (sehen, hören, riechen, schmecken, kinästhetische Bewegung) sowie der eigenen und fremden *Gefühle* (ich fühle mich gerade jetzt...) *Gedanken* (ich denke, dass...) und *Impulsen* (dem Wollen: Am liebsten würde ich...) bewusst zu werden und so gezieltes, der Situation und dem Gegenüber angemessenes, heilpädagogischen *Handeln* zu ermöglichen.
Im Erziehungsalltag werden leider zu häufig kurzfristige und deshalb missglückende pädagogische Ansätze zum Anlass genommen, frühere Erfahrungen (= Erwartungen der Eltern oder Erzieher gegenüber dem Kind) als Bestätigung für die Unwilligkeit oder das Unvermögen des Kindes anzunehmen.
Dementgegen hat die Heilpädagogin *in ihrer begleitenden und fördernden Funktion* die Aufgabe, sich gegenüber dem Kind 'a-sozial', d.h. nicht im gewohnten Sinne bisheriger Lebenserfahrung 'normal', z.B. mit Ablehnung, Schimpfen, Bewertung, Lob und Tadel zu verhalten, sondern vielmehr *im Sinne einer tragenden und haltgebenden Beziehungsgestaltung,* in der *neue emotionale Erfahrungen* gegenüber den bisher erlebten gemacht und bis zu ihrer Stabilisierung überprüft werden können.

Um dieser Aufgabe gerecht werden zu können, sich dem Kind konträr zu seiner bisherigen erzieherischen Erfahrung personal anzubieten, d.h. *heilpädagogisch wirksam zu intervenieren,* müssen Heilpädagogen lernen, sich der o.g. 'Reizquellen' zunehmend bewusst zu werden. Sie müssen lernen, das Kind und sich selbst mehr und mehr - unter Reduzierung von Wahrnehmungsstörungen - zu *beobachten* und zu *reflektieren.* Dazu werden sie sich im Bemerken von Wahrnehmungsfunktionen durch gezielte Beobachtungsüberprüfung üben. Sie werden vor allem folgende wichtige Wahrnehmungsfunktionen eher zu bemerken und zu steuern lernen:

1. Selektion (Auswahl)

Zum Schutz vor Reizüberflutung nehmen wir überhaupt nur einen Bruchteil der beeinflussenden Reize wahr (erste Selektion). Überdies wählen wir aktiv aus dem zuerst zugelassenen Reizangebot nach bestimmten Prinzipien aus der uns umgebenden Reizvielfalt aus (zweite Selektion).

W a s und w i e wir auswählen hängt ab

a) von der Art der Reize;
b) von den persönlichen Prägungen, Lebenserfahrungen und Lernprozessen;
c) von den augenblicklichen (bewussten oder unbewussten) Motiven, d.h. Bedürfnissen, Wünschen, Gefühlen, Interessen.

Dementsprechend wird die Wahrscheinlichkeit unserer Wahrnehmung erhöht (Sensitivierung) oder vermindert (Desensitivierung). Auch der Grad der ganzmenschlichen Selbst-*Bewusstheit* (= Sinnesempfindung, Gedanken, Gefühle, Wollen/Streben, Handeln) wird dadurch beeinflusst.

Aufgabe 71

Wie erklären Sie sich (nach den genannten Gesichtspunkten) die nach wie vor häufig für wahr genommene Botschaft des Sprichworts: „Wer einmal lügt, dem glaubt man nicht - und wenn er auch die Wahrheit spricht!"

Erinnern Sie eine Erfahrung oder stellen Sie sich einen Raum vor, in dem ca. 20 Kinder im Alter von 3 - 6 Jahren zusammen sind, wie etwa in einer Kindergartengruppe. Welche Ereignisse, Vorkommnisse, Geräusche werden Sie vermutlich (oder aus Erfahrung) zuerst wahrnehmen und wie werden Sie darauf reagieren?

Sie werden bemerken, dass Ihre Sinne Ihnen viel eher zurückmelden, wenn „etwas passiert", als wenn alles ruhig verläuft. Dies kann im (heil-)pädagogischen Alltag dazu führen, das 'stille' Kinder bei weitem häufiger als „unproblematisch" oder „lieb" eingestuft werden, als ihre 'lauteren' Kameraden, obwohl sie schwere Sorgen und innere

Belastungen mit sich herumtragen, die sie am Spiel (mit anderen) hindern.

Aufgabe 72
Notieren Sie Ihre Rückschlüsse aus o.g. Erfahrung:

Wie verhalten Sie sich gegenüber einem Kind, das eher etwas zerbricht, häufiger hinfällt, öfter lauthals schreit?

Wie verhalten Sie sich gegenüber einem Kind, das eher in der Ecke sitzt, gelegentlich am Daumen nuckelt, in die Gegend schaut und längere Zeit in einem Bilderbuch blättert?

Notieren Sie Ihre „Beweggründe", sich so bzw. anders zu verhalten und reflektieren Sie, wie Sie als Heilpädagogin handeln würden.

Fazit:
Bedürfnisse, z.B. den Hunger zu stillen, den Schmerz zu lindern, eine Aufgabe zu vollenden, etwas Bestimmtes zu suchen, werden in der Wahrnehmung dominant.
Liebe und Vertrauen lassen anders wahrnehmen als Angst und Misstrauen. Phobien lassen eine Spinne oder einen engen Raum als bedrohlich erscheinen.
Berufliche Prägungen führen zu bestimmten Sichtweisen: Der Ärztin „sagt" die Röntgenaufnahme etwas; der Erzieherin werden bestimmte Verhaltensweisen „auffällig".

PS: Suchen Sie weitere Beispiele aus eigener Erfahrung und tauschen Sie diese miteinander aus!

2. Organisation und Gestaltung (Ordnungsbildung)
Die Art und Weise, wie wir unsere Wahrnehmungen zu bestimmten Mustern bzw. Gestaltzusammenhängen organisieren, hängt u.a. von unserer *Persönlichkeit* und unseren *Erwartungen* ab. Diese unsere Erwartungen sind wesentlich durch unsere *Biografie* bestimmt, d.h. durch die *Lebensbedeutsamkeit,* die Ereignisse und Erlebnisse für uns hatten, seien sie real, vorgestellt oder geträumt gewesen. Unsere Erwartungen sind weiterhin bestimmt von der Art und Weise, wie

wir versuchen, diese lebensbedeutsamen Ereignisse für uns selbst im Kontext unseres Gewordenseins und unseres augenblicklichen Soseins zu verarbeiten.
Durch psychologische Experimente ist bekannt, dass aus Reizen, aufgrund ihrer kurzen, mehrdeutigen oder unscharfen Darstellung diejenigen Gestaltzusammenhänge organisiert werden, *die den wichtigen Bedürfnissen des Betrachters entgegenkommen.* Nach diesen Erkenntnissen wurden z.B. *projektive* Untersuchungsverfahren entwikkelt, in denen Bilder vorgelegt werden (TAT, CAT u.a.) die mehr auf die Bedürfnisse und Befürchtungen des Betrachters als auf eine Beschreibung eines scharfen Fotos ausgerichtet sind.

Aufgabe 73
Stellen Sie sich vor, sie sind mit Ihrer Freundin und deren eineinhalbjähriger Tochter auf einem kleinen Ausflug in einer unbekannten Gegend. Die Erwachsenen und das Kind „schauen sich um".

Was werden Sie und Ihre Freundin als Erwachsene wahrnehmen und wie werden Sie sich verhalten?

Was wird das kleine Mädchen wahrnehmen und wie wird es sich verhalten?

Der erwachsene Mensch nimmt meist - wenn er nicht durch hervorstechende Reize zur besonderen Selektion angeregt wird - eher ein *Ganzes,* eine *sinnvolle Gestalt* wahr, nicht nur Einzelaspekte.
Kinder sind erst im Verlauf ihrer Entwicklung allmählich in der Lage, Details in eine zunächst unklare, mehrdeutige Figur bzw. in ein Geschehen einzuordnen. Sie finden wichtige Informationen schwerer heraus, akzentuieren für sie interessante Details und lassen sich durch Einzelheiten eher ablenken. Das kleine Mädchen wird viel größeres Interesse an ihr 'nahe-liegenden' Dingen haben, als der weiträumigere Blick des Erwachsenen es zunächst zulässt. Es wird sich z.B. bükken und ein abgebranntes Streichholz, eine Zigarettenkippe, einen Stein, ein Stück Holz aufnehmen, den Gegenstand interessiert betrachten und womöglich in den Mund stecken wollen. Vermutlich werden die Erwachsenen in diesem Augenblick auch 'ein-sichtig' in

die Welt des Kindes und entsprechend (wie z.B.?) oder auch übertrieben (wie z.B.?) einschreiten.

Aufgabe 74

Wie erklären Sie folgende Phänomene?

1. Weshalb bezeichnen kleine Kinder alle Tiere, die ihnen begegnen z.B. als „Wau-Wau"?
2. Wodurch entsteht die Wahrnehmung, dass für Liebende die Umgebung zur Kulisse wird und Zeit und Raum versinken?
3. Wie kommt es, dass wir Gesichter wiedererkennen, ohne zu wissen, woher wir den Menschen kennen?
4. Wie erklären Sie das Phänomen, dass Fußballspieler den Ball häufiger auf den Torwart als auf das große leere Tor schießen?
5. Wie erklären Sie, dass sich Gerüchte häufiger bilden, wenn man nichts „gesehen" hat, als wenn man etwas gesehen hat?

In der Gestaltpsychologie wurden Gesetzmäßigkeiten herausgefunden, nach denen Menschen bei der Gliederung von Gruppen im Sehfeld oder bei der Ausbildung von Figuren immer eine insgesamt sinnvolle, ganzheitliche Gliederung bzw. ein sinnvolles Ordnungsprinzip herstellen. Dieses Phänomen wird das „Gesetz der guten Gestalt“ genannt. Bei diesem Wahrnehmungsgeschehen treten bestimmte Objekte in den *Vordergrund*, werden also zur ‘Figur’ (zum Mittelpunkt der Wahrnehmung), während alles Übrige in den *Hintergrund* tritt.

Die folgenden Darstellung ist eine der bekannten optischen Täuschungen, das RUBINsche Pokalbild.

Abb. 14: Rubin'sches Pokalbild
aus: Optische Täuschungen, Das Beste Vlg., 1976

Was haben Sie zuerst gesehen: Eine schwarze Vase oder zwei weiße Gesichter? Wie kommt das? Machen Sie noch einen Versuch mit den folgenden Abbildungen.

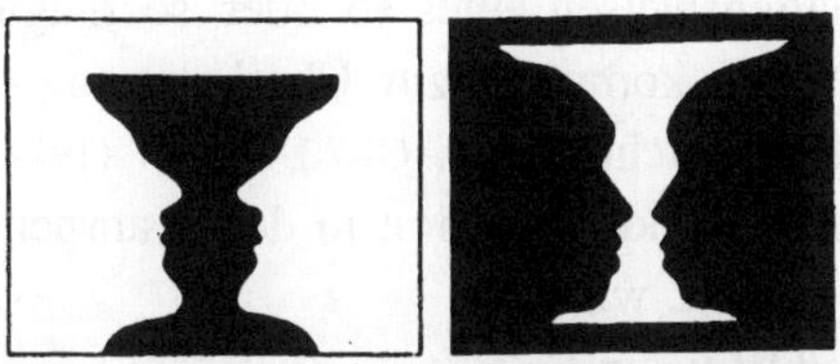

Abb. 15: Rubin'sches Pokalbild
aus: Optische Täuschungen, Das Beste Vlg., 1976

Welche Unterschiede nehmen Sie in Ihren Betrachtungen wahr?

Ich denke, Sie können wahrnehmen, wie sich Vordergrund und Hintergrund - jeweils auch aufgrund des unterschiedlichen 'Rahmens', der Umgebung, des Feldes -, zu den verschiedenen Gestalten: Gesichter oder Vase, gleichsam herausschälen, wie sie abgetastet werden müssen, um sich zu einer 'guten Gestalt' zu entwickeln. Ähnliches geschieht auch bei der Wahrnehmung alltäglicher Bilder, die uns oft - mehr als bewusst - „eindeutig" erscheinen, während sie in Wirklichkeit sehr 'mehrdeutig' bzw. „vielseitig" sind. Wechseln oder verändern sich die Figur-Hintergrund-Verhältnisse, so können wir auch das Verhalten von Menschen in anderer Umgebung und Situationen „in neuem Licht sehen“. Ereignen sich Dinge stets im selben Rahmen, z.B. in einer integrierten Kindergarten- bzw. einer Heimgruppe oder in der heilpädagogischen Einzelstunde, so besteht erhöhte Gefahr, dass wir mit unserer Wahrnehmung häufig dasselbe „Bild“ identifizieren, obwohl die ‘Darstellung’, d.h. das Verhalten des Kindes, ein völlig anderes ist.

3. Akzentuierung (Betonung)

Als Akzentuierungsfunktion der Wahrnehmung wird jene Tendenz bezeichnet, mit der wir aufgrund von *Erwartungen* oder *Hypothesen* wichtige Aspekte des ‘Umweltaufschlusses’, des ‘Anmutungscharakters’ der Welt *betont* auswählen. Es hat den Anschein, als würden wir vor allem solche Wahrnehmungsinhalte verlebendigen und sozusagen wie durch eine Lupe gesehen ‘vergrößern’, *die wir erwarten* (z.B. bestimmte Verhaltensweisen eines so oder so diagnostizierten Kindes). Auf diese Weise kommt es zur Überbetonung *einer* Sichtweise auf Kosten anderer Sichtweisen. GRAUMANN (1972) erläutert, dass eine solche akzentuierende Funktion in der Wahrnehmung vor allem dann besonders eintritt, wenn

- ein starkes Bedürfnis und
- eine nicht eindeutig strukturierte, dem begehrten ‘Gegenstand’ jedoch sehr ähnliche Situation zusammentreffen.

Dies wird z.B. bereits an einem Experiment von BRUNER/GOODMAN (1947) deutlich: Arme Kinder schätzten in ihrer Erinnerung gleiche Münzen durchweg größer ein als Kinder reicher Eltern, deren Einschätzung mit der optisch dargebotenen Größe übereinstimmte.

Aufgabe 75

Wie kommt es, dass störendes Verhalten bei „liebenswerten“ Kindern eher hingenommen oder heruntergespielt wird als bei Kindern, die für „schwieriger“ gehalten werden?

Wie kommt es, dass jüngere Kinder in ihren Zeichnungen bestimmte Details von Gegenständen kurz vor ihrem Geburtstag überproportional vergrößern?

Wie kommt es, dass 'Behinderungen' von Außenstehenden ganz anders erlebt werden als von den Betroffenen und ihren Begleiter/innen?

Aufgabe 76
Betrachten Sie einmal folgendes Bild und vervollständigen Sie beim Hinsehen folgende Sätze:
Ich sehe...; ich denke...; ich fühle...; ich möchte/werde...; ich sage/tue...
Tauschen Sie dann Ihre Ergebnisse untereinander aus und teilen Sie sich mit, aufgrund welcher Wahrnehmungsinhalte sie 'darauf gekommen' sind.

Abb. 16: Zwei Kinder
(aus Köck, 1990)

PS: Es wäre für alle eine Bereicherung, wenn Ihnen z.B. Kindheitserinnerungen einfallen und Sie dabei entdecken würden, dass Sie das vorliegende Bild mit diesem Erleben so oder so in Zusammenhang gebracht haben. Die Wahrnehmungstönung aufgrund unserer lebensbedeutsamen Erfahrungen und Verarbeitungen dieser Erfahrungen 'nötigt' uns manchmal auch unbewusst, Dinge zu 'sehen', die so - in der augenblicklichen Situation - nicht gegeben sind. Wir handeln dann auf Grund einer Gegenübertragungsreaktion unkontrolliert und mitunter auch unangemessen. Eine solche 'Einsicht' hätte einen hohen Erlebnis- und Erkenntniswert, eine hohe Lebensbedeutsamkeit für Ihr weiteres berufliches Handeln!

Abb. 17: Junge (aus Köck 1990, 12)

Aufgabe 77
Schauen Sie sich das Bild dieses Jungen einmal genau an und vervollständigen Sie übungshalber und um der interessanten Entdeckungen willen nochmals folgende Sätze:
Ich sehe...; ich denke...; ich fühle...; ich möchte/werde...; ich sage/tue...
Tauschen Sie dann Ihre Ergebnisse untereinander aus und teilen Sie sich mit, aufgrund welcher Wahrnehmungsinhalte sie 'darauf gekommen' sind.

4. Fixation (Verfestigung, Festhalten)
Diese Funktion der Wahrnehmung bewirkt, dass Beständigkeit und Stabilität im Wahrnehmungsprozess um so höher werden, je häufiger eine Übereinstimmung von Hypothese und Umweltaufschluss erfolgt. Je häufiger und je stärker die Bestätigung von Erwartungen erfolgt, umso mehr werden vorhandene Annahmen verstärkt, stabilisiert. Es ist wie beim Hören einer Predigt: Man hört immer das, was die eigene Wahrnehmung bzw. Meinung bestätigt. Anderes wird selektiert, d.h. nicht wahrgenommen bzw. abgewehrt. In einem Experiment von

BRUNER/POSTMAN (1948) erkannten Versuchspersonen falsche Spielkarten, z.B. schwarze Herzkarte, rote Pikkarte, die kurzfristig gezeigt wurden, viermal häufiger als sie richtige Kartenbilder wahrnehmen konnten.)

Aufgabe 78

Wie kommt es, dass autoritär erzogene Kinder nachweislich häufiger zu Schwarz-Weiß-Denken neigen, Erlebnisse eher verdrängen, zu zwanghafter Konformität neigen, sich stark an Minderheiten binden und durch Veränderungen im Erziehungsalltag so stark verunsichert werden, dass Sie mit aggressivem Verhalten reagieren?

Wie kommt es, dass Pädagogen immer wieder bei bestimmten Kindern „aggressives" Verhalten wahrnehmen?

Würden Sie in Ihrer heilpädagogischen Arbeit häufig dieselbe „Berufskleidung" tragen oder sich eher individuell abwechslungsreich kleiden? Warum? Welche Wirkung hätte das eine oder andere Verhalten möglicherweise auf bestimmte Kinder?

Im Wahrnehmen strebt der Mensch gewohnheitsmäßig danach, dass Erwartungen verstärkt werden. Dahinter steht die Auffassung, dass die Eigenschaften der Gegenstände und Personen, Situationen und Prozesse gleich bzw. weitestgehend unverändert bleiben.

Fixation kann ein starkes Hindernis bedeuten, unbekannte und ungewohnte, nicht in die bisherigen Wahrnehmungsmuster passende Eindrücke überhaupt angemessen zu erfassen. So werden z.B. neue Lernprozesse durch ältere, scheinbar 'sichere' Erfahrungen (mögen sie manchmal auch unangenehm und schwer erträglich sein) als schwierig, weil verunsichernd, „nicht der Erfahrung entsprechend" erlebt und abgewehrt.

In diesem Zusammenhang kann auch von der Wahrnehmungstheorie her verständlich werden, warum Kinder so häufig 'unangemessene Verhaltensweisen' reproduzieren müssen (tiefenpsychologisch würden wir von Wiederholungszwang sprechen), ehe sie sich - durch die Sicherheit gebende Verhaltenskonsistenz der Heilpädagogin - in neuen Situationen häufiger angemessen verhalten können.

5. Wahrnehmungsabwehr
Schließlich sei in diesem Zusammenhang noch auf das Phänomen der Wahrnehmungsabwehr (perceptual defense) hingewiesen.

Aufgabe 79

Beschreiben Sie kurz ein Erfahrungsbeispiel, in dem Sie die Ursachen dafür reflektieren, weshalb Sie bestimmte Dinge „nicht sehen" wollen, über bestimmte Sachverhalte „nichts hören" wollen, mit bestimmten Geschehnissen oder Situationen „nichts zu tun haben" wollen.

Reflektieren Sie Ihre o.g. persönliche Erfahrung mit diesem Phänomen im Zusammenhang mit Verhalten von Kindern, denen man „alles zehnmal sagen muss", die „nicht hören können" oder die als „wahrnehmungsgestört" diagnostiziert wurden: Welche pädagogischen Handlungsmöglichkeiten fallen Ihnen im Umgang mit diesen Kindern ein?

An Unfallstellen im Straßenverkehr plakatierte man realistische Unfallfotos in Überlebensgröße. Die Unfallhäufigkeit nahm nicht ab. Später ging man dazu über, witzige Bilder mit herausfordernde Texten zu kleben, z.B. mit der Aufschrift: „Könner lassen langsam gehen!" Die Unfallziffer nahm ab. Wie ist das zu erklären?

Aus Untersuchungen (McGINNIES 1949) wissen wir, dass bestimmte Wahrnehmungsinhalte, z.B. tabuierte Begriffe, bei kurzzeitiger Darbietung im Vergleich zu neutralen Inhalten aufgrund von Abwehrmechanismen
- später erkannt und/oder später ausgesprochen;
- früher erkannt und/oder früher ausgesprochen werden.

Dies bestätigt aus wahrnehmungs- und kommunikationstheoretischer Sichtweise die tiefenpsychologische Annahme, dass wir versuchen, unangenehmen bzw. (angst-)'besetzten' Erfahrungen bzw. Befürchtungen z.B. durch Flucht nach vorn oder Verleugnen auszuweichen, indem jeder *sich selbst* davon zu überzeugen versucht, bestimmten Gegebenheiten unterworfen zu sein, „mit denen wir nichts zu tun haben, für die wir nichts können, in denen es schon irgendwie gut gehen wird oder der „'Zufall' seine Hand im Spiele hat", um sich auf diese Weise vor (Mit-)Verantwortung, Tadel, Vorwürfen anderer wie auch des eigenen Über-Ich zu schützen.

Beim Kind wie bei der Heilpädagogin werden aufgrund der geschilderten Wahrnehmungsvorgänge ganz *verschiedene Bewertungssysteme* in Gang gesetzt, wodurch ein komplexes Geflecht von *Feedback-Prozessen* sowohl *innerhalb* der Personen (intrapsychisch) zwischen den so genannten „psychischen Instanzen" Es, Ich und Überich, als auch *zwischen* den Personen (interpsychisch) entsteht.
Damit sind einige Determinanten der Wahrnehmung besonders angesprochen auf die hier kurz hingewiesen werden soll:
- die Personwahrnehmung und
- Selbstbild und Fremdbild.[1]

6. Personwahrnehmung
Ständig beobachten wir andere Menschen und machen uns von ihnen ein mehr oder weniger zutreffendes Bild. Wir wählen aus der Fülle der wahrgenommenen Daten aufgrund unserer Erfahrung, unseres Wissens, unserer Emotionen, durch situative Beeinflussung die Daten aus, die wir „passend" finden. Wir ziehen ständig Schlüsse über Motive, Absichten und vermutete Eigenschaften anderer Menschen. Alles Verhalten anderer wird von uns immer in Richtung der für uns entscheidenden Sinn- und Zweckhaftigkeit hin gedeutet. Unsere Eindrücke von anderen Personen beeinflussen entscheidend unser Verhalten ihnen gegenüber. Unser Bild von anderen beeinflusst aber auch deren Verhalten uns gegenüber.
Darüber hinaus vermitteln wir durch unser Reden und Verhalten „Bilder" über Dritte, wenn wir z.B. einer Freundin oder einem Freund von jemandem berichten oder eine Situation erzählen. Bei diesen Übermittlungsversuchen wählen wir nach bestimmten Kriterien aus: z.B. was uns interessant bzw. wichtig erschien; oder wovon wir glauben, dass es unseren Gesprächspartner interessieren könnte;

[1] Lesen Sie zu diesen Phänomenen bitte nach im Artikel ->Selbsterfahrung (HpE) und reflektieren Sie dort das sogenannte „Johari-Fenster".

oder worüber wir von ihm z.B. Zustimmung oder Ablehnung erwarten usw.. Unser Gesprächspartner wird sich ähnlich verhalten, indem er Akzentuierungen aufgreift oder ausschließt, je nach seiner *Intention* uns zuzuhören und getragen vom *Beziehungsverhältnis,* das wir miteinander haben.

In folgender Übung (nach ANTONS 1973, 55) können wir uns den Personwahrnehmungsprozess und den Informationsübermittlungsprozess mit seinen Möglichkeiten und Grenzen verdeutlichen.

Aufgabe 80

1. Fünf bis sieben Teilnehmer/innen erklären sich bereit, den Raum zu verlassen.
2. Ebenso viele Teilnehmer/innen erklären sich bereit, Beobachter zu sein und in der unten stehenden Tabelle die Veränderungen anzukreuzen, die sich im Übermittlungsprozess ergeben, also welche Informationen genannt, nicht genannt oder verändert werden. Dabei beobachtet je ein Teilnehmer durchgehend den Verlauf derselben Aussage.
3. Die restlichen Teilnehmer beobachten das Gesamtgeschehen sowie inhaltliche Wiedergabeveränderungen und notieren, was ihnen dabei auffällt.
4. Der erste Teilnehmer wird hereingerufen und gebeten, sich zuerst die *Instruktion* genau durchzulesen. Dann werden ihm das Bild und die 10 Aussagen genau 3 Minuten zum Einprägen gegeben und anschließend wieder fortgenommen.
5. Der zweite Teilnehmer wird hereingebeten und der erste Teilnehmer berichtet diesem nun - ohne Nachfragen - den von ihm gemerkten Inhalt des Bildes anhand der 10 Aussagen.
6. Der Zweite erzählt dem Dritten usw. (Dauer ca. 30 Min.)

In der Auswertung werden folgende Fragen beantwortet:
Welche Tabus sind im Bild angesprochen? Wie wird damit umgegangen? Welche Details werden ausgesprochen, welche verschwinden? Wie ist das Verhältnis der Gedächtnisleistung zur sozialen Wahrnehmung? Welche Einstellungen, Normen, Werte, Stereotypen werden (indirekt) benannt? Welche Bildinhalte werden umgedeutet? An welchen Stellen erfolgten wichtige Übermittlungsfehler, wodurch?

Instruktionen: Betrachten Sie das Bild genau und merken Sie sich die zehn Aussagen über dieses Bild. Sie haben dazu drei Minuten Zeit. Dann geben Sie bitte Instruktion, Bild und Aussagen zurück und teilen Sie dem nächsten Mitglied Ihrer Gruppe, das dann hereingeholt wird, möglichst genau den Inhalt des Bildes anhand der Aussagen mit.

Abb. 18: Instruktionsbild
(aus Antons 1973, 54)

Aussagen	1	2	3	4	5	6	7	8
1 Auf dem Bild sind 4 Personen								
2 Drei der Personen sind kleine Jungen								
3 Die Jungen sind Farbige, die Frau ist eine Weiße								
4 Die Frau steht gebückt im linken Vordergund des Bildes und ist nur teilweise sichtbar.								
5 Mit ihrer linken Hand hält sie die rechte Hand eines der Jungen, der auf dem Boden ist.								
6 Die Frau trägt ein kurzärmeliges Kleid und eine rechteckige Armbanduhr.								
7 Der zweite Junge in der rechten Bildhälfte schwingt einen großen, runden Gegenstand in Richtung der Gruppe im linken Vordergrund. Der Mund des Jungen ist geöffnet.								
8 In der Mitte des Bildes steht eine ovale Scheibe auf einem Holzgestell.								
9 Der dritte Junge steht mit angehobenen Armen im Hintergrund und schaut nach vorne ins Bild.								
10 Er steht vor einer Art Regal, das die Rückwand des Raumes darstellt.								

7. Selbstbild und Fremdbild

Wir meinen, uns selber recht gut zu kennen. Wir haben ein bestimmtes Bild von uns selbst und halten eine ganze Menge davon. Wir haben unser Bild von uns selbst, unser *Selbstbild,* im Lauf unseres Lebens weitgehend durch Rückmeldungen und Verhalten anderer Personen uns gegenüber erschlossen, vor allem aus den Erfahrungen unserer frühesten und frühen Kindheit. Hier spielen psychische Prozesse wie *Introjektion* und *Identifikation* eine wichtige Rolle, mit denen wir uns später noch eingehender auseinandersetzen werden. Wir machen uns ebenfalls ein Bild von anderen Menschen, ein *Fremdbild.* Zugleich entwickeln wir ein *Metabild,* ein Bild darüber, wie wir meinen, dass andere uns sehen.

Im Verlauf unserer sozialen Interaktionen erfahren wir, was andere über uns denken, wie sie uns beurteilen, was sie von uns erwarten. Interaktionspartner können Eltern, Geschwister, Erzieher, Lehrer, Arbeitskollegen, Freunde, Ehepartner und andere sein. Wir müssen das Bild kennen, das die anderen von uns haben, um uns ein realistisches Bild von uns selbst machen zu können, ein *Realbild.* In der sozialen Interaktion teilen wir gleichzeitig aber auch dem anderen mit, welches Bild wir von ihm haben. Dies geschieht häufig *unbewusst* durch den psychischen Vorgang der *Projektion,* den wir später noch genauer besprechen werden. Jedenfalls beeinflussen wir ganz erheblich das Selbstbild unseres Gegenüber durch unsere Rückmeldungen bewusster oder auch unbewusster Art. Die folgende Abbildung zeigt den geschilderten Zusammenhang im Überblick.

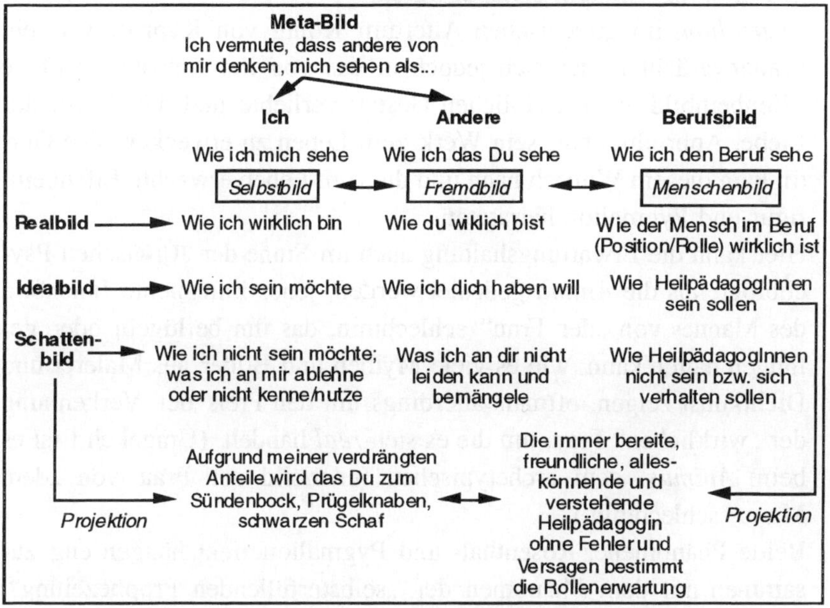

Abb. 19: 'Menschen-Bilder'

Kinder sind besonders leicht beeinflussbar durch das Urteil anderer, vor allem wertgeschätzter Personen, weil ihr Ich bzw. ihr Selbstbild moderater und weniger festgelegt ist als das des Erwachsenen. Daher hängt das Selbstbild des Kindes entscheidend von der Meinung seiner Bezugspersonen ab. Es richtet sein Verhalten weitgehend nach den von ihm wahrgenommenen Erwartungen der Bezugspersonen aus. Dieses Phänomen wird als „Rosenthal-Effekt" bzw. „Pygmalion-

Effekt" bezeichnet. Der Amerikaner ROSENTHAL hat als erster den Einfluss der Erwartungen von Lehrern auf die Leistungen von Schülern wissenschaftlich untersucht und *erwartungsgemäße* Leistungen festgestellt: Hatten Lehrer Zutrauen und erwarteten Sie gute Leistungen, nahmen auch die Leistungen der Kinder signifikant zu. Waren ihre Erwartungen eher gering, abwertend, wenig zuversichtlich, nahmen auch die Leistungen der Kinder signifikant ab. Dieser Effekt hat auch eine mythologische Geschichte, woran wir erkennen können, dass Menschen die beschriebenen Wahrnehmungszusammenhänge schon im Altertum bekannt waren:

Pygmalion, im griechischen Altertum König von Kypros, war ein Frauenverächter, der sich jedoch in das von ihm selbstgeschaffene Elfenbeinbild einer weiblichen Gestalt verliebte und die Göttin der Liebe, Aphrodite, bat, sein Werk zum Leben zu erwecken. Die Göttin kam diesem Wunsch nach und die zum Leben erwachte Elfenbeinfigur und Pygmalion heirateten.

Hier kann die Erwartungshaltung auch im Sinne der JUNGschen Psychologie als die *Anima* gedeutet werden, jenes immanente Innenbild des Mannes von „der Frau" schlechthin, das ihn beflügeln oder gefangen halten kann, wie es viele Mythen und Bilder aus Malerei und Dichtkunst zeigen, oftmals allerdings um den Preis der Verkennung der „wirklichen" Frau, um die es sich *real* handelt. (Umgekehrt ist es beim *Animus,* dem archetypischen Innenbild der Frau von „dem Mann" schlechthin.)

Beide Phänomene, Rosenthal- und Pygmalioneffekt hängen eng zusammen mit dem Phänomen der „selbsterfüllenden Prophezeiung". Selbsterfüllende Prophezeiung oder *self-fullfilling-prophecy* ist die von dem Soziologen MERTON (1948) so bezeichnete Selbstdisposition, dass die Wahrscheinlichkeit des Verhaltens eines Menschen zunimmt, wenn ein bestimmtes Ereignis bzw. Verhalten immer wieder erwartet wird und wie erwartet eintritt. Die Erwartungen, die z.B. Eltern an Kinder stellen, übernehmen diese Stück für Stück in ihr (unbewusstes) Selbstkonzept, wo sie zunehmend verursachend für ihr Verhalten wirken. Sie werden häufig beschrieben mit Äußerungen wie: „Ich wusste doch, dass es so kommen würde"; „davor hat schon

Mutter gewarnt"; „immer passiert mir das"; „Ich kann das nicht. Vater meinte immer, ich lerne das nie..." usw.
Wenn z.B. Eltern oder Erzieher ein freundliches Verhalten von einem Kind erwarten, wird dieses, wenn es dafür wertgeschätzt wird, sich ebenso freundlich verhalten.
Wird hingegen ein Kind in einer Heimgruppe oder Schulklasse beim Diebstahl ertappt, wird es bei jedem weiteren Diebstahl als erstes gefragt und verdächtigt werden. Dies kann bewirken, dass das Kind schließlich nicht mehr anders kann, als die Lehrer oder Erzieher es erwarten. Über kleinere Diebstähle kann es zu kriminellen Handlungen kommen, die die Erwachsenen ja immer schon „prophezeit" hatten.
Ähnlich verhält es sich mit Leistungsansprüchen: Erwarten Lehrer viel von Schülern aus Akademikerfamilien, bleibt den Kindern - selbst wenn sie überfordert sind - oftmals nichts anderes übrig, als sich den Erwartungen entsprechend zu verhalten, bis der Leidensdruck des Versagens zu 'auffälligen' Verhaltensweisen und damit zu neuen Aktionen der Erzieherpersonen führt.

Aufgabe *heilpädagogischer Begleitung und Förderung* ist es, dieses Selbstbild anzureichern und ggf. verändernd zu beeinflussen, so dass sich z.B. ein ängstliches Kind im spielerischen Probehandeln allmählich mutiger *erlebt* und sich zutraut, diese emotionalen Erfahrungen im Alltag zu nutzen und immer häufiger in entsprechenden Situationen angemessen einzusetzen.
Dabei kann es geschehen, dass das Kind mutiger wird und sich nun gegenteilig zu seinem bisherigen Verhalten darstellt. Eltern meinen manchmal, eine „Verschlimmerung" festzustellen und auch Heilpädagoginnen mögen - unreflektiert - an Ihrer Arbeit mit dem Kind (ver-)zweifeln. Häufig handelt es sich aber um ein „Ausprobieren" der neuen Möglichkeiten, die das Kind für sich entdeckt hat, ein Zeichen dafür, das psychische Fixierungen gelockert oder aufgelöst sind und nun die Entwicklung wieder möglich wird.

8. Reizverarbeitung

In der heilpädagogischen Begleitung sind Kind und Heilpädagogin also einem ständigen Reizangebot ausgesetzt. Es wirken ein:

- Physikalische Reize, z.B. die Beschaffenheit des Raumes, des Materials;
- Physiologische Reize, z.B. Befinden, Stimmung, Gefühl, somatische Reize wie Körpertemperatur, Pulsfrequenz, Juckreiz, Organreize (Magendrücken, Schluckbeschwerden, Harndrang, Blähungen, Augenflimmern);
- Psychologische Reize, die differenziert werden können in
  a) Hinweisreize, die vom Dialogpartner (Kind und/oder Heilpädagogin) ausgehen;
  b) Hinweisreize, die vom Individuum selbst ausgehen.

Zum Schutz vor Reizüberflutung nehmen wir, wie schon beschrieben, nur einen Bruchteil der beeinflussenden Reize überhaupt wahr (GEHLEN). Überdies selektieren wir nach bestimmten Prinzipien aus der uns umgebenden Reizvielfalt.

W a s und w i e wir auswählen, hängt ab

a) von der Art der Reize;
b) von den persönlichen Prägungen, Lebenserfahrungen und Lernprozessen;
c) von den augenblicklichen (bewußten oder unbewußten) Motiven, d.h. Bedürfnissen, Wünschen, Interessen.

Dementsprechend wird die Wahrscheinlichkeit unserer Wahrnehmung erhöht oder vermindert, auch der Grad der *Bewusstheit* (= Sinnesempfindung, Gedanken, Gefühle, Wollen/Streben, Handeln) wird dadurch beeinflusst.

Das Kind wie auch die Heilpädagogin werden daher nur diejenigen Teilaspekte der heilpädagogischen Situation auswählen, denen sie - auf je unterschiedliche Weise - eine bestimmte Bedeutung beimessen, die von ihren inneren Bewertungsprozessen und ihren bisherigen Erfahrungen beeinflusst ist.

Beim Kind sind die Bewertungsinstanzen mit dem Erreichen und Aufrechterhalten erwünschter Zustände und angestrebter Ziele verbunden. Es wird eine Entscheidung darüber treffen, ob Wahrnehmungen mit bisherigen Erfahrungen übereinstimmen oder nicht. Stimmen sie überein, wird ein Zustand der *Kongruenz* erreicht; stimmen sie nicht überein, wird eher ein Zustand der *Inkongruenz* hergestellt.

Letzteres, der Zustand der Inkongruenz, aktiviert dazu, so lange Handlungsalternativen zu entwickeln und mittels Versuch und Irrtum herauszufinden, was möglich ist, bis das Ziel, Inkongruenz abzubauen und den erstrebten Zustand der Kongruenz herzustellen, erreicht ist. So werden auf einem bestimmten Erlebens- und Erfahrungshintergrund Verhaltensweisen angewendet, rekapituliert, aktualisiert, kombiniert, die

1. Vorgänge *innerhalb des Individuums* betreffen (z.B. Denkvorgänge, Abwehrmechanismen), die nicht unmittelbar beobachtbar sind und die nur symbolisch und szenisch erschlossen werden können;
2. Vorgänge, die *außerhalb des Individuums* gezeigt, erkannt, beobachtet werden können, wie Verhaltensweisen, Selbst- und Fremdexploration usw.

Beim Kind wie bei der Heilpädagogin werden so *ganz verschiedene Bewertungssysteme in Gang gesetzt.* Es entsteht ein komplexes Geflecht von Feedback-Prozessen, sowohl *innerhalb* der Personen als auch *zwischen* den Personen. Das Beziehungsgeflecht nimmt bei mehreren Beteiligten, z.B. in der Gruppenarbeit, entsprechend zu, zuzüglich der *Eigendynamik,* die sich in einer *Gruppe als Ganzes (System)* entwickelt. Dieses komplexe Geschehen, das sowohl das Kind wie den Heilpädagogen betrifft, bestimmt die Kommunikation/Interaktion in der heilpädagogischen Situation.

Anhand der folgenden Skizze wird dieser Wahrnehmungs-, Interaktions/Kommunikations- und Feedback-Regelkreis verdeutlichend dargestellt:

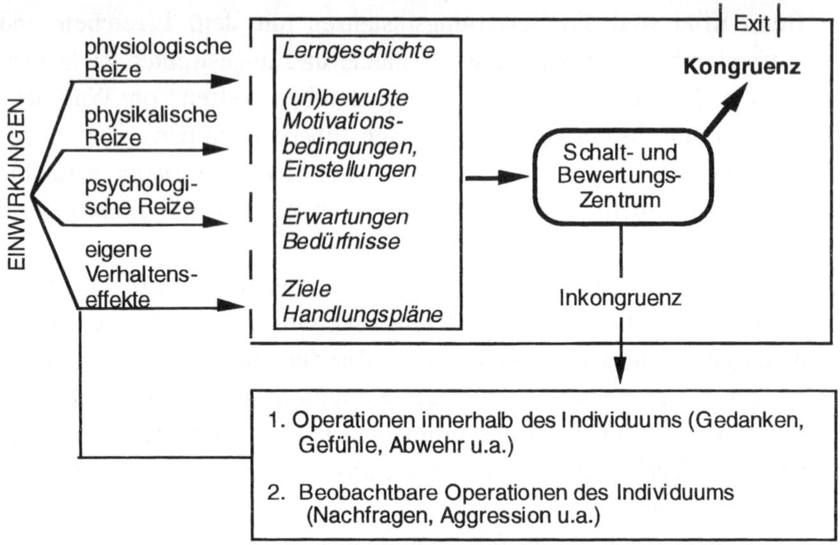

Abb. 20: Grundlegendes Wahrnehmungs-, Interaktions- und Handlungsmodell (in Anlehnung an GOETZE/JAEDE 1974, 71)

OERTER (1968) beschreibt den Vorgang in Anlehnung an Miller/Galanter/Pribram wie folgt:
„Bestimmte Normwerte regulieren die Aktivität. Sie wird in Gang gesetzt, wenn zwischen Normwert und Eingabe keine Kongruenz besteht... Diese Aktivität wird wieder blockiert bzw. eingestellt, wenn die Kongruenz zwischen Eingabe und Normwert erreicht ist (Exit). Nun ist der Organismus frei für andere Operationen.“

Unter Einbeziehung wahrnehmungs-, kommunikations-, lern- und tiefenpsychologischer Aspekte wird die Heilpädagogin die vorhandenen inneren wie äußeren Reizquellen mehr und mehr bemerken und so sich selbst und das Kind wahrnehmend-beobachtend reflektieren. Sie wird dann eher dazu in der Lage sein, sich der eigenen „wahrnehmenden Person“, d.h. ihrer Bedürfnisse, Einstellungen und Werthaltungen, ihrem Gedächtnis (z.B. der Informationen aus Erstgespräch, Anamnese und Untersuchungen) und ihrer Beeinflussung durch Dritte (z.B. durch Eltern, Erzieher, Mitarbeiter in der Fallbesprechung, Dozenten an der FH, Supervisoren) immer wieder neu und so weitgehend wie möglich *bewusst zu werden.*

Der Auszug eines Protokolls (aus AXLINE 1972, 80 f.) soll die Vorgänge veranschaulichen. Nutzen Sie dazu die folgende Aufgabenstellung.

Aufgabe 81

Notieren Sie nach dem Lesen des Protokollauszuges in Stichworten Ihre Antworten auf folgende Fragen und tauschen Sie später Ihre Wahrnehmungen aus:

1. Erklären Sie den *Vorgang* des Geschehens *anhand des vorherigen Handlungsmodells* (Abb. 20).
2. Wie mutet Sie die *Art verbaler Interventionsformen*, die die Therapeutin verwendet, an? Welche Wirkung erzielt sie damit?
3. Reflektieren Sie das Geschehen im Sinne des *„Szenischen Verstehens"* und *„Fördernden Dialoges"*. Reflektieren Sie auch die mögliche *symbolische Bedeutung* der Szene anhand der Materialauswahl von Oskar.

Der etwa 6jährige Oskar ist ein Junge, der nur äußerst widerwillig, auf Drängen der Mutter, mit der Therapeutin ins Spielzimmer gegangen ist. Eingangssequenz:

Th.:	Jetzt fühlst du dich stark wie ein Raufbold.
Oskar.:	(sieht Th. an): Ich hau' dich auch kurz und klein.
Th.:	Du fühlst dich immer noch wie ein Raufbold.
Oskar.:	Ich werde... (lacht plötzlich)... ich werde... (Er geht durch den ganzen Raum und nimmt sich das Spieltelefon.) Was ist das?
Th.:	Das ist ein Spieltelefon.
Oskar.:	Ich werde es auch kaputtschlagen.
Th.:	Du willst das Telefon auch kaputtmachen.
Oskar.:	(lächelnd, wie ein kleiner Engel) Ja, ich zerreiße gern Dinge und verhau' gern Menschen.
Th.:	Du zerreißt gern etwas und tust anderen gern weh.

Oskar.: (ruhig) Ja. O, sehen Sie mal, Geschirr. Ich werde Haus spielen. (Er fängt an, den Tisch zu decken, dann nimmt er das Telefon und spricht hinein.) Hallo, bist du da Marie? O, ich bin zu Hause. Ich esse Abendbrot. (Beiseite zu Th.) Ich esse doch Abendbrot, nicht wahr?

Th.: Ja, du bekommst Abendbrot.

Oskar.: (wieder ins Telefon) Ja, ich esse Abendbrot. Was es gibt? (Der Ton der Stimme ist so, als ob Marie ihn fragen würde, und er das dann wiederholt.) Was es gibt?

Th.: Du möchtest, dass ich dir sagen soll, was es bei uns zum Abendbrot gibt?

Oskar.: Ja, sag's mal schnell.

Um die obige Situation zu erklären, kann das folgende Schleifenmodell hilfreich sein, das ein 'Doppel' des vorhergehenden (Abb. 20) darstellt, weil die gleichen Voraussetzungen sowohl für die Therapeutin als auch für Oskar gegeben sind und sich beide in diesem Kontext sprechend und handelnd miteinander auseinandersetzen.

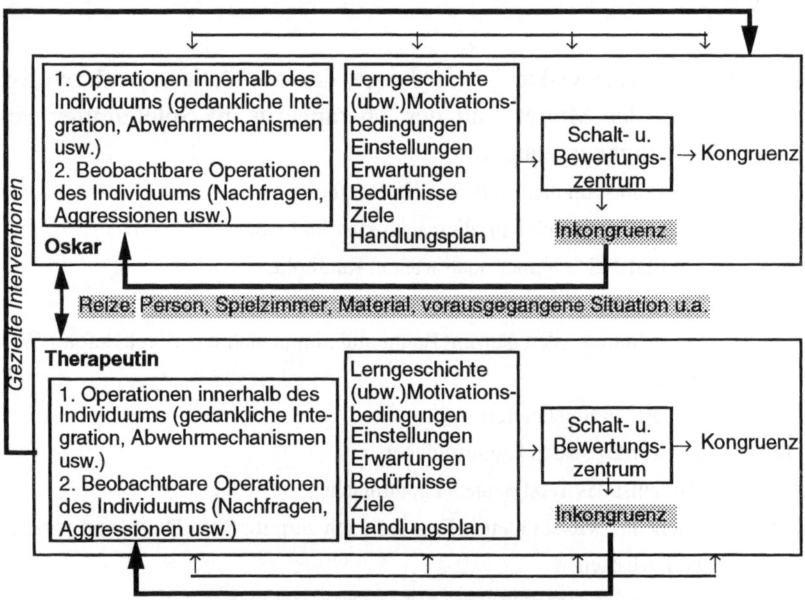

Abb. 21: Interaktionsmodell Kind - Heilpädagogin/Therapeutin

„Oskar ist auch im Spielzimmer bestimmten Umweltreizen ausgesetzt, von denen ein großer Teil zunächst unbeachtet bleibt, während er sich aus irgendwelchen Gründen intensiver mit einem kleinen Teil auseinandersetzt, der ihm auffällig und interessant erscheinen muß, der also in irgendeiner Weise in seinem personalen System Inkongruenzen auslöst und zu einer Symbolisierung in seinem Selbst drängt. In die Therapiestunde kommt Oskar mit Erwartungen, wie sich diese Erwachsene wohl ihm gegenüber verhalten wird. Er wird die ihm zur Verfügung stehenden Reaktionsmuster aktivieren, Einstellungen sich selbst und seiner Umwelt gegenüber zum Ausdruck bringen, da ihm dies hier besonders leicht gemacht wird. Während der Therapiestunde wird sein Verhalten natürlich teilweise durch das vorhandene Inventar gesteuert zumal er zu impulsivem Verhalten zu neigen scheint. Allgemein auf das Modell bezogen läßt sich sagen, daß seine Aufmerksamkeit durch Wahrnehmungen absorbiert wird, die mit seinen bisherigen Erfahrungen und angesteuerten Handlungszielen zusammenhängen müssen. Prinzipiell verlaufen die Vorgänge bei der Therapeutin analog, allerdings mit dem Unterschied, daß sie andere Erfahrungen, Steuerinstanzen und Handlungsziele einbringt.“ (36)

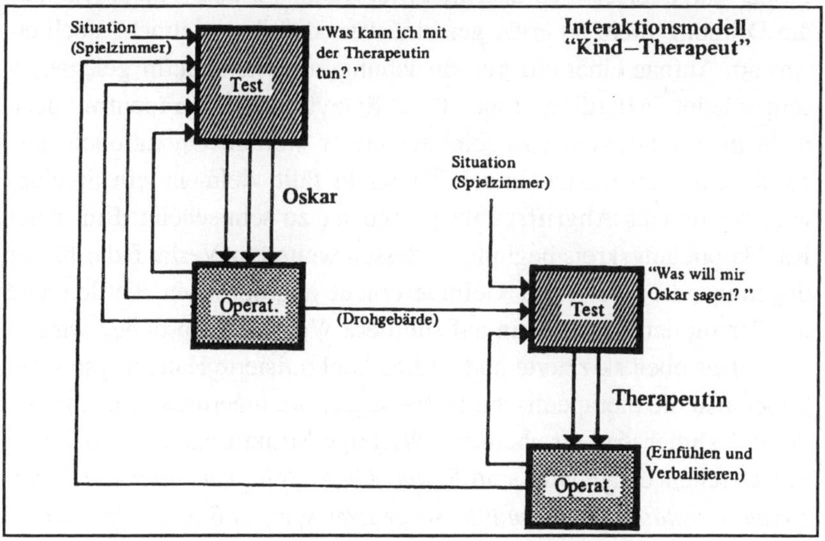

Abb. 22: Interaktionsmodell (Text und Abbildung aus Goetze 1981, 36)

„Im obigen Beispiel geht Oskars erstes Handlungsziel dahin, das Spielzimmer so schnell wie möglich zu verlassen. In sein Wahrmehmungsfeld jedoch fällt die Person der Therapeutin. Emotionen werden in ihm wachgerufen, die zwiespältiger Natur zu sein scheinen: Einerseits möchte er der unangenehmen Situation schnell ausweichen, sie bereitet ihm Ärger. Andererseits steht die Person der Therapeutin im Wege, er kann sein Ziel also zunächst einmal nicht erreichen, da ihm ein Mensch mit eigenen Emotionen, Zielen, Bedürfnissen gegenübersteht. Vermutlich rekapituliert Oskar einige Handlungsalternativen, um mit seinem Inkongruenzerlebnis fertig zu werden. Er könnte gewaltsam den Raum zu verlassen versuchen, bewertet selbst aber aufgrund vorweggenommener Konsequenzen diese Möglichkeit als unvereinbar mit den eigenen Normen des Selbst. Wenn er sich schon durch die Therapeutin am Verlassen gehindert fühlt, könnte er sie mindestens mit Verbalinjurien belegen. Vielleicht wird diese Möglichkeit, nach außen zu reagieren, von ihm deshalb zurückgewiesen, weil sie auch nicht zum Erfolg führt. Oskar wählt tatsächlich eine Drohgebärde als Operation, die ihm zu einer vorläufigen Kongruenz mit seinem Selbst zu verhelfen scheint; er lacht nämlich plötzlich und bringt durch diese sich anschließende Reaktion zum Ausdruck, daß die Drohung nicht so ernst gemeint war, daß ihm vielmehr doch etwas am Aufbau einer engeren Beziehung zur Therapeutin gelegen zu sein scheint. Allerdings scheint die Reizvorlage 'Therapeutin' doch nicht interessant genug zu sein, als daß er weitere Operationen daraufhin einleiten würde. In sein Blickfeld fällt vielmehr ein Spielobjekt, das ihm als Angriffspunkt geeigneter zu sein scheint. Ein neuer Rückkoppelungskreis beginnt, in dessen weiterem Verlauf die bisher ungenügend explorierten Gefühle erneut angesprochen werden und die Person der Therapeutin auf subtilere Weise angesprochen wird.

Das oben skizzierte und soeben konkretisierte Handlungsmodell bildet also die therapeutische Prozesse ab, die innerhalb einer besonderen Rahmenstruktur ablaufen. Wichtige Strukturvariablen der therapeutischen Umgebung sind *Raum, Lage, Zeit, v.a. aber die Spielzimmerausstattung. Sie müßte so geartet sein, daß es zu spontanen, aber auch planbaren Handlungszirkeln kommen kann, in welche die*

Prozesse der emotionalen Regulierung eingebettet sind. Gemäß der Motivationstheorie sollte das Spielmaterial im Kind mittelstarke Diskrepanzen auslösen; aus diesem Spannungsgrad müßten Aktivierungszirkel aus Spannung und Lösung im Spiel erwachsen (Heckhausen, 1964; Trudewind, 1975). *Auf die therapeutische Praxis übertragen wird die Ausstattung also je nach Störung des Kindes zu variieren, ggflls. auch während der Therapie anzureichern oder beim Wechsel von Einzel- und Gruppentherapie neu abzustimmen sein. Die Umgebungsstruktur müßte also in der Weise vorgestaltet sein, daß von hier aus bereits selbstregulative Prozesse (Organismus-Umwelt-Relationen) in Gang kommen, die durch die Therapeuteninterventionen außerdem unterstützt werden müssen.* Diese zielen v.a. darauf ab, dem Kind einen Zugang zu weiteren inneren Verarbeitungsprozessen zu ermöglichen. Durch Verbalisierungen spiegelt der Therapeut auf das Kind, was er bei ihm an Erlebnissen und emotionalen Prozessen wahrgenommen hat. Die sprachliche Etikettierung wird dem Kind oft das eigene Erleben erst begreifbar machen und demzufolge weitere Operationen auslösen." (GOETZE 1981, 37; *kursive* Hervorhebungen durch W. K.)

Die *verbalen Interventionsformen* und sicher auch das Verhalten der Therapeutin - natürlich kann man das Geschehen an sich hier nicht mitbeobachten - wirken sich auf Oskar beruhigend und befreiend aus. Er kann seinen Ärger in für ihn angemessene Aktivitäten ummünzen. Wir können aus der Beschreibung der Situation erkennen,

- dass aus dem ersten Kontakt heraus eine Beziehung gestaltet wird;
- dass Oskar mit seinen teilweise aggressiven Fantasien akzeptiert wird;
- dass es der Therapeutin gelingt, ein Klima des 'Gewährenlassens' zu gestalten, was an den Raumerkundungen Oskars erkennbar wird;
- dass die Therapeutin die innerseelischen Vorgänge im Kind reflektiert;
- dass in ihrem Verhalten die Achtung vor dem Kind zum Ausdruck kommt, indem sie z.B. klare Antwort gibt (Telefon); dass sie sich

in die Spielwelt Oskars einfühlt („Ja, du bekommst Abendbrot") und sich ernsthaft rückversichert, ob Oskar von ihr wirklich die Auskunft haben möchte, was es zum Abendessen gibt;
- dass Oskar weitgehend seinen Spielprozess selbst steuern darf nach der Regel: „Du darfst hier so *spielen, wie* du möchtest!";
- dass der Spielprozess nicht durch die Therapeutin beschleunigt wird;
- dass keine Begrenzungen nötig waren, da keine realen Angriffe auf die Therapeutin oder ein bewusstes Zerstören von Material stattfand.

Dennoch muten die *Verbalisierungen* im obigen Beispiel eher 'nachplappernd' an, wenngleich die Bemühung deutlich wird, keine wörtlichen Wiederholungen zu machen. Es ist schwierig, kindliche Äußerungsformen in angemessene, d.h. verständliche Sprache umzuwandeln, so dass oft nichts anderes übrig bleibt, als diese oft kurzen kindlichen Mitteilungen wörtlich zu wiederholen. Anders wäre es in einem Gespräch mit Erwachsenen: Diese machen häufiger 'viele Worte', um ihre Situation deutlich zu umschreiben. So ist es bei Erwachsenen leichter, *sinnvolle* Zusammenfassungen beizusteuern, um Anteilnahme und Verstehen auszudrücken. In der *heilpädagogischen* Begleitung treffen wir außerdem viele Kinder, die aus unterschiedlichsten Gründen der Sprache kaum oder gar nicht mächtig sind. Hier ist die Heilpädagogin herausgefordert, sich *nonverbal* auf das Kind einzulassen und aufmerksam *mitzuspielen.* Das sich Hineinbegeben in die wortlose *Symbolsprache* des Kindes im einfühlenden *Mitspielen* ermöglicht meist bedeutsamere Nähe und Verstehen als technisch oder stereotyp anmutendes Verbalisieren.

Ich arbeitete einmal mit einem 16jährigen Jugendlichen in einem Kinderheim, der aus der Psychiatrie zu uns kam und von dorther 'einschlägige' therapeutische Erfahrungen gemacht hatte. Wir versuchten uns anzunähern und nach einem stockenden Beginn gab ich ein paar umgangssprachliche Äußerungen von mir um auszudrücken, wie es 'einem so gehen mag' in dieser Situation. Der Junge schaute mich groß an und sagte spontan: „Sie reden ja wie ein Mensch!" Ich war derart verblüfft, dass ich lachen musste und antwortete: „Stimmt, ich bin ja auch einer, genau wie du." Damit war das Eis gebrochen.

Das Beispiel mag verdeutlichen, dass die Sprache sehr viel häufiger die Ausdrucksform von Jugendlichen und Erwachsenen als die von Kindern ist. Deshalb kann es vorkommen, dass Kinder sich durch die nicht kindgerechte und als 'seltsam' empfundene verbale Äußerungsform der Heilpädagogin in ihrem Spielverhalten eher gestört als begleitet und verstanden fühlen. Es kann vorkommen, dass die Kinder ihr Spiel unterbrechen und dem Erwachsenen gegenüber misstrauisch werden: „Was will die oder der von mir, die reden so komisch." Kinder drücken sich eben nicht primär mit Worten, sondern mit spielerischen Handlungsvollzügen aus, die oft nur mit Wortfetzen und undefinierbaren Lautäußerungen begleitet werden. Vergessen wir nicht: *Das Spiel ist die Symbol-Sprache des Kindes!* Wer das Kind *begleiten* und *verstehen* will, muss diese Sprache von den Kindern selber (wieder-)erlernen und mit den Kindern spielend, in Aktion, ausdrücken.

GOETZE hat in diesem Zusammenhang eine „Zweierklassifikation kindlichen Emotionsverhaltens" vorgenommen, auf die Therapeuten *unterschiedlich* reagieren sollten:

„- Einerseits haben wir bei Therapiekindern Äußerungen beobachtet, die von der aktuellen Situation relativ abgehoben waren. Das Kind erzählte z.B. von Vorkommnissen zu Haus, in der Schule etc. ("Heute haben wir die Rechenarbeit wiederbekommen. Mist, habe ich wieder 'ne fünf.") Die Reaktion des Therapeuten kann sich hier an die Leitlinien halten, wie sie aus den Verbalisierungsanweisungen der GT (Gesprächs-Therapie; Anm. W.K.) bekannt sind. ("Das macht dich ganz unzufrieden mit dir selbst.")
- Andererseits gibt es kindliche Äußerungen, die uns häufiger aufzutreten scheinen, die sich direkt auf den aktuellen Spiel- bzw. Handlungskontext beziehen. Es handelt sich um Handlungen und Sprachäußerungen, die gewissermaßen in einen aktuellen motivationalen Ablauf eingebettet sind. Das Kind hat sich Ziele gesetzt und möchte diese möglichst direkt erreichen. Hindernisse rufen Ärger hervor; länger dauernde Frustrationen aufgrund von Nicht-

> erreichen des Ziels daneben auch Traurigkeit, Resignation u.ä. Der Therapeut sollte in diesen Situationen unserer Erfahrung nach keine Verbalisierungen machen, die das allgemeine Selbsterleben des Kindes betreffen; vielmehr sollte er im Gang der Handlung "mitschwingen" und seine Äußerung enger an das Motivationsgeschehen anlehnen. So könnte er im Sinne von Heckhausen Hoffnung auf Erfolg oder Furcht vor Mißerfolg des Kindes mit seinen Worten zum Ausdruck bringen, die vom Kind subjektiv erlebte Distanz zum selbstgesteckten Ziel, die beim Agieren, Operieren, Spielen, Bauen erlebte emotionale Spannung, die geringe Frustrations- oder Toleranzbreite widerspiegeln. Wie bei allem Motivationsgeschehen sind kognitive und affektive Anteile nicht voneinander zu trennen. Der Therapeut kann in diesem Sinne als Lernhelfer tätig werden, indem er auch kognitiv orientiert spiegelt, z.B. dadurch, daß er die Einbettung des Handlungsbogens in einem größeren zeitlichen Zusammenhang reflektiert.“ (GOETZE 1981, 38 f.)

Was das *szenische Verstehen* und den *fördernden Dialog* im Beispiel mit Oskar angeht, ist bereits in der Eingangssequenz deutlich zu erkennen, dass sich die Therapeutin nicht durch ihn provozieren lässt. Nach der Devise „Geschehenlassen und Lenken“ oder „Halten und Zumuten“ greift sie nicht im üblichen Sinne ‘sozial’, d.h. reglementieren oder ermahnend ein. Es entsteht der Eindruck, als ob diese deutlich ‘a-soziale’ und daher für Oskar ungewohnte Verhaltensweise einer Erwachsenen, die damit verbundene Akzeptanz und das Eingehen auf die Gefühlsebene ihm die Möglichkeit geben, „Dampf abzulassen“, ohne sein Gesicht zu verlieren. „Ich werde... ich werde... (lacht plötzlich) ich werde...“, diese suchenden *inneren* Vorgänge, die er andeutungsweise äußert sowie sein gleichzeitig *räumliches* Suchen durch Umherblicken und Umhergehen im Raum nach etwas für ihn „Greifbarem“, deuten einen inneren Veränderungs- und Entscheidungsprozess an, der in Gang gekommen ist. Das Lachen könnte Entlastung und Erleichterung bedeuten, da es ihm gelungen ist, sozusagen einen ‘Ausweg’ aus seinem Szenario der Drohgebärde gefun-

den zu haben, für die es aufgrund des Verhaltens der Therapeutin keinen Anlass mehr gibt, wenn er sich nicht selber lächerlich machen will. Noch aber ist der innere Orientierungs- und Entscheidungsprozess nicht ganz abgeschlossen: Oskar muss noch einmal 'nachkarten', um sein gefühlsmäßig verloren gegangenes Terrain abzusichern. Er droht: „Ich werde es (das Telefon) auch kaputtmachen." Es ist bemerkenswert, dass Oskar auf seiner Suche ausgerechnet auf das Telefon kommt. Ist es nur 'zufällig' in sein Blickfeld geraten? Mit dem Telefon kann man - auf Distanz - Kontakt aufnehmen! Es hat den Anschein, als möchte er - zögerlich noch und vorbewusst - das Risiko einer möglichen, zaghaften Kontaktaufnahme mit dieser Frau eingehen. Lächelnd, das kann Unsicherheit aber auch Annäherung zugleich bedeuten, tut er nochmals seine 'Stärke' kund: „Ja, ich zerreiße gern Dinge und verhau' gern Menschen.", gleichsam nach dem Motto: Damit du jedenfalls Bescheid weißt... Nun ist die Sache mit einem zustimmenden und abschließenden „Ja!" abgeschlossen. - Im gleichen Moment kann er etwas anderes sehen. Ich finde es faszinierend, dass er ausgerechnet *Geschirr* ins Auge fasst, etwas sehr Zerbrechliches, was man gut zerschlagen könnte. „Ich werde Haus spielen." Auch diese Äußerung hat für mich hohen symbolischen Wert: Oskar ist „zu Hause" angekommen, hier droht ihm keine Gefahr, hier kann er 'er selbst' sein, sich einlassen. Vorsichtsmaßnahmen und Drohgebärden sind überflüssig. Das kommt kurz später nochmals deutlich zum Ausdruck als er ins Telefon spricht: „O, ich bin zu Hause." Wie hat sich doch die Szene verändert: Zuerst 'David gegen Goliath' und nun: „Ich bin zu Hause." Folgerichtig muss nach so einer anstrengenden Auseinandersetzung, nach einem solchen Kampf erst einmal Energie getankt werden. Oskar *regrediert in die orale Phase,* der Krieger ist heimgekehrt und muss sich stärken.
Auch hier ist er tüchtig, tauglich: Er kann sich selbst den Tisch dekken, zeigt sich also ganz als Herr der Lage, als „Herr im Haus". Dann ruft er an, sucht Außenkontakt. Nun, da der innere und äußere Kontakt 'zu Hause' stimmt, kann er sich seinen wichtigen anderen Beziehungen hingeben, neue Kontakte herstellen mit dem Telefon, dem Instrument der Chefs, der Erwachsenen, mit dem sie das Gleiche tun

oder ihre wichtigen Geschäfte abwickeln. Ich weiß nicht, wer Marie ist: Vielleicht das Dienstmädchen, eine nährende Frauenperson? Es könnte aber auch eine (imaginäre) oder reale Freundin aus dem Kindergarten sein. Oskar ist ja im *ödipalen Alter:* Er reißt sich von der Mutter, den eingrenzenden Erwachsenen los und macht sich auf den Weg „in die Welt". Dazu gehört natürlich, eine Freundin, eine Frau zu finden. Alleinsein ist nicht gut. Es ist ihm wichtig, schnell zu wissen, was es zum Essen gibt. Hier holt er sich erstmals Hilfe von der Therapeutin, einer - wie er intuitiv verstanden hat - nährenden, sorgenden Mutterperson, die ihm ein Zuhause ermöglicht, einen Raum geschenkt hat und ihm jetzt 'ausmalt', auf welch leckeres Essen und Trinken er sich (mit seiner Freundin) *symbolisch* (!) freuen darf. Diese soll wissen: Er ist reich an Gütern, er ist stark, er 'hat etwas zu bieten'... Es kann auch sein, dass es sich bei Marie um eine Wunschprojektion handelt: Ich wünsche mir dich, Therapeutin, als Freundin und gute, versorgende Mutter... Ich spiele jetzt mal so, als ob ich eine Freundin hätte und dann werde ich ja sehen, ob du mitspielst..." - Wenngleich wir nicht im naturwissenschaftlich-empirisch 'exakten' Sinne wissen können, was Oskar denkt und fühlt, ist die Interpretation der Geschichte dennoch nicht frei erfunden. *Szenisches Verstehen* und *helfender Dialog* (er wird durch die Therapeutin hoffentlich erfahren, was es Gutes gibt und dadurch symbolisch genährt und bereichert werden) erschließen sich uns durch die phänomenologische Betrachtung der Szene: „Was spielt sich da vor meinen Augen ab?" und: „Zu was bin ich als Heilpädagogin herausgefordert?" Faszinierend ist immer wieder die Stimmigkeit der symbolischen Handlungen 'im Vorübergehen'. Wenn wir *einfühlendes Verstehen* entwickeln und den *Mut haben,* 'richtig hinzuschauen' und richtig 'hinzuhören', sehen und hören wir, 'was Sache ist', *wozu* wir gebraucht werden. An dieser Stelle können wir dann sinnvoll ins Spiel eintreten, um Oskars 'Spiel des Lebens' mitzuspielen, hier z.B. als Kellnerin eines Restaurants; als Dienstmädchen; als Köchin; als fahrender Pizzabäcker; als Taxifahrer, der Marie bringt (in Gestalt einer Handpuppe oder Figur), als Butler; als Einbrecher, der das Essen stehlen will usw. Ich bin sicher: Oskar wird „alles regeln".

7. Verhaltensmerkmale der Heilpädagogin

In den vorangegangenen Kapiteln haben wir bereits häufiger darüber nachgedacht, welche *Haltungen* für den Beruf der Heilpädagogin, des Heilpädagogin erstrebenswert wären.
Der Begriff „Haltung“ meint zunächst den *gesamtkkörperlichen* Spannungszustand, den muskulären Haltetonus. Im übertragenen Sinne sprechen wir auch psychologisch von „Haltung“ (engl. ‘attitude’) im Sinne von „Einstellung“, die wir als erworbene und zugleich überdauernde und komplexe Disposition verstehen, mit der ein Mensch gegenüber (sozialen) Objekten und Handlungen Stellung bezieht, z.B. gegenüber einer Person oder Sache, verbunden mit einer Wertung oder Erwartung.

Wir sprachen - vor allem im Kapitel *Beziehungsgestaltende Grundlagen* - davon, keine falschen Erwartungen an die Kinder zu haben, dafür um so mehr Zutrauen und Vertrauen; Geduld; Hoffnung und Humor. Weiterhin nannten wir als beziehungsstiftende Merkmale äußeren und inneren Halt; Empathie; Offenheit und Spontanität; Permissivität und Interdependenz.

Wir sprachen davon, was *Erziehung unter erschwerenden Bedingungen* bedeutet und darüber, wie wir lernen, *Real-* und *Übertragungsbeziehungen* zu unterscheiden, um uns angemessen zu verhalten. In diesem Zusammenhang wurden verschiedene Konzepte wie das *szenische Verstehen* und der *fördernde Dialog* vorgestellt.

Im Kapitel *Spielszenen* und auch im Kapitel *Wahrnehmungsprozesse* wurde deutlich, dass es - bei allem guten Willen - schwierig ist, angemessene *Ausdrucksformen* des Verstehens im symbolischen ‘Mitspielen’ und ‘Mitsprechen’ zu finden, ohne durch innere wie äußere Einflüsse in unserer Wahrnehmungsfähigkeit allzu sehr getäuscht zu werden.

In den folgenden Abschnitten soll es um *Verhaltensmerkmale*[1] der Heilpädagogin, des Heilpädagogen gehen, mit denen sie eine entscheidende Grundlage für den dialogischen, heilpädagogischen Prozess herstellen können. Dies kann gelingen, wenn sie ganz bestimmte Verhaltensweisen *zeigen, tun,* und diese gezielt als Instrument, besser als *Antwort* auf das Verhalten des Kindes einsetzen. Diese Verhaltensmerkmale sind:

- *Konzentriertes Interesse* deutlich machen;
- *Sicherheit* geben;
- *Einfühlende Distanz* mittels Teil- bzw. Probe-Identifikation ermöglichen;
- *Verhaltenskonsistenz* beweisen.

Diese Verhaltensmerkmale sind nicht zu verstehen als rein funktionale, technische Ausdrucksformen oder Handreichungen, die man so eben mal 'machen' kann. Sie sind vielmehr Ausdruck einer inneren Ganzheit, die im Handeln selbst zum Ausdruck kommt.
Jeder von Ihnen merkt es seinem Gegenüber an, wenn er Interesse heuchelt, vortäuscht.
Jeder von Ihnen ahnt an einem winzigen Zögern, dass sein Gegenüber nicht sicher, sondern in Wirklichkeit unsicher ist, wenn er diese Unsicherheit auch mit erlernten Gesten zu verstecken sucht.
Jeder von Ihnen spürt, ob sein Gegenüber ihm näher oder ferner ist, ob er mitschwingt in der Dynamik von Nähe *und* Distanz in abgewogener Beweglichkeit oder im Beharren auf einem der Pole. Dies wird häufig in der scheinbaren, in Wirklichkeit aber aufgezwungenen 'Ungezwungenheit' der Du-Anrede gegenüber neu hinzukommenden, also noch 'fremden' Mitarbeitern deutlich.
Jeder von Ihnen hat gegenüber bestimmten Menschen die Erfahrung gewonnen, ob jemand *zuverlässig* ist, ob man seinem Wort trauen kann, ob jemand 'geradlinig' und 'berechenbar' ist, wie wir umgangssprachlich sagen.

[1] Ich halte mich in diesem und in den folgenden Kapiteln an Verhaltensmerkmale, die aus unterschiedlichen Konzepten der Kinderpsychotherapie bekannt sind und von Baumgärtel (1975) herausgearbeitet wurden.

Insofern können die genannten Verhaltensmerkmale nur wirksam werden, wenn der Mensch in seinem Wahrnehmen, Denken, Fühlen Wollen und Handeln *selbstkongruent,* d.h. mit sich *übereinstimmend* oder umgangssprachlich ausgedrückt „mit sich selbst im Reinen“ ist. Aus der Psychologie von C.G. JUNG kennen wir die beiden gegensätzlichen Persönlichkeitsstrebungen der

a) *Extraversion,* dem Schwerpunkt der Umweltaufgeschlossenheit und der Kontaktsuche des Ich mit der Umwelt; und demgegenüber die
b) *Introversion,* die gesteigerte Konzentration des Interesses von der Außenwelt weg auf innerseelische Vorgänge, die Ich-Betonung und mangelnde Beziehung zur Außenwelt.

Diesen beiden *horizontalen* Strebungen entsprechen raumsymbolisch die *vertikalen* Strebungen des

c) *Oben* als dem übernatürlichen Bereich, dem Ort des Himmels und des Geistes, der dem väterlich herrschenden und befruchtenden Prinzip entspricht. Der obere Pol ist yang-haft geistig, die Welt der Bewusstheit und der Ratio; dem gegenüber angeordnet ist das
d) *Unten* als der Raum des natürlichen Erdreiches, dem mütterlichen Prinzip des empfangenden, nährenden, yin-haft seelischen. Dies ist der große Bereich des Unbewussten, des Schattens, der Triebe und Instinkte, dem genetischen Erbe der Menschheit.

Der Schnittpunkt der Gegensätze ist die Mitte, nicht als unveränderlicher Fixpunkt gedacht, sondern als Kreuzung auf dem*Weggang* im Wechsel zwischen den Gegensätzen, die sich im *Durchgang* als *zusammenfallend* erweisen, als Symbol: In der Mitte liegt die Energiequelle, die aus den scheinbar gegensätzlichen Strömungen *durchkreuzt* wird, zu der der Mensch hinstrebt und aus der heraus er sein vielgestaltiges Leben verwirklichen kann. Diese Mitte, diesen *Vorübergang* kann man nicht durch theoretisches Wissen, sondern nur durch die reflektierte Erfahrung des Lebensweges individuell *und* durch historische Analyse kulturell-gesellschaftlich erlangen. Daraus ergibt sich die Erkenntnis, dass der Weg, der Weggang selber, im

immer neuen Durchschreiten der Wegkreuzung als Höhe- oder Tiefpunkt des Lebens zugleich das Ziel menschlichen Lebens sei, wie es in sprichwörtlichen Redensarten die Erkenntnis der Menschen zu allen Zeiten war:
„Nach jedem Berg folgt ein Tal"; „nach Regen folgt Sonnenschein"; man sieht „ein Licht am Ende des Tunnels"; „die Niederlage ist ein Sieg"; „die Krankheit hat mich gelehrt, was Leben heißt" usw.

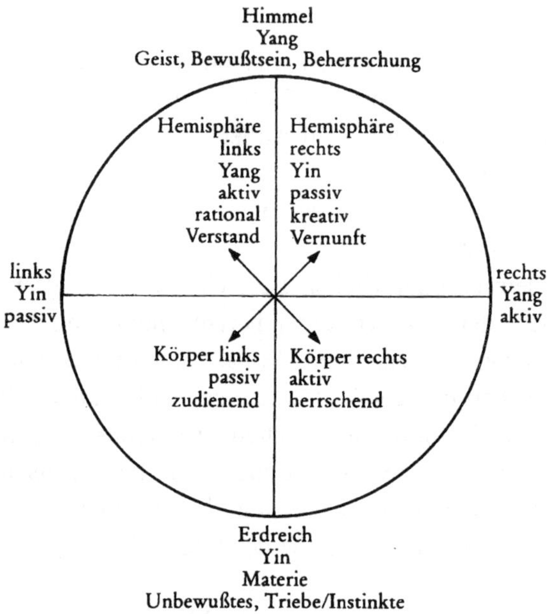

Abb. 23: Vierfache Ausrichtung und die Mitte als Schnittpunkt
(aus Juchli 1990, 123)

Heilpädagoginnen und Heilpädagogen werden in ihrer Arbeit oft genug an die Grenzen des Erträglichen geführt und sind deshalb herausgefordert, ihr persönliches Menschenbild immer wieder neu in Frage zu stellen und zu entwickeln. (vgl. das Kapitel 1.2: Weltanschauliche Grundlagen) Wenn sie nicht in oberflächlicher Rhetorik und Selbsttäuschung handeln wollen, um sich vor der manchmal erschütternden und erdrückenden Wirklichkeit menschlichen Lebens und menschlicher Schicksale zu flüchten und selber zum „hilflosen Helfer“ (SCHMIDTBAUER, 1992) zu werden, wird ihnen nichts anderes übrig bleiben, als sich dieser Wirklichkeit mit allen Konsequenzen ihres persönlichen Lebens zu stellen, deren sie - ohne sich selber zu überfordern - je individuell fähig sind.

In den folgenden Abschnitten zu den Verhaltensmerkmalen der Heilpädagogin, des Heilpädagogen, werde ich nochmals auf diese grundlegenden Zusammenhänge eingehen.

7.1 Konzentriertes Interesse

In den vorhergehenden Beispielen konnten Sie erkennen, dass Sie der *Situation*, dem *Verhalten des Kindes* und *sich selbst* sehr wach und aufmerksam gegenüberstehen müssen, um die Gewähr zu haben, möglichst angemessen *heilpädagogisch handeln* zu können.
Grundvoraussetzung ist deshalb in allen heilpädagogischen Situationen Ihr

Konzentriertes Interesse.

Etymologisch, von seiner Bedeutung und Herkunft her, bedeutet das lateinische 'inter-esse' „dazwischen-, dabeisein; teilnehmen; von Wichtigkeit sein" (vgl. *inter...* und *Essenz* = das Wesen, das Wesentliche) (DUDEN) Heute versteht man unter „sich *interessieren*" Teilnahme und Aufmerksamkeit schenken.
Konzentriertes Interesse bedeutet also, dass Sie innerlich und äußerlich *wirklich bereit* sind, sich auf das Kind in seiner augenblicklichen Situation voll und ganz ohne Vorbehalte einzulassen. Nur dann sind Sie in der Lage, die Gefühle zu erfassen, die das Kind durch seine Mimik, Gestik und seine Handlungen im Spiel ausdrückt, also die *Situationsvariablen* richtig zu entschlüsseln.
Gleichzeitig bedeutet Konzentriertes Interesse auch *Selbstbeobachtung,* indem Sie Ihr eigenes verbales und nicht-verbales Verhalten in der Wirkung auf das Kind kontrollieren. Nur so wird es Ihnen möglich sein, die *wirklichen Gefühle* des Kindes und die in der heilpädagogischen Situation ablaufenden Prozesse zu erkennen und heilpädagogisch zu handeln.
Dies bedeutet, dass Sie Ihr Interesse in einer heilpädagogischen Situation auf die
Gesamtsituation richten müssen. Nur so können Sie
- erfassen,
wie die Situation vom Kind erlebt wird. Dazu müssen Sie die
Handlungen des Kindes genau
- beobachten,
denn nur so gelingt es Ihnen, zu

- e r k e n n e n ,
welche *gefühlsmäßigen Inhalte* das Kind sowohl verbal wie nonverbal durch Tonfall, Mimik, Gestik und im Spiel zum Ausdruck bringt. Gleichzeitig müssen Sie sich aber auch *selbst beobachten,* um Ihr verbales und nonverbales Verhalten in der Wirkung auf das Kind zu
- k o n t r o l l i e r e n .
Nur dann gelingt es Ihnen, durch Ihr Handeln die *Diskrepanz* zu den Erwartungen des Kindes herzustellen, die für den heilpädagogisch-therapeutischen Prozess so wichtig ist, um das Erleben und Verhalten des Kindes zu *ergänzen,* so dass ein „Umlernen" möglich wird.

Aufgabe 82

Beurteilen Sie bitte den Stundenausschnitt, indem Sie folgende Fragen beantworten:

1. Welche Situationsvariablen beachtet die Heilpädagogin (Hp)?
2. Beschreiben Sie in Stichworten, *w i e* Hp „Konzentriertes Interesse" zeigt. Geben Sie auch ein Fehlen dieses Merkmals an.
3. Welche Auswirkung hat das Verhalten der Hp auf die Prozessbegleitung des Kindes?

Szene 1: Junge, 11 J.

1	K	(Baut ein Fort auf)
2	Hp	Du willst ein Fort für die Stadt bauen.
3	K	Na klar, warum nicht - damit die Indianerkinder nicht angreifen, müssen wir jetzt ein Fort bauen -
4	Hp	Mhm, du meinst, diese Stadt-
5	K	Ja, ja ein Fort -
6	Hp	- die muß immer mit einem Angriff rechnen.
7	K	Ja, klar, hier wohnen doch wilde Indianer.
8	Hp	Mhm, wo es Menschen gibt, die noch irgendwie wild sind...
9	K	- da muß man vorsichtig sein.
10	Hp	Da kann man dann nicht so viel Vertrauen haben.
11	K	Hm.

An folgendem Ergebnis können Sie erkennen, ob und inwieweit Sie das Verhaltensmerkmal „Konzentriertes Interesse“ richtig eingeschätzt haben.

1. Die Heilpädagogin achtet auf die Situationsvariablen:
   a) Spiel;
   b) Sprache.

2. a) Sie erkennt die *symbolische Bedeutung* des Spiels („Da kann man nicht so viel Vertrauen...“)
   b) Sie geht auf die Äußerungen des Kindes ein.
   c) Sie reflektiert die Gefühle des Kindes sehr vorsichtig und analog, d.h. noch unpersönlich („Da kann man...“)

3. a) Das Kind fühlt sich verstanden und bestätigt dies der Heilpädagogin („Ja klar“).
   b) Zwischen Heilpädagogin und Kind entwickelt sich ein Dialog.
   c) Das Kind kommt selbst zu der Erkenntnis („Da muss...“).
   d) Das Kind ist eher in der Lage zu akzeptieren, was die Heilpädagogin erkennt und äußert.

An der Beurteilung dieses Situationsbeispiels können Sie erkennen, wie Sie die folgenden Beispiele bearbeiten sollen.
Es empfiehlt sich, das eigene Ergebnis zusammen mit Kommilitoninnen oder Kollegen zu diskutieren, um die eigene Wahrnehmungs- und Beurteilungsfähigkeit zu schulen.

Aufgabe 83
Beurteilen Sie auch die folgenden Szenen, indem Sie die Fragen sorgfältig beantworten:
1. Hp achtet auf folgende Situationsvariablen...
2. Hp zeigt (zeigt *kein)* 'Konzentriertes Interesse', indem...
3. Das (fehlende) 'Konzentrierte Interesse' wirkt sich so aus...

Szene 2: Junge, 12 J.

1	K	...Das ärgert mich auch immer, wenn mein - ich da immer irgendwas spiele oder was lese, und da kommt mein Bruder rein, und da sabbelt er irgendwas los. Ich weiß auch nicht. Genauso war's heute in Englisch. Da kommt er rein und sagt das 1x12 auf. Das ging mir dann auf die Nerven. Ich habe ja erst gerade Mathematik gehabt, also gemacht, meine ich...
2	HP	Und der lenkt dich dann irgendwie von dem ab, was du gerade machen möchtest.
3	K	Genau.
4	Hp	Und das hast du eben nicht so gern. Aber das läßt sich eben schlecht abstellen.
5	K	Dann bin ich immer froh, wenn er wieder in der Küche ist... Das ist ja gerade das Gute an dem. Der ist... Hausfrau sozusagen, der kocht. Am Mittwoch essen wir immer Milchreis. Den kocht er fast jeden Tag, wenn er schon aus der Schule ist, wenn das noch nicht fertig ist.
6	Hp	Dann macht er das.
7	K	Ich könnte das zwar auch, habe aber keine Lust dazu.
8	Hp	Er hat ganz andere Interessen, wahrscheinlich, als du.
9	K	Ja, das glaube ich.
10	Hp	In anderer Richtung...
11	K	Der will auch später Koch werden. Ich will was anderes machen. Ich wollte eigentlich Flugkapitän werden.
12	Hp	Hast du dir vorgenommen...

Szene 3: Mädchen, 8 J.

1	K	Aber, was die hier an die Wände kratzen!
2	Hp	Ja, was die da so alles ranmachen..
3	K	Dürfen die das?
4	Hp	Ja.
5	K	Ja??
6	Hp	Ja, sicher, ich hab dir doch erzählt, hier kann jeder spielen und malen wie er möchte. Hier kommen ja auch Kinder hin, die sind jünger, nicht, und auch ältere, wenn sie das gerne machen möchten.

7	K	Kann man in die Hand nehmen und an die Wand schmieren.
8	Hp	Kann man auch.
9	K	Ah, da komm ich mir so klein vor.
10	Hp	Ja, ist man doch schon älter, wenn man sowas nicht mehr macht.
11	K	Hm.

Szene 4: Mädchen, 8 J.: (Spielt mit Hp Mutter und Kind und schreibt ihm vor, was er tun soll)

1	Hp	...und da muß ich dich suchen.
2	K	Wenn ich schrei - so: (schreit)
3	Hp	Hmhm... (K legt sich auf zusammengerückte Stühle.)
4	K	- oder wenn ich lach - (lacht babyhaft)
5	Hp	- oder wenn du lachst.
6	K	Ja.
7	Hp	Ja, wo ist denn das Kind?
8	K	Und dann sehn Sie meine Füße, jetzt.
9	Hp	Da bist du ja! (K lacht)
10	K	Jetzt müssen sie mich ausschimpfen.
11	Hp	Jetzt muß ich ausschimpfen.
12	K	Hmhm.
13	Hp	Du kannst dir gar nicht vorstellen, dass eine Mutter nicht schimpft
14	K	Hmhm.
15	Hp	Du meinst, die Mutter muss immer schimpfen.
16	K	schweigt.

7.2 Sicherheit

Der Mensch wächst und entwickelt sich zur Persönlichkeit in der Übernahme von Verantwortung. Verantwortliches Handeln können wir beschreiben als die Fähigkeit, Entscheidungen zu treffen auf unserem Lebensweg, in der Spannung zwischen

Sicherheit u n d *Risiko.*

Der Mensch wird in die Unsicherheit hinein geboren, aus der ihn nur ein liebendes Annehmen und Verstehen, ein Pflegen und Versorgen retten kann. Abertausende Kinder sterben oder verkümmern in dieser Welt der ungleichen Verteilung der Wohlstandsgüter ohne Rettung. (vgl. Kapitel 1.3 Beziehungsgestaltende Grundlagen, Aufgabe 13)
Aber schon das einjährige Kind stürzt sich im wahrsten Sinn des Wortes in das hohe Risiko, sich vom Boden zu erheben, Hinzufallen und das Aufstehen erneut, unermüdlich zu versuchen. Dabei kommt es hier, wie auch im späteren Leben, immer auf das „u n d" an:
Ein Zuviel an Sicherheit führt im Extrem zu persönlicher Unbeweglichkeit, Starre, Zwang, Abhängigkeit in Beziehungen und gesellschaftlich gesehen zur Unterdrückung und Uniformierung, zur Diktatur.
Ein Zuviel an Risiko führt im Extrem zu persönlicher Unbedachtsamkeit, Willkür und Isolation, zum Zerfallen von Beziehungen und gesellschaftlich gesehen zur Gesetzlosigkeit, zur Anarchie.

Aufgabe 84

Was fällt Ihnen spontan zu Begriffen wie „Freiheit" und „Bindung" ein? In welcher Situation haben Sie die o.g. persönliche Entscheidungsspannung gespürt? Welcher „Beweggrund" war ausschlaggebend für Ihre Entscheidung?

Entsprechen die folgenden Aussagen bzw. Texte: Ihrer Lebenserfahrung?
Welche Konsequenzen hätten die Aussagen, wenn Sie sie ernst nehmen, für Ihr persönlichen Leben?
Was müssten Sie 'ein-sehen' und tun, um z.B. in Ihren Beziehungen (zu Eltern, Freund/Freundin, Klientel usw.) im Umgang mit Sicherheit *und* Risiko, Freiheit *und* Bindung etwas zu ändern?

Die Spannung zwischen Sicherheit und Risiko lässt sich auch beschreiben mit Begriffspaaren wie „Bindung *und* Freiheit"; „müssen *und* dürfen".
Sie kommt im Extrem zum Ausdruck, wenn wir für uns in Anspruch nehmen: „Der Mensch ist zur Freiheit geboren!" und uns der Existenzphilosoph Jean Paul SARTRE in seiner Kritik der dialektischen Vernunft entgegnet: „Der Mensch ist zur Freiheit verurteilt!"

Der Mensch *muss* sich also auf die Suche danach machen, was ihm „aufgegeben" ist, er muss sich auf die Suche machen nach dem „Verheißenen", für das es sich zu leben lohnt. Es bleibt ihm gar nichts anderes übrig, außer er vernichtet sich selbst. Insofern steht am Anfang des Lebens und immer wieder ein unerbittliches Muss, das zugleich, wenn der Mensch sich diesem Müssen stellt, unendlich viele Chancen und ungeahnte Möglichkeiten bereit hält, in der Auseinandersetzung mit den Gegebenheiten auf dem Lebensweg. Alle großen Weisheitslehren der Menschen erzählen in mythischen und märchenhaften Bildern davon, dass der Mensch dazu berufen sei, ein Wanderer auf dem inneren Pfad zu werden, um a u f d e m L e b e n s w e g die Freiheit, die *zugleich* die Last der Wegwanderung ist, ertragen und gestalten zu lernen im Angesicht des Du.

Der jüdische Rabbi Jesus ermuntert den, der in seinem Sinne leben will, er solle täglich „*sein* Kreuz auf sich nehmen." Nun bildet aber der Mensch, wenn er sich hinstellt und die Arme ausbreitet, selbst ein Kreuz, das aufrecht ragt. Der Mensch hat sich vom Boden erhoben und sich aufgerichtet. Er ist zum „homo erectus" geworden, er schaut weit in den Horizont hinein und begibt sich auf seinen „Kreuz-Weg", in alle vier Himmelsrichtungen der Windrose, die wiederum in sich ein Kreuz bilden. Oft muss er an Wegkreuzungen schwierige Entscheidungen treffen: ob er geradeaus, nach links oder rechts oder gar zurück geht. Deshalb hat er viele Kreuze zu tragen: Wegkreuz, Holkreuz, Rundkreuz, schiefes Kreuz, gebrochenes Kreuz, gerades Kreuz, durchgedrücktes Kreuz; mit anderen Worten: Er nimmt sich selbst überall hin mit, er kann sich selbst nicht abschütteln in seiner ganz persönlichen Kreuzgestalt.

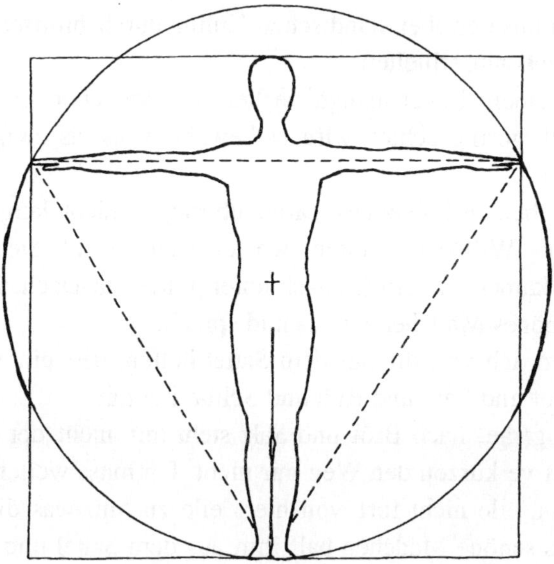

Abb. 24: Die physische Kreuzgestalt des Menschen
(aus Juchli 1990, 125)

In dem russischen Volksmärchen „Von den Verjüngungsäpfeln und vom Wasser des Lebens" werden die Zarensöhne ausgeschickt, um eben diese Kostbarkeiten zur Errettung des am Leben erkrankten Vaters zu holen. So lautet ihr Auftrag. Die Zarensöhne gelangen an eine Wegkreuzung.

„Da lag am Kreuzweg eine Steintafel, auf der geschrieben stand:
Nach rechts reiten - sich selbst retten, das Ross verlieren.
Nach links reiten - das Ross retten, sich selbst verlieren.
Geradeaus reiten - ein Weib freien!"

Aufgabe 85
Welchen Weg wären Sie geritten - und warum? Nach welchen Kriterien hätten Sie Ihre End-Scheidung getroffen?
Versuchen Sie, die *symbolische Bedeutung* dieser Wegkreuzung zu entschlüsseln: Um was geht es letztlich auf dem Lebensweg, auf dem „Kreuz-Weg", was muss zum Erreichen dieses Ziels eingesetzt und was muss 'geopfert' werden?

Vielleicht hilft Ihnen bei Ihren Überlegungen ein Weisheitsgedanke, den wir in unserer abendländischen Kultur durch biblische Überlieferung geschenkt erhielten:
„Wer an seinem Leben hängt, verliert es; wer aber sein Leben in dieser Welt gering achtet, wird es bewahren bis ins ewige Leben." (Joh 12, 25)
Die ersten beiden Söhne des Zaren überlegen nicht lange, sondern sagen sich: „Will dahin reiten, wo ich freien soll." Sie ritten und ritten und kamen „an ein Gemach unter goldenem Dach. Da trat ein wunderschönes Mädchen heraus und sprach:
'Zarensohn, ich will dir aus dem Sattel helfen, tritt ein zu mir. Du findest Brot und Salz und Ruh und Schlaf bei mir'.
'Nein, Jungfrau, nach Brot und Salz steht mir nicht der Sinn, Ruh und Schlaf verkürzen den Weg mir nicht. Ich muss weiterziehn.'
'Zarensohn, eile nicht fort von hier, eile zu tun, was dir lieb und wert.' Das schöne Mädchen half ihm aus dem Sattel und führte ihn in die Halle. Gab ihm zu essen, zu trinken und bettete ihn dann zur Ruhe. Fedor-Zarewitsch rückte zur Wand, da kippte das Mädchen das Bett um, und er stürzte hinunter in eine tiefe Grube..."
Auch dem zweiten Bruder ergeht es so.

Aufgabe 86
Versuchen Sie, die symbolische Botschaft des Märchens zu entschlüsseln? Was ist hier „schief" gegangen?

Schließlich macht sich der jüngste der Zarensöhne auf den Weg, der 'Dummling', der 'Träumer'. Auch er kommt zu der Wegkreuzung und überlegt:

„'Nach rechts reiten - das Ross verlieren.' Was soll ich wohl ohne Ross? 'Geradeaus - ein Weib freien.' Dazu hab ich mich doch nicht auf den Weg gemacht! 'Nach links reiten - das Ross retten...' Das scheint der rechte Weg für mich zu sein."
Es ist nicht schwer zu erraten, wem es bei allen Schwierigkeiten unterwegs gelingt, die Verjüngungsäpfel zu pflücken und vom Wasser des Lebens zu schöpfen.
Wer von uns möchte das nicht auch: Immer jung sein, immer lebendig sein!? Es gibt in der Tat alte Junge und junge Alte. Woran liegt das? Haben einige weniger 'Glück' als andere? Ist es die „Macht des Schicksals" (Oper von Verdi) oder die Willkür der Götter, den einen hervorzuheben oder den anderen fallen zu lassen? Wer kann das Geheimnis des Lebens ergründen?

Der jüdische Rabbi Jesus lehrte:„... wer sein Leben retten will, wird es verlieren... Was nützt es einem Menschen, wenn er die ganze Welt gewinnt, dabei aber sich selbst verliert, Schaden nimmt und sein Leben einbüßt? Um welchen Preis kann ein Mensch sein Leben zurückkaufen?" (Mk 8, Mt 16, Lk 9)

Ein anderer Weisheitslehrer, Khalil GIBRAN, schreibt dazu: „Und das Herz blutete mir; denn ihr könnt nur frei sein, wenn selbst der Wunsch, die Freiheit zu suchen, euch zum Zügel wird und wenn ihr aufhört, von Freiheit als Ziel und Erfüllung zu reden. Wirklich frei werdet ihr nicht sein, wenn eure Tage ohne Sorge sind und eure Nächte ohne jeden Wunsch und Kummer, sondern erst dann, wenn sie euer Leben umfassen und ihr euch dennoch nackt und ungebunden über sie erhebt... In Wahrheit ist das, was ihr Freiheit nennt, die stärkste der Ketten, wenn auch ihre Glieder in der Sonne glitzern und eure Augen blenden. Und was sind es anders als Teile eures eigenen Ichs, die ihr ablegen wollt, um frei zu werden?... Und wenn es eine Sorge ist, die ihr ablegen wollt, ist diese Sorge eher von euch gewählt als euch auferlegt. Und wenn es eine Angst ist, die ihr verjagen wollt, ist der Sitz dieser Furcht in eurem Herzen und nicht in der Hand des Gefürchteten. Wahrhaftig, all das umarmt sich ständig in euch, das Ersehnte und das Gefürchtete, das Abstoßende und das Geschätzte, das Erstrebte und das, dem ihr ausweichen wollt. All das bewegt sich paarweise in euch wie Licht und Schatten, die einander verhaftet sind. Und wenn der Schatten verblaßt und nicht mehr da ist, wird das Licht, das verweilt, zum Schatten eines anderen Lichts. Und so wird eure Freiheit, wenn sie ihre Fesseln ablegt, selber zur Fessel einer größeren Freiheit." (In: Der Prophet)

Die größere Freiheit gewinnt derjenige, der über sein Menschsein in seiner Gestalt, in Einheit und Ganzheit „Bescheid" weiß, in der Bescheidenheit des Wissens, dass er letztendlich „nichts weiß". (ARISTOTELES) Dennoch lehrt uns die Menschheitsgeschichte, ebenso wie die persönliche Erfahrung, dass der Mensch auf eine *personale Mitte* hin angelegt ist, auf das *Selbst,* das nach C.G. JUNG und den Vertretern der Humanistischen Psychologie als Ursprung aller Ziele angesehen werden kann, die sich der Mensch setzt: Die Selbstverwirklichung als 'Ein-Bildung', als 'Wesen' oder 'Personkern' dessen, was der Mensch werden soll, nach der griechischen Weisheit: „Werde, der du bist!" Die eigenen, noch ungeformten Möglichkeiten drängen auf Entfaltung und Entwicklung.

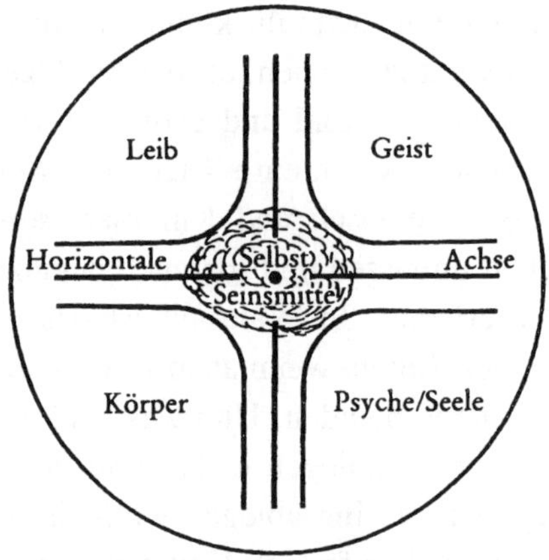

Abb. 25: Der Mensch in seiner Gestalt, Einheit und Ganzheit
(aus Juchli 1990, 129)

„Der Mensch bildet in seiner Gestalt eine Einheit, in der Leib, Seele und Geist nicht voneinander zu trennen, also unteilbar sind (lateinisch Individuum = das Unteilbare). Die Anwendung dieses Wortes auf den einzelnen Menschen hebt hervor, daß er als Ganzes, als spezifisches Einzelwesen und als Person, den vielen, dem Kollektiv gegenübersteht.“ (JUCHLI 1985, 129)

„Auf der *waagrechten Achse* - der Ich-Du-Achse der menschlichen Beziehungsmöglichkeiten - steht der Mensch als *Individuum* immer dem *Kollektiv* gegenüber. (...) Ausgerichtet auf den Gegenpol, das Du und das Kollektiv, ist der Mensch ein *Handelnder.* Hier treffen sich die personale und die soziale Komponente, geschieht Begegnung und ist Beziehung zu leben, in der der Mensch sich selbst wie den andern als Persönlichkeit zu akzeptieren hat... Auf dieser Ebene der Beziehungsfähigkeit - ausgestreckt zwischen Werden und Handeln - steht der Mensch in ständiger Wechselwirkung mit anderen, deren Gleichgewicht nur durch bewußte Steuerung aufrecht erhalten werden kann, durch Balance zwischen

- Abhängigkeit und Unabhängigkeit
- Rückzug und Aufeinander-Zugehen
- Abgrenzen und Sich-Öffnen
- Reagieren und Agieren.

Damit sind Qualitäten und Verhaltensweisen angesprochen, die in einem Beruf zu bewältigen sind, der seinem Wesen gemäß ein auf Beziehung ausgerichteter Beruf ist. Es ist aber auch angesprochen, wie sehr der Beruf *und* menschliche Werte zusammenfallen und wie sehr heilendes Berufsverhalten steht und fällt mit der Fähigkeit des einzelnen (oder der Berufsgruppe), diese Kontaktgrenze zwischen Individuum und Mitwelt in ihren Wechselwirkungen zu erkennen und sie durch verantwortliches Reagieren und Handeln zu steuern.“ (JUCHLI 1985, 132 f.)

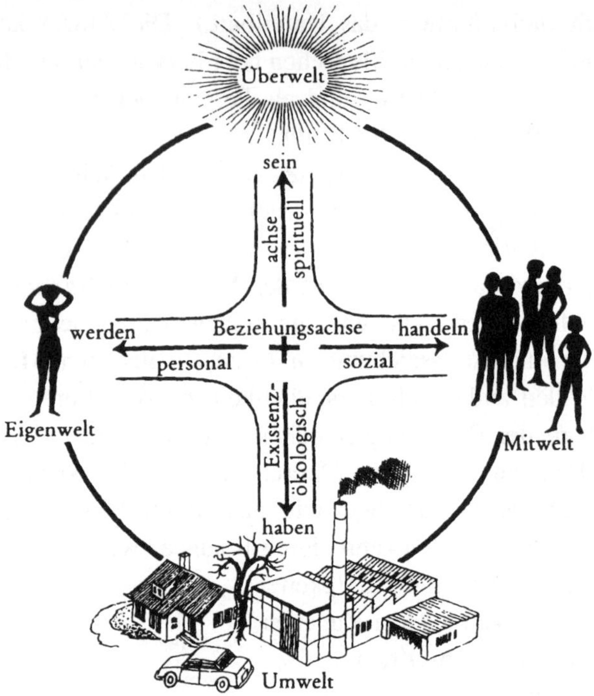

Abb. 26: Der Mensch in seinem Dasein, Sosein und Werdegang
(aus Juchli 1990, 133)

Die *senkrechte Achse* zeigt das Individuum in seinem Beziehungsfeld von unten (Natur, Umwelt) und oben (Kosmos, Gott) das es zu integrieren gilt.

Erich FROMM (1979) beschreibt in „Haben oder Sein“ die senkrechte Achse

a) als *Ungleichgewicht in Richtung nach unten,*
im Bereich des „Habens“, des Materiellen, das sich äußert in
- einseitigem Besitz- und Gewinnstreben, Konsumverhalten, Ausbeutung der Natur;
- Technisierung, Abwertung des Handelns vom ganzheitlichen Vollzug zum veräußerlichten Aktivismus;
- einseitige Orientierung nach außen und damit Verlust der seelisch-geistigen Werte.

b) als *Ungleichgewicht nach oben,*
das sich in der Existenzweise des „Seins" zeigt als
- Defizit durch Überbetonung des Habens;
- Realitätsentfremdung in einseitiger Geistigkeit, einer Scheinwelt, die keinen Boden unter den Füßen hat, die in Geringschätzung alles Materiellen den Bezug zur Ganzheit des Lebens verliert, z.B. in allen Flucht- und Aussteigertendenzen, die in Suchtproblemen wie Alkoholismus und Drogenwelle zutage treten.

„Die Beziehungen nach oben und nach unten, die die personale Ebene übersteigen (spirituell-ökologische Ebene), sind im Gleichgewicht, wenn die Wechselwirkungen zwischen
- natürlich-erdhaften und kosmisch geistigen,
- menschlich-irdischen und göttlich-überweltlichen,
- personalen und transpersonalen

Bezügen wahrgenommen und ausgleichend gestaltet werden." (JUCHLI 1985, 134)

Die Frage: „Erziehung wozu, wohin?" kann aus der Sicht dieser Menschenbilder und Weltanschauungen beantwortet werden als die Aufgabe, Kinder und Jugendliche auf ihrem Lebensweg zu begleiten und zu unterstützen auf der Suche nach der ihnen optimal möglichen freien Übernahme von persönlicher Verantwortung.
„Die Schwierigkeit bleibt immer, bei Jungen und Alten, daß derjenige, der sein eigner Herr sein will, sich auch selbst zu beherrschen wisse." (GOETHE an Zelter, 3. 11. 1802)
„Man ist in dem Maße zur Freiheit reif, als man zur Selbstkritik fähig ist." (Martin KESSEL, Gegengabe II)

Heilpädagogen, die sich zur „Erziehung unter erschwerenden Bedingungen" ausbilden wollen, müssen deshalb danach streben, *für sich selbst in Bindung und Freiheit angemessen zu leben.* Aus dieser persönlichen, *reflektierten* Erfahrung heraus werden sie in der Lage sein, das Maß zwischen „Halten" und „Zumuten" für die ihnen anvertrauten Kinder und Jugendlichen richtig einzuschätzen und sich als verlässlich zu erweisen; denn Kinder die *haltlos* sind, die Mangel leiden am Verlust der Eltern, an ausreichender körperlicher, seelischer und geistiger Versorgung, die eingeengt, misshandelt wurden oder Missbrauchserlebnisse verarbeiten müssen, brauchen zusätzlich viel mehr

Sicherheit

in ihrem Leben, weil sich andere die sogenannte „Freiheit" genommen haben, sich an ihnen zu vergreifen. Dadurch wurde den Kindern ihr Vertrauen, ihre innere Sicherheit zerstört, und sie wurden unfähig, tragfähige Bindungen ohne Furcht zu leben. Diese verlorene Sicherheit kann - wenn überhaupt - nur durch *tragfähige Beziehungen* (neu) gestiftet werden.
Erik H. ERIKSON nennt als *erste* Komponente einer gesunden Persönlichkeit „das Gefühl des *Ur-Vertrauens,* worunter ich eine auf die Erfahrungen des ersten Lebensjahres zurückgehende Einstellung zu sich selbst und zur Welt verstehen möchte. Mit »Vertrauen« meine ich das, was man im allgemeinen als ein Gefühl des Sich-Verlassen-Dürfens kennt, und zwar in bezug auf die Glaubwürdigkeit anderer wie die Zuverlässigkeit seiner selbst. Wenn ich davon als einer *Ur*-Erfahrung spreche, so meine ich damit, daß weder diese noch die später hinzutretenden Komponenten sonderlich bewußt sind... Das Ur-Vertrauen ist der Eckstein der gesunden Persönlichkeit... Beim Erwachsenen drückt sich die Verletzung des Ur-Vertrauens in einem Ur-Mißtrauen aus. Ein solcher Mensch zieht sich in einer bestimmten Weise in sich selbst zurück, wenn er mit sich selbst und anderen uneins ist." (ERIKSON 1977, 62 f.)

Für angehende Heilpädagoginnen und Heilpädagogen ist es nicht leicht, *eigene Sicherheit* für die heilpädagogische Arbeit zu gewinnen, die auf sie zukommt. Vieles ist neu und ungewohnt und steht zunächst im Widerspruch zu Ihren persönlichen Erfahrungen des eigenen Lebensweges,

- sei es durch Erziehungserfahrungen mit Ihren Eltern und engen Bezugspersonen in der eigenen Kindheit;

- sei es durch die von Ihnen internalisierten Werte und Normen der gesellschaftlichen Schicht der Sie angehören und durch die von Ihnen entwickelten religiösen, sozialen, politischen, gesellschaftlichen Ideen, Ideale und Wertvorstellungen;
- sei es durch Ihre Vorerfahrungen und erlernten erzieherischen und pflegerischen Haltungen im beruflichen Werdegang als Erzieherin oder Kinderkrankenschwester, Krankenpfleger, Logopädin, Ergotherapeutin oder aus einer anderen beruflichen Vorbildung;
- sei es durch Ihr im Studium neu erworbenes Wissen und durch teilweise bereits entwickelte neue Handlungskonzepte als Heilpädagogin;
- sei es durch Ihre Arbeit am mehr oder weniger bewussten Menschenbild und Weltverständnis. (vgl. das Kapitel: 1.3 „Beziehungsgestaltende Grundlagen“)

Gründliche theoretische Vorbildung, Reflexion des eigenes Erlebens (in Seminaren über die eigene Herkunftsfamilie, in berufsbezogener –>Selbsterfahrung und –>Supervision [HpE]), Einübung in Elemente und Entwickeln von Konzepten heilpädagogischen Handelns in studienintegrierenden Praktika oder Praxissemestern und in entsprechenden Übungsseminaren geben der Heilpädagogin die Sicherheit, Probleme, die in der heilpädagogischen Begleitung auftreten, meistern zu können.

Dazu gehört, dass die Heilpädagogin Bewusstsein darüber entwikkelt, welche Verhaltensweisen sie zeigen darf und wie sie in bestimmten Situationen handeln muss.

Heilpädagoginnen gewinnen *innere Sicherheit und Ruhe,* durch Selbstreflexion (Selbstwertgefühl, Selbstvertrauen) und Festigung der *beruflichen Rolle als Heilpädagogin* bzw. als *Heilpädagoge* (Selbstbild, Menschenbild, Weltbild, ethische Grundhaltung und Einübung entsprechenden Rollenverhaltens).

Dadurch ist die Heilpädagogin in der Lage, mögliche Aggressionen des Kindes und Frustrationen durch das Kind zu ertragen, ohne aus der Ruhe oder in Verlegenheit gebracht zu werden und sich zu affektiven Reaktionen hinreißen zu lassen. Heilpädagogen lernen,

stellvertretend unangenehme Äußerungen und Situationen zu ertragen, in angemessener Weise darauf zu antworten und persönlich zu verarbeiten, durch Anwendung von Hilfen zur eigenen Psychohygiene.
In diesem Zusammenhang kommt auch der *haltgebenden Funktion* der Heilpädagogin besondere Bedeutung für den Aufbau des „inneren Haltes" (MOOR 1974) beim Kind zu, um eine Integration von tiefem *Gefühlserleben* mit einem festen *Willen* zu erreichen.
Wenn das Kind die Erfahrung macht, dass es durch sein Verhalten in der Heilpädagogin Unsicherheit oder sogar Ängste bewirkt, kann sich in ihm das Gefühl entwickeln, doch nicht so uneingeschränkt „spielen" zu dürfen und angenommen zu sein. Es spürt die Unsicherheit der Heilpädagogin und ist daher *gezwungen,* sich immer wieder einer tragfähigen Sicherheit zu vergewissern.
Situationen und Verhaltensweisen des Kindes können sich daher zu einer Herausforderung der Heilpädagogin und zu einer Erprobung ihrer Stabilität verdichten, nach dem Motto:
„Ich will mal sehen, wer du wirklich bist!"

- Wie 'stark' bist du?
- Ob ich mich auf dich verlassen kann?
- Ob du tust, was du sagst, also verlässlich und vertrauenswürdig bist?
- Ob ich in der Auseinandersetzung mit dir wachsen, mich an dir reiben und festhalten kann?
- Ob du mich 'trägst', wenn ich schwach werde?
- Ob du „trotz allem" zu mir hältst?
- Ob du mich gut ausstattest für den Lebenskampf...

Ein mythisches Bild für das Ringen des Menschen mit den Herausforderungen und Anfeindungen des Lebens, für Schuldausgleich, Wachstum, Neubeginn und Wandlung im Angesicht und mit Hilfe eines starken Gegenüber, eines personalen und haltgebenden Du, ist die geheimnisvolle biblische Erzählung vom Gotteskampf. In Erwartung einer feindlichen Auseinandersetzung mit seinem Bruder

Esau kämpft Jakob, ein Stammvater Israels (der Name 'Israel' bedeutet ursprünglich „Gott möge sich stark [verlässlich] zeigen")

„mit einem Mann, bis die Morgenröte aufstieg. Als der Mann sah, dass er ihm nicht beikommen konnte, schlug er ihn aufs Hüftgelenk. Jakobs Hüftgelenk renkte sich aus, als er mit ihm rang. Der Mann sagte: Lass mich los; denn die Morgenröte ist aufgestiegen. Jakob aber entgegnete: Ich lasse dich nicht los, wenn du mich nicht segnest. Jener fragte: Wie heißt du? Jakob, antwortete er. Da sprach der Mann: Nicht mehr Jakob wird man dich nennen, sondern Israel (= volksethymologisch „Gottesstreiter: Er ist gegen Gott stark gewesen"); denn mit Gott und Menschen hast du gestritten und hast gewonnen. Nun fragte Jakob: Nenne mir doch deinen Namen! Jener entgegnete: Was fragst du mich nach meinem Namen? Dann segnete er ihn dort. Jakob gab dem Ort den Namen Penuël (Gottesgesicht) und sagte: Ich haben ihn von Angesicht zu Angesicht gesehen und bin doch mit dem Leben davongekommen." (Gen 32, 23-32).

Wir können uns fragen, ob es sich hier eher um einen äußeren Gegner oder vielmehr um einen inneren Gegner, den *Schatten* handelt, jene Anteile und Aspekte unserer Persönlichkeit, die nicht geliebt und gelebt werden und die das persönliche Unbewusste enthalten, eben die Schattenseite des bewussten Ich. Oftmals - wenn wir uns unbemerkt fühlen -, brechen sie durch und wir „leisten uns was", was wir uns für gewöhnlich nicht leisten würden... „Man muss ja mal Fünfe gerade sein lassen...", eine Aussage, die zeigt, dass die ungeliebten und deshalb ungelebten Schattenanteile nicht integriert sind und uns deshalb wie 'Steine im Magen' liegen, die uns drücken und von denen wir uns nur 'im Geheimen' entlasten dürfen, weil wir sie als etwas Fremdes, nicht zu uns Gehörendes, sogar Angst machendes erfahren.

Jakob, der mit Hilfe der Mutter seinen Bruder Esau um dessen Erbe und den Segen seines Vaters Jakob betrogen hatte, hat Angst, sich dem Bruder zu stellen, der ihm mit 400 Kriegern entgegenzieht. Er muss einen inneren Kampf ausfechten, ob er flüchten oder standhalten soll, denn er weiß, dass er Unrecht tat. Gegen die Macht seiner Schuldgefühle, seiner Ängste, seines Gewissens und in der Sor-

ge um das Überleben seiner Familie, seiner Diener und seiner Herden, unterwirft er sich schließlich *in Freiheit* seiner gewonnenen 'Ein-sicht' und gibt seine Schuld vor sich selber zu. Das ist eine der schwersten Leistungen, die ein Mensch vollbringen kann: Zu sich selber ehrlich sein, ohne sich etwas „in die Tasche zu lügen". So ehrlich und authentisch, d.h. für sich selber bürgend und glaubwürdig, geht Jakob am anderen Morgen, nach bestandenem *inneren* Kampf, *allein* seinem Bruder Esau entgegen und fällt ihm zu Füßen. Dieser erkennt sofort, wer ihm da gegenüber steht: Nicht mehr der von der Mutter gedeckte Heimtücker, sondern ein *wahrhaftiger* Mann. Esau, der mit einem großen Heer von Männern auszog, um sich sein Erbe gewaltsam zurückzuholen, gibt sich damit zufrieden: Er braucht keine Rache mehr zu nehmen. Er *erkennt* seinen Bruder und fühlt sich von ihm *anerkannt.* So können beide, jeder auf seine Art, ein neues, freies Leben beginnen und im inneren wie äußeren Frieden auseinander gehen.
C.G. JUNG beschreibt diesen Prozess der *Individuation,* der inneren Selbstwerdung, als lebenslangen Läuterungsprozess, entsprechend der Erkenntnis z.B. christlicher Offenbarung: „Ich bin der Weg" (Jesus v. N.) oder des Taoismus: „Das Tao ist zugleich Weg und Ziel" (Laotse) und ähnliche Erkenntnisse anderer großer Weltreligionen oder Weltanschauungen.

PS: Worauf können Sie sich in Ihrem Leben verlassen? Wo finden Sie Halt, wenn es einmal hart auf hart geht?

Solche Prüfungen und 'Tests' gehören im Umgang mit sich selbst und den anvertrauten Kindern und Jugendlichen unbedingt zur Beziehungsgestaltung, „zum Leben" hinzu und werden von der Heilpädagogin in angemessener 'Sprache', d.h. in angemessenen Formen der Auseinandersetzung, möglichst auf der Reflexions- und Symbolebene 'beantwortet'.
Dabei darf es nicht zu einem durch die Persönlichkeit der Heilpädagogin provozierten Machtkampf kommen. Solche unangemessenen Formen der Auseinandersetzung haben im Leben des Kindes

bereits zu schweren psychischen (und bei Misshandlungen auch physischen) Verletzungen geführt und stellen deshalb, vor allem in der Wiederholung, eine nicht wieder gut zu machende neue Belastung dar. In unangemessenen, d.h. unkontrollierten affektiven Formen der Auseinandersetzung ist bei der Heilpädagogin immer eine enge Verknüpfung mit realer situativer oder physischer Überforderung oder mit ungelösten psychischen Problemen der Heilpädagogin gegeben, im Sinne einer *Gegenübertragung,* die in der ->Supervision (HpE) reflektiert werden sollte.[1]

Auf dem Hintergrund eines heilpädagogischen Menschenbildes[2], das wir bereits im Kapitel 1.3 „Beziehungsgestaltende Grundlagen“ angesprochen haben, ist es eine *berufsethische Forderung,* sich die Frage nach der eigenen *->Autorität*[3] als Heilpädagogin und Heilpädagoge zu stellen, wenn man sich „Erziehung unter erschwerenden Bedingungen“ zutrauen will.
Sicher ist: Ohne persönliche Reife und *reflektierte persönliche und fachliche Autorität* der Heilpädagogin, des Heilpädagogen, ist eine heilpädagogische Begleitung im Rahmen der Heilpädagogischen Erziehungshilfe und Entwicklungsförderung (HpE) nicht möglich.

Damit Sie Ihre *persönliche* Autorität mit Ihrer *fachlichen* Autorität abstimmen und übereinstimmend hilfreich einsetzen können, müssen Sie sich durch gründliche theoretische Vorbildung in *Verhaltensweisen* und *Interventionstechniken* einüben. Nur dann sind Sie in der Lage, *verantwortlich* mit den Schwierigkeiten umzugehen, die mit den ungelösten Aufgaben (Problemen) in der heilpädagogischen Arbeit auf Sie zukommen, ohne den ihnen anvertrauten Kindern, deren Eltern oder sich selbst zu schaden.
Von *Ihrer persönlichen Sicherheit* hängt es ab, ob das Kind *überzeugt ist,* in Ihnen einen Menschen gefunden zu haben, dem es wirklich *vertrauen* kann und demgegenüber es *wirklich erlaubt ist,*

---

[1] Vgl. Sie hierzu bitte auch die folgenden Kapitel zu den Themen „Interpretieren“, „Deuten“, „Übertragung und Gegenübertragung“.
[2] Urs HAEBERLIN (1985): Das Menschenbild für die Heilpädagogik.
[3] Lesen Sie hierzu bitte den Artikel ->Autorität (HpE)

alle Gefühle zum Ausdruck bringen zu dürfen, ohne dafür verurteilt zu werden.
Wenn Sie unsicher sind, schaffen Sie eine unsichere Beziehung zwischen sich und dem Kind.

Kinder - vor allem psychosozial beeinträchtigte, geschädigte, behinderte Kinder - haben seismografische[1] Fähigkeiten zur Früherkennung von Erschütterungen und Unsicherheiten in ihrem Gegenüber und sie nutzen diese Kenntnis für ihre Ziele auf die Art und Weise aus, wie sie es entsprechend ihrer „konventionellen" Erziehung als Überlebensstrategie gelernt haben. Sie nehmen sehr genau die Gefühlshaltung der Heilpädagogin wahr und reagieren darauf.
Die *Unsicherheit* oder vielleicht sogar die *Ängstlichkeit* der Heilpädagogin zeigt den Kindern bzw. Jugendlichen, welche Reaktionen ihre Impulse im anderen Menschen hervorrufen. Dies muss ihnen den *Eindruck* vermitteln, dass ihre *Gefühle nicht akzeptiert sind,* die sie, zum Teil unbewusst hinter ihren Verhaltensweisen und Reaktionen verborgen, ausdrücken.
Wenn Kinder die *Erfahrung* machen, dass sie die Heilpädagogin durch ihr Verhalten *verunsichern können,* wird dies häufig zu einer *Herausforderung für die Heilpädagogin und zu einer Erprobung ihrer Stabilität* (ihres „inneren Haltes"). Dadurch kann die Heilpädagogin zum Verursacher und Auslöser eines *Machtkampfes* werden, der in den meisten Fällen eine unvertretbare Belastung für die heilpädagogische Beziehung darstellt.
Es ist daher notwendig, „Szenisches Verstehen" und „Fördernden Dialog" einzuüben und das *Wissen* und die *Methode* zu erlernen, *ohne Machtkampf* Veränderungen im Erleben und Verhalten des Kindes zu erreichen. Dies setzt jedoch die Bereitschaft der Heilpädagogin voraus, *die Gefühle* des Kindes *zu akzeptieren* und darauf zu achten, *dass sie keine eigenen Schwierigkeiten* in die heilpädagogische Situation einbringt.

[1] *Seismografen* sind feinfühlige Messgeräte, mit denen man Erschütterungen im Erdinnern zur Früherkennung von Erdbeben misst. Sie messen Richtung und Dauer von Erschütterungen.

Die folgenden Beispiele dienen zur praktischen Einübung in das Thema „Sicherheit geben“.

Aufgabe 87

Lesen Sie den folgenden Auszug aus einer heilpädagogischen Stunde und beachten Sie dabei die folgende Aufgabenstellung:

1. Schätzen Sie anhand der fünfstufigen Skala ein, wie *sicher* die Heilpädagogin in ihrem Verhalten ist:

1❑	2 ❑	3 ❑	4 ❑	5 ❑
unruhig, irritierbar, unsicher	überwiegend wie 1	gespannt, beherrscht	über-wiegend wie 5	ruhig, sicher, ausgeglichen

2. Begründen Sie Ihre Beurteilung

3. Wie hätten Sie sich
   a) an Stelle der Heilpädagogin;
   b) an Stelle des Kindes gefühlt?

4. Welche Auswirkung hat die Sicherheit (Unsicherheit) der Heilpädagogin auf den Prozessverlauf der heilpäd. Begleitung?

Junge, 12 Jahre

Kind: Gibt es denn hier im Heim auch solche . . . also die Haschisch nehmen oder sowas?

Hp.: Ist dir jetzt...

Kind: Also sozusagen, Heim... nicht nur eine Sache.

Hp.: Im Grunde hast du jetzt auch schon gehört, dass... Ich glaube, hier selber wohl nicht, aber wir beschäftigen uns auch damit... Weil wir keine Ärzte haben, - sowas muss unter ärztlicher Aufsicht... Aber hast du in der Schule auch schon gehört, was die Älteren so reden.

Kind: Also, in der Schule, die reden nicht so darüber, also, ist noch nicht so'n Gesprächsthema. Aber habe schon mal in einer Illustrierten so was gelesen. Bilder gesehen.

Hp.: Schon recht interessant, wenn man sieht, wie . . .

Kind: Die haben so ein ganz blasses Gesicht. Morphium, das ist ja auch ein ganz...

Hp.: ganz starkes Rauschgift.

Kind: Das Wort Morphium kenne ich erst seit gestern. Habe ich in einer Illustrierten gelesen, habe ich sonst noch gar nicht gewusst. Aber dann gibt's auch noch so'ne Zigarette, so'ne harmlose. Ich weiß nicht, wie die heißt.

Hp: Harmlos?... An sich wird Haschisch auch als harmlos bezeichnet.

Kind: Harmlos?

Hp: Harmloser als meinetwegen Morphium. Da gibt es so verschiedene Abstufungen. Aber das weiß man nur..., die damit zu tun haben, die wissen damit noch am besten Bescheid und die Ärzte.

Kind: Hab ich auch schon mal in Bildern gesehen, wie man so'ne Haschischzigarette dreht. So..., war so'ne Ausstellung in der Schule. Eine Klasse, da haben sie so allerlei gesammelt.

Hp.: Gesammelt. . . und auf den Bildern sieht man dann . . .

Kind: Erstmal ist da Papier, und da wickelt man das Hasch ein. Und dann macht man noch so'n Filtermundstück an, dann zusammenfalten.

Hp.: Aber an sich so ähnlich, wie 'ne Zigarette.

Kind: Ja, habe ich mir auch schon mal gedreht... eh (lacht), habe ich schon mal gesehen, verspreche mich immer so oft, habe ich schon mal gedreht.

Das folgende Lösungsbeispiel hilft Ihnen, Ihr Ergebnis zu überprüfen und gibt Ihnen Anregung, wie Sie die folgenden Aufgaben lösen sollen.

1. Die Heilpädagogin ist unruhig, irritierbar, unsicher.

2.1 Die Heilpädagogin weiß nicht, wie sie reagieren soll und stellt statt dessen Vermutungen über die Informationsquellen des Kindes an. („Aber du hast in der Schule auch schon gehört, was die Älteren so reden.“)

2.2 Sie ist durch das angeschnittene Thema verwirrt und versteht das Kind nicht richtig.

2.3 Sie bringt unvollständige Sätze und große Gedankensprünge („...weil wir keine Ärzte haben... sowas unter ärztlicher Aufsicht...“)

2.4 Sie vergisst ihre heilpädagogische Rolle, reflektiert die Gefühle des Kindes nicht, sondern gibt Informationen, wiederholt einzelne Satzteile oder vervollständigt Sätze des Kindes. („Ein ganz starkes Rauschgift.“)

2.5 Sie weist das Kind darauf hin, dass sie selbst kein kompetenter Gesprächspartner ist. („... das weiß man nur, ... die damit zu tun haben...“)

3. a) und b):

4.1 Der Dialog bleibt auf einer reinen Informationsebene, die Gefühle des Kindes bleiben verdeckt.

4.2 Er entwickelt sich teilweise zur Diskussion. („Harmlos?...“)

4.3 Das Kind reagiert schließlich selbst unsicher, denn es weiß scheinbar nicht, ob seine Gefühle von der Heilpädagogin akzeptiert werden. („Ja, habe ich mir auch schon mal gedreht, eh (lacht), ... usw.“)

Aufgabe 88

Lesen Sie den folgenden Auszug aus einer heilpädagogischen Stunde und beachten Sie dabei die folgende Aufgabenstellung:

1. Schätzen Sie anhand der fünfstufigen Skala ein, wie *sicher* die Heilpädagogin in ihrem Verhalten ist:

1❑	2❑	3❑	4❑	5❑
unruhig, irritierbar, unsicher	überwiegend wie 1	gespannt, beherrscht	über-wiegend wie 5	ruhig, sicher, aus-geglichen

2. Begründen Sie Ihre Beurteilung

3. Wie hätten Sie sich
   a) an Stelle der Heilpädagogin;
   b) an Stelle des Kindes gefühlt?

4. Welche Auswirkung hat die Sicherheit (Unsicherheit) der Heilpädagogin auf den Prozessverlauf der heilpäd. Begleitung?

<u>Mädchen, 8 Jahre</u>

Kind: Kommt hier denn immer 'ne Frau rein und guckt hier, ob das hier sauber ist?

Hp.: Du möchtest wissen, ob da jemand guckt, wenn du hier was vollschmierst?

Kind: Hmhm... Kommt denn 'ne Frau? Oder ein Mann?... Hoa, ist das drekkig geworden! (lacht, malt das Handtuch an)

Hp.: Du möchtest mal sehen, ob ich was sage, wenn du alles so vollschmierst.

Kind: Ja, sagen Sie dann was?

Hp.: Du weißt nicht, ob du das machen darfst hier.

Kind: Ne! ... Darf ich das denn, den ganzen Blödsinn hier, die Handtücher anmalen? (lacht) Ich lacke das ja auch an.

Hp.: Das macht dir Spaß, jetzt das Handtuch vollzumachen.

Kind: Ja, gucken Sie mal (lacht), hier malen wir mal braun an, und dann mal ich das Blau noch an (Geräusch von draußen).
Hab' ich ' mich erschrocken!... Wasser zu verkaufen... Ach, mach dich nicht wieder dreckig (lacht), oh, gucken Sie mal! Kommen Sie mal her.

Hp.: Hmhm, das macht dir Spaß.

Aufgabe 89

Lesen Sie den folgenden Auszug aus einer heilpädagogischen Stunde und beachten Sie dabei die folgende Aufgabenstellung:

1. Schätzen Sie anhand der fünfstufigen Skala ein, wie *sicher* die Heilpädagogin in ihrem Verhalten ist:

1❑	2❑	3❑	4❑	5❑
unruhig, irritierbar, unsicher	überwiegend wie 1	gespannt, beherrscht	über-wiegend wie 5	ruhig, sicher, aus-geglichen

2. Begründen Sie Ihre Beurteilung
3. Wie hätten Sie sich
   a) an Stelle der Heilpädagogin;
   b) an Stelle des Kindes gefühlt?
4. Welche Auswirkung hat die Sicherheit (Unsicherheit) der Heilpädagogin auf den Prozessverlauf der heilpäd. Begleitung?

Junge, 12 Jahre

Kind: Naja, Sie antworten also nicht immer

Hp.: Gebe eher wieder zurück, also die Frage

Kind: Ja, dann fragen Sie meistens was, also wenn ich frage.

Hp.: Das ist dir aufgefallen, dass das eben was anderes ist als sonst die Fragen, die man stellt.

Kind: Dann dauert das eben immer 'n bisschen länger, als Sie dann sprachen, weil ich das ja eigentlich gar nicht hören wollte, sondern eigentlich was anderes.

Hp.: Ne kurze Antwort haben .. .

Kind: Ja.

Hp.: Betraf gar nicht das, was du an sich wolltest. Bis jetzt hast du... Hast du früher noch nicht so recht sagen wollen, dass dir das zu langatmig vorkommt.

Kind.: Ne.

Hp.: Dir jetzt erst so eingefallen.
(Pause, dann beginnt das Kind ein neues Thema.)

Aufgabe 90

Lesen Sie den folgenden Auszug aus einer heilpädagogischen Stunde und beachten Sie dabei die folgende Aufgabenstellung:

1. Schätzen Sie anhand der fünfstufigen Skala ein, wie *sicher* die Heilpädagogin in ihrem Verhalten ist:

1❑	2❑	3❑	4❑	5❑
unruhig, irritierbar, unsicher	überwiegend wie 1	gespannt, beherrscht	über-wiegend wie 5	ruhig, sicher, aus-geglichen

2. Begründen Sie Ihre Beurteilung
3. Wie hätten Sie sich
   a) an Stelle der Heilpädagogin;
   b) an Stelle des Kindes gefühlt?
4. Welche Auswirkung hat die Sicherheit (Unsicherheit) der Heilpädagogin auf den Prozessverlauf der heilpäd. Begleitung?

<u>Mädchen, 6 Jahre</u>

Kind: ...So, jetzt kommen Sie mal dran!

Hp.: Ich soll jetzt spielen.

Kind: Ja.

Hp.: Was soll ich denn spielen? Ich kann aber gar nicht.

Kind: Macht doch nichts.

Hp.: Dann musst du mir aber sagen, was ich spielen soll.

Kind: Ne, irgendeine Geschichte, ich hab ja auch nicht gesagt, welche Geschichte...

Hp.: Du möchtest gern, dass ich eine Geschichte spiele.

Kind: Ja.

Hp.: Und du möchtest zugucken ... möchtest nicht ein bisschen weiterspielen?

Kind: Nein.

Hp.: Kannst das doch so schön.

Kind: Machen Sie doch jetzt mal, müssen Sie aufstehn!

Hp.: Ich muss aufstehn. Aber ich weiß nicht, ob ich spielen kann.

Kind: Macht doch nichts ... Irgendwas mit Kasperpuppen spielen.

Hp.: Irgendwas, dann musst du mir sagen, was.

Kind: Weiß doch nicht, was Sie spielen wollen.

Hp.: Das ist deine Stunde, das hab ich dir schon mal gesagt, und da kannst du spielen.

Kind: Ne!

Hp.: Du bist die Hauptperson. Ich soll hier nicht spielen.

Kind: Jetzt spielen Sie aber mal mit Kasperpuppen!

Hp.: Du möchtest gern, dass ich dir was vorspiele...

Kind: Ja.

Hp.: ...und du möchtest gern zusehen.

Kind: Ja. Möcht ich auch was anderes spielen, in Ehrlichkeit!

7.3 Einfühlende Distanz

Während ich dieses Kapitel beginne, fällt mein Blick auf das Bild in der Tageszeitung:

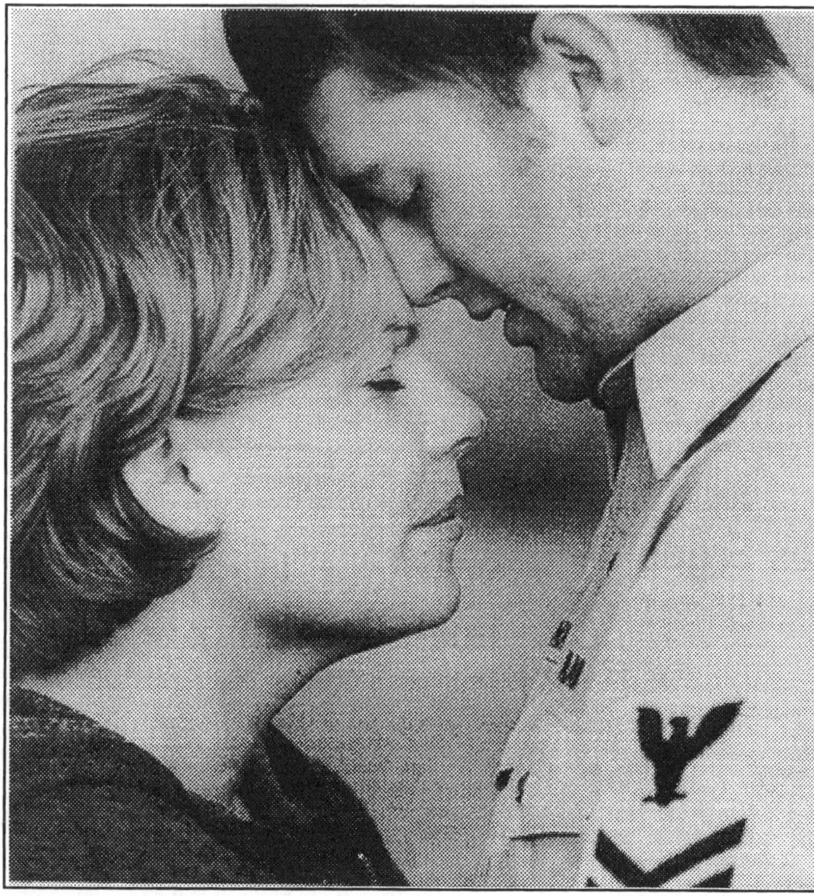

Abb. 27: Das Paar (Foto: dpa; Freitag 21. September 2001)

Aufgabe 91
Was fällt Ihnen spontan zu diesem Bild ein? Was *sehen* Sie?
Welche *Gedanken* und welche *Gefühle* bewegen Sie?
Welche *Absichten*, Impulse spüren Sie? Was möchten Sie *tun?*

Ich sehe zwei Menschen, die sich gegenüberstehen, links eine Frau, rechts ein Mann. Der Mann ist etwas größer als die Frau. Er trägt ein Hemd mit Emblemen darauf, es könnten ein Adler und darunter Winkelstreifen sein. Der Mann hat den Mund leicht geöffnet. Er hält die Augen geschlossen und neigt den Kopf. Seine Stirn und seine Nase berühren die Stirn der Frau. Die Frau hält die Augen geschlossen und den Kopf gerade.

Ich denke, dass die beiden Menschen sich nahe stehen und sich etwas mitzuteilen haben. *Ich vermute*, es handelt sich bei dem Mann um einen Soldaten, der eine Uniform trägt. Die Haltung und der Gesichtsausdruck der beiden *wirken auf mich* konzentriert, ernst.

Ich fühle Angst, Anspannung, Mitleid, Abwehr: So soll es für die beiden nicht sein!, so wollte ich es auch nicht für mich! Ich *wünschte,* sie würden sich lachend umarmen. *Ich fühle* mich hilflos und zugleich zornig. *Ich fühle,* wie mir warm wird. Ich *spüre,* wie ich mich konzentrieren muss, weiter zu schreiben. Gedanken und Gefühle, Impulse wirbeln durcheinander.

Ich will am liebsten aufhören, aufstehen, umhergehen, Spannung abbauen. Ich *spüre* den Drang, den Impuls, laut und deutlich „Nein!" zu sagen: *Ich will* nicht, dass diese beiden so bewegungslos und gelähmt zwischen Nähe und Distanz verharren.

Ich gieße mir eine Tasse Tee ein. *Ich schreibe* weiter... *Ich trinke* einen Schluck Tee. Er ist warm. Er beruhigt mich... *Ich atme* tief durch... *Ich blicke* aus dem Fenster: Es regnet... *Ich denke:* Der Himmel weint Tränen... *Ich wünsche* diesen beiden und Tausenden anderen, dass sie leben! *Ich entschließe mich,* das Bild in diesem Arbeitsbuch zu lassen. Es wird nicht herausgeschnitten. Es soll ein Zeichen sein.

Einfühlende Distanz - ist das nicht ein Widerspruch? Wenn ich mich einfühle, dann fühle ich doch mit - wie kann ich dann *geichzeitig* distanziert sein?

Ich weiß nicht, was Sie beim Betrachten des obigen Bildes *gesehen* haben, was Sie *gedacht, vermutet* haben, welche *Gefühle* Sie bewegten, welche *Impulse, Absichten* in Ihnen wach geworden sind, was Sie gern hätten *tun* wollen.
Die Szene auf dem Bild kann überall spielen; sie könnte vieles bedeuten. Alle Eindrücke und Annahmen die wir haben, Gefühle die uns bewegen, Impulse, Absichten die wir spüren und (Re-)aktionen bzw. Handlungen, die wir ausführen, können sehr unterschiedlich sein, je nachdem, in welcher Situation wir uns befinden, was unser Gedächtnisspeicher uns an Erfahrungen und Informationen liefert, wie der 'Hintergrund' des Bildes beschaffen ist.
Der Hintergrund *meiner* Bildbetrachtung war folgender Satz: „Abschied nehmen müssen in diesen Tagen Tausende amerikanischer Soldaten. Sie gehören zu jenen Truppen, die die USA in die Golf- und Mittelmeerregion verlegen... Ein Maschinist des Flugzeugträgers U.S.S. 'Theodore Roosewelt' verabschiedet sich von seiner Frau."
Wenn Sie bedenken, dass der Terroranschlag auf das World Trade Center in New York gerade zehn Tage alt ist, mit all den verheerenden Folgen, die wir mitsehen, mithören, mitfühlen und denen, die wir uns für die Zukunft nicht ausdenken können für die betroffenen Menschen überall auf der Welt, vielleicht auch für uns selbst, werden Sie nachvollziehen können, was *einfühlende Distanz* bedeutet: Nähe, Anteilnahme *und zugleich* innere Zurücknahme, Reflexion, Handlung.
Wenn Sie dieses Bild ohne 'Hintergrund' anschauen, wird es vielleicht auf Sie wirken wie ein in Hingabe tief versunkenes Paar. Wenn Sie dieses Bild mit 'Hintergrund' anschauen, werden Sie *wissen,* was bis dahin geschehen ist und dieser zukünftige und zugleich vergangene Kontext der Geschichte wird Ihre Gedanken, Gefühle, Absichten und Reaktionen bzw. Handlungen beeinflussen.
Die Herausforderung, sich den 'Menschenbildern' und den sie verkörpernden Personen zu stellen, ergeht an alle Menschen, wenn sie *konzentriertes Interesse* entwickelt haben, auch an jede Heilpädagogin, jeden Heilpädagogen in konkreten Situationen der heilpädagogi-

schen Begleitung auf dem Lebensweg beeinträchtigter und behinderter Menschen.

Aufgabe 92
Betrachten und beschreiben sie bitte folgendes Bild. Schildern Sie spontan Ihre Wahrnehmungen und tauschen Sie Ihre Eindrücke aus.

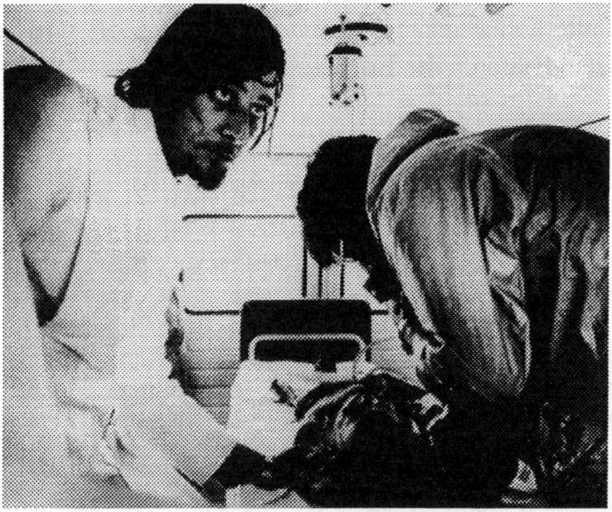

Abb. 28: Am Unfallort

Aufgabe 93
Lesen Sie nun den folgenden Absatz und machen Sie sich mit dem „Bewusstheitsrad" vertraut.

Bei der Betrachtung eines Bildes - in der heilpädagogischen Praxissituation ist es die *Szene* die sich vor Ihren Augen abspielt - können Sie versuchen, auf der Metaebene
„eine erhöhte *Bewusstheit* zu erreichen, um die 'Über-Sicht' über das Geschehen und ihr persönlich-berufliches Handeln zu gewinnen. Bewusstheit in diesem Sinne meint nicht nur 'Bewusstsein' als geordnetes Denken und willentliches Handeln, sondern auch das *Bewusstwerden* von Sinneswahrnehmungen (auch Körperempfindungen) jegli-

cher Art; von unterschwelligen Eindrücken und Annahmen (auch Vorurteilen); von Gefühlen (Affekten) und Absichten (Antriebe, Impulse, Bedürfnisse, Wünsche, Willensstrebungen). Durch diesen Bewusstwerdungsprozess erreicht die Heilpädagogin eine erhöhte Selbst- und Fremdwahrnehmung, um so zu einer im wahrsten Sinne des Wortes 'selbstbewussten', d.h. sowohl fachlich angemessenen wie auch personal verstehenden Haltung und daraus zum Handeln zu gelangen, unter Einbeziehung der oben genannten oft nur vor- oder unbewussten Faktoren des Erlebens und Verhaltens.

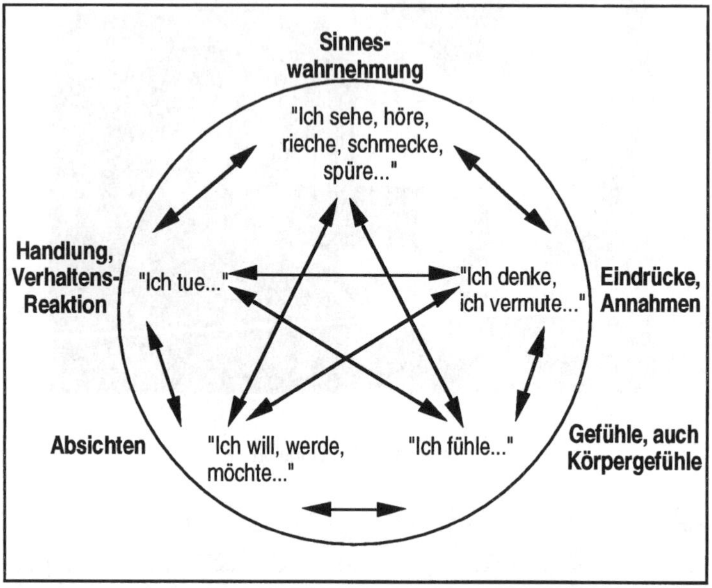

Abb. 29: „Bewusstheitsrad"
(nach: MCCP [Minnesota Couples Communications-Program])
(aus: Köhn 2001, 503)

Ziel der Übungen mit dem Bewusstheitsrad ist es,
- Selbstbewusstheit zu verbessern;
- Selbstinformation kompetent auszudrücken;
- Selbstverantwortung zu übernehmen, an Stelle von Überverantwortlichkeit oder Unterverantwortlichkeit." (KÖHN 2001, 502 f.)

Unkontrolliert kann es für unser Handeln dadurch zu Kurzschlussreaktionen kommen, dass ich etwas rieche, z.B. Rauch und diese Sinneswahrnehmung auf direktem Weg meine Verhaltensreaktion auslöst: Ich renne, um einen Eimer Wasser zu holen. Die *Eindrücke,* die *Gefühle,* die *Absichten* sind ausgeblendet, ich bin dem Reiz ⇔ Reaktions-Schema ausgeliefert.
Dies geschieht fast immer im *Affekt,* einem intensiven, relativ kurz andauernden, nicht genauer beschriebenen Gefühl. Ich nehme mir keine Zeit, die Wahrnehmung genauer zu prüfen, den Eindruck gedanklich bewusst zu registrieren, meine Gefühle (z.B. Angst, Panik) zu spüren, meine Absichten zu klären und daraufhin sinnvoll zu handeln. Meine Bewusstheit ist aufgrund der Sinneswahrnehmung eingetrübt, ich 're-agiere', anstatt zu handeln.
Ebenso kann es sein, dass ich etwas *denke:* „Ich muss noch..." und sogleich *reagiere,* ohne z.B. die Gefühlsempfindung der eigenen Müdigkeit und Unkonzentriertheit zu bemerken und mir zu sagen, was ich augenblicklich *wirklich* will, nämlich eine Pause einlegen, um Kraft zu schöpfen. Statt dessen tue ich etwas, bin aber nicht „bei Sinnen", d.h. teils auf Abwehr der Aufgabe im Sinne von Entlastung, Erholung eingestellt, teils gedrängt von Ehrgeiz oder Pflichtgefühl. Meistens fühlen wir uns in einer solchen Situation sehr unwohl und gestresst. Oft geben wir dann anderen die Schuld für unseren Zustand: „Wenn der Chef nicht so uneinsichtig wäre..."; „Wenn mir nicht immer alle die ganze Arbeit überließen..." usw. Der Grund für unsere Unzufriedenheit ist, dass wir uns nicht *entschieden* haben, was wir *wirklich* wollen, weil wir unsere Möglichkeiten, *bewusster zu leben,* nicht ausschöpfen.

Aus dieser inneren Zerrissenheit heraus geschieht oft das, was wir als „menschliches Versagen" beschreiben: In Bruchteilen von Sekunden passiert etwas, durch das ein Unglück heraufbeschworen wird oder eine Reaktion erfolgt, die wir später bereuen, aber nicht wieder ungeschehen machen können. Der Grund dafür ist die Durchschlagskraft bestimmter Impulse, auf die wir, weil wir „keine Zeit" haben, reagieren, statt sie mittels Verstand und Gefühl bewusst wahrzunehmen und dann zu *reflektieren.* Wir sind also herausgefordert,

„besser auf uns zu hören“, wie es umgangssprachlich heißt, also *selbstbewusster* zu leben.

Ein in Meditation erfahrener Mann wurde einmal gefragt, warum er trotz seiner vielen Beschäftigungen immer so gesammelt sein könne. Er sagte:

„Wenn ich stehe, dann stehe ich
wenn ich gehe, dann gehe ich
wenn ich sitze, dann sitze ich
wenn ich esse, dann esse ich
wenn ich spreche, dann spreche ich...
Da fielen ihm die Fragesteller ins Wort und sagten:
Das tun wir auch, aber was machst du noch darüber hinaus?
Er sagte wiederum:
Wenn ich stehe, dann stehe ich
wenn ich gehe, dann gehe ich
wenn ich sitze, dann sitze ich
wenn ich esse, dann esse ich
wenn ich spreche, dann spreche ich...
Wieder sagten die Leute:
Das tun wir doch auch.
Er aber sagte zu ihnen: Nein,
wenn ihr sitzt, dann steht ihr schon
wenn ihr steht, dann lauft ihr schon
wenn ihr lauft, dann seid ihr schon am Ziel...“
(Ein Zen-Mönch)

Aufgabe 94
Betrachten und beschreiben Sie nun das folgende Bild nach den 5 Stufen des Bewusstheitsrades:
1 Sinneswahrnehmung,
2 Eindrücke/Annahmen,
3 Gefühle/Körpergefühle,
4 Absichten, Willensentscheidung
5 Reaktion/Handlung.

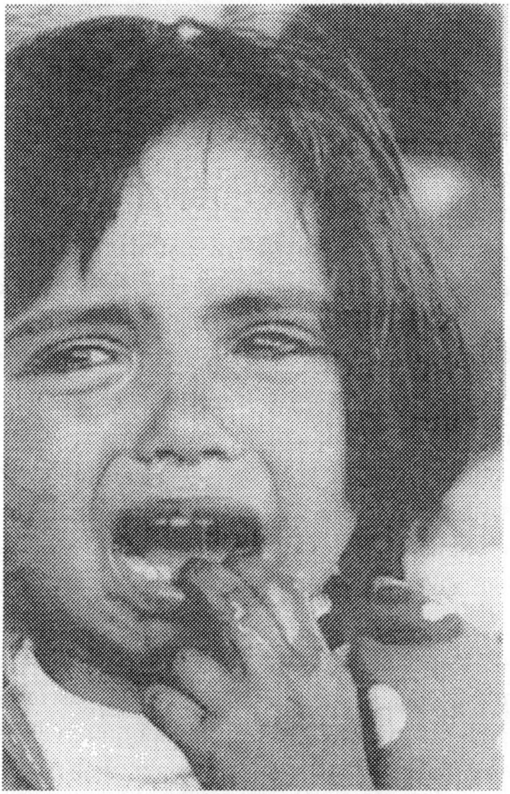

Abb. 30: Weinendes Mädchen

Aufgabe 95
Welche Unterschiede haben Sie in Ihrer Vorgehensweise und im Ergebnis der Bildbetrachtung und -beschreibung im Vergleich zu der vorherigen spontanen Bildbetrachtung bemerkt? Welche Gründe mag das haben?

„Einfühlende Distanz“ beruht auf der Fähigkeit zur *Identifikation,* der Gleichsetzung oder Verschmelzung, durch die ein neuer seelischer Inhalt produziert wird. Was die Menschen auf den Bildern bewegt, wissen wir nicht, es ist für uns ein völlig fremder Sachverhalt.

Dennoch können wir uns mittels Identifikation einfühlen, d.h. nachvollziehend verstehen. Wir sagen dann etwa: „Wenn ich mir vorstelle, ich wäre an deiner Stelle oder an Stelle des weinenden Mädchens, dann würde ich so und so wahrnehmen, denken, fühlen, wollen, tun. Wir verschmelzen also das Bild vom Du, das uns vor Augen steht und verbinden es mit eigenen Daten unseres Erlebens. So versuchen wir eine Annäherung, einen Nachvollzug. Auf diese Weise schaffen wir jedoch ein ganz *eigenes, neues Erleben,* das letztendlich
a) unterschieden ist von unserem vorherigen Erleben und
b) vom Bild, das uns vor Augen steht und
c) von dem Erleben des Du.
Wir meinen zwar, wir hätten im bildhaften Nachvollzug unser Gegenüber verstanden, in Wirklichkeit sind wir aber von der fremden Realität weit entfernt. Wir spüren das häufig dann, wenn wir jemand Bekanntem etwas erzählen und er antwortet: „Genau so ging mir das auch, als ich neulich..." Oft fühlen wir uns durch diese Reaktion missverstanden, manchmal sogar nicht ernst genommen oder überrannt.

Ein noch stärkerer psychischer Mechanismus ist die *Introjektion,* der Grundvorgang der Identifikation, d.h. das *unbewusste Aufnehmen* von Material aus der Umwelt ins Ich in *unveränderter* Form. Der Mensch *verinnerlicht* ein äußeres Objekt, wobei die Assimilation (Verähnlichung, Verschmelzung) unterbleibt. Während wir bei der Identifikation sagen könnten: „Ich will sein *wie* du" (z.B. bei der Identifikation mit einem Vorbild), würden wir die Introjektion beschreiben können mit dem Satz: „Ich *bin* du." Der Mensch ersetzt auf diese Weise seine eigenen Bedürfnisse durch die Bedürfnisse anderer, z.B. in Form von moralischen Regeln, Verhaltensweisen usw., indem er diese introjizierten Objekte (Introjekte) in das eigene Ich übernimmt. Im positiven Sinne introjiziert das kleine Kind seine mütterliche Bezugsperson: „Ich + Mutter = Einheit; Ich + Mutter + Welt *sind* eins." Ohne eine solche Symbiose, ein direktes Zusammenleben von Mutter und Kind, würden beim Säugling schwere Deprivationserscheinungen auftreten, wie Kontaktarmut, verzögertes Laufen- und Sprechenlernen und andere. Auch im psychischen Krankheitsfalle wird der Vorgang der Introjektion besonders deutlich, wenn sich jemand z.B. für Napoleon hält. Der betreffende Mensch weiß aber nicht, dass er sich nur dafür hält, sondern er fühlt und hat die innere Gewissheit, dass er Napoleon *ist.*

Wenn wir uns identifizieren, unterliegen wir zugleich der Gefahr der *Projektion.* Ähnlich einem Diaprojektor strahlen wir das in uns entstandene Bild des Du, sozusagen das von uns fotografierte Diapositiv des anderen Menschen, auf die vor uns befindliche Fläche, d.h. auf eine Situation oder ihn selbst zurück. Das kann - wie in den obigen Beispielen - das Bild des Paares, des Sanitäters oder des Kindes sein, so wie wir diese Bilder jeweils in uns aufgenommen und für uns selbst 'beschrieben' haben. Das kann im Alltag auch die Projektion des Bildes einer realen Person sein, die uns gegenüber steht. Ähnlich wie bei der Diaprojektion sehen wir nun nicht mehr die Wandfläche (Situation) oder die reale Person als solche, sondern nur noch das nach außen auf die Wand oder die Person projizierte Dia: *unser Bild* über die Situation oder Person. Wir 'sehen' also nicht das Du, wie es wirklich ist, sondern wir 'sehen' uns selbst leicht verändert *im projizierten Bild* des anderen Menschen. Wir bezeichnen diesen Vorgang als *projektive Introjektion* bzw. *projektive Identifikation.*

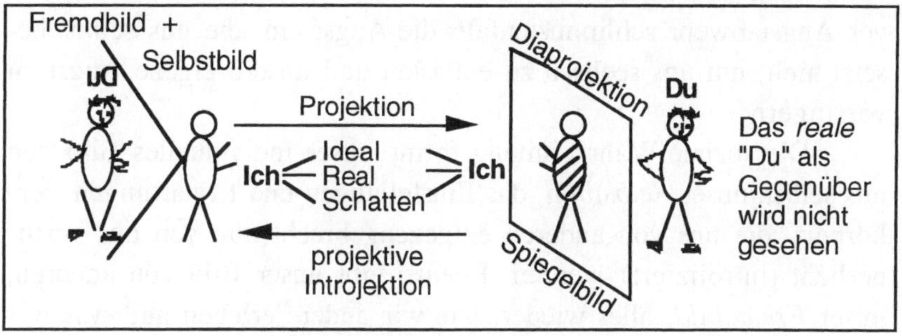

Abb. 31: Projektion und Introjektion

Wenn wir nicht aus Erfahrung wüssten, dass ein projiziertes schönes Urlaubsdia mit Sonnenschein und Palmen am Strand Vergangenheit wäre, würden wir womöglich darauf zulaufen in der Erwartung, uns gleich mit einem Kopfsprung in die Wellen zu werfen. Es gäbe ein böses Erwachen: Wir liefen im wahrsten Sinn des Wortes „vor die Wand" oder würden mit der uns gegenüber stehenden Person 'zusammenprallen'. Der daraus entstehende Konflikt wäre vorprogrammiert...

Projektionen geschehen ständig. Sie sind ein Abwehrmechanismus des Ich, mit dem wir uns vor unliebsamen oder überwältigenden Gefühlseindrücken schützen. Sie können dies an meiner Bildbeschreibung über das Abschied nehmende Paar oben erkennen, als aufgrund der Gefühlsempfindungen der Drang zu Bewegung und Ausdruck zunimmt, es wächst der Impuls „Nein!" zu sagen und damit die erlebte Realität wegzudrücken, abzulehnen, zu verneinen, manchmal sogar zu verharmlosen oder zu verleugnen. Die *unbewusste* Projektion, also die Verlagerung von Triebimpulsen, eigenen Fehlern, Wünschen, Schuldgefühlen und anderen Gefühlen wie Trauer, Entsetzen, Hilflosigkeit, Minderwertigkeit, Macht- oder Ohnmachtsgefühlen usw. auf andere Gegenstände, Situationen oder Personen hilft in der Regel, die implizit erlebte Angst zu verringern. Das kann auch kollektiv geschehen, wie wir es im Fremdenhass erleben: Der, die, das Fremde macht uns Angst, es könnte uns etwas geschehen, wir könnten angegriffen werden und Schaden erleiden. Also meiden wir den Kontakt mit Fremden oder jagen ihnen in aggressiver Angstabwehr schlimmstenfalls die Angst ein, die uns selber besetzt hielt, um uns seelisch zu entlasten und unsere eigene Angst zu verringern.

Die soziale Wahrnehmung formt unser individuelles Bild von uns selbst, unser *Selbstbild*, das Einstellungen und Erwartungen verkörpert, die uns von anderen entgegengebracht und von uns verinnerlicht (introjiziert) werden. Ebenso gibt unser Bild von anderen, unser *Fremdbild,* alles wieder, wie wir andere erleben und was wir von der Umwelt erwarten. Das Bild, das wir vom anderen zeichnen, ist zu oft eher ein Bild von uns selbst, das aufgrund unserer *Einstellungen* und *Beurteilungen* entstanden ist. Das ist auch notwendig, denn für die alltägliche Handlungsorientierung und für zwischenmenschliche Interaktionen benötigen wir ein Bild vom anderen: Wir müssen wissen, welche Motive sein Verhalten begründen und mit

dem 'inneren Auge' die von ihm beabsichtigten Schritte 'voraussehen', um unser Verhalten 'richtig einstellen' und uns 'richtig verhalten' zu können. Wir verleihen auf diese Weise unseren Interaktionen ein gewisses Maß an Beständigkeit und damit Verlässlichkeit und brauchen uns nicht ständig neu auf unser Gegenüber einzustellen (Selektion).
Vermutungen darüber, wie der andere uns wahrnimmt, welchen Eindruck er von uns haben könnte, steuern zusätzlich unsere Verhaltensweisen ihm gegenüber. Aber schon meine Anwesenheit kann Eigenheiten des anderen, die ich beobachten und beurteilen will, verändern. Unser Bild vom jeweiligen Interaktionspartner ist ausschlaggebend dafür, worauf man ihn oder die Situation einschätzt. Eigener Handlungsspielraum und Wahrnehmungsmöglichkeiten in Bezug auf andere Personen werden so beschränkt: „*Ich* täusche *mich* im anderen" - und meine doch allzu oft, der andere habe mich getäuscht.
Um Enttäuschungen dieser Art zu entgehen, entsteht der Wunsch „Menschenkenntnis" zu besitzen, andere 'durchschauen' zu können. Daraus erwächst eine implizite Persönlichkeitstheorie, die wir 'besitzen', die uns aber unbewusst auch 'besetzt' hält und dadurch neue Wahrnehmungen und Erfahrungen behindert. Vielfach wird dem Menschen heute suggeriert, man brauche nur das Wissen eines Experten (Psychologen), und schon könne man mit bloßem Auge hinter die verborgenen Fähigkeiten und geheimen Wünsche der Menschen gelangen, ihr Verhalten vorhersagen und schließlich mühelos beeinflussen. Diese häufig anzutreffenden Wunsch-Vorstellungen verhindern aber gerade ein wechselseitiges *Verstehen,* wie es für tiefergehende Kommunikation und Interaktion Voraussetzung ist. Je oberflächlicher unsere Interaktionen und Wahrnehmungen, desto mehr werden sie *Vorurteilen* oder *situativen, emotionalen Einflüssen* unterliegen und eine zutreffende Beurteilung verhindern. Unser Bild vom anderen verengt, sowohl in der partnerschaftlichen wie in der heilpädagogischen Interaktion, den Wahrnehmungs- und Verhaltensspielraum. Es beschränkt so auch den „Spiel-Raum" der wahrgenommenen oder beobachteten Person des Kindes, Jugendlichen oder

deren Eltern und Erzieherinnen, über die wir uns vorschnell 'Meinungen' bilden (Attributierung, Etikettierung).

Ausdrucksmerkmale als Quellen der Eindrucksbildung sind:
- *Äußere Erscheinung:* Wer weint, wirkt betrübt oder zornig. - Brillenträger gelten als intelligenter und fleißig. - Bestimmte Kleidung 'kündet' uns von politischer Einstellung und Berufszugehörigkeit. - Frauen mit leicht geöffnetem Mund und vollen Lippen erwecken den Eindruck von Sinnlichkeit und Leidenschaft. - Intelligenz lässt sich nicht sehen (nicht einmal messen!), dennoch glauben wir, sie jemand ansehen zu können:
- *Physiologische Merkmale:* Erröten oder Erblassen kann zwar im Augenblick auftreten, aber Folge einer plötzlich auftauchenden Erinnerung ohne Bezug zum Hier und Jetzt sein.
- *Mimik:* Blickrichtung, Blickbewegung, Stirnfalten, Lidspalte, Augenkontakte dienen uns - mehr oder weniger bewusst - zur Fremdbeurteilung.
- *Gestik/Motorik:* Geschwindigkeit, Bewegungsumfang, Antriebsstärke, Gespanntheit, Rhythmus, Gang, Bewegungsrichtung, Sitzhaltung werden zur Eindrucksbildung herangezogen. (Aber jemand, der ein 'krummes Kreuz hat' muss nicht ebenfalls ein 'krummer Hund' sein; vielleicht hat er nur einen Bandscheibenvorfall...)
- *Stimme, Sprechweise:* Tonhöhe, Tempo, Lautheit, Akzentuierung...
- *Sprachstil:* Satz- und Wortlänge, Nebensätze, Adjektive, Verben (elaborierter Code)...
- *Handschrift:* Höhe, Breite, Tiefe, Fläche...
- *Künstlerische Produkte...* (PREISER 1979, 5 f.)

So sehr wir auch „glauben“ möchten, dass ein Mitmensch bei Kenntnis von Körper- oder Gesichtssignalen, der non- und paraverbalen Zeichen (Feedback) für uns „offen wie ein Buch“ sei, müssen wir festhalten, dass keine dieser „Mitteilungen“ oder Verhaltensweisen immer das Gleiche bedeutet, dass sie *mehrdeutig* sind und wir sie daher immer wieder neu und situativ rückversichernd entschlüsseln müssen (Dekodierung). Sie stellen winzige Ausschnitte aus dem Verhaltensrepertoire des anderen dar, ähnlich wie ein Zitat, das aus dem Textzusammenhang herausgerissen, oftmals das Gegenteil von dem zu bedeuten scheint, was es wirklich aussagt.

Nur durch *Reflexion,* d.h. mittels „Sich-Zurückwenden" des Denkens auf sich und seine Gefühle und Impulse können wir bewirken, eine erhöhte *Selbst-Bewusstheit* zu erlangen, d.h. eine wachsende Selbstwahrnehmung und in der Folge wachsende *Selbsterkenntnis* zu gewinnen. Dazu gehört immer auch die Überwindung der inneren Ängste. Dadurch wird der Mensch frei, er entwickelt die Tendenz des Sich-Innewerdens, er gelangt zu größerer Selbsterkenntnis und damit auch zu toleranterem Sehen und 'Behandeln' des Mitmenschen. In der biblischen Weisheit - also von Alters her - wird diese Art der Reflexion als Herausforderung zur Selbstprüfung, damit zum Erlangen der Selbst- und Fremdenliebe und zur Überwindung des Hasses gesehen:

„Warum siehst du den Splitter im Auge deines Bruders, aber den Balken in deinem Auge bemerkst du nicht? Wie kannst du zu deinem Bruder sagen: Lass mich den Splitter aus deinem Auge herausziehen! - und dabei steckt in deinem Auge ein Balken? Du Heuchler! Zieh zuerst den Balken aus deinem Auge; dann kannst du versuchen, den Splitter aus dem Auge deines Bruders herauszuziehen." (Lk 6, 41 f.)

Psychologisch gesehen bedeutet die *Rücknahme der Projektion* einen ungeheuren menschlichen Fortschritt. C.G. JUNG sieht dies als einen Fortschritt auf dem Weg der *Individuation,* der Selbstwerdung. Gleichzeitig beschreibt er die Schwierigkeiten, die auf diesem Weg der Selbsterkenntnis zu bewältigen sind:

„Man möchte gewiß bessere Beziehungen zu den Mitmenschen, aber natürlich unter der Bedingung, daß diese unseren Erwartungen entsprechen, d.h. daß sie willige Träger unserer Projektionen sind. Wenn man sich diese Projektionen aber bewusst macht, so tritt dadurch leicht eine Erschwerung der Beziehung zum anderen Menschen ein, denn die Illusionsbrücke fehlt, über die Liebe und Haß befriedigend abströmen können, über die auch alle jene angeblichen

Tugenden, welche andere »heben« und »bessern« wollen, (Helfersyndrom; Anm. W.K.) so leicht und befriedigend an den Mann zu bringen sind. Als Folge dieser Erschwerung ergibt sich eine Aufstauung der Libido (Lebensenergie; Anm. W. K.), wodurch die ungünstigen Projektionen bewußt werden. Es tritt dann die Aufgabe an das Subjekt heran, alle jene Gemeinheit bzw. Teufelei, die man ungescheut dem anderen zutraut und worüber man sich ein Leben lang entrüstet hat, auf eigene Rechnung zu übernehmen. Das Irritierende an dieser Prozedur ist die Überzeugung einerseits, daß, wenn alle Menschen so handelten, das Leben wesentlich erträglicher würde, andererseits die Empfindung heftigsten Widerstandes dagegen, dieses Prinzip bei sich selber anzuwenden - und zwar im Ernst. Wenn es der andere täte - man könnte sich nichts besseres wünschen; wenn man es aber selber tun sollte, so findet man es unerträglich." (GW 8, § 517, S. 300)

Um aber einen wirklichen 'Aufschluss', d.h. einen Zugang, einen 'Schlüssel' zu sich selbst zu erlangen, muss man das Projizierte *reintegrieren,* denn nur so gelangt man zur Unterscheidung von Eigenem und Fremden und kann dementsprechend verantwortlich handeln. C.G. JUNG schlägt vor, sich den Vorgang der *projektiven Identifikation* in fünf Phasen bewusst zu machen:

1. Ich bin überzeugt, dass meine Wahrnehmung im oder am Anderen zutreffend ist.
2. Langsam dämmert mir die Erkenntnis einer Unterscheidung zwischen dem Anderen, wie er oder sie „wirklich" ist - im Unterschied zu meinem projizierten Bild. (Dieses heraufdämmernde Wissen kann durch Träume oder andere Ereignisse, z.B. Selbsterfahrung oder Supervision, erleichtert werden).
3. Ich sehe mich in der Lage, die (als positiv oder negativ empfundene) Diskrepanz unvoreingenommen neu wahrzunehmen, anzunehmen und zu bewerten bzw. zu beurteilen.
4. Ich kann erkennen und daraus folgern, dass das zuerst Erlebte irrig oder illusorisch war.
5. Ich kann mich bewusst und gezielt auf die Suche nach den Quellen und dem Ursprung der Projektion machen: Was bewegt mich, was

erinnere ich, was träume ich im Zusammenhang mit der Projektion (oder häufig wiederkehrenden Projektionen) aus meinem Leben? Was 'stört' mich am anderen Menschen, so dass ich vermuten müsste, genau diese Anteile in mir selber wiederzufinden?

Sie können den fünften Schritt auf Ihrem persönlichen Werde-Gang dadurch vertiefen, dass Sie sich Einfälle in Ihrem Tagebuch notieren, Träume auf einem Notizblock nachts in Stichworten kurz aufschreiben, um sie nicht zu vergessen oder in Mußestunden versuchen, Ihre Gefühle zu malen, wie immer Sie können. Es kommt dabei nicht auf künstlerische Gestaltung an sondern darauf, dass Sie dem oft 'Ungreifbaren' oder 'Unsagbaren' einen *Ausdruck,* eine *Gestalt* verleihen, um sich in der Anschauung dieser Bilder oder Notizen vor Vergessen, Verdrängen - kurz: vor dem Selbstbetrug zu schützen, den Ihr Abwehrsystem unbewusst in Gang setzt.
Das ist eine schwierige, aber auf Dauer äußerst fruchtbare und befreiende Arbeit auf dem Weg, „zu werden, der oder die man *wirklich* ist". Ich denke, eine solche Arbeit ist zugleich die beste Voraussetzung, im wirklichen Sinn des Wortes *lieben* zu lernen, nach dem Lehrsatz: „Liebe deinen Nächsten, wie dich selbst!"
Niemand kann den Nächsten lieben wie er ist, wenn er sich selber nicht mehr und mehr kennen und lieben lernt, so, wie er *wirklich* ist, denn sonst er sieht im anderen immer nur die Projektion seines Schattens: seiner eigenen Wünsche, Vorstellungen, Auf- oder Abwertungen. Wer sich aber selbst nicht leiden kann, wie sollte der einen anderen *wirklich* mögen können? Er muss ihn ständig darum beneiden, dass jener etwas hat, was er selber nicht besitzt. Und er würde an ihm oder ihr nur das lieben, was ihm selber fehlt, nicht aber das Du als Person. Das macht das Leben des Einzelnen wie der Gemeinschaft unfruchtbar und zerstört lebendige Beziehungen.

Aufgabe 96
Versuchen Sie gleich nochmals zu üben: Titel des folgenden Bildes? Kindheitserinnerungen? Wahrnehmungen mit Hilfe des Bewusstheitsrades?

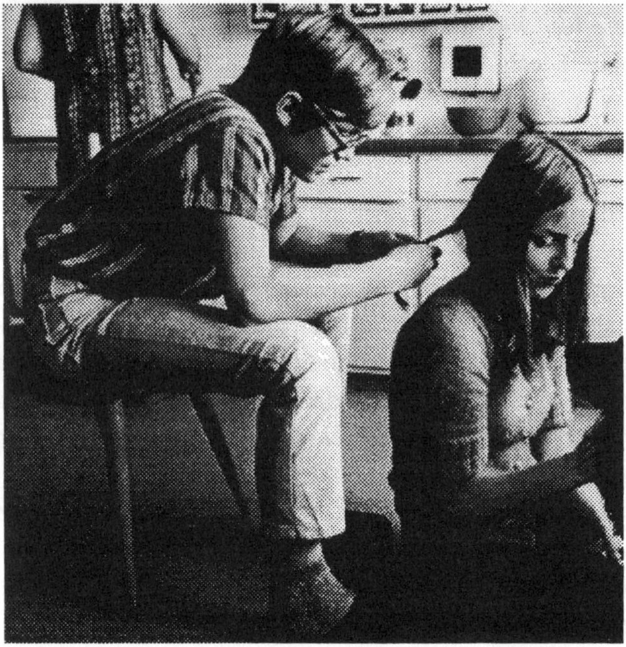

Abb. 32: Geschwister

Hier handelt es sich um ein Geschwisterpaar, das häufig miteinander zankt. Die Mutter steht im Hintergrund am Herd und kocht. Der Junge knüpft dem Mädchen die Haare, das Mädchen schmust mit dem Hund. Gern würde ich Ihre Einfälle zum Thema dieses Bildes hören. Ich habe folgende gehabt: Geschwisterliebe, Wunder des Augenblicks, herzliche Zuneigung, Zärtlichkeit...

PS: Nach diesem schwierigen Ausflug in die theoretischen Zusammenhänge des „einfühlenden Verstehens“ mittels Introjektion, Identifikation, Projektion und projektiver Introjektion und der Übung mit dem Bewusstheitsrad, wenden wir uns den daraus erwachsenden Konsequenzen für unsere „einfühlende Distanz“ erneut zu. Sie wissen inzwischen, dass diese Haltung der Heilpädagogin - je nach persönlichem Gewordensein und Temperament - sehr schwer zu balancieren ist. Um so aufregender sind die Entdeckungen, die Sie im Verlauf Ihrer Selbstreflexionen machen werden.

Um das Kind in seinen Äußerungen und (symbolischen) Ausdrucksweisen möglichst gut verstehen zu können, versuchen Heilpädagogen, sich *in die Gefühlswelt des Kindes zu versetzen.* Dazu benötigen Sie die Fähigkeit zur

einfühlenden Distanz.

Es kommt darauf an, die vom Kind gezeigten Gefühle nicht selbst im Sinne von affektivem Betroffensein 'mitzuleiden' (falsches Selbstmitleid aufgrund persönlicher Affinität), da diese sonst den Blick auf das Kind und dessen Bedürfnisse versperren würden. Wenn nämlich die Heilpädagogin durch eine Äußerung des Kindes gefühlsmäßig betroffen ist, kommt sie leicht in Gefahr, in der vom Kind erwarteten Weise zu re-agieren (!) und der vom Kind erwarteten 'typischen' und 'gewohnten' konventionellen Erwartung zu entsprechen, anstatt *heilpädagogisch zu handeln.*
Die eigene gefühlsmäßige Verstrickung (Projektion, unbewusste Gegenübertragung) hindert sie daran, mittels *„Szenischem Verstehen"*, d.h. bemerkter und reflektierter *Gegenübertragung* zu erkennen, welche Motive das Kind zu seiner Äußerung bewegt haben könnten und was die Äußerung *bewirken soll* (gemäß dem kommunikationstheoretischen Axiom: „Alle Kommunikation ist zielgerichtet").
Gelingt es aber der Heilpädagogin, einfühlende Distanz zu entwikkeln, dann ist sie distanziert genug, um 'a-sozial' zu handeln, d.h. sie handelt nicht so, wie es das Kind von Eltern, Erziehern, Lehrern und anderen Erwachsenen gewohnt ist, sondern kann *reflektiert heilpädagogisch handeln.*
Der Heilpädagogin wächst also die Aufgabe zu, einerseits mit viel Einfühlungsvermögen zu versuchen, die Gefühle des Kindes zu erkennen und mittels Identifikation nachzuvollziehen. Andererseits wird sie durch gründliche Schulung ihre eigenen Anteile in diesem Identifikationsversuch erkennen und von der Befindlichkeit des Kindes zu unterscheiden suchen, so gut dies gelingen kann, um das Kind und auch sich selbst vor unreflektierten und dadurch irreleitenden Projektionen und Gegenübertragungen zu schützen.

Dies gelingt mittels

Probe- bzw. *Teil-Identifikation.*

Die Heilpädagogin lässt sich nicht von den Ausdrucksformen und vermuteten Gefühlen ihres Gegenüber 'überschütten', sondern setzt ihre Fähigkeit der Wahrnehmungsselektion *bewusst* ein, um sich vor Überflutung affektiver Reize zu schützen. Dennoch darf es bei diesem psychischen Vorgang nicht zur Abwehr kommen, die das von der Heilpädagogin Miterlebte z.B. in seiner Heftigkeit mindert, nicht ernst nimmt, übertreibt, rationalisiert oder moralisiert. Die klare Wahrnehmung der Szene muss zwar knapp über die Grenze ins Erlebens der Heilpädagogin vordringen, weil sonst kein Verständnis des Kindes, des Jugendlichen und deren Bezugspersonen möglich ist. Die mittels Teil- oder Probeidentifikation introjizierten Gefühle des Du dürfen das Erleben der Heilpädagogin aber nicht wie eine Sturmflut überschwemmen und alle haltenden Dämme brechen, weil sie sonst sonst übermannt und hilflos wird.
Stellen Sie sich Sanitäter und Notarzt vor, die an eine Unfallstelle entsandt werden, vor Entsetzen über die Unfallbilder die Augen schließen, die Hände über dem Kopf zusammenschlagen, auf die Knie sinken und hemmungslos zu weinen beginnen. Die Rettungsmission wäre gescheitert. (→ Abb. 28)
Es gilt also, einerseits verstehend mit- und nachzuvollziehen, andererseits aber stets distanziert genug zu bleiben, um sich nicht gefühlsmäßig engagieren zu lassen, damit weiter reflektierend und 'a-sozial', d.h. der Situation *angemessen sozial,* nämlich *heilpädagogisch-therapeutisch* gehandelt werden kann.
Frederik PERLS, der Begründer der Gestalttherapie, beschrieb diese *Haltung* des einfühlenden Verstehens einmal in Anlehnung an ein indianisches Sprichwort mit „walking in the other shoes", d.h. die Heilpädagogin sollte versuchen, in den Mokassins des Kindes ein Stück des Weges zu gehen, um ein *Gespür* dafür zu bekommen, 'wo der Schuh drückt'.

Gleichbedeutend wichtig und unterstützend für eine solche Haltung ist es, wenn die Heilpädagogin, neben der psychischen Distanz, eine der jeweiligen Situation angemessene *körperliche und räumliche Distanz* wahrt.
Dies gilt vor allem auch im Umgang mit behinderten Kindern und Jugendlichen, die von sich aus oftmals distanzlos sind oder für Kinder mit autistischen Zügen, die übermäßig distanziert sind; ebenso für gehemmte (zurückgezogene) und aggressive (undistanzierte) Kinder.
Körperkontakt ist immer ein äußerst intimes Geschehen, zu dem die Heilpädagogin nur unter bestimmten Bedingungen (und nicht zur Befriedigung eigener Zärtlichkeitsbedürfnisse!) berechtigt ist, die im Einzelfall gründlich reflektiert sein müssen; denn auch die Heilpädagogin, der Heilpädagoge haben erotische Gefühle als Frau oder Mann, spüren Sympathie und Antipathie, kennen situative Berührungsängste oder Berührungswünsche.
Um Kinder und Jugendliche nicht in diesem Sinne zu 'mißbrauchen', ist Körperkontakt in der heilpädagogischen Begleitung jeweils im Einzelfall reflektiert und gezielt zu gestalten.

Aufgabe 97

Stellen Sie sich in diesem Zusammenhang einmal vor, irgend jemand würde *Ihnen* einfach über das Haar streicheln, Sie in die Wange kneifen, sie hochheben, Sie knuddeln und knutschen, Ihnen Ihre Utensilien [= Spielsachen] ungefragt aus der Hand nehmen usw.

Kinder sind dieser Art von unbemerktem Missbrauch täglich mehrfach ausgesetzt. Wehren sie sich dagegen mit Gezeter, Geschrei, Weglaufen, brummiger Mine, einem Schimpfwort und dgl., werden sie seitens der Erwachsenen als „ungezogen, boshaft, unleidlich, launisch usw." beschimpft und aufgefordert, „lieb, höflich, nicht böse usw." zu sein, manchmal unter Androhung von Strafen.

Was würden *Sie* alles tun, um sich dessen zu erwehren, wie würden *Sie* sich fühlen!?

Reflektieren Sie auch einmal, welche unbewussten Motivationszusammenhänge Erwachsene [auch 'gelernte' Pädagogen] bewegen mögen, auf diese Weise zu (re-)agieren?

In der heilpädagogischen Begleitung kommt es also wesentlich auf ein gelungenes Verhältnis von einfühlender *Nähe* und *Distanz* an. Diese Balance ist schwierig herzustellen. Eine wichtige Voraussetzung für die richtige Balance von Nähe und Distanz ist das *Bewusstsein darüber, wer das „Problem" besitzt.*

Das Wort *Problem* stammt aus dem griechischen Verb *pro-bállein* = vorwerfen, hinwerfen, aufwerfen. Im 16. Jh. wurde es aus dem gr.-lat. próblema = das Vorgelegte, die gestellte (wissenschaftliche) Aufgabe, die Streitfrage entlehnt. So bedeutet das Wort *Problem* = die zu lösende Aufgabe, Schwierigkeit, schwieriger Vorwurf. Dementsprechend bedeutet *problematisch* = schwierig, ungewiss, zweifelhaft, fragwürdig.

Der Volksmund sagt: "Es gibt Leute, die überall ein Problem sehen". Ein weiteres Sprichwort lautet: „Es gibt Leute, die in jeder Suppe ein Haar finden, weil sie, wenn sie vor ihrem Teller sitzen, so lange den Kopf schütteln, bis eins hineinfällt."

Diese Gefahr besteht oft in helfenden Berufen und kann dort zu dem sog. "Helfersyndrom" führen, einem zwanghaften überall 'helfen müssen', selbst da, wo gar keine Hilfe erforderlich ist. Das Ende ist das „Ausgebranntsein" (burn-out-syndrom). Im Witz von der 'guten Tat' des kleinen Pfadfinders, der eine alte Frau mit Mühe über die Straße zerrt, obwohl sie in eine ganz andere Richtung will, wird das Phänomen anschaulich beschrieben.

Eine hilfreiche Übung kann es sein, im Erziehungsalltag das Wort 'Problem' durch den Begriff *'Aufgabe'* zu ersetzen. Dadurch kann spürbarer werden, was einem im Augenblick wirklich „auf-gegeben" ist oder nicht. Diese Sichtweise: „Ist das meine Aufgabe - ja oder nein?", kann im Erziehungsalltag eine ernüchternde und zugleich erleichternde Distanz schaffen, ohne den Kontakt zum Kind zu verlieren oder die Beziehung durch unangemessene Reaktionsweisen zu (zer-)stören. Dies dient der Psychohygiene der Heilpädagogin.

Aufgabe 98

Lesen Sie die folgende heilpädagogisch-alltägliche Situation:

„Kathrin sitzt schon eine Stunde im Nebenraum und wird mit ihren Schularbeiten nicht fertig. Die Heilpädagogin hantiert in der Küche und wirft gelegentlich einen Blick hinein. Kathrin sitzt dort, kaut auf ihrem Füller und schaut in die Gegend... malt ein bißchen..."

1. Wer besitzt das Problem? Begründen Sie Ihre Ansicht.
2. Was würden Sie als Heilpädagogin tun? Wenn Sie etwas zu Kathrin sagen würden, notieren Sie dies bitte in wörtlicher Rede!

Wer besitzt das Problem?
Einige von Ihnen werden sagen: „Natürlich die Heilpädagogin".
Andere werden der Ansicht sein: „Das Kind selbst".
Wer von Ihnen meinte, die Heilpädagogin besitze das Problem, hat übersehen, dass sie in Ruhe ihre Arbeit tun kann, ohne gestört zu werden.
Wer von Ihnen meinte, das Kind besitze das Problem, hat übersehen, dass Kathrin ruhig dort sitzt und es ihr augenscheinlich gut dabei geht.
Es gibt gar kein Problem im Sinne einer emotionalen Betroffenheit!

Aufgabe 99

Reflektieren Sie auf diesem Hintergrund erneut, was Sie in der letzten Aufgabe als mögliche Reaktion oder wörtliche Rede der Heilpädagogin notiert haben und welche Auswirkung dies auf die Beziehung zwischen Kathrin und der Heilpädagogin in dieser Situation haben könnte. Ändern Sie ggf. Ihre Antwort.

Aufgabe 100

Die gleiche Situation ändert sich:

Kathrin kommt in die Küche gelaufen und fragt wie spät es ist. Die Heilpädagogin sagt die Urzeit (obwohl Kathrin die Uhr sehen und auch lesen kann). Nun hat Kathrin es plötzlich sehr eilig und möchte zum Spielen nach draußen. Auf die Nachfrage, ob die Schularbeiten fertig sind, antwortet sie mit „Ja!". Die Heilpädagogin stellt fest, dass dies nicht stimmt. Sie verbietet den Ausgang, weil die Schularbeiten zuerst gemacht werden sollen. Außerdem hat Kathrin gelogen. Kathrin setzt sich maulend wieder an den Tisch...

1. Wer besitzt das Problem? Begründen Sie Ihre Ansicht.
2. Was würden Sie als Heilpädagogin tun?
   Wenn Sie etwas zu Kathrin sagen würden, notieren Sie dies bitte in wörtlicher Rede.

Einige von Ihnen werden wieder sagen, dass die Heilpädagogin das Problem habe, Kathrin jetzt zum Erledigen der Hausaufgaben anzuhalten.

Wer dies meinte, sollte nochmals überlegen, *wer* eigentlich *die Aufgabe* hat, die Schularbeiten zu machen. Hat Kathrin von der Lehrerin den Auftrag bekommen oder die Heilpädagogin? Zweifelsohne Kathrin!

Wenn Sie also meinen, die Heilpädagogin habe das Problem, so haben sie vermutlich einige (innere) Vorannahmen gemacht, z.B.: "Kathrin kann die Aufgaben bestimmt nicht..." oder:

"Man müsste dem Kind doch helfen, dass es schneller fertig wird, die schöne Spielzeit geht vorbei..." oder:

"Man müsste doch klären, wieso Kathrin träumt..."

Alle diese Vorannahmen zeigen, dass Sie *sich die ungelösten Aufgaben von Kathrin zu eigen gemacht haben* und deshalb so *empfinden, als hätten sie selbst das Problem.*

Das Gefühl, selbst für die Probleme anderer verantwortlich zu sein, entsteht oft dann, wenn sich Heilpädagoginnen zu sehr mit dem Kind/Jugendlichen *identifizieren,* d.h. ganz dicht mit ihren eigenen Gefühlen beim Kind/Jugendlichen sind, als wenn sie innerlich sagen würden: "Ich weiß genau, wie es mir ging, wenn ich die Aufgaben nicht konnte und nicht hinaus durfte, es war entsetzlich..." Manchmal fällt Heilpädagoginnen eine solche Situation aus der eigenen Kindheit ein, wenn man sie danach fragt. Oftmals 'wissen' Heilpädagoginnen in der Situation aber selbst gar nicht, weshalb sie so fühlen, die Verbindung zum eigenen Kindheitserlebnis bleibt *unbewusst.* Bewusst wird nur das Gefühl, helfen zu müssen bzw. der Ärger, dass man

sich schon wieder um dieses Kind kümmern muss, wo man sich doch etwas anderes zu tun vorgenommen hatte.
(Es ist wie in der eigenen Kindheit: Schon wieder muss man etwas tun, was man nicht wirklich tun will!, diesmal in der Rolle der Erwachsenen - damals in der Rolle des Kindes (!) und so brechen die infantilen Affekte und Verhaltensweisen ungesteuert durch...
In solchen Situationen schlagen die Versuche der Hilfe für das Kind oft in hilflose Reaktionen der Erzieher(innen) um, die sich selbst als Kind in diesem Kind sehr gut verstehen, die aber gerade deshalb nicht klar und eindeutig, erzieherisch angemessen und hilfreich, handeln können:

Es ist zwar *Einfühlung* vorhanden, aber es fehlt die *Distanz!*
Andererseits kann es auch vorkommen, dass Heilpädagoginnen - einem gängigen Ausspruch folgend - sagen: "Das ist doch dein Problem". Mit dieser Äußerung würden Sie aber das Kind, den Partner zurückweisen und sie mit ihrem Problem alleine lassen:

Es ist zwar *Distanz* vorhanden, aber es fehlt die *Einfühlung!*
Beide Versuche, das 'Problem' zu lösen, müssen wir als unangemessen bezeichnen.

Objektiv gesehen ist es aber nach wie vor Kathrins Angelegenheit, mit ihren Schularbeiten zurecht zu kommen. Dies sollte sowohl Kathrin wie auch der Heilpädagogin deutlich *bewusst* sein. Dann erst - w e n n d e r P r o b l e m b e s i t z k l a r i s t - kann eine *angemessene* erzieherische Handlung erfolgen.
Pädagoginnen - auch Heilpädagoginnen - möchten also gern, dass Kinder oder Jugendliche ihr für sie störendes Verhalten ändern, sie möchten ihnen gern helfen, besser zurecht zu kommen. Deshalb geraten sie in Gefahr, Kinder und Jugendliche zu reglementieren, zurechtzuweisen, zu drohen, ihnen Lösungen vorzuschlagen, sie zu beruhigen usw. in der Meinung, ihnen damit zu helfen. In Wirklichkeit *hindern sie die Kinder daran, ihr Leben selbst in die Hand zu nehmen!*

Das soll nun nicht heißen, dass Sie die Kinder 'links liegen lassen' nach dem Motto: "Dann seht doch zu, wie ihr weiterkommt, es ist ja euer Problem, ich habe ja alles versucht, mir kann es ja egal sein!"
Solche Äußerungen zeigen eher, dass Heilpädagoginnen selbst ein Problem haben: Sie fühlen sich hilflos, wissen ihre Ziele nicht zu erreichen, sind überfordert und resignieren. Hier brauchen die Heilpädagoginnen und Heilpädagogen selber Hilfe: Supervision, Fallbesprechung, Fortbildung; oder einfach auch nur Abstand und Erholung, um wieder "sie selbst" zu werden, d.h. „in Distanz" zu gehen, unbelastet von den Problemen der Kinder.
Solche Verhaltensweisen und Äußerungen von Pädagog/inn/en helfen also *niemals* weiter, *wenn das Kind ein Problem besitzt!* Im Gegenteil: Sie bringen das Kind in Not, Verlegenheit, Trotz und Gegenwehr, weil sie Ablehnung und Nicht-Annahme ausdrücken.

Um die verbalen und nonverbalen *Äußerungen* des Kindes zu *verstehen,* muss sich die Heilpädagogin in die *Gefühlswelt* des Kindes *versetzen* können.
Das Mittel, um diesen 'Sprung' in die Erlebenswelt des Kindes zu machen zu können, ohne den realen Kontakt zur eigenen Gefühlswelt zu verlieren, bezeichnen wir als

einfühlende Distanz
mittels Probe- bzw. *Teil-Identifikation.*

Aufgabe 101
Sie haben bereits einiges über diese Haltung der Heilpädagogin gelesen. Auch Begriffe wurden erläutert und Sie haben Aufgaben zu diesem Thema bearbeitet. Hier können Sie nun versuchen, alles, was Sie erinnern, in Selbstüberprüfung nachzuschlagen und ggf. zu notieren um festzustellen, was Ihnen verständlich geworden ist. Dabei geht es nicht darum, diese Aufgabe im schulischen Sinne 'richtig' zu lösen: „Alles gewusst, gute Note, dann kann man's wieder vergessen..." Es geht vielmehr darum, *für sich selber Verantwortung zu übernehmen,* indem Sie überprüfen, inwieweit Ihnen die beschriebenen Phänomene

in Erinnerung und damit *bewusst* geblieben sind. Es geht darum, sich selber in die Lage zu versetzen, in ähnlichen Situationen *aufzumerken* und zu erkennen: „Das ist es also..." Dieses „Aha-Erlebnis" ist der erste Schritt zu weiterer heilpädagogischer Kompetenz.
Tauschen Sie sich anschließend auch mit anderen 'Mitarbeiter/innen' aus, und bereichern Sie sich gegenseitig mit Ihren Überlegungen, denn: „Vier Augen sehen mehr als zwei" und jene erinnern anderes als diese...

PS: Sie können natürlich auch entscheiden, weiter zu lesen. Ich werde nämlich versuchen, das bisher Gesagte nochmals in anderen Worten zu beschreiben, die vielleicht eher verständlich sind, als meine bisherigen Ausführungen. Aber was Sie auch tun: Es ist Ihre „Auf-Gabe"!

Was ist unter „einfühlender Distanz mittels Probe- bzw. Teil-Identifikation zu verstehen?
Durch seine Äußerungen versucht das Kind - meist *unbewusst* - die Heilpädagogin *gefühlsmäßig zu engagieren.* Es erwartet von der Heilpädagogin solche Reaktionen, die *seine konventionelle Erfahrungen* mit anderen Bezugspersonen (Eltern, Verwandten, Erziehern, Lehrern und anderen Erwachsenen) *bestätigen.*
Als Heilpädagogin werden Sie sich zwar in die emotionale Lage des Kindes hineinversetzen um es zu verstehen; Sie müssen jedoch darauf achten, die vom Kind gezeigten Gefühle nicht selbst zu introjizieren, da diese sonst Ihren Blick auf das Kind und dessen wirkliche Bedürfnisse versperren. Wenn Sie nämlich durch eine Äußerung des Kindes selbst *gefühlsmäßig betroffen sind,* kommen Sie leicht in die Gefahr, in der vom Kind erwarteten Weise zu re-agieren statt *heilpädagogisch zu handeln* und entsprechen damit der konventionellen Erwartung des Kindes, d.h. sie verstärken sein derzeitiges Erleben und Verhalten.

Wenn Sie darüber hinaus in eine eigene gefühlsmäßige Verstrickung (unkontrollierte oder gar negative *Gegenübertragung)*[1] geraten, sind Sie daran gehindert zu erkennen, *welche Motive* das Kind zu einer Äußerung bewegen und was die Äußerung *für das Kind* (nicht für Sie als Heilpädagogin!) bedeutet. Dies ist ein Alarmsignal für *zu geringe Distanz:* Sie sind nicht in der Lage, *distanziert, d.h. affektfrei zu handeln* und 'a-sozial' auf die Äußerungen des Kindes zu antworten.

Sie verlieren durch das eigene gefühlsmäßige Engagement den *Bedeutungsgehalt der Aussage, den diese für das Kind hat,* aus dem Auge und bringen evtl. Aspekte des eigenen Erlebens in Ihre Antwort mit ein.

Wenn Sie zu *wenig Erfahrung* im Umgang mit Kindern haben, kann es Ihnen schwer fallen, deren Gefühle *in ihren Bedeutungen und Zusammenhängen zu verstehen,* zumal dies auch unter Berücksichtigung *entwicklungspsychologischer* und *tiefenpsychologischer Bedeutungen* sowie *situativer Zusammenhänge* geschehen sollte.

Um sich vor solchen Fehlern zu schützen neigen Heilpädagoginnen zu Beginn ihrer Ausbildung manchmal dazu, ins Gegenteil zu verfallen: Sie begeben sich *innerlich in zu große Distanz zum Kind,* beobachten das Geschehen rational, kritisch, analysierend und bringen sich so in eine zwanghafte Haltung hinein, die ihnen *einfühlendes Verstehen* verunmöglicht.

Aufgabe 102

Wenn Ihnen im Berufsalltag oder in Ihren Praktika während Ausbildung oder Studium ähnliches geschieht, schauen Sie nicht weg und suchen Sie keine Ausreden. Akzeptieren Sie einfach, das es so gewesen ist und entwickeln Sie *Interesse* daran zu ergründen, wie es zu Ihrem Verhalten kommen konnte. Das ist eine lohnende und erfolgreiche Aufgabe:

[1] Zum Thema „Übertragung“ und „Gegenübertragung“ schlagen Sie bitte nach im Kapitel 1.3 „Beziehungsgestaltende Grundlagen“ und im Stichwortverzeichnis –> HpE

1. Notieren Sie: „In welchen Situationen und bei welchen Themen neige ich dazu, mich emotional überfluten und affizieren zu lassen?"
2. Notieren Sie: „In welchen Situationen und bei welchen Themen 'mache ich dicht' und lasse mich vom Geschehen gefühlsmäßig nicht mehr tangieren?"

Aufgabe 103

1. Schätzen Sie anhand der fünfstelligen Skala ein, ob die Heilpädagogin im folgenden Beispiel eine angemessene Distanz einhält.

zu geringe einfühlende Distanz zu große Distanz

|——|——O——|——|

O = Die Heilpädagogin antwortet in der richtigen Weise,
d.h. sie kann sich in die Gefühlswelt des Kindes versetzen,
ohne selbst mitzufühlen.

2. In welchen Punkten zeigt die Heilpädagogin ein einfühlend-distanziertes Verhalten und in welchen Punkten tritt es nicht auf?

3. Welche Wirkung hat das Verhalten der Heilpädagogin auf den Prozess der Begleitung?

Mädchen, 11 Jahre

Kind: Wie die das kaputt gekriegt haben!

Hp.: Das kannst du dir gar nicht vorstellen.

Kind: Mhm, ne!

Hp.: Manche Leute kriegen Dinge kaputt, das kann man sich gar nicht denken, mh?

Kind: Dumme Bengels sind das, ne?

Hp.: Würdest du sagen, dass das dumme Jungs sind?

Kind: Mhm, Sie nicht? Wurmt Sie das immer?

Hp.: Du möchtest gern wissen, was ich dazu sage.

Kind: Mhm.

Hp.: Was würdest du denn an meiner Stelle denken?

Kind: Dass das nicht in Ordnung ist.
Hp.: Mhm... Das ärgert dich, dass da...
Kind: alles kaputt ist.
Hp.: Dir wär's lieber, es würde...
Kind: ...alles heil sein.
Hp.: Alles heil sein...

Das folgende Lösungsbeispiel kann Ihnen helfen, Ihre Antwort zu überprüfen und mit anderen zu diskutieren. Es zeigt Ihnen zugleich, wie Sie die weiteren Aufgaben angehen sollen:

1. Die Heilpädagogin zeigt einfühlende Distanz in der richtigen Weise.

2.1 Die Heilpädagogin zeigt dem Kind, dass sie seine Gefühle versteht („wie die das kaputt gekriegt haben"), kann sich also in die Gefühlswelt des Kindes versetzen.
2.2 Sie läßt sich aber durch das Kind nicht dazu verleiten, sich gefühlsmäßig zu engagieren, obwohl es versucht, die Einstellung der Heilpädagogin zu erfahren („Dumme Bengels...").
2.3 Durch die Aussage: „Was würdest du denn an meiner Stelle denken?", bleibt die Heilpädagogin ganz auf das Kind konzentriert.

3.1 Das Kind fühlt sich verstanden.
3.2 Die Heilpädagogin umgeht die Gefahr, durch eigene Gefühle (z.B.: Zerstören kann ich nicht leiden) die Absicht des Kindes (Grenzen abzutesten) aus dem Auge zu verlieren.
3.3 Sie verhindert eine direkte Einflussnahme. Das Kind kommt zu einer eigenen Meinung und Entscheidung.

Aufgabe 104

1. Schätzen Sie anhand der fünfstelligen Skala ein, ob die Heilpädagogin im folgenden Beispiel eine angemessene Distanz einhält.

zu geringe einfühlende Distanz zu große Distanz

|——|——O——|——|

O = Die Heilpädagogin antwortet in der richtigen Weise, d.h. sie kann sich in die Gefühlswelt des Kindes versetzen, ohne selbst mitzufühlen.

2. In welchen Punkten zeigt die Heilpädagogin ein einfühlend-distanziertes Verhalten und in welchen Punkten tritt es nicht auf?

3. Welche Wirkung hat das Verhalten der Heilpädagogin auf den Prozess der Begleitung?

Junge, 12 Jahre

Kind: Wieviel Zeit haben wir noch?

Hp.: Möchtest du wissen, falls du dir noch was vornimmst, 15 bis 20 Minuten.

Kind: (nimmt das Haus vor, das er in der vorigen Stunde gebaut hat) Hat sich das einer schon mal angeguckt?

Hp.: Das würde dich interessieren, ob das Haus gefällt, vielleicht, was jemand dazu sagt.

Kind: Ja genau, will nur nicht angeben.

Hp.: Angeben möchtest du an sich nicht, aber trotzdem, wenn jemand sich das ansieht, würdest du dich doch freuen.

Kind: Das schon...

Aufgabe 105

1. Schätzen Sie anhand der fünfstelligen Skala ein, ob die Heilpädagogin im folgenden Beispiel eine angemessene Distanz einhält.

zu geringe einfühlende Distanz zu große Distanz

|——|——O——|——|

O = Die Heilpädagogin antwortet in der richtigen Weise,
d.h. sie kann sich in die Gefühlswelt des Kindes versetzen,
ohne selbst mitzufühlen.

2. In welchen Punkten zeigt die Heilpädagogin ein einfühlend-distanziertes Verhalten und in welchen Punkten tritt es nicht auf?

3. Welche Wirkung hat das Verhalten der Heilpädagogin auf den Prozess der Begleitung?

Mädchen, 8 Jahre

Kind: (säubert den Sandkasten)
Das gehört dem Vater... Die Eltern müssen ja auch irgendwo schlafen... Der Dreck kommt darein.

Hp.: Es ist sehr wichtig für dich, dass alles ganz ordentlich ist...

Kind: Nee, die Mutter macht das doch.

Kind: Du bist die Mutter, und die Mutter achtet darauf, dass alles sauber ist.

Kind: Ja.

Hp.: Das meinst du.

Kind: Hmhm... Die Mami..., dass alles sauber ist.

Hp.: Hmhm.

Kind: Wenn der Mann nach Hause kommt, muss alles sauber sein. Auch Steine sind hier drin... Im Kleiderschrank hängen ja welche.

Hp.: Du findest das sehr wichtig, dass das Haus sauber ist...

Kind: Machen Sie bei sich auch nicht sauber?

Aufgabe 106

1. Schätzen Sie anhand der fünfstelligen Skala ein, ob die Heilpädagogin im folgenden Beispiel eine angemessene Distanz einhält.

zu geringe einfühlende Distanz   zu große Distanz

|———|———O———|———|

O = Die Heilpädagogin antwortet in der richtigen Weise,
d.h. sie kann sich in die Gefühlswelt des Kindes versetzen,
ohne selbst mitzufühlen.

2. In welchen Punkten zeigt die Heilpädagogin ein einfühlend-distanziertes Verhalten und in welchen Punkten tritt es nicht auf?

3. Welche Wirkung hat das Verhalten der Heilpädagogin auf den Prozess der Begleitung?

Mädchen, 8 Jahre

Kind:	(bedrängt Hp., ein Spiel mit den Handpuppen vorzuspielen) Hmhm, spiel'n Sie doch jetzt... Können Sie jetzt nicht mal spielen?
Hp.:	Du drängelst jetzt, dass ich spiele.
Kind:	Hm.
Hp.:	Du möchtest mich gern dazu zwingen?
Kind:	Jaha.
Hp.:	Dann freust du dich, wenn du es geschafft hast...
Kind:	Ja (lacht)... och, spiel'n Sie doch jetzt...
Hp.:	Das ist dir gar nicht recht, dass ich nicht spiele?
Kind:	Nein.
Hp.:	Nein.
Kind:	Geh'n Sie jetzt dahin und spiel'n Sie!... Geh'n Sie doch jetzt dahin!
Hp.:	Möchtest nicht, dass ich hier stehe.
Kind:	Nein! Jetzt gehn Sie aber da vorne hin!
Hp.:	Du möchtest mich gerne b . . . befehlen . . .
Kind:	Ja, aber Sie solln jetzt dahinten hingehen.
Hp.:	Ich soll dahinten hin ...
Kind:	Ja.
Hp.:	Weil du das möchtest.
Kind:	Ja. Geh'n Sie doch da vorne hin.
Hp.:	Was soll ich denn da machen?
Kind:	Spiel'n mit Kasperpuppen...
Hp.:	Ich hab dir doch gesagt, dass ich nicht spiele... Ich kann nicht spielen, weil ich nicht weiß, was ich spielen soll... Ich weiß nicht was dir gefällt.
Kind:	Irgendwas, was ich gespielt hab... oder Hänsel und Gretel.
Hp.:	Hänsel und Gretel kenn ich auch nicht . . .

7.4 Verhaltenskonsistenz

Zum Abschluss des Kapitels 1.1 „Pädagogische Grundlagen“ haben wir uns mit KOBI (1993, 61) gefragt:

„...wie stelle ich mich einem Kind dar, dass es mich in einer Art und Weise erlebt, die ihm ein angemesseneres Verhalten ermöglicht? Existentiell ausschlaggebend ist (...) jene Wirklichkeit, die Kind und Erzieher *gemeinsam* und in *derselben Weise* zu erfahren imstande sind. *Verstehen gründet im gemeinsamen Erleben.* (*kursive* Hervorhebungen durch W.K.)

Als Antwort gilt ein weiteres wichtiges Merkmal, das die Heilpädagogin in ihrem personalen Angebot bereithält, die

Verhaltenskonsistenz

die sie aufgrund ihrer Person- und Sachautorität und aufgrund ihrer persönlichen Kongruenz mit sich selbst, ihrer beruflichen Identität und ihrer Aufgabe entwickelt hat.

Konsistenz bedeutet *Festigkeit, Beständigkeit* und *Dichte* der heilpädagogischen Atmosphäre in der Situation.

Sie können die heilpädagogischen Tugenden und Verhaltensmerkmale, die Sie im Kapitel 1.3 „Beziehungsgestaltende Grundlagen“ erarbeitet haben, auf dem Weg der Begleitung, den Sie mit dem Kind gemeinsamen begehen, nur dann sinnvoll einsetzen, wenn Sie persönlich *glaubhaft* und *zuverlässig* sind, in dauerhafter, konstanter Art und Weise.

Dazu gehört, dass zwischen Ihren *Äußerungen* (verbal oder nichtverbal), Ihrem *Verhalten* und Ihrer *Haltung, Überzeugung und Gefühlswelt keine spürbare Diskrepanz* besteht.

Es gilt die Regel:

Die Haltungen *Konzentriertes Interesse, Sicherheit* und *einfühlende Distanz* der Heilpädagogin soll das Kind in *immer gleicher, konstanter Weise erleben!*

Nur so können sich die Heilpädagogin, der Heilpädagoge als erwachsene und *vertrauenswürdige* Frauen und Männer wirklich glaubhaft darstellen.
Äußere Hilfsmittel dazu sind z.B. gleichbleibende Kleidung, keine willkürlichen Veränderungen oder Wechsel des Raumes; ritualisierte Begrüßungs- und Verabschiedungssequenzen, die in *personal getönter Art* die *Besonderheit der heilpädagogischen Situation* sinnfällig verdeutlichen, unverwechselbar und erlebbar machen.

Ebenso muss auf die Einhaltung einmal gegebener *Regeln* bestanden werden. Dies bedeutet, Regeln *sensibel zu entwickeln und so zu setzen, dass sie dem Vermögen des Kindes entsprechen und eingehalten werden können.* Aus diesem Grund ist die *Gestaltung des ungestörten Schutzraumes* (psychisch, körperlich und räumlich) von so großer Bedeutung, ebenso die Verlässlichkeit in der Anwesenheit, das Einhalten von Absprachen, das Nichtvergessen von Mitgeteiltem usw., dies alles in einer dem Kind angemessenen und verständlichen Art und Weise.

Aufgabe 107
Halten Sie hier einen Augenblick inne und vergegenwärtigen Sie sich Ihre Gefühle, die Sie während des Lesens des Textes (unbemerkt?) hatten. Notieren Sie, was Sie gefühlt haben.

Vergegenwärtigen Sie sich (im Unterschied zu Ihren Gefühlen) nun Ihre *Gedanken*, die Sie beim Lesen des Textes hatten; notieren Sie in Stichworten, was Ihnen durch den Kopf ging.
Möglicherweise haben sich eingeengt und unter Druck, in Ihrer „persönlichen Freiheit" durch die o.g. Aussagen beschnitten gefühlt und gedacht: „Das wird mir schwerfallen; das will ich nicht; wie kann ich „Ich" sein, wenn ich mich so verhalten, eine solche Rolle spielen soll..."

Notieren Sie in Stichworten, was Ihnen zur Überwindung der Diskrepanz Ihrer Gefühle und Gedanken, des oben geäußerten Anspruchs und Ihrer derzeitigen persönlichen Wirklichkeit zur Verfü-

gung steht bzw. was Sie sich zur Erfüllung persönlicher „Verhaltenskonsistenz" *für sich* vorstellen könnten:
Erinnern Sie ein Beispiel aus Ihrer beruflichen Vorerfahrung, wo Sie vielleicht ein Kind durch „Inkonsequenz", z.B. Unsicherheit, Vergesslichkeit, Gleichgültigkeit oder übermäßiges Durchhalten bzw. Durchgreifen verunsichert haben könnten.

Zur Verhaltenskonsistenz gehört auch eine individuell abgestimmte Form eines *Vertragsabschlusses* mit dem Kind.
„Das Kind, der Jugendliche werden von der Heilpädagogin, entsprechend ihren Fähigkeiten bzw. nach ihren Möglichkeiten, aufgrund einer Beeinträchtigung, Behinderung oder Sozialauffälligkeit in die Vertragsabsprache eingebunden. Sie sollen erfahren, dass die Eltern, Erzieher, zwar für sie die Verantwortung tragen und von daher der Verpflichtung nachgekommen sind, sich um Hilfe an die Heilpädagogin zu wenden, dass es aber letztlich auf die *Beziehung zwischen Kind/Jugendlichem und Heilpädagogen ankommt,* ob und wie etwas gelingen kann.
Folgender Vorschlag zur Vertragsgestaltung (nach WINTGEN 1998) enthält wesentliche Regeln, die beachtet werden und mit dem Kind entsprechend verhandelt werden sollten:

<u>Vertrag zwischen Kind/Jugendlichem und Heilpädagogin</u>

* Benjamin und Frau Meier [Hp]) treffen sich jede Woche am Dienstag zur heilpädagogischen Stunde.
* Die heilpädagogische Stunde fängt pünktlich um 15.00 Uhr an und hört pünktlich um 15.45 Uhr auf.
* Wir bleiben in unserem Raum. Wichtige Dinge werden draußen, vorher oder nachher, erledigt.
* Wenn Benjamin oder Frau Meier aus wichtigen Gründen nicht kommen können, sagen wir uns vorher rechtzeitig Bescheid.
* Benjamin darf die Stunde so gestalten, wie er möchte, so lange es hilft, seine Probleme zu lösen.

* In die heilpädagogische Stunde wird nichts mit hereingebracht und nichts mit hinausgenommen. Alle gemalten Bilder und Bastelarbeiten bleiben im Raum.[1]
* Es wird auch nichts aus der heilpädagogischen Stunde weitererzählt (Dies evtl. verschärft oder eingeschränkt formulieren); bzw.: Niemand erfährt etwas darüber, was Benjamin und Frau Meier miteinander in den Stunden erzählen, spielen oder malen. Wenn die Eltern mit Frau Meier sprechen wollen, dann überlegen Benjamin und Frau Meier vorher, was wir den Eltern sagen wollen.
* Im Raum haben alle Dinge ihren festen Platz. Deswegen wird am Ende der Stunde wieder alles dorthin zurückgebracht.
* Benjamin und Frau Meier tun sich gegenseitig nicht weh. Es werden auch keine Sachen zerstört. Wenn etwas kaputt geht, wird es repariert oder ersetzt.
* Dieser Vertrag gilt zunächst einmal für ___Stunden (bzw. kindgemäßen Zeitabschnitt benennen). Nach dieser Zeit überlegen Benjamin und Frau Meier wieviele weitere Stunden Benjamin noch braucht, um seine Probleme zu klären.
* ....

Unterschrift Kind Unterschrift Heilpädagogin

Abb. 33: Vertrag zwischen Kind/Jugendlichem und Heilpädagogin für die heilpädagogische Begleitung (nach Wintgen 1998)

Diese Regeln werden für die ->Begleitung real oder symbolisch, schriftlich oder mündlich, spielerisch oder formal, gleich zu Beginn oder erst im weiteren Verlauf der Beziehungsgestaltung vereinbart. Sie verdeutlichen die Wichtigkeit und Ernsthaftigkeit des gemeinsamen Tuns und zeigen dem Kind, dem Jugendlichen, dass sie angemessen an der gemeinsamen Verantwortung für ihr Leben beteiligt sind. Die Regeln zeigen dem Kind bzw. Jugendlichen, dass die Chance menschlichen Lebens im Erringen der *Freiheit in Bindung und Verantwortung* besteht, nämlich *freiwillig das zu tun, was getan werden*

[1] Kleine Kinder bringen oft *Übergangsobjekte* mit zur Stunde, die für sie sehr wichtig sind, z.B. ihren Teddy. Selbstverständlich wird dieser angemessen begrüßt und zum Zuschauen oder Mitspielen eingeladen. Die Regel bedeutet, dass größere Kinder nicht etwa ihren Walkman, Gameboy oder ihr Tamagotchi mitbringen mit dem Anspruch, während der Stunde nur Musik zu hören oder Computerspiele zu machen. Ebenso ist es wichtig, darauf zu achten, dass Kinder ihre in einer heilpädagogischen Atmosphäre entstandenen Werke nicht mit nach draußen nehmen, wo sie missachtet, abgewertet oder zerstört werden könnten. Je nach Milieu benötigen Kinder diesen Schutz für sich selbst, der *symbolischen Ausdruck* findet in der Wertschätzung, im Aufbewahren oder 'Bewachen' ihrer libidinös besetzten Kostbarkeiten, die Ausdruck ihres Selbst sind. - Auch die anderen Regeln sind ggf. *sinngemäß* und je nach Alter des Kindes oder Jugendlichen zu modifizieren.

zu können, ohne unter Schwierigkeiten übermäßig und unangemessen leiden oder Mittel und Wege ersinnen und beschreiten zu müssen, die einem selbst und anderen das Leben unnötig schwer machen oder gar schaden.“ (KÖHN 2001, 800 ff.)

Es ist besonders wichtig, in gleichbleibender Weise zu handeln, wenn die Heilpädagogin auf Aggressionen stößt, die (stellvertretend) gegen sie gerichtet sind. Wenn sie begrenzend einschreiten muss und ihre gewährende Haltung *im Rahmen ihres Konzeptes in klar definierten Situationen aufgibt* (z.B. Eingreifen bei Verletzungsgefahr o.ä.), sollte dies durch die Einführung der entsprechenden Regel im →Vertrag (HpE) grundgelegt sein und auch nur so (im Rahmen und unter Berufung auf diese Regel) beantwortet werden. Das gilt für die Einzelsituation genau so wie für den Alltag in der Lebensgruppe.

Aufgabe 108

Reflektieren Sie in diesem Zusammenhang *Ihre persönlichen Erfahrungen* zu Themen wie 'Anwesenheit', 'Pünktlichkeit', gegenseitiger Benachrichtigung, wenn Sie aus *wichtigen* Gründen verhindert sind; der Wiedergabe von Erlebtem in persönlichen Aussprachen; der Zuverlässigkeit bei Absprachen; der Regelmäßigkeit im Studienverlauf aber auch im privaten Leben usw.

Überlegen Sie, inwieweit Ihre persönliche Haltung in diesen Dingen sowohl im Privatleben wie auch im Studium ein Einübungsfeld für sogenanntes „living learning“ im Hinblick auf Heilpädagogisches Handeln (gewesen) sind und wie Sie bei sich und anderen zu einer Verbesserung und Vertiefung solcher Lernsituationen *im Alltag* zukünftig noch besser beitragen können, nicht zuletzt, um sich immer wieder für die spezielle berufliche Situation einzuüben.

Die Verhaltenskonsistenz ist also ein wichtiges heilpädagogisches Gestaltungsmittel der personalen Beziehung, weil das Kind dadurch *nicht* ähnliche Erfahrungen wie in seiner Umwelt macht, z.B. Unstimmigkeiten in den Aussagen und Verhaltensweisen der Eltern, die *mit oder ohne sein Zutun oder Verschulden* zu Konflikten und Auseinandersetzungen führen und im Kind Schuldgefühle und Wiedergutmachungstendenzen im Sinne von Anpassung oder Hemmung bewirken können.
Wie wir schon mehrfach betont haben, reagieren beeinträchtigte und behinderte Kinder äußerst empfindlich auf Verhaltensschwankungen. Häufig mussten sie erleben, dass Unstimmigkeiten in Aussagen und Verhaltensweisen ihrer Eltern - ohne eigenes Zutun - zu Konflikten und Auseinandersetzungen führten, mit der Konsequenz der Strafe, des Liebesverlustes, der Verwahrlosung usw.
Deshalb ist bereits allein das *konsistente Verhalten* der Heilpädagogin eine „a-soziale“ Reaktion auf die Provokationen der Kinder: So etwas haben sie noch nie erlebt; es erscheint ihnen unglaubwürdig und zugleich zutiefst begehrenswert: Sie sehnen sich nach Sicherheit und Verlässlichkeit eines Halt gebenden Erwachsenen, der sie ernst nimmt und liebt, der versteht, was in ihnen vorgeht und nicht nachtragend, launisch, inkonsequent und unberechenbar agiert. Diese Erfahrung erscheint psychosozial gestörten Kindern oftmals so neu, dass sie der Heilpädagogin mit Misstrauen begegnen und sie immer wieder auf die Probe stellen, ob sie auch wirklich ist, was sie zu sein scheint: Eine verlässliche und vertrauenswürdige Wegbegleiterin.
Die Schwierigkeit, in angemessener Weise gewährend zu bleiben, kann für viele Heilpädagoginnen dann am schwersten durchzuhalten sein, wenn Kinder ihre Aggressionen auf sie *übertragen,* wenn sie versuchen, die Halt gebende Konsistenz der Heilpädagogin mit Zerstörungstendenzen, Schmutz, unsozialem Verhalten oder mit gezielten Beschimpfungen und Beleidigungen zu durchbrechen.
Hier kann es geschehen, dass Sie als Heilpädagogin in Ärger oder Wut geraten, weil sie die kindlichen Aggressionen ‘persönlich’ nehmen und deshalb narzisstisch gekränkt reagieren.

Die *narzisstische Kränkung* ist eine unangenehme Gefühlserfahrung des Ich durch einen plötzlichen Verlust in der äußeren oder inneren Realität. Die aggressiven Akte des Kindes können in der Heilpädagogin den Verlust ihres (überhöhten, idealistischen) Selbstwertgefühls als „Helferin" bewirken, so dass sie regressiv (z.B. trotzig, zänkisch, wie das Kind selbst) auf der Ebene des Kindes reagiert, anstatt konsistent und Sicherheit gebend *heilpädagogisch zu handeln.*
Damit würden Sie ihre gewährende Haltung aufgeben, Ihre Einstellung (innere Ablehnung) durchblicken lassen, würden dadurch unglaubwürdig und verlören die einfühlende Distanz.
Eine solche Gefühlsumkehrung, die das Kind in Ihnen durch die Inszenierung seiner (möglicherweise in unbewusster Korrespondenz zu Ihrer eigenen) frühen kindlichen Erfahrung bewirkt, muss von Ihnen *wahrgenommen, erkannt* und *reflektiert* werden, um auf diese Weise einer Eskalation vorzubeugen und die „Vertrauensprüfung" durch das Kind zu bestehen.

Aufgabe 109

Erinnern Sie sich und notieren Sie Situationen aus vergangenen Praktika oder beruflicher Vorerfahrung aus, in denen Sie sich genötigt fühlten und in Gefahr gerieten, Ihr *konzentriertes Interesse* am Kind und seinem Tun oder Ihre *Fassung* zu verlieren (eigene Sicherheit ging verloren, einfühlende Distanz wurde affektiv überlagert, Verhaltenskonsistenz war nicht mehr durchzuhalten).

Nutzen Sie bei der Vergegenwärtigung der Situation das Reflektieren im *Bewusstheitsrad.* Sie ermöglichen sich auf Diese Weise ein besseres Kennenlernen Ihrer eigenen Reaktionen und eine effektive Durcharbeit bisher noch uneingestandener oder nicht bewältigter Situationen:

Welche Wahrnehmungen, Gedanken, Gefühle, Absichten, (Re-) Aktionen löste diese affektive Spannung in Ihnen aus und an welche Situationen aus Ihrer eigenen Kindheit werden Sie möglicherweise erinnert?

Aufgabe 110

Lesen Sie den folgenden Auszug aus einer heilpädagogischen Stunde und beachten Sie dabei die folgende Aufgabenstellung:

1. Schätzen Sie anhand der fünfstufigen Skala ein, in welchem Ausmaß die Heilpädagogin *Verhaltenskonsistenz* zeigt:

1❑	2❑	3❑	4❑	5❑
keine	kaum	manchmal	überwiegend	ständig

2. In welchen Äußerungen zeigt sich bzw. zeigt sich keine Verhaltenskonsistenz?

3. Welche Auswirkung hat das Verhalten der Heilpädagogin auf den Prozessverlauf der Begleitung?

Junge, 6 Jahre[1]

Es handelt sich hier um einen Erstkontakt. Der Junge hat vorher von der Heilpädagogin erfahren, dass er im Spielzimmer so spielen könne, wie er gerne möchte.

Kind: (zur Hp.) Warum hältst du nicht den Mund?

Hp.: Du willst, dass ich nichts mehr sage, wenn du das befohlen hast.

Kind: Ja, warum bist du nicht still? (Die Heilpädagogin schweigt. Der Junge sieht sich nach ihr um und scheint höchst befriedigt zu sein über seinen Erfolg, sie zum Schweigen gebracht zu haben.)

Kind: Kann ich wieder hierherkommen?

Hp.: Ja, wenn du magst.

Kind: Ich spiele wirklich nur mit dir. Du hast gesagt, ich dürfe so spielen, wie ich will.

Hp.: Ja. Das habe ich gesagt, und das meine ich auch so.

Kind: Ich kann zu dir sagen, was ich will?

Hp.: Ja.

Kind: Und wenn ich wollte, dürfte ich hier auch fluchen?

Hp.: Wenn du das willst.

Kind: (fröhlich lachend) Wann kann ich wiederkommen? Jeden Tag?

---

[1] Dieses Beispiel ist entnommen Virginia AXLINE (1972): Kinderspieltherapie im nicht-direktiven Verfahren. München, S. 167

Das folgende Lösungsbeispiel kann Ihnen bei der Kontrolle Ihrer eigenen Einschätzung helfen und Ihnen verdeutlichen, wie Sie die weiteren Aufgaben lösen sollen.

1. Die Heilpädagogin zeigt ständig [5] Verhaltenskonsistenz.
2. Die Heilpädagogin zeigt Verhaltenskonsistenz ...

2.1 ...in der Erklärung, in der sie die Absicht des Kindes reflektiert. („Du willst, dass ich nichts mehr sage, wenn du das befohlen hast.“)

2.2 ...indem sie auf die recht aggressive Äußerung des Kindes („Warum hältst du nicht den Mund?“) nicht strafend oder wertend, sondern akzeptierend nonverbal antwortet. Ihr Verhalten ist daher konsistent in Bezug auf die vorangegangene Erklärung.

2.3 ...in den Informationen, die sie dem Kind gibt. („Ja, wenn du magst.“ „Das habe ich gesagt, und das meine ich auch so.“ „Ja.“ „Wenn du das willst.“)

Der Junge ist noch ausgesprochen verunsichert in Bezug auf seine eigene Handlungsfreiheit. Daher fragt er zur Sicherheit noch einmal nach, ob er wiederkommen dürfe (obwohl er aggressiv gegen die Heilpädagogin war und daher Straf- bzw. Verlustängste hat); oder er erklärt entschuldigend, dass er ja nur spiele. („Ich *spiele* wirklich nur mit dir.“)

3. Der Junge erkennt, dass er Vertrauen zur Heilpädagogin haben kann. (lacht, fragt, wann er wiederkommen kann)

Aufgabe 111

Lesen Sie den folgenden Auszug aus einer heilpädagogischen Stunde und beachten Sie dabei die folgende Aufgabenstellung:

1. Schätzen Sie anhand der fünfstufigen Skala ein, in welchem Ausmaß die Heilpädagogin *Verhaltenskonsistenz* zeigt:

1❑	2❑	3❑	4❑	5❑
keine	kaum	manchmal	überwiegend	ständig

2. In welchen Äußerungen zeigt sich bzw. zeigt sich keine Verhaltenskonsistenz?

3. Welche Auswirkung hat das Verhalten der Heilpädagogin auf den Prozessverlauf der Begleitung?

Mädchen, 8 Jahre

Kind:	(will ein Springtau mit nach Hause nehmen) Ich nehm das mal mit... nach Hause... Gucken Sie mal, Sie ha'm doch noch eins.
Hp.:	---
Kind:	Doch, ich bring es wieder mit!
Hp.:	Hmhm.
Kind:	Ich hab doch neulich auch so Knetmasse mit nach Hause genommen - hab ich auch wieder mitgebracht.
Hp.:	Das war eine große Ausnahme.

Aufgabe 112

Lesen Sie den folgenden Auszug aus einer heilpädagogischen Stunde und beachten Sie dabei die folgende Aufgabenstellung:

1. Schätzen Sie anhand der fünfstufigen Skala ein, in welchem Ausmaß die Heilpädagogin *Verhaltenskonsistenz* zeigt:

1❑	2❑	3❑	4❑	5❑
keine	kaum	manchmal	überwiegend	ständig

2. In welchen Äußerungen zeigt sich bzw. zeigt sich keine Verhaltenskonsistenz?

3. Welche Auswirkung hat das Verhalten der Heilpädagogin auf den Prozessverlauf der Begleitung?

Mädchen, 10 Jahre

Kind:	Man kann ja auch mit Tusche hier reinzeichnen, ne?
Hp.:	Hmhm.
Kind:	Oder nicht?
Hp.:	Doch !
Kind:	Aber man darf wahrscheinlich nicht, oder?
Hp.:	Ne doch, man darf hier alles, Hauptsache es geht wieder ab.
Kind:	Haben Sie nachher die Schuld dran?
Hp.:	Ne, aber wenn das nachher schlecht abzuputzen ist, hab ich den Ärger.

Aufgabe 113

Lesen Sie den folgenden Auszug aus einer heilpädagogischen Stunde und beachten Sie dabei die folgende Aufgabenstellung:

1. Schätzen Sie anhand der fünfstufigen Skala ein, in welchem Ausmaß die Heilpädagogin *Verhaltenskonsistenz* zeigt:

1❑	2❑	3❑	4❑	5❑
keine	kaum	manchmal	überwiegend	ständig

2. In welchen Äußerungen zeigt sich bzw. zeigt sich keine Verhaltenskonsistenz?

3. Welche Auswirkung hat das Verhalten der Heilpädagogin auf den Prozessverlauf der Begleitung?

Junge, 8 Jahre

(Die Schwester des Jungen ist gleichzeitig in einem der Nebenräume bei einem Kollegen. Sie hat aus dem Spielzimmer Spielmaterial, unter anderem auch Pinsel mitgenommen, da in dem anderen Raum kein Spielzeug vorhanden ist. Der Junge möchte unbedingt mit diesen Pinseln malen, obwohl der Heilpädagoge ihm bereits erklärt hat, dass er sie nicht holen kann.)

Kind: Ja, einen nur... geh doch mal hin, ja? Gehen Sie mal eben hin, ja? Kannst du da nicht mal hingehen, bitte?

Hp.: Du möchtest unbedingt einen Pinsel haben.

Kind: Hm, hm.

Hp.: Und mit dem Pinsel, den du hast, magst du nicht malen?

Kind: Nee, der ist zu klein.

Hp.: Hm, der ist dir zu klein.

Kind: Holen Sie mir doch einen! ... Hol doch mal einen, ja? Tust du das?

Hp.: Du möchtest unbedingt einen Pinsel haben.

Kind: Ja, sag doch nicht immer das gleiche, du möchtest gern einen Pinsel haben, ja?

Hp.: Du möchtest einen haben und ich soll ihn holen.

Kind: Ja, du holst ihn mal?

Hp.: Die Pinsel hat deine Schwester mitgenommen.

Kind: Die braucht ja überhaupt nicht so viele, die hat sich einfach so viele mitgenommen.

Hp.: Hm, hm, du findest, die braucht nicht so viele, wie sie mitgenommen hat.

Kind: Die hat ja mehrere gleiche.

Hp.: Hm, hm, die hat den ganzen Topf voll Pinsel mitgenommen.

Kind: Ja.

Hp.: Und hat dir nur den einen gelassen.

Kind: Joh... hm (wütend)
Wann ist die Stunde zu Ende? Wie spät ist es jetzt?

8. Kommunikation und Interaktion

Die zuvor besprochenen Verhaltensmerkmale der Heilpädagogin sind nicht nur Anteile einer persönlichen Haltung und eines zu erlernenden Rollenkonzeptes, das wir *personales Angebot* nennen, sondern zugleich Bestandteile intensiver Kommunikations- und Interaktionsprozesse.

Kommunikation/Interaktion sind sozialpsychologische und informationstheoretische Begriffe, die eng zusammengehören. Die gesamte „Heilpädagogische Erziehungshilfe und Entwicklungsförderung (HpE)", insbesondere die *Begleitung* des Kindes, die wir hier vorrangig erarbeiten, ereignet sich in Interaktions-/Kommunikationsprozessen. Einige Definitionen können dies verdeutlichen. Kommunikation/Interaktion ist:

- Wahrnehmung anderer und Reaktionen auf andere.
- „Ein Feldgeschehen zwischen zwei oder mehr Personen, das darin besteht, dass jeder auf den anderen eine Wirkung ausübt, was zugleich bedeutet, dass jeder auch vom anderen eine Wirkung erfährt." (LERSCH, 1965)
- „Das wechselseitige Kenntnisgeben und Kenntnisnehmen zwischen zwei oder mehr Individuen vermittels semantischer und expressiver Äußerungen." (WATZLAWICK u.a., 1972)
- „Kontaktnahme. Erfordert und setzt die Fähigkeit voraus, Verhaltensweisen eines anderen vorauszusehen und zu verstehen." (MUCCHIELLI, 1972)

Es wird erkennbar, dass Kommunikations- und Interaktionsprozesse Träger des gesamten sozialen Geschehens sind. Dabei kann das Kenntnisgeben und Kenntnisnehmen sowohl bewusst, absichtlich, aber ebenso unbewusst, unabsichtlich geschehen.

Durch Interaktions- und Kommunikationsprozesse hat das Kind die Möglichkeit, Erfahrungen der Heilpädagogin zu nutzen, in sich aufzunehmen und verarbeiten zu lernen, was ihm selbst entgangen ist. Bei der Kommunikation/Interaktion muss eine kognitiv-rezeptive Komponente und eine aktiv-reaktive Komponente berücksichtigt werden.

Voraussetzung für eine gelungene Kommunikation/Interaktion ist also das gemeinsame Bezugssystem. Ohne *heilpädagogischen Bezug,* der nur *im dialogischen Geschehen* mit dem Kind entwickelt werden kann, kommt es nicht zur gegenseitigen Verständigung.

Daher gilt die Regel:
In der heilpädagogischen Begleitung kann nur das von Bedeutung sein, was *gemeinsam erlebt* wurde.
Anders ausgedrückt: Heilpädagogin und Kind müssen erst eine gemeinsame *Symbolsprache entwickeln,* bevor geglückte und verändernde Erlebens- und Verhaltensprozesse unbewusst in Gang gesetzt und bewusst verarbeitet werden können; anderenfalls kommt es zu Kommunikationsstörungen, die eine hilfreiche heilpädagogische Beziehung und damit Begleitung verunmöglichen.

Kommunikations-/Interaktionsstörungen können sein:
- undeutliche Zeichen, missverständliche Zeichen;
- verworrenes Konzept beim Kommunikator (Kind) z.B. aufgrund von Projektionen oder Übertragungsphänomenen;
- Empfangsschwierigkeiten beim Kommunikanten (Heilpädagogin);
- Nichtverstehen, Falschverstehen, Missverstehen (vgl. Wahrnehmung[sstörungen])
- unterschiedliches Bezugssystem, Normensystem.

Damit ein Kommunikations-/Interaktionsprozess erfolgreich abläuft, d.h. etwas richtig mitgeteilt und auch verstanden werden kann, ist es notwendig, dass die beteiligten Personen (Sender und Empfänger)
- ein gemeinsames Erfahrungsgut haben bzw. entwickeln;
- gemeinsames Interesse besitzen, gleiche Vorstellungen bzw. Werte/Normen haben oder entwickeln;
- mit den Denk- und Sprechgewohnheiten des Gegenüber vertraut sind bzw. vertraut werden;
- neben der Dialogwilligkeit auch die Dialogfähigkeit und ein Mindestmaß an Gemeinsamkeiten mitbringen.

Jeder Mensch, das Kind wie die Heilpädagogin, lebt mit seiner Umwelt und in seiner Umwelt, d.h. *der Mensch wandelt die Welt durch seine produktiven Akte des denkenden und wertenden Erfassens und durch sein Handeln zu seiner Welt um.* Gleichzeitig wird der Mensch in seinem denkenden und wertenden Erfassen und in seinem Handeln in der Welt von dieser *seiner* Welt rückbeeinflusst, geformt: Wenn ich im Nebel einen Schatten sehe, der mir Angst macht, selbst wenn real niemand dort steht, wird kommender Nebel wiederum Erwartungsängste vor einem Schatten auslösen, selbst wenn kein realer Grund dafür besteht.
Anders ausgedrückt: Es gibt nicht die 'objektive' Welt der Dinge, sondern vielmehr die *erlebte Welt der Bedeutungen,* die der Mensch ihr durch die Akte seiner Bewertung gibt. Die Akte der Bewertung werden von der individuellen Eigenart der bewertenden Person und vom Einfluss der Umwelt auf den Bewertenden geprägt:
Wir akzeptieren oder lehnen ab; wir finden jemanden sympathisch oder unsympathisch; wir erleben eine Situation, ein Geschehen als angenehm oder unangenehm usw..
Weil unser Verhalten von unserer Bewertung bestimmt wird, die maßgeblich vom Erleben beeinflusst ist, darum besteht immer auch die Gefahr, dass wir zu feste *Einstellungen* (attitudes) entwickeln, also fixierte seelische Haltungen gegenüber Personen, Ideen oder Sachen, verbunden mit festgelegter Wertung oder Erwartung. (vgl. das Kapitel „Wahrnehmungsprozesse" sowie das Kapitel „Sicherheit")

Was geschieht zwischen zwei Menschen, wenn es zu einer Kommunikation/Interaktion kommt?
Wenn Menschen miteinander kommunizieren/interagieren, sind sie durch Einstellungen und Erwartungen wechselseitig aufeinander bezogen, machen sich ein Bild vom Anderen und bilden sich ein Urteil über ihr Gegenüber.

Zwei Personen,
- A und B, reagieren, weil sie sich anerkannt/nicht anerkannt, sympathisch/unsympathisch usw. finden.
- A und B reagieren, weil sie in der Bewertung des Ist- und Soll-Zustandes übereinstimmen/nicht übereinstimmen.
- A und B reagieren, weil A oder B von seiner Reaktion einen Vorteil für sich erhofft.

Diese Wechselbeziehungen wirken sich immer im Binnenraum und im Außenraum aus:
- Im *Binnenraum* (intrapsychisch) fühlen sich A/B durch das Erleben bestätigt bzw. belastet. Dadurch wird das Eigenwertbewusstsein bestärkt bzw. belastet, geschwächt, gekränkt, vernichtet. Gefühle des Abgelehntseins, der Minderwertigkeit, der Unzufriedenheit führen oftmals zum Konflikt im Inneren.
- Im *Außenraum* (interpsychisch) kommt es zu einem gestalteten Miteinander, z.B. zur gemeinsamen Arbeit oder zur Ablehnung und damit zum Nebeneinander (Gleichgültigkeit) oder zum Gegeneinander. Gegenseitige oder einseitige Ablehnung, ein Gegeneinander, führt oftmals zum Konflikt im Äußeren, wird aber zugleich als innerer Konflikt erlebt.

Wenn es im Binnenraum oder im Außenraum zu einem Konflikt kommt, versuchen wir, diese unangenehme Situation zu beseitigen. Wenn wir uns im Binnenraum oder Außenraum wohl fühlen, versuchen wir, diese befriedigende Situation zu erhalten oder auszubauen. Wenn die Beseitigung einer Frustration, eines Konfliktes nicht gelingt, bzw. nicht sozial akzeptabel gelingt, besteht die Gefahr der Erlebens- und Verhaltensstörung. Wir müssen daher immer bedenken, dass Erlebens- und Verhaltensstörungen nicht nur *in der Person* begründet sind (z.B. durch hirnorganisch bedingte Störungen oder ein psychisches Trauma) sondern auch *durch das Gegenüber, durch die Umwelt* ausgelöst, bedingt, verursacht werden können.
Die folgende Zeichnung veranschaulicht den soeben beschriebenen Vorgang am Beispiel von Heilpädagogin (Hp) und Kind:

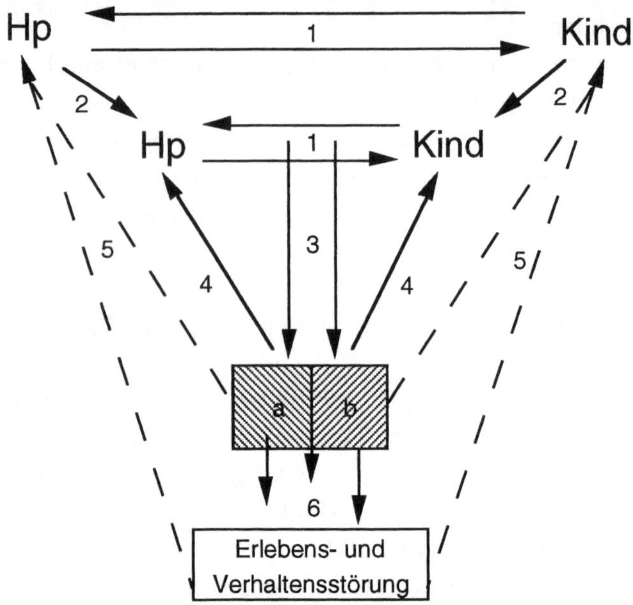

Abb. 34: Wechselbeziehungen

1 Zwischen Hp und Kind kommt es zur Kommunikation/Interaktion.

2 Hp und Kind kommen sich dadurch „näher“.

3 Diese Kommunikation/Interaktion wirkt sich positiv oder negativ auf Hp oder Kind aus, entweder im Binnenraum (a) oder im Außenraum (b).

4 Bei positiver Annäherung bzw. Wirkung der Annäherung bleibt die tragende Beziehung bestehen bzw. kommen sich Hp und Kind wiederum näher.

5 Bei negativer Annäherung, beim Konflikt im Binnen- oder Außenraum wird dieser entweder gelöst und dadurch der ursprüngliche Zustand wieder hergestellt; oder

6 der Konflikt wird nicht verarbeitet, so dass es zur Erlebens- und Verhaltensstörung kommt, die die weitere Kommunikation/Interaktion mitbestimmt.

Aufgabe der Heilpädagogin ist es,
- falsche und krankmachende (pathogene) Verknüpfungen lösen zu helfen;
- dem Kind zu ermöglichen, seine affektiven Erlebnisse so auszudrücken (= zu kodifizieren), dass es sich seiner selbst, seiner Gefühle und Motive bewusst und in die Lage versetzt wird, Probleme, die aufgrund seiner Beeinträchtigung, Behinderung oder Sozialauffälligkeit entstanden sind, entsprechend seinen individuellen Möglichkeiten angemessen zu bewältigen.

Dabei ist zu bedenken, dass jeder Äußerung des Kindes bestimmte *Ursachen* zugrunde liegen, die
- in der eigenen Person (des Kindes);
- in der Person des Partners (der Heilpädagogin);
- in einer bestimmten Situation (der Begleitung) liegen können.

Es kommt immer darauf an, welche *Rollen* die Gesprächspartner übernehmen und wie die *emotionale Bedeutung* geartet ist, die dieser bestimmten Situation beigemessen wird. Beides hängt weitgehend davon ab, ob die Situation auf Seiten des Kindes überwiegend als *Real*-Beziehung oder als *Übertragungs*-Beziehung verschlüsselt (= enkodiert) wird.

Dementsprechend verfolgt das Kind bewusst oder unbewusst das *Ziel,* in der Heilpädagogin eine gewünschte Reaktion hervorzurufen. So hat eine kommunikative/interaktive Äußerung nicht nur den Zweck einer reinen Informationsübermittlung, sondern sie beinhaltet zugleich immer auch einen *Appell,* d.h. sie fordert bewusst oder unbewusst zu einem Verhalten auf, das nach der Erfahrung des Kindes auf eine solche Äußerung eintreten sollte. Zeigt die Heilpädagogin als Empfänger die erwartete Reaktion, verstärkt sie damit das Verhalten des Kindes (Senders), das sich in Zukunft, weil es sein Ziel erreichte, ähnlich verhalten wird.

Daher ist es für die Heilpädagogin unerlässlich, die *verschiedenen Anteile des Kommunikationsgeschehens* zu bemerken und dementsprechend zu entschlüsseln (= zu dekodieren). Um dies bewerkstelligen zu können, muss man sich den Interaktions-/Kommunikationsvorgang als einen *Regelkreis* vorstellen, wie wir ihn bereits im Kapitel „Wahrnehmungsprozesse“ beschrieben haben:

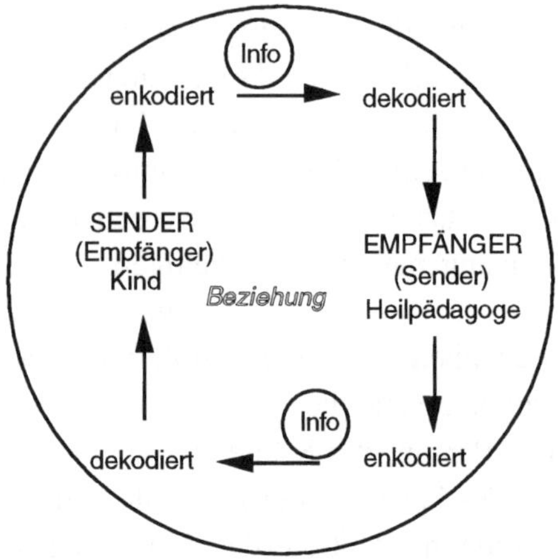

Abb. 35: Regelkreis des Kommunikations/Interaktionsprozesses

Ein SENDER (hier das Kind) übermittelt (enkodiert) eine Information (Info). Der EMPFÄNGER als Dialogpartner (hier die Heilpädagogin) entschlüsselt (dekodiert) diese. Indem die Heilpädagogin antwortet, wird sie selbst zum Sender (Sender), der nun seinerseits seine Antwort verschlüsselt (enkodiert). Der ursprüngliche Sender (das Kind) wird nun seinerseits zum Empfänger (Empfänger), indem es die Antwort entschlüsselt (dekodiert) und die *Erfahrung* macht, dass seine Information vom Empfänger auf *eine bestimmte Art und Weise* („a-sozial“) *dekodiert* worden ist. Nach einem wichtigen Axiom (Lehrsatz) der Kommunikationstheorie wird jede 'sachliche' Information (Nachricht) immer auch auf dem Hintergrund der *Beziehung* ver- und entschlüsselt, so dass man folgende Axiome (als richtig anerkannte Grundsätze der Kommuniktionstheorie) benennen kann:

1. Es ist unmöglich, nicht zu kommunizieren.
   Wenn Sie z.B. in einer Gesprächsrunde gar nichts sagen, also nichts von sich preisgeben, hinterlassen Sie einen Einruck: Man wird Sie für schüchtern, gehemmt, arrogant oder auch gelangweilt halten können.

2. Jede Kommunikation (und Interaktion) hat einen Inhalts- und einen Beziehungsaspekt, weil sie sowohl auf der *Sach- bzw. Inhaltsebene* als auch auf der *Beziehungsebene* stattfindet und zwar so, dass *die Beziehungsebene die Sachebene maßgeblich beeinflusst und daher eine Metakommunikation ist.* (WATZLAWICK/BEAVIN/JACKSON 1972, 56)
   Die gleichen Äußerungen, z.B. „na, Freundchen"; „hallo, alte Trine" könnten in einer positiv getönten Beziehung als neckende Herausforderung und eine Art freundschaftlichen Entgegenkommens, in einer negativ getönten Beziehung als bedrohliche, ironische, herabsetzende Ansprache gewertet, d.h. auf subjektiv spezifische Weise dekodiert (entschlüsselt) werden und entsprechende Reaktionen im Ansprechpartner hervorrufen. Bei der morgendlichen Begegnung von Kolleg/inn/en im Aufzug kann der Satz: „Heute ist aber auch wieder ein schöner Tag" sehr unterschiedlich aufgenommen werden. Bei Sympathie als Aufmunterung, bei Antipathie als nichtssagende Floskel.
   Je nach *Art der Beziehung* wird mein Gegenüber - hier insbesondere das Kind, der Jugendliche, die Eltern - andere Appelle, Beziehungsbotschaften und Selbstoffenbarungen heraushören und entsprechend reagieren.
3. Die Interpunktion der Partner/innen bestimmt den Ablauf der Kommunikation/Interaktion.
   Menschen neigen dazu, Ereignisfolgen (d.h. Kreisprozesse!, die bekanntlich keinen Anfang und kein Ende haben) in Ursache und Wirkung zu strukturieren. Kinder benutzen dazu häufig den Fingerzeig: „Der hat angefangen!" Wenn die Heilpädagogin sich darauf einlässt, ist sie bereits ziemlich verloren, denn in komplexen Auseinandersetzungen gibt es keinen Anfang und kein Ende. So ist es auch in der Politik: Terrorismus und Gegenschlag sind ein derartiger Kreisprozess, der auf unterschiedlichen Interpunktionen desselben Vorgangs beruht. Wenn ein Terrorakt erfolgt, wird dies getan, um die Systeme der Ausbeuter zu zerschlagen (eigene Interpunktion). Die betroffenen Staaten beschreiben diesen Vorgang als Vorbereitung oder Durchführung weiterer Ag-

gressionen, die sie zu neuen Angriffen zwingt. Beide geraten also in einen nicht enden wollenden Schlagabtausch. (vgl. auch die Auseinandersetzungen zwischen Israelis und Palästinensern, zwischen Katholiken und Protestanten in Irland usw.)

Ebenso ist es in Beziehungen zwischen Ehepartnern. Beide verstehen ihr eigenes Verhalten als Reaktion auf das Verhalten des anderen. WATZLAWICK (a.a.O.) beschreibt ein klassisches Beispiel: Der Mann: „Ich ziehe mich zurück, weil du immer nörgelst!" Die Frau: „Ich nörgele nur, weil du dich immer zurückziehst!"

In allen Beispielen ist die unterschiedliche Interpunktionsweise (die Art der Zeichengebung und eigenen Bewertung) bestimmend für das Aufrechterhalten des jeweiligen Konflikts. Die Frage nach der 'richtigen' Interpunktion („Wer hat angefangen?") ist ebenso wenig zu beantworten wie die Frage, wer zuerst da war, die Henne oder das Ei. Die Partner landen in einem Teufelskreis.

In allen Fällen beruht der sich verselbstständigende Circulus vitiosus, die Verhärtung der Fronten, in der Unfähigkeit der Kontrahenten, *über ihre Beziehung zu sprechen,* also auf ihrer Unfähigkeit, *Metakommunikation* (Kommunikation *über* ihre Kommunikation) zu betreiben. Die Frage danach, wer „angefangen" hat ist dabei völlig müßig zu erörtern, weil Kreisprozesse keinen Anfang haben. Zwar hat natürlich jede Kommunikation/Interaktion irgendwann begonnen; jedoch ist dieser Ausgangspunkt meist gar nicht mehr eindeutig festzustellen. Es besteht also prinzipiell erst dann eine Chance, die Konflikte zu lösen, wenn die beteiligten Parteien beginnen, miteinander *über* ihre Interaktion zu sprechen, also Metakommunikation zu betreiben und dabei die Frage nach dem Anfang auszuklammern.

4. Menschliche Kommunikation beinhaltet digitale und analoge Kommunikation.

   Digitale Kommunikation ist nützlich bei der Vermittlung von Informationen und erfolgt meist verbal. Über sie wird ein Sachinhalt vermittelt.

   Analoge Kommunikation ist oft nonverbal und dient der Vermittlung von Gefühlen und Stimmungen über Mimik und Gestik.

Sie ist aber häufig nicht eindeutig (z.B. Tränen der Trauer versus Tränen der Freude) und nur bedingt tauglich zur Übermittlung von Sachinformationen.

Wir können zunächst folgende Erkenntnisse zusammenfassen:

a) Jede Kommunikation (Interaktion) *basiert auf Ursachen*, die
   - in der eigenen Person (des Kindes);
   - in der Person des Partners (der Heilpädagogin);
   - in einer bestimmten Situation (Spielsequenz) liegen können.

   Sie wird dementsprechend
   auf der Ebene der *Real*-Beziehung oder
   auf der Ebene der *Übertragungs*-Beziehung kodiert und enthält somit zugleich eine *Selbstoffenbarung* des Senders.
b) Jede Kommunikation (Interaktion) ist *zielgerichtet,* beinhaltet also einen *Appell* an den Empfänger der Nachricht, entsprechend der Enkodierung des Senders zu reagieren.
c) Jede Kommunikation (Interaktion) findet sowohl auf der *Sach-/Inhaltsebene* als auch auf der
d) *Beziehungsebene* statt und zwar so, dass die Beziehungsebene als eine Metakommunikation die Sach-/Inhaltsebene maßgeblich beeinflusst, d.h. einen bestimmten Bedeutungs-Code mitliefert.

So ergeben sich für die zwischenmenschliche Kommunikation jeweils vier Seiten einer Nachricht:

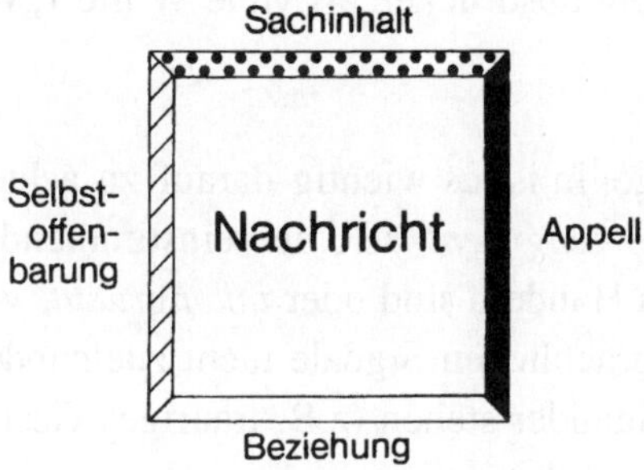

Abb. 36: Vier Seiten einer Nachricht
(aus Schulz von Thun 2001, 14)

Die mit Kommunikationsabsicht gesprochenen Worte oder gezeigten Verhaltensweisen werden folglich *in einer bestimmten Rahmen-Bedeutung* zum Beziehungsschnittpunkt von drei Größen:

1. des Senders, der auf *symptomatische* Weise eine bestimmte *Ausdrucks- bzw. Darstellungsform* wählt;
2. der Nachricht, die *(sprach-)symbolisch* nach vier verschiedenen Aspekten verschlüsselt übermittelt wird: Selbstoffenbarung, Sachinhalt, Appell, die alle vom Beziehungsaspekt beeinflusst sind;
3. des Empfängers, an den ein *Appell,* eine Aufforderung ergeht und der versucht, die Nachricht zu entschlüsseln.

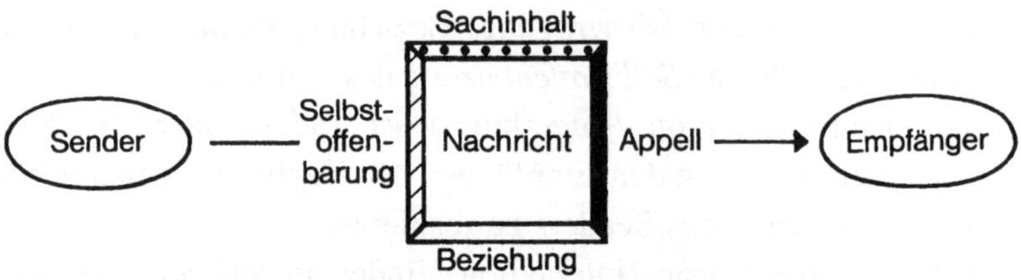

Abb. 37: Vier Seiten einer Nachricht, Sender und Empfänger
(aus Schulz von Thun 2001, 30)

Ein Grundgesetz der Kommunikationstheorie lautet: *Es ist unmöglich, nicht zu kommunizieren.* (WATZLAWICK 1969) *Alles,* was wir *tun* oder was wir *lassen,* hat kommunikativen Wert. Ich muss nichts 'sagen' um zu kommunizieren, denn jedes Schweigen ist 'beredt' und Blicke können mehr ausdrücken als viele Worte („Wenn Blicke töten könnten...")

Für die Heilpädagogin ist es wichtig darauf zu achten, ob die Mitteilungen des Kindes *kongruent,* also übereinstimmend mit seinem Ausdruck und seinem Handeln sind oder *inkongruent,* wenn die sprachlichen und nicht-sprachlichen Signale nicht zueinander passen und im Widerspruch zueinander stehen (z.B. trauriges Gesicht aber die Auskunft: „Mir geht's gut".)

Die Heilpädagogin als *Sender*
einer Nachricht sollte alle vier Aspekte gleichzeitig beherrschen. Einseitigkeit stiftet Kommunikationsstörungen. Es nützt wenig, *sachlich* im Recht zu sein, wenn man gleichzeitig *beziehungsmäßig* Unheil stiftet. Es nützt ebenso wenig, auf der Seite der *Selbstoffenbarung* eine gute Figur zu machen, aber in der *Sachbotschaft* unverständlich zu bleiben.

Die Heilpädagogin als *Empfänger*
der kindlichen Nachrichten muss nicht nur e i n sondern v i e r offene Ohren haben: Das *Sach*-Ohr, das *Beziehungs*-Ohr, das *Selbstoffenbarungs*-Ohr und das *Appell*-Ohr.

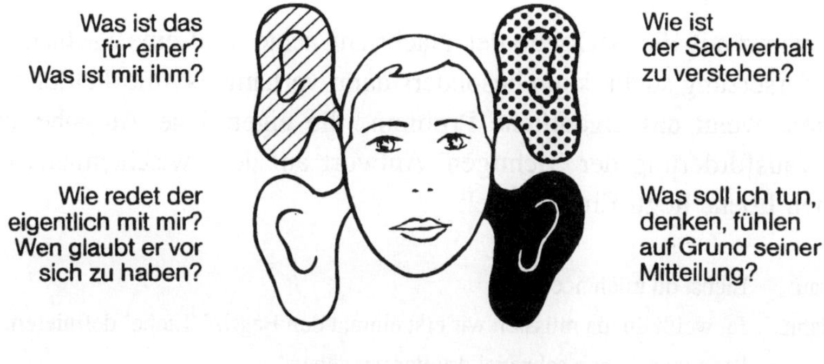

Abb. 38: Der 'vierohrige' Empfänger
(aus Schulz von Thun 2001, 45)

Die Heilpädagogin als Empfänger der Nachricht ist mit ihren zwei Ohren biologisch schlecht ausgerüstet: Im Grunde brauchte sie »vier Ohren«, je ein Ohr für jede Seite der Kommunikation/Interaktion. Je nachdem, auf welchem Ohr die Heilpädagogin besonders gut hört, ist die Empfangstätigkeit und -qualität eine andere.

Mit dem »*Sach*-Ohr« versucht die Heilpädagogin, den Inhalt der Nachricht zu verstehen: *„Wie ist der Sachverhalt zu verstehen?“*

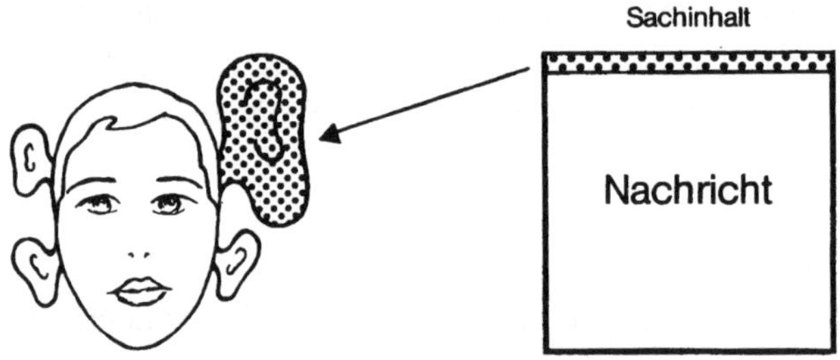

Abb. 39: Der 'sachohrige' Empfänger
(aus Schulz von Thun 2001, 47)

Wer nur auf die Sachseite der Nachricht achtet und eine Sachauseinandersetzung sucht, kann besonders dann verhängnisvolle Fehler machen, wenn das eigentliche Problem, die eigentliche Aufgabe und Herausforderung der 'richtigen' Antwort auf der zwischenmenschlichen Ebene liegt. Ein Beispiel:

Frau: Liebst du mich noch?

Mann: Ja, weißt du, da müssten wir erst einmal den Begriff 'Liebe' definieren, da kann man ja nun sehr viel drunter verstehen...

Frau: Ich mein doch nur, welche Gefühle du mir gegenüber hast...

Mann: Nun, Gefühle - das sind ja zeit-variable Phänomene, darüber gibt es keine generellen Aussagen... usw. (nach Schulz v. Thun 2001, 47)

Mit dem *Beziehungs*-Ohr ist die Heilpädagogin persönlich betroffen: *„Wie steht das Kind zu mir, was hält es von mir, wen glaubt es vor sich zu haben, wie fühle ich mich behandelt?“*

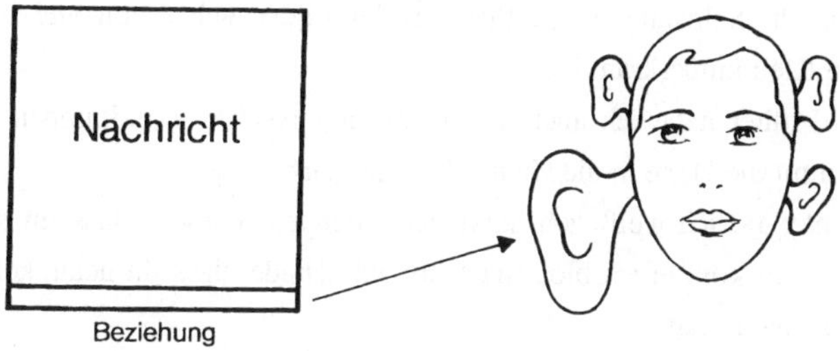

Abb. 40: Der Empfänger mit dem großen Beziehungs-Ohr (aus Schulz von Thun 2001, 52)

„Bei manchen Empfängern ist das auf die Beziehungsseite gerichtete Ohr so groß und überempfindlich, dass sie in viele beziehungsneutrale Nachrichten und Handlungen eine Stellungnahme zu ihrer Person hineinlegen oder übergewichten. Sie beziehen alles auf sich, nehmen alles persönlich, fühlen sich leicht angegriffen und beleidigt. Wenn jemand wütend ist, fühlen sie sich beschuldigt, wenn jemand lacht, fühlen sie sich ausgelacht, wenn jemand guckt, fühlen sie sich kritisch gemustert, wenn jemand weckguckt, fühlen sie sich gemieden und abgelehnt. Sie liegen ständig auf der »Beziehungslauer«.“ (SCHULZ v. THUN 2001, 51)

Die Heilpädagogin wäre mit solch einem sekundären Narzissmus (regressive Selbstliebe) keine gute Begleiterin: Sie würde das Kind und die ihr anvertrauten Personen „aus dem Auge, aus dem Sinn“ verlieren, da sie zu sehr regressiv auf sich selbst bezogen wäre, was oft nach Selbstwertkränkungen oder Liebesverlusten vorkommen kann. Sie wäre gut beraten, mittels Supervision oder Therapie ihren seelischen Haushalt zu sanieren, um wieder offen und zugewandt mit ihrem *Beziehun*gs-Ohr hören zu können, denn sehr oft hat die Beziehungs-Nachricht Selbstoffenbarungscharakter. Ein Beispiel:

Junge: (9 Jahre) Ich finde es doof hier, hier ist nichts Richtiges zum Spielen!

Hp A: (narzisstisches Beziehungsohr, denkt): O je, ich hätte wirklich daran denken sollen, für J. ein Brettspiel mitzubringen, wie es altersgerecht wäre): Hm, du langweilst dich...

Hp B: (hört die Selbstaussage, reflektiert): Du fühlst dich schon viel zu groß für den Kleinkinderkram hier.

Junge: Ja. Früher habe ich auch schon mal mit solchen Handpuppen gespielt... (nimmt die Hexe in die Hand) das war ganz lustig...

Hp A: (denkt: Ja, ich weiß, ich daran hätte denken müssen, dass du schon älter bist, was könnte ich bloß machen): Ja, schade, dass du heute keine Freude mehr daran hast...

Hp B: (denkt: Die Hexe!? Zu Hause wird er immer von seiner großen Schwester herumkommandiert; die Handpuppe scheint ihn zu interessieren): Ja, früher war das lustig, wenn der Kasper die Hexe so richtig verprügelt hat...

Junge: Au ja, das spielen wir jetzt mal. Du wärst der Polizist... und ich wär' der Kasper.

Aufgabe 115

Worin bestehen die Unterschiede in der Begleitung des Jungen durch die beiden Heilpädagogen A und B? Welche Wirkung zeigen die unterschiedlichen Herangehensweisen der Heilpädagogen, was lösen ihre Interventionen bei dem Jungen aus?

Mit dem *Selbstoffenbarungs*-Ohr ist die Heilpädagogin personaldiagnostisch tätig: *„Was ist das für ein Kind, was ist mit ihm?"*

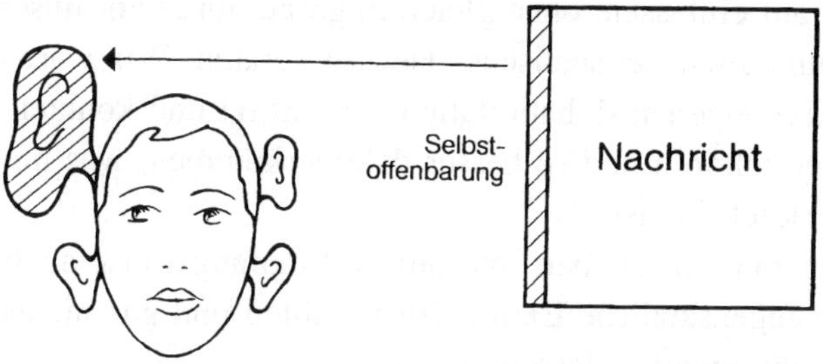

Abb. 41: Der Empfänger mit dem Selbstoffenbarungs-Ohr
(aus Schulz von Thun 2001, 54)

„Verglichen mit dem überempfindlichen Beziehungs-Ohr kann es seelisch gesünder sein, ein gut gewachsenes Selbstoffenbarungs-Ohr zu haben, welches die Nachricht unter dem Aspekt aufnimmt: »Was sagt sie mir über *dich?«*

Diese Empfangsweise kann sogar dann angebracht sein, wenn explizite Beziehungsbotschaften ankommen. Ein Beispiel aus der Familie:

Der Vater kommt gereizt nach Hause, sieht Spielzeug herumliegen und schnauzt sein Kind an: »Was ist das hier für ein Saustall, und der Dreck hier - was bist du für ein Schmierfink!«

Solange ein Kind nicht älter als fünf Jahre ist, wird es diese Nachricht mit dem Beziehungs-Ohr hören müssen, sich schlecht und schuldig fühlen und deprimiert schlußfolgern: »So einer bin ich also!«...

Ein älteres Kind hat unter Umständen die Fähigkeit, mit dem »diagnostischen« Ohr zu hören: »Er muß einen schlechten Tag im Büro gehabt haben, daß er seine Wut nun so an mir ausläßt.« Dieses Kind nimmt die wütende Nachricht des Vaters nicht auf seine Kappe, sondern bucht sie sozusagen auf der Selbstoffenbarungsseite ab. Die automatische Schlußfolgerung »So einer bin ich also« ist hier außer Kraft gesetzt und ersetzt durch »So einer bist *du* also!"«

Es wäre viel gewonnen, wenn wir die gefühlsmäßigen Ausbrüche, die Anklagen und Vorwürfe unserer Mitmenschen mehr mit dem

Selbstoffenbarungs-Ohr zu empfangen in der Lage wären. Dann könnten wir dem anderen eher seine Gefühle zugestehen, könnten uns ruhig darauf einlassen, ohne gleich in große Sorge um unsere »weiße Weste« und um unser seelisches Heil zu geraten. Wir wären weniger mit unserer eigenen Rehabilitation beschäftigt und könnten statt dessen besser zuhören und so besser dahinterkommen, was mit dem anderen wirklich los ist...
Freilich enthält die soeben empfohlene Empfangsweise auch eine Gefahr: ins gegensätzliche Extrem zu verfallen und gar nichts mehr an sich herankommen zu lassen...
Wie erwähnt, verhilft ein zusätzlich gespitztes Selbstoffenbarungs-Ohr zu der Möglichkeit, das Feedback *auch* als eine Selbstoffenbarung des Feedback-Spenders anzusehen. Manche Menschen tun hier des Guten zuviel und haben es sich angewöhnt, ausschließlich mit diesem Ohr zu hören: »Was muß das für ein Mensch sein, daß er zu einer solchen Meinung über mich gelangt!?«...
Ein ähnlicher Mißbrauch des (ausschließlichen) Selbstoffenbarungs-Ohres stellt das Psychologisieren dar. Damit ist gemeint: Eine Sachaussage nur danach zu untersuchen und zu »entlarven« welcher psychische Motor als treibende kraft dahintersteckt (»das sagst du ja nur, weil du...«) und zwar ohne das Gesagte sachlich zu würdigen... Zwar ist es richtig, daß jede sachliche Kritik *auch* eine Selbstoffenbarung des Senders enthält. Dies berechtigt aber nicht, solche Kritik ausschließlich mit dem Selbstoffenbarungs-Ohr zu hören und in der Sache keine Stellung zu nehmen.“ (SCHULZ v. THUN 2001, 54 ff.)

Mit dem *Appell*-Ohr wertet die Heilpädagogin die Frage aus:
„Wo will das Kind mich hinhaben?“,
bzw. im Hinblick auf die richtige Nutzung der Information:
„Was sollte ich am besten tun, nachdem ich die Mitteilung so wahrgenommen habe?“

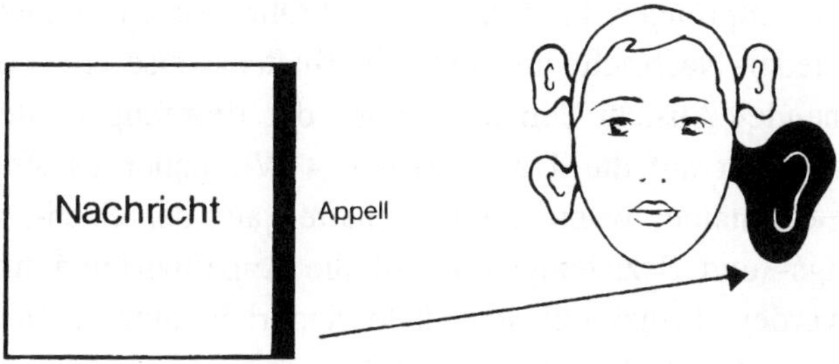

Abb. 42: Der appell-ohrige Empfänger
(aus Schulz von Thun 2001, 59)

Übermäßig appell-ohrige Empfänger sind „dauernd auf dem Sprung“, die ausgesprochenen oder auch unausgesprochenen Signale wahrzunehmen und entsprechend zu reagieren. Kinder werden oft gelobt, wenn sie 'zuvorkommend' sind. Sie entwickeln dann an einseitiges Gefühl dafür, was Erwachsene wohl gerne hätten. Damit geraten sie in Abhängigkeit und Unterwürfigkeit. Ein Beispiel:
„Ein Gast guckt sich um, der Gastgeber reagiert: »Was suchst du? Einen Aschenbecher? Warte, ich hole einen.»“ (SCHULZ v. THUN 2001, 59) Damit verliert der Empfänger die 'Antenne' für das, was er selbst will und fühlt, z.B. erst einmal mit dem Tischnachbarn den Satz beenden, ehe er sich um den Aschenbecher bemüht.
„Einem ganz anderen Gebrauch des Appell-Ohres begegnen wir bei der *finalen* (auf den Zweck hin gerichteten) Betrachtungsweise. Es war schon die Arbeitsmethode Alfred Adlers, bei auffälligen Verhaltensweisen und Krankheitssymptomen die »Wozu-Frage« zu stellen: »Wozu dient dir deine Migräne? Was erreichst du damit bei deiner Umgebung?« Adler hat uns damit die Augen dafür geöffnet, daß manches Verhalten, das eine »Störung« zu offenbaren scheint (Selbstoffenbarung), eine zunächst nicht offensichtliche Appellseite

hat, die eine (unbewußt gewünschte) Wirkung erzeugt. - »Ein final gespitztes Appell-Ohr« kann solche Vorgänge bewußt machen und kann den Empfänger davor schützen, manipuliert zu werden und durch appellmäßige Reaktionen unfreiwillig ein böses Spiel mitzuspielen...
Wenn der Empfänger das finale Appell-Ohr extrem benützt, unterstellt er jeder Nachricht und jeder Verhaltensweise eine heimliche, »berechnende« Absicht. Jemand weint - der Empfänger interpretiert »Jetzt drückt er auf die Tränendrüse«. - Wir haben es »Funktionalisierung« genannt, wenn die Botschaften auf der Sach-, Selbstoffenbarungs- und Beziehungsseite auf die Appellwirkung hin ausgerichtet werden. Prinzipiell steht jede Nachricht unter dem Funktionalitätsverdacht..." (SCHULZ v. THUN 2001, 60 f.)

Mögliche Ursachen für Störungen in der zwischenmenschlichen Kommunikation/Interaktion können also eher der Sach- bzw. Inhaltsseite, der Selbstoffenbarungsseite, der Beziehungsseite oder der Appellseite zugeschrieben werden:

1. Sachseite
   - mangelnde Sachlichkeit (Sach- versus Beziehungsseite)
   - mangelnde Verständlichkeit (einfach, gegliedert, prägnant, 'anregend')
2. Selbstoffenbarungsseite
   - Imponiertechniken
   - Fassadentechniken
   - demonstrative Selbstverkleinerung
3. Beziehungsseite
   - Projektion
   - Übertragung
   - Doppelbindung
   - unrepräsentativer Kontakt
4. Appellseite
   - unwirksame Appelle
   - verdeckte Appelle
   - paradoxe Appelle

Wir können zusammenfassen:
Jede ankommende Nachricht ist ein 'Machwerk' des *Empfängers!*
„Die Nachricht, so haben wir gesehen, «hat es in sich»: Eine Vielfalt von Botschaften auf allen vier Seiten steckt darin, teils explizit, teils implizit, teils absichtlich vom Sender hineingetan, teils unabsichtlich mit «hineingerutscht». Dieses ganze Paket kommt nun beim Empfänger an. Aber im Unterschied zu Paketen, die mit der Post ankommen, ist der empfangene Inhalt hier nicht gleich dem abgesendeten Inhalt. Wir haben gesehen, was der Empfänger allein schon dadurch mit der Nachricht alles machen kann, daß er seine vier Ohren in unterschiedlich starkem Maße auf Empfang schaltet.
Jetzt kommt noch hinzu, daß der Empfänger einige der Seiten der Nachricht in den «falschen Hals» kriegen kann. Wie kommt das?
Um zu kommunizieren, muß der Sender seine zu übermittelnden Gedanken, Absichten, Kenntnisse - kurz: einen Teil seines inneren Zustandes - in vernehmbare Zeichen übersetzen. Diese Übersetzungstätigkeit heißt: *Kodieren.* Die *Zeichen* sind es, die zum Empfänger «auf die Reise» geschickt werden. Was *nicht* mit auf die Reise gehen kann, das sind die *Bedeutungen,* die der Sender mit den Zeichen verbindet. Vielmehr ist ein empfangendes Gehirn notwendig, das in der Lage ist, Bedeutungen in die Zeichen neu hineinzulesen. Diese Empfangstätigkeit heißt: *Dekodieren.* Bei diesem Akt der Bedeutungsverleihung ist der Empfänger in starkem Maße auf sich selbst gestellt; das Ergebnis der Dekodierung hängt ab von seinen Erwartungen, Befürchtungen, Vorerfahrungen - kurzum: von seiner ganzen Person. So mag es geschehen, daß manche Botschaft überhaupt nicht ankommt (etwa wenn der Empfänger den «mürrischen Unterton» nicht mitkriegt); oder daß er mehr «hinein liest» in die Nachricht, als der Sender hineinstecken wollte (etwa wenn der Empfänger einen «Vorwurf» auf der Beziehungsseite heraushört, den der Sender nicht erheben wollte); oder daß er sich angegriffen fühlt, obwohl der Sender nur einen «lustigen» Gesprächsanlaß suchte." (SCHULZ v. THUN 2001, 61; *kursive* Hervorhebungen durch W.K.)

In der zwischenmenschlichen Kommunikation/Interaktion ist schon viel gewonnen, wenn wir uns einige Hilfsregeln merken, die besonders die Selbstoffenbarung und die verdeckten bzw. offenen Appelle betreffen:

Eindeutige Selbstoffenbarung:

1. Vertreten Sie *sich selbst* in Ihren Aussagen. Sprechen Sie per *„ich"* und nicht per „wir" oder per „man".
2. Wenn Sie eine Frage stellen, sagen Sie *warum* Sie fragen und was Ihre Frage für Sie *bedeutet.*
3. Drücken Sie Ihre *eigenen Reaktionen* aus und halten Sie sich mit Interpretationen über Ihr Gegenüber zurück.
4. Beachten Sie dabei die *Signale Ihres Körpers.* Er kann Ihnen oft mehr über Sie sagen als Ihr Verstand. (COHN, 1975)

Eine eindeutige Selbstoffenbarung ist nicht in allen Situationen sinnvoll („Herr Prüfer, ich habe nicht die geringste Ahnung von Kommunikationstheorie..."), kann aber dazu beitragen, Missverständnisse und Komplikationen in der Kommunikation zu mindern.

Verdeckte und offene Appelle:

Verdeckte Appelle

bringen *indirekt* zum Ausdruck, was ich vom Empfänger wünsche. Sie werden dann eingesetzt, wenn ich:

- Angst habe, etwas von mir preiszugeben;
- Zurückweisung befürchte;
- möchte, dass der Adressat meine Wünsche errät;
- befürchte, dass der Empfänger sich nicht traut „Nein" zu sagen, obwohl er möchte;
- die Verantwortung vermeiden möchte.

Sie sind uneindeutig, leicht zu überhören und oft gepaart mit Taktieren und Vorwürfen, z.B.: „Ich koche und spüle während der ganzen Woche!"...

Offene Appelle

bringen eindeutig zum Ausdruck, was ich vom Empfänger wünsche. Sie sind transparent und haben Informationscharakter. Sie setzen voraus, dass ich weiß, was ich möchte und ein klares „Nein“ akzeptieren kann, z.B.: „Kannst du bitte am Wochenende kochen?“

Aufgabe 116
Erinnern Sie sich an eine konkrete Situation aus den letzten Tagen, in der Sie sich von einer Person ein bestimmtes Verhalten gewünscht oder erwartet haben und es dadurch zu Unstimmigkeiten, Streit oder auch zur Nichterfüllung Ihres Wunsches kam. Mögliche Personen können sein: Ihr Partner, Ihre Partnerin, Freund oder Freundin, Vorgesetzte oder Vorgesetzter, Kollegin, Kollege, eines Ihrer Kinder, Ihre Nachbarin, Ihr Nachbar...
Lassen Sie sich Zeit, um sich möglichst genau an die jeweilige Situation zu erinnern. Beantworten Sie für sich folgende Fragen:
1. Was habe ich in der Situation erwartet oder gewünscht?
2. Was genau habe ich gesagt und getan?
3. Wie hat mein Gegenüber reagiert?
4. Wie offen schätze ich meinen Appell ungefähr ein (in %)?
5. Hätte ich meinen Appell offener zum Ausdruck bringen können? Wenn ja, wie? Wenn nein, warum nicht?

Je nachdem, welches ihrer vier Ohren die Heilpädagogin als Empfänger der Kommunikation/Interaktion *vorrangig* auf Empfang geschaltet hat, nimmt das verbale oder nonverbale „Gespräch“ einen sehr unterschiedlichen Verlauf. Oft ist der Heilpädagogin als Empfänger auch nicht bewusst, dass sie einige ihrer Ohren abgeschaltet oder „auf Durchzug geschaltet“ hat und dadurch bestimmte Weichen für das zwischenmenschliche Geschehen stellt.
Mit den folgenden Übungen können Sie Ihre ‘mehrorigen’ Qualitäten entdecken und einüben.

Aufgabe 117
Die folgenden Übungen geben Ihnen Gelegenheit, sich im Entschlüsseln von Nachrichten einzuüben.
Tragen Sie bitte in das entsprechende Feld ein, wie *Sie als Empfänger* der Mitteilung jeweils antworten würden.

Vergleichen und erläutern Sie Ihre Ergebnisse mit Ihren Gesprächspartnern.

PS: Denken Sie bitte daran, dass jede Nachricht immer vierseitig ist und vermeiden Sie, wenn Sie Rückmeldungen zu Ihren Ergebnissen bekommen, einseitig nur auf dem Beziehungs-Ohr zu hören!

Der SENDER *intendiert* *seine Aussage als:*	***Der EMPFÄNGER*** *versteht* *die Aussage als:*			
	Selbstoffenbarung	***Sachinhalt***	***Appell***	***Beziehungsausdruck***
	Antwort 1	Antwort 2	Antwort 3	Antwort 4
Selbstoffenbarung "Dann wird es ja nun doch nichts mit unserem gemeinsamen Ausflug." →				
Sachinhalt "Das Bier ist übrigens alle." →				
Appell: (während einer Autofahrt): "Die Ampel da hinten ist grün!" →				
Beziehungsausdruck: "Soll ich dir helfen?" →				

Aufgabe 118

Tragen Sie bitte wieder in das entsprechende Feld ein, wie Sie als Empfänger antworten würden, je nachdem wie der Sender die Nachricht intendiert und wie Sie die Nachricht verstehen.

Der SENDER *intendiert* *seine Aussage als:*	***Der EMPFÄNGER*** *versteht die Aussage als:* ***Selbstoffenbarung*** Antwort 1	***Sachinhalt*** Antwort 2	***Appell*** Antwort 3	***Beziehungsausdruck*** Antwort 4
Selbstoffenbarung "Sie wollen immer in allem Recht behalten!" →				
Sachinhalt "Die Erzieher sind alle blöd." →				
Appell: "Ich kann die Aufgabe überhaupt nicht!" →				
Beziehungsausdruck: "Ich weiß nicht, wie ich das verstehen soll!" →				

Aufgabe 119

Tragen Sie bitte wieder in das entsprechende Feld ein, wie Sie als Empfänger antworten würden, je nachdem wie der Sender die Nachricht intendiert und wie Sie die Nachricht verstehen.

Der SENDER *intendiert* *seine Aussage als:*	***Der EMPFÄNGER*** *versteht die Aussage als:* ***Selbstoffenbarung***	***Sachinhalt***	***Appell***	***Beziehungsausdruck***
	Antwort 1	Antwort 2	Antwort 3	Antwort 4
Selbstoffenbarung "Ich habe kein Taschengeld mehr." →				
Sachinhalt "Weißt du, wie alt ich bin?" →				
Appell: "Diesmal bin ich es aber nicht gewesen!" →				
Beziehungsausdruck: "Kennst du meine Telefonnummer?" →				

Aufgabe 120

Tragen Sie nun bitte als Sender drei eigene Aussagen (mit bestimmter *eigener* Intention) in das entsprechende Feld ein. Geben Sie Ihre Aussagen an eine/n Gesprächspartner/in und bitten Sie darum, als Empfänger/in zu antworten und dabei die *vermutlich* von Ihnen gewählte Intention anzukreuzen. Vergleichen und diskutieren Sie dann das Ergebnis.

Der SENDER intendiert seine Aussage als:	***Der EMPFÄNGER*** versteht die Aussage als:			
	Selbstoffenbarung Antwort 1	***Sachinhalt*** Antwort 2	***Appell*** Antwort 3	***Beziehungsausdruck*** Antwort 4
Selbstoffenbarung				
Sachinhalt				
Appell:				
Beziehungsausdruck:				

Aufgabe 121
Nachdem Sie sich im Entschlüsseln von Botschaften geübt haben, auch einmal als „Sender" tätig gewesen sind und dabei Ihre unterschiedlichen „Ohren" weit aufgemacht haben, können Sie nun anhand der folgenden Beispiele versuchen herauszufinden, mit welchem Ohr Sie besonders geübt oder auf welchem Ohr Sie eher „taub" sind.

Warum ist diese Kommunikation gescheitert? Warum konnte sich in so kurzer Zeit eine derartige Klimavergiftung einstellen? Analysieren Sie bitte die folgende Situation mit Hilfe des Kommunikationsmodells:

a) Die erste Äußerung der Mutter, von der das Gespräch seinen Ausgang nimmt, enthält auf den vier Seiten etwa folgende Botschaften...
b) Wie reagiert die Tochter auf dieses Nachrichten-'Paket'?
c) Wie hätte die Tochter in ihrer ersten Reaktion 'richtig', sprich angemessen antworten können?

Mutter: Und zieh dir 'ne Jacke über, ja! - Es ist kalt draußen!

Tochter: (in etwas patzigem Tonfall): Warum denn? Ist doch gar nicht kalt!

Mutter: (Ist ein bisschen ärgerlich; nicht nur über den patzigen Ton, sondern auch über so viel Unvernunft der Tochter, und ist mehr denn je davon überzeugt, dass sie dafür sorgen muss, dass sich die Tochter vernünftig verhält): Aber Moni, wir haben nicht einmal 10 Grad, und windig ist es auch.

Tochter: (heftig) Wenn du mal aufs Thermometer geguckt hättest, dann wüsstest du, dass es sehr wohl 10 Grad sind - es sind sogar 11 1/2!

Mutter: Du hörst ja, was ich dir sage: Du ziehst jetzt die Jacke an!

Tochter: (Ist stark empört über einen derartigen Befehlston und verlässt in hochgradigem Zorn die Wohnung - natürlich ohne die Jacke).
(nach Schulz v. Thun 2001, 48 f.)

Aufgabe 122

Was ist zwischen Vater und Tochter vorgefallen?

Versuchen Sie eine möglichst genaue Analyse der Situation nach Ihren bisherigen Erfahrungen und Erkenntnissen, indem Sie die verschiedenen „Ohren" von Vater und Tochter in Worte fassen nach ihrer Bedeutung im Sach-, Selbstoffenbarungs- Beziehungs- und Appellaspekt.

Tauschen Sie anschließend Ihre Ergebnisse aus. Nutzen Sie bei den Rückmeldungen und Mitteilungen Ihrer Gesprächspartner sogleich Ihre verschiedenen „Ohren" und bemerken Sie wiederum, mit welchem Ohr Sie z.B. auf Kritik an Ihren Ergebnissen besser oder schlechter hören!

Jane: Tschüs. Ich gehe jetzt zur Schule.

Vater: Es regnet, und du hast keinen Regenmantel an.

Jane: Ich brauche ihn nicht.

Vater: Du brauchst in nicht! Du wirst nass werden und deine Sachen ruinieren oder dir einen Schnupfen holen.

Jane: So sehr regnet es nicht.

Vater: Und ob es das tut!

Jane: Also, ich will keinen Regenmantel anziehen, es ist blöd, mit einem Regenmantel herumzulaufen.

Vater: Ich möchte es aber.

Jane: Ich hasse diesen Regenmantel - ich will ihn nicht tragen. Wenn du mich dazu zwingst, bin ich wütend auf dich.

Vater: Ach, ich geb's auf. Geh ohne Regenmantel zur Schule. Du wirst schon sehen, was du davon hast, was soll ich mich mit dir streiten.

(nach Th. Gordon 1974, 149 f.)

Aufgabe 123

Versuchen Sie nun nochmals eine möglichst genaue Analyse der Situation nach Ihren bisherigen Erfahrungen und Erkenntnissen, indem Sie die verschiedenen „Ohren" von Vater und Tochter in Worte fassen nach ihrer Bedeutung im Sach-, Selbstoffenbarungs- Beziehungs- und Appellaspekt.

Tauschen Sie anschließend Ihre Ergebnisse aus. Nutzen Sie bei den Rückmeldungen und Mitteilungen Ihrer Gesprächspartner wieder Ihre verschiedenen „Ohren" und bemerken Sie erneut, mit welchem Ohr Sie besser oder schlechter hören!

Jane. Tschüs. Ich gehe jetzt zur Schule.

Vater: Es regnet draußen, und du hast deinen Regenmantel nicht an.

Jane: Den brauche ich nicht.

Vater: Ich finde, es regnet ziemlich heftig, und ich bin in Sorge daß du deine Sachen ruinieren und dir einen Schnupfen holen wirst, und das wird dann uns angehen.

Jane: Also, ich will meinen Regenmantel nicht anziehen.

Vater: Das klingt ja, als ob du deinen Regenmantel unter keinen Umständen anziehen willst.

Jane: Stimmt. Er ist absolut blöd!

Vater: Du kannst deinen Regenmantel nicht ab.

Jane: Ja, er ist kariert.

Vater: Hm, irgend etwas gefällt dir an karierten Regenmänteln nicht?

Jane: Ja, in der Schule trägt niemand einen karierten Regenmantel.

Vater: Du möchtest nicht die einzige sein, die was anderes trägt.

Jane: Bestimmt nicht. Alle tragen einfarbige Regenmäntel - entweder weiße, blaue oder grüne.

Vater: Aha. Na, da haben wir ja einen richtigen Konflikt. Du willst deinen Regenmantel nicht anziehen, weil er kariert ist, aber ich will gewiß nicht die Rechnung der Reinigung bezahlen, und mir wird nicht wohl sein, wenn du dich erkältest. Was sollen wir machen? Fällt dir eine Lösung ein, die wir beide akzeptieren können?

Jane (Pause): Vielleicht könnte ich heute Mamis Automantel leihen?

Vater: Wie sieht der aus? Ist er einfarbig?

Jane: Ja, er ist weiß.

Vater: Glaubst du, sie wird ihn dich heute anziehen lassen?

Jane: Ich will sie fragen. (Kommt nach ein paar Minuten mit dem Automantel wieder; die Ärmel sind zu lang, aber sie schlägt sie um.) Mami hat nichts dagegen.

Vater: Bist du zufrieden mit dem Ding?

Jane: Natürlich, er ist prima.

Vater: Na, ich bin überzeugt, daß du darin trocken bleiben wirst. Wenn du also mit dieser Lösung zufrieden bist, bin ich es auch.

Jane: Dann bis später.

Vater: Bis später. Schönen Tag in der Schule. (nach Th. Gordon 1974, 188 f.)

Nachdem Sie die drei Beispiele analysiert haben, können wir unsere Ergebnisse nochmals abgleichen. Beginnen wir mit dem letzten Beispiel (Aufgabe 122).

Was ist hier geschehen? Offenbar lösten Jane und ihr Vater ihren Konflikt zur beiderseitigen Zufriedenheit. Er wurde außerdem sehr schnell gelöst. Der Vater brauchte keine Zeit zu vergeuden und ein beschwörender Bittsteller zu sein, der seine Lösung an den Mann zu bringen versucht, wie es beim zweiten Beispiel geschah. *Macht* spielte nicht mit hinein - weder auf der Seite des Vaters noch auf der Seite Janes'. Nach der Lösung des Problems gingen beide mit herzlichen gegenseitigen Empfindungen auseinander. Der Vater konnte sagen: Ich wünsche dir einen schönen Tag in der Schule, und es wirklich so meinen, und Jane vermochte ohne Angst oder Verlegenheit wegen eines karierten Regenmantels in die Schule zu gehen. Das Kommunikations-Quadrat sieht so aus:

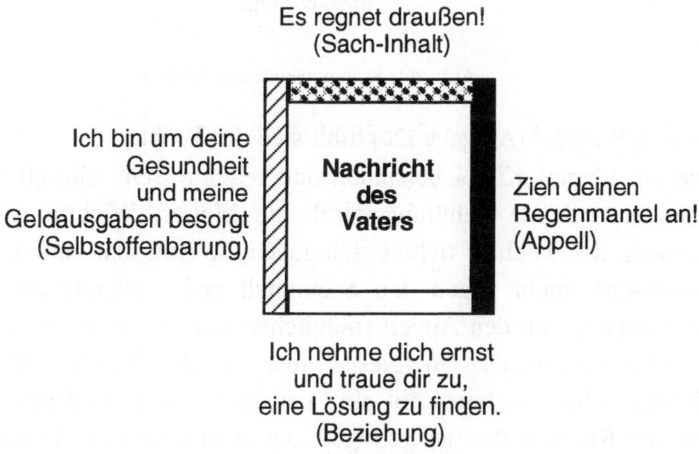

Abb. 43: Kommunikationsquadrat 1

Im zweiten Beispiel (Aufgabe 121) hat die Tochter die Einstellung: „Ich will meinen Willen durchsetzen und werde kämpfen, um das zu erreichen." Dabei schlägt sie die Besorgnisse ihres Vaters in den Wind und hat weder Rücksicht noch Achtung gegenüber seinen Bedürfnissen. So gerät das Gespräch zu einem *Machtkampf,* bei dem die Durchsetzung des eigenen Willens auf Kosten sowohl der Sache (Erkältungsrisiko und Reinigungsgeld) als auch auf Kosten der Gefühle des Gesprächsparnters geht. Das Kommunikations-Quadrat sieht so aus:

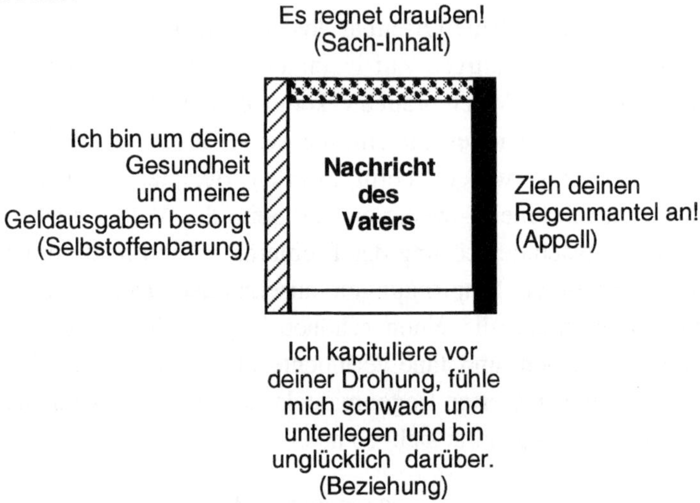

Abb. 44: Kommunikationsquadrat 2

Im ersten Beispiel (Aufgabe 120) fühlt sich die Tochter „«wie ein kleines Kind» behandelt und reagiert sehr allergisch auf die bevormundende Behütung durch die Mutter. Wichtig ist: Die Ablehnung der Tochter richtet sich gegen die Botschaft auf der Beziehungsseite, nicht gegen den Sachinhalt und vielleicht auch gar nicht einmal gegen den Appell (möglicherweise hatte sie selbst vor, die Jacke anzuziehen). *Reagieren* aber tut die Tochter auf den Sachinhalt - hier widerspricht sie («ist doch gar nicht kalt»). Nun wurde der Konflikt dort ausgetragen, wo er überhaupt nicht vorhanden war, nämlich auf der Sachebene. Es wurde über Temperaturen

verhandelt, während es doch in Wahrheit um die *Beziehung* zwischen Mutter und Tochter ging. (SCHULZ v. THUN 2001, 49)
Das Kommunikations-Quadrat sieht so aus:

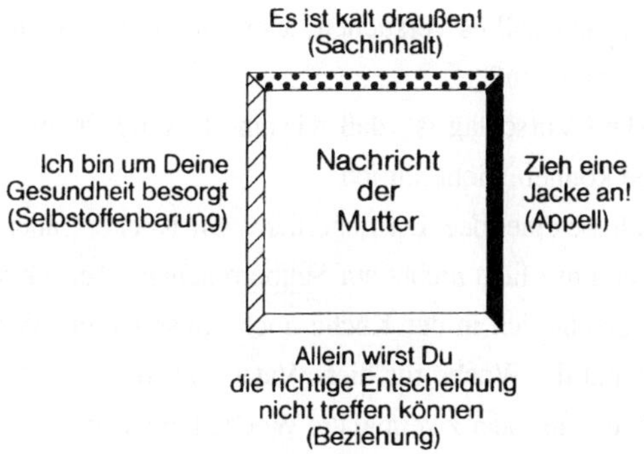

Abb. 45: Kommunikationsquadrat 3
(aus Schulz v. Thun 2001, 50)

„Zur Vermeidung dieses Fehlers hätte die Tochter in ihrer ersten Reaktion antworten können: «Ich finde deinen Vorschlag nicht verkehrt, aber hör auf, mir solche Anweisungen zu geben; ich fühle mich dann wie ein kleines Kind behandelt.» Dies wäre ein gutes Beispiel für «mehrseitiges» Kommunizieren gewesen. Die Tochter hätte auf diese Weise zum Ausdruck gebracht, daß es ihr nicht um die Frage «Jacke oder nicht Jacke» zu tun ist, sondern um den Wunsch, ohne Bevormundungen eigene Entscheidungen in eigener Sache zu treffen. Nicht, daß damit der Konflikt aus der Welt wäre; aber die Auseinandersetzung fände an der richtigen Stelle statt." (SCHULZ v. THUN 2001, 49 f.)
Ein Beispiel gelungener Kommunikation/Interaktion soll dies verdeutlichen:

Mutter: Linda, ich habe es satt, ständig wegen deines Zimmers an dir herumzunörgeln, und ich bin sicher, auch du bist es müde, dass ich deswegen hinter dir her bin. Von Zeit zu Zeit räumst du mal auf, aber meistens steht alles auf dem Kopf, und ich bin wütend. Laß es uns anders versuchen. Wir wollen uns bemühen, eine Lösung zu finden, die wir beide akzeptieren werden - eine, mit der wir beide zufrieden sind. Ich mag dich nicht zwingen, dein Zimmer aufzuräumen, und dich dann deswegen unglücklich sehen, aber ich mag mich auch nicht belastet und unbehaglich fühlen und deswegen ärgerlich mit dir sein. Wie könnten wir dieses Problem ein für allemal lösen? Willst du es versuchen?

Linda: Na schön, ich will es versuchen, aber ich weiß, das Ende wird sein, daß ich aufräumen muß.

Mutter: Nein. Mein Vorschlag ist, daß wir eine Lösung finden, die wir beide akzeptieren können, nicht nur ich.

Linda: Gut, ich habe eine Idee. Dir liegt nichts am Kochen, aber du machst gerne sauber, und mir liegt nichts am Saubermachen, aber ich koche gerne. Außerdem möchte ich in der Küche noch etwas lernen. Wie wäre es, wenn ich zweimal die Woche für dich, Vater und mich das Abendessen koche, während du ein- oder zweimal die Woche mein Zimmer saubermachst?

Mutter: Meinst du, das würde funktionieren - wirklich?

Linda: Ja, mir würde es richtig Spaß machen.

Mutter: In Ordnung, dann wollen wir es versuchen. Heißt das, daß du auch das Geschirr abwäschst?

Linda: Natürlich.

Mutter: Gut. Vielleicht wird dein Zimmer jetzt nach meinen Vorstellungen saubergemacht werden. Schließlich werde ich es selbst tun.

(nach Th. Gordon 1974, 189 f.)

Aufgabe 124

Versuchen Sie bitte, die Nachrichten von Mutter und Tochter *im Verlauf des Gespräches* anhand der beiden Kommunikations/Interaktions-Quadrate mit Pfeilen zu verbinden und zwar so, dass Sie jede Kommunikation/Interaktion wechselseitig (<–>) kennzeichnen. Sie werden dann ein Netz von Verbindungslinien erhalten und können daran erkennen, ob die Nachrichten so wie sie vom Sender *intendiert* waren, auch vom Empfänger *verstanden* wurden oder ob Enkodierung und Dekodierung fehlerhaft, also mit „einem anderen Ohr" erfolgten.

Vergleichen Sie bitte anschließend Anzahl und Verlauf Ihrer Verbindungslinien zu den einzelnen Aussagen von Mutter und Tochter.

Wenn Sie möchten, können Sie auch die vorherigen Beispiele anhand von Doppelquadraten auswerten, um sich die einzelnen Schritte im Kommunikations/Interaktionsgeschehen noch deutlicher vor Augen zu führen.

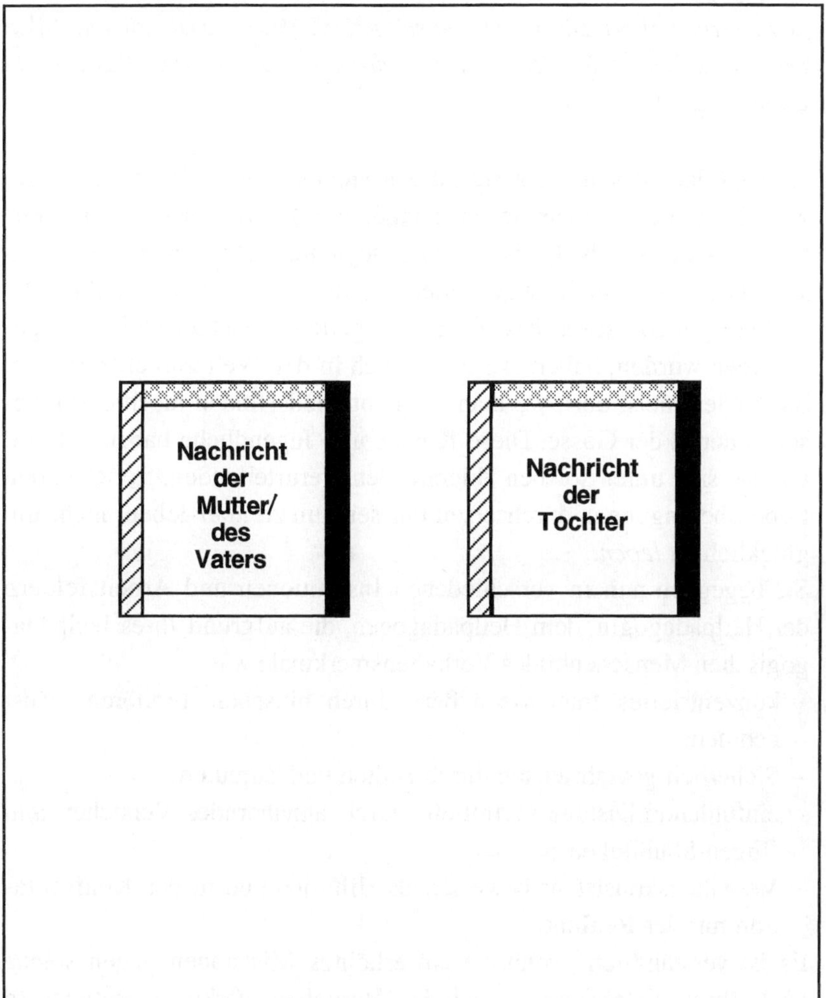

Abb. 46: Doppelquadrate

PS: Anhand der Beispiele konnten Sie sich vielleicht selber in der einen oder anderen Rolle wieder erkennen, als Kind, Mutter, Erzieherin, Heilpädagogin oder Heilpädagoge. Ich finde es spannend, solche Entdeckungen zu machen und bin öfter überrascht, welche Erkenntnisse ich gewinne. Ich finde das sehr entlastend und beflügelnd und es macht mir Spaß, in meiner Arbeit wie im Privatleben, damit umzugehen, weil sich mir im Umgang mit meinen Mitmenschen viele neue Wege und überraschende Erlebnisse erschließen, die mich sehr bereichern. Das wünsche ich Ihnen auch!

Anhand der Beispiele hat sich Ihnen vielleicht auch der etwas ungewöhnliche oder sogar missverständliche Begriff des „a-sozialen" Handelns für die heilpädagogische Begleitung etwas mehr erschlossen. Kinder, die nicht angemessen für ihr Lebensalter und Ihr körperlich, geistig, seelisches Vermögen geliebt, geachtet und ernst genommen wurden, haben es schwer, sich in der Welt zurechtzufinden. Sie landen meist dort, wo man sie nicht wiederfinden möchte: im Abseits oder in der Gosse. Diese Kinder und Jugendliche haben gelernt, wie sie sich unter solchen ablehnenden, verurteilenden, verletzenden Lebensbedingungen durchsetzen müssen, um zu *über*-leben, nicht um glücklich zu *leben.*

Sie begegnen nun in verschiedenen Institutionen und Arbeitsfeldern der Heilpädagogin, dem Heilpädagogen, die aufgrund ihres heilpädagogischen Menschenbildes Verhaltensmerkmale wie

- konzentriertes Interesse äußern durch hinsehen, hinhören, ernst nehmen;
- Sicherheit gewährleisten durch Halten und Zumuten,
- einfühlende Distanz vermitteln durch annäherndes Verstehen *und* 'Eigen-Ständigkeit';
- Verhaltenskonsistenz beweisen als Hilfs-Ich und in der Konfrontation mit der Realität.

Es ist verständlich, wenn sie ein erhöhtes Misstrauen gegen solche nach Ihrer Erfahrung „a-soziale" Verhaltensmerkmale entwickeln und prüfen wollen, ob ihnen wirklich jemand gegenüber steht, der es *ernst* mit ihnen meint und der tut was er sagt.

Anhand der Beispiele werden Sie auch erkannt haben, dass es nicht „die beste Standard-Lösung“ für ein Problem gibt. *Erziehung* ist im Wesentlichen angemessen gestaltete *Beziehung*. Eine solche Beziehung können wir nur *mit dem Kind, dem Jugendlichen in einem „fördernden Dialog“* erreichen, wenn wir im *„szenischen Verstehen“* geschult sind und unsere „vier Ohren“ offen halten. Dies gilt sowohl für den kollegialen und fachlichen Umgang miteinander und - wie gesagt - erst recht für die im wahrsten Sinne des Wortes ‘Not’-wendige *Auseinander-Setzung* mit dem beeinträchtigten Kind und Jugendlichen. Wir können sagen: Wer sich nicht auseinandergesetzt hat, kann sich auch nicht zusammenraufen; die Partner landen sonst im Gegeneinander, führen also Krieg und verletzten sich dabei; oder im Nebeneinander und - wie sie vielleicht aus eigener Erfahrung wissen - es gibt nichts Schlimmeres für den Menschen, als „nicht gesehen“ oder „übersehen“ und damit nicht geachtet sondern missachtet zu werden.

Halten wir also fest: Es gibt nicht die objektiv „beste“ Lösung, mit anderen Worten keine „Rezepte“, wie Kommunikation/Interaktion glücken kann. Es gibt immer nur - dialogisch miteinander erarbeitet *- eine für uns in unserer Beziehung und unserem (heil-) pädagogischen Milieu in dieser Situation für dich und mich mögliche, weil erträgliche und sinnvolle Erfüllung von Aufgaben im Rahmen unserer vereinbarten Regeln und Grenzen.*

In den o.g. Beispielen wären ebenfalls ganz andere Lösungen möglich gewesen, die den beteiligten Partnern hätten einfallen können, z.B. hätte Jane den Regenschirm nehmen können, der Vater hätte sie zur Schule fahren können, sie hätte an diesem Tag den karierten Mantel tragen können und sich später einen neuen einfarbigen kaufen dürfen usw.

Aus diesem Grund möchte ich Ihnen gern noch einmal folgende wichtige Aussage ins Gedächtnis rufen, die Sie bereits im Kapitel 1.3 „Beziehungsgestaltende Grundlagen“ durchdacht haben:

Aufgabe der Heilpädagogin ist folglich die existentielle, *personale heilpädagogische Beziehungsgestaltung* auf der Real- wie Übertra-

gungsebene. Es kann daher niemals die heilpädagogische Fragestellung sein:
„Wie ändert man ein kindliches Störverhalten?, sondern:
wie stelle ich mich einem Kind dar, dass es mich in einer Art und Weise erlebt, die ihm ein angemesseneres Verhalten ermöglicht? Existentiell ausschlaggebend ist (...) jene Wirklichkeit, die Kind und Erzieher *gemeinsam* und in *derselben Weise* zu erfahren imstande sind. Verstehen gründet im gemeinsamen Erleben.“ (KOBI 1993, 61)
Dieses gemeinsame Erleben, das zum Verstehen führt im Durcharbeiten und Durchhalten schwieriger Entwicklungsprozesse auf dem Lebensweg des Kindes kann für die Heilpädagogin bedeuten, für kurze oder lange Dauer nicht nur *Begleiterin* zu sein, sondern auch *Betreuerin* oder *Beistand* für das Kind zu werden, je nach der Bedürftigkeit des Kindes und der Notwendigkeit in der Lebenssituation. Aufgabe der Heilpädagogin, des Heilpädagogen ist die (Wieder-) Herstellung eines angemessenen, möglichst ‘normalen’ Lebens des beeinträchtigten, behinderten Kindes, Jugendlichen und ihrer Bezugspersonen, nach dem Motto: „ So wie du könnte ich auch leben, es würde mir an nichts fehlen, was für mein Leben wichtig wäre!

Um sich dem Kind als hilfreicher Dialog-Partner anbieten zu können, muss die Heilpädagogin die *Vielschichtigkeit des Bedeutungsgehalts* der kindlichen Ausdrucksformen möglichst angemessen entschlüsseln, um vor allem den *Appellcharakter* einer Aussage erkennen und entgegen der konventionellen Erwartung *(Übertragung)* beantworten zu können. Dieses Verhalten hat das Ziel, das Kind in seiner augenblicklichen Einstellung, die zu Konflikten mit der Umwelt führt, zu *verunsichern,* anstatt es darin zu bestärken. Ziel ist es, dem Kind Modelle anzubieten um Handlungsweisen zu erlernen, die es ihm ermöglichen, von einem konfliktreichen Verhalten zur Verringerung der Konflikte zu gelangen. Dabei ist sich die Heilpädagogin darüber im Klaren, dass der *Ausdrucksgehalt einer (spielerischen, übenden, malerischen, nonverbalen und verbalen) Aussage nie eindeutig, sondern mehrdeutig ist,* also nur einen gewissen Wahrscheinlichkeitscharakter hat, den die

Heilpädagogin aufgrund Ihrer anamnestischen und diagnostischen Vorinformationen sowie aufgrund der aktuellen Situation annähernd entschlüsseln kann.

Zugleich wird sich die Heilpädagogin bemühen, den *Anteil ihres eigenen gefühlsmäßigen Erlebens* beim Verständnis der kindlichen Kommunikations- und Interaktionsformen zu *erkennen.* Sie wird sich der Verknüpfungen zwischen ihren eigenen psychischen Zuständen und Ausdrucksmöglichkeiten bewusst werden, die sie in ihrer eigenen Lebensgeschichte gelernt hat *(Gegenübertragung),* um aufgrund dieser Unterscheidung die dem Kind angemessenen Ausdrucksformen zu finden.

In schematischer Gegenüberstellung können wir uns den Ablauf des Geschehens folgendermaßen vor Augen führen:

Kind	**Heilpädagogin**
1. Fragt, ob es etwas tun darf... (enkodiert eine Information) –>	
	2. Antwortet: „Du bist dir unsicher, ob du das hier darfst..." (dekodiert die Information [ohne konventionell mit „ja" oder „nein"] zu antworten)
3. (Macht die Erfahrung, dass seine enkodierte Information von der Heilpädagogin auf eine bestimmte Art und Weise dekodiert wird. Es lernt, welche Verhaltensweisen (Antworten) es durch seine Mitteilung bei der Heilpädagogin hervorruft, d.h. welchen *Appellcharakter* seine Frage hat und bemerkt seine *Gefühle als Auslöser* von Verhalten)	<–

Abb. 47: Heilpädagogische Dekodierung

Die Schwierigkeiten heilpädagogischen Handelns in der Situation bestehen also darin, dass die Heilpädagogin

1. dem Kind antworten muss;
   dabei muss sie sich entscheiden, wie sicher sie sich ihres Erklärungsversuches ist;
2. versuchen muss, die Antwort so zu formulieren, dass sie *nicht* das bisherige Erleben und Verhalten des Kindes verstärkt;
3. offen sein muss für neue Informationen, um ihr Verständnis über die kindlichen Ausdrucksformen zu stützen oder zu korrigieren.

Das Kind...
stellt den *Bedeutungsgehalt einer Aussage, einer Frage, eines Spieles, eines Bildes* auf *verschiedenen Ebenen* dar. Jede Äußerung ist zunächst eine reine

Darstellung eines Sachverhalts, (auf der Sach- bzw. Inhaltsebene),
es wird eine Frage gestellt, eine Tatsache, ein Erlebnis, ein Gefühl mitgeteilt.

Für jede Äußerung des Kindes gibt es weiterhin bestimmte

Ursachen. Diese können
a) in der *Persönlichkeit des Kindes selbst*
b) in der *Persönlichkeit der Heilpädagogin*
c) in der *Real-* bzw. der *Übertragungsbeziehung zwischen beiden* begründet sein.

Jede Äußerung wird zudem in einer

bestimmten Situation gemacht.
Es kommt darauf an,
a) welche Rollen Kind und Heilpädagogin übernehmen;
b) welche emotionale Bewertung dieser bestimmten Situation beigemessen wird.

Das Kind verfolgt bewusst oder unbewusst das

Ziel
in der Heilpädagogin eine (aufgrund seiner Erfahrungen und Vorstellungen) erwünschte Reaktion hervorzurufen. Entspricht die Heilpädagogin diesem Ziel, verstärkt sie damit das kindliche Verhalten und es tritt keine Veränderung ein.

Die Heilpädagogin...
bemüht sich, die Aussage des Kindes zu entschlüsseln und dabei *richtig zu verstehen,* indem sie die *verschiedenen Ebenen* der kindlichen Mitteilung zu erfassen versucht,

a) den Sachgehalt und die Darstellungsform;
b) die Ursache sowie
c) das Ziel bzw. den Zweck.

Ein *optimales Verständnis* kann die Heilpädagogin dann erreichen, wenn ihre

- *Vorerfahrung* mit der des Kindes weitgehend übereinstimmt;
- wenn sie *mit großer Aufmerksamkeit* und *konzentriertem Interesse* zuhört und dabei weitgehend
- *persönliche Interpretationen* wie selektive, auf persönliche Bedeutungen gerichtete Aufmerksamkeit ausschließt. Sie sollte
- *persönliche Deformierungen* z.B. durch eigene Stimmungen, unbewusste Voreingenommenheit, Angst usw. und *die Bewertung des Inhalts einer Aussage* durch ein eigenes, subjektives Bezugssystem von Meinungen und Anschauungen weitgehend vermeiden, damit das Kind so „antworten" kann, wie es seinem Verständnis entspricht.

Aufgabe 125
Am Besten wiederholen Sie noch einmal, was Sie als Heilpädagogin berücksichtigen müssen, wenn sie den *Bedeutungsgehalt* einer kindlichen Mitteilung voll erfassen wollen, um es sich zu merken.

Warum ist es für den heilpädagogisch-therapeutischen Prozess wichtig, dass Sie als Heilpädagogin sich bemühen, die *Ursachen,* die *Ausgangssituation* und den *Zweck* einer kindlichen Mitteilung zu erkennen?

8.1 Sachgehalt und Darstellungsform in Äußerungen des Kindes

Nach den Erkenntnissen der Kommunikationstheorie besteht jede Kommunikation aus zwei Aspekten, bzw. ist durch zwei Ebenen gekennzeichnet, die miteinander in einem bestimmten Bedingungsverhältnis stehen.

Aufgabe 126
Notieren Sie bitte die zwei Ebenen der Kommunikation und beschreiben Sie das Bedingungsverhältnis der beiden Ebenen zueinander.

Wenn wir die Äußerungen des Kindes in der heilpädagogische Begleitung analysieren wollen, müssen wir die beiden Ebenen gut im Auge behalten.
Zunächst ist bei jeder Äußerung der *Inhalt* wichtig.
Beim *Inhalt* jeder Mitteilung - so auch des kindlichen Verhaltens im Spiel - interessieren besonders zwei Aspekte:
a) der *Sachgehalt;*
b) die *Darstellungsform.*

Der Sachgehalt
kann z.B. das Spiel, können bestimmte Übungen in der Stunde sein oder auch Themen außerhalb der Stunde betreffen, z.B. Freunde, Streit mit den Geschwistern, die Scheidung der Eltern, interessante Buch-, Film- Videospielinhalte usw..
Die Heilpädagogin *beobachtet* (teilnehmend) diese Mitteilungen und *klassifiziert den Sachgehalt,* indem sie zunächst einmal feststellt, welche Inhalte häufig oder selten auftreten.
Die Klassifizierung kann schon ein *Hinweis* auf *spezielle Konflikte* des Kindes sein.
(Matscht ein etwa siebenjähriges Kind z.B. häufig bei jeder Gelegenheit herum, so könnte man vermuten, dass es sich hier um einen konfliktgeladenen Bereich handelt).

Der Sachgehalt wird immer *in einer bestimmten Art und Weise mitgeteilt und dargestellt.* Dies bezeichnen wir als

Die Darstellungsform
der kindlichen Äußerung. Das Kind kann sich in einem bestimmten Tonfall, in Form aggressiver Spielhandlungen, durch Äußern von Hilflosigkeit, Freude, durch Springen und Tanzen, durch Schmollen und Fäusteballen usw. in der Mimik und Gestik und nicht zuletzt in einer sprachlichen Form, z.B. in der Auswahl der Worte und im Satzbau (Frage, Befehlston, Ausruf) äußern.
Die Darstellungsform ist abhängig davon, welche Erfahrungen das Kind auf seinem Lebensweg im Umgang mit seinen Eltern und Bezugspersonen bzw. in seinem Milieu gemacht hat. Wenn das Kind gelernt hat, mit weinerlicher Stimme seine Wünsche durchzusetzen (sein Ziel zu erreichen), so wird es dies auch in der heilpädagogischen Stunde tun.
Die *sprachliche Form,* z.B. der exzessive Gebrauch von tabuisierten Worten, gibt der Heilpädagogin Hinweise auf den Zustand und die Absichten des Kindes.

Es ist sinnvoll und notwendig, den Sachgehalt und die Darstellungsform anhand von Protokollen der heilpädagogischen Stunden in ihrem Prozessverlauf zu untersuchen, um zu gültigen Einschätzungen zu gelangen und zugleich festzustellen, ob und in welcher Weise das Verhalten der Heilpädagogin möglicherweise das Spiel des Kindes (unzulässig) beeinflusst.

Auf Grund dieser begleitenden Fallbetreuung und Supervision lernt die Heilpädagogin Szenisches Verstehen und Fördernden Dialog einzuüben und fachlich kompetent einzusetzen.

Anhand einiger Beispiele sollen Sie versuchen, Sachgehalt und Darstellungsform unterscheiden zu lernen.

Aufgabe 127

1. Geben Sie in Stichworten den *Sachgehalt* der kindlichen Äußerungen *möglichst exakt* an:
2. Kreuzen Sie im folgenden Schema diejenigen *Darstellungsformen* an, die Ihnen das Kind zu benutzen scheint.
   (Im Einzelfall können auch mehrere Darstellungsformen vorkommen):

o Feststellung	oWunsch	o weinerlich
o Schilderung	o Forderung	o mitleidig
o indirekte Aussage	o Erpressung	o unfreundlich
o Frage	o Drohung	o aggressiv
o Ausruf	o Wertung	o lachend
o Vermutung	o Kritik	o überlegend
o Begründung	o Handlung	o fragend
o Vergleich	o Vulgärsprache	o zweifelnd
o Bitte	o nörgelig	o resignierend

<u>Mädchen, 8 J.:</u> (wäscht sich die Hände und trinkt Wasser):

Spritzt immer so!... Das dürfen Sie aber nicht meiner Mutter erzählen, dass ich Wasser getrunken hab'. Das mag die nämlich nicht haben.

Das folgende Lösungsbeispiel soll dazu dienen, Ihre eigene Antwort zu kontrollieren und Ihnen zu veranschaulichen, wie Sie die folgenden Aufgaben lösen können.

1. Sachgehalt
   - spritzender Wasserhahn;
   - das Kind will verhindern, dass die Mutter vom Wasser trinken erfährt (= Versuch der Beeinflussung der Heilpädagogin);
   - Einstellung ihrer Mutter zum Wasser trinken (Verbot).
2. Darstellungsform
   - Handlung;
   - Ausruf;
   - Bitte an die Heilpädagogin, zu schweigen;
   - Begründung der Bitte.

Das Beispiel zeigt Ihnen, dass bei längeren und komplexeren Äußerungen auch *mehrere* Darstellungsformen angekreuzt werden können.

Aufgabe 128

1. Geben Sie in Stichworten wieder den *Sachgehalt* der kindlichen Äußerungen *möglichst exakt* an:
2. Kreuzen Sie im folgenden Schema diejenigen *Darstellungsformen* an, die Ihnen das Kind zu benutzen scheint. (Im Einzelfall können auch mehrere Darstellungsformen vorkommen):

o Feststellung	o Wunsch	o weinerlich
o Schilderung	o Forderung	o mitleidig
o indirekte Aussage	o Erpressung	o unfreundlich
o Frage	o Drohung	o aggressiv
o Ausruf	o Wertung	o lachend
o Vermutung	o Kritik	o überlegend
o Begründung	o Handlung	o fragend
o Vergleich	o Vulgärsprache	o zweifelnd
o Bitte	o nörgelig	o resignierend

Mädchen, 8 J.:

„Ich hau gleich wieder ab, wenn Sie nicht sofort gehen!"

(Hp soll Papier zum Malen holen)

Aufgabe 129

Gehen Sie bitte auch bei der folgenden Aufgabe wie oben erläutert vor!

o Feststellung	o Wunsch	o weinerlich
o Schilderung	o Forderung	o mitleidig
o indirekte Aussage	o Erpressung	o unfreundlich
o Frage	o Drohung	o aggressiv
o Ausruf	o Wertung	o lachend
o Vermutung	o Kritik	o überlegend
o Begründung	o Handlung	o fragend
o Vergleich	o Vulgärsprache	o zweifelnd
o Bitte	o nörgelig	o resignierend

Junge 12 J.:

Ne, habe maln'n Film gesehen, der hieß: Harlem sings. So'n Negergottesdienst... Gottesdienst? Für Neger vielleicht.

Aufgabe 130

Gehen Sie bitte auch bei der folgenden Aufgabe wie oben erläutert vor!

o Feststellung	o Wunsch	o weinerlich
o Schilderung	o Forderung	o mitleidig
o indirekte Aussage	o Erpressung	o unfreundlich
o Frage	o Drohung	o aggressiv
o Ausruf	o Wertung	o lachend
o Vermutung	o Kritik	o überlegend
o Begründung	o Handlung	o fragend
o Vergleich	o Vulgärsprache	o zweifelnd
o Bitte	o nörgelig	o resignierend

Mädchen 12 J.:

Zum Kotzen, nicht, wenn man das so sagen darf.

(lacht mitleidig, weil die Heilpädagogin beim Spiel verliert)

Aufgabe 131

Gehen Sie bitte auch bei der folgenden Aufgabe wie oben erläutert vor!

o Feststellung	o Wunsch	o weinerlich
o Schilderung	o Forderung	o mitleidig
o indirekte Aussage	o Erpressung	o unfreundlich
o Frage	o Drohung	o aggressiv
o Ausruf	o Wertung	o lachend
o Vermutung	o Kritik	o überlegend
o Begründung	o Handlung	o fragend
o Vergleich	o Vulgärsprache	o zweifelnd
o Bitte	o nörgelig	o resignierend

Mädchen 8 J.:

Ach, hier sind die anderen Kasperpuppen! Das sind aber so wenige.

(nörgelnde Stimme)

Aufgabe 132
Gehen Sie bitte auch bei der folgenden Aufgabe wie oben erläutert vor!

o Feststellung	o Wunsch	o weinerlich
o Schilderung	o Forderung	o mitleidig
o indirekte Aussage	o Erpressung	o unfreundlich
o Frage	o Drohung	o aggressiv
o Ausruf	o Wertung	o lachend
o Vermutung	o Kritik	o überlegend
o Begründung	o Handlung	o fragend
o Vergleich	o Vulgärsprache	o zweifelnd
o Bitte	o nörgelig	o resignierend

Mädchen 8 J.:

Ich box gleich die Scheibe kaputt.

(Das Zimmer ist mit einer Einwegscheibe für Beobachter ausgestattet.)

Aufgabe 133
Gehen Sie bitte auch bei der folgenden Aufgabe wie oben erläutert vor!

o Feststellung	o Wunsch	o weinerlich
o Schilderung	o Forderung	o mitleidig
o indirekte Aussage	o Erpressung	o unfreundlich
o Frage	o Drohung	o aggressiv
o Ausruf	o Wertung	o lachend
o Vermutung	o Kritik	o überlegend
o Begründung	o Handlung	o fragend
o Vergleich	o Vulgärsprache	o zweifelnd
o Bitte	o nörgelig	o resignierend

Mädchen 12 J.:

Aber ich hab immer Pech (wirft Mikadostäbchen aus). Bei mir liegt der Weiße immer drinnen.

Aufgabe 134

Gehen Sie bitte auch bei der folgenden Aufgabe wie oben erläutert vor!

o Feststellung	o Wunsch	o weinerlich
o Schilderung	o Forderung	o mitleidig
o indirekte Aussage	o Erpressung	o unfreundlich
o Frage	o Drohung	o aggressiv
o Ausruf	o Wertung	o lachend
o Vermutung	o Kritik	o überlegend
o Begründung	o Handlung	o fragend
o Vergleich	o Vulgärsprache	o zweifelnd
o Bitte	o nörgelig	o resignierend

Mädchen 12 J.:

Mein Cousin, der hat auch so'n Gewehr. Der spinnt immer.

Aufgabe 135

Gehen Sie bitte auch bei der folgenden Aufgabe wie oben erläutert vor!

o Feststellung	o Wunsch	o weinerlich
o Schilderung	o Forderung	o mitleidig
o indirekte Aussage	o Erpressung	o unfreundlich
o Frage	o Drohung	o aggressiv
o Ausruf	o Wertung	o lachend
o Vermutung	o Kritik	o überlegend
o Begründung	o Handlung	o fragend
o Vergleich	o Vulgärsprache	o zweifelnd
o Bitte	o nörgelig	o resignierend

Junge 12 J.:

Die müsste mal in die Klapsmühle, die ist locker die Schraube. Die ist so dämlich, die lässt sich nicht reinschrauben.

(Spielt mit dem Stabilbaukasten)

Aufgabe 136
Gehen Sie bitte auch bei der folgenden Aufgabe wie oben erläutert vor!

o Feststellung	o Wunsch	o weinerlich
o Schilderung	o Forderung	o mitleidig
o indirekte Aussage	o Erpressung	o unfreundlich
o Frage	o Drohung	o aggressiv
o Ausruf	o Wertung	o lachend
o Vermutung	o Kritik	o überlegend
o Begründung	o Handlung	o fragend
o Vergleich	o Vulgärsprache	o zweifelnd
o Bitte	o nörgelig	o resignierend

Junge 12 J.:
Wieviele Kinder waren denn schon hier?

Aufgabe 137
Gehen Sie bitte auch bei der folgenden Aufgabe wie oben erläutert vor!

o Feststellung	o Wunsch	o weinerlich
o Schilderung	o Forderung	o mitleidig
o indirekte Aussage	o Erpressung	o unfreundlich
o Frage	o Drohung	o aggressiv
o Ausruf	o Wertung	o lachend
o Vermutung	o Kritik	o überlegend
o Begründung	o Handlung	o fragend
o Vergleich	o Vulgärsprache	o zweifelnd
o Bitte	o nörgelig	o resignierend

Junge 12 J.:
Mein Vater müsste mal hier sein. Was meinen Sie, wie der toben würde, wenn der das hier sehen würde.

Aufgabe 138

Gehen Sie bitte auch bei der folgenden Aufgabe wie oben erläutert vor!

o Feststellung	o Wunsch	o weinerlich
o Schilderung	o Forderung	o mitleidig
o indirekte Aussage	o Erpressung	o unfreundlich
o Frage	o Drohung	o aggressiv
o Ausruf	o Wertung	o lachend
o Vermutung	o Kritik	o überlegend
o Begründung	o Handlung	o fragend
o Vergleich	o Vulgärsprache	o zweifelnd
o Bitte	o nörgelig	o resignierend

<u>Junge 8 J.:</u>

Hmhm... Sie wollen ja nicht mitspielen. - Oder woll'n Sie mitspielen

Aufgabe 139

Gehen Sie bitte auch bei der folgenden Aufgabe wie oben erläutert vor!

o Feststellung	o Wunsch	o weinerlich
o Schilderung	o Forderung	o mitleidig
o indirekte Aussage	o Erpressung	o unfreundlich
o Frage	o Drohung	o aggressiv
o Ausruf	o Wertung	o lachend
o Vermutung	o Kritik	o überlegend
o Begründung	o Handlung	o fragend
o Vergleich	o Vulgärsprache	o zweifelnd
o Bitte	o nörgelig	o resignierend

<u>Junge 5 J.:</u>

Ich bin stark, ich kann das kaputtmachen...

8.2 Ursachen der Äußerungen des Kindes

Jede Äußerung eines Kindes kann durch *vielfältige Ursachen* bestimmt sein.

Aufgabe 140

1. Überlegen und notieren Sie bitte in Stichworten, durch welche Ursachen die Äußerungen eines Kindes bestimmt sein können.

2. Nehmen Sie an, ein Kind fragt:

   „Wann ist die heilpädagogische Stunde zu Ende?"

   Schätzen Sie ab, welche vermutlichen Ursachen der Frage zugrunde liegen könnten. Notieren Sie Ihre Antworten und diskutieren Sie diese mit Ihren Kolleginnen.

Ich bin nicht sicher, ob es für Sie ein kleiner Trost ist, zu wissen, dass Sie als Heilpädagogin oder Heilpädagoge *nie* mit Sicherheit nur *eine* Ursache finden, die eine Aussage, ein Verhalten des Kindes hervorgerufen haben könnte, da sich viele Faktoren überlagern und gegenseitig beeinflussen.
Deshalb sind Sie als Heilpädagogin, als Heilpädagoge herausgefordert, *immer mehrere Möglichkeiten* in Betracht zu ziehen, aus denen Sie *Hypothesen über die mögliche Intention* des Kindes bilden. Diese Hypothesen werden Sie dann *nach ihrer Wahrscheinlichkeit ordnen.*
Die Sicherheit im Erfassen der wahrscheinlichsten Hypothese (Prozessdiagnose; Begleitdiagnose) wächst mit zunehmender Wissensbreite und Erfahrung der Heilpädagogin im Umgang mit *diesem* Kind.
Das Erfassen und Erkennen der treffendsten Hypothese ist eine wichtige Voraussetzung für die „a-soziale" Antwort der Heilpädagogin.
Je höher die Wahrscheinlichkeit, dass die Heilpädagogin die *wirkliche Ursache erkennt,* desto eher wird es ihr möglich sein, angemessen, d.h. „a-sozial" (nicht in der vom Kind erwarteten Art und Weise) auf dessen Äußerung zu *antworten.* Fragt das Kind, wie in unse-

rem Beispiel: „Wann ist die heilpädagogische Stunde zu Ende?“, so muss die Heilpädagogin abschätzen,
- ob das Kind keine Lust mehr zum Spielen hat;
- ob es etwas Neues beginnen möchte und sich die Zeit einteilen will;
- ob es ihm langweilig ist (weil die Heilpädagogin nicht angemessen Anteil nimmt und kein konzentriertes Interesse zeigt);
- ob eine vorherige Intervention der Heilpädagogin einen inneren Widerstand bzw. eine Abwehr hervorgerufen hat und das Kind ‘flüchten’ möchte; usw..

Die Antwort der Heilpädagogin wird sich danach richten, welche Ursache sie als *die wahrscheinlichste* annimmt. Dazu gehört eine hohes Maß an Selbst- und Fremdwahrnehmung.

Wie schon im obigen Beispiel erkennbar, können die Ursachen der kindlichen Äußerungen sehr vielfältig sein. Sie können
1. in der heilpädagogischen Stunde selbst liegen,
   wenn eine unmittelbare Reaktion auf ein Verhalten oder eine Antwort der Heilpädagogin erfolgt. Diese Ursache kann bei (selbst-)kritischer Beobachtung leicht gesehen werden.
2. in Begebenheiten aus vergangenen heilpädagogischen Stunden liegen;
3. durch aktuelle Erlebnisse außerhalb der heilpädagogischen Stunden gegeben sein;
4. aus den Gefühlen und Einstellungen des Kindes resultieren;
5. in Umwelt und Erziehung begründet sein;
6. entwicklungspsychologisch in Alter und Geschlecht des Kindes liegen;
7. in der Biografie des Kindes begründet sein.

In den folgenden Beispielen sollen Sie die bereits bekannten Äußerungen von Kindern nun auf ihre möglichen *Ursachen* hin untersuchen.

Aufgabe 141

Geben Sie in Stichworten die *Ursachen* der kindlichen Äußerung *möglichst exakt* an.

Tauschen Sie dann Ihr Ergebnis mit anderen aus und diskutieren Sie Ihre Lösungen.

Mädchen, 8 J.: (wäscht sich die Hände und trinkt Wasser):
Spritzt immer so!... Das dürfen Sie aber nicht meiner Mutter erzählen, dass ich Wasser getrunken hab'. Das mag die nämlich nicht haben."

Das folgende Lösungsbeispiel soll Ihnen ermöglichen, Ihre Antwort zu kontrollieren. Zugleich erhalten Sie Hinweise, wie Sie die folgenden Aufgaben lösen sollen.

Die möglichen *Ursachen* könnten z.B. begründet sein

a) in der Situation der heilpädagogischen Stunde:
   - Das Mädchen erkennt die Andersartigkeit der Situation in der heilpädagogischen Stunde und grenzt sie gegen den häuslichen Bereich ab.

b) im bisherigen Verlauf der heilpädagogischen Begleitung:
   - Das Mädchen will sich vergewissern, dass das, was in den heilpädagogischen Stunden geschieht, kein Dritter erfährt.

c) im Selbstverständnis der Klientin:
   - Das Mädchen hat Schuldgefühle;
   - Sie befindet sich in einem Normenkonflikt, der einerseits durch das Verbot der Mutter und andererseits durch die Erlaubnis der Heilpädagogin hervorgerufen wird.

d) im Bild des Kindes von der Heilpädagogin:
   - Sie hat kein Vertrauen zur Heilpädagogin, sondern Angst, dass diese mit der Mutter über das Wassertrinken spricht.
   - Sie hat Vertrauen zur Heilpädagogin und will nun sehen, inwieweit das im häuslichen Bereich zu Konflikten führende Verhalten durch die Heilpädagogin akzeptiert wird.

Sicher werden Ihnen noch *weitere mögliche Ursachen* einfallen, die das Mädchen zu seiner Aussage veranlasst haben könnten.

Wie Sie sehen, sind die Ursachen zum Teil recht *gegensätzlich.*

Daher muss die Heilpädagogin
- nach dem bisherigen Verlauf der heilpädagogischen Begleitung,
- nach den Ergebnissen der Befunderhebung und nach
- ihrer Erfahrung mit *diesem* Kind

entscheiden, welche Ursache sie für die wahrscheinlichste hält.

Erst diese *Entscheidung* ermöglicht ein *zielgerichtetes* weiteres Vorgehen. Anderenfalls ist die Heilpädagogin verunsichert und verliert den „roten Faden“ der Begleitung aus den Augen. Auch eine Entscheidung, die sich im Nachhinein als falsch herausstellt, hilft weiter, da man diese Ursache dann verwerfen kann. Hier spielt die Spannungsbereitschaft der Heilpädagogin zwischen *Sicherheit* und *Risiko,* wie sie im Kapitel „Sicherheit“ erörtert wurde, eine wichtige Rolle.

In den folgenden Übungen ist es Ihre Aufgabe,
möglichst viele Ursachen
zu den bereits bekannten Klientenäußerungen herauszufinden. Dies erhöht die Wahrscheinlichkeit, der vom Kind (latent) eingebrachten Ursache näher zu kommen.

Aufgabe 142

Geben Sie bei allen folgenden Aufgaben in Stichworten die *Ursachen* der kindlichen Äußerung *möglichst exakt* an.
Tauschen Sie dann Ihr Ergebnis mit anderen aus und diskutieren Sie Ihre Lösungen.

Mädchen, 8 J.:

„Ich hau gleich wieder ab, wenn Sie nicht sofort gehen!"
(Hp soll Papier zum Malen holen.)

Aufgabe 143

Junge 12 J.:

Ne, habe mal'n Film gesehen, der hieß: Harlem sings. So'n Negergottesdienst... Gottesdienst? Für Neger vielleicht.

Aufgabe 144

Junge 12 J.:

Zum Kotzen, nicht, wenn man das so sagen darf.
(lacht mitleidig, weil die Heilpädagogin beim Spiel verliert)

Aufgabe 145

Mädchen 8 J.:

Ach, hier sind die anderen Kasperpuppen! Das sind aber so wenige. (nörgelnde Stimme)

Aufgabe 146

Mädchen 8 J.:

Ich box gleich die Scheibe kaputt.
(Das Zimmer ist mit einer Einwegscheibe für Beobachter ausgestattet.)

Aufgabe 147

Mädchen, 12 J.:
Aber ich hab immer Pech (wirft Mikadostäbchen aus). Bei mir liegt der Weiße immer drinnen.

Aufgabe 148

Mädchen, 12 J.:
Mein Cousin, der hat auch so'n Gewehr. Der spinnt immer.

Aufgabe 149

Junge, 12 J.:
Die müsste mal in die Klapsmühle, die ist locker die Schraube. Die ist so dämlich, die lässt sich nicht reinschrauben. (Spielt mit dem Stabilbaukasten)

Aufgabe 150

Junge, 12 J.:
Wieviele Kinder waren denn schon hier?

Aufgabe 151

Junge, 12 J.:
Mein Vater müsste mal hier sein. Was meinen Sie, wie der toben würde, wenn der das hier sehen würde.

Aufgabe 152

Mädchen, 8 J.:
Hmhm... Sie wollen ja nicht mitspielen. - Oder woll'n Sie mitspielen?

8.3 Appelle des Kindes

Ein Axiom der Kommunikationstheorie lautet:

„Jede Kommunikation ist zielgerichtet!"

Anders gesagt: Nichts, was wir ausdrücken, geschieht ohne Zielperspektive; immer wollen wir etwas Bestimmtes erreichen, sei es nun bewusst oder unbewusst angestrebt. Auch Unsinn, Schweigen, Absonderung, Regungslosigkeit, irgendeine Form der Verneinung oder Vermeidung von Kommunikation ist zielgerichtete Kommunikation und soll etwas bewirken.

Aufgabe 153

Prüfen Sie obigen Lehrsatz, indem Sie notieren, was durch folgende Mitteilungen erreicht werden soll:

Unsinn Lachen Weinen	Reglosigkeit Verneinung Schweigen	Tür zuschlagen in der Ecke sitzen Blickkontakt vermeiden

Wenn wir also davon ausgehen,

a) dass es unmöglich ist, nicht zu kommunizieren und dass
b) jede Mitteilung letztlich beim Kommunikator etwas bewirken soll, stellt sich uns die Frage:

Was will das Kind mit seiner Äußerung oder Handlung bewusst oder unbewusst erreichen?
Dies betrifft - neben dem Sachinhalt und dem Selbstoffenbarungsinhalt der Mitteilung - vor allem den

Appell einer Äußerung,

der entsprechend der *Beziehungsebene* an den Empfänger gesendet und von ihm entschlüsselt wird.

Wir haben schon erarbeitet, dass der *Ausdrucksgehalt* von Mitteilungen immer mehrdeutig ist.
Dies trifft auch beim Appell zu. Dabei sind *Ursache* und *Appell* einer Äußerung eng miteinander verbunden.
Um beide herauszufinden, müssen wir dem *Sachgehalt* und der *Darstellungsform* unsere Aufmerksamkeit widmen.
Der appellative Charakter einer Aussage des Kindes ist durch dessen *Erfahrung* bestimmt, d.h. die Reaktion, die das Kind in der Heilpädagogin hervorrufen will, *entspricht seiner konventionellen Erfahrung, vor allem mit seinen ersten Bezugspersonen (= Übertragung).*
An dieser Stelle sollten wir uns nochmals vergegenwärtigen, dass eine Reaktion der Heilpädagogin im Sinne der Erwartung des Kindes dessen Verhalten verstärkt und eben *nicht* dazu beiträgt, dass das Kind neue Lernerfahrungen macht und dadurch sein Verhaltensrepertoire *verändert.* Somit werden pathogene Kopplungen verstärkt, statt in der heilpädagogischen Begleitung durch *reflektierte Handlungen* das Ziel anzustreben, *falsche Verknüpfungen zu lösen.*
Nur wenn es der Heilpädagogin gelingt, sich neben

- Symbolgehalt (Sachgehalt und Darstellungsform) und
- Symptomgehalt (Selbstoffenbarung und Ursachen einer Äußerung) auch den
- Appellcharakter

einer Mitteilung zu verdeutlichen, ist sie in der Lage, zusammen mit *diesem* Kind angemessene

- Ziele

in der heilpädagogischen Begleitung zu erarbeiten und zu erreichen.

Wenn sich die Heilpädagogin den Appellcharakter einer Aussage bewusst macht, kann sie versuchen, *entgegen* der konventionellen Erwartung 'a-sozial' zu handeln, um das Kind in seinem augenblicklichen Erleben und Verhalten zu *verunsichern,* anstatt es darin zu bestärken.
Wir sollten auch nochmals bedenken, dass sich ein großer Teil der Kommunikation auf der *unbewussten Ebene* abspielt. Wenn die Heilpädagogin also *effektiv arbeiten* will, sollte sie ihre Aufmerksamkeit

besonders auf die unbewussten Prozesse richten und sich diese mitvollziehend *bewusster* machen:
Durch das *Bewusstmachen* ihres *spontanen und unreflektierten Eindrucks distanziert sich* die Heilpädagogin *gleichzeitig* vom affektiven Geschehen und reagiert nicht mehr unreflektiert, sondern *handelt heilpädagogisch-reflektierend bewusst, auf dem Hintergrund ihres intuitiven, gefühlsmäßigen Erfassens* der appellativen Aussage des Kindes.
Dass Erfassen der individuellen Erwartungen des Kindes ist - wie gesagt - nicht einfach, da jedes Kind auf seinem Lebensweg andere Erfahrungen gemacht und diese anders miteinander verknüpft hat. Daher weichen die Appelle der heilpädagogisch bedürftigen Kinder häufig von der allgemeinen Erfahrung (auch der Heilpädagogin) ab und sind in besonderer Weise *encodiert (= verschlüsselt).*
Ein Kind, das z.B. zu wenig Zuwendung erhalten hat, macht oft durch Aggressionen auf sich aufmerksam; es will sozusagen 'mit Gewalt' seine Sehnsucht stillen. Im Erziehungsalltag wird darauf oft mit Schimpfen, Zurückweisung, Drohung, Strafe 're-agiert', weil die *Ursache* des kindlichen Appells (fehlende Zuwendung) und das *Ziel* des kindlichen Appells *(Zuneigung)* nicht erkannt werden. Im Erziehungsalltag wird das Kind vielleicht Aufmerksamkeit - meist in negativer Form - erreichen. Es hat also für sich ein Teilziel erreicht; das wichtigere und eigentlich erstrebte Ziel der *Zuneigung* wird jedoch nicht erreicht, das Kind fühlt sich nicht geliebt sondern wird wieder getadelt. Jedoch: Durch das Erreichen des Teilzieles 'Aufmerksamkeit' wird das aggressive Bemühen des Kindes verstärkt. Es wird also weiterhin auf die gleiche Weise aggressiv appellieren, ohne sein wirkliches Ziel zu erreichen - es sei denn, es begegnet einer Erzieherin bzw. Heilpädagogin, die den Leitsatz eines Altmeisters der Heilpädagogik, Paul MOOR, beherzigt:

„Erst verstehen - dann erziehen!“

An den bereits bekannten Demonstrationsbeispielen soll nun der *Appellcharakter* der kindlichen Äußerungen verdeutlicht werden.

Aufgabe 154

Untersuchen und notieren Sie, welche Appelle in dieser und den folgenden Äußerungen enthalten sind
1. die die *Heilpädagogin* betreffen;
2. die das *Kind* betreffen;
3. die die *Interaktion* zwischen Heilpädagogin und Kind betreffen.

Mädchen 8 J.: (wäscht sich die Hände und trinkt Wasser)
Spritzt immer so!... Das dürfen Sie aber nicht meiner Mutter erzählen, dass ich Wasser getrunken habe. Das mag sie nämlich nicht haben.

In diesem wie in den folgenden schon bekannten Beispielen werden Sie nicht alle von Ihnen gefundenen Appelle in die drei o.g. Bereiche eingliedern können, weil sich auch der *Appellcharakter* einer kindlichen Äußerung sehr vielschichtig darstellt und niemals vollständig erfasst werden kann. Nutzen Sie jedoch die Einteilung als Differenzierungshilfe, wann immer es Ihnen möglich erscheint.

Das folgende Lösungsbeispiel kann Ihnen helfen, Ihre Antwort zu überprüfen und Ihnen verdeutlichen, wie Sie die nächsten Aufgaben lösen sollen.
Folgende Appelle sind nach unserer Meinung in dieser Äußerung enthalten:

1. Die Heilpädagogin betreffend:
   Aber erzählen Sie ja nichts davon meiner Mutter!

2. Das Kind betreffend:
   - Wenn meine Mutter das erfährt, geht es mir schlecht!
   - Wasser trinken mag ich so gern. Aber immer sind die Dinge gerade verboten, die ich so gern mag.

3. Die Interaktion zwischen Heilpädagogin und Kind betreffend:
   Wir beide finden das nicht so schlimm; deshalb erzählen wir meiner Mutter lieber erst gar nichts davon.

Aufgabe 155

Untersuchen und notieren Sie, welche Appelle in dieser und den folgenden Äußerungen enthalten sind
1. die die *Heilpädagogin* betreffen;
2. die das *Kind* betreffen;
3. die die *Interaktion* zwischen Heilpädagogin und Kind betreffen.

Mädchen, 8 J.:

„Ich hau gleich wieder ab, wenn Sie nicht sofort gehen!"

(Hp soll Papier zum Malen holen.)

Aufgabe 156

Junge, 12 J.:

Ne, habe mal'n Film gesehen, der hieß: Harlem sings. So'n Negergottesdienst... Gottesdienst? Für Neger vielleicht.

Aufgabe 157

Mädchen, 12 J.:

Zum Kotzen, nicht, wenn man das so sagen darf.

(lacht mitleidig, weil die Heilpädagogin beim Spiel verliert)

Aufgabe 158

Mädchen, 8 J.:

Ach, hier sind die anderen Kasperpuppen! Das sind aber so wenige. (nörgelnde Stimme)

Aufgabe 159

Mädchen, 8 J.:

Ich box gleich die Scheibe kaputt.

(Das Zimmer ist mit einer Einwegscheibe für Beobachter ausgestattet.)

Aufgabe 160

Mädchen, 12 J.:

Aber ich hab immer Pech (wirft Mikadostäbchen aus). Bei mir liegt der Weiße immer drinnen.

Aufgabe 161

Mädchen, 12 J.:

Mein Cousin, der hat auch so'n Gewehr. Der spinnt immer.

Aufgabe 162

Junge, 12 J.:

Die müsste mal in die Klapsmühle, die ist locker die Schraube. Die ist so dämlich, die lässt sich nicht reinschrauben. (Spielt mit dem Stabilbaukasten)

Aufgabe 163

Junge, 12 J.:

Wieviele Kinder waren denn schon hier?

Aufgabe 164

Junge, 12 J.:

Mein Vater müsste mal hier sein. Was meinen Sie, wie der toben würde, wenn der das hier sehen würde.

Aufgabe 165

Junge, 8 J.:

Hmhm... Sie wollen ja nicht mitspielen. - Oder woll'n Sie mitspielen?

8.4 Ziele der Heilpädagogin

Gemäß dem heilpädagogischen Lehrsatz von Paul MOOR:

„Erst verstehen - dann erziehen!“

haben wir uns bei der Analyse von *Ursachen* und *Appellen* in den Mitteilungen des Kindes bemüht, seine Beweggründe so gut wie möglich zu *verstehen.*
In diesem Abschnitt wollen wir uns Gedanken darüber machen, welche *Ziele* Sie *als Heilpädagogin* mit Ihrer Antwort, Ihrer *Intervention* anstreben.
Dabei werden Sie feststellen, dass Sie sich immer *zuerst entscheiden müssen, welches Ziel Sie verfolgen:*

Nur wenn Sie sich für ein Ziel entschieden haben, sollten Sie eine Antwort formulieren (!), oder Sie bleiben beim „delay“,

anderenfalls handeln Sie „unentschieden“ und ziellos. Damit stagniert der Entwicklungsprozess des Kindes und es macht keine neuen Erfahrungen, die ihm ein anderes *Erleben* ermöglichen, das ihm hilft, ein neues *Verhalten* auszuprobieren.
Allgemeine und übergeordnete Erziehungsziele[1] haben wir bereits im Kapitel „Ziele und Wege“ dieses Skripts besprochen: Die *Akzeptanz* der kindlichen Persönlichkeit und die *nicht-wertende Haltung* sollten beim Versuch, Ziele zu erreichen, *immer als Grundlage dienen.*

Hier wollen wir uns nochmals die *speziellen Ziele der heilpädagogischen Begleitung* in Erinnerung rufen:

---

[1] Lesen Sie hierzu bitte auch den Übersichtsartikel ->Ziele (HpE)

1. Das Kind soll durch das *spezifische heilpädagogische Handeln erfahren,* dass es einen Teil seiner Probleme durch sein Verhalten *selbst hervorruft* und dass hinter seinen konfliktträchtigen Verhaltensweisen häufig *eigene Bedürfnisse* stehen, z.B. der Wunsch nach Zuwendung.

2. Das Kind soll durch die Hilfe der Heilpädagogin lernen, die zu Konflikten führenden Verhaltensweisen *aufzugeben* und dadurch zu einem stabileren *innerpsychischen Gleichgewicht* zu gelangen, das es ihm ermöglicht, ein *konfliktarmes Agieren* mit der Umwelt *zu finden.*

3. Die Heilpädagogin setzt aufgrund der *spezifischen Situationen* verschiedene *Feinziele.*

Um diese spezifischen Ziele erreichen zu können, wird die Heilpädagogin versuchen,

a) offene Fragen durch weitere angemessene Informationssuche zu klären;

b) dem Kind bestimmte Schlüsse, die sie aus seinem Verhalten gezogen hat, mitzuteilen, wenn sie der Meinung ist,
   - dass das Kind diese Folgerungen zum jetzigen Zeitpunkt versteht und nicht abwehren muss;
   - dass es in der Lage ist, daraus Schlussfolgerungen zu ziehen; und
   - dass es bereit und willens ist, neue Möglichkeiten auszuprobieren.

c) sich selbst Ziele zu setzen, mit denen sie bestimmte Handlungsweisen des Kindes akzentuiert, damit das Kind bestimmte Zusammenhänge deutlicher sieht.

Anhand der schon bekannten Demonstrationsbeispiele sollen Sie nun üben, entsprechende Zielsetzungen zu entwickeln.

Zur Formulierung von Zielen greifen Sie bitte auf bereits Erarbeitetes zurück und überlegen sich an Hand Ihrer gefundenen Ursachen, die zur Äußerung des Kindes geführt haben könnten, welche Zielsetzungen Sie als Heilpädagogin verfolgen sollten.

Zu den folgenden Beispielen sind bereits zu jeder Äußerung des Kindes *mögliche Ursachen vorgegeben,* die einen Vergleich möglicher Zielsetzungen in der Lerngruppe ermöglichen. Vergessen Sie aber nicht, Ihre eigene 'Ursachenforschung' mit auszuwerten!

Beachten Sie bei Ihrer Zielfindung, dass auch Verhaltensweisen, *die zu vermeiden sind,* sinnvolle Ziele darstellen können!

Aufgabe 166

Mädchen, 8 J.: (wäscht sich die Hände und trinkt Wasser):
Spritzt immer so!... Das dürfen Sie aber nicht meiner Mutter erzählen, dass ich Wasser getrunken hab'. Das mag die nämlich nicht haben.

a) Mögliche Ursache:
Das Mädchen will sich vergewissern, dass das, was in der heilpädagogischen Stunde geschieht, kein Dritter erfährt.
- Ziel der Heilpädagogin:

b) Mögliche Ursache:
Das Mädchen befindet sich in einem Normenkonflikt, der einerseits durch das Verbot der Mutter und andererseits durch die Erlaubnis der Heilpädagogin hervorgerufen wird.
- Ziel der Heilpädagogin:

c) Mögliche Ursache:
Das Mädchen erkennt die Andersartigkeit der Situation in der heilpädagogischen Stunde und grenzt sie gegen den häuslichen Bereich ab.
- Ziel der Heilpädagogin:

Anhand des folgenden Lösungsbeispiels können Sie Ihre Ziele überprüfen und zugleich sehen, wie die weiteren Aufgaben zu lösen sind.

a) Ziel der Heilpädagogin:
Sie zeigen ihr, dass sie Vertrauen zu Ihnen haben kann. Sie geben ihr Informationen, dass über alles, was in der Stunde geschieht, kein Dritter etwas erfährt.

b) Ziel der Heilpädagogin:
Sie sollten den Normenkonflikt ansprechen und dem Mädchen verdeutlichen, dass sie unsicher ist.

c) Ziel der Heilpädagogin:
Sie sollten dem Mädchen bestätigen, dass es einen Unterschied zwischen dieser Situation und dem häuslichen Bereich gibt und dass sie beides gut erkannt und voneinander unterschieden hat.

Aufgabe 167

<u>Mädchen, 8 J.:</u>
„Ich hau gleich wieder ab, wenn Sie nicht sofort gehen!“
(Hp soll Papier zum Malen holen.)

a) Mögliche Ursache:
Das Mädchen ist verärgert über die Heilpädagogin und möchte der Situation ausweichen.
- Ziel der Heilpädagogin:

b) Mögliche Ursache:
Das Mädchen ist unselbständig und verlangt bei auftretenden Schwierigkeiten Hilfe von Erwachsenen.
- Ziel der Heilpädagogin:

c) Mögliche Ursache:
Das Mädchen ist sich unsicher, ob die Heilpädagogin sie akzeptiert und verlangt nach einem Zuneigungsbeweis.
- Ziel der Heilpädagogin:

Aufgabe 168

Junge, 12 J.:

Ne, habe mal'n Film gesehen, der hieß: Harlem sings. So'n Negergottesdienst... Gottesdienst? Für Neger vielleicht.

a) Mögliche Ursache:
Der Junge könnte das Bedürfnis haben, über Alltägliches mit der Heilpädagogin ins Gespräch zu kommen.
- Ziel der Heilpädagogin:

b) Mögliche Ursache:
Der Film hat den Jungen im Hinblick auf seine religiösen Gefühle verunsichert.
- Ziel der Heilpädagogin:

c) Mögliche Ursache:
Der Junge vertraut der Heilpädagogin und will über Ereignisse sprechen, die für ihn wichtig und diffus sind.
- Ziel der Heilpädagogin:

Aufgabe 169

Mädchen, 12 J.:

Zum Kotzen, nicht, wenn man das so sagen darf.
(lacht mitleidig, weil die Heilpädagogin beim Spiel verliert)

a) Mögliche Ursache:
Das Mädchen kennt das Gefühl, Verlierer zu sein, drückt dies aus und genießt es, gewonnen zu haben.
- Ziel der Heilpädagogin:

b) Mögliche Ursache:
Das Mädchen hat Mitleid mit der Verliererin und möchte sie trösten.
- Ziel der Heilpädagogin:

c) Mögliche Ursache:
Das Mädchen ist sich unsicher ob sie sich freuen darf.
- Ziel der Heilpädagogin:

Aufgabe 170

Mädchen, 8 J.:

Ach, hier sind die anderen Kasperpuppen! Das sind aber so wenige. (nörgelnde Stimme)

a) Mögliche Ursache:
Das Mädchen ist über die geringe Anzahl der Handpuppen enttäuscht.
- Ziel der Heilpädagogin:

b) Mögliche Ursache:
Das Mädchen hat sich geärgert und drückt dies durch ihre Unzufriedenheit aus.
- Ziel der Heilpädagogin:

c) Mögliche Ursache:
Das Mädchen hat sich die heilpädagogische Stunde anders vorgestellt.
- Ziel der Heilpädagogin:

d) Mögliche Ursache:
Das Mädchen hat sich über die Heilpädagogin geärgert, kann diesen Ärger aber nicht direkt zeigen und bringt deshalb Sachkritik.
- Ziel der Heilpädagogin:

Aufgabe 171

<u>Mädchen, 8 J.:</u>
Ich box gleich die Scheibe kaputt.
(Das Zimmer ist mit einer Einwegscheibe für Beobachter ausgestattet.)

a) Mögliche Ursache:
Die Aggression des Mädchens richtet sich gegen die Einwegscheibe, hinter der sie unerwünschte Beobachter vermutet.
- Ziel der Heilpädagogin:

b) Mögliche Ursache:
Das Mädchen hat das Gefühl, von der Heilpädagogin nicht genügend beachtet zu werden.
- Ziel der Heilpädagogin:

c) Mögliche Ursache:
Das Mädchen provoziert die konventionelle Reaktion der Heilpädagogin um die „gewohnten“ Verstärker zu erhalten.
- Ziel der Heilpädagogin:

Aufgabe 172

Mädchen, 12 J.:

Aber ich hab immer Pech (wirft Mikadostäbchen aus). Bei mir liegt der Weiße immer drinnen.

a) Mögliche Ursache:
Das Mädchen möchte das Mitleid der Heilpädagogin erregen, um getröstet zu werden.
- Ziel der Heilpädagogin:

b) Mögliche Ursache:
Das Mädchen ist sehr im Spiel engagiert und ist unzufrieden mit dem Wurf.
- Ziel der Heilpädagogin:

c) Mögliche Ursache:
Das Mädchen fühlt sich allgemein in ihrem Leben benachteiligt, was sie aber nur so ausdrücken kann.
- Ziel der Heilpädagogin:

Aufgabe 173

Mädchen, 12 J.:

Mein Cousin, der hat auch so'n Gewehr. Der spinnt immer.

a) Mögliche Ursache:
Das Mädchen möchte selbst gern mit Gewehren spielen, befindet sich aber in einem Konflikt mit ihrer Geschlechterrolle.
- Ziel der Heilpädagogin:

b) Mögliche Ursache:
Das Mädchen lehnt den Cousin ab und nimmt sein Spiel mit dem Gewehr als Vorwand um diese Ablehnung darzustellen.
- Ziel der Heilpädagogin:

c) Mögliche Ursache:
Das Mädchen lehnt das Spiel mit dem Gewehr ab und deshalb auch den Cousin, der damit spielt.
- Ziel der Heilpädagogin:

d) Mögliche Ursache:
Das Mädchen sucht einen Anknüpfungspunkt, um über den Cousin sprechen zu können.
- Ziel der Heilpädagogin:

Aufgabe 174

Junge, 12 J.:

Die müsste mal in die Klapsmühle, die ist locker die Schraube. Die ist so dämlich, die lässt sich nicht reinschrauben. (Spielt mit dem Stabilbaukasten)

a) Mögliche Ursache:
Der Junge ärgert sich, weil es ihm nicht gelingt die Schraube einzudrehen (Misserfolgserlebnis).
- Ziel der Heilpädagogin:

b) Mögliche Ursache:
Der Junge ist ungeschickt und fordert indirekt zur Hilfe auf.
- Ziel der Heilpädagogin:

c) Mögliche Ursache:
Seine eigene Einstellung zur heilpädagogischen Stunde veranlasst ihn zu diesem Vergleich.
- Ziel der Heilpädagogin:

Aufgabe 175

Junge, 12 J.:

Wieviele Kinder waren denn schon hier?

a) Mögliche Ursache:
Der Junge möchte wissen, ob andere Kinder auch Schwierigkeiten haben.
- Ziel der Heilpädagogin:

b) Mögliche Ursache:
Der Junge ist an allem interessiert, was mit der heilpädagogischen Stunde zusammenhängt.
- Ziel der Heilpädagogin:

c) Mögliche Ursache:
Der Junge hat evtl. Angst, die Zuwendung der Heilpädagogin mit anderen teilen zu müssen (Konkurrenzsituation mit Verlustangst).
- Ziel der Heilpädagogin:

d) Mögliche Ursache:
Der Junge möchte wissen, wieviel Kinder schon vor ihm zur hp. Stunde gekommen sind.
- Ziel der Heilpädagogin:

Aufgabe 176

Junge, 12 J.:
Mein Vater müsste mal hier sein. Was meinen Sie, wie der toben würde, wenn der das hier sehen würde.

a) Mögliche Ursache:
Der Junge gibt indirekt zu verstehen, dass er mit seinem Vater Probleme hat.
- Ziel der Heilpädagogin:

b) Mögliche Ursache:
Der Junge kann nichts damit anfangen, dass er spielen darf, wie er möchte und zieht als Hilfe das gewohnte Erziehungsmilieu heran.
- Ziel der Heilpädagogin:

c) Mögliche Ursache:
Er drückt aus wie sehr es ihm gefällt, dass er hier anders sein kann als zu Hause.
- Ziel der Heilpädagogin:

Aufgabe 177

Junge, 8 J.:

Hmhm... Sie wollen ja nicht mitspielen. - Oder woll'n Sie mitspielen?

a) Mögliche Ursache:
Der Junge ist sich über die Rolle der Heilpädagogin nicht sicher.
- Ziel der Heilpädagogin:

b) Mögliche Ursache:
Der Junge will allein spielen, möchte dies aber nicht so deutlich sagen.
- Ziel der Heilpädagogin:

c) Mögliche Ursache:
Der Junge ist enttäuscht, weil die Heilpädagogin nicht mit ihm gespielt hat und will sich auf diese Weise eine weitere Enttäuschung ersparen.
- Ziel der Heilpädagogin:

8.5 Die Sprache der Annahme

Die heilpädagogische Begleitung beruht auf der Annahme, dass die

Qualität der Beziehung zwischen Kind und Heilpädagogin

entscheidend dafür ist, ob das heilpädagogische Bemühen, d.h. „Erziehung unter erschwerenden Bedingungen“ gelingt oder nicht.

Wie kann diese tragfähige Beziehung gestiftet werden?
Im Kapitel „Beziehungsgestaltende Grundlagen“ sind wir uns klar geworden über

- das heilpädagogische Menschenbild;
- die berufsethische Haltung der personalen Mitverantwortung;
- das Ringen um Selbsterkenntnis, Selbsterziehung und Identitätsfindung beim Heilpädagogen;
- die Grundlagen des erzieherischen Verhältnisses, des pädagogischen Bezuges;
- die heilpädagogische Atmosphäre, hergestellt durch positive Erwartungen und erzieherische Tugenden wie Zutrauen und Vertrauen, Geduld, Hoffnung, Humor;
- die speziellen erzieherischen Aufgaben und Angebote der Heilpädagogin: Äußerer Halt, Innerer Halt, Vertrauen, Empathie, Offenheit und Spontanität, Permissivität und Interdependenz;
- die Reflexion der Real- wie der Übertragungsbeziehung;
- sowie als Ausgangspunkt für die heilpädagogische Beziehung die existentielle, dialogische, sinngebende, subjektiven Fragestellung:

- Wer bist du für mich? - Wer bin ich für dich?
- Wer können wir füreinander sein?

Zur Gestaltung dieser *Beziehung* nutzt die Heilpädagogin wiederum an erster Stelle ihre Person, als personales Angebot zur Identifikation und Projektion. Klienten, vor allem psychosozial „auffällige“ und in diesem Sinne „beziehungsgestörte“ Kinder *erwarten* die Heilpädagogin, den Heilpädagogen „so“ und „nicht anders“, d.h. in einer konstanten, Sicherheit gebenden, gewohnten Weise als Projektionsfläche. Dementsprechend sollte auch das „personale heilpädagogische Angebot“ im Sinne eines verlässlichen ‘Spiegelbildes’ geartet sein, *in dem das Kind sich bei seinem ‘Blick in den Spiegel’* neu erkennen kann; denn die Heilpädagogin, der Heilpädagoge sind in der heilpädagogischen Situation nicht als „Privatperson“, sondern in ihrer personal erfüllten *Berufsrolle* erwünscht. Dies gilt z.B. auch für die Kleidung. Aufgrund ihrer inneren Haltlosigkeit ist die gleichbleibende und unverwechselbare Kleidung (dazu gehören auch Make up, Haartracht, Schmuck, lackierte Fingernägel , Ohrringe usw.) für die Kinder ein wichtiger heilpädagogischer Reiz. Deshalb sollte die Heilpädagogin, der Heilpädagoge stets eine *‘Berufskleidung”* tragen, in der sie sich wohl fühlen, frei und ungezwungen [ohne Furcht vor Verschmutzung] bewegen und mit der sie *eindeutige Signale* auch im Hinblick auf die eigene Geschlechterrolle setzen und dadurch eindeutige Identifizierungshilfen anbieten können. Zu einem späteren Zeitpunkt der Begleitung (z.B. mit pubertierenden Mädchen) hinterfragen die Klienten ihrerseits, weshalb die Heilpädagogin, der Heilpädagoge sich „immer so kleidet“. Nun können die hinter einer solchen Bemerkung versteckten Anfragen und Wünsche reflektiert und gezielt neue (Veränderungs-)Reize erarbeitet werden.

An zweiter Stelle wird die Heilpädagogin *das Spiel,* als das dem Kind wesensgemäße Ausdrucksmittel, nutzen. Hinzu kommt im abgewogenen, angemessenen und notwendigen Maße *die Übung.* Im Umgang mit Jugendlichen kommen zusätzlich andere Elemente, vor allem *die Sprache,* mehr und mehr zur Geltung.

Die *Reflexion* der Beziehung ist das „Kernstück“ der heilpädagogischen Begleitung. Wir haben bereits anfangs in „Realbeziehung“ und in „Übertragungsbeziehung“ differenziert und weisen an dieser Stelle nochmals darauf hin: Die Unterscheidung der verschiedenen Beziehungsebenen ermöglicht es, unterschiedlich auf die ausgesprochenen oder nicht ausgesprochenen, bewussten und unbewussten Gefühle des Kindes angemessen zu antworten.

Aber auch
- der Raum, die Zeit, das 'Geld' bzw. die 'Zahlungsweise', im symbolischen Sinne z.B. die Mitarbeit und die 'Aufgaben' des Kindes;
- das (saubere, 'heile', offene, sinnvoll geordnete) Spiel- und Gestaltungsmaterial wie Wasser, Sand, Ton bzw. Knete, Farbe, Papier, Handpuppen, Figuren usw.;
- Bewegung, Rhythmus, Tanz, Klang; das Führen und Folgen;
- die Art der Reizgebung und Reizannahme von Kind und Heilpädagogin;
- das Angebot von imaginativen Elementen (gelenkte Phantasie, Kontaktzeichnen, Märchen- und Rollenspiel, projektives [Bild-] Material u.a.);
- Telefonate, Briefe usw.

sind wesentliche Gestaltungsmittel in der heilpädagogischen Beziehung.

Entscheidend ist jedoch immer die *Reflexion der Beziehung,* denn die vorgenannten Gestaltungsmittel sind *Hilfen zur Beziehungsgestaltung,* nicht etwa lediglich „Unterhaltungs-, Beschäftigungs- oder Lernangebote" im herkömmlichen pädagogischen Sinne.

Die Reflexion der Beziehung kann unausgesprochen (nonverbal) z.B. auf der Symbolebene im Symbolspiel erfolgen:
- Die „böse Hexe" als Symbol der versagenden oder verschlingenden Mutteranteile im Erleben des Kindes; oder
- der „böse Zauberer" oder „Gegenspieler" als Symbol für die aggressiven und bedrohenden (kastrierenden) Vateranteile im Erleben des Kindes

können ausgedrückt, besiegt, umgestaltet und auf diese Weise in das psychische Erleben des Kindes integriert, d.h. 'gebändigt' und 'erledigt' werden.

Die Reflexion der Beziehung kann einmal im Sinne der

a) „nicht deutenden Kindertherapie" (ZULLIGER, JUNG) erfolgen; aber auch
b) „aufdeckend", d.h. verbal reflektierend und bewusstmachend erfolgen (wie dies vor allem Melanie KLEIN empfiehlt).

Zu den Gestaltungsmöglichkeiten dieser Vorgehensweisen gehören eine Reihe von Techniken, die hier nicht dargestellt werden, da sie aufgrund ihrer Komplexität nicht mittels Übungsaufgaben erprobt werden können.
Einige übungsmäßig zu erlernende, verbale Interventionen der Heilpädagogen (nach BAUMGÄRTEL 1975) werden wir in weiteren Kapiteln vorstellen und einüben.

Wenden wir uns also nun der *methodischen* Frage zu:
- „Wie kann ich als Heilpädagogin diese grundlegenden Erkenntnisse, Haltungen und Erwartungen dem Kind und seinen Bezugspersonen gegenüber verdeutlichen?"

oder anders gefragt:
- „Was muss ich *tun*, damit mein Gegenüber erkennt, was ich meine und versteht, was ich ausdrücken will?", und
- „Woran erkenne ich es selbst, wenn ich es tue, damit ich angemessen selbstkontrolliert und zugewandt handeln kann?"

Die Antwort lautet:
Das wesentliche Kommunikationsmittel zur Stiftung einer tragfähigen heilpädagogischen Beziehung ist

Die „Sprache der Annahme",

wie sie u.a. Thomas GORDON (1972) in seiner „Familienkonferenz" dargestellt hat. Die Sprache der Annahme ist nichts Außergewöhnliches, wie ja auch Erziehung im alltäglichen Leben mit Kindern wie selbstverständlich geschieht. Mittels 'Sprache der Annahme' versucht die Heilpädagogin eine tragfähige Beziehung zum Kind zu stiften, die aufgrund von gestörten und zerbrochenen Beziehungen und dadurch entstandenen zerrütteten Erziehungsverhältnissen verloren gegangen ist. Es geht also zuerst um die Rückkehr zur „Normalität“, d.h. zu einem mitmenschlichen Beziehungsverhältnis, das es ermöglicht, Erziehung „unter erschwerenden Bedingungen“ mittels Spiel und Entwicklungsanreizen möglich zu machen, damit sich die Eigenkräfte des Kindes entsprechend seinem Entwicklungsalter entfalten können.

Heilpädagoginnen nutzen die Sprache der Annahme dazu,
- so *zuzuhören*, dass Kinder überhaupt wieder zu ihnen kommen, um über ernsthafte Schwierigkeiten mit ihnen auf ihre Weise zu ‘sprechen’;
- so zu *sprechen*, dass Kinder wirklich ‘zuhören’ im Mitspielen und nicht gelangweilt und trotzig den Rücken kehren und in den Machtkampf flüchten;
- so *Konflikte* im Erziehungsalltag, in der Einzelsituation und in der Kleingruppe *zu regeln*, dass es keine Gewinner und Verlierer mehr gibt, sondern alle Parteien einen echten Gewinn haben, indem sie die tiefe Genugtuung erleben: „Ich bin angenommen und geliebt, auch wenn nicht alles richtig ist, was ich tue.“

Aufgabe 178

Fragen Sie sich bitte einmal ehrlich (und befragen Sie dazu ihre beste Freundin, ihren besten Freund) oder auch Kolleg/inn/en:

"Zu welchem Verhaltensmuster neige ich in Konfliktsituationen?"

❑ "Setze ich mich durch, weil ich meine, so am ehesten zum Ziel zu kommen und weil ich die Auffassung vertrete, dass ich ja schließlich am besten weiß, was den Kindern und Jugendlichen nottut?"

❑ "Versuche ich es lieber in Güte und mit gutem Zureden und Überzeugen, denn schließlich muss die Einsicht ja siegen und wenn nicht, wird es sich später irgendwie schon wieder einrenken?"

❑ "Das kann ich nicht generell sagen. Wie ich mich verhalte richtet sich ganz nach dem jeweiligen Gegenüber und nach der augenblicklichen Situation!"

Aufgabe 179
Denken Sie bitte einmal an Praktikumssituationen oder Berufserfahrungen zurück und notieren Sie, welche *Verhaltensweisen und Äußerungen* eines oder mehrerer der Ihnen anvertrauten Kinder oder Jugendlichen sie annehmen und akzeptieren konnten und welche Sie nicht annehmen und akzeptieren konnten.
„Ich konnte annehmen und akzeptieren, dass die Kinder und Jugendlichen...
„Ich konnte nicht annehmen und akzeptieren, dass die Kinder und Jugendlichen...

Vielleicht bemerken Sie, dass es Ihnen schwerfällt, „ehrlich" zu sein. Woran liegt das? Vermutlich daran, dass Sie als angehende Heilpädagogin meinen, Sie „müssten mit allem fertig werden", sie „müssten jetzt alles besser machen". Durch dieses - oft unbewusste - Bemühen kommt es vor, dass Sie in schwierigen Situationen vergessen:

- Ich bin Mensch mit ureigensten menschlichen Fehlern, Spannungen, Wünschen und ganz eigenen Vorstellungen;
- Ich bin Mensch mit Unzulänglichkeiten und Unpässlichkeiten;
- Ich bin Mensch mit wirklich tiefen Gefühlen, die ganz und gar mir selbst gehören, wie Freude, Schmerz, Trauer, Hilflosigkeit, Glück und Angst...

Die Schwierigkeit im heilpädagogischen Handeln besteht darin, dass Sie den Anspruch entwickeln, „unter erschwerenden Bedingungen" perfekt sein oder werden zu müssen. Damit verlieren Sie womöglich den ganzheitlichen, aktuellen Bezug zum Kind und zu sich selbst und die *Rolle* der Heilpädagogin, die Sie zweifelsohne „spielen" sollen, wird nicht mit Ihrem ganz persönlichen und authentischen Wesen erfüllt. Es ist wie bei einem Schauspieler: Wir spüren, ob jemand „gut spielt" oder nur „so tut" eine Rolle zu „verkörpern" ohne Gefühl und Ausdruck.

Erziehung verlangt aber - wie wir sagten - vor allem Offenheit, Durchsichtigkeit und Klarheit im Denken, Reden und Handeln. Anders ausgedrückt: Das Kind soll spüren, dass es einem *Erwachsenen* begegnet, der „das Leben kennt und die Wege weiß“, eben weil er sich selber kennt und sich über *sich selbst* nichts vormacht; der deshalb auch dem Kind keine doppelgesichtige Schau vorspielt. Füllen Heilpädagogen nicht ihre *berufliche Rolle* mit ihrer *persönlichen Identität* als Frau oder Mann, dann bleibt damit auch ihre *Echtheit als Mann oder Frau* auf der Strecke und damit jede Chance zum Aufbau einer zwischenmenschlich und beruflich tragfähigen Beziehung. Vermeidungsstrategien (unbewusste Abwehr) und Überlistungsstrategien (gewollte Machtdurchsetzung) verunmöglichen neues Beziehungslernen und stabilisieren damit die psychosozialen Störungen, die gerade durch solche Mechanismen entstanden sind.

Aufgabe 180

1. Überprüfen Sie anhand folgender Alltagsbeispiele Ihre *Gefühle*, und notieren Sie, ob sie übereinstimmend „annehmend“ oder „nichtannehmend“ empfinden bzw. welche Gefühle Sie spüren.
2. Notieren Sie die sonstigen Erinnerungen aus Ihrer eigenen Kindheit oder Assoziationen zu diesen Beispielen, die Ihnen spontan einfallen.

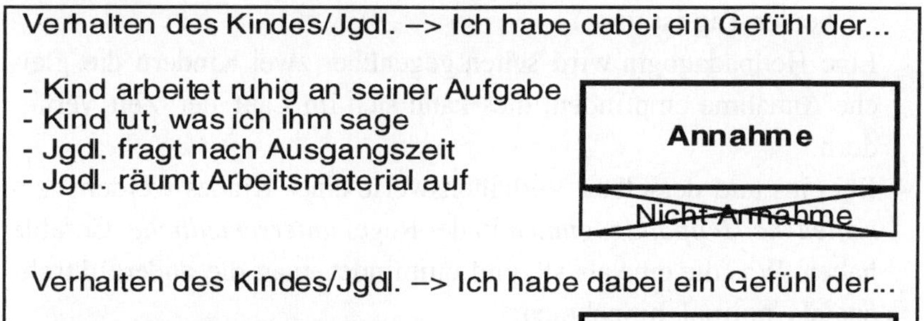

Abb. 48: Annahme und Nicht-Annahme

Sie werden bemerken: Einmal überwiegt der Bereich der *Annahme,* im zweiten Beispiel der Bereich der Nichtannahme. Die Größe der beiden Bereiche von *Annahme* und Nichtannahme unterliegt also Schwankungen.

Diese Schwankungen fühlen wir nicht nur gegenüber verschiedenen Kindern, sondern täglich sogar mehrmals bei ein und demselben Kind. Dies hängt von unterschiedlichen Faktoren ab:

- Einige Menschen empfinden *generell* eher annehmend, andere hingegen generell eher nicht-annehmend bis ablehnend.
- Diese Annahme bzw. Nichtannahme ist abhängig
  a) *von individuellen Anlagen und Erfahrungen auf dem eigenen Lebensweg*
  (z.B. der eigenen Begabung, dem Temperament, der psychischen Grundstruktur, den Erfahrungen aus Elternhaus, Milieu, Schule usw.)
  b) von der jeweiligen *Situation* und der eigenen *Stimmung*
  (ob ein Kind gerade in Gegenwart von Vorgesetzten oder Eltern sich so verhält, wie ich es sonst noch ertragen könnte; ob ein Jugendlicher sich außerhalb oder innerhalb des Heimgeländes prügelt; ob ich ausgeschlafen oder müde bin, gerade vorher eine Auseinandersetzung hatte, Kummer mich plagt, ein heißer Tag ist usw.)
- Eine Heilpädagogin wird selten gegenüber zwei Kindern die gleiche Annahme empfinden; dies kann sich im Lauf der Zeit verändern.
- Bei ein- und derselben Verhaltensweise eines Kindes werden *verschiedene Heilpädagoginnen* in der Regel *unterschiedliche* Gefühle haben: Was die eine als störend empfindet, mag die andere durchaus als 'normal' hinnehmen.

Daraus ergeben sich wichtige Folgerungen:

1. Alle Heilpädagoginnen haben Empfindungen und Gefühle,
   die sie für sich selbst positiv *und* negativ bewerten. Auf dem Hintergrund unreflektierter (verdrängter oder unbewusster) Gefühle werden Sie eher „re-agieren" als *handeln.* Dementsprechend werden Reaktionen häufiger unangemessen ausfallen, als wenn Heilpädagoginnen *sich selbst* mit ihren positiven und 'negativen'

Gefühlen akzeptieren können: Sie können dann auch das Kind in seinen ‘negativen’ Verhaltensweisen, die Ausdruck ‘negativer’ Gefühle sind, eher *verstehen* und deshalb auch angemessen *erziehen.*

2. Alle Heilpädagoginnen werden manchmal inkonsequent sein, weil Situationen und Kinder unterschiedlich sind und sich die Gefühle aller Beteiligten verändern und sogar *ambivalent (= doppelwertig)* sein können, z.B. einerseits Mitgefühl *und zugleich* Ablehnung. Der Rat, Heilpädagoginnen müssten vor allem „nach außen“ konsequent tun, verführt daher leicht zur Heuchelei und zur Unterdrückung von wechselnden Gefühlen. Konsequenz im echten Sinn hat zu tun mit dem *gefühlsmäßigen Wissen* bzw. der *emotionalen Intelligenz* (GOLEMAN 1995), die die bedrohliche emotionale und soziale Kälte beim Einzelnen wie in unserer Gesellschaft überwinden helfen kann, zugunsten einer vertieften *Bewusstheit* über uns selbst
   - um mit schmerzlichen Emotionen besser umgehen zu lernen;
   - um trotz der vielen Frustrationen die Kraft zu Hoffnung und Ausdauer zu bewahren;
   - um unsere Fähigkeiten zur Empathie und zur Fürsorge für andere, zu Kooperation und sozialer Bindung zu stärken.
3. Die tragfähige Beziehung zwischen Heilpädagogin und Kind gründet sich dementsprechend auf
   - *Offenheit und Transparenz,* weil jeder dem anderen gegenüber ehrlich sein kann, was nicht heißt, dass immer alles ausgesprochen werden muss;
   - *Anteilnahme,* weil jeder weiß, was er dem anderen bedeutet;
   - *gegenseitige Abhängigkeit,* weil weder das Kind noch die Heilpädagogin beziehungsmäßig ohne einander auskommen und niemand von beiden dem anderen einseitig über- oder unterlegen ist;
   - *notwendiger Distanz,* weil jeder die Gewähr haben muss, sich kreativ und individuell ohne Verletzung seiner Eigenart und Intimsphäre entwickeln zu dürfen;

- *gegenseitige Befriedigung wichtiger Bedürfnisse,* weil sich jeder „im Alltag“ und „im Spiel“ für das leibliche, geistige und seelische Wohlergehen des anderen mitverantwortlich fühlt und seine Kräfte dafür einsetzt, die Heilpädagogin mehr, das Kind weniger bzw. anders.

Um die heilpädagogische Beziehung *hilfreich* und *fördernd* gestalten zu können, muss sich die Heilpädagogin in der dem Kind jeweils angemessenen Art und Weise *richtig verständlich* machen können. Wir nennen dies die „Sprache der Annahme“. Um die Sprache der Annahme richtig sprechen zu können müssen sich Heilpädagoginnen *in aktuellen Konfliktsituationen unbedingt selbst befragen:*

a) „Empfinde ich gegenüber dem Kind aufgrund seines Verhaltens jetzt im Augenblick eher annehmend oder ablehnend?“
b) „Wer besitzt das Problem (= die ungelöste Aufgabe), um wessen „Aufgabe“ geht es eigentlich? Hat das Kind eine Aufgabe (= ein Problem) zu lösen oder habe i c h eine Aufgabe (= ein Problem) zu lösen?“

Verhalten des Kindes	*Problembesitz*	Bereiche der...
Kind drückt Zorn und Enttäuschung aus über eine misslungene Aufgabe.	***Kind besitzt das Problem***	***ANNAHME***
Kind spielt ruhig und vergnügt im Sandkasten	*kein Problem*	
Kind kommt zum wiederholten Male dreckig und verspätet zur heilpädagogischen Stunde	***Heilpädagogin besitzt das Problem*** (sprich: hat eine Aufgabe zu lösen!)	***NICHT-ANNAHME***

Abb. 49: Problembesitz

Es ist ein großes Hindernis auf dem Weg zu guten Beziehungen nicht zu verstehen, *wer* das Problem besitzt. Es ist *absolut zwingend,* dass Heilpädagoginnen unterscheiden können zwischen Problemen, die es im Leben der Kinder und deren Eltern gibt und solchen, die ihren eigenen Bedürfnissen im Wege stehen. Erst wenn der Problembesitz *eindeutig* geklärt ist, können Sie lernen, sich in der Sprache der Annahme angemessen auszudrücken.

Dies wird Ihnen nicht gelingen,
- wenn Sie selber unwissend (unreflektiert) das Problem besitzen (meinen eine Aufgabe [für das Kind] lösen zu müssen), weil Sie dies dann unangemessen vom Kind fordern (= ihr Problem projizieren); oder aber
- wenn Sie sich so verhalten, wie sich *Ihre* Eltern und Erzieherinnen *Ihnen* selber gegenüber verhalten haben, als sie klein waren (= negative Gegenübertragung).

Beides führt in der Regel zum Machtkampf und damit zu seelischen Verletzungen im Ringen um Sieg und Niederlage.

Zur Selbstüberprüfung nutzen Sie bitte den folgenden Fragebogen zur Selbsteinschätzung. Er dient zur ehrlichen Selbstreflexion und ermöglicht es Ihnen, im Rahmen des Seminars „Berufsbezogene Selbsterfahrung“ oder im Rahmen Ihrer Gruppensupervision mit Ihrem Verhalten zu experimentieren und dabei Ihre Gefühle besser kennenzulernen, auch indem Sie Feedback von Ihren Kolleginnen einfordern.

Aufgabe 181
Kreuzen Sie spontan die folgenden Selbstbehauptungen an!

stimmt	genau	zum Teil	weniger	nicht
1. Ich akzeptiere meine Schwächen nicht	1	2	3	4
2. Ich habe keine Angst, Fehler zu begehen	1	2	3	4
3. Ich beurteile mich nicht danach, wieviel ich leiste	1	2	3	4
4. Ich halte nichts davon, anderen zu sagen, wie ich mich fühle	1	2	3	4
5. Ich kann so leben, wie ich möchte	1	2	3	4
6. Es macht mir nichts aus, nicht das zu tun, was andere von mir erwarten	1	2	3	4
7. Ich kann mich bei anderen durchsetzen	1	2	3	4
8. Ich habe mich von moralischen Grundsätzen gelöst, die mir früher beigebracht wurden	1	2	3	4
9. Ich kann mich darauf verlassen, dass ich eine Situation richtig einschätze	1	2	3	4
10. Ich habe Angst, dass ich mich unangemessen verhalten könnte	1	2	3	4
11. Ich brauche nicht immer nach den Regeln und Maßstäben der Gesellschaft zu leben	1	2	3	4
12. Ich halte es oft für notwendig, meine Handlungen zu verteidigen	1	2	3	4
13. Ich habe Angst, auf diejenigen böse zu sein, die ich mag	1	2	3	4
14. Es ist für mich wichtig, meine eigenen Bedürfnisse zu kennen	1	2	3	4

Abb. 50: Selbsteinschätzungen

Je ehrlicher Sie zu sich selber werden, um so ehrlicher und zugewandter können Sie zu anderen sein, weil Sie dem Zwang unbewusster Projektionen entkommen und sich auf diese Weise nicht den Blick für das „Du“ des Kindes und dessen Eltern und Bezugspersonen verstellen. Dabei hilft Ihnen die „Sprache der Annahme“.

Die Sprache der Annahme ist ein Weg, mit dem Sie das Vertrauen des Kindes und seiner Bezugspersonen erwerben, so dass es Ihnen gelingen kann, zu einem echten Freund des Kindes bzw. zu einer echten Beraterin der Bezugspersonen zu werden, zu der sich das Kind bzw. die Bezugsperson mit ihren kleinen und großen Problemen hinwenden können.

Die Sprache der Annahme heißt: Dem Kind *aktiv* zu verstehen zu geben, dass man seine Probleme als wirkliche Probleme versteht und sie als solche akzeptiert; dass Sie die Gedanken und Gefühle des Kindes *ernst nehmen* und deshalb bereit sind, sich ernsthaft mit ihnen auseinanderzusetzen.

Durch die Sprache der Annahme *erfährt und erlebt* das Kind,

- dass es von einem Du wirklich akzeptiert wird;
- dass es frei ist, offen auszudrücken, was es wünscht, ablehnt oder was es bedrückt;
- dass es sich durch die 'Mitteilung' entlastet fühlt und dadurch fähig wird, neu anzufangen, neu nachzudenken, einen anderen Weg einzuschlagen, sich zu verändern.

Durch die Sprache der Annahme schaffen Sie eine *vertrauensvolle Atmosphäre,* ganz gleich, in welcher Situation, ganz gleich, in welchem Alter das Kind auch sein mag. Oft hört man Leute sagen, sie hätten sich in einem Beratungs- oder Therapiegespräch so frei und unbeurteilt, so angenommen und wertgeschätzt gefühlt, dass sie sich zutrauten, Dinge, die sie für "das Schlimmste" in ihrem Leben hielten, erstmals auszusprechen und jemandem anzuvertrauen; sie hätten gefühlt, dass ihr Gegenüber sie verstehen würde, und dies habe sie frei gemacht, gleichgültig, was sie auch sagten.

Die Sprache der Annahme ist, sofern Sie dem Kind dadurch mitteilen, dass Sie es *als ganzen Menschen annehmen, wie es im Augenblick ist,* ein Akt der Liebe; denn: Sich angenommen fühlen heißt, sich geliebt zu fühlen. Aus der Psychotherapie wissen wir, dass die ungeheure Macht dieses Erlebens geistiges und körperliches Wachstum fördern kann und nach allen bisherigen menschlichen Erkenntnissen die wirkungsvollste therapeutische Kraft zur Heilung psychischer und auch physischer Schäden ist.

Die Sprache der Annahme entspringt der *inneren Einstellung* eines Menschen, sich *hier und jetzt konzentriert* auf den anderen einzustellen. Nur so kann das, was die Heilpädagogin dem Kind *aktiv mitteilt* - in Reden oder Schweigen - eine wirkungsvolle Kraft werden, die Kinder sicher macht, *wirklich* angenommen zu sein.

Die Sprache der Annahme wird von therapeutisch tätigen Menschen jahrelang erlernt. Dazu gehört, dass diese sich selbst in ihren Schattenseiten erkennen und akzeptieren lernen, denn nur wer diesen schwierigen Prozess durchlitten hat, gewinnt aus seinem eigenen Menschsein genügend Kraft und Verständnis für die seelischen Schmerzen der ihm anvertrauten Kinder. Nicht nur das Wissen um Krankheitsbilder ist entscheidend, sondern noch viel wichtiger ist es zu lernen, dass das, *was Menschen sagen* und vor allem *wie sie es sagen* entscheidend ist für eine erfolgreiche heilpädagogisch-therapeutische Hilfeleistung. Ein solches 'Gespräch',

- ob ohne Worte oder mit Worten, ob im Spielen, Malen, Gestalten, Schreiben,
- ob im Erziehungsalltag oder in der heilpädagogischen Einzelsituation,

kann *helfen, konstruktive Veränderungen zu fördern.*

Aufgabe 182

Lesen Sie folgendes Beispiel aus dem Erziehungsalltag einer Heilpädagogin in einem Kinderheim. Versuchen Sie sich einzufühlen und in Stichworten die Impulse zu notieren, die in Ihnen beim Lesen in der Identifikation mit der Heilpädagogin lebendig werden nach dem Vorsatz:

„Ich als Heilpädagogin fühle mich...

„Ich als Heilpädagogin würde am liebsten...

Kind: *(denkt) "Ich sehe zu, dass ich ganz unbemerkt abhauen kann. Wenn es mir gelingt, kann ich endlich Martin treffen, der hat versprochen auf mich zu warten. Dann kriege ich endlich einen richtigen Freund... hoffentlich..."*

Hp: "Peter, komm mal her! Wo wolltest du hin? Ich dachte gerade, du wolltest dich davonschleichen?"

Kind: *(verlegen, fühlt sich ertappt, stottert):*
"Äh, ich - ich wollte eben aufs Klo."

Hp: "Du hast aber deinen Anorak an. Ich glaube, du wolltest gar nicht aufs Klo, sondern ganz woanders hin..."

Kind: "Was Sie immer denken, immer meinen Sie irgendwas, was gar nicht stimmt, blöd..."

Hp: *(spürt, dass sie innerlich nervös und ärgerlich wird, weil Peter sie offensichtlich belügt... gibt ihrem Gefühl innerlich Raum... spürt plötzlich, dass Peter wohl einen wichtigen Grund haben muss, so ein offensichtlich durchschaubares Verhalten an den Tag zu legen...*

Hp *...denkt an die "Selbstverratstendenz"*[1]*, von der sie in ihrem Studium gehört hat... spürt wie die Spannung nachlässt, denkt in Erfahrung zu bringen, um was es sich handelt...)*
"Ich habe den Eindruck, dass du ganz dringend irgendwo hin willst und du denkst, ich würde es verbieten wenn du mich fragst, stimmt das?"

Kind: *(wird unsicher, die Opposition lässt nach...)*
"Nein - äh - ja, ich meine, ich wollte... kann ich bis halb sechs zu Martin? Wir wollten uns unbedingt treffen. Martin hat zum Geburtstag Geld für ein

---

[1] Sigmund FREUD sagte: "Der Selbstverrat dringt dem Menschen aus allen Poren". Er meinte damit die bekannt gewordenen *Fehlleistungen.* Darunter werden 'Ersatzhandlungen' verstanden, die Menschen dann ausführen, wenn sie ein angestrebtes Ziel nicht auf direktem Wege erreichen können, weil es ihnen als verboten, unerlaubt, erscheint und sie dem inneren Drang nicht nach außen erkennbar nachgeben möchten. Es kommt immer dann zu Versprechen, Verlegen, Verschreiben, Verlieren, Vergessen usw. wenn dies ohne die unbewusste innere Spannung nicht geschehen wäre. Wenn Kinder etwas Unerlaubtes oder Verbotenes angestellt haben, leiden sie oftmals unter Schuldgefühlen und möchten sich entlasten. Um eine Entlastung zu erreichen, 'vergisst' z.B. eine 'Naschkatze', sich den Marmeladenmund abzuwischen, so dass die Erzieherin sogleich erkennt, wer mit dem Finger im Mustopf war. Der Schweizer Sonderschullehrer und Psychoanalytiker Hans ZULLIGER bezeichnet dies als "Selbstverrat" zur Entlastung von 'Gewissensbissen' aufgrund von Schuldgefühlen. Helfen Erzieher bei Fehlverhalten nicht zur verständnisvollen und liebevollen Entsühnung, können peinigende Schuldgefühle vom Kind lange Zeit mit sich herumgetragen werden, bis sie z.B. als 'Konzentrationsstörungen' in der Schule oder impulsive Gefühlsausbrüche in der Lebensgruppe in verdeckter Form zutage treten.

Elektroauto bekommen, mit Fernsteuerung. Das will er sich kaufen. Und er hat gesagt, ich soll mitkommen. Die Schularbeiten kann ich dann noch bis 6 Uhr machen, ich habe nicht viel auf, ganz ehrlich..."

Hp: "Du hast die Schularbeiten noch nicht fertig? Das gefällt mir überhaupt nicht, du weißt auch, das ist gegen unsere Vereinbarung."

Kind: "Ja, aber Martin ist der einzige, der mich mal einlädt. Ich denke, er könnte gut mein Freund werden. Sie haben auch gesagt, ich soll mir endlich mal einen Freund suchen. Aber wenn ich mein Versprechen nicht halte, dann sucht er sich wieder einen anderen. So war es schon mal. Immer alles wegen der blöden Vorschriften hier... Meine Eltern würden mir das erlauben. Die haben mir immer alles erlaubt!

Hp: *(spürt, wie sie durch den Vorwurf "mit den Eltern" innerlich gereizt wird; gibt ihrem Gefühl Raum:*
[Ich möchte auch eine gute Mutter sein für dieses Kind, aber es merkt es ja gar nicht, so sehr ich mich auch anstrenge... das ist... ja, ich konkurriere schon wieder, ich kenne das doch...]
schaut Peter an, sieht in seinen Augen Hoffnung und Trotz zugleich... fühlt sich unsicher, wie sie sich "heilpädagogisch richtig" verhält...)
"Ich bin mir wirklich unsicher, was ich jetzt sagen soll. Einerseits ist es ein Verstoß gegen unsere Absprache, wenn ich dich gehen lasse; andererseits hast du recht, du brauchst wirklich einen Freund, das wissen wir beide. Und dann noch die Schularbeiten... Ich befürchte, heute Abend gibt es deswegen dann wieder Theater. Ich möchte das dir und den anderen nicht zumuten. Ich bin unsicher, was ich tun soll..."

Kind: *(schöpft Hoffnung, fühlt sich verstanden, merkt, dass die Heilpädagogin sich wirklich sorgt, ist innerlich frei von Trotz, Zorn, Unzufriedenheit)*
"Ach bitte, ich könnte es ja so machen, dass ich ganz pünktlich um halb sechs hier bin. Ich muss nur noch eine halbe Seite aus dem Lesebuch abschreiben, das kann ich gut schaffen. Ich gehe dann gleich auf mein Zimmer, schreibe und packe dann meine Tasche, ganz bestimmt, ich versprech's!"

Hp: *(denkt im Inneren: Du hast schon so oft was versprochen und konntest es nicht halten, soll ich dir das zutrauen? Spürt das Gefühl "weich zu werden"; beginnt, sich als 'Verlierer' vorzukommen. Gibt ihrem Gefühl Raum... denkt: sachlich gesehen könnte es hinhauen)*

"Gut, ich merke, dass du es wirklich tun willst; ich denke du kannst dein Versprechen halten, wenn du dir Mühe gibst. Ich glaube, es ist nicht ganz richtig, dich jetzt einfach gehen zu lassen. Aber der Kontakt zu Martin ist wichtig für dich. Wir sollten es so versuchen, wie du vorgeschlagen hast. Das ist eine gute Lösung. So kann ich der Ausnahme zustimmen. Also lauf jetzt und komm pünktlich wieder..."

Kind: "Sie sind Klasse, ich komme ganz bestimmt und erledige alles, bis nachher!"

Das Beispiel zeigt, dass selbst in einer optimal gestalteten Erziehungssituation *Restprobleme* übrig bleiben können, in diesem Fall mehr bei der Heilpädagogin als beim Kind. Gleichgültig, wie fähig Heilpädagoginnen sind, wird ihnen jede Entscheidung Mühe bereiten, etwas abverlangen, sie sind immer wieder neu herausgefordert, ein Risiko einzugehen.

Die Sprache der Annahme kann sowohl dem Kind wie der Heilpädagogin helfen, Situationen durchschaubar zu machen, klare Absprachen zu treffen, Grenzen *sinnvoll* zu setzen und dadurch *Ausnahmen* sinnvoll erfahrbar zu machen, wie es in einem *heilpädagogischen Milieu,* geprägt von einer *heilpädagogischen Atmosphäre,* sein sollte.

Aufgabe 183

1. Wie würden Sie als Heilpädagogin handeln, wenn Peter verspätet (kurz nach 18 Uhr, während alle schon beim Abendtisch sitzen), erhitzt und strahlend hereinstürzt? Antworten Sie in wörtlicher Rede! und notieren Sie dann kurz, was Sie weiter unternehmen würden.
2. Wie würden Sie als Heilpädagogin handeln, wenn Peter pünktlich erscheint und wortlos in seinem Zimmer verschwindet (vermutlich um Hausaufgaben zu machen)? Antworten Sie in wörtlicher Rede! und notieren Sie dann kurz, was Sie weiter unternehmen würden.

8.5.1 Die Sprache der Annahme *ohne Worte*

Die Sprache der Annahme erfolgt
a) o h n e W o r t e, und
b) mit Worten.

1.1 Das empathische Zuhören

Je jünger das Kind ist, um so weniger ist verbale Sprache ein angemessenes Mittel zur Sprache der Annahme; dies ändert sich mit zunehmendem Alter der Kindes, beginnend mit dem Schulalter.
Die Sprache der Annahme *ohne Worte,* das *empathische, 'passive' Zuhören,* erfolgt mittels
- Gestik und Mimik,
- Nichteinmischung,
- einfühlsames Schweigen und Pausen.

1.2 Gestik und Mimik:
Signale der Aufmerksamkeit

Durch Ihre Gestik und Mimik, also durch Ihre Körperhaltung und Ihren Gesichtsausdruck senden Sie *Signale der Aufmerksamkeit* und können einem Kind manchmal besser als durch tausend Worte mitteilen: „Ich höre dir offen und unvoreingenommen zu, ich habe Zeit, du kannst zeigen, spielen, sagen, was du möchtest und ich werde dich nicht bewerten und verurteilen."
Das *Konzentrierte Interesse* lässt sich weniger durch spezielle Verhaltensweisen beschreiben. Es bedeutet, dass die Heilpädagogin ihre Aufmerksamkeit auf das Kind richtet und zugleich sich selbst beobachtet, um ihr verbales und nicht-verbales Verhalten in der Wirkung auf das Kind zu kontrollieren. Einige wichtige Merkmale menschlicher Ausdrucks- und Mitteilungsformen sind folgende:

1. Die Wirkung des Gesichtsausdrucks

Gerade durch das Gesicht werden gefühlsmäßige Zustände in besonderer Weise ausgedrückt. Einstellungen zu anderen Personen und Reaktionen auf deren Äußerungen spiegeln sich im Gesicht wieder. Das Gesicht ist neben der Sprache für uns die wichtigste Informationsquelle. Deshalb gibt Ihr Gesichtsausdruck dem Kind Informationen die ebenso bedeutsam sind wie die, die Sie auf diesem Wege vom Kind erhalten. Oftmals unbewusst verstärken Sie durch Ihren Gesichtsausdruck das Verhalten des Kindes entweder positiv oder negativ. Zugleich kann es zu Diskrepanzen zwischen Ihrer verbalen Zustimmung und Ihrer mimischen Verneinung kommen, was eine *Doppelbindung*[1] hervorrufen kann.

Der Gesichtsausdruck besteht vorwiegend aus dem Blickkontakt, Kopfbewegungen (z.B. Nicken) und mimischen Verhaltensweisen wie Lächeln, Stirnrunzeln usw.

a) Blickkontakt

Blickkontakt signalisiert Verbindung, Nähe und Anteilnahme. Durch ihn kann die Mitteilung einer sehr komplexen Information noch unterstrichen oder differenziert werden. Blickkontakt kann aber beim Gegenüber auch Ängste auslösen. Ein fixierender Blick, der länger als zehn Sekunden dauert, signalisiert eher Aggressivität als positive Zuwendung. Ein *gelungener* Blickkontakt, der das Gegenüber verstärkt und die Kommunikation fördert, liegt etwa in der Mitte zwischen einem fixierenden und einem flüchtigen Anschauen. Deshalb sollten Sie das Kind, die Eltern anschauen, wenn Sie mit ihnen sprechen. Sie sollten aber gelegentlich auf etwas anderes blicken, das

[1] *Doppelbindung, „double bind"* beinhaltet nach BATESON (1956) einen Widerspruch zwischen zwei Informationen (z.B. „Komm - geh"!; „Tu das - lass es bleiben!"; „Ich liebe dich - kann dich aber nicht (an-)sehen!") Da eine Reaktion um der Beziehung willen (Eltern - Kind; Geliebte - Geliebter) zwingend erforderlich ist um die Beziehung nicht zu gefährden, wird der Grundwiderspruch in den Botschaften oft verdeckt oder verleugnet. Auf diese Weise kommt nach LAING (1967) wie beim Schachspiel eine Mattstellung zustande: Die Person kann sich nicht bewegen; es gibt keinen Ausweg; was sie auch tun mag widerspricht *einem Teil* der Doppelbotschaft. In jedem Fall ist man der Verlierer, ähnlich wie wenn man von einer „Zwickmühle" bedroht wird: Immer verliert man einen Stein. Daher besteht durch solche Doppelbotschaften die Gefahr schizophrener Reaktionen.

nicht zu weit vom Gegenüber entfernt sein sollte. Dies „entschärft" den Eindruck einer fixierenden und damit einengenden oder gar bedrohlichen 'Begutachtung'. Sie sollten sich natürlich und nicht angespannt verhalten. Dies gelingt Ihnen am ehesten, wenn Sie sich nicht innerlich 'verpflichtet' fühlen, den Anliegen Ihres Gegenüber - gleich ob Kind Erwachsener - entsprechen zu müssen, sondern Ihre Aufgabe vielmehr darin besteht, diese Anliegen auf die zugrunde liegenden Gefühle und Absichten hin zu reflektieren.

Aufgabe 184

1. Suchen Sie sich einen Partner (evtl. auch einen Dritten als Beobachter): Einer spielt den Sprecher, der andere den Zuhörer. Während der Erste spricht, sollte der Zweite zuhören, dabei aber jeden Blickkontakt mit dem Sprecher vermeiden. Tauschen Sie anschließend Ihrer Erfahrungen zu folgenden Fragen aus:
a) Welche Auswirkungen auf den Sprecher sind zu beobachten?
b) Inwieweit hatte der Sprecher überhaupt das Gefühl, dass unter solchen Umständen eine Kommunikation möglich ist?

2. Wiederholen Sie nun die Übung, wobei Sie aber Blickkontakte - wie oben beschrieben - gezielt einsetzen.
a) Wie wirkt sich der Einsatz von Blickkontakten auf das Gespräch aus?
b) Tauschen sie nun die Rollen und diskutieren Sie am Schluss (mit dem Beobachter) Ihre Eindrücke und Erfahrungen.

b) Kopfbewegungen

Ihre *Mimik* bewirkt in Ihrem Gegenüber das Gefühl, dass Sie aufpassen und der Kommunikation folgen. Sie kann für Ihr Gegenüber zu seinem Spiegel werden, in dem sich seine Gefühle, ebenso wie Ihr Verständnis dafür widerspiegeln. Mit Sicherheit vermittelt ein völliges Ausbleiben von mimischen Reaktionen (das sprichwörtliche 'Pokerface') Ihrem Gegenüber mangelndes Interesse, mangelnde Aufmerksamkeit und mangelnde geistige Präsenz. Zugleich kann die Starrheit des Gesichtsausdrucks Angst auslösen. In der Mythologie und in Sprichworten ängstigen sich Menschen und Tiere vor dem starren Ausdruck der Schlange, der es verunmöglicht rechtzeitig auszuweichen, bevor sie blitzschnell zustößt: Die „Angst des Kaninchens vor der Schlange“. Die bedeutsamste Mimik stellt wohl das *Lächeln* dar. Es kann - in angemessener Weise - sehr positiv auf das Gegenüber wirken, vor allem wenn es mit gelegentlichem Kopfnicken gepaart ist. Ein ständiges Lächeln wirkt jedoch in unserem Kulturkreis eher negativ (das sog. „asiatische Lächeln“, von dem man nicht weiß was sich dahinter verbirgt). Häufiges Stirnrunzeln kann die Kommunikation beeinträchtigen und Kritik, Unmut, Unverständnis signalisieren. Gelegentlich und gezielt eingesetzt kann es jedoch anzeigen, dass Sie etwas nicht ganz verstanden haben oder nicht gut folgen konnten.

Aufgabe 185

Einer von Ihnen ist Sprecher, der andere Zuhörer (ein Dritter Beobachter). Während der Sprecher ein Anliegen vorträgt, besteht die Aufgabe des Zuhörers in Folgendem:

- Reagieren Sie mit keinerlei Gesichtsausdruck - gleichgültig was Ihnen der Sprecher mitteilt; bleiben Sie vollkommen ausdruckslos.
- Reagieren Sie nach etwa zwei, drei Minuten mit einem Gesichtsausdruck, der den Gefühlen Ihres Gegenüber total zuwiderläuft, z.B. Lächeln Sie und schauen Sie belustigt drein, wenn Ihr Partner etwas Ernstes vorbringt oder runzeln Sie die Stirn, wenn etwas Witziges erzählt wird.
- Reagieren Sie nach etwa weiteren drei Minuten mit einem Gesichtsausdruck so wie er der Art und Intensität der vom Gegenüber ausgedrückten Gefühle entspricht.

Besprechen Sie danach Ihre unterschiedlichen Erlebnisse. Tauschen Sie die Rollen und wiederholen Sie die Übung. Fragen Sie sich dann:

- Welche Bedeutung messen Sie aufgrund Ihrer Erfahrungen dem Gesichtsausdruck zu?
- Was haben Sie von sich und Ihrem Gesichtsausdruck gelernt?
- Was möchten Sie evtl. an Ihrem Gesichtsausdruck ändern und wie möchten Sie das tun?

2. Körpersprache

Körpersprache hängt wesentlich davon ab, wie angespannt Sie sind. Eine entspannte Körperhaltung zeigt angstfreie Gelassenheit gegenüber Ihrem Partner wie auch gegenüber seinem Tun und seinen inhaltlichen Aussagen bzw. seinem Gefühlsausdruck. Ein angespannter Körper weist auf Aktion hin. Er kann andeuten, dass es in Ihnen gerade „arbeitet", dass Sie sich intensiv mit Ihrem Gegenüber beschäftigen, dass Sie sich auf ein Ziel hin bewegen, dass Sie sich etwas Neues ausdenken. Er kann aber auch andeuten, dass Sie sich selbst z.B. wegen eines bestimmten Themas oder wegen der Person Ihres Gegenüber nicht wohl fühlen, dass Sie vielleicht am liebsten aus der Situation flüchten möchten, sich genötigt fühlen, keine Zeit haben, „auf dem Sprung" sind. Ständige Anspannung kann auf Unwohlfühlen hindeuten. Sie sollten bei sich die unterschiedlichen psychoorganischen Anspannungen empfinden lernen, um diese Signale in Beziehung zu Ihren Gefühlen immer besser entschlüsseln und dadurch auch sinnvoller nutzen zu können.

Aufgabe 186

Entspannen

Setzen Sie sich auf einen Stuhl und heben Sie Ihre Arme und Hände etwa in Ellenbogenhöhe leicht an; lassen Sie nach ein paar Sekunden Arme und Hände fallen. Fühlen Sie, wie die Spannung aus den Armen und Händen ausklingt.

Wiederholen Sie diese Übung und versuchen Sie dabei, Ihre Entspannung noch deutlicher zu spüren und zu vermehren.

Lassen Sie jetzt Rücken und Gesäß möglichst schwer aufliegen. Fühlen Sie wie der Sessel oder Stuhl gegen Ihren Körper drückt. Spannen Sie Ihre Beinmuskeln an und lassen Sie dann diese Anspannung wieder verklingen. Fühlen Sie, wie angenehme Wärme Ihre Muskeln durchfließt während Sie sich entspannen.

Wiederholen Sie nun dieses An- und Entspannen der Beinmuskeln; versuchen Sie dabei, sich immer mehr zu entspannen.

Atmen Sie nun (wenn möglich bei geöffnetem Fenster und frischer Luft) drei oder vier mal ganz tief und langsam durch. Lassen Sie dabei

jedes Mal die Luft ganz langsam aus Ihren Lungen ausströmen. Fühlen Sie sich nach diesen Übungen entspannter als zuvor?
Wiederholen Sie jetzt diese Übungen, machen Sie aber zwischen den einzelnen Übungen keine Unterbrechungen.

Diese und ähnliche Übungen helfen Ihnen im Alltag, etwa vor einer heilpädagogischen Stunde oder vor einem Elterngespräch, um sich auf diese Weise gut vorzubereiten. Je öfter Sie sich der Selbstdisziplin unterwerfen, solche Übungen mit guter Gewohnheit zu wiederholen, um so eher und leichter erreichen Sie einen überraschend angenehmen Zustand der Entspannung, den Sie für Ihre heilpädagogische Arbeit dringend benötigen.

Aufgabe 187
Die Wirkung sichtbaren Verhaltens wahrnehmen lernen
Suchen Sie sich einen Partner (und einen Beobachter) mit dem Sie ein Gespräch führen wollen. Setzen Sie sich einander gegenüber und schauen Sie sich an.
Nun schließt jeder von Ihnen die Augen und hält sie während des folgenden Gespräches geschlossen. Sprechen Sie so etwa 5 Minuten miteinander.
Öffnen Sie Ihre Augen und sprechen Sie nun mit offenen Augen weiter. - Tauschen Sie Ihre Erfahrungen aus:

a) Welche Unterschiede bemerkten Sie im Gespräch mit geschlossenen und mit offenen Augen?
b) Was mussten Sie kompensieren während Sie sich mit geschlossenen Augen unterhielten?
c) Wie erfolgreich waren Sie nach Ihrer Ansicht mit den beiden unterschiedlichen Arten der Konversation? (Fragen Sie Ihren Partner nach Feedback zu Ihren Eindrücken)
d) Was haben Sie bei den geschlossenen Augen an visuellem Feedback besonders vermisst?

1.3 Nichteinmischung: Signal des Zutrauens in die Kräfte des Kindes

Wenn sich ein Kind einem Spiel, einer Beschäftigung hingibt und es klappt nicht sofort, ist Ihre Nichteinmischung eine deutliche und wortlose Mitteilung, Annahme auszudrücken, im Sinne von:
„Ich sehe, wie du dich mühst und es unbedingt allein hinkriegen willst. Ich traue dir zu, dass du es schaffst. Wenn nicht, wirst du mich oder jemanden anderen um Hilfe bitten...“
Gleiches gilt für Konfliktsituationen von Kindern untereinander. Sie sind oft besser in der Lage, ihren Streit oder Konflikt mit ihren eigenen Mitteln zufriedenstellender zu lösen, als dies Ihre Einmischung bewirken könnte.
Oft geben Eltern und Lehrer, Erzieher durch Einmischen, Eindringen, Kontrollieren, Mitmachen, Ratschläge zu verstehen, dass sie ein Kindverhalten nicht annehmen. Häufig ernten sie dann - zurecht - Ablehnung und sind selbst wiederum pikiert, dass ihr wohlmeinender Rat in den Wind geschlagen oder ihre Anweisung nicht befolgt wurde. Aber als Erwachsene sollten wir der Einsicht folgen, dass „Erfahrungen nicht übertragbar sind“, sondern dass jeder Erfahrungen machen muss, um zu *begreifen* - und dies heißt im wahrsten Sinn des Wortes: „Dinge selbst in die Hand nehmen“.

Aufgabe 188
Nehmen Sie sich einen Augenblick Zeit und notieren Sie in Stichworten Erinnerungen an Situationen in Ihrer Kindheit, in denen Sie
a) Mimik und Gestik Ihrer Eltern/Bezugspersonen angenehm/unangenehm berührten;
b) Einmischung/Nichteinmischung als Bevormundung oder Verständnis empfanden.

1.4 Schweigen[2] und Pausen: Respekt vor der Person des Kindes

Eine sehr überzeugende, wortlose Botschaft, die wirksam angewendet werden kann, um einem Kind das Gefühl zu geben, dass es aufrichtig angenommen wird, ist das Schweigen, d.h. *das pathische = einfühlsame, stille Zuhören und Anteilnehmen.* Es verdeutlicht: „Hier darfst du in Ruhe all das auf deine Weise ausdrücken, wie Du möchtest, ich höre Dir zu..."

Aufgabe 189
Nehmen Sie sich einen Augenblick Zeit und notieren Sie in Stichworten Erinnerungen an Situationen in Ihrer Kindheit, in denen Sie
a) Schweigen als Zuwendung und Verständnis oder
b) als Verachtung und Strafe empfanden

Manche von Ihnen mögen sich vielleicht schwer vorstellen können, dass auch *Schweigen eine Antwortart* ist. Wir kennen aber alle aus eigener Erfahrung, dass bei Gesprächsanfängen und neuen Situationen Schweigen und Pausen nichts Ungewöhnliches sind. Wenn das Kind „schweigt", indem es z.B. nichts tut oder die Bezugsperson schweigt, so kann dies bedeuten, dass jeder auf seine Weise überlegt, wie sie anfangen möchten und was sie sagen wollen.
Es ist wichtig darauf zu achten, dass Sie sich als Heilpädagogin bei Schweigen und Pausen nicht unwohl fühlen und auch *verstehen, was ein bestimmtes Schweigen jeweils bedeutet.* Sie laufen sonst Gefahr, Ihr Gegenüber zu drängen etwas zu tun, zu „zerreden" oder mit Fragen zu bombardieren, wodurch sich das Schwergewicht der Aufmerksamkeit vom Gegenüber auf Sie verlagert.

[2] Gemäß einem Axiom der Kommunikationstheorie ist es „unmöglich, nicht zu kommunizieren". Auch wenn man fortgeht, die Tür hinter sich zuschlägt oder nichts erwidert, „redet" man oftmals deutlicher, als man es durch viele Worte tun könnte. Auch „Blicke können töten". Man spricht von „beredtem Schweigen". Schweigen kann u.a. eine subtile Art der Machtausübung, der Missbilligung, der Strafe und ein Ausdruck von Liebesentzug sein, schlimmer als Schimpfen oder Zurechtweisen, ja schlimmer als Schläge. Diese Art des Schweigens ist im *Erziehungsprozess* niemals gemeint, weil solches Verhalten eine äußerst verletzende Form des Psychoterrors ist.

Oft braucht es nur eine Ermutigung zum Sprechen und danach eine kurze Pause, damit das Kind anfängt zu spielen oder die Bezugsperson zu reden beginnt.
Manche kommen gleich zur Sache und nennen Gründe für ihr Kommen, wobei sie sich entweder vollkommen locker oder auch sehr gehemmt verhalten und sprechen; andere beginnen mit einer ganz alltäglichen Konversation (Wetter, Verkehrsbedingungen, andere Menschen, unpersönliche Dinge).
Bei längerer „Unterhaltung" besteht hier die Gefahr eines latenten *Widerstandes,* d.h. es besteht eine Vermeidung des eigentlichen Themas.

Da jedoch die
- *heilpädagogische Stunde* wie auch die
- *Erziehungsberatung der Bezugspersonen*

Bestandteile der Heilpädagogischen Erziehungshilfe und Entwicklungsförderung (HpE) und keine alltäglichen Situationen sind, sollten Sie zwar höflich bleiben und nicht gleich unterbrechen, aber dennoch diese Art von Gesprächen nicht ausdehnen.
Im Allgemeinen werden Sie zunächst Raum geben „anzukommen", zuhören bis das einleitende Konversationsthema zu Ende gebracht ist und dabei Ihrem Gegenüber Ihr Interesse zeigen. Dabei werden Sie jedoch vermeiden, die Konversation - etwa durch Nachfragen - zu verstärken. Dann leiten Sie deutlich und bestimmt zum eigentlichen Thema über.

8.5.2 Die Sprache der Annahme *mit Worten*

Die Sprache der Annahme erfolgt
a) ohne Worte und
b) mit Worten.

2.1 Das aktive Zuhören

Je jünger das Kind ist, um so weniger ist verbale Sprache ein angemessenes Mittel der Annahme; dies ändert sich mit zunehmendem Alter der Kindes, beginnend mit dem Schulalter.

Die Sprache der Annahme *mit Worten,* das *'aktive' Zuhören,* erfolgt durch
- das „delay", die unspezifische, verzögernde, aufschiebende Antwort als „Türöffner";
- die nicht-festlegende Aufforderung;
- das „Paraphrasieren", die verdeutlichende Umschreibung;
- das Eingehen auf die Sach- bzw. Inhaltsebene:
  a) die gezielte Frage,
  b) die Bitte um Erläuterung.

Eine der wichtigsten Fähigkeiten der Heilpädagogin ist das *Eingehen auf die Gefühlsebene des Kindes.* Dazu dienen sowohl nicht-verbale als auch verbale Interventionen. Zu letzteren gehören
- Die Sondierung;
- Die Akzentuierung;
- Das Reflektieren von Gefühlen;
- Das Resümieren von Gefühlen;
- Das Interpretieren von Gefühlen;
- Das Deuten von Gefühlen.

Die verschiedenen Gesprächs- und Interventionsformen der *intensiven Interaktion* zwischen Kind und Heilpädagogin werden auf den nächsten Seiten näher erläutert.

Was Sie *verbal mitteilen* hat eine *unmittelbare Wirkung* auf Ihr Gegenüber. Ihre Äußerungen beeinflussen die Mitteilungen Ihres Gegenüber, sei es das Kind oder seine Eltern und Bezugspersonen.

Die folgenden grafischen Beispiele zeigen eindrucksvoll die folgenschweren Konsequenzen, die sich aus einer suggestiven und direktiven Beeinflussung des Kindes bzw. seiner Bezugsperson(en) durch die Heilpädagogin ergeben.

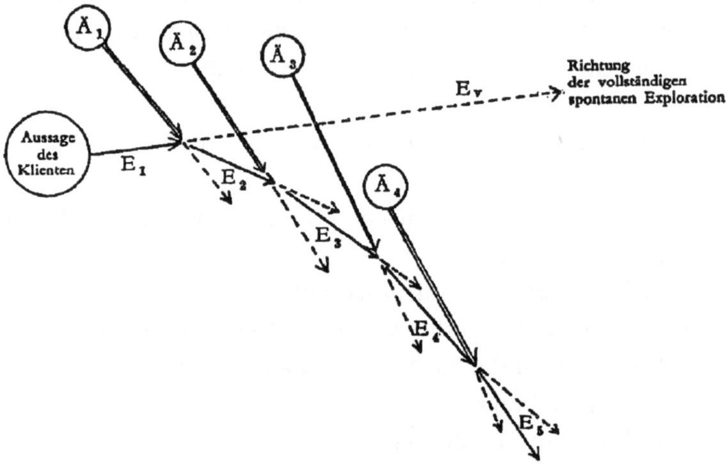

Figur 1: E_1 = Beginn der Exploration des Klienten. $Ä_1$, $Ä_2$, $Ä_3$ usw. = Verbale Äußerungen des Interviewers, die *stets der gleichen ungünstigen Grundhaltung entspringen.*
E_2, E_3, E_4, E_5 = Fortschreitende, durch die Haltung des Interviewers induzierte Exploration des Klienten, die zunehmend in Richtung der Äußerungen des Interviewers abgelenkt wird. Der Klient folgt der impliziten Suggestion, ohne daß Hemmungen oder negative Reaktionen auftreten.

Abb. 51: Explorationsbeispiel 1
(aus: Mucchielli 1972, 34)

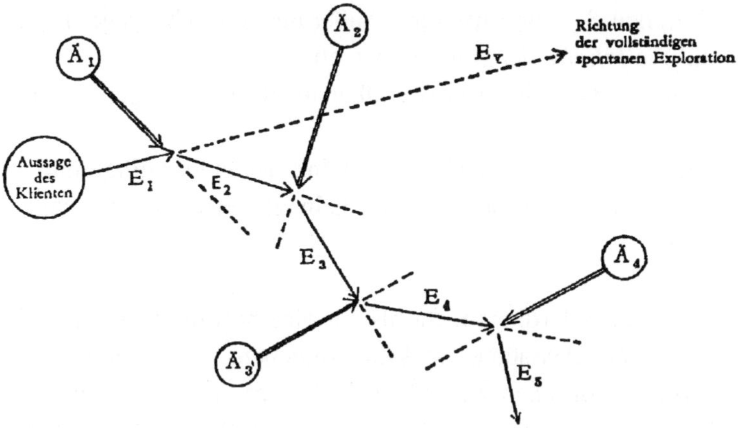

Figur 2: E_1 = Beginn der Exploration des Klienten. $Ä_1$, $Ä_2$, $Ä_3$ usw. = Verbale Äußerungen des Interviewers, die *verschiedenen aufeinanderfolgenden, ungünstigen Haltungen* entspringen.

E_2, E_3, E_4, E_5 = Beim Klienten induzierte Exploration. Wie bei Figur 1 vergrößert sich der Abstand zwischen der potentiellen vollständigen Exploration (E_v) und der tatsächlichen Exploration (E_2—E_5). Der Klient folgt den verschiedenen impliziten Suggestionen, ohne daß Hemmungen oder negative Reaktionen auftreten.

Abb. 52: Explorationsbeispiel 2
(aus: Mucchielli 1972, 34)

Unabsichtlich wird der Partner daran gehindert, ausdrücken zu dürfen, was ihn bewegt. Damit wird zugleich das *Verständnis* des Partners für die (wohlmeinenden) Mitteilungen der Heilpädagogin herabgesetzt. Durch unterschiedliche Formen negativer Lenkung gibt die Heilpädagogin die Richtung des Gespräches oder Spielgeschehens vor. Dies bewirkt, dass sie die Gefühle des Kindes bzw. der Bezugspersonen nicht wahrnehmen und verstehen kann, weil sie als Resultat ihrer (falschen!) Bemühungen das Ergebnis ihrer eigenen Beeinflussungen vorfindet und sich dementsprechend um sich selbst im Kreis dreht. Der Prozess der Begleitung wird in eine falsche Richtung gelenkt und stagniert schließlich.
Wie können Sie die unmittelbare Wirkung Ihrer Äußerungen auf Ihren Kommunikationspartner positiv beeinflussen?

- Stimmen Sie zunächst Ihre Äußerungen (auch Fragen) vor allem auf die *Inhalte der Äußerungen* ab.
- Unterbrechen Sie Ihr Gegenüber nicht und springen Sie nicht von Thema zu Thema.
- Bleiben Sie bei dem Thema, das Ihr Gegenüber eingeführt hat und helfen Sie mit, dieses zu entwickeln, zu vertiefen und weiterzuverfolgen.

Dazu gehört allerdings mehr als nur eine bestimmte Technik. Um die „Sprache der Annahme" wirksam sprechen, spielen, malen, gestisch-mimisch ausdrücken zu können bedarf es der genannten Grundhaltungen (s. Kapitel „Beziehung") und der Verhaltensmerkmale der Heilpädagogin, vor allem eines hohen Maßes an *Aufmerksamkeit* (Konzentriertes Interesse) für das, was *zwischen* Ihrem Gegenüber und Ihnen vorgeht.

Aufgabe 190

Sprachliches Folgen

Suchen Sie sich für das Rollenspiel Heilpädagogin - Klient einen Partner (und einen Beobachter) und setzen Sie sich mit ihnen zusammen.
Konzentrieren Sie sich darauf solche *verbale Verstärker* einzusetzen, die wir oben beschrieben haben.
Reagieren Sie mit Ihren Antworten nur auf das, was der Klient gerade sagt; fügen Sie nichts Neues hinzu. Versuchen Sie, so nahe wie möglich am Klienten zu denken und zu fühlen.
Achten Sie darauf, dass Sie mit Ihrem Gesichtsausdruck, Ihrer Körpersprache und Ihren sprachlichen Reaktionen den Klienten nicht ablenken.
Beenden Sie nach etwa 5 Minuten diese Übung und tauschen Sie mit Ihrem Klienten (später unter Hinzuziehung des Beobachters) aus:
- Was ist dem Klienten an Ihrem Verhalten am meisten aufgefallen?
- Wie gut fühlte sich der Klient von Ihnen verstanden?
- Welches Verhalten der Heilpädagogin empfand der Klient als angenehm?

Tauschen Sie nun die Rollen und wiederholen Sie die Übung.

2.2 Das „delay“: Die unspezifische, verzögernde, aufschiebende Antwort als „Türöffner“

Wenn ein Kind eine Andeutung macht, von der Sie meinen, dass ein Problem dahinter stecken könnte, das Ihnen momentan nicht greifbar erscheint, können Sie das Kind durch sogenannte *„Delays“,* auch *„Türöffner“* genannt, auffordern mehr zu sagen.
Türöffner sind Erwiderungen, die keine persönliche Gedanken, Urteile oder Gefühle des Zuhörers, also der Heilpädagogin, vermitteln. Sie fordern das Kind vielmehr heraus, an dessen eigenen Gedanken, Urteilen, Empfindungen und Problemen teilhaben zu lassen, sie fordern heraus zum Sprechen, Zeigen, Darstellen, Ausdrücken.

Solche Türöffner können sein:
- "Aha" - "Oh" - "Hm" -
- "Erzähle mir mehr darüber"
- "Das interessiert mich.."
- "Schieß los, ich höre.."
- "Das scheint etwas zu sein, was dir sehr wichtig ist..."
- "Du willst mir etwas sagen, aber es fällt dir schwer, es auszudrücken..."

Mit Türöffnern geben Sie dem Kind zu verstehen:
- "Du hast das Recht, auszudrücken, was du empfindest...";
- "deine Gedanken und Gefühle sind wert, gehört zu werden...";
- "es interessiert mich, was du zu sagen hast..."

Aufgabe 191
Notieren Sie, *wann* und *unter welchen Umständen* Sie ein Delay, einen Türöffner im Dialog mit einem Kind einsetzen würden. Erläutern Sie Ihre Überlegungen durch ein Beispiel.

Die Heilpädagogin wird ein Delay, einen Türöffner dann *einsetzen,*

1. Wenn sie sich *nicht klar* darüber ist, *welche Ursachen und Appelle* die Äußerung des Kindes enthält;
2. in Situationen, in denen *das Kind* eine *Stellungnahme oder Bewertung erwartet;*
3. wenn die *Heilpädagogin* sich noch *nicht für ein Ziel entschieden* hat;
4. wenn *das Kind versucht,* die *Heilpädagogin persönlich zu engagieren* und diese sich daher zunächst distanzieren möchte, um schwerwiegende Fehler zu vermeiden.

Das „delay" ist das einfachste Beispiel für eine 'a-soziale' Antwort, denn die Heilpädagogin vermeidet damit jegliche Stellungnahme und entspricht keiner Erwartung des Kindes.
Gleichzeitig *dokumentiert die Heilpädagogin ihre Aufmerksamkeit und ihr Konzentriertes Interesse,* ohne dass sie schon näher auf das Gesagte eingeht. Damit lässt sich oft im Sinne eines „Türöffners" erreichen, dass das Kind weiter *exploriert* und der Heilpädagogin neue Informationen mitteilt.
Wichtig zu bemerken:
Sie sollten vermeiden, diese verbale Technik ständig einzusetzen, da das Kind sonst das Gefühl bekommt, nicht richtig verstanden zu werden.
Prüfen Sie nun an Hand folgender Aufgaben den Einsatz und die Wirkweise des „Delays".

Aufgabe 192
Weshalb setzt die Heilpädagogin im folgenden Beispiel das Delay ein?

Junge, 12 J.:

Kind: Da gibt's jetzt 2 zweite Mannschaften beim Fußball.

Hp.: Hm, hm.

Kind: Wir sind immer viel besser als die anderen, weil bei uns mehr von der ersten sind.

Im vorhergehenden Beispiel zeigt die Heilpädagogin durch das „hm, hm“, dass Sie dem Jungen zuhört. Nach dieser kurzen Äußerung ist sie sich noch nicht darüber im Klaren, ob der Junge ihr mitteilen will, in welcher Leistungsgruppe er ist oder ob die neue Unterrichtsform das Kind stört.

Aufgabe 193

Weshalb setzt die Heilpädagogin im folgenden Beispiel das Delay ein?

Mädchen, 12 J.:

Kind: Ich mag Herrn X. ehrlich gesagt nicht so gerne.

Hp.: ...magst ihn nicht so gerne...

Kind: Aber sagen Sie ihm das bloß nicht!

2.3 Die nicht-festlegende Aufforderung

Die nicht-festlegende Aufforderung bewirkt zweierlei:

1. Sie gibt dem Kind Raum zum Spielen oder zum Sprechen;
2. sie vermeidet, dass Sie als Heilpädagogin bestimmte Inhalte festlegen.

Eine nicht-festlegende Aufforderung ist im Wesentlichen eine Äußerung, durch die das Kind von der Heilpädagogin ermutigt wird, seine Anliegen im Spiel auszudrücken und - wenn es schon älter ist - darüber zu sprechen, gleich welcher Art diese auch sein mögen, z.B.:

- „Du überlegst noch, was du heute spielen möchtest...“
- „Du bist dir unsicher, ob du mir etwas erzählen möchtest...“
- „Vielleicht hast du heute etwas Besonderes vor und du weißt nicht, ob du das hier darfst...“
- „Womit möchtest du heute zuerst beginnen?“

Ähnlich geschieht es im Gespräch mit den Bezugspersonen:

- „Was führt Sie hierher?“ (z.B. beim Erstgespräch)
- „Womit möchten Sie heute anfangen?“
- „Fühlen Sie sich ganz frei, womit Sie beginnen wollen.“
- „Sie können sprechen worüber Sie wollen.“

- „Vielleicht gibt es etwas Bestimmtes, was Sie besprechen möchten?"

Im Gegensatz zur nicht-festlegenden Aufforderung steht die festlegende Aufforderung, wenn Sie als Heilpädagogin z.B. die Spiel- oder Gesprächsinhalte bestimmen würden und dadurch dem Kind oder den Bezugspersonen der Raum beschnitten würde, darzulegen, mit welchen Motiven, Zielen, Bedürfnissen sie heute gekommen sind. Eine solche Äußerung könnte gegenüber dem Kind z.B. sein:
„Du wolltest heute eine Burg bauen..."
oder gegenüber den Eltern des Kindes:
„Erzählen Sie mir, wie es mit Ihrem Besuch beim Arbeitsamt ausgegangen ist."

Es kann manchmal wichtig und notwendig sein, an Absprachen zu erinnern, frühere Vorhaben und Themen wieder zu benennen, einen Anknüpfungspunkt für das Fortschreiten des Prozesses zu verdeutlichen. Jedoch müssen solche Hilfestellungen in angemessener Weise und im Rahmen einer *Annäherung* des Kindes oder der Bezugspersonen an diese Thematik eingebracht werden, damit die Aufforderung nicht von augenblicklich akuten Themen ablenkt und dadurch das Gegenüber in eine falsche - von der Heilpädagogin vorgegebene - Richtung drängt.

Wichtig zu merken:
Beginnen Sie damit, das Kind anzuregen und zu ermutigen, wenn es zu lange zögert. Regen Sie zum Spielen oder Sprechen an, ohne jedoch die *selbständige Wahl* zu beeinflussen. Versuchen Sie zu *führen, ohne die Richtung festzulegen.*
Das Gleiche gilt für Elterngespräche.

2.4 Das Paraphrasieren: Die verdeutlichende Umschreibung

Obwohl Sie teilnehmend zuhören sollen, ist es ebenso wichtig zu zeigen, dass Sie nicht nur zuhören sondern auch eine aktive Rolle spielen. Ein Mittel dazu ist das Paraphrasieren. Es besteht darin, den *wichtigsten Gedanken* der vorangegangenen Äußerung zu wiederholen, z.B.

Jugendliche: „Ich weiß nicht, soll ich in der Schule bleiben oder rausgehen und einen Job nehmen. Aber wenn ich rausgehe weiß ich ja nicht, welchen Job ich finde..."

Hp.: „Du weißt nicht, ob du in der Schule bleiben oder rausgehen sollst..."

In diesem Beispiel hat die Jugendliche zwei Gedanken mitgeteilt:
- In der Schule bleiben oder
- rausgehen.

Darüber hinaus teilt Sie
- ihre Sorge bzw. die Unsicherheit mit, Arbeit zu finden.

Beim Paraphrasieren geht die Heilpädagogin (noch) *nicht* auf das hinter der Äußerung liegende Gefühl der Unsicherheit ein, sondern beschränkt sich zunächst auf die Hervorhebung der wichtigsten *Gedanken* ihres Gegenüber.
Sie könnte sich aufgrund des Gesprächsverlaufs entschieden haben, der Jugendlichen Raum zu geben, selbst zu Ihrem Gefühl der Unsicherheit zu finden oder ihr Zeit zu lassen, sich weiter zu dem Thema zu äußern, bis die Heilpädagogin sicherer geworden ist, was die Jugendliche wirklich ausdrücken möchte.

Wichtig ist, zu unterscheiden:
Das *Paraphrasieren* ist eine vollständige oder teilweise Wiedergabe von *kognitiven* Aspekten einer Klientenäußerung.
(im Unterschied zur ->Reflexion.)

Wichtig zu merken:
Seien Sie vorsichtig mit dem Paraphrasieren, denn eine Übertreibung bewirkt den Eindruck des „Nachplapperns“. Als Faustregel kann gelten, dass die Paraphrasierung nicht öfter als etwa einmal pro Minute vorkommen soll, wenn man den unerwünschten Effekt vermeiden will.

2.5 Das Eingehen auf die Sach- bzw. Inhaltsebene einer Mitteilung
- Die gezielte Frage
- Die Bitte um Erläuterung

Die gezielte Frage[1]
Als wichtigste Regel gilt: Wenn Sie möchten, dass Ihr Gegenüber sich frei ausdrücken soll, dann ist die gezielte Frage nicht angemessen.
Wenn Sie jedoch in einer dafür angemessenen Situation (z.B. im Erstgespräch oder im Anamnesegespräch oder während einer Rollenklärung im Spiel des Kindes) ganz *bestimmte Informationen*[2] haben wollen, dann kann die gezielte Frage am geeignetsten sein, z.B.
- „Du wärst jetzt der Jäger und ich wäre das Wildschwein?“
- „Der Bär wäre dein Freund und würde die Hexe fressen?“
- „Das Baby wäre wieder lebendig?“
- „Wie alt waren Sie, als Ihre Eltern starben?“
- „Hast du noch Geschwister?“
- „Also: Dein Papa wohnt nicht mehr bei der Mama, aber ein anderer Mann?“

Die Bitte um Erläuterung...
...soll den Klienten zur Selbstexploration anregen. Sie brauchen keine Furcht davor zu haben, dadurch das Kind im Spielfluss oder den Erwachsenen in seinen Gedankengängen zu stören. Wenn Sie einer Spielsequenz des Kindes oder einer Mitteilung der Eltern nicht fol-

[1] Lesen Sie bitte zum Thema „hilfreiche Fragestellung“ den Übersichtsartikel -> Exploration (HpE)
[2] Lesen Sie bitte nach zum Thema „Der Heilpädagoge als Auskunftgeber und Informant“ im Übersichtsartikel ->Auskunft/Information (HpE)

gen können ist es sicher wichtiger um Erklärung zu bitten als die Klienten ungefragt weitermachen zu lassen. Hier sollten Sie sich von Ihrem gesunden Instinkt leiten lassen und die Natürlichkeit der Situation ohne Verkrampfung nutzen, z.B.:

- „Erklär mir noch mal, wie ich das spielen soll."
- „Ich weiß nicht genau, wie du das meinst, sag es mir bitte noch mal."
- „Kannst du mir das einmal aufmalen, damit ich es besser verstehe?"
- „Was haben Sie vorhin gemeint als Sie sagten, Ihre Eltern wären so gleichgültig?"
- „Könnten Sie mir dieses Gefühl noch irgendwie anders beschreiben?"

Wichtig zu merken:
Sie sollten die Bitte um Erklärung nicht zu selten oder zu forciert vorbringen, weil Sie damit den Klienten vielleicht überraschen oder überrumpeln; Sie sollten sie auch nicht zu oft gebrauchen, weil dies den Eindruck erwecken könnte, Sie seien unaufmerksam oder desinteressiert.

8.5.3 Das Eingehen auf die Gefühlsebene

Das Eingehen auf die Gefühlsebene eines anderen Menschen ist die schwierigste Kunst mitmenschlicher Kommunikation. Hier sagen Gesten, Zeichen, Lachen und Weinen oft „mehr als tausend Worte". Dennoch gilt es, für die heilpädagogische Begleitung diese Kunst in Ansätzen zu erlernen, einzuüben und immer mehr zu verfeinern. Voraussetzung dafür ist ein sensibles Einfühlungsvermögen, das am ehesten durch ehrliches Ringen um Selbsterkenntnis, mit dem Ziel der Akzeptanz seiner eigenen Gedanken und Gefühle, erreicht werden kann. Anderenfalls besteht in affektiv geladenen Situationen, in denen sich die Heilpädagogin, der Heilpädagoge auf ihr eigenes Menschsein hin angesprochen und 'mitgenommen' fühlen die Gefahr, auszuweichen im zuviel Reden oder im Verstummen, im Überstülpen oder sich Abwenden.
Die folgenden *verbalen* Hilfen, Gefühle in Worte zu fassen, sind Ausdrucksformen mitmenschlicher Anteilnahme unterschiedlicher Intensität, die je nach Art der Beziehung, der Situation und der Befindlichkeit des Gegenüber sehr sorgfältig und einfühlsam abgewogen werden müssen.

3.1 Die Sondierung

Ziemlich häufig passiert es, das Heilpädagoginnen - wie im alltäglichen Umgang - Fragen stellen, auf die das Kind bzw. die Bezugsperson oft nur mit „Ja" oder „Nein" antworten wird. Dies führt dazu, dass die Klienten sich ausgefragt, bedrängt, genötigt, missverstanden oder bevormundet fühlen und trägt nicht dazu bei, eigene Verantwortung für die Situation zu übernehmen.

Dem will die *Sondierung* entgegenwirken. Sondieren verlangt ein Fragen, das vom Klienten mehr als nur knappe Ein-Satz-Antworten erwartet. Solche Fragen werden durch *was, wo, wann* oder *wie* eingeleitet, niemals aber durch Warum-Fragen, die tunlichst gänzlich unterbleiben sollten. Sondierungsfragen können sein:

- „Du hast jetzt gerade einige Zeit mit offenen Augen geträumt. Was hast du gesehen?“ oder „Woran hast du gedacht?“
- „Wie willst du es jetzt anpacken, deine Burg zu bauen?“
- „Woran merkst du denn, wenn das Gespenst in der Nacht kommt?“
- „In welchen Situationen fühlst du dich ängstlich?“

Und bei Elterngesprächen:
- „Woran haben Sie gedacht, als Sie gerade so ruhig waren?“
- Wie wollen Sie es anstellen, eine Arbeit zu finden?“

Diese Art des Eingehens ist situationsbezogen. Es greift situative Wahrnehmungen in den Fragestellungen auf. Die Art der Fragestellung gilt zwar dem Inhalt der Kommunikation/Interaktion, gibt aber ansatzweise auch das (nonverbale) Verhalten wieder, das dem Klienten oft unbewusst ist. Dies kann ein Weg sein, die Aufmerksamkeit des Klienten ‘von außen’ vorsichtig mit seinem Inneren, mit seiner Gedanken- und Gefühlswelt in Verbindung zu bringen, so dass er diese selbst mehr und mehr in seinem Reden und Tun zu bemerken und einzubeziehen lernt.

3.2 Das Ansprechen *nonverbaler* Äußerungen

Beim Ansprechen nonverbaler Äußerungen greift die Heilpädagogin eine Geste, Mimik oder Körperhaltung Ihres Gegenüber auf, *ohne diese zu interpretieren.*

Dadurch unterscheidet sich diese heilpädagogische Intervention vom *Reflektieren nonverbal geäußerter Gefühle.*
Sie verzichten als Heilpädagogin auf jeden Versuch, das nonverbale Verhalten des Klienten zu interpretieren. Sie lassen Ihr Gegenüber durch Ihre Bemerkung jedoch wissen, *dass Sie gern die Bedeutung seines Verhaltens kennen würden.* Wenn es eine Bedeutung hat, dann kann das Kind oder die Bezugsperson Ihnen diese anschließend mitteilen.

Häufig geschieht es, dass die nonverbale Äußerung *unbewusst* geschieht, so dass Klienten erstaunt sagen: „Das habe ich gar nicht bemerkt, erst jetzt, wo Sie es sagen..." Dies kann ein Anknüpfungspunkt sein, über diese symbolische Geste weiter zu sprechen. Beispiele:

- „Du sitzt jetzt da und runzelst die Stirn ganz feste."
- „Du guckst so herum... als wenn du etwas suchst."
- „Sitzen Sie jetzt recht verkrampft da?"
- „Sie schauen mich etwas verwirrt an. Ist Ihnen nicht ganz klar, was ich meine?"
- „Sie haben Ihre Hände jetzt locker im Schoß liegen. Fühlen Sie sich jetzt entspannter?"

3.3 Die Akzentuierung

Die Akzentuierung ist eine aus wenigen Wörtern bestehende Wiederholung der Aussagen des Klienten, womit die Aufmerksamkeit auf *bestimmte Inhalte* der vorangegangenen Äußerung gelenkt wird. Das können auch Gefühlsinhalte sein, z.B.

Jugendlicher:	„Ich möchte die gern kennenlernen, aber ich trau mich nicht, weil ich mich immer blamiere."
Hp.:	„Du blamierst dich?"
Jugendlicher:	Nach dem letzten Treffen habe ich mich richtig beschissen gefühlt."
Hp.:	„Beschissen?"

Bei der Akzentuierung kann die Heilpädagogin auch *in einer anderen Formulierung wiederholen,* was das Kind gesagt hat. Dabei bemüht sie sich, den Inhalt so wiederzugeben, dass das Kind seine Aussage darin erkennen kann.

Sie haben dabei folgende *Möglichkeiten:*

1. Sie können die Äußerung *mit ihren eigenen Worten wiedergeben;*
2. Sie können das *Wesentliche zusammenfassen.*
3. Sie können in ihrer Antwort *spezielle Aspekte,* die sie für bedeutsam halten, *besonders hervorheben.*

Durch die Akzentuierung wird das Gespräch von der Heilpädagogin *gelenkt:*
Sie *zeigt spezielle Aspekte auf* und verdeutlicht zugleich, dass sie *mit dem Kind denkt* und sich um vertieftes *Verständnis* ihm gegenüber bemüht, z.B.:

Mädchen, 12 J.:
Kind: „Ein Glück, das ist abwaschbar (Farbe)."
Hp.: „Dadurch ist der Schaden nicht so groß."

Durch die Akzentuierung macht die Heilpädagogin dem Mädchen die Bedeutung ihrer Aussage klar.

Bei der *Neuformulierung* sollten Sie möglichst die *Symbole* bzw. den Sprachstil verwenden, die das Kind gebraucht hat, und sich dabei vor stereotypem Sprachverhalten (Nachplappern) hüten.

Junge, 12 J.:
Kind: (baut mit Kegeln und Würfeln. Das Bauwerk kippt um.)
„Mit den Würfeln hats auch keinen Zweck. Dann stelle ich sie einfach so hin. (unwillig)
Hp.: „Wie du's auch probierst, es klappt nicht."
Kind: „Ich schieß' jetzt einfach alles so hin."

Die Heilpädagogin formuliert mit eigenen Worten neu, aber dem Sprachstil des Kindes angepasst, was das Kind gesagt hat und macht ihm damit seine vergeblichen Versuche deutlich.

Vermeiden sie auch, jede Akzentuierung mit
„Du meinst",
„Du findest also" usw.
einzuleiten, da sonst die Gefahr besteht, dass das Kind vom Thema abgelenkt wird und ein Gespräch über das „seltsame" Sprachverhalten der Heilpädagogin beginnt.

3.4 Das *Reflektieren* von Gefühlen

Das Reflektieren von Gefühlen ist ein *Kernstück der heilpädagogischen Begleitung*. Es ermöglicht genau das, was der Name ausdrückt: Ein *Widerspiegeln* der Gefühle und Emotionen, also der *affektiven* Anteile, die in einer Äußerung des Kindes enthalten sind, im Unterschied zum Paraphrasieren, durch das *kognitive* Anteile wiedergegeben werden.

Die „spiegelnde Methode" geht bereits auf Sigmund FREUD (GW VIII, 384; X, 313 ff.; XII, 187 ff.) zurück:
„Der Arzt... soll wie eine Spiegelplatte nichts anderes zeigen, als was ihm gezeigt wird."

Bedeutende Vertreter der spiegelnden Methode sind Carl R. ROGERS (1973) USA und Reinhard TAUSCH (1973^5) BRD, die sie vor allem im Rahmen der Gesprächspsychotherapie für Erwachsene einsetzten.
AXLINE (1973), GORDON (1972) beide USA sowie SCHMIDTCHEN (1974), BAUMGÄRTEL (1976) beide BRD - um nur einige Autoren zu nennen - haben die Methode für den erzieherischen Alltag und die Kinderpsychotherapie, insbesondere für die sogenannte „Spieltherapie" übersetzt.[1]

Das Reflektieren (Spiegeln) der Heilpädagogin führt beim Kind und seinen Bezugspersonen zur *Selbstexploration* (Selbsterforschung), so dass der Klient
„über sich selbst, ... seine gefühlsmäßigen Stellungnahmen und Bewertungen, seine Ziele und Wünsche exploriert und sich zum Teil über sie klarer wird oder sich um Klärung bemüht." (TAUSCH 1973^5, 91)

[1] Über das Verhältnis und die Unterschiede zwischen Kindertherapie und heilpädagogischer Begleitung lesen Sie bitte nach bei JUST: „Heilpädagogische Spieltherapie als Beziehungsprozess unter therapeutischem und pädagogischem Aspekt" (s. Literaturverzeichnis) und im Kapitel ->Begleitung: Heilpädagogische Begleitung im Spannungsfeld zwischen Erziehung und Therapie (HpE)

Die spiegelnde Methode bewirkt, dass man sich und seinen Konflikt wie in einem Spiegel zu sehen und mit diesen Gegebenheiten produktiv umzugehen lernt, denn wir wissen (wenn es auch oft verleugnet wird), dass Menschen in der Regel stark von ihren Emotionen geprägt sind und also meist nicht so vernünftig und rational handeln, wie sie vorgeben und sein möchten - uns selbst eingeschlossen. Weil also die Gefühle, das *Erleben,* sehr häufig die Ursache und der Motor menschlichen Denkens und Handelns sind, soll mittels *Reflexionen* vor allem die *Gefühlswelt* der Kinder verdeutlicht werden.

Mittels des Reflektierens kann die Heilpädagogin ihrem Gegenüber unter anderem folgendes mitteilen:

1. Ich sehe dich als Partner an und übe dir gegenüber Toleranz.
2. Ich höre dir genau und kontrolliert zu.
3. Ich nehme dich an, so wie du bist und schätze Wert, was du ausdrückst.
4. Ich begleite dich in deinem Bemühen um Klarheit durch aktives Suchen.
5. Ich helfe dir, herauszufinden und auszudrücken, was du wirklich auf deine Art sagen willst.
6. Ich bemühe mich, dein Vertrauen zu gewinnen und eine tragfähige Beziehung zu dir aufzubauen.
7. Ich versuche, ein dir angemessenes Verhältnis von Nähe und Distanz herzustellen.
8. Ich fühle mich ein und verstehe, wie du dich fühlst.

Mittels der *Reflexion* soll die Heilpädagogin also die *Gefühlskonstellationen wiederspiegeln,* die das Kind *im Augenblick oder über längere Zeit (Sequenzen) hinweg* äußert. Dabei soll sie sich möglichst auf der gleichen sprachlichen und empathischen Ebene bewegen wie das Kind.

SCHMIDTCHEN (1974, 63) stellt folgende Anforderungen an eine Reflexion:

- Die Reflexion soll sich auf *soeben Gesagtes* oder die soeben gesendeten Einheiten beziehen. Sie ist *momentorientiert.*
- Die Reflexion darf sich nur auf Elemente beziehen, die *das Kind selbst mitgeteilt hat.* Sie darf sich nicht auf Informationen beziehen, die die Heilpädagogin z.B. von den Eltern erhalten oder aufgrund eigener Vorstellungen über den Klienten entwickelt hat.

Durch die Reflexion trägt die Heilpädagogin dazu bei, dass dem Kind seine Gefühle klarer bzw. bewusster werden, denn neben der Möglichkeit, *neue Verhaltensweisen auszuprobieren,* ist das *Bewusstmachen von Gefühlen* bzw. die rationale Auseinandersetzung mit Gefühlen, ein *wesentliches Moment der heilpädagogischen Begleitung im Spiel.*

Kinder (und nicht nur Kinder!) können nur selten ihre Gefühle verbal äußern und teilen diese eher verschlüsselt, symbolisch oder symptomatisch in ihren Bildern, in Spielsequenzen, über Agieren, in Tonfall, Mimik und Gestik mit.
Deshalb wird die Heilpädagogin bei *der Reflexion von Gefühlen besonders auf nicht-verbales Ausdrucksgeschehen und szenisches (Spiel-)Geschehen achten.*
Wegen der Schwierigkeit, bei Kindern Gefühle deutlich zu erfassen, ist es bereits für die Bewusstmachung fördernd, *wenn auf die Motive des Kindes eingegangen wird.* Deshalb zählt auch das *Widergeben von Motivkonstellationen* zur Reflexion von Gefühlsinhalten.

Das Reflektieren eines *verbal* ausgedrückten Gefühls könnte wie folgt geschehen:

Jgdl.: „Eines meiner Hauptprobleme ist, dass ich mehr aus mir selbst herausgehen möchte. Und, eh, wenn ich mit ihr zusammen bin, dann fällt mir nichts ein. Ich habe nichts zu sagen, wissen Sie.“

Hp.: Sie fühlen sich innerlich leer, als wenn nichts in Ihnen drin wäre was Sie ausdrücken könnten und was sie auch beachten würde.“

Das Reflektieren eines *nonverbal* ausgedrückten Gefühls könnte wie folgt lauten:

Kind: (Sitzt zusammengesunken in der Ecke des Spielzimmers, blickt vor sich hin nach unten.)

Hp.: „Du fühlst dich sehr hilflos, richtig alleingelassen."

Wie die Beispiele zeigen kann sich das Reflektieren von Gefühlen auf unterschiedlichen Ebenen vollziehen:

(1) Das Reflektieren von *Oberflächengefühlen;*
(2) Das Reflektieren von *verborgenen oder schwach angedeuteten Gefühlen;*
(3) Das Reflektieren von *verdeckten Gefühlen.*

Zu 1: Das Reflektieren von *Oberflächengefühlen*
vollzieht sich auf der Ebene des unmittelbar Erkennbaren. Die Heilpädagogin reflektiert einen *offen erkennbaren affektiven Inhalt* einer Mitteilung durch eine andere sprachliche Formulierung. Diese Reflexion muss die gleiche Gefühlsart und Gefühlsintensität spiegeln, die der Klient vorher zum Ausdruck gebracht hat, z.B.

Jugendlicher: „Das macht mich richtig wütend, dass Sie mich unterbrochen haben.!"

Hp.: „Du bist durch die Unterbrechung sehr verärgert."

Zu 2: Das Reflektieren von *verborgenen oder schwach angedeuteten Gefühlen*
vollzieht sich meist auf einer Ebene, die dem Klienten selbst nur vorbewusst oder teilbewusst ist, die er aber verborgen in unterschiedlichen Andeutungen oder symbolischen Handlungen zum Ausdruck bringt, z.B.:

Aufgabe 194

1. Notieren Sie, welche verdeckten Gefühle Sie in der folgenden Äußerung wahrnehmen.
   Mädchen, 16 J.: „Ich überlege, was ich machen werde, wenn ich nicht mehr hierherkomme."
2. Notieren Sie Ihre Reflexionsantwort in wörtlicher Rede.

Die Gefühle und Motivkonstellationen der Jugendlichen, die in ihrer Äußerung enthalten sein könnten, liegen möglicherweise
- im Bereich der Unsicherheit über eine bevorstehende Ablösung;
- im Bereich der Trauer über den Verlust der Beziehung zur Heilpädagogin;
- im Bereich der progressiven Wünsche und Vorstellungen, die Zukunft gut zu nutzen.

Eine Reflexion der Gefühle, die die bloß angedeuteten Gefühle der Jugendlichen aufgreift, könnte deshalb wie folgt lauten:

Hp.: „Es ist schwer, etwas zu finden, weil du dann nicht mehr hier sein wirst."
„Du kannst dir noch gar nicht vorstellen, nicht mehr hierher zu kommen."
„Du bist schon gespannt, was du dann alles machen kannst."

Zu 3: Das Reflektieren von *verdeckten Gefühlen,*
das auf einer tieferen Ebene abläuft, wiederspiegelt nicht nur die *verdeckten Gefühle,* sondern die Heilpädagogin muss darüber hinaus auch noch die *Intensität* (die Stärke) der Gefühle abschätzen und diese dann sogar mit größerer Intensität reflektieren, damit sie wahrgenommen und zugelassen werden können. Die effektivste Art des Reflektierens ist ein Vorgehen, welches auch das spiegelt, *was der Klient nur vage vorausahnt,* ein Vorgehen, das auch das nur implizit Enthaltene aufgreift.

Mädchen, 15 J.:
„Ich kann mich nicht dagegen wehren, ich fühle mich immer so für alles verantwortlich zu Hause..."

Hp.: „Manchmal würdest du am liebsten alle Verantwortung vergessen und sagen: „Zum Teufel damit", um wirklich davon loszukommen.

Sie können bemerken, wie die Heilpädagogin die verdeckten und nur angedeuteten Gefühle *mit mehr Intensität* reflektiert. Sie greift auch das nur implizit Enthaltene auf, also auch das, was das Mädchen *vermutlich* fühlt.

Die vorherigen Ausführungen und Beispiele zeigen:

Die Reflexion der Gefühle erfüllt in der heilpädagogischen Begleitung und Beratung eine wesentliche Funktion der *intensiven Beziehungsgestaltung:*

- *Die Reflexion der Gefühle* verbessert das allgemeine emotionale Klima, verhilft zu mehr emotionaler Nähe und hilft eine warme heilpädagogische Atmosphäre zu schaffen.
- *Die Reflexion der Gefühle* trägt dazu bei, dass sich der Klient selbst besser akzeptieren kann, denn wenn sich jemand von einem anderen wirklich verstanden fühlt, entsteht oft ein geradezu befreiendes Gefühl, z.B.: „Ich bin gar nicht so durcheinander, so schlecht, so allein, so missverstanden, so hilflos usw."
- *Die Reflexion der Gefühle* verstärkt die Selbstakzeptanz und hebt das Selbstwertgefühl des Klienten, z.B.: „Diese andere Person versteht mich, ohne gleich zu verurteilen, wie ich denke und fühle; ich darf sein wie ich bin."

Im Umgang mit den Emotionen ihrer Klienten machen Heilpädagoginnen als Anfänger oft Fehler. Die meisten dieser Fehler resultieren aus einer mangelnden Sicherheit im Umgang mit den Gefühlen des Klienten, nicht selten aber auch aus dem mangelnden Umgang mit eigenen Gefühlen. Letzteres zu erlernen ist Aufgabe von *berufsbezogener ->Selbsterfahrung* und *->Supervision* (HpE).
Aus dieser eigenen Unsicherheit heraus machen viele Heilpädagoginnen den Fehler, auf weitere Informationen zu dringen, Kinder und Eltern „auszufragen" in der falschen Annahme, dass mehr Information mehr Verständnis bringe. Sicher kann die Heilpädagogin nur dann eine hilfreiche *-> Hypothetische Diagnose* (HpE) erstellen, wenn sie ausreichend Informationen in ihrer *->Befunderhebung* (HpE) zusammengetragen hat; für ihr *einfühlendes Verstehen in der konkreten Situation* nutzt ihr dies aber gar nichts.

Zu vermeiden sind:

Fehler 1:
Suche nach weiteren Informationen, z.B.

Jgdl.: 17 J., männl.
„Ich weiß nicht, ob sie mir wirklich helfen können, ein neues Hauptfach zu finden - ich weiß nicht, vermutlich liege ich damit auch wieder falsch."

Hp.: „Was war denn Ihr bisheriges Hauptfach?"

Die Heilpädagogin wendet hier die Technik des *Sondierens* an, weil sie meint, Informationen zu benötigen. Bei dieser „Suche nach Anhaltspunkten" vergisst sie, dem jugendlichen Schüler zu zeigen, dass sie seine Gefühle, seine Sorgen und Ängste versteht, z.B.

Hp.: „Sie haben Angst, dass es wieder schief gehen könnte."

Fehler 2:
Es wird mehr auf die Ereignisse selbst als auf die damit verknüpften Gefühle eingegangen, z.B.

Jgdl.: 16 J., weibl.
„Ich kam mir auf dieser Party ziemlich überflüssig vor."

Hp.: „Bist du alleine oder mit jemand anderem zu dieser Party gegangen?"

Eine bessere Antwort wäre ein Reflektieren der Gefühle:

Hp.: „Du hast dich dort sehr allein gefühlt."

Fehler 3:
Es wird mehr auf allgemeine und abstrakte als auf spezifische Dinge eingegangen, z.B.

Jgdl.: 17 J., männl.
„Es sieht so aus, als ob ich die Kurse hier an der Schule nicht schaffen würde."

Hp.: „Solche Kurse machen viel Arbeit."

Es wäre besser auf den jugendlichen Klienten statt auf die Leistungskurse einzugehen, etwa so:

Hp.: „Sie scheinen durch die Schule ziemlich entmutigt zu sein."

Mit der *Reflexion* soll die Heilpädagogin also Gefühlskonstellationen widerspiegeln, die der *Klient im Augenblick oder über längere Sequenzen hinweg* äußert.

Dabei sollte sich die Heilpädagogin möglichst auf der gleichen sprachlichen (symbolischen) Ebene bewegen wie der Klient.
Durch ihre Haltung und Intervention trägt sie dazu bei, dass dem Klienten die ausgedrückten Gefühle klarer bzw. *bewusst* werden.
Durch dieses Bewusstwerden von Gefühlen, also durch die rationale Auseinandersetzung mit ihnen, *verändern sich wesentliche Aspekte des Selbstbildes* des Klienten. Dadurch erhält er die Möglichkeit, *neue Verhaltensweisen wahrzunehmen, anzunehmen, auszuprobieren.*
Kinder sind oft nicht in der Lage, Gefühle verbal zu äußern. Sie tun dies eher in Tonfall, Mimik, Gestik, im Spielen, Malen, Gestalten.
Daher wird die Heilpädagogin bei Kindern vor allem *auf nichtverbales Ausdrucksgeschehen achten.*
Aufgrund der Schwierigkeit, bei Kindern Gefühle deutlich zu erfassen, fördert es die Bewusstmachung häufig schon, wenn *auf die Motive des Kindes eingegangen wird.* Deshalb zählen wir zu den Reflexionen bei Kindern auch das
Widergeben von Motivkonstellationen.

In den folgenden Beispielen müssen wir notgedrungen wieder auf *sprachliche Darstellung* von Gefühlen und Motiven eingehen.

Aufgabe 195
Notieren Sie zu den folgenden Beispielen die vermuteten *Gefühle* und *Motivkonstellationen* des Kindes und machen Sie ein Reflexionsangebot in wörtlicher Rede.

<u>Junge, 12 J.:</u>
„Da ist schon wieder die olle Fliege.“

<u>Mädchen, 12 J.:</u>
(hat den Farbtopf umgestoßen)
„Das war aber meine Schuld, das weiß ich.“

Motivkonstellationen im ersten Beispiel könnten sein, dass der Junge
- sich gestört fühlt und indirekt an die Heilpädagogin appelliert, die Fliege zu verjagen;
- die Heilpädagogin indirekt um mehr Aufmerksamkeit angeht;
- von dem, was es gerade tut, ablenken möchte;
- von der Heilpädagogin beschützt werden möchte und die Fliege als Bedrohung empfindet;
- der Heilpädagogin eine symbolische Andeutung über sein Verhältnis zur jüngeren Schwester macht, die beim Spielen häufig stört.

Wenn sich die Heilpädagogin über die vermuteten Motivkonstellationen im Unklaren ist, könnte sie auf das vermutete Oberflächengefühl des Kindes eingehen und zunächst wie folgt reflektieren:

Junge, 12 J.:

Kind: Da ist schon wieder die olle Fliege.

Hp.: Die Fliege ärgert dich.

Kind: Ja, die schwirrt da immer so rum. Haben Sie sie noch nicht gesehen?

Die Heilpädagogin bringt in ihrer Antwort das hinter der Aussage stehende Gefühl zum Ausdruck und verdeutlicht dem Kind damit, welche Gefühlsqualität der Äußerung zukommt.

Motivkonstellationen im zweiten Beispiel könnten sein, dass das Mädchen
- einer Rüge der Heilpädagogin zuvorkommen will und deshalb eine Schuldanerkenntnis ausspricht;
- ihr Versehen relativiert, um ihre Beziehung zur Heilpädagogin nicht zu gefährden;
- ihre Handlung, die sie mehr oder weniger bewusst als Beziehungstest versteht, als selbstbestimmt unterstreichen möchte.

Mädchen, 12 J.: (hat den Farbtopf umgestoßen)

Kind: Das war aber meine Schuld, das weiß ich.

Hp.: Du bist rangekommen und dann ist er runtergefallen.

Kind: Hmhm, schlimm?

Hp.: Du bist dir nicht sicher ob ich schimpfe wenn du Farbe verschwendest. Du fürchtest dafür bestraft zu werden.

Kind: Ja, man kann nie wissen.

Die Heilpädagogin bringt das in der Äußerung des Kindes enthaltene Gefühl der Furcht, ausgeschimpft (und damit abgelehnt, abgewiesen, für ungeschickt gehalten, verurteilt) zu werden, zum Ausdruck.

3.5 Das *Resümieren* von Gefühlen

Das *Resümieren* von Gefühlen ist dem Reflektieren sehr ähnlich. In Beidem werden *affektive Komponenten* der Klientenäußerungen aufgegriffen und bringen zum Ausdruck, dass die Heilpädagogin die Gefühle der Klienten *versteht.*

Der Hauptunterschied ist *quantitativer* Art. Während das Reflektieren von Gefühlen nur *einen unmittelbar gegenwartsbezogenen Anteil* der Klientenmitteilungen aufgreift, stellt das Resümieren von Gefühlen eine *Integration mehrerer affektiver Komponenten* der Klientenäußerungen dar.

Insofern ist das Resümieren von Gefühlen eine *Erweiterung* des Reflektierens, weil Gefühle aufgegriffen werden, die *über einen längeren Zeitraum* von einigen Minuten bzw. durch eine längere Beschäftigung mit einem Thema in der Situation vom Klienten ausgedrückt wurden.

Beim *Resümieren* muss die Heilpädagogin also in der Lage sein, *eine Reihe von Klientenäußerungen aufzugreifen* und *scheinbar widersprüchliche Bestandteile zu einer Ganzheit integrieren zu können.*

Die Heilpädagogin greift also *nicht nur eine* gefühlsmäßige Komponente auf, sondern *m e h r e r e* emotionale Aspekte werden zu einem zusammenhängenden Ganzen integriert.

Aufgabe 196
Resümieren Sie die folgenden Aussagen *in wörtlicher Rede* und erörtern Sie Ihre unterschiedlichen Antworten.

Mädchen, 16 J.:
„Ich habe Schwierigkeiten im Umgang mit Leuten. In einer großen Gruppe fühle ich mich wohl, in der Disko zum Beispiel, oder beim Zuhören. Oder ich sage dann vielleicht doch was. Aber da brauche ich dann sehr lange, und wenn's dann doch herauskommt, dann habe ich Angst, es taugt nichts, und die Hälfte der Zeit meine ich, ich hätte besser nichts sagen sollen. Eh..., das ist schlimm. Und dann habe ich auch das Gefühl, wenn ich schon nichts Wichtiges sagen kann, dann komme ich mir ziemlich wertlos vor. Das ist schlimm."

Mutter eines behinderten Kindes, das von der Heilpädagogin begleitet wird:
„Die letzten Wochen hatte ich überhaupt keine Zeit für mich, überhaupt keine Abwechslung und Zerstreuung... ich weiß nicht warum... irgendwie reizt mich das alles nicht mehr... das letzte Mal musste ich mich richtig zwingen mit meinem Mann auszugehen... früher bin ich oft zu Tanzveranstaltungen gegangen, aber jetzt reizt mich das alles nicht mehr."

Die Heilpädagogin könnte die Aussage der Jugendlichen in folgender Weise resümieren:

Hp.: Lass' mich mal sehen ob ich dich richtig verstanden habe: In einer großen Gruppe fühlst du dich wohler, wenn du nur zuzuhören brauchst. Wenn du doch was sagen willst, dann hast du Angst, es wäre nichts Vernünftiges und dies verunsichert dich dann zusätzlich. Und das alles bedrückt dich.

Die Heilpädagogin könnte die Aussage der Mutter in folgender Weise resümieren:

Hp.: Sie fühlen sich total erschöpft, ausgebrannt und leer, weil Sie überhaupt keine Zeit mehr haben, zu sich selbst zu kommen. Nun reizt Sie gar nichts mehr und Sie können sich zu nichts aufraffen, nicht einmal zum Ausgehen und Tanzen, was Sie früher doch so gern gemacht haben...

Wie die Beispiele zeigen, wird das Resümieren von Gefühlen anstelle des Reflektierens häufig dann verwendet, wenn eine Klientenäußerung *mehrere unterschiedliche affektive Momente enthält.*

Das Resümieren kann auch eingesetzt werden, wenn das Gespräch „steckengeblieben" und „festgefahren" scheint. Man kann das Gespräch wieder in Gang bringen, wenn vor einem bestimmten Thema ständig ausgewichen wird oder wenn eine lähmende Gesprächspause entstanden ist. Indem mehrere Momente miteinander verknüpft werden, *kann durch das Resümieren ein zentrales Thema identifiziert werden.*

Außerdem können Resümees dem Gespräch mit Jugendlichen oder dem Spiel bei jüngeren Kindern einen neuen Anstoß verleihen und helfen, die Richtung wiederzufinden. Dadurch wird bei den Klienten der Wille verstärkt, die Situation voranzubringen.

3.6 Das *Interpretieren*

Über die Reflexion und das Resümieren der Gefühle hinaus müssen auch *Interpretationen* als Mittel zur Bewusstmachung herangezogen werden, damit später eine Verhaltensänderung angegangen werden kann.

Als *Interpretation*
werden solche verbalen Äußerungen der Heilpädagogin verstanden, in denen
Zusammenhänge zwischen verschiedenen Informationen hergestellt werden,
die das Kind in der Begleitung gegeben hat. Dabei kann die Heilpädagogin *Verknüpfungen* herstellen zwischen
a) symbolischem und konkretem Verhalten;
b) verschiedenen Gefühlen und Handlungsweisen;
c) vermuteten und realen Erlebens- und Verhaltensweisen.

Durch Interpretationen solcher Art werden auf rationaler Ebene *Zusammenhänge* zwischen Wahrnehmen, Denken, Fühlen, Wollen und Handeln hergestellt, die *über eine rein situative Reflexion der Gefühle hinausgehen.*

Beispiel:
„Vorhin hast du dich umgeschaut. Du wolltest wissen, ob du so viel Wasser in den Sandkasten gießen darfst und ich es wohl nicht bemerke. Nun ist alles übergelaufen und du fürchtest dich, was geschehen könnte..."

Es ist leicht nachvollziehbar, dass die Interpretation bei der Heilpädagogin eine sehr genaue Kenntnis des vorhandenen diagnostischen Materials aus –>Befunderhebung, –>Begleitung und –>Beratung (HpE) voraussetzt, die nur durch sorgfältige Protokoll- und –>Aktenführung (HpE) erreicht werden kann.

Interpretationen sollten von der Heilpädagogin *sehr sparsam und vorsichtig* genutzt werden und möglichst *direkt* an den *Inhalt des Gesagten* und *an das Spiel anknüpfen.*

Anderenfalls besteht zu leicht die Gefahr, dass sachfremde und auf die Situation nicht passende Bezüge herstellt werden, die zwar dem Wissen und der Erfahrung der Heilpädagogin entstammen, aber nicht dem Verstehenshorizont des Kindes entsprechen.

Dadurch könnte sich das *Kind unverstanden und falsch 'behandelt' fühlen.* Es könnte den Eindruck gewinnen, dass die Heilpädagogin *vergangene Situationen* als Beweis, als Überführungs- bzw. Druckmittel gegen das Kind verwendet, ähnlich einem „moralischen Zeigefinder".

Dadurch würden beim Kind Abwehrhaltungen und Widerstände, Trotz und Gegenwehr geweckt und es bestünde die Gefahr eines Machtkampfes; der Verlauf der heilpädagogischen Situation würde einseitig *in eine ganz bestimmte Richtung gedrängt.* Machtkämpfe, Verlängerung des Begleitprozesses oder gar Abbruch wären die Folgen.

Genauso problematisch wären Interpretationen als suggestive Äußerungen der Heilpädagogin, die *unbemerkt* von ihr und dem Kind *die Richtung der Exploration unzulässig beeinflussen* würden, wie wir es grafisch bereits im Kapitel „Sprache der Annahme mit Worten" dargestellt haben.[1]

Aufgabe 197

1. Schildern Sie sich gegenseitig kleine Situationen, in denen Sie beschreiben, wie ein Kind sich verhielt. Versuchen Sie, anhand der Schilderung eine Interpretation zu formulieren und tauschen Sie im anschließenden Gespräch die Wirkung Ihres Interpretationsversuches auf die Gefühle der Zuhörer aus.

2. Spielen Sie im Rollenspiel eine kleine Szene aus eigenen Kindertagen oder aus Ihrer beruflichen Erfahrung vor. Bitten Sie eine Kollegin, eine Interpretation zu üben. Geben Sie als Betroffene und anschließend die anderen Teilnehmer der Kollegin Feedback über die emotionale Auswirkung Ihres Interpretationsversuches.

[1] Vergleichen Sie hierzu die Abbildungen 51 und 52

3.7 Das *Deuten*

Über die Reflexion und Interpretation der Gefühle hinaus müssen auch *Deutungen* als Mittel zur Bewusstmachung und Änderung herangezogen werden.

Als *Deutung*
werden solche verbalen Äußerungen des Heilpädagogen verstanden, in denen
Zusammenhänge zwischen derzeitigen Informationen aus dem Hier-und-Jetzt der heilpädagogischen Situation
u n d
zurückliegenden Informationen aus dem Dort-und-Damals des Lebensweges, der Biografie hergestellt werden.

Solche Verknüpfungen erhellen über die Interpretation hinaus zusätzlich
- die latenten, unbewussten, aus der (frühen) Kindheit oder aus vergangenen (traumatisierenden) Situationen stammenden *Motivationszusammenhänge* für verschiedene Erlebens- und Handlungsweisen;
- die *Übertragungsbeziehung* zwischen Kind und Heilpädagogin;
- die Art und Weise des *Widerstandes* bzw. der *Abwehrhaltungen* des Klienten.

Dadurch wird es möglich,
- verdrängte Wünsche aufleben zu lassen und angemessen erfüllen zu können;
- Empfindungen und Gefühle nachzuleben und neu zu vollziehen;
- Verhaltensweisen symbolisch und stellvertretend in der heilpädagogischen Begleitung angemessen einzuüben und sublimiert in der Lebenswirklichkeit des Kindes auszuprobieren.

Beispiel: Junge, 7 Jahre
(hat sich auf dem Bauteppich im Spielzimmer in der Ecke zusammengerollt und gibt babyhafte Lalltöne von sich, nuckelt an einem Bauklotz):

Hp.: „Du hast dich jetzt als Baby ganz klein zusammengerollt, wie du es bei deiner kleinen Schwester gesehen hast, als die Mama mit ihr schmuste. Du möchtest gern, dass die Mama auch mit dir schmust und nicht nur mit dem Baby. Ich spiele jetzt einmal die Mama und schmuse mit dir, als ob du noch ganz klein wärst."

In diesem Beispiel ist wichtig zu erkennen, dass die Heilpädagogin
- sehr klar die *Übertragungsbeziehung benennt,* in der der Junge sie stellvertretend als „gute, nährende Mutter" wünscht,
- diese mit einer häuslichen Situation (dort-und-damals) sowie
- mit einer aktuellen Spielsituation (hier-und-jetzt) verknüpft und
- *im Symbolspiel* (als ob!) das Übertragungsangebot, eine gute Mutter zu sein, annimmt.

Auch beim *Deuten* sollen Zusammenhänge *zwischen solchen Informationen hergestellt werden,* die das Kind im Prozess der heilpädagogischen Begleitung gegeben hat. Wie bei der Interpretation kann die Heilpädagogin *Verknüpfungen* herstellen zwischen
a) symbolischem und konkretem Verhalten;
b) verschiedenen Gefühlen und Handlungsweisen;
c) vermuteten und realen Erlebens- und Verhaltensweisen.

Durch die Deutung werden auf rationaler Ebene Zusammenhänge zwischen Wahrnehmen, Denken, Fühlen, Wollen und Handeln hergestellt, die *über eine rein situative Reflexion der Gefühle hinausgehen, weil sie neben dem „Hier-und-Jetzt" das „Dort-und-damals"* d.h. *das vermutete, zurückliegende Erleben auf dem Lebensweg des Kindes mit einbeziehen.*
(z.B. wie oben aufgrund der frühen Trennung von der Mutter oder Eifersucht auf die Geburt eines Geschwisterkindes)

Im ursprünglich psychoanalytischen Sinn wird „Deutung" von Sigmund FREUD verstanden als

a) Aufdeckung latenter Bedeutungen von Worten und Verhaltensweisen eines Menschen durch die analytische Untersuchung. Die Deutung erhellt die Art und Weise des Abwehrkonflikts (innerer Kampf des Menschen, verdrängte Inhalte zuzulassen), und zielt letztlich auf den tieferen Wunsch ab, der sich hinter den abgewehrten Inhalten ausdrückt.
b) eine Mitteilung, die der Analytiker dem Analysanden macht, um ihm zu der latenten Bedeutung Zugang zu verschaffen. Dies geschieht nach Regeln, die sich aus der Leitung und Entwicklung der analytischen Therapie ergeben.

Die psychoanalytische Deutung erfolgt im Zusammenhang mit neurotischen Verhaltensweisen und Manifestationen oder über latente Trauminhalte. Ziel von Deutungen ist es dort, dem Analysanden zur Einsicht in unbewusste Zusammenhänge zu verhelfen und eine Integration dieser Anteile in seine Persönlichkeit zu ermöglichen. Die Deutung muss hinsichtlich ihrer Anwendung, Häufigkeit, hinsichtlich des Zeitpunktes und des Ausmaßes sehr vorsichtig bemessen werden, wenn der Erfolg eintreten soll.

Im allgemeinen psychologischen Verständnis versteht man unter Deutung

„das zielgerichtete Schließen von einer Beobachtung oder Tatsache auf deren Ursache bzw. deren Grund oder der Schluss einer Vermutung auf eine andere, der aber, mangels genügend gesicherter Erkenntnis der Beziehung, keine volle Beweiskraft besitzt; auch das Herstellen von Sinnzusammenhängen, die sich in Sachverhalten mittelbar oder symbolisch auszudrücken scheinen.
In der Psychologie kann man von der Deutung das Verstehen unterscheiden. Das Verstehen beruht auf einer annähernd vollständigen Erfassbarkeit des Zusammenhanges, während die Deutung nur auf einigen Anhaltspunkten beruht und daher weniger sicher ist... In der Psychoanalyse bezeichnet man als Deutung die Klärung des verbor-

genen Zusammenhangs zwischen den Inhalten des Bewusstseins und dem Unbewussten.“ (DORSCH, 1994)

Um die Deutung als effektive Interventionsvariable sinnvoll und hilfreich einsetzen zu können, sollte die Heilpädagogin *tiefenpsychologische Kenntnisse besitzen und über persönliche Prozesserfahrung verfügen* (tiefenpsychologisch orientierte berufsbezogene –> Selbsterfahrung und –>Supervision oder Balintgruppenarbeit). Die Heilpädagogin wird sich bei der Verwendung von Deutungen *von fundierten theoretischen Annahmen* leiten lassen, die neben anderen Konstrukten auf tiefenpsychologischen *Persönlichkeitsmodellen* basieren.

Bei Anwendung von Deutungen muss beim Kind ein gewisses Maß an Reflexionsfähigkeit vorausgesetzt werden, das die Heilpädagogin bei beeinträchtigten und behinderten Kindern oftmals nicht antrifft.
Deshalb ist sorgfältig zu prüfen, ob Deutungen vom Kind überhaupt in ihrem Sinngehalt wahrgenommen werden können und es nicht übermäßig verunsichern.
Aber auch bei ‘normal’ intelligenten Kindern und Jugendlichen sollte die Heilpädagogin beide Interventionstechniken - sowohl die Interpretation wie die Deutung - äußerst behutsam und zum richtigen Zeitpunkt einsetzen, da sonst Widerstand bzw. Abwehr aktiviert werden und das Vertrauensverhältnis zwischen Kind und Heilpädagogin Schaden leiden kann.

Den ‘richtigen Zeitpunkt’ erkennt die Heilpädagogin an der Art und Weise der Äußerungen und Ausdrucksweisen sowie dem gesteigerten Interesse für die (unbewusste) Be-’deutung’ von Bildern, Träumen, Szenen aus Märchen und Spielen. Auch häufigere Selbstexplorationen des Kindes weisen darauf hin, z.B. „Das mache ich jetzt so und nicht mehr so!“; oder: „Hier darf ich das, aber zu Hause nicht“; oder: „Meine Mami versteht das nicht!“
Die Äußerungen weisen auf eine gesteigerte Selbstbewusstheit für die eigene Person, gesteigerte Entscheidungsfreiheit und Selbständigkeit, auf die Fähigkeit zur Situationsdifferenzierung und die Einsicht in

den Zusammenhang zwischen vergangenen und gegenwärtigen Situationen hin.

Tiefenpsychologisch betrachtet, handelt es sich dabei meist um sogenanntes „vorbewusstes“ psychisches Material, d.h. die Angstschwelle (Zensor) ist durch die heilpädagogische Begleitung soweit herabgesetzt, dass das Kind es wagt, sich mit bestimmten Themen zu befassen und auch schmerzliche Dissonanzen in der Beziehung zu den primären Bezugspersonen bewusst zuzulassen und zu benennen. Dementsprechend wird die Heilpädagogin *nur dann* und *so angemessen wie möglich* solche Aspekte interpretieren oder deuten, von denen sie aus gutem Grund vermuten kann, dass sie vom Kind positiv angenommen werden und seine Selbstbewusstheit und Entscheidungsfreiheit stärken, nicht verunsichern. Wird dies nach mehrmaliger Prüfung ersichtlich (die Heilpädagogin könnte - bildlich gesprochen - einige ‘Versuchsballons’ im Vorfeld der besetzten Thematik steigen lassen und die Reaktion des Kindes beobachten), sollte die Heilpädagogin nicht zögern, Interpretation oder Deutung einzusetzen, da das Kind, der Jugendliche sonst in der vorbewussten Situation verharren, um sich selber kreisen und sozusagen innerlich ‘heißlaufen’, weil keine Entlastung und damit Entspannung der Gefühlslage erfolgt und neue Verhaltensrisiken deshalb gescheut werden.

Interpretationen und Deutungen bieten sich jedoch immer erst *im fortgeschrittenen Stadium des Prozesses* an, wenn zwischen Heilpädagogin und Kind aufgrund einer tragfähigen Gefühlsbeziehung keine Peinlichkeiten und Grenzüberschreitungen zu befürchten sind..

Deutungen sind für den psychischen Heilungsprozess nicht immer notwendig, wie die Ergebnisse der „nicht deutenden Kindertherapie“ belegen.

Beispiel: Junge, 9J.
(wohnt in der Lebensgruppe eines Heimes und fiel durch mehrmaliges Weglaufen auf, kotete in der Folge tagsüber ein).
Der Heilpädagoge betrachtet mit dem Jungen zwei seiner gemalten Bilder, auf denen (linke Blatthälfte) ein Ritter ein Pferd am Zügel hält und vor einem Haus (rechte Bildhälfte) stehen bleibt.
Im ersten Bild ist das Haus blau, mit leeren Fensterhöhlen und sehr karg.
Im zweiten Bild „bunt verziert, mit Licht in den Fenstern, Schornstein, und das ist ein Blitzableiter...", wie der Junge selber beschreibt.

Hp.: Und hier, in dem schönen Haus, da wärst du jetzt gern Zuhause..."
Junge: Ich nicht, der Ritter!

Hier weist der Junge die offensichtlich zu direkte Deutung des Heilpädagogen zurück, indem er auf „den Ritter" verweist, also auf „jemand Dritten", über den beide sprechen. Auf diese *analoge* Weise wahrt er die Distanz zu dem „heißen" Thema und zeigt durch seinen Widerstand, dass ihm sein Wunsch, nach Hause zurückzukehren, „in die Hose gegangen" ist. Er bemerkt im Inneren sehr wohl, dass die Lebensgruppe des Heimes, sein neues Zuhause, weit farbenprächtiger ist als das „leere" Elternhaus, aus dem ihn seine Mutter verstoßen hat. Er ist jedoch zur Zeit noch nicht in der Lage, mit dieser überaus kränkenden und verletzenden Einsicht fertig zu werden und direkt darüber zu sprechen, sondern er benötigt noch das Symptom des Einkotens als symbolische Aussage dafür, wie er sich fühlt: „Ich bin rausgeworfen und um die Liebe meiner Mutter beschissen worden, und so fühle ich mich auch!"
Wenn Heilpädagoge und Kind den Weg des Ritters weiter „ausmalen" und auf diese Weise „begehen", wird später der Zeitpunkt kommen, wo der Junge in der Lage sein wird, sich mit „dem Ritter" zu identifizieren und in seiner Geschichte zu überlegen, wie *er als Ritter* handeln würde. Vielleicht wird er aber auch zu einem „Helfer", der dem „armen Ritter" ein neues Zuhause baut... und sich selbst auf diese Weise ein inneres neues Zuhause schafft.

Zusammenfassend kann gesagt werden:
Kinder, die (noch) nicht gelernt haben, sich sprachlich mitzuteilen, werden als Ausdrucksmittel vorzugsweise *das Spiel* benutzen.
Deshalb wird die Heilpädagogin nie ganz auf Interpretationen oder Deutungen verzichten können, wenn sie effektiv arbeiten will.
Sie wird diese je nach Verlauf des Prozesses um so eher einsetzen, je mehr *symbolischer Ausdruck* vom Kind angeboten wird. Dazu bedarf es des Szenischen Verstehens und Fördernden Dialoges.[1]

Als wichtigste Faustregel gilt:
Je konkreter eine Deutung für das Kind kognitiv nachvollziehbar und affektiv erträglich ist, desto eher kann es ihr zustimmen!

Beispiel: Mädchen, 7 Jahre (lässt ein Spielzeug versehentlich auf den Boden fallen und korrigiert sich selbst):

Kind: Warum lässt du immer alles hinfallen? Immer wirfst du was hin, immer machst du was kaputt!

Hp.: Das sagt deine Mutter zu dir.

Kind: Ja.

Hp.: Und du denkst, ich würde dasselbe sagen...

Hier geht die Heilpädagogin auf das Angebot der *Übertragungssituation* ein und verknüpft die Äußerung des Kindes mit denen aus vorausgegangenen Stunden und ihren Erkenntnissen aus Anamnese und Elterngesprächen über das Verhalten der Mutter.

Beispiel: Junge, 12 Jahre

Kind: Geht das vielleicht, dass es das nächste Mal was anderes gibt? (anderes Spielzeug)

Hp.: Du meinst, sonst würdest du dir's überlegen, ob du wiederkommst.

Kind: Nöö, (lacht) erpressen will ich hier ja keinen.

[1] Lesen Sie hierzu bitte nach über „Szenisches Verstehen und heilpädagogischer Dialog" in diesem Buch und im Übersichtsartikel –>Erziehungsberatung (HpE)

Der Heilpädagoge verknüpft die Frage des Jungen mit Informationen aus früheren Stunden (keine Lust, mit dem vorhandenen Spielzeug zu spielen) und deutet so seine Frage als latente Drohung. Die Antwort des Jungen bestätigt die Deutung des Heilpädagogen.

Aufgabe 198

Kreuzen Sie an, welche der folgenden verbalen Antworttechniken die Heilpädagogin einsetzt und begründen Sie kurz, warum Sie diese Technik gewählt haben. Diskutieren Sie Ihre Lösungen.

❑ Delay ❑ Akzentuierung ❑ Reflexion ❑ Deutung

Junge, 12 Jahre (Geräusch aus dem Nebenraum)

Kind: Ich habe da vorne was gesehen. Da vorne ist so ein Nebenraum.

Hp.: Ist doch irgendwie etwas unangenehm, wenn man gar nicht genau weiß, weswegen das knackt und weswegen diese Geräusche entstanden sind.

Aufgabe 199

Kreuzen Sie an, welche der folgenden verbalen Antworttechniken die Heilpädagogin einsetzt und begründen Sie kurz, warum Sie diese Technik gewählt haben. Diskutieren Sie Ihre Lösungen.

❑ Delay ❑ Akzentuierung ❑ Reflexion ❑ Deutung

Junge, 7 Jahre

Kind: Aber ich weiß nicht, ob das genau richtig ist. Ist es richtig?

Hp.: Du weißt das nicht.

Anhand der folgenden Lösungsbeispiele können Sie Ihre Antworten überprüfen und erhalten zugleich Anregungen für weitere Lösungen.

Erstes Beispiel: *Reflexion*
Die Heilpädagogin versucht die Gefühle wiederzugeben, die das Kind zu dieser Äußerung veranlasst haben. Sie stellt eine Verbindung her zwischen dem Geräusch und der Aussage des Kindes.

Zweites Beispiel: *Delay*
Die Heilpädagogin möchte dem Kind eventuell die Möglichkeit geben, die Lösung selbst zu finden und schiebt daher eine klärende Antwort hinaus.

Sollten Sie eine andere Auswahl getroffen haben, prüfen Sie nochmals Ihre Begründung und schlagen Sie zurück zu den entsprechenden Kapiteln, in denen die einzelnen Aspekte der „Sprache der Annahme" erläutert werden.

In den folgenden Beispielen sollen Sie zur Einübung und Selbstkontrolle herausfinden, welche der wichtigsten verbalen Antworttechniken die Heilpädagogin jeweils anwendet, um das Kind unter erschwerten Bedingungen zielorientiert auf seinem Entwicklungsweg zu begleiten.

Aufgabe 200

Kreuzen Sie an, welche der folgenden verbalen Antworttechniken die Heilpädagogin einsetzt und begründen Sie kurz, warum Sie diese Technik gewählt haben. Diskutieren Sie Ihre Lösungen.

❑ Delay ❑ Akzentuierung ❑ Reflexion ❑ Deutung

<u>Junge, 10 Jahre</u>

Kind: Fast hätte ich die Puppe getroffen - meine Schwester heißt Rina.

Hp.: Da möchtest du gern auf sie schießen.

Aufgabe 201

Kreuzen Sie an, welche der folgenden verbalen Antworttechniken die Heilpädagogin einsetzt und begründen Sie kurz, warum Sie diese Technik gewählt haben. Diskutieren Sie Ihre Lösungen.

❑ Delay ❑ Akzentuierung ❑ Reflexion ❑ Deutung

Junge, 12 Jahre

Kind: Wieviel Zeit haben wir noch?

Hp.: Möchtest vom Ende der Stunde nicht überrascht werden.

Kind: Ja, sozusagen.

Aufgabe 202

Kreuzen Sie an, welche der folgenden verbalen Antworttechniken die Heilpädagogin einsetzt und begründen Sie kurz, warum Sie diese Technik gewählt haben. Diskutieren Sie Ihre Lösungen.

❑ Delay ❑ Akzentuierung ❑ Reflexion ❑ Deutung

Junge, 7 Jahre

Kind: Da steht eine Beschreibung, können Sie mal lesen?...

Hp.: Hm, Mikado geht leichter, das kannst du.

Kind: Ja, ich kann.

Aufgabe 203

Kreuzen Sie an, welche der folgenden verbalen Antworttechniken die Heilpädagogin einsetzt und begründen Sie kurz, warum Sie diese Technik gewählt haben. Diskutieren Sie Ihre Lösungen.

❑ Delay ❑ Akzentuierung ❑ Reflexion ❑ Deutung

Junge, 12 Jahre (Gespräch über den zum Geburtstag erhaltenen Fotoapparat)

Kind: Und mein Vater hat auch gesagt, er ist ihm sehr viel empfohlen worden... weil er so idiotensicher ist, und das passt gerade zu mir.

Hp.: Aha, das meinte dein Vater.

9. Spezifische heilpädagogische Gestaltungselemente

Die heilpädagogische Begleitung umfasst neben verbalen und nonverbalen Interventionen auch eine ganze Reihe weiterer *Gestaltungselemente* der heilpädagogischen Beziehung und der zielgerichteten Strukturierung der heilpädagogischen Situation.
Generelles Ziel im Umgang mit diesen Gestaltungselementen ist es, die vorhandenen einschränkenden und schädigenden Verhaltensmuster, die im ungekonnten oder zerstörerischen sozialen Miteinander der Bezugsgruppe (Familie, Lebensgruppe, Milieu) eingeschliffen wurden, *im Erleben* des Kindes, Jugendlichen *zu erschüttern.* Wir haben dies bereits mehrfach als „a-soziales", d.h. dem Klienten ungewohntes und ihm deshalb im wahrsten Sinn des Wortes 'fragwürdiges' Verhalten der Heilpädagogin beschrieben. Über den Weg der *personalen, haltgebenden* und *zumutenden* Beziehungsgestaltung, im heilpädagogischen Milieu der Einzel-, Kleingruppen- oder Lebensgruppenarbeit, versucht die Heilpädagogin solche Lernsituationen zu initiieren, die es ermöglichen, im sicheren Beziehungs- und Schutzraum traumatisierende Erfahrungen abzubauen. Dies geschieht im gemeinsamen Aushalten und Durcharbeiten von „End-Täuschungen", um im wahrsten Sinne des Wortes zum „Ende der (selbst-)täuschenden Lebenserfahrungen" und damit zum Ausbrechen aus den leidvoll-ängstigenden, einengenden und bedrückenden Erlebens- und Verhaltensweisen zu gelangen.

9.1 Raum und Zeit

Raum und Zeit sind Grunddimensionen menschlichen Daseins. Sie ermöglichen dem Menschen, sich selber zu „orten", sich „wiederzufinden" in der Gegenwart, um von dort aus Ausflüge in die Vergangenheit und die Zukunft zu wagen. Auf diese Weise bleibt der Mensch mit sich selbst identisch: „Von dort bin ich gekommen, dahin bin ich gegangen, hier gehöre ich hin, hier bin ich zu Hause, ich bin so und so alt, ich bin ein Mädchen, ich bin ein Junge, ich habe

Mutter und Vater..." - in der realen äußeren, wie in der imaginierten inneren und in der symbolischen Welt.

Aufgabe 204
Fragen Sie sich einmal, wie Sie selber mit Raum und Zeit umgehen:
Wieviel Zeit widmen Sie a) sich selber, b) anderen, c) Dingen, d) der Arbeit, e) der Freizeit?
Sie können sich einen Kreis aufmalen und in 'Kuchenstücke' einteilen, um sich die unterschiedlichen Anteile besser zu verdeutlichen.
Sind Sie dann jeweils *wirklich* bei sich, beim anderen, bei der Sache, der Arbeit und genießen Sie die 'freie Zeit'?
Oder sind Sie jeweils ganz woanders? Wie kommt das? Was halten Sie fest, was können Sie loslassen, was 'hält sie gefangen'?
Und zum Raum: Wo haben Sie Ihren „Intimraum"? Wie ist er ausgestattet? Was liegt darin unsortiert herum, so dass sie es nicht wiederfinden? Was ist darin so sortiert, dass es steril wirkt und nicht zum Entspannen einlädt?
Welche Gründe mag es für Sie haben, dass Sie sich so oder so übereinstimmend oder konträr ihrer wirklichen Bedürfnisse 'einrichten'?

Es ist es wichtig, dass die Heilpädagogin ein 'Umherziehen' in verschiedenen Räumlichkeiten vermeidet und statt dessen den Außenraum des Spielzimmers mit dem Intimraum des inneren und zwischenmenschlichen Erlebens verbindet. Daraus ergibt sich die Regel: „Alles bleibt hier im Raum". Diese grundlegende Sicherheit ist nötig, um das (verloren gegangene) Vertrauen des Kindes oder Jugendlichen (wieder) zu gewinnen.
Es wichtig, dass das Kind den Raum so vorfindet, wie es ihn mit der Heilpädagogin verlassen hat. Es darf nicht sein, dass „fremde" Dinge von anderen Kindern (Eindringlingen, Rivalen) den Raum „besetzen", was leider oft in Einrichtungen geschieht, in denen das Spielzimmer von mehreren Mitarbeiter/inn/en genutzt wird und die persönlichen Dinge eines Kindes nicht gesichert weggeschlossen werden können oder Spielsachen von Dritten zerstört werden und nicht mehr zur Verfügung stehen.

WEINBERGER (2001, 187) bemerkt dazu:
„Das Spielzimmer sollte immer aufgeräumt sein, wenn das Kind eintritt. Jede Stunde ist damit ein neuer Anfang! Alles ist an seinem Platz, egal welches Chaos es die Stunde vorher angestellt hat. Dadurch kann das Kind sich in seine chaotische Welt, dieses Durcheinander in ihm hineinwagen. Es erlebt, dass danach immer alles wieder 'in Ordnung ist'."
Die Markierungen für Raum und Zeit sind *Anfang* und *Ende* der heilpädagogischen Stunde.
WEINBERGER (2001) schreibt zum Stundenanfang:
„Die meisten Kinder haben sich innerlich bereits auf die Stunde vorbereitet und wissen ganz genau, was sie heute spielen wollen... Viele Kinder gehen auf die entsprechenden Spielsachen los und fangen an oder sagen: 'Heute möchte ich mit dem Kaufmannsladen spielen'. Manche Kinder entwickeln ein Ritual, setzen sich z.B. immer zuerst in die Hängeschaukel, um von dort aus nach 'innen' zu gehen, um die für sie wichtige Spielinszenierung zu finden. Dieser innere Suchprozess ist eine leicht Trance, durch die das Kind mit seinem Unbewussten in Kontakt kommt.
Kinder, die ihre Bedürfnisse kaum noch spüren, tun sich erwartungsgemäß schwer, eigene Initiativen zu entwickeln. Hier ist es wichtig, dies dem Kind verstehend mitzuteilen, aber ihm dann gerade nicht die Verantwortung für sich selbst abzunehmen, sondern einfach erst einmal nur das Dilemma des Kindes aufzugreifen.
Beispiel: 'Du weißt heute nicht, was du spielen möchtest. Manchmal ist es gar nicht so leicht, das herauszufinden.' Dem Kind wird signalisiert, dass es in Ordnung ist, dass es erst einmal nicht weiß, was es wirklich möchte. Oft finden die Kinder dann etwas, auch weil der Druck durch diese Akzeptanz schnell weg ist.
Manchmal wollen die Kinder, dass Sie heute aussuchen, was sie spielen. Ob Sie das dann tun sollten, hängt von der individuellen Situation und der Spielphase ab, in der sich das Kind gerade befindet. Keinesfalls sollten Sie gleich initiativ werden und für das Kind handeln. Sie können aufgreifen, dass das Kind heute mal möchte, dass Sie für es etwas aussuchen, und es dabei erst einmal belassen. Es kann sein,

dass das Kind durch dieses Bestätigen doch noch einen Zugang zu seinen eigenen Ideen findet. Sie können dem Kind auch eine Brücke bauen, indem Sie ein 'Bestimmer-Spiel' vorschlagen: 'Jeder von uns bestimmt etwas, was der andere machen soll. Wer soll anfangen?' Eine andere Möglichkeit ist, das aufzugreifen, was das Kind in der letzten Stunde gemacht hat und daraus eine abgeleitete Variante vorzuschlagen." (189 f.)

Und zum Stundenende:

„Damit das Kind seine Spielinszenierung abrunden kann, wird dem Kind das Ende der Stunde 5 Minuten vorher angekündigt. Dies geschieht mit Sätzen wie: 'Du hast jetzt noch 5 Minuten, um zu Ende zu spielen', oder bei kleineren Kindern: 'Du hast jetzt nur noch ein bisschen Zeit, um zu Ende zu spielen.' Häufig lassen sich die kleineren Kinder die Zeigerstellung auf der Uhr zeigen, um dann selber gukken zu können, wie viel Zeit sie noch haben. Manche Kinder fragen zwischen durch immer wieder: 'Wieviel Zeit habe ich noch zum Ausspielen?' Wenn Kinder etwas gespielt haben, was ihnen sehr nahe ging, brauchen Sie häufig noch etwas anderes, um wieder 'zurückzukommen'. Hier ist ein Abschlussritual wichtig." (190)

9.2 Geschehenlassen und Lenken

Die Heilpädagogin sollte sich so verhalten, dass sich das Kind *im Spiel* als Mittelpunkt der Begleitung *erlebt.* Dadurch wird dem Kind ein Gefühl für die Wichtigkeit der eigenen Person vermittelt und sein Selbstwertgefühl gestärkt. Es lernt, selbstständig zu denken und zu handeln, im Rahmen des 'Spielfeldes' Entscheidungen („als ob") zu treffen und die Verantwortung für die Lösung der ungelösten Spiel-Aufgaben, in Auseinandersetzung mit der Heilpädagogin, selbst zu übernehmen.

Aufgabe 205

Reflektieren Sie einmal für sich selbst, gegenüber welchen Personen, in welchen Situationen oder bei welchen Themen sie sich innerlich gedrängt fühlen, einzugreifen, zu reden, zu reagieren und in welchen

Sie spüren, dass Sie gelassen und entspannt zuschauen, zuhören, mitmachen können, ohne die Initiative zu ergreifen?
Woran mag das liegen? Finden Sie das so „in Ordnung" oder fühlen Sie, dass etwas innerlich im Ungleichgewicht ist? Was könnte das sein?

Dieses Richtziel der Selbstbestimmung - auch im 'Zusammenspiel' - gilt sowohl für den therapeutischen wie auch den erzieherischen Prozess der heilpädagogischen Begleitung. Zum Wesen der Erziehung gehört es, dass Kinder Verhaltensweisen lernen sollen für Situationen, die noch nicht konkret vorstellbar sind (methodisch z.B. dadurch, dass sie dem Weg des Märchenhelden im Malen, Spielen, Fantasieren folgen und im Spiel Abenteuer und Prüfungen bestehen, um das Leben und seine Gefahren angemessen zu meistern und 'ihm' oder 'ihr' beizustehen, um „das Glück zu finden").
Durch das spielerische Probehandeln und Modellernen zusammen mit der Heilpädagogin, dem Heilpädagogen, kann das Ziel einer möglichst großen Feldunabhängigkeit der Wahrnehmung und des Verhaltens erworben werden.
In *indirekter* Weise erfolgt eine vielfältige Beeinflussung durch die sinnvolle Ausstattung des Spielzimmers (vgl. WEINBERGER 2001, 185) und durch situative Reize vor allem im Handeln der Heilpädagogin. Diese Wirkweisen werden seitens der Heilpädagogin ganz bewusst als *therapeutische Mittel* genutzt, im Sinne einer *indirekten* positiven Lenkung.
Wir unterscheiden zwei Arten von Lenkung im Prozess der heilpädagogischen Begleitung:

a) Positive Lenkung
   - Reflexion von Gefühlen:
     Das Kind lernt, seine Gefühle exakter wahrzunehmen und wird dadurch in die Lage versetzt, eigene Gefühle, seinen Willen und seine Wünsche gegenüber anderen besser beschreiben und ausdrücken zu können.
   - Das 'a-soziale' Verhalten
     der Heilpädagogin, das der gewohnten Erziehungspraxis widerspricht: Dadurch wird das Kind in seinen bisherigen Ver-

haltensschemata fruchtbar verunsichert und beginnt, neue Verhaltensweisen aufzubauen.

- Verstärkung:
  Indem die Heilpädagogin aus einer Fülle von Verhaltensweisen des Kindes diejenigen selektiert und verstärkt, die in Übereinstimmung mit den Zielen der heilpädagogischen Begleitung liegen, wirkt ihr Verhalten als Verstärkungsprozess zum Aufbau neuer Verhaltensweisen (z.B. Verstärkung aller Impulse zur Selbständigkeit) und trägt damit zugleich zur Löschung alter Verhaltensweisen bei (z.B. Hemmung oder Verweigerung von spontanem Zugriff im Spiel).

b) Negative Lenkung

- Lob und Tadel:
  Beides macht abhängig und veranlasst das Kind, sich so zu verhalten, dass es noch mehr Anerkennung bekommt (also 'sozial'-angepasst im gewohnten Sinne und nicht 'a-sozial' im Sinne von Transformation hin zur Selbstkompetenz). Lob und Tadel können dazu beitragen, dass ein Kind Angst entwickelt, etwas falsch zu machen, sich unpassend zu benehmen und dadurch die Gunst des Gegenüber zu verlieren. Dadurch wird es gehemmt, seine Gefühle zuzulassen, zu äußern und sie immer bewusster mit ins Leben einzubeziehen.
- Vorschläge und Informationen:
  Beide sind - je nach Beeinträchtigung oder Behinderung des Kindes/Jugendlichen - auf ein Minimum zu beschränken. Vor allem sind sie nicht im Sinne von rationalen 'Erklärungen' und 'Ratschlägen'[1] zu erteilen, da die Heilpädagogin dem Kind so die Möglichkeit raubt, selbst Initiative zu ergreifen und eigene Maßstäbe für sein Verhalten zu entwickeln. Allerdings sind gerade im heilpädagogischen Handeln die *Fähigkeiten* und *Fertigkeiten* des Kindes besonders zu berücksichtigen, um nicht

[1] Lesen Sie hierzu bitte den Artikel ->Rat (HpE)

durch mangelnde - aber notwendige - Unterstützung und Entwicklungsanreize zu entmutigen.[1]

9.3 Regeln und Grenzen

Da die Heilpädagogin keine konventionellen Erziehungsmittel, wie z.B. Lob oder Tadel benutzen sollte, besteht ihre „erzieherische Arbeit unter erschwerenden Bedingungen" vor allem in der schon beschriebenen Lenkung und Steuerung des Begleitprozesses, vor allem mittels Regeln und Grenzen[2]:

- Die Heilpädagogin weist dem Kind eine bestimmte Rolle zu: „Du bist Mittelpunkt und Initiator für alle Aktivitäten. Dabei unterstütze ich dich". Dies wird ausgedrückt in der *Grundregel: „Du darfst hier so spielen, wie du möchtest."*
- Die Heilpädagogin *reagiert selektiv* auf bestimmtes Verhalten und lässt anderes unbeachtet. Indem sie überdies bestimmtes Verhalten *akzentuiert,* nutzt sie die instrumentelle Verstärkung zum Aufbau oder Abbau von Verhaltensweisen.
- Die Heilpädagogin vermittelt dem Kind Sicherheit und Verhaltenskonsistenz und *reflektiert die kindlichen Gefühle,* so dass das Kind die neu erlernten Erlebens- und Verhaltensweisen zu vertiefen und selbst zu verstärken lernt. Dadurch kann eine Generalisierung, d.h. ein Transfer von Erlebens- und Verhaltensweisen aus der heilpädagogischen Situation in die Alltagssituation erfolgen.
- Durch die Auseinandersetzung mit Grenzen und Regeln, also reflektierter und angemessener Frustration durch gezielten Umgang mit Leidensdruck, lernt das Kind seine Affekte kennen, sie zu beherrschen, 'unangepasste' Verhaltensweisen aufzugeben und neues Verhalten einzuüben.

Deshalb ist das Setzen von Grenzen in der heilpädagogischen Begleitung aus mehreren Gründen notwendig:

---

[1] Lesen Sie hierzu bitte den Artikel ->Auskunft, Information (HpE)
[2] Lesen Sie hierzu bitte den Artikel ->Vertragsabsprache (HpE)

Auf Seiten des Kindes:

1. Durch Grenzsetzung erlernt das Kind die Verhaltensweisen, die das konfliktarme Zusammenleben mit anderen Menschen seiner Kultur ermöglichen.
2. Das Kind wird daran gehindert, sich und anderen körperlichen Schaden zuzufügen oder mutwillig Sachschaden anzurichten. Es lernt auch, zu seinem Versagen zu stehen, indem Zerstörungen im affektiven Spiel wieder repariert, d.h. 'heil' werden und sichtbares Chaos wieder geordnet wird.
3. Dadurch werden Schuldgefühle vermieden, die die gesamte Beziehung und jede heilpädagogische Situation belasten würden.

Auf Seiten der Heilpädagogin

1. Die Heilpädagogin wird durch rechtliche und finanzielle Gründe dazu 'gezwungen', sie lebt selbst unter kulturgebundenen, „übergeordneten" Gesetzmäßigkeiten. Die Akzeptanz und Vertretung solcher Gesetzmäßigkeiten schützt die Heilpädagogin vor individueller Willkür, d.h. das „Gesetz", die „Regel" steht - wie in jedem Fußballspiel oder jedem Boxkampf - „über" allen Beteiligten, auch über der Heilpädagogin. Sie ist lediglich die Repräsentantin der Regeln und Gesetzmäßigkeiten.
2. Die Heilpädagogin kann durch die eigene Sicherheit, die ihr aus dem übergeordneten Rahmen der Regeln und Grenzen erwächst, dem Kind gleichbleibend akzeptierend, ruhig und konstant gegenübertreten.

Die Regeln und Grenzen beziehen sich in der heilpädagogischen Situation
immer nur auf das Verhalten,
n i e (!)
auf Fantasien, Wünsche und Gefühle, Träume, Vorstellungen.
In jedem Falle wird dem Kind gestattet, *sich „im Spiel", in Worten oder in Symbolhandlungen, zu allem so zu äußern, wie es seiner inneren Dynamik entspricht.*

Die Heilpädagogin reflektiert die Gefühle des Kindes und macht ihm dadurch deutlich, dass sie diese akzeptiert und den Wunsch nach der unerwünschten Handlung versteht. Das Ausfantasieren unerlaubter oder 'unvorstellbarer' Vorstellungen, Wünsche und Handlungen kann kathartische (reinigende, psychisch entlastende) Wirkung haben, wenn exzessives Ausufern vermieden und zum Stunden- oder Tagesende hin ein Ausstieg ermöglicht sowie die affektive Betroffenheit reflektiert wird, z.B. aus einer fantasierten Rolle oder im gefühlsmäßige 'Bereinigen' einer missglückten Alltagssituation. So könnte die Heilpädagogin mit einem körperbehinderten Kind ausfantasieren, wie es so schnell herumrennt, dass niemand es fangen kann; mit einem krebskranken, sterbenden Kind könnte die Heilpädagogin jenes Land der Ferne ausfantasieren, das sich das Kind „im anderen Leben" vorstellt. Dazu könnten Figuren geknetet, Bilder gemalt oder Geschichten aufgeschrieben werden. Beim abendlichen Zubettgehen könnte die Heilpädagogin trotz heftiger Auseinandersetzungen im Alltag das gewohnte Ritual vollziehen (singen, vorlesen, umarmen) und dadurch oder mit verbaler Unterstützung das Kind wissen lassen, dass es „trotz allem" geliebt wird.

Lernpsychologisch gesehen ermöglicht Grenzsetzung folgende Lernschritte:

1. Um Grenzen zu umgehen oder Alternativen dafür zu finden, kann das Kind mittels Versuch und Irrtum kreativ werden und neue Verhaltensweisen erlernen.
2. Fehlende Verstärkung von Grenzüberschreitungsverhalten bewirkt langfristig eine Löschung dieses Verhaltens.
3. Durch die Möglichkeit, spielerisch und in symbolischer Form Grenzen ausprobieren zu können, lernt das Kind eine Vielzahl von inneren Kontrolltechniken im Gefühls- und normativen Bereich kennen, so z.B. auch, dass eigene Interessen im Gegensatz zu normativen Forderungen stehen können und wie man durch Versagung und Frustration entstandene Gefühle (alters- und situationsangemessen) ertragen und abbauen kann. Das Kind erfährt, wie Regeln entstehen und dass sie begründet werden müs-

sen. Es erfährt Regeln auch als Schutz und Hilfe zur Orientierung und lernt die Handhabung von flexiblen Regeln als ein Prinzip von Freiheit gegenüber der Festlegung von rigiden Regeln als Prinzip der Unterdrückung kennen. Hierbei ist immer das Entwicklungsalter und die Entwicklung der moralischen Urteilsfähigkeit des Kindes (PIAGET) zu berücksichtigen, um Verunsicherungen und Überforderungen zu vermeiden.

9.4 Mitspielen

Kinder spielen sowohl für sich allein wie auch mit der Heilpädagogin, dem Heilpädagogen als Spielpartner gemeinsam. Für das *Mitspielen* im heilpädagogisch-therapeutischen Sinne sind folgende Kompetenzen der Heilpädagogin erforderlich, die WEINBERGER (2001) wie folgt beschrieben hat:

1. Regieanweisungen einholen
   „*Beispiel:* Sie sollen einen Lehrer spielen: 'Was ist das für ein Lehrer?', oder, wenn das Kind auf Sie schießt (kurz und schnell abgefragt): 'Bin ich getroffen?'
   Das Abfragen sollte immer in einer anderen Stimmlage erfolgen als das Mitspielen. Es kann erforderlich sein, das Kind dabei mit Namen anzusprechen, um die Metaebene deutlich zu markieren.
   Das Regieanweisung-Einholen hat folgende Funktionen:
   - Bei der Begleitung im Rollenspiel ist es entscheidend, dass sich die Inszenierung des Kindes möglichst frei, entsprechend seinen inneren Bildern, entfalten kann.
   - Das Kind erlebt, dass seine Ideen und Vorstellungen aufgegriffen werden (Ich bin der Bestimmer), dadurch kann es Selbstwirksamkeit erleben.
   - Das Kind lernt, über seine soziale Situation zu reden und zu reflektieren. So kann es kognitive Konzepte entwickeln und Ursache-Wirkungs-Gefüge erfahren.
     Beispiel: Die Therapeutin fragt mit einfühlendem Mitschwingen nach: 'Aha, ich soll jetzt ganz wütend sein, weil du mich ins Bein gebissen hast.'

Beispiel: Sie sollen ein freches Kind spielen, das die Lehrerin ärgert. Sie fragen nach: 'O.k., was macht das freche Kind?'

- Wenn Sie nicht in gutem Kontakt mit der Spielidee des Kindes sind, kann es passieren, dass Sie 'vor das Kind' geraten... Damit ist gemeint, dass vorschnell eigene Reaktionen in das Spiel eingebracht werden. Zum Beispiel, dass Sie vielleicht gleich umfallen, wenn das Kind auf Sie geschossen hat, das Kind Sie aus seiner Sicht aber gar nicht getroffen hat.

Manchmal geben die Kinder ganz genaue Regieanweisungen und korrigieren sofort, wenn die gespielte Rolle nicht ihren Vorstellungen entspricht, manchmal sagen sie auch wenig oder gar nichts dazu. Dann müssen Sie aus dem, was Sie von den Lebensumständen des Kindes wissen, dieser Rolle einen 'Charakter' geben. Sie können dann z.B. eine sich sehr um ihr Kind besorgte Mama spielen, wenn das Kind genau das nicht erlebt hat. Sie müssen es aber auch aushalten, eine grausame Mama spielen zu müssen, wenn das Kind genau das von Ihnen einfordert, um selbstbestimmt und unter eigener Kontrolle genau diese Gefühle, die es ja gut kennt, noch einmal - aufgehoben in einer guten Beziehung - zu erleben. Insgesamt geht es darum, eine Balance zu finden zwischen dem Abfragen von Regieanweisungen und dem Spielfluss des Kindes, denn ein zu häufiges Abfragen der Spielinszenierung würde den Spielfluss hemmen...

Wichtig ist grundsätzlich, dass im Rollenspiel nicht automatisch das übernommen wird, was letzte Stunde gepasst hat. Sie müssen immer wieder offen sein für ganz neue Wendungen und Überraschungen." (194 f.)

2. Spieltempo variieren

Wenn ein Kind hastig und schnell 'über sich hinweggeht', weil es im Alltag ständig seitens der Erwachsenen gedrängt wird, sollte die Heilpädagogin versuchen, den Spielfluss in der eigenen Rolle zu verlangsamen, so dass das Kind die Möglichkeit erhält, sich anzupassen, sich Zeit zu nehmen, zur inneren Ruhe zu gelangen. (195 f.)

3. Die *Bedeutung* der Spielinszenierung
   ist bei allen Spielinszenierungen immer im Auge zu behalten, um angemessen Mitspielen oder verbal intervenieren zu können.
   „*Beispiel:* Thomas spielt Versteck, ich soll ihn suchen. Die Frage, die sich dabei stellt ist: Geht es Thomas bei diesem Spiel um das Gefundenwerden oder darum, dass ich mich abmühe und ihn lange oder gar nicht finden soll, so dass er mit dem entsprechenden Machtgefühl meine hilflose Suche auskosten kann.
   Um das herauszufinden, hilft mir zum einen die Lebensgeschichte des Kindes, die mir z.B. Hinweise auf Trennungserfahrungen gibt. Zum anderen muss ich sorgfältig auf Signale achten, die mir Thomas in der Spielsituation gibt: Wie sorgfältig hat er sich versteckt, wie viel Zeit hat er sich dafür genommen? Bewegt er sich etwas oder stellt er sich 'ganz tot'. Ich kann auch entsprechende Signale einfordern: 'Ich finde dich einfach nicht, vielleicht magst du mir mal ein Zeichen geben?' Oder ich frage den Zauberer, ob er weiß, wo sich Thomas versteckt hat. In dem vorliegenden Fall gab Thomas mir kein Zeichen, ich konnte noch so viel jammern, dass es einfach zu schwer sei, sein super gutes Versteck zu finden. Thomas wollte diese Suche von mir offensichtlich noch etwas länger auskosten. Nach einiger Zeit kam er plötzlich triumphierend aus dem Versteck heraus: voll Stolz über sein Können." (196)
4. Spiel- und Metaebene
   Bei einem sechsjährigen Jungen, der als Kind vernachlässigt und misshandelt wurde, spielt die Therapeutin auf der *Spielebene* eine gefährliche Löwenmama, die ihr Kind zu fangen versucht, um es zu beißen.
   „*Metaebene:* Ich versuche im Spielprozess sowohl meine Gefühle als Löwenmama als auch die Gefühle des Löwenkindes aufzugreifen. Ich *spiele* und ich *begleite*. Dabei läuft ein innerer Entscheidungsprozess ab, was ich von dem auf der Metaebene registrierten Max gegenüber äußere und was nicht. Genauso entscheidend ist es, *wie* ich es ihm mitteile. Es erfordert viel Üben, im

laufenden Spiel beide Ebenen gleichzeitig umzusetzen." (196 f., Hervorhebungen durch W.K.)

5. Eigene Betroffenheit
„Neben diesen beiden Ebenen spielen natürlich immer auch *Ihre eigenen Gefühle und Bewertungen,* die Sie gut kennen sollten, mit. Die Arbeit mit dem 'inneren Kind' ist daher eine sehr wichtige Aufgabe von Supervision und Selbsterfahrung, wenn Sie im freien Spiel mit Kindern arbeiten.
Im o.a. Beispiel können folgende Fragen auftauchen: Was löst es in mir aus, eine aggressive Mutter, die ihr Kind beißen will, zu spielen? Was löst es in mir aus, dass ich trotz aller Anstrengung das Kind nicht zu fassen bekomme, dass mich das Löwenkind austrickst?
Daran soll deutlich werden: Ich bin auch als Person in der Löwin enthalten, ich mit meiner Aggression, mit meiner Ohnmacht wie auch mit meinen mütterlichen Gefühlen. Da Sie im Rollenspiel handelnd tätig sind, kommen die eigenen Gefühle viel direkter zum Ausdruck, als wenn Sie im Gespräch mit Erwachsenen ruhig in einem Sessel oder auf einem Stuhl sitzen. Im Spiel gehen diese Gefühle ganz unmittelbar in Ihre Mimik, Gestik und Ihre Haltung mit herein und 'färben' damit das Spielgeschehen.
In diesem Beispiel: Wenn Sie aggressionsgehemmt sind oder der Ansicht sind, eine Mutter dürfe nicht aggressiv auf ihr Kind sein, dann sieht das Mitspiel - für das Kind an den nicht-verbalen Signalen ablesbar - anders aus, als wenn Sie einen guten Zugang zu Ihrem Aggressionspotenzial haben und die Erfahrung, dass eine Mutter sehr wohl aggressiv auf ihr Kind sein kann, in ihr Selbstkonzept integriert haben.
Um gefühlsmäßig nah an die Gefühle des Kindes zu kommen, müssen Sie auch einen guten Zugang zu *Ihren Gefühlen als Kind* haben: Kennen Sie es, von den Eltern körperlich angegriffen zu werden? Was für Empfindungen haben Sie dazu?
Wenn alte Verletzungen diesbezüglich nicht bearbeitet sind, fließen sie in die Spielbegleitung mit hinein. Die Angst des Kindes kann z.B. nicht wahrgenommen werden, wenn es für Sie bedroh-

lich ist, mit Ihren eigenen damaligen Angstgefühlen in Verbindung zu kommen.“ (WEINGARTEN 2001, 197 f., Hervorhebungen durch W.K.)

Damit kommen wir zu einem weiteren, wichtigen Kapitel heilpädagogischer Spielbegleitung:

9.5 Übertragung und Gegenübertragung

Die personale, fachlich gestaltete *Beziehung* ist die tragende Grundlage jeder heilpädagogischen Begleitung. Nur das heilpädagogische Verhältnis, der heilpädagogisch Bezug ermöglichen es dem Kind, sich mit der Heilpädagogin, dem Heilpädagogen zu identifizieren, sie als Modell bzw. Vorbild für zukünftiges Verhalten anzunehmen und den Transfer solchen Verhaltens in das eigene Umfeld zu leisten.

Damit das Kind diese Arbeit leisten kann, *überträgt* es affektiv getönte positive und negative Erlebnisinhalte, die es mit seinen wichtigsten Bezugspersonen verbindet, auf die Heilpädagogin, weil es die Heilpädagogin - aufgrund der Reinszenierung von Beziehungen - in ähnlicher Weise wahrnimmt wie vordem seine primären Bezugspersonen (Eltern, Erzieher). Deshalb bringen vor allem Kinder, aber auch Jugendliche, der Heilpädagogin Erwartungen entgegen, die ihren Erfahrungen mit diesen Bezugspersonen entsprechen.

Dabei kommt es zu *Übertragungs-* und *Gegenübertragungsreaktionen.* Diese Begrifflichkeiten sind unmittelbar mit dem psychoanalytischen Konzept verbunden. Übertragungen geschehen immer und überall, auch im Alltag. Dort ereignen sie sich *unbewusst,* d.h. der Mensch ist sich nicht klar darüber, dass er in einer Konfliktsituation z.B. wie der fünfjährige kleine Junge oder die gekränkte Jugendliche reagiert, die er einmal gewesen ist. Wir erleben im Umgang mit Mitmenschen häufig deren Reaktion in Sätzen wie: „Was du dich aber auch gleich wieder aufregst! Stell’ dich doch nicht so an!“; oder „Ich hab’ dich doch gar nicht kränken wollen, jetzt zieh’ dich doch nicht gleich wieder in dein Schneckenhaus zurück!“ Wenn solche affektiven eigenen oder fremden Äußerungen ‘im Raum stehen’, die auf-

grund *situationsunangemesser* Reaktionen erfolgen, handelt es sich häufig um Übertragungsreaktionen.
Der psychoanalytische Begriff der *Übertragung* bedeutet, dass Gefühle, die Klienten z.B. gegenüber ihren Eltern haben, auf die Heilpädagogin übertragen werden.
Der psychoanalytische Begriff der *Gegenübertragung* meint die gefühlsmäßige Übertragungsreaktion der Heilpädagogin gegenüber der Klientin, dem Klienten.
Durch diese begriffliche Unterscheidung werden der Ursprung und die Richtung der Übertragungsreaktionen verdeutlicht.

Aufgabe 204

1. Überlegen Sie, wann Sie im Alltag häufiger mit Angriff, Rückzug, besonders empfindlich, gereizt, empört, enttäuscht, hilflos, ohne Worte oder mit einem schwer zu bremsenden aggressiven Impuls reagieren.
2. Überlegen Sie, wann Sie im Alltag häufiger mit Freude, Entgegenkommen, Lust, energiegeladen, spontan, hilfreich, zugewandt, erzählfreudig usw. reagieren.
3. Überlegen Sie, welchen Personen gegenüber dies häufiger wie bei 1. oder 2. beschrieben geschieht.
4. Erinnern Sie sich an Situationen ihrer Kindheit, in denen Sie solche Erlebnisse hatten. Vergegenwärtigen Sie sich die Situationen in ihrem Vorstellungsvermögen so genau wie möglich. Achten Sie auf solche Sequenzen, bei denen Sie lieber 'wegschauen' möchten, weil Ihnen diese Sequenzen noch heute besonders unangenehm erscheinen; bzw. achten Sie auf solche Sequenzen, bei denen sie am Liebsten länger verweilen möchten, weil sie Ihnen besonders angenehm erscheinen.
5. Wie fühlten Sie sich als Kind? Welche Bezugspersonen lösten freudige oder beängstigende Gefühlsreaktionen in Ihnen aus?
6. Wenn es Ihnen möglich ist, erzählen, malen, spielen Sie solche Situationen in geschützten Räumen der Selbsterfahrung oder Supervision, um sich über Ihre positiven und negativen gefühlsmäßigen Besetzungen klarer zu werden.

Diese und andere Übungen ermöglichen es Ihnen, Ihre eigenen Übertragungsreaktionen kennen zu lernen, so dass sie diese im Alltag bei sich *identifizieren* und *einordnen,* d.h. an den Ort ihres Geschehens verweisen und im Hier und Jetzt autonom und angemessen *handeln* können, anstatt zu reagieren:
„Da ist wieder dieses Gefühl, dass mich da und dort so tief (positiv/negativ) berührt hat. Ich spüre hier und jetzt den Impuls, den das Kind, der Jugendliche durch sein Verhalten in mir auslöst: am liebsten würde ich...
(Die Heilpädagogin gibt sich emotionalen Spielraum...)
Jetzt bin ich nicht mehr das Kind, das sich nicht steuern kann (in Angst oder Lust, in Angriff oder Flucht). Ich bin Heilpädagogin, Heilpädagoge und halte der Herausforderung dieses Kindes, dieses Jugendlichen stand... ich 'reagiere' nicht so, wie das Kind, der Jugendliche es provozieren möchten, sondern ich antworte und handele angemessen 'a-sozial'."

Übertragung ist, wie gesagt, ein alltägliches Phänomen. Es gibt *positive* und *negative* Übertragungen, je nachdem, mit welchen Gefühlskonstellationen sie besetzt sind.
Wenn ein Kind beispielsweise die „böse Mutter" oder den „tyrannischen Vater" in der Heilpädagogin, dem Heilpädagogen sieht, wird es ihnen gegenüber alle damit zusammenhängen Gefühlskonstellationen aktualisieren und *negativ* übertragen. Hier sind Heilpädagoginnen und Heilpädagogen herausgefordert, ihre eigenen negativen Gefühle gegenüber diesen Klienten zu zügeln und in ihrer Arbeit reflektorisch einzusetzen, um die Klienten nicht unbewusst *real* zurückzuweisen, wie das in deren Leben seinerzeit geschehen ist oder noch geschieht und zu den jetzt vorhandenen Schwierigkeiten führte.
Ebenso können Klienten positive Bezugspersonen und ihre mit ihnen verbundenen *positiven* Gefühlskonstellationen auf die Heilpädagogin, den Heilpädagogen übertragen. In einem solchen Fall kommt die hilfreiche Zusammenarbeit meist viel rascher und problemloser zustande. Hier müssen Heilpädagoginnen und Heilpädagogen ebenso aufmerksam sein, ihre positiv getönten libidinösen Impulse nicht

mittels unreflektierter Gegenübertragung zuzulassen: „Das ist ein so liebes Mädchen, das ist ein so reizender Junge, die möchte ich am liebsten adoptieren...!" Bleiben solche Gefühlskonstellationen unbemerkt, weil sie z.B. unbewusst mit ungelebten emotionalen Anteilen des erwachsenen (Liebes-)Lebens (im engeren oder weiteren Sinne) der Heilpädagogin, des Heilpädagogen einher gehen, kann es zu *realen* Handlungen und Verbindungen kommen, die in der heilpädagogischen Beziehung strikt untersagt sind.
Wann, wie und wo immer Sie im beruflichen Alltag solche negativen oder positiven Gegenübertragungsreaktionen bei sich bemerken und ahnen, ihrer allein nicht Herr werden können, sind sie berufsethisch sofort und dringend verpflichtet, sie mittels fachlicher Begleitung (Supervision) zu reflektieren und herauszufinden, ob Sie damit zurechtkommen oder nicht. Anderenfalls müssen Sie den „Fall" an andere Kolleg/inn/en abgeben! Jedes Zuwiderhandeln wäre sonst schädigend für die jeweiligen Klienten und daher unverantwortlich.

Aus diesem Grund sollten Heilpädagoginnen und Heilpädagogen lernen, im beruflichen Alltag zwischen *Real*-Beziehung und *Übertragungs*-Beziehung zu unterscheiden, um angemessen und verantwortlich heilpädagogisch handeln zu können.
Die Übertragung kann mittels sieben Merkmalen in ihren wesentlichen Anteilen beschrieben werden:

1. Übertragung ist ein intrapsychischer Vorgang.
2. Sie ist eine wiederbelebte Objektbeziehung zu einer frühen, wichtigen Bezugsperson. Diese Beziehung wird an einem Stellvertreter (der Heilpädagogin, dem Heilpädagogen) aktualisiert.
3. Übertragungsreaktionen gehen deshalb mit Regression (Rückzug auf die eigene Emotionalität) einher.
4. Demnach folgen sie unbewussten, infantilen Beziehungsmustern.
5. Die zugrunde liegende Erfahrung bzw. das Erleben wird nicht bewusst erinnert. Haltungen und Handlungen von dort und damals werden hier und jetzt unbewusst umgesetzt, inszeniert, ausgelebt.

6. Übertragungsreaktionen basieren im Wesentlichen auf Objektverschiebungen, auf Ersetzungen der früheren Bezugsperson durch Stellvertreter/innen im 'Hier und Jetzt'.
7. Da die Übertragungsreaktion eine Wiederholung (Wiederbelebung) früherer Beziehungsmuster darstellt, ist sie der Realität des aktuellen Beziehungskontextes gegenüber unangemessen und hat Wahrnehmungsverzerrungen zur Folge.
8. Diese Wahrnehmungsverzerrungen rufen bei der anderen beteiligten Person innere Reaktionen hervor, die man als *Gegenübertragung* bezeichnet. Sie soll eine Antwort auf die Übertragung der „Ursprungsperson" sein.

Es zählt zur personalen und fachlichen Kompetenz der Heilpädagogin, diese Vorgänge zu erkennen und die Gegenübertragung im heilpädagogisch-therapeutischen Sinne anzuwenden.

PS: Vielleicht werden Sie als Leserin, als Leser dieser Zeilen denken:
„Das ist ja ziemlich schwierig; wie soll ich das machen? Ich habe in meiner Ausbildung, meinem Studium nie etwas davon gehört und bin deshalb ungeübt im Unterscheiden von Real- und Übertragungsbeziehungen!"
Jemand anderes mag denken: „Ja, an dem und dem Punkt geht es mir in bestimmten beruflichen und alltäglichen Situationen genau so, wie beschrieben. Da habe ich ja eine Bürde mitbekommen, wie werde ich die los?"
Sicher ist, dass alle Menschen mit solchen Wahrnehmungsmöglichkeiten und Wahrnehmungsverzerrungen ausgestattet sind. Unsere Aufgabe als Heilpädagoginnen und Heilpädagogen ist es, diese Tatsache anzuerkennen und nicht abzuwehren. Dazu benötigen wir die reflektierende fachliche Hilfe anderer Menschen: Kolleg/inn/en und Supervisor/inn/en, Therapeut/inn/en.
Im Lauf Ihres beruflichen Handelns werden Sie auf dem Weg Ihrer wachsenden Selbstbewusstheit eine beglückende Erfahrung machen: Gerade diejenigen psychischen Anteile, die Sie im ersten Erschrecken als belastend empfanden, stellen sich später als ihr wertvollstes Potenzial heraus. Anders ausgedrückt: Die Sensibilität der Wahrnehmung, die Sie im Umgang mit Ihren eigenen Empfindungen und Gefühlen gewonnen haben ist die beste Voraussetzung, gerade da besonders empfänglich und sensibel zu sein, wo andere unter ähnlichen Erfahrungen leiden. Wir

kennen das z.B. aus dem Selbsthilfebereich: Ehemals suchtabhängige Menschen, denen es gelungen ist, sich unabhängig zu machen, sind die besten und glaubwürdigsten Lehrer und Begleiter der Menschen, die noch suchtabhängig sind. Sie wissen aus eigener, allerdings reflektierter (!) Erfahrung ihrer mühsamen inneren Kämpfe um die Not, die Last und die Mühe, sich eines solchen 'Erbes' zu entledigen. Es ist wie im körperlichen Bereich: Die Narben, die man sich im Lauf des Lebens zugezogen hat, schmerzen und kündigen Witterungsumschwünge an, lange, bevor andere sie bemerken. Ebenso befähigen psychische Narben zu ungewohnter Hellsichtigkeit im Wahrnehmen schwieriger mitmenschlicher Situationen. In diesem Sinne sind schon alte, biblische Weisheiten wie diese zu verstehen: „Der Schwache soll sagen: Ich bin ein Kämpfer" (Joel 4, 10). „...denn wenn ich schwach bin, dann bin ich stark". (2 Kor 12, 10) „Was gesät wird, ist schwach, was auferweckt (d.h. dem Menschen bewusst) wird, ist stark." (1 Kor 15, 43)
„Es sind nicht die Siege, an denen wir reifen. Das Beste lernen wir aus unseren Niederlagen. (Rudolf Hagelstange)
Alles das sind sehr ermutigende Erfahrungswerte. Um solche Erfahrungen zu machen, muss allerdings jeder den Weg des „Aufwachens" selber gehen.

In der praktischen Situationsgestaltung wollen die Heilpädagogin, der Heilpädagoge durch ihr zunächst möglichst offenes Angebot und wenig strukturierendes Verhalten *in der heilpädagogischen Einzelarbeit* oder in der *heilpädagogischen Kleingruppe* (im Unterschied zur heilpädagogischen Lebensgruppe, die anderen realen Gesetzmäßigkeiten unterliegt) erreichen, dass das Kind die Möglichkeit erhält, deutlich *eigene, bewusste und unbewusste Einstellungen zur Person des Heilpädagogen und zur Situation der Begleitung zu zeigen, auszudrücken* und *auszuprobieren.*
Nur wenn dies gelingt, können entsprechende Gefühle und Verhaltensweisen überhaupt reflektiert und modifiziert werden. Das Kind kann dann eigene Wertungen auf die Heilpädagogin projizieren. Die Heilpädagogin ist durch die mittels ->Befunderhebung (HpE) erlangten Kenntnisse über Elternhaus, Familie und Milieu, Entwicklung und Lebensweg des Kindes sicher in der Lage, dessen Verhalten einzuordnen und kann sich bei der Übertragung pathogener Beziehungen nun entgegen der Erwartung des Kindes verhalten.

„Die Neuartigkeit unserer Antworten und Reaktionen auf die Verhaltensweisen dieser Klienten ist therapeutisch das Entscheidende.“ (RIEMANN 1974, 125)

In Anlehnung an BEIER (1968) wurden diese für die Klienten „neuartigen“ Interventionsformen als ‘a-sozial’ beschrieben. Auf diese Weise soll erreicht werden,

a) dass das Kind sich der sozialen Interaktion und der Bewertung dieses Verhaltens in dieser Aktion bewusst wird;
b) dass das Kind im Verlauf der heilpädagogischen Begleitung lernt, eine solche Bewertung zu relativieren;
c) dass das Kind lernt, neue Verhaltensweisen auszuprobieren. Je nach Alter und Entwicklung des Kindes kann es mittels Anregungen des Heilpädagogen oder durch dessen Modellverhalten Ichstärkung und Selbstfindung erreichen. (vgl. BAUMGÄRTEL 1975, 43)

Aber nicht nur das Kind, sondern jeder Mensch, so auch die Heilpädagogin in der Spielsituation, ‘überträgt’ gewohnte Muster psychischen Erlebens und Verhaltens auf Klienten. *Sowohl ein positives wie negatives starkes gefühlsmäßiges Engagement gegenüber dem Kind* kann Sie jedoch daran hindern, trotz ‘Mit-Gefühl’ die beurteilende Distanz zu wahren. Damit kommt es zum Phänomen der sogenannten „Gegenübertragung“.

Gegenübertragungsphänomene zeigen sich ‘naturgemäß’ in allen zwischenmenschlichen Beziehungen. Sie werden grundgelegt im Elternhaus zwischen Eltern und Geschwistern, setzen sich fort in der Schule zwischen Schülern und Lehrern und ereignen sich täglich am Arbeitsplatz zwischen Kollegen, vor allem in Autoritätsbeziehungen der Über- und Unterordnung. Sie erfolgen ebenso in jeder heilpädagogisch oder therapeutisch angelegten Beziehung. Durch das Bewusstmachen lassen sich aus Gegenübertragungen wertvolle diagnostische Schlüsse ziehen sowie Hinweise für die weitere helfende, erzieherische Beziehungsgestaltung finden.

Unangemessen und beziehungsstörend wirkt die Gegenübertragung, wenn sie unbewusst und affektiv agiert wird.

- Eine hindernde (negative) Gegenübertragung
  kommt dann zustande, wenn die Heilpädagogin unkontrolliert und unverarbeitet soziale, geschlechts- und altersbedingte, politische oder ideologische Einstellungen überträgt. Auch die Übertragung unreflektierter Anteile der eigenen Persönlichkeitsstruktur (schizoide, depressive, zwanghafte, hysterische; extrovertierte oder introvertierte Herangehensweisen usw.) können sich negativ auf den Prozess der heilpädagogischen Begleitung auswirken.

Hilfreich und beziehungsfördernd wirkt die Gegenübertragung, wenn die Heilpädagogin sich ihrer bewusst wird und sie gezielt einsetzt.

- Eine fördernde (positive) Gegenübertragung
  kommt dann zustande, wenn sich Heilpädagogen mittels echter Anteilnahme, Zuwendung und einfühlendem Verstehen (Probe- bzw. Teilidentifikation) um die von Sigmund FREUD so beschriebene „gleichschwebende Aufmerksamkeit“ bemühen, in der sie sich der
  „eigenen unbewußten Geistestätigkeit überlassen, nachdenken und Bildung bewußter Erwartungen möglichst vermeiden, nichts von dem Gehörten sich im Gedächtnis besonders fixieren und solcherart das Unbewußte des Patienten mit seinem eigenen Unbewußten auffangen“ sollen. (GW XIII, 215)

Auf diese Weise kann die Heilpädagogin auch mögliche *Widerstände* (Abwehrmechanismen bzw. -reaktionen) sowie (Re-)Inszenierungen konflikthafter Szenen erkennen und damit so umgehen, dass das Kind auf angemessene Weise, nämlich im Symbolspiel, im Malen, Gestalten usw.,

vor allem aber durch das konstante, Halt gebende Handeln der Heilpädagogin,

dennoch die konfliktbesetzten bzw. komplexen psychischen Besetzungen auszudrücken und verändert neu zu introjizieren vermag.

Dazu ist eine ständige Kontrolle der Begleitsituation mit Blick auf Übertragungsphänomene und Gegenübertragungsanteile notwendig, die durch Analyse der Protokolle der heilpädagogischen Begleitung und in heilpädagogischer ->Fallbesprechung (HpE) sowie in Einzel- und Gruppensupervision oder Balint-Gruppenarbeit zu leisten ist.[1]

9.6 Szenisches Verstehen und fördernder Dialog

Durch ihr Vermögen, Übertragungen beim Kind und seinen Eltern sowie Gegenübertragungsreaktionen bei sich selbst zu identifizieren, zu akzeptieren und zu reflektieren, erwirbt die Heilpädagogin zugleich die Kompetenz zur Handhabung von zwei weiteren, wichtigen psychoanalytische Handlungskonzepten, des „szenischen Verstehens“ und des „fördernden Dialoges“. Sie haben diese Konzepte bereits im Kapitel 1.3 „Beziehungsgestaltende Grundlagen“ (S. 70 ff.) im Abschnitt über die *innerseelischen, dynamischen Faktoren der bewussten und unbewussten Selbststeuerung* im Zusammenhang mit dem reflektierten Umgang von *Übertragung* und *Gegenübertragung* kennen gelernt.[2]

Aufgabe 206
Erinnern Sie sich noch an den 13jährigen, als „gewalttätig" vorgestellten Jürgen und seine vielen Versuche, die Heilpädagogin in der Sonderschulklasse 'auf Herz und Nieren zu prüfen', ehe er sich mühsam annäherte und dann Schritt für Schritt alters- und entwicklungsangmessene Fortschritte machte?
Erinnern Sie sich vielleicht auch noch an die Ängste und Mühen, die die Heilpädagogin in diesem dialogischen Geschehen *haltgebend* und *zumutend* durchzustehen hatte?
Wenn Sie sich nicht mehr erinnern oder diesen Teil des Buches nicht durchgearbeitet haben, sollten Sie das unbedingt wiederholen oder noch tun.

[1] Lesen Sie hierzu bitte die Kapitel ->Selbsterfahrung und ->Supervision (HpE)
[2] Lesen Sie hierzu bitte auch die Erläuterungen und Beispiele im Kapitel ->Erziehungsberatung (HpE)

Zur Wiederholung oder Durcharbeit wird hier später noch ein weiteres Beispiel angeboten.

Das „Szenische Verstehen" ist ein Baustein tiefenpsychologisch orientierter Heilpädagogik und kann nach SCHLAGHECKEN (2001) wie folgt beschrieben werden:

1. Mit dem "szenischen Verstehen" wird eine besondere Art des Verstehens beschrieben, mit deren Hilfe unbewusste Themen in Interaktionen erfasst werden können.
   Die Themen sind zwar *unbewusst,* wirken aber auf das Erleben und Handeln des Menschen, auf seine Interaktionen ein. Das *Szenische Verstehen* zeigt eine Möglichkeit des Zuganges auch zu den *unbewusst handlungsleitenden* Motiven auf.
2. Es umfasst sowohl *logisches Verstehen, psychologisches Verstehen* und *psychoanalytisches Verstehen:* d.h. die bewussten und unbewussten Interaktionsfiguren, die sich zwischen zwei Menschen oder mehreren Beteiligten herstellen.
3. Das Besondere des *Szenischen Verstehens* oder anders gesagt, der *psychoanalytischen Tiefenhermeneutik* liegt darin, dass der Pädagoge oder Heilpädagoge seine eigene *affektive Beteiligung* an der Interaktion zur Erkenntnisgewinnung nutzt; ganz gleich, ob es sich um die Arbeit mit Einzelnen, Gruppen oder Institutionen handelt.
   Es geht dabei *nicht nur* um die affektive Teilhabe an der Interaktion. Die Professionalität im Sinne der Psychoanalytischen Pädagogik setzt gleichzeitig die *Fähigkeit zur optimalen Distanz* von den Konflikt- und Belastungspotenzialen der Klienten voraus.
   Dies ist notwendig, um *reflexiv* erfassen zu können, welche Rollen und Funktionen dem Pädagogen *unbewusst* von Kindern und Jugendlichen zugedacht werden.
4. Diese unbewussten *konflikthaften Zuschreibungen* werden mit Hilfe des Szenischen Verstehens als *Übertragungsreaktionen* zu entschlüsseln versucht.
   Damit ist gemeint: unverarbeitete und unerträgliche Konflikte und Belastungen aus anderen wichtigen Beziehungen werden unerkannt in der Beziehung zum Pädagogen wiederbelebt. Er kann dabei als

Stellvertreter des Vaters, der Mutter so erlebt werden, als ob er ein "strafender Vater" oder eine "vereinnahmende Mutter" wäre. Diese Übertragungsreaktionen äußern sich in konkreten Interaktionen und Beziehungsangeboten, wenn auch in verschlüsselter Form.

Im folgenden Beispiel beschreibt SCHLAGHECKEN (ebd.) die von einer Heilpädagogin erlebte Szene mit einem Kind, die zur Vorbereitung auf eine Supervisionssitzung aufgeschrieben worden war:

„Einige Daten:

Sara lebt seit zwei Jahren in einer heilpädagogischen Mädchengruppe im Heim. Sie ist altersgemäß entwickelt, wirkt sympathisch und voller Energie. Ihre Freizeit nutzt sie fantasievoll für kreative Tätigkeiten. Sara hat eine eher geringe Frustrationstoleranz.

Seit ihrem 4. Lebensjahr übernahm die Großmutter die Erziehung. Die leibliche Mutter war stets unzuverlässig, wechselte oft den Partner und den Wohnsitz. Sie war vier Jahre inhaftiert, weil es zu sexuellen Übergriffen gekommen war. Da sie nun zur Bewährung entlassen worden war, wurde die Wiederaufnahme der Kontakte zu Sara erlaubt. Saras Vater ist unbekannt. Geschwister hat sie keine.

Inszenierung / Szenisches Geschehen:

Ein Besuch der Mutter im Heim war angekündigt worden. Kurzfristig aber sagte die Mutter wieder ab, ohne weitere Begründung.

Saras erste Reaktion war eher Gleichgültigkeit. Sie sagte zunächst nichts, dann aber bemerkte sie: "Ist mir doch egal."

Die Heilpädagogin schreibt jetzt in Ichform:

"Ich hatte als Betreuerin gerade Tagdienst und ahnte, dass es noch zu weiteren Äußerungen kommen würde. In den letzten 2 Jahren kam es zwischen Sara und mir öfter zu heftigen Auseinandersetzungen und verbaler Konfrontation. Sara drohte dann mit Weglaufen und packte mit Vorliebe ihren Koffer. Einmal schleppte sie den Koffer um den Block herum und kam wieder zurück. Ein anderes Mal ging ich ihr nach. Sie ließ sich dann von mir an der Hand nehmen und zurückführen. - Eine ähnliche Situation erwartete ich auch heute. Doch es kam anders.

Nach der Absage der Mutter wurde Sara zunehmend unruhig und unzufrieden. - Sie begann, Forderungen zu stellen, die weder in die Tageszeit, noch in den Gruppen-

alltag passten: Sie wollte Videos anschauen, mehr Taschengeld bekommen u.ä. Die Anspannung nahm zu, - es kam immer mehr zu einem Streit. Sara attackierte mich mit Anschuldigungen: "Bei dir darf ich eh nix"- "dir ist alles egal, du Hure!" Ich sagte, sie solle sich doch beruhigen, aber Sara war mit Worten nicht zu erreichen. Die Situation spitzte sich weiter zu. Sara ergriff ein Einmachglas von ihrem Schreibtisch (sie hatte es als Windlicht beklebt), schlug das Glas mit Wucht auf die Tischecke so, dass es teilweise zerbrach und bedrohte mich mit den Scherben.
Wild damit herumfuchtelnd, sogar mit einem Grinsen im Gesicht, stand sie vor mir.

Reflexion der Gegenübertragung:
Meine Reaktion war völliges Erschrecken und Angst. - Dann aber kam Wut hoch auf dieses unverschämte Verhalten von Sara. Mir wurde richtig heiß, ich spürte mein Herz schneller klopfen. Blitzschnell kam mir der Gedanke: Bevor sie mich verletzt, muss ich ihr zuvor kommen, stärker sein und sie ggf. zu Boden reißen o.ä.

Sara verharrte in ihrer wütenden Haltung und beschimpfte mich weiter. Wie von Ferne dachte ich bei mir: Wo sind die anderen Kinder? - Wenn die jetzt kommen, bin ich restlos überfordert! Ich sprach Sara ruhig an, begründete meine Haltung und begann vorsichtig, sie in die Realität zurückzuführen.
Freundlich, aber mit fester Stimme sagte ich:
"Du darfst und du wirst mich auf keinen Fall verletzen. - Obwohl du mich sehr wütend machst, werde ich nicht aus deinem Zimmer gehen. - Du sollst dich auch nicht verletzen."
Sara fuchtelt wieder mit dem zerbrochenen Glas vor meinem Gesicht herum.
Ich sage zu ihr:
Sara, du möchtest mir soviel Angst machen, wie du sie schon lange hast. - Ich soll wohl heute mal so wütend sein wie du, weil deine Mama nicht kommt, die dich ja schon so oft im Stich gelassen hat."
Sara hält inne. Sie lässt den Arm mit den Scherben in der Hand langsam sinken. - Ich achte darauf, körperlich nicht zurückzuweichen, halte den Blickkontakt und spreche weiter:
"Ich bleibe jetzt mit dir hier und möchte, dass du mir das Glas gibst, damit du dir nicht weh tust."
Sara steht einige Sekunden regungslos vor mir. Dann wirft sie mir das Glas vor die Füße. - Ich hole tief Luft, bemüht, mich nicht erneut provozieren zu lassen.

Reflektierend denke ich:
Sara hat in ihrem Leben die Entwertung und Geringschätzung ihrer Person erlebt. Mit ihr wurde nicht wertschätzend umgegangen.

Ich hob nun die größeren Scherben auf und setzte mich auf Saras Schreibtischstuhl.-
Sara beobachtet mich eine Weile und verlässt dann das Zimmer. Verdutzt bleibe ich sitzen. -

Aufgabe 207
Wie ist es Ihnen beim Lesen dieser Szene ergangen? Welche Gedanken und Gefühle wurden in Ihnen wach? Was hätten Sie am liebsten tun wollen? Wie hätten Sie real in dieser Szene gehandelt?
Schreiben Sie sich selbst alles auf, was Ihnen durch Bauch und Kopf gegangen ist und woran Sie diese Szene erinnert haben mag, damit Sie sich das Geschriebene erneut *anschauen* können und nichts vom Erlebten verloren geht.
Tauschen Sie danach Ihr Erleben mit Ihren Kommiliton/inn/en oder Kolleg/inn/en aus. Achten Sie darauf, keine Wertungen des Erlebten - weder bei sich noch bei anderen - vorzunehmen, sondern einfach nur zuzuhören und die unterschiedlichen Empfindungen und Reaktionen auf sich wirken zu lassen. So werden Sie reicher an Erfahrung über das vielfältige mitmenschliche Erleben.

Zu meinem Erstaunen kam Sara dann mit Handfeger und Kehrblech zurück und nahm den Rest der Scherben auf. - Wortlos.
Ich war sehr berührt. Dann wollte Sara etwas Süßes haben und am Abend Fernsehen. Das konnte ich ihr gut zusagen.

Gedanken im Nachhinein:
Sara konnte vielleicht am Lebensanfang kein ausreichendes Urvertrauen entwickeln. In dieser Situation drängte sie mich unbewusst in eine Rolle, in der ich die Re-Inszenierung des Mutter-Tochter Konfliktes erkennen konnte. Sara übertrug ihre Wut und Ohnmachtsgefühle, die sie selber kaum aushalten konnte, auf mich.

Wäre ich als HP in der Gegenübertragung stecken geblieben, hätte ich mich vielleicht auf Kosten des Kindes verteidigt. Vielleicht wäre ich wie Saras Mutter zur "Täterin" geworden, hätte damit eine erneute Traumatisierung begünstigt.
Da ich jedoch gleichzeitig auch auf meine eigenen Gefühle achtete, ließ ich mich nun nicht mehr in die Szene verstricken. So habe ich angemessen reagieren und heilpädagogisch handeln können. Im Ansatz war es gelungen, dem Kind seine Konfliktgeschichte mit der Mutter bewusst zu machen. So konnte Sara zu mir als HP zurückfinden und für ihr Verhalten auch schrittweise Verantwortung übernehmen lernen.
Sara konnte mir am Schluss der Szene das Glas nicht geben, wie ich es erwartet hatte. Das war noch zu viel in diesem Moment. Vielleicht aber testete sie auch erneut, ob sie mir wirklich vertrauen konnte, -ob ich sie *aushalten* und *zu ihr stehen* würde, - ob ich tatsächlich meine, was ich sage und ob ich auch in Zukunft an ihrer Seite bleiben werde.“ (SCHLAGHECKEN, 2001)

10. Übungen zu Fallbeispielen

Die folgenden Fallbeispiele vermitteln einen Eindruck über die heilpädagogische Begleitung in unterschiedlichen Situationen der Kontaktaufnahme. Sie dienen als Übung zur Vertiefung des bisher Gelernten.

Peter

Peter ist ein 4;6 Jahre alter Junge, der von seiner Mutter in einer Beratungsstelle für Eltern, Kinder und Jugendliche vorgestellt wird. Peter ist Einzelkind. Sein Vater ist Lastkraftwagenfahrer und daher öfter unregelmäßig zu Hause.

Der ->Anlass (HpE) ist die Besorgnis der Erzieherinnen im Kindergarten, die Peter als zurückhaltend bis schüchtern und sogar ängstlich schildern. Unvermutet komme es aber zu aggressiven Ausbrüchen, bei denen er ganz unkontrolliert auf andere Kinder einschlage, dann aber rasch weglaufe um sich zu verstecken.

Die Mutter schildert Peter zu Hause als ganz normales Kind. Er sei sehr wach und aufgeschlossen und interessiere sich für alles. Das sei manchmal sehr anstrengend und sie müsse ständig auf der Hut sein, damit er nicht irgend etwas anstelle. Zu seinem Vater habe Peter ein gutes Verhältnis. Er freue sich, wenn sein Vater nach Hause komme und bestürme ihn, mit ihm zu spielen und etwas zu unternehmen. Der Vater sei dazu nach seinen täglich langen Fahrten aber nicht immer in der Lage, und so komme es auch zu Zurückweisungen, wobei der Vater strenger sei als sie selber und Peter dann weinerlich enttäuscht oder auch trotzig reagiere.

Aufgabe 208

Reflektieren Sie die Auskünfte, die Sie erhalten haben, in Bezug auf Peters Lebensalter im Zusammenhang mit seinem von Ihnen geschätzten Entwicklungsalter: Mutet sein Verhalten eher altersgerecht an oder nicht?

Versuchen Sie auf dem Hintergrund Ihrer Überlegungen eine -> Vermutungsdiagnose (HpE) zu entwickeln: Wie erklären Sie sich Peters Verhalten zu Hause und im Kindergarten? Begründen Sie Ihre Überlegungen.

Wenn Peter zu Ihnen in die heilpädagogische Stunde käme, welche Erwartungen hätten Sie bezüglich seines Aussehens und Auftretens?

Wie würden Sie sich auf Grund Ihrer Vorüberlegungen und Erwartungen auf Peter einstellen? Wie wollen Sie ihm begegnen?

Tauschen Sie anschließend die Ergebnisse aus und achten Sie dabei auf sachlich übereinstimmende Annahmen und subjektiv eingefärbte Vermutungen.

Auf diese Weise können Sie Ihr entwicklungspsychologisches Wissen überprüfen und Ihre unterschiedlichen Wahrnehmungen auf dem Hintergrund Ihrer persönlichen Erfahrungen differenzieren und einschätzen lernen.

Die Mutter bringt Peter pünktlich zur vereinbarten Zeit zur ersten heilpädagogischen Stunde. Die Heilpädagogin begrüßt beide im Empfangsraum.

1. P. beginnt sofort zu erzählen, was er alles zu Weihnachten geschenkt bekommen habe.
2. Ich staune und bewundere, was er alles bekommen hat. Dann sage ich ihm, dass ich gern mit ihm in das Spielzimmer gehen würde und dass seine Mutter in der Zwischenzeit hier im Raum auf ihn warten würde.
3. P. ist sofort einverstanden: „Ich gehe überall hin mit!“
4. Wir gehen ins Spielzimmer. Dort angekommen geht er durch den ganzen Raum und schaut sich alles an.
5. Ich sage ihm, dass er hier so spielen könne, wie er möchte und dass er viel Zeit habe, sich alles anzuschauen.
6. Daraufhin geht P. zum Regal, holt das Tablett mit dem Geschirr, den Töpfen und der Babyflasche und stellt es auf en Tisch.
7. Er nimmt sich die Babyflasche und nuckelt daran. Dann setzt er sich auf den Boden und krabbelt durch den Raum. Er sagt: „Du bist jetzt meine Mama.“
8. Hp.: Du möchtest mit mir Mutter und Kind spielen?
9. P. bejaht.
10. Hp.: Soll ich eine liebe Mama oder eine böse Mama spielen?

11. P.: Eine liebe Mama, die gerade lecker kocht. Der Papa ist arbeiten, aber der kommt nachher nach Hause.
12. Hp/Mu. beginnt zu kochen. Nach einer Weile: Hmm, das durftet gut!
13. P. lächelt und nickt.
14. P. sitzt auf dem Boden und nuckelt in Ruhe an seiner Flasche.
15. Hp/Mu. nach einer Weile: Ich glaube, dem Baby geht es gut. Es nuckelt schön an seiner Flasche und sieht ganz zufrieden und glücklich aus. Bestimmt wird es satt.
16. P. nach einer Weile: Mama, spielst du was mit mir?
17. Hp/Mu.: Ja, wir können noch viel zusammen spielen. Die Suppe muss noch lange kochen.
18. P. krabbelt auf die Magnettafel zu, auf der verschieden geformte bunte Magnetklötze zu sehen sind.
19. P.: Du guckst zu, ja?
20. HP/Mu. bejaht.
21. P. beginnt auf der linken Seite der Tafel eine Höhle aus den Magnetsteinen zu bauen. Dazu erzählt er, dass dies eine Wasserhöhle sei, in der ein Kind lebt.
22. Hp.: Da ist es ganz warm und gemütlich und das Kind ist gut beschützt und sicher.
23. P. bejaht und erzählt weiter, dass das Kind aber die Höhle verlässt und dabei seine Brille, sein Taschenmesser und sein Gewehr verliert.
24. H.: O, das Kind muss wohl die Höhe verlassen und verliert so wichtige Sachen! Jetzt kann das Kind ohne Brille gar nicht mehr richtig sehen, wo es hingehört; und es fühlt sich schwach und ungeschützt, so ohne Messer und Gewehr...
25. P. nickt. Er beginnt auf der rechten Seite der Tafel ein Haus zu bauen und erzählt dazu: Draußen baut sich das Kind ein Haus. - Von dem Haus baut er eine Leiter nach oben.
26. P.: Das Kind klettert die Leiter rauf, aber das Haus stirbt und das Kind stürzt ab.
27. Hp.: Das Kind hat versucht, sich ein neues, schützendes Haus zu bauen. Es hat sich weit hinausgewagt und ist dem Himmel entgegen gestiegen. Das Kind ist sehr enttäuscht worden. Es dachte, das Haus würde halten, aber es ist gestorben und das Kind stürzt ab.

28. P.: Das Kind ist verletzt, es blutet! (Er zeigt dabei mit der Hand auf seine Brust.)
29. Hp.: Das Kind ist sehr traurig und sein Herz blutet!
30. P.: Und dann kommt ein Arzt!
31. Hp.: Ja, der kann schauen, was dem Kind fehlt und was es braucht.
32. P. sagt, dass er nun malen möchte und Hp. soll wieder gucken. - Er nimmt sich ein DIN-A-4 Blatt, legt es quer vor sich hin und beginnt mit einem gelben Buntstift zu malen:

Er malt zuerst die Sonne in die rechte obere Ecke des Blattes, dann das „Männchen", wie er sagt und dann die „Wiese"

33. P. erzählt, dass dies ein 4jähriger Junge sei, mit Namen Petrus. - Den Namen 'schreibt' er auf die Rückseite des Blattes. - P.: Der hat keine Beine!
34. Hp.: Dann kann der Petrus gar nicht stehen oder laufen oder hüpfen!
35. P.: Aber die anderen schimpfen sonst mit ihm!
36. Hp.: Die anderen?
37. P.: Ja, alle!
38. Hp.: Du meinst, wenn der Petrus durch die Gegend läuft und hüpft, schimpfen die anderen mit ihm, weil sie wollen, dass er ganz ruhig ist?
39. P. nickt.
40. Hp.: Deshalb hat der Petrus auch keine Arme und keine Beine und einen ganz kleinen Mund...
41. P.: Ja, nur große Augen und Ohren!
42. Hp.: Und was er sieht und hört, das tut ihm weh. Da würden mir auch manchmal die Haare zu Berge stehen, wie dem Petrus auf dem Bild!
43. P.: Manchmal wird der Petrus zum Monster! - Er nimmt einen grünen Stift und malt über das Gesicht, die Augen und Ohren.
44. Hp.: Ja, dann kennt ihn keiner mehr und alle nennen ihn Monster, weil keiner weiß, wie er richtig heißt.

45. P. sieht plötzlich die Dinosaurier. Er setzt sich auf den Boden und beginnt mit ihnen zu spielen. Er baut sich gegenüber eine ganze Reihe von Dinosauriern auf. Er selber behält einen kleinen Dino in der Hand. Hp. soll schauen, wie sie miteinander kämpfen. Die Reihe der Dinosaurier greift an. Er schmeißt sie zusammen und sie kämpfen alle auf einem Haufen gegen den einzelnen Dinosaurier. Der einzelne Dinosaurier verliert.
46. Hp./Dino (denkt laut): Alle sind gegen mich und ich weiß nicht warum. Ich fühle mich schwach und allein...
47. P. will nun gegen die Autos kämpfen. Er stellt wieder eine Reihe von Autos auf. Er selbst nimmt sich den roten Ferrari (dieses Auto kann man aufziehen und es fährt dann von alleine). Er zieht das Auto auf und lässt es mit höchster Geschwindigkeit in die Reihe fahren. Nach und nach 'schießt' er so alle Autos ab. Die Polizei kommt und verhaftet ihn, er muss ins Gefängnis.
48. P. baut sofort alle Autos wieder auf.
49. Hp. bekommt von ihm einen Porsche, der soll den Ferrari aus dem Gefängnis befreien und an seiner Seite erneut gegen die anderen Autos kämpfen, bzw. der Porsche soll zuschauen, wie der Ferrari jetzt für zwei kämpft.
50. Hp/Porsche befreit den Ferrari und schaut zu, wie dieser gegen die die anderen kämpft. Nachdem der Ferrari gewonnen hat, soll der Porsche sich freuen. Der Porsche freut sich und bewundert die Kraft und Stärke des Ferraris.
51. Hp. sagt, dass die Stunde gleich zu Ende sei und ob P. ihr helfen möchte, alles wieder an seinen Platz zu stellen. Dies geschieht und Hp. und P. verabschieden sich mit Handschlag voneinander.
52. P. möchte alleine ins Wartezimmer zurückgehen.
53. Hp. ist einverstanden.
54. Nach einer Weile, er ist bereits zum Gehen angezogen, kommt er zurück, um sich nochmals zu verabschieden.
55. Hp.: Ich staune, wie gut du schon den Weg kennst.
56. P.: Und ich komme wieder!
57. Hp.: Ja, und ich werde auf dich warten.
58. P. läuft zurück zum Eingang, wo seine Mutter auf ihn wartet, dreht sich nochmals um und winkt Hp. zu.

Aufgabe 209

Welche Gedanken und Gefühle bewegen Sie nach dem Lesen der Stunde?

Wie haben Sie sich in der Teil- bzw. Probe-Identifikation

a) mit Peter,

b) mit der Heilpädagogin gefühlt?

Sie können dies in der Runde austauschen, indem Sie die Sätze vervollständigen: „Ich als Peter fühlte mich...“; in der zweiten Runde: „Ich als Heilpädagogin fühlte mich...“

Auf diese Weise erhalten Sie ein reiches „Stimmungsbild“ und werden durch die verschiedenen Antworten in Ihrer Gefühlswahrnehmung bestätigt oder auf Akzente aufmerksam, die Sie selber vielleicht nicht so empfunden haben.

Sie können nun das Fallbeispiel nach verschiedenen Gesichtspunkten auswerten und sich dabei an den Ziffern des Protokolls orientieren.

Aufgabe 210

1. Was ist Ihnen (und anderen) im Verlauf der heilpädagogischen Stunde besonders aufgefallen? (Sammeln Sie auf diese Weise zunächst alle für Sie wichtigen Momente.) Ordnen und ergänzen Sie nun Ihre Sammlung, indem Sie das Protokoll nach folgenden Gesichtspunkten auswerten:
2. Welchen *Sachgehalt* und welche *Darstellungsform* wählt Peter in seinen verschiedenen Äußerungen? (Notieren Sie die Verlaufsziffern zwecks Verständigung)
3. Was sind die *Ursachen* der Äußerungen Peters?
4. Welche *Appelle* richtet Peter an die Heilpädagogin?
5. Was hat Peter in seinem Spiel *symbolisch* ausgedrückt?
6. Wann zeigt die Heilpädagogin
   a) Konzentriertes Interesse?
   b) Sicherheit?
   c) Einfühlende Distanz (Teil- bzw. Probeidentifikation)?
   d) Verhaltenskonsistenz?

6. Welche *Interventionsformen* der „Sprache der Annahme" und des „Eingehens auf die Gefühlsebene" setzt die Heilpädagogin ein? Sind diese Interventionen jeweils angemessen oder nicht angemessen und welche Alternativen wären möglich?
7. Wie passt die 'Mitteilung' Peters in der heilpädagogischen Stunde zu den Vorinformationen und den Vorstellungen, die Sie sich vor der Stunde gemacht haben?
8. Wie passt Peters 'Mitteilung' zu Ihrer Vermutungsdiagnose? Was ist übereinstimmend, was muss im Sinne einer Begleit- bzw. Prozessdiagnose umgeschrieben werden? Können Sie aufgrund der 'Spielaussage' bereits gesichertere Hypothesen über Peters Entwicklungsalter und seine „Befindlichkeit" machen? Wenn ja, welche und mit welcher fachlichen Begründung? (Auf welche Theorien berufen Sie sich?)
9. Welche Ziele entwickeln Sie für die heilpädagogische Begleitung aufgrund Ihrer bisherigen Hypothesen?
10. Was bereiten Sie und wie bereiten Sie sich auf die folgende Stunde vor?
11. Halten Sie es für wichtig, Peter auch diagnostisches Material anzubieten, um Ihre ->Befunderhebung (HpE) zu vervollständigen? Wenn ja, welches diagnostische Material würden Sie wann und wie einsetzen und mit welchem Ziel?
    Wenn Sie kein diagnostisches Material einsetzen wollen: weshalb nicht?
12. Nehmen Sie an, die Mutter habe Sie gebeten, ihr Ihren Eindruck über Peter in einem Elterngespräch mitzuteilen. Bereiten Sie sich auf dieses Gespräch vor, indem Sie überlegen, ob und wie Sie Peter mit einbeziehen (mit welcher Begründung?). Was wollen Sie und wie wollen Sie der Mutter Ihre Eindrücke und Erkenntnisse mitteilen?
    Machen Sie ein Rollenspiel, indem Sie das Elterngespräch als Hp und Mutter simulieren. Werten Sie das Rollenspiel aus:
    a) als Hp. fühlte ich mich...
    b) als Mutter fühlte ich mich...
    c) die Beziehung zwischen Hp und Mutter erschien mir...

d) methodisch wäre darauf zu achten...

e) inhaltlich wäre darauf zu achten...

Versuchen Sie das Rollenspiel mehrmals und bringen Sie nach jeder Auswertung Ihre Erkenntnisse in Ihre Rolle als Hp neu ein, um das Gespräch mit der Mutter immer angemessener zu gestalten, je nachdem, wie die „Mutter" ihre Rolle ängstlich, zuversichtlich, fordernd, unsicher, misstrauisch, selbstsicher, konkurrierend usw. spielt.

Sabine

1. Vorstellung des Kindes

Sabine ist ein 10;2 Jahre altes Mädchen und befindet sich seit Mitte Dezember in der onkologischen Abteilung der Kinderklinik. Sie wurde aufgrund eines bösartigen Tumors in einem Brustwinkel eingeliefert und sofort operiert. Die Operation ist gelungen und eine kleine sichtbare Narbe unterhalb des Halsbereiches (vorne) ist zurückgeblieben. Ein gutartiger Tumor ist in der Folgezeit nachgewachsen. Metastasen scheinen nicht vorhanden zu sein. Da die Chemotherapie keine Erfolge aufwies, bekam sie Strahlentherapie. Ich lernte Sabine in einer einwöchigen, voraussichtlich letzten stationären Behandlungsphase kennen.

Aufgabe 211

Nehmen Sie an, Sie absolvieren ein Praktikum auf dieser onkologischen Station der Kinderklinik und Ihre Anleiterin habe Ihnen eine Notiz mit obigem Inhalt geschrieben, mit der Bitte, mit Sabine Kontakt aufzunehmen. Was würden Sie vorüberlegen? Worauf würden Sie achten?

2. Familienhintergrund

Die Eltern kommen aus Portugal und leben mit der Familie seit ca. 5 - 6 Jahren in Deutschland. Sie sprechen kaum Deutsch. Der Vater ist 38, die Mutter 39 Jahre alt. Beide sind von Beruf Arbeiter und in ihren Bereichen tätig. Sabine besitzt eine 16 Jahre alte Schwester und hatte vermutlich einen jüngeren Bruder der gestorben ist. Die Eltern sprachen nicht über ihn. Diese Information stammt von Sabine während einer Operation, als sie sich noch halb in der Narkose befand. Zum momentanen Zeitpunkt weiß man nicht, welchen Wahrheitsgehalt diese Information besitzt. Der Vater ist angeblich herzkrank und soll laut der Mutter und Sabine „von schlimmen Nachrichten verschont bleiben".

Aufgabe 212

Welche a) Gedanken und b) Gefühle (bitte getrennt notieren!) beschäftigen Sie beim Lesen dieser weiteren Informationen? Beinhalten die Informationen etwas Besonderes, das Sie in der Kontaktaufnahme mit Sabine beachten sollten? Was wäre dies? Notieren Sie Ihre Vermutungen!

3. Äußeres Erscheinungsbild

Sabine besitzt eine schlanke Körperstatur und ein geordnetes, sauberes, adrettes Aussehen. Trotz ihres neuen Kurzhaarschnittes wirkt sie feminin. Sie bewegt sich flink besitzt eine schnelle Reaktion und einen wachen, aufmerksamen Gesichtsausdruck. Trotz ihrer dunklen Haare und Augen wirkt sie in ihrer Ausstrahlung sehr deutsch. Sie spricht akzentfrei Deutsch. Ihre Stimme ist leicht heiser und nicht kräftig und klar, wie man es aufgrund ihrer selbstsicheren Ausstrahlung vermuten könnte. Dies könnte auch noch eine Nachwirkung der Operation sein. Ihre Atemzüge sind sehr kurz, wie wenn sie unter einer ständigen Anstrengung stehen würde. Auf der Station scheint sie bei allen bekannt und beliebt zu sein.

Aufgabe 213
Wie wirkt Sabine nach dieser Beschreibung auf sie? Was würden Sie erwarten, wie die Begrüßung bzw. Vorstellung ausfiele, wenn Sie sich begegnen? Vermissen Sie aufgrund Ihrer Vorstellung von Sabine Informationen? Wenn ja, welche?

4. Lebensalter / Entwicklungsalter

Sabine Entwicklungsalter entspricht ihrem Lebensalter. Sie befindet sich im Entwicklungsabschnitt des „kritischen Realismus".

Aufgabe 214
Was wissen Sie über die Besonderheiten dieses Lebensabschnittes? Notieren Sie Ihr Wissen in Stichworten!
(Wenn Sie nichts wissen oder der Meinung sind, nicht ausreichend informiert zu sein, in welchem Fach Ihres Studiums bzw. in welcher Literatur [die Ihnen zum Studieren empfohlen wurde] können Sie sich informieren?
Tauschen Sie Ihr Wissen bzw. Ihre Informationen in kollegialer Zusammenarbeit aus!

Aufgabe 215
Vergleichen Sie folgende Informationen mit Ihren Aufzeichnungen und kennzeichnen Sie die Aspekte, die Ihnen bekannt waren!

Merkmale des „kritischen Realismus“ sind:
- größere Selbständigkeit in vielen Bereichen des täglichen Lebens, auch gesteigerte Urteilsfähigkeit
- größere Distanz zum Eigenerleben, d.h. größeres Interesse an Dingen, Menschen, Orten, Phänomenen, die außerhalb ihrer Erlebniswelt liegen. Somit auch Interesse an der Vergangenheit
- größere Komplexität, d.h. mehrere Faktoren einer Situation werden berücksichtigt. Logische Regeln können angewendet werden
- größere Fähigkeit zur Strukturierung und Planung um Fehler zu vermeiden/ein Ziel zu erreichen
- zunehmende Abstraktionsfähigkeit und wachsende Bedeutung der Sprache beim Lösen von Problemen; d.h. auch zunehmend logische Zusammenhänge in einer Situation erkennen und sie gedanklich zueinander in Beziehung setzen
- größere Wahrnehmung von Raum und Zeit. Es besteht eine Orientierung im Sinne eines Überblicks über die räumlichen Beziehungen der Orte und Straßen in seiner Umwelt zueinander. Das Kind ist in der Lage bei der Beurteilung der Zeit Ausgangspunkte/Geschwindigkeit und Arbeitsleistung zu koordinieren, Altersfolgen als konstant und Altersunterschiede als abhängig von der Geburtenfolge zu betrachten
- Endgültige Überwindung des kindlichen Egozentrismus
- Die Sprache wird gegenstandsbezogener und kontextgebundener
- ein für alle verbindliches Wertesystem bildet sich heraus. Absolute Gerechtigkeit und Kameradschaftlichkeit stehen an erster Stelle
- Rangordnungen werden bewusst wahrgenommen. Speziell bei Mädchen spielt das gute Aussehen eine wichtige Rolle. Daraus resultierend auch Positionskämpfe
- das Spiel ist gekennzeichnet durch feste Regeln. Es kommt darauf an den Ausgang des Spiels durch persönlichen Einsatz zu beeinflussen. Verlieren wird als Prestigeverlust erlebt. Gleichzeitig

spielen gerade Mädchen nochmals vermehrt mit Puppen, z.B. den Barbipuppen (Vorpubertät).

- Magische Ängste können noch bestehen. Das Kind erkennt das Wesen des Todes, dass der Tod etwas Endgültiges und „Schreckliches" ist. Todesängste können bestehen.

Aufgabe 216
Welche Hinweise erhalten Sie aufgrund Ihrer eigenen Sammlung und aufgrund der vorhergehenden entwicklungspsychologischen Kurzinformationen im Hinblick auf Ihren Umgang mit Sabine in ihrer derzeitigen Situation? Notieren Sie Ihre Gedanken in Stichworten.

5. Erste Begegnungen - Erster Eindruck

Die erste Begegnung fand in ihrem Zimmer statt. Ich stellte mich vor und fragte sie, ob sie Lust hätte etwas mit mir zu spielen. Sie sagte ja, Memorie würde sie gerne spielen. Wir spielten es zusammen. Sie spielte nicht mit allen Karten und hatte eine sehr genaue Ordnung und Vorstellung, wo welche Karte liegen sollte.[1]
Die Tür zu ihrem Zimmer sollte offen bleiben.[2]
Gewinnen stand im Vordergrund. Sie wurde unruhig, wenn ich ein Quartett fand. Mit dem Personal kam sie schnell ins Gespräch. Sie schien sehr beliebt zu sein.[3]

Aufgabe 217
Welche „Be-Deutung" messen Sie dem Verhalten von Sabine bei (entwicklungspsychologisch, als symbolischer Ausdruck)? Interpretieren Sie das Verhalten entsprechend der Fußnoten nach Ihren Wahrnehmungen und Vermutungen.

In der zweiten kurzen Situation traf ich sie am Spieltisch sitzend auf dem Gang. Ich setzte mich zu ihr. Ich fragte sie ob wir nochmals etwas spielen sollten. Sie meinte „ja", aber sie müsse zuerst ihr Zimmer noch aufräumen.[4]
Ich ging mit ihr und schaute zu. Das Zimmer sah sehr ordentlich aus. Sie stellte lediglich ihre Dinge vom einen Tisch auf einen anderen Tisch. Es änderte sich nicht viel. Auf dem Tisch stand ein Spiegel und Bürsten.[5]
Sie zeigte mir ein Foto von sich mit langen Haaren. Sie wirkte stolz.[6]

Hinter dem Foto waren noch zwei andere Fotos, die sie mit dem Kommentar herausholte: „Diese hole ich nur abends heraus, tagsüber bleiben sie dahinter." Es war ein Foto von ihrer Cousine und Tante in Portugal, ihrer alten Heimat; und von Frankreich im Urlaub, als sie neben einem Hund saß. Sie sagte: „Solch einen Hund möchte ich auch mal haben."[7]

Sie fand kein Spiel, welches ihr gefiel. Somit fragte ich sie, ob sie mit hoch in das heilpädagogische Zimmer kommen möchte, dort würde es ganz viele Spiele geben. Erst brachte sie „Ausreden", ob die Krankenschwestern denn dies erlauben usw.

Ich beruhigte sie. Dann meinte sie: „Na gut, aber nur 5 Minuten." Ich sagte ja und fragte sie, ob sie denn noch nie in diesem Zimmer gewesen sei. Sie sagte „Nein". Sie ging sehr ängstlich hoch und fragte besorgt, ob das Zimmer auf dem Dachboden wäre. Wieder beruhigte ich sie.[8]

Aufgabe 218

Welche „Be-Deutung" messen Sie dem Verhalten von Sabine bei (entwicklungspsychologisch, als symbolischer Ausdruck)? Interpretieren Sie das Verhalten entsprechend der Fußnoten nach Ihren Wahrnehmungen und Vermutungen a) situationsbedingt; b) persönlichkeits- bzw. erfahrungsbedingt.

Im Zimmer angekommen war ihre Scheu vorüber. Sie entdeckte sofort das Puppenhaus und wollte spielen.[9]

Aufgabe 219

Wie erklären Sie diesen raschen „Gesinnungswandel"?

Wir schauten es uns an. Sie öffnete neugierig Türen und Schränke, entdeckte immer mehr und hatte sichtbar Freude daran. Sie fand auch die Kiste mit dem Krankenhausmaterial, schaute sich das Material an, ließ die Kiste aber im Regal stehen.[10] Wir stellten das Puppenhaus zurück und verabredeten uns für morgen, um eventuell im Puppenhaus zu spielen. Ich brachte sie auf ihre Station zurück und sagte ihr, dass ich sie morgen abholen werde, um mit ihr ins HP-Zimmer zu gehen. Sie verabschiedete sich kurz und sagte plötzlich: "Richtest du das Puppenhaus auch schon hin und baust das Krankenhaus auf!" Ich war überrascht, sagte nicht viel dazu, da es für Sabine eine Aussage (Befehl/Bitte) war. Sie war auch sofort verschwunden.

Aufgabe 220

1. Welchen ersten subjektiven Eindruck haben Sie nach diesen Situationsbeschreibungen von Sabine? Notieren Sie Ihre Gedanken und Gefühle aufgrund Ihrer Verhaltensinterpretationen: „Wer" ist Sabine für Sie geworden? Welche „Be-Deutung" messen Sie Ihrer „Ent-deckung" für Ihre weitere Kontaktgestaltung bei? Was „nehmen Sie sich vor"?
2. Vergleichen Sie nun Ihren Ersten Eindruck mit dem der Heilpädagogin: Welche Übereinstimmungen und Unterschiede bemerken Sie?
3. Abgesehen davon, dass Sie nicht 'leibhaftig' in der Situation dabei waren: Haben Sie Gedanken oder Gefühle bei sich nicht zugelassen, 'weggesteckt', 'verworfen' oder 'überbetont'? Welche Art Gedanken und Gefühle waren das? Was haben diese mit Ihrem Leben, Ihren Erfahrungen zu tun? (Versuchen Sie sich gelassen und ehrlich selber zu antworten, um Ihre Selbstbewusstheit zu stärken: „Das bin ich!"; „So denke und fühle ich!"; „Dies erinnert mich an... ich mag es nicht... es macht mir Angst... ich bin ärgerlich, weil mir eingefallen ist... ich freue mich über...")

Reflexion des ersten subjektiven Eindrucks der Heilpädagogin

Sabine ist in einem Alter, in dem das Aussehen an Wichtigkeit zunimmt und sie möchte gefallen, was ihr auf der Station auch gelingt.

Wie auf ihr geordnetes Aussehen, so legt sie auch im Spiel und im Zimmer sehr viel Wert auf Ordnung, was mir nicht mehr der Situation angemessen erscheint. Sie scheint ein sehr strukturierter Mensch zu sein, der in dieser Ordnung Halt und Orientierung findet.

Sobald diese Ordnung als Sicherheit gebender Faktor bedroht scheint, muss sie erst mittels Zwangshandlungen ihr Ordnungssystem wieder errichten. Sie hat Angst vor neuen Dingen. Sie scheint häufig zwischen Neugierde und Angst hin- und her zu schwanken. So auch beim Memoriespiel, wobei sie auf "Nummer sicher" geht und nicht mit allen Karten spielt, um auf jeden Fall zu gewinnen.

Das Gewinnenwollen ist sehr zentral. Teils entspricht dies der altersgemäßen Entwicklung, teils vermute ich, dass es auch Kompensationsverhalten ist: Sie hat „nichts zu verlieren", denn sie hat schon einiges verloren (z.B. ihre Haare, symbo-

lischer Ausdruck ihrer mädchenhaften Wirkmacht und Schönheit). Durch den Krebs erfährt sie Nachteile - Verlust. Auf eine Art ist sie „Verliererin“ und dies muss sich nicht noch einmal im Spiel wiederholen.
Für mich stellt sich die Frage, was passieren würde, wenn die Ordnung einmal nicht gegeben ist. Fällt sie dann ins Chaos? Was bewirkte der Krebs bei ihr?
Jedenfalls ist ein starkes Sicherheitsbedürfnis erkennbar. So auch, dass die Tür im Zimmer aufbleiben sollte. Ich war fremd für sie und sie wollte sich noch eine "Hintertür" aufhalten um "flüchten" zu können.
Beim Zimmer aufräumen stellt sich für mich auch die Frage: Was von sich muss sie „aufräumen“; was bringt Unordnung in ihr Leben? Könnte es der Krebs sein?
Dass sie mir ihre Fotos zeigte, empfand ich als Vertrauensvorschuss. Symbolisch könnte es heißen: "Ich zeige dir etwas von mir, das nicht jeder sehen darf." Oder: "Ich zeige dir auch meine Nachtseiten - nicht nur die Tagseiten." Der Wunsch nach einem Hund symbolisiert wohl auch den Wunsch nach einem Freund, nach etwas Kuschelndem - nach Geborgenheit und Schutz:
Erfährt sie zu Hause zu wenig Geborgenheit (Familie/Freunde - Verlust ihrer „ersten Heimat“); oder ist ihre Suche nach Geborgenheit/Schutz, Halt/Sicherheit auf die momentane Situation bezogen (Krankenhausaufenthalt)? Symbolisiert auch der Haarschnitt eine geänderte Situation? Sie wirkt jetzt geordneter. Benötigt sie jetzt mehr Struktur und Halt als vordem - oder demnächst?
Angst und Neugierde scheinen sich bei ihr abzuwechseln. Die Angst vor einer "neuen Welt", einem fremden System, indem Sabine noch keine Orientierung hat, das sie nicht unter Kontrolle hat. Dennoch überwiegt bei ihr die Neugierde, die Freude am Entdecken. Das Puppenhaus, eventuell das bevorstehende Spiel, scheinen enorme Reize für Sabine zu sein. Ich vermute auch, dass ein starkes Über-Ich bei ihr vorhanden ist aufgrund ihrer ständigen Angst, etwas ‘Verbotenes’ zu tun.

Aufgabe 221
Welche Ziele und Vorgehensweisen wollen Sie für Ihre weitere Kontaktgestaltung mit Sabine entwickeln und einsetzen? Notieren Sie Ihre Vorplanung! (Denken Sie auch an S's Auftrag, Puppenhaus und Krankenhaus herzurichten. Wie wollen Sie damit umgehen und warum?)

6. Ziele, Vorgehensweisen

Ziele:
In erster Linie steht das gegenseitige Kennenlernen im Vordergrund und das eventuelle Klären einiger meiner Fragen bzw. eventuelle Hypothesenbestätigung. Situationsgestaltung mit dem Ziel, dass Sabine sich eingeladen und aufgenommen fühlt und Vertrauen gewinnt.

Vorgehensweisen:
Aufgrund Sabines Begeisterung für das Puppenhaus habe ich schon viele Pluspunkte und Ansatzpunkte. Ich baue das Krankenhaus noch nicht auf, da es mir sinnvoller scheint, dies mit ihr gemeinsam zu tun. Ich möchte mich von ihr auch nicht so ohne weiteres für ihre Wünsche und Ansprüche delegieren lassen. Ich weiß nicht, was Sabine für die Ausgestaltung des Puppenhauses benötigt und ob sie an diesem Tag damit spielen möchte. Vielleicht wäre sie auch an diesem Tag durch die medizinische Behandlung zu sehr belastet. Sie könnte sich genötigt fühlen, doch mit dem Puppenhaus zu spielen, wenn ich es vorbereite. Allgemein ist zur Situation zu sagen:

- dass die Kontaktaufnahme (noch) nicht aufdeckend sein soll. Über das Symbolspiel, in diesem Fall das Medium Puppenhaus/Figuren kann gearbeitet werden.
- Es darf nicht zur Intimität innerhalb zu kurzer Zeit kommen, es muss einfühlsame Distanz gewahrt werden und Zeit zum Kennenlernen gegeben sein.
- Geduld und langsames Annähern sind wichtig.
- Feste Zeiten, klare Regeln, Transparenz meiner Person sollen Sabine Orientierung bieten.
- Ein heilpädagogisches Menschenbild (Weltbild), das der Andere es wert ist, kennengelernt zu werden, seine Grenzen respektiert werden, in jedem Menschen Entwicklungsmöglichkeiten, Chancen stecken, soll tragende Funktion im Miteinander haben.

7. Kontaktaufnahme

1. Ich hole Sabine von der Station ab. Sie wirkt aufgeregt und sagt: "Ich freue mich auf das Puppenhaus."
2. Im HP-Zimmer sage ich ihr: "Du siehst, ich habe das Puppenhaus noch nicht aufgebaut; ich weiß nicht was du dafür benötigst, hier musst du mir helfen."
3. S: "Ok., aber dann fangen wir gleich an oder machen länger."
4. Hp: "Wir haben eine Stunde Zeit, bis 14.30 Uhr. Morgen können wir wieder eine Stunde spielen."
5. S: sagt nichts dazu und fängt an, das Puppenhaus aufzubauen. Sie nimmt sich Zubehör aus der Krankenhauskiste, gestaltete dieses aber für das Puppenhaus um. Sie räumt das ganze Haus um, sortiert Besteck etc... Teils helfe ich ihr dabei, wenn sie mich fragt.
6. Hp: "Es ist wichtig Ordnung in einem Haus zu haben, damit man weiß, wo man was finden kann. Du kannst das sehr gut. Das habe ich auch gestern gesehen, als du dein Zimmer aufgeräumt hast."
7. Nach 20 Minuten des Auf- und Umräumens sagt
8. S: "Ich habe keine Lust mehr. Wenn man zu lange umräumt wird es langweilig."
9. Hp:" "Da hast du Recht. Eine gewisse Ordnung zu haben ist wichtig, doch dann sollte auch noch Zeit für das Spiel bleiben."
10. S: teilt nun die Rollen auf: "Du spielst mit diesen Puppen" (Vater Mutter - Sohn).
11. Hp: "Ja, das ist in Ordnung. Wo wohnen wir?"
12. S: "Ihr wohnt da drüben (deutet rechts vom Puppenhaus) und kommt zu Besuch. Ich wohne in diesem Haus und spiele die ganze Familie." (Mutter, Vater, 2 Jungen, 1 Mädchen und ein Baby).
13. S: suchte in der Krankenhauskiste nach Gartenmöbeln und findet einen Rollstuhl.
14. S: "Das ist ein Rollstuhl, den können wir gebrauchen." Sie stellt ihn vor das Haus.
15. Hp: Den kannst du brauchen. Wer soll denn darin sitzen?
16. S: Ihre Augenbrauen ziehen sich in der Mitte zusammen. Sie schaute ernst und sagte dann: "Das kann auch ein normaler Gartenstuhl sein, das ist ein normaler Stuhl."

17. S: Nach einer Weile sagte sie: "Ach wir können ihn doch nicht brauchen" und legte ihn in die Kiste zurück.[11]
18. Hp sagt dazu nichts, das Spiel beginnt.
19. Hp: Meine Familie kommt zufällig zu Besuch und klingelt. Ein Essen findet statt. Mein Mann muss auf Anweisung von Sabine zu ihrem Mann auf die Terrasse gehen. Die Kinder dürfen nicht zu laut sein, um die nicht zu stören.
20. S: Die Mutter von ihr kocht in der Küche, sorgt sich um die Kinder bzw. sie gibt den Kindern viele Aufgaben im Haushalt, z.B.: "Kinder ihr dürft jetzt noch nicht spielen gehen, erst müsst ihr das Bad putzen", oder: "Nach dem Baby schauen und die Terrasse fegen."
21. Nach der Hausarbeit spielen die Kinder im Garten. Plötzlich sagt Sabine: "Komm wir schlagen uns, die Kinder machen ein Wettrennen, wer als erster im Ziel ist."
22. Bob, einer ihrer Jungen gibt den Startschuss. Sabine in der Rolle von Bob: "Auf die Plätze fertig los." Unsere Figuren rennen los. Plötzlich rennt Bob auf die Rennbahn.
23. S: "Wir machen einen Unfall." Bob stürzt zu Boden und weint, er rief nach seiner Mutter. Diese kam und sagte
24. S: "Wir brauchen einen Krankenwagen, jetzt können wir auch den Rollstuhl gebrauchen."
25. S: holte den Krankenpfleger und den Rollstuhl aus der Krankenhauskiste.
26. S: in der Rolle des Krankenpflegers: „Wer ist krank, ah, hier ist der Verletzte."
27. S: leise zu mir: "Spiel du das, ich sage dir was du sagen sollst."
28. Ich nicke und da eine Pause entsteht sagte ich: "Was ist passiert?"
29. S: erzählte den Unfall: "Die Kinder sind gelaufen und haben Bob umgeworfen."
30. Hp: Ich schaut mir in der Rolle des Krankenpflegers Bobs Verletzungen an. Ich fragte ihn: "Wo hast du Schmerzen?"
31. S: in der Rolle von Bob: "Am Bein."
32. Hp: "Das müssen wir uns genauer ansehen, kannst du noch laufen?"
33. S: "Nein ich muss in den Rollstuhl."
34. Hp: "Hier ich habe einen Rollstuhl dabei, ich helfe dir dich hineinzusetzen. Ich glaube wir müssen ins Krankenhaus zum Röntgen."

35. S: flüstert mir ins Ohr: " Nein, du musst sagen, dass wir nur einmal in der Woche zur Untersuchung ins Krankenhaus kommen müssen, den Rest der Zeit darf er im Haus bleiben." Ich wiederhole ihre Anweisungen, gebe ihr noch eine Salbe und verabschiede mich.
36. S: in der Rolle der Mutter: "So, Kinder wir müssen uns jetzt besprechen, kommt mal zu mir." Die Kinder kamen.
37. S: in der Rolle der Mutter: "Wie ist das passiert?" Die Kinder reden durcheinander, erzählen den Vorgang.
38. S: in der Rolle der Mutter: "Stopp, seid still, ich will es jetzt von Bob selber hören, erzähle es Bob."
39. S: in der Rolle von Bob: "Ich bin da gestanden und wollte die Linie malen, als Paddy und Tom mich umwarfen."
40. S: in der Rolle der Mutter: "Das reicht jetzt, ihr müsst jetzt bestraft werden, weil ihr an Bobs Unfall schuld seid."
41. Hp: in der Rolle des Besucherjungen: "Ist das nicht ungerecht? Bob lief plötzlich auf die Bahn und wir konnten nicht mehr bremsen. Ich glaube, daß niemand Schuld an dem Unfall hat."
42. S: in der Mutterrolle: "Das ist egal, ihr seid alle Schuld daran und müsst jetzt eine Woche lang jeden Tag nach der Schule das Haus putzen und habt Hausarrest."
43. Es folgten Elterngespräche.
44. Hp: in der Besucherrolle: "Ist die Strafe nicht zu hart? Ich glaube dass die Kinder keine Schuld daran hatten. Es würde doch ausreichen, wenn die Kinder sich die nächste Zeit besonders um Bob kümmern würden. Mit ihm spazierenfahren und mit ihm spielen. Was meinst du dazu?"
45. S: in der Mutterrolle: "Nein das geht nicht, sie müssen bestraft werden."
46. Wir handelten einen Kompromiss aus.
47. Hp: "Ich würde anders handeln, aber da wir zu Besuch bei Euch sind, respektieren wir deinen Entschluss. Wie könnten wir es denn organisieren, weil wir ja woanders wohnen?"
48. S: "Ihr könnt alle die Woche bei uns wohnen, ja das ist schön."
49. Hp: "Gut, dann fahren wir kurz nach Hause und holen unser Gepäck."
50. Hp: Ich schaue kurz auf die Uhr.
51. S: schaut sofort auf die Uhr und sagte: "Schade, die Zeit ist schon um, können wir nicht 5 Minuten länger spielen?"

52. Hp: "Nein, das geht leider nicht, wir müssen noch aufräumen um pünktlich fertig zu sein. Wir können morgen nochmals eine Stunde lang spielen."
53. S: "Ja, kannst du das Puppenhaus und Krankenhaus dann schon aufbauen? Damit nicht so viel Zeit verloren geht."
54. Hp: "Ich finde es besser wenn wir dies gemeinsam tun, da ich nicht weiß, was du alles benötigst. Aber wir können die Dinge im Haus so stehen lassen, wie sie jetzt sind. Die Gartenmöbel und das Auto können wir auf die Kiste oben darauf legen, damit wir alles morgen gleich finden."
55. S: "Gut aber wir fangen morgen gleich an. Vielleicht kannst du schon früher kommen."
56. Hp: "Wir haben eine ganze Stunde Zeit und am Freitag können wir uns wieder treffen."
57. S: "Können wir uns die nächste Woche auch treffen? Ich habe zu Hause nicht so ein tolles Puppenhaus."
58. Hp: "Wir schauen wieviel Zeit wir benötigen. Wenn der Raum frei ist und du keine Therapien hast, können wir uns jeden Tag eine Stunde treffen."
59. Sabine nickt. Wir räumen auf und ich bringe sie auf die Station zurück. Ich verabschiedete mich von ihr. Sie sagt, wie bei den beiden letzten Begegnungen, nur ganz leise während des Weggehens: "Tschüs" und ist sofort verschwunden. Auf ihrer Station wollte Sabine danach ihre "Ruhe haben" und alleine im Zimmer essen, was sie dann auch durfte.

Aufgabe 222

Kennzeichnen Sie an Hand der Verlaufsziffern die für Sie wichtigsten Szenen und Zusammenhänge und reflektieren Sie diese im Hinblick auf Sabines' Erleben und Verhalten aufgrund Ihrer anamnestischen und sonstigen Vorinformationen. Notieren Sie eine „Prozessdiagnose": „Sabine drückt in ihrem Spiel aus... Dies lässt vermuten, dass..."

8. Reflexion von Sabines Verhalten und Erleben

Allgemein kann gesagt werden, dass die meisten Kinder der Onkologie keine psychische Störungen zum Anlass für heilpädagogische Stunden aufweisen. Vordergründig ist die Krankheit, in diesem Fall der Krebs, der in das Leben des Einzelnen einbricht.

Je nach persönlichem Fundament (Familienstruktur, Persönlichkeit, vergangene Erlebnisse etc.) findet die Auseinandersetzung mit der Krankheit unterschiedlich statt. Hinzu kommt der Krankheitsverlauf. Ist das Fundament labil, werden auch mehr Probleme bei der Auseinandersetzung auftauchen.

Bei Sabine (wie auch bei vielen anderen) trat der Krebs sehr plötzlich in ihr Leben. Alles musste schnell gehen. Es erfolgten sofortige Krankenhauseinweisungen, Operationen und Bestrahlung. Es bestand kaum Zeit für eine ausreichende Verarbeitung.

Ich lernte Sabine nach ca. 5 Wochen Krankenhausaufenthalt kennen. Ihr Krankheitsverlauf ist bis zum jetzigen Zeitpunkt vorbildlich. Momentan stehen ihre Genesungschancen gut. Für ihre kurze Zeit der Auseinandersetzung mit dem Krebs wirkt sie sehr abgeklärt auf mich, nach außen sicher auftretend.

Ihr Entwicklungsstand entspricht ihrem Lebensalter. Sie weiß sehr viel über ihre Krankheit, besitzt eine schnelle Reaktion wie auch eine schnelle Auffassungsgabe. Sie besitzt vermutlich auch eine gute Anpassungsfähigkeit, da sie sich in dem System Deutschland nach ca. 5 - 6 Jahren sehr gut zurechtfindet. Sie spricht akzentfrei Deutsch.

Im System Krankenhaus findet sie sich erstaunlicherweise sehr schnell zurecht. Sie kennt viele Leute hier, wie auch fast alle Räumlichkeiten. Dieses Bild, welches sie nach außen abgibt wirkt auf mich sehr "glatt" bzw. zu „perfekt“. Aufgrund der Kontaktaufnahme vermute ich, dass sie in ihrem Innern verunsichert ist. Dies zeigt sich in ihrer körperlichen Unruhe, in ihrer schwachen, leisen Stimme, wie auch in ihrer Angst, neue Dinge zu wagen.

Von ihrem Wesen scheint sie ein sehr strukturierter Mensch zu sein, auch vor der Krankheit. Sie trägt eine Uhr - teilt sich ihre Zeit ein, kennt ihre Termine für Therapien. Sie besitzt eine sehr geordnete

äußerliche Ausstrahlung und ist darauf bedacht, ihr Zimmer in Ordnung zu halten.
In dieses - so scheint es - geordnete Leben bricht nun der Krebs ein, der alles durcheinander wirft, Chaos stiftet. Der Krebs wuchert von seinem Wesen her strukturlos, lässt sich nicht durch Regeln eindämmen, Um so mehr ist Sabine auf einer permanenten Suche nach Sicherheit, was sich in den Regelspielen, im Zimmer aufräumen, im Puppenhaus aufräumen, ausdrückt. Teilweise wirkt sie dabei zwanghaft, nicht der Situation angemessen. Der Wunsch nach Ordnung drückt wohl auch den Wunsch nach innerem Halt aus.
Ich als Sabine würde mich unsicher und ein wenig haltlos fühlen, was ich aber nach außen nicht zeigen darf.
Es war ein Lernprozess für sie, dass sie im Spiel, aufgrund der zeitlichen Begrenzung, selbst merkte, dass Struktur wichtig ist, aber nicht alles, dass Spiel auch Raum benötigt, wenn sie sich auch in der kreativen Spielgestaltung noch recht unsicher fühlt.
Sie scheint ein sehr 'verantwortungsvoller' Mensch zu sein, mit einem ausgeprägten "Über-Ich". Dies zeigt sich in ihrer Angst, etwas Verbotenes zu tun oder im Puppenhausspiel auszuagieren. Hier besitzt sie ein stark ausgeprägtes Wertesystem, welches sich in den typischen Rollenklischees zeigt: Vater arbeitet, abends sitzt er vor dem Fernseher oder auf der Terrasse, die Mutter ist in der Küche und für die Kinder zuständig; oder in den Pflichten und Forderungen bzw. Verboten, die die Mutter den Kindern erteilt; oder in der Auseinandersetzung mit Schuld und Bestrafung.

Nähere Beleuchtung des Rollenspiels:
Familiensituation:
Ich vermute, dass in S's. Familie die Rollen auch sehr traditionell festgelegt sind.
Der Vater geht arbeiten, will abends seine Ruhe haben. Er scheint am Familienleben nur passiv teilzunehmen und tritt im Spiel kaum auf. Diese Passivität wird durch seine Platzierung auf der Dachterrasse noch unterstützt. Somit ist er außerhalb des Hauses und außerhalb des Geschehens. Ich nehme an, dass er sich auch in Sabines jetziger Si-

tuation stark heraushält. Er kommt kaum zu Besuch und kam nur unter Druck des Personals zu einem Erstgespräch in die Klinik. Er will sich wohl mit der Auseinandersetzung von Krankheit und eventuell Tod nicht konfrontieren.
Die Mutter nimmt eine zentrale Rolle ein. Sie wirkt dominant, hat den Haushalt und die Kindererziehung in ihren Händen. Sie scheint das "Über-Ich" von Sabine zu verkörpern. Durch ihre vielen Regeln und Verbote wirkt sie sehr streng. Dennoch macht sie einen überforderten, überlasteten Eindruck, da sie viele Hausarbeiten den Kindern aufgibt.
Die Kinder müssen sehr viel Verantwortung übernehmen, teilweise sind sie damit überfordert. Sie dürfen nicht richtig Kind sein. Vermutlich übernimmt auch Sabine viele Aufgaben für die Eltern. Da sie perfekt Deutsch spricht, ebenso wie ihre ältere Schwester, wird sie häufig in einer Dolmetscherfunktion sein, da die Eltern kaum Deutsch sprechen.
Sabine übernimmt abwechselnd viele Rollen, dies zeigt auch ihre Bereitschaft Verantwortung zu übernehmen, aber auch ihre Kreativität bzw. schnelle Anpassungsfähigkeit: Ich bekomme die Rolle des Besuchers zugewiesen, welche auch der Realität entspricht. Ich darf sie besuchen, ein wenig Einblick in ihr Leben in ihre Welt haben. So wie Sabine die Rollen verteilt, behält sie auch die Führung des Spieles in der Hand. Sie weiß was sie möchte - bzw. nicht möchte. Sie wirkt im Spiel sicher. Ich vermute, sie ist es in der Realität auch, wenn auch mit (situativen) Unsicherheiten. Sie kann äußern, was sie braucht. So auch am Ende des Spieles, dass sie ein Ruhebedürfnis verspürt, alleine sein will und dies auch durchsetzen kann.
Vielleicht steckt in ihrer selbstbewussten Rollenspielführung auch der Wunsch nach Kontrolle. Sie muss alles „im Griff“ haben, damit nichts Unvorhergesehenes eintritt. So etwas, wie mit dem Krebs, soll nicht noch einmal geschehen.
Interessant war zu sehen, dass Sabine in keiner Weise zu Beginn des Spieles das Krankenhaus mit ins Spiel brachte. In der letzten Stunde ist ihr dies wohl herausgerutscht (KH-Aufbau). Heute wäre es ihr zu Beginn wohl zu nahe gegangen, da es ihre Situation widerspiegelt,

die noch nicht verarbeitet zu sein scheint. Sie muss sich erst langsam dazu herantasten.
So kam diese Thematik mit dem Fund des Rollstuhls wieder ins Spiel. Auf meine Frage: "Wer darin sitzt?" überschritt ich ihre Grenzen. Sofort wehrte sie es ab, gestaltete die Funktion, den Aussagewert des Rollstuhls um, bis hin zur völligen Abwehr, dass wir ihn nicht benötigen. Somit nehme ich auch an, dass auch sie stellenweise den Krebs, die Krankheit, das Festsitzen, gelähmt und ausgeliefert zu sein, was der Rollstuhl symbolisieren kann, stark abwehrt. Sie ist mit diesem Thema doch nicht so abgeklärt, wie es nach außen scheint.
Zwischen Angst und Neugierde (es doch zu wagen) stehend kommt der Drang, diese Thematik im Spiel auszuleben, dennoch hoch und setzt sich letztlich durch: Im Unfall von Bob. Es ist kein Mädchen, das verunglückt, sondern ein Junge. Damit geht sie zu dem Geschehen in innere Distanz. Ihre Unterbringung im Krankenhaus, das Herausgerissen werden aus ihrer Welt, belastet sie mehr als vermutet.
Obwohl ich das Krankenhaus nur in Bezug zum Röntgen anspreche, entsteht bei ihr sofort eine Überängstlichkeit vor der Klinik und ihre subjektive Interpretation, bzw. Übertragung, der Spieler müsste die ganze Zeit im Krankenhaus bleiben. Sabine übergibt mir die Rolle des Krankenpflegers, so auch bei ihr, wo die Hilfe von außen (Ärzte) kam.
Spannend und näher zu reflektieren (für weitere Stunden) ist das Schuldthema, welches sie sehr oft ins Spiel brachte. Schuld und Bestrafung, egal ob es gerecht ist, sind zentrale Themen. Teils liegt eine Schwarz-/Weißmalerei vor. Immer muss es einen Schuldigen geben, wenn nicht, wird die Schuld jemandem zugewiesen, in diesem Fall den Kindern bzw. ihrer Position. Was hat Sabine mit Schuld zu tun? Fühlt sie sich für den Krebs, für ihre Krankheit schuldig? Ist der Krebs für sie die Bestrafung ihres ‘ungezogenen’ Verhaltens? Fühlt sie sich den Eltern gegenüber schuldig, da ihre Situation Unruhe ins Familiensystem bringt? Oder scheint die Schuldfrage übergreifender zu sein, besteht die noch nicht überprüfte Aussage vom Tod ihres Bruders und fühlt sie sich an dessen Tod (aufgrund von Todeswün-

schen) mitschuldig? Es sind viele Fragen und Hinweise in den nächsten Stunden mit zu bedenken.
Sabine wirkt in ihrem Verhandeln um die Spielzeit und weitere Termine ziemlich drängend, wie wenn sie jetzt, in dieser noch verbleibenden Krankenhauszeit, noch einiges im Spiel auszuleben bzw. zu verarbeiten hätte. Von ihrem kontrollierten Wesen her glaube ich schon, dass Sabine Grenzen einhalten und Zeiten akzeptieren kann. Ich vermute, dass sie meine leichte Unsicherheit bei der Grenzeinhaltung zum Ende der Stunde spürte, weil ich das Gefühl hatte, jetzt könne nicht einfach „Schluss“ sein, denn die Spielsituation (und damit auch Sabines Situation) waren nicht beendet.
Ihr Wunsch nach Ruhe am Stundenende zeigte mir, dass dieses so "harmlos" wirkende Spiel sehr anstrengend für sie war, so dass sie nicht mit weiteren Außenreizen konfrontiert werden wollte, sondern ‘zu sich’ kommen und bei sich, in sich bleiben wollte.
Das Gespielte scheint viel in ihr aufzuwühlen und sie mit sich zu konfrontieren, was Arbeit ist und erst einmal Energie kostet.
Ihr Abschied von mir war sehr kurz - flüchtig, wie wenn Abschiede schmerzen, nicht zu lange gehen dürfen. Es besteht die Frage ob Sabine Abschied nehmen kann, oder nur momentan vermeidet. Hatte sie in ihrer Geschichte Zeit/Möglichkeiten dafür? Sie musste schon häufig Abschied nehmen: Umzug Portugal - Deutschland, Familie - Krankenhaus vielleicht auch der Tod des Bruders. Hier ist noch näher hinzusehen.

Aufgabe 223
Wie würden Sie die aufgrund Ihrer eigenen Reflexion und aufgrund der Reflexion der Heilpädagogin an die nächste Spielsituation herangehen?

9. Ziele/Perspektiven für weitere Stunden
   Eigenmotivation und vermutete Motivation von Sabine

Bei Sabine ist schon durch das Puppenhaus eine starke Motivation für weitere Kontakte gegeben. Ich habe das Gefühl, dass sie zu mir ein wenig Vertrauen aufgebaut hat und bereit ist, mich einlädt, ihre Welt kennenzulernen.
Ein starker Drang (vom Unbewussten) scheint bei ihr vorhanden, in ihrer noch bleibenden Krankenhauszeit etwas ausleben, ausdrücken zu wollen bzw. zu verarbeiten.
So ist es ihre Situation oder eventuell der Tod ihres Bruders, mit dem sie sich in Beziehung setzen konnte.
Bei mir ist zum einen die Motivation gegeben, zu schauen, was sich noch alles bei Sabine verbirgt, wie die Puppenhausspiele weitergehen werden.
Zum anderen möchte ich aufmerksam sein, wie es mir in der Begleitung geht, welche Gedanken, Gefühle und möglichen Gegenübertragungen ablaufen, was das Gespielte in mir auslöst - was es mit meiner Geschichte, meinem Lebensweg zu tun hat. Dies empfinde ich zugleich als spannend, es macht mich neugierig und bereit, andererseits fühle ich mich aber auch zaghaft und ängstlich, ob ich es so wagen, riskieren kann (wie ich gerade merke: Genau wie Sabine)!

10. Selbstreflexion
Beim Durcharbeiten der Stunde stelle ich fest, dass die erste Kontaktaufnahme im Spielzimmer vermutlich schon wichtiger war, als ich bis dahin meinte. Ich vergaß auch Sabine zu sagen, dass von dem, was hier in diesem Raum gesprochen wird, nichts hinaus geht, ohne sie zuvor zu fragen.
In der Rolle des Besuchers fühlte ich mich im Spiel sehr wohl. Hier konnte ich mehr beobachten und war im Geschehen nicht ganz so stark verstrickt. Beim Letzteren würde mir das Beobachten und Agieren noch sehr schwer fallen. Angenehm und leichter war es für mich, dass Sabine sehr wohl selbst wusste was ihr gut tat - was sie benötigte - wie die Handlung vor sich gehen sollte.

Ich habe oft das Gefühl, das Geschehen beeinflussen zu müssen. Das Erzieherverhalten ist schon noch recht stark in mir verhaftet. So auch bei der Anfangsszene, als Sabine so lange das Haus umräumte. Ich war versucht zu sagen, ob wir nicht endlich zum Schluss kommen wollen. Ich hatte innerlich wenig Geduld. Zum Glück tat ich es nicht, und Sabine entdeckte es von selbst.
Es sollte sich auch als positiv herausstellen, dass ich das Krankenhaus nicht aufbaute, es wäre ihr zu nahe gegangen, wie auch das Rollstuhlthema zeigte. Dabei fällt mir ein, dass Sie mir vielleicht die Aufgabe des „Aufbaus“ zuweisen wollte, damit sie selber nicht (so lange!) innerlich und äußerlich damit belastet wäre... Im Nachhinein finde ich meine Entscheidung dennoch richtig, Sabine ihren Raum zum Herantasten und ‘Aufbauen’ gelassen zu haben.
Bei den Gesprächen zum Rollstuhl hätte ich vorher einlenken sollen. Ich brachte sie damit wieder in Rückzug und von der Intimität her entsprach es nicht der Situation. So auch beim Schuldthema. Ich weiß nicht, ob es gut war, nochmals "nachzuhaken", eine andere Meinung zu äußern. Sabine war nicht von ihrer Vorstellung abzubringen und ich konnte es nur ein wenig erträglicher gestalten.
Es fiel mir auch sehr schwer, Grenzen zu ziehen und am Stundenende klar und konsequent zu bleiben, wenn man es mir äußerlich vielleicht auch nicht anmerkte.
Ich hatte zu Beginn des Kennenlernens von Sabine eine Blockade. Ich fand sie nach der ersten Begegnung ‘uninteressant’. Ich hatte das Gefühl, dass nicht so viel in ihr stecken könnte. Dies ließ mich innerlich aufhorchen. Ob da nicht einiges bei mir im Unbewussten liegt, gemeinsame Anteile mit Sabine, da ich so "abblocke"? Ich vermute, dass es eine Form von Vermeidung bei mir war. Ich wertete Sabine unbewusst ab, um nicht mit ihr arbeiten zu müssen, um nicht an mir arbeiten zu müssen. Jetzt sehe ich viele ähnliche Anteile mit ihr, z.B. auch stimmlich, was ich zunächst überhaupt nicht mit mir in Zusammenhang brachte, obwohl es mir sofort aufgefallen war!
Darüber hinaus: Ich habe auch ein starkes "Über-Ich" mit einem Perfektionsanspruch unter dem ich häufig leide. Genauso ist ein starkes

Sicherheitsbedürfnis vorhanden, mit der Tendenz nicht auffallen zu wollen.
Das Schuldthema "kratzt" wohl am meisten an mir. Im Spiel 'musste' ich in die Kontraposition gehen, wohl nicht nur, um eine andere Meinung aufzuzeigen, sondern auch, um wegen meiner Abwehr von Schuldgefühlen willen - zu 'demonstrieren'. Ich fühle mich manchmal auch heute noch überverantwortlich bzw. 'schuldig' für etwas; dies hängt auch mit dem Tod meines eigenen, behinderten Bruders zusammen, der starb, als ich etwa in Sabines Alter war. Ich bemerke, dass ich innerlich für Sabine verhindern will, dass es ihr geht, wie es mir ging. Ich muss gut aufpassen, nicht ebenso wie ihre Mutter zu dominieren und zu agieren. Es finden viele Gegenübertragungen statt, was mich sehr verunsichert, weil ich noch nicht ausreichend gelernt habe, mit diesem Erleben und Erkennen umzugehen.
Ich spüre auch jetzt beim Schreiben eine gewisse Abwehr. Sehr wahrscheinlich trug dies auch mit dazu bei, dass ich diesen Bericht für die Supervision vor mich hinschob, nicht zu Papier brachte, obwohl ich so gute Ausgangsnotizen hatte. Ich spüre aber auch den Impuls, mit Sabine zusammen an diese Themen heranzugehen. Trotz meiner leichten Unsicherheit spüre ich in mir die Kraft dazu: Denn ich kann mitfühlen, wie es Sabine geht. Das gibt mir auch Sicherheit. Das ist für mich ein reichhaltiges Material, das sich ausschöpfen lässt und bei guter Auswertung viel hergibt.

Aufgabe 224

Nun beginnt also für die Heilpädagogin erst die „richtige" Aufgabe, genau wie für Sie, liebe Leserinnen und Leser! Wenn Sie bis hierher durchgehalten und an sich - allein und mit anderen - gearbeitet haben, sind Sie sehr weit gekommen. Ich beglückwünsche Sie dazu!

PS: Ich wünsche der Heilpädagogin „guten Mut" und auch Ihnen, die Sie mit diesem Buch gearbeitet haben und sich auf den Weg machen, Heilpädagogin oder Heilpädagoge und damit professionelle Begleiterin, Begleiter von heipädagogisch bedürftigen Menschen zu werden. Vielleicht begegnen wir uns, irgendwo unterwegs...

Abbildung		Seite

Aichinger, Alfons (1993)
Zurück zum Ursprung.
Abweichungen von der klassischen Psychodramamethode in der therapeutischen Arbeit mit Kindergruppen (In: Bosselmann, R. u.a.: Variationen des Psychodramas - Ein Praxis-Handbuch)

Antons, Klaus (1972)
Praxis der Gruppendynamik - Übungen und Techniken

Axline, Virginia M.
(1972) Kinderspieltherapie im nicht-direktiven Verfahren, München
(1973) Spieltherapie

Baatz, Ursula (1993)
Vom Ernst des Spiels: über Spiel und Spieltheorie

Badry/Buchka/Knapp (Hg.) (³1999):
Pädagogik
Grundlagen und Arbeitsfelder

Baer, Ulrich (1995)
Spielpraxis: eine Einführung in die Spielpädagogik

Balint, Michael (1960)
Angstlust und Regression

Ballauf, Th. (1970)
Skeptische Didaktik

Baumgärtel, Frank
(1975) Training der Kinderpsychotherapie
(1976) Theorie und Praxis der Kinderpsychotherapie

Beier, E. G. (²1968)
On supervision in psychotherapie.
Psychotherapie 1964/1 91-95
In: Baumgärtel 1976, 120 ff.

Biene, Elke (1988)
Zusammenarbeit mit den Eltern - Material zur Förderung des entwicklungsgestörten und des behinderten Kindes

Biermann, Gerd (1972)
Handbuch der Kinderpsychotherapie (mehrere Bände)

Bollnow, O. F. (1965)
Die pädagogische Atmosphäre

Bosselmann, R. u.a. (1993)
Variationen des Psychodramas - Ein Praxisbuch nicht nur für Psychodramatiker

Brem-Gräser, Luitgard (⁴1980)
Familie in Tieren.
Die Familiensituation im Spiegel der Kinderzeichnung

Brunner/Mazel (1975)
Gestalttherapie: Theorie und Praxis der integrativen Gestalttherapie

Buber, Martin (⁴1979)
Elemente des Zwischenmenschlichen.
In: Buber M. (Hg.): Das dialogische Prinzip. Heidelberg, 268 - 298

Buggle, Franz (³1997)
Die Entwicklungspsychologie Jean Piagets

Bühler, Charlotte (1962)
Psychologie im Leben unserer Zeit

Bundschuh, Konrad
(1992) Heilpädagogische Psychologie
(1994) Praxiskonzepte der Förderdiagnostik

Buytendijk, F. J. J. (1933)
Wesen und Sinn des Spiels

Calliess, E. (1975)
Spielendes Lernen. In: Deutscher Bildungsrat, Spielen und Gestalten, 227 - 251

Cohn, Ruth (1975)
Von der Psychoanalyse zur themenzentrierten Interaktion

Château, Jean (1976)
Das Spiel des Kindes
Natur und Disziplin des Spielens nach dem dritten Lebensjahr

Deegener, Günther (1990)
Grundlagen der Psychotherapie bei Kindern und Jugendlichen

Derbolav, J. (1987)
Grundriß einer Gesamtpädagogik
Hg. v. B.H. Reifenrath

Dolto, Françoise (1985)
Praxis der Kinderanalyse

Dorsch, Friedrich (¹²1994)
Psychologisches Wörterbuch

Dickopp, K. H. (1983)
Lehrbuch der systematischen Pädagogik

Dührssen, Annemarie (⁵1973)
Psychotherapie bei Kindern und Jugendlichen

Elkonin, Daniil (1980)
Psychologie des Spiels

Erikson, E. H.
(1971) Kindheit und Gesellschaft
(1977) Identität und Lebenszyklus

Ertle Ch., Möckel A. (Hg.) (1981)
Fälle und Unfälle der Erziehung

Eschenbach, Ursula (1978)
Das Symbol im therapeutischen Prozeß bei Kindern und Jugendlichen

Fatke, Reinhard (1988)
Das Life Space Interview (Fritz Redl)
Ein therapeutischer Dialog zwischen Erzieher und verhaltensauffälligem Kind
In: Iben, Das Dialogische in der Heilpädagogik 1988, 133 - 141

Flitner, Andreas (1972)
Spielen - Lernen

Flitner, Wilhelm (⁴1966)
Das Selbstverständnis der Erziehungswissenschaft in der Gegenwart

Freud, Anna (1966)
Einführung in die Technik der Kinderanalyse

Freud, Sigmund
(1926) Die Frage der Laienanalyse. G.W. Bd. XIV, Frankfurt
ders.: Gesammelte Werke VIII, 384; X, 313 ff; XII, 187 ff.

Freudenreich, D. u.a. (1976)
Rollenspiel, Rollenspiellernen für Kinder und Erzieher in Kindergärten, Vorklassen und ersten Schuljahren

Fritz, Jürgen (1991)
Theorie und Praxis des Spiels: Eine praxisorientierte Einführung

Fromm, Erich
(1979) Haben oder Sein
Die seelischen Grundlagen einer neuen Gesellschaft. dtv 1490
(1981) Märchen, Mythen, Träume. Eine Einführung in das Verständnis einer vergessenen Sprache. rororo 7448

Gagné, R. M. (1969)
Die Bedingungen des Lernens

Gehlen, Arnold (1962)
Der Mensch. Seine Natur und seine Stellung in der Welt

Gibran, Khalil (1996)
Der Prophet

Giesecke, Hermann (⁶1997)
Pädagogik als Beruf.
Grundformen pädagogischen Handelns

Gil, Eliana (1993)
Die heilende Kraft des Spiels: Spieltherapie mit missbrauchten Kindern

Fengler, Jörg/Jansen Gerd (Hg.)
(1987) Heilpädagogische Psychologie

Goetze/Jaede (1974)
Die nichtdirektive Spieltherapie

Goetze, Herbert
(1981) Personzentrierte Spieltherapie
(1994) Pädagogik bei Verhaltensstörungen: Innovationen

Goleman, Daniel (1995)
Emotionale Intelligenz

Gordon, Thomas (1972)
Familienkonferenz

Graumann, C. F.
(1966) Nichtsinnliche Bedingungen des Wahrnehmens. In: Metzger, W.: Handbuch der Psychol. Bd. 1
(1972) In: Handbuch der Psychol., Band Sozialpsychol. I u. II,

Gröschke, Dieter
(1989) Praxiskonzepte der Heilpädagogik
(1992) Psychologische Grundlagen der Heilpädagogik
(1993) Praktische Ethik der Heilpädagogik
(1997) Praxiskonzepte der Heilpädagogik

Guardini, Romano (1953)
Der Mensch in seiner Welt
In: Der große Herder, Bd. 10,

Haeberlin, Urs
(1985) Das Menschenbild für die Heilpädagogik
(1996) Heilpädagogik als wertgeleitete Wissenschaft

Hagel, H. J. (1990)
Zum Selbstverständnis der Heilpädagogik als Handlungswissenschaft.
In: W. Trautmann (Hg.): Denken und Handeln, Bd. 11, Bochum: Ev. FH RWL

Harding, Gösta (1972)
Spieldiagnostik.
Das Spiel als diagnostisches Mittel in der Kinderpsychiatrie

Hartmann K. (1962)
Über psychoanalytische 'Funktionstheorien' des Spiels.
Jahrb. Psychoanalyse, 2, 143 - 157

Hebenstreit, Sigurd (1979)
Spieltheorie und Spielförderung im Kindergarten

Heimlich, Ulrich (1993)
Einführung in die Spielpädagogik
Eine Orientierungshilfe für sozial-, schul- und behindertenpädagogische Handlungsfelder

Heinemann, Evelyn u.a. (1992)
Gewalttätige Kinder - Psychoanalyse und Pädagogik in Schule, Heim und Therapie

Hering, Wolfgang (1979)
Spieltheorie und pädagogische Praxis: zur Bedeutung des kindlichen Spiels

Hetzer, Hildegard (⁴1950)
Spiel und Spielzeug für jedes Alter

Hinst, Klaus (1972)
Wir und die anderen

Hiebsch, H. (1966)
Sozialpsychologische Grundlagen der Persönlichkeitsforschung

Holder, Alex (o. J.)
Kinderpsychotherapie aus der Sicht der Hampstead-Klinik (Dir. Anna Freud). Referat im Rahmen der Psychotherapie-Lehrgänge für Kinderärzte, Brixen - Köln

Huizinga, J. (1971)
Homo Ludens, Vom Ursprung der Kultur im Spiel

Huppertz/Schinzler (⁷1983)
Grundfragen der Pädagogik. Einführung für sozialpädagogische Berufe

Husain, Shahrukh (1998)
Die Göttin. Das Matriarchat - Mythen und Archetypen, Schöpfung, Fruchtbarkeit und Überfluss

Iben, Gerd (Hg.) (1988)
Das Dialogische in der Heilpädagogik

Jacobi, Jolande (1978)
Die Psychologie von C. G. Jung
Fischer 6365

Juchli, Liliane (1990)
Heilen durch Wiederentdecken der Ganzheit

Just, Hildegard (1992)
Heilpädagogische Spieltherapie als Beziehungsprozeß unter therapeutischem und pädagogischem Aspekt. In: Köhn, W. (Hg.), Reihe »Studientexte Heilpädagogik« Bd. 3: „Auf der Suche nach dem Verbindenden in der Heilpädagogik"

Kalff, D. M. (1979)
Sandspiel

Klein, Melanie
(1955) Die psychoanalytische Spieltechnik, ihre Geschichte und Bedeutung. In: Psyche, Bd. 12, 1958/59 S. 687-705
(1971) Die Psychoanalyse des Kindes
(1975) Der Fall Richard

Kluge, Norbert (1980)
Spielpädagogik

Kobi, Emil E.
(⁴1983) a) Grundfragen der Heilpädagogik
(1990) Diagnostik in der heilpädagogischen Arbeit
(⁵1993) b) Grundfragen der Heilpädagogik

Köck, Peter (1990)
Praxis der Beobachtung. Eine handreichung für den Erziehungs- und Unterrichtsalltag

Köhn, Wolfgang
(²1992) Lebensweg und Menschenbild im heilpädagogischen Dialog. In: Köhn (Hg.), Auf der Suche nach dem Verbindenden in der Heilpädagogik. Reihe „Studientexte Heilpädagogik" Bd. 3, KFH NW, Köln
(²2001) Heilpädagogische Erziehungshilfe und Entwicklungsförderung (HpE) - Ein Handlungskonzept

Kramer, Edith (1991)
Kunst als Therapie mit Kindern

Krappmann, Lothar
(1977) Soziale Kommunikation und Interaktion im Spiel und ihre Auswirkungen auf das Lernen. In: Daublebsky u.a., Spielen in der Schule, S. 190-226
(1988) Soziologische Dimensionen der Identität

Krawitz, Rudi (1992)
Pädagogik statt Therapie. Vom Sinn individualpädagogischen Sehens, Denkens und Handelns

Krucker, Wolfgang (1997)
Spielen als Therapie - ein szenisch-analytischer Ansatz zur Kinderpsychotherapie

Leber, Aloys
(1986) Psychoanalyse im pädagogischen Alltag. In: Westermanns Pädagogische Beiträge 38, 14-19)
(1988) Zur Begründung des Fördernden Dialogs in der psychoanalytischen Heilpädagogik. In: IBEN (Hg.): Das Dialogische in der Heilpädagogik (41-61)

Ledl, Viktor (1994)
Kinder beobachten und fördern
Eine Handreichung zur gezielten Beobachtung und Förderung von Kindern mit besonderen Lern- und Erziehungsbedürfnissen bzw. sonderpädagogischem Förderbedarf

Lehr, Ursula (1956)
Die Periodik von Verhaltensabläufen bei Kindern vom ersten bis dritten Lebensjahr. In: Zeitschrift für experimentelle und angewandte Psychologie, 3, S. 219 - 224

Lersch, Philipp (1965)
Der Mensch als soziales Wesen

Merker, H. u.a. (1980)
Spielprozesse im Kindergarten

Mogel, Hans
([2]1994) Psychologie des Kinderspiels. Die Bedeutung des Spiels als Lebensform der Kindes, seine Funktion und Wirksamkeit für die kindliche Entwicklung
(1996) Spiel - ein fundamentales Lebenssystem des Kindes. In: Boeck-Singelmann u.a.: Personzentrierte Psychotherapie mit Kindern und Jugendlichen, Bd. 1

Moor, Paul
(1962) Die Bedeutung des Spieles in der Erziehung
([4]1974) Heilpädagogische Psychologie
(1994) Heilpädagogik: ein pädagogisches Lehrbuch; Studienausgabe, Luzern: Ed. SZH

Mucchielli, Roger (1972)
Das Nicht-Direktive Beratungsgespräch

Neuhaus, Norbert
(1992) Über das Selbstverständnis des Heilpädagogen und sein Handeln. In: Köhn, W. (Hg.): Verbinende Elemente in heilpädagogischer Ausbildung und Praxis. Reihe »Studientexte Heilpädagogik« Bd. 5, Köln;
([2]1993) Berufen sein - Berufen werden - Berufung leben. In: Köhn, W. (Hg.): Der Mensch unterwegs aus dem Dunkel zum Licht. Reihe »Studientexte Heilpädagogik« Bd. 4., Köln;
Bezugsadresse: W. Köhn, in: Studiengang Heilpädagogik, KFH NW Abt. Münster, Piusallee 89, 48147 Münster.

Nickel, H. (1972)
Entwicklungspsychologie des Kindes- und Jugendalters. Bd. I

Oaklander, Violet (1981)
Gestalttherapie mit Kindern und Jugendlichen
(aus dem Amerik. v. Klaus Schomburg u. Sylvia M. Schomburg-Scherff. © 1978 by The Real People Press, Moab, Utah. Klett-Cotta, Stuttgart 1981, 12. Aufl. 2001)

Oerter, R. (1970)
Moderne Entwicklungspsychologie

Oy/Sagi (1997)
Lehrbuch der heilpädagogischen Übungsbehandlung

Pearson, Gerald H. J. (1983)
Handbuch der Kinder-Psychoanalyse

Perls, Fritz S. (1981)
Gestalt-Wahrnehmung

Petzold, Hilarion (1987)
Schulen der Kinderpsychotherapie

Piaget, Jean
(1972) Theorien und Methoden der modernen Erziehung
(1975) Nachahmung, Spiel, Traum: Die Entwicklung der Symbolfunktion beim Kinde

Piaget, Jean (Forts.)
(1975) Die Entwicklung des Erkennens III
Das biologische Denken
Das psychologische Denken
Das soziologische Denken
Ges. Werke 10, Studienausgabe
(1977) ders. u. Inhelder, Bärbel
Die Psychologie des Kindes

Preiser, S. (1979)
Personwahrnehmung und Beurteilung

Racker, Heinrich (1982)
Übertragung und Gegenübertragung. Studien zur psychoanalytischen Technik

Reinelt/Bogyi/Schuch (Hg.) (1997)
Lehrbuch der Kinderpsychotherapie

Remschmidt, Helmut (Hg.) (1984)
Psychotherapie mit Kindern, Jugendlichen und Familien Bd. 1

Renner, Michael (^{2}1997)
Spieltheorie und Spielpraxis
Eine Einführung für pädagogische Berufe

Riemann, Fritz (1974)
Grundformen helfender Partnerschaft

Ritzel, W. (1973)
Pädagogik als praktische Wissenschaft. Von der Intentionalität zur Mündigkeit

Rogers, C. R. (1973):
Die klientzentrierte (später sog. „personzentrierte") Gesprächstherapie

Rohracher, H. (1958)
Einführung in die Psychologie

Röhrich, Lutz (1979)
Lexikon der sprichwörtlichen Redensarten

Sandler, J. (1980)
Kinderanalyse - Gespräche mit Anna Freud

Sänger, Annemarie
(1952) Spieltherapie. Z. f. Kinderheilkunde
(1972) Kinderpsychotherapie in der Sicht der analytischen Psychologie C. G. Jungs. In: Stuttgarter Akademie f. Tiefenpsychologie und analytische Psychologie

Schäfer, Gerd E. (1989)
Spielphantasie und Spielumwelt. Spielen, Bilden und Gestalten als Prozesse zwischen Innen und Außen.

Schenk-Danzinger, Lotte (1991)
Entwicklungspsychologie

Scheuerl, H. (1955)
Beiträge zur Theorie des Spiels

Schiller, Friedrich (1913)
Über die ästhetische Erziehung des Menschen in einer Reihe von Briefen (1795)
In: Sämtliche Werke Horenausgabe, besorgt von Conrad Höfer: München, Leipzig 1913, Bd. 11 (Schiller)

Schlaghecken, Hedwig (2001)
Szenisches Verstehen als Baustein psychoanalytischer Pädagogik
Vortrag (unveröffentlicht) zum Praxis- und Begegnungstreffen 2001 im Studiengang Heilpädagogik an der Abteilung Münster der Kath. Fachhochschule Nordrhein Westfalen (KFH NW)

Schmeichel, M. (1982)
Behinderte Menschen - lebensunwert für das Dritte Reich. In: Z. f. Heilpädagogik 33, S. 87 - 99

Schmidbauer, Wolfgang (1992)
Hilflose Helfer

Schmidtchen, Stefan
(1974) Klientzentrierte Spieltherapie
(1979) ders. u. Erb, Anneliese: Analyse des Kinderspiels

Schmidtchen, Stefan (Forts.)
(1980) ders. u. Baumgärtel, Frank: Methoden der Kinderpsychotherapie
(1999) Spieltherapie als entwicklungsorientierte Intervention
In: Oerter, v. Hagen u.a. (Hg.): Klinische Entwicklungspsychologie

Seiffge-Krenke, Inge (1986)
Psychoanalytische Therapie Jugendlicher

Shaftel/Shaftel/Weinmann ([3]1976)
Rollenspiel als soziales Entscheidungstraining

Speck, Otto (Hg.)
(1987) Kindertherapie: interdisziplinäre Beiträge aus Forschung und Praxis
(1987) System Heilpädagogik
/ 1996) Eine ökologisch reflexive Grundlegung

Stevens, J. u. a. (1975)
Die Kunst der Wahrnehmung: Übungen der Gestalttherapie

Stuhr, Ulrich (1984)
Deutungsarbeit im psychoanalytischen Dialog.
Eine empirische Analyse zur Dialektik von Engagement und Distanz in der therapeutischen Beziehung

Tausch, Reinhard ([5]1973)
Gesprächspsychotherapie

Theunissen, G. (1991)
Heilpädagogik im Umbruch.
Über Bildung, Erziehung und Therapie bei geistiger Behinderung

Schulz v. Thun, Friedemann (2001)
Miteinander reden, Bd. 1: Störungen und Klärungen, rororo 61151

Türcke, Christoph (1986)
Vermittlung als Gott. Metaphysische Grillen und theologische Mucken didaktisierter Wissenschaft

Vogelsang, Heide (1994)
Spielpädagogik: Aspekte und Probleme des Spielens - exemplifiziert am Bewegungsspiel. (Reihe: Grundlagen der Schulpädagogik, Bd. 11)

Watzlawick u. a. (1972)
Menschliche Kommunikation

Weinberger, Sabine (2001)
Kindern spielend helfen
Eine personzentrierte Lern- und Praxisanleitung

Winnicott, D.W.
(1973) Die therapeutische Arbeit mit Kindern
(1988) Aggression. Versagen der Umwelt und antisoziale Tendenz

Zauner, Johann (Hg.) (1976)
Familiendynamik und analytische Kindertherapie - Methoden und Probleme

Zimbardo, P. G. ([4]1983)
Psychologie. Bearbeitet und hrsg. v. W.F. Angermeier, J.C. Brengelmann, Th. J. Thiekötter, Berlin

Zulliger, Hans
(1952) Heilende Kräfte im kindlichen Spiel
(1966) Bausteine zur Kinderpsychotherapie
(1972) Die deutungsfreie psychoanalytische Kinderpsychotherapie.
In: Biermann, G., Handbuch der Kinderpsychotherapie Bd. 1